詩行天下

林中明著

文史哲學集成
文史哲出版社印行

國家圖書館出版品預行編目資料

詩行天下 / 林中明著. -- 初版. -- 臺北市：
文史哲, 民 106.04
頁； 公分（文史哲學集成；697）
ISBN 978-986-314-363-5（平裝）

821.8 106005710

文史哲學集成 697

詩 行 天 下

著　　者：林　　　中　　　明
出版者：文　史　哲　出　版　社
http://www.lapen.com.tw
e-mail：lapen@ms74.hinet.net
登記證字號：行政院新聞局版臺業字五三三七號
發行人：彭　　　正　　　雄
發行所：文　史　哲　出　版　社
印刷者：文　史　哲　出　版　社
臺北市羅斯福路一段七十二巷四號
郵政劃撥帳號：一六一八〇一七五
電話886-2-23511028・傳真886-2-23965656

定價新臺幣九八〇元

2017 年（民一〇六）四月初版

夏傳才序

　　《詩行天下》是一部很有特色的著作，可謂奇人奇書。

　　林中明先生的令堂，是我們一向尊敬的國學耆宿張敬女士，從上世紀三十年代開始，歷任燕京大學、臺灣大學、美國密西根大學中國國學、東海大學、東吳大學中文教授；其令尊林文奎先生清華大學地學、經濟學畢業，于抗日戰爭時期在空軍及飛虎隊服務、英勇抗擊日寇，並於日本投降後，率隊飛臺北接受日本投降，擔任臺北地區首任空軍司令；其令兄林中斌先生歷任美國喬治城大學教授、臺灣中山大學教授、臺灣大陸工作委員會第一副主委、國防部副部長，陳水扁上臺後，不同意陳水扁政治路線而辭職，現任淡江大學教授。林氏兄弟自幼秉承深厚的國學薰陶和愛國思想。中明先生長期居留美國，他原來的專業不是國學，而是電機工程師，以他特具的智慧基因和超常的創造性品格，在七十年代崛起的美國電子晶體工業的激烈競爭中，先後創造了 35 項技術專利，涵蓋電腦晶片設計、測試、電子能源等等；作為一位“成功的實用科學家”，在加州矽谷建立了自己的公司。1998 年張敬教授逝世，遵照遺願，以其積蓄在加州建立國學基金，以推動中華國學研究和傳播。中明先生毅然賣掉矽穀的公司，投入到國學研究和傳播這一新的事業。

　　從九十年代開始，他每年多次參加海峽兩岸、日本、美國的中華傳統文化會議，在北京、臺北、東京的國際學術會議及中國詩經學會召開的歷屆國際學術研討會上發表論文，並在 2003 年 11 月出版《斌心雕龍》一書，獲得普遍的關注與好評。這本《詩行天下》，是他參加各地國際學術會議論文的結集，也是他的第二部專著。

　　我們說這本論文結集是一部有價值的專著，因為全書貫穿的是一個主題：在全世界華人社會提倡中華文化與現代科技結合，如他的令兄中斌先生所說：他關心中華和世界，“浸淫中華的古典文化，博征西洋的各類學問，挾持尖端的科技本領，爭求現代中華的文藝復興。”一代有一代之學術，是中華古聖先賢留下的至理名言。中華傳統文化有她優良的特質，即天下為公、世界大同的遠大理想；即和諧社會，以民為本的即政治理念；即忠孝仁愛、信義和平、剛柔相濟、堅忍不拔的道德品性等等。中華傳統文化要走向世界，必須與時俱進，與現代世界文化相融合，現在中國在世界各地創辦孔子學院，以及整個世界華人社會的有識之士都在關注這個目標，中明先生正是其中有卓識的一位。中華傳統文化的現代化，不單是在研究工作過程中使用現代科技手段，重要的是與現代文化全方位的融合。中明先生在他的著作中提出"舊經典，活智慧"，提出企業管理、科技創新、群體意識、品德修養等等問題，對經典的現代闡釋和應用，申明自己的理念。這是一部突破國學傳統研究範疇的書，是國學走向現代世界邁開第一步的書，是一部創新型的書。這部書還不是著者這方面論著的全部，書名《詩行天下》，而且編進《詩經文庫》叢書，所以收的都是與《詩經》及其傳承的詩學有關的論文。但是我們從這些論文，已經可以基本瞭解中明先生"舊經典活智慧"的整體理念。

中明先生具有超常的創造性品格，熱愛工作和生活，興趣廣泛，除了鑽研他的文化課題，並以作詩、書法、繪畫、鑄印自娛，這些愛好，表現了他的生活品位。他的詩、書、畫、印，也都別具一格，自有特色，與他的論著一樣，凸顯出他個人獨特的創造性風格。為此，書中也附錄了他的部分詩、書、畫，讓讀者一同分享他創作時的快樂。北大季羨林先生稱我友周穎南先生為"海外奇人"，我謂林中明亦"海外奇人"也。

　　中明先生索序，盛情難卻，是為序

夏　傳　才

2009 年 3 月 23 日

自序・簡介

林中明

　　《詩行天下》的書名，起於 2005 年 6 月 2 日，我應「中國《詩經》學會」會長，夏傳才教授之邀，到以“德行天下”為校訓的河北師範大學，作學術報告，而觸發的。由於 2003 年我曾在湖南的嶽麓書院講過〈舊經典活智慧〉的題目，其中有一段專談國學五經典的應用，其中有關《詩經》的部分，也收入《詩經研究叢刊・第五集》。所以夏會長指定我講〈中國傳統經典的現代應用〉這個當代有志於研究舊經典，或認真學習和準備教授“國學”者，都應該極有興趣的大議題。

　　記得 2002 年我在淡江大學文學院應陳文華教授的推薦，以〈斌心雕龍〉為題，在高柏園院長的大班講堂上作報告完畢，同學們最有興趣的問題之一就是：“學舊經典、新五經，學文、學詩，有甚麼用？”這個當代的“大哉問”，其實孔子在二千五百年以前，就對學生作了簡明的回答：「小子！何莫學夫《詩》？《詩》：可以興，可以觀，可以群，可以怨；邇之事父，遠之事君；多識於鳥、獸、草、木之名。」在這一段話裏，孔子的回答包括了三個部分，而不止於一般學者所喜歡引用的「興、觀、群、怨」和「多識於鳥、獸、草、木之名」這兩個部分。孔子其實是說廣義的“詩”有三個功能組和學習面：（一）個人的修養，（二）從齊家到瞭解

社會民情，從 "為邦"[1]、治國、到平天下的管理和治理，(三)
重視人與自然的關係。其中的第二個部分，宣述了對廣義的 "詩"
的瞭解、體會，可以有助於社會民情的掌握，和政治理念的傳達，
以及國際外交的應對。

根據《左傳·襄公二十五年》的記載，孔子曾說：「《志》有之：
"言以足志，文以足言。" 不言，誰知其志？言之無文，行而不
遠。」這就說明了 "明詩" 而善用者，除了在純文學的寫作和歌詠
娛樂之外，對於任何與人有關的事情，如果能用詩一般精煉而富
感情的文字語言來表達意念，宣揚政策，常可以更有效地「導之
以文」，以達到如《孫子·計篇第一》所說「令民與上同意也」的
目的。而當 "硬實力" 已經師疲兵老， "軟實力" 的功能自然彰
顯。美國一些著名的商業管理學院，在課程裏加入 "寫詩" 的訓
練，其用意也就是訓練管理人員和領導者，在這個 "時間就是金
錢" 的時代，如何「用最少的時間和字句」去作「最有效率地表
達和意見溝通」。

例如在古希臘時代，詩人梭倫（Solon, 638 - 559 B.C.），本身
是個中產商人，但他也擅於作詩。他曾憂心國事天下事，而裝瘋
吟詩，以鼓動雅典人民，推動憲法的修改，並隨後採取行動，發
動戰爭，領軍奪回薩拉米島，可謂《小雅·皇矣》的 "王赫斯怒，
爰整其旅，以按徂旅。以篤于周祜，以對於天下" 的西方對應版。
他並作詩宣揚新憲，消除社會上嚴重的貧富對立，為雅典民主政
治，打下最初的一根 "大鉚釘"，奠定了人類第一部民主憲法的
基礎。 "引詩" 而達到立法、行政、動兵、卻敵的效果，梭倫是
古今中西第一人。梭倫的詩學、法制和他所描寫大西洋城的逸事

1　《論語》〈衛靈公第十五〉顏回問為邦。

啟發了柏拉圖（427?-347? B.C.）寫《理想國》，而希臘先賢以詩為協助辯論的技巧和範例又引發亞理斯多德（384-322 B.C.）寫出《雄辯的藝術》（The Art of Rhetoric），影響了後來西方重視發言的教育，至今不衰。這是"詩行天下"在西方的古例。

當前（2009 年 10 月）美國總統歐巴馬推動全民健康保險不利，曾著《世界是平的》，《紐約時報》的專欄作家，湯馬斯・佛里曼（Thomas L. Friedman）在 11 月 1 日寫了一篇名為〈請用更多詩〉（More Poetry, Please）的文章，勸告歐巴馬總統少用"散"文的方式來解釋複雜的政治理念，而應該用更多的詩性語言來感動和說服反對全民健保的美國公民。

就在同一年同一月，歐盟特別峰會 11 月 19 日在比利時布魯塞爾召開。比利時首相赫爾曼・范龍佩（Herman Van Rompuy）、被選舉為歐盟理事會主席以及歐盟外交和安全政策高級代表。這個職務等於是"歐盟第一任總統"。比利時聯邦由於荷語區和法語區兩派勢力的矛盾，政府一向難以推動大家都同意的政策。但是范龍佩出任首相後，憑藉其謹慎踏實的工作作風及高超的協調技巧，使比利時政府空前團結，因而廣受比利時民眾和政界擁護，被譽為是"創造奇跡之人"。范龍佩平時喜歡寫文章，愛好文學，尤其喜愛日本短詩俳句，經常用荷蘭文寫俳句，內容大都關於歌頌大自然。我認為他之所以能贏得"歐盟第一任總統"的職務，也和他能用詩來溝通感情有一定的關係[2]。這也說明二十一世紀的民主政治不能只"用更多的民主，來彌補民主的缺陷"，而需要領導人用"詩一般精煉而富感情的文字語言來表達意念，宣揚政策"，達到"令民與上同意也"的目標。這是"詩行天下"在西

---

2 〈歐盟首任"總統"：比利時的"聖人"作風踏實愛寫詩〉，《人民網 —— 國際頻道》，2009 年 11 月 20 日。

方的兩個近例。

　　好詩可以跨越時空，但有些詩人，如但丁、蘇、黃的"詩行天下"則是被貶或被迫流亡，結果反而得以"詩行天下"。至於足不出門，隱於郊野，而其詩亦得以行於天下的例子也很多。例如殷末周初的伯夷、叔齊，殷亡而隱於首陽山，但是他們唯一的一首詩歌〈采薇歌〉，由於"達義、達情、達識"，最後還是"詩行天下"。再如陶淵明不為五斗米折腰，退隱田園，自食其力，自受其饑，詩賦文章既不為時人所知，也未為文人友朋看好，直到昭明太子為他出了專集，才受到人們的注意，然後再過了五百年，經過大詩人蘇軾的極力推薦，才正式地"詩行天下"。

　　女性詩人作品的先隱後揚，也有幾個例子。譬如美洲第一位出版詩文的墨西哥修女[3]Sor Juana（1651-1695），成年後閉鎖在修道院裏自修文、哲、天文和生物科學，她所寫的非宗教性的"情詩"，生時受到批判和限制，但是現在"詩行天下"，成為墨西哥的文學偶像和美洲女性主義的先驅者。美國最受景仰的女詩人狄金蓀（Emily Dickinson,1830-1886），更是隱才於家，自寫自娛，足不出戶，名不出戶，詩稿也不出抽屜！但是詩作到了死後，才大放光彩，有如她自己寫〈書〉的詩句，"快艦攜眾，飄洋過海"，終於"詩行天下"。

　　所以好詩有如好酒，"酒好不怕巷子深"。況且繪畫可以造假矇人，書法可以摹擬逼真，但是好詩只能借來題畫，不能造假。所以"好詩"是文學的尖端產品，詩行天下，獨一無二。好詩也不在量，一噸的鉛，到底是鉛非金。好詩必有普世的感情，所謂"詩當無我"；好詩的文筆一定出於真我，所謂"文當有我"，

3　Octavio Paz, Sor Juana: or The Traps of Faith（1982）, Belknap Press of Harvard University Press, 1990.

就是不做作,「思無邪」。因此 "文達新義、字達深情、書達眾識" 三達的好詩,只要踫到明眼人和好機會,遲早能 "詩行天下"。

　　但是什麼是 "詩"?這從來就不容易講清楚說明白,而且人人都有不同的看法,一個學者可能還有幾個不同的答案。再說,"詩" 非得用字來表達嗎?要動用許多字來堆砌,這還算是 "詩" 嗎?如果 "詩" 不易明,那麼 "好詩" 比 "詩" 和 "劣詩" 較容易說清楚嗎?⋯⋯而 "大詩人的條件" 又該為何?這一類有關詩的 "本質" 的基本問題,中國文人自古以來都不注重,認為這些是 "想當然爾",不言自明的常識。在這種思維大環境之下,就連相當慎思和喜歡明辨的古典文論大師劉勰也不例外。近代西方文論學者,又大多過於喜歡給 "詩" 下繁瑣的定義,習慣用 "學術術語" 去解釋 "學術術語"。這一類的做法,雖然容易推演章節,匯為專書,但卻難用幾句簡短的話,和幾個鮮明的例子,把問題說清楚講明白。因為有鑒於這一類的困惑,作者曾經藉助於中華 "文化縱深" 裏的《孫子兵法》,和現代科技的 "知識平台" 試圖給 "好詩" 下一個簡單的定義,然後 "甚麼是詩" 和 "甚麼是劣詩",也就不辯自明。我對於 "好詩" 的看法是:「所謂好詩,乃是 "用最少和最精煉的字句,借助視覺格式和聽覺效果,表達最多的意思和感情,又能強烈感染讀者之心,引發多樣的想像,並留下最深刻而久遠的記憶" 者。」因此,要用幾十百句和上百、上千字來寫一個不甚複雜深刻的事件、人物或自家的感想,大概就只能算是 "帶韻的普通散文" 或 "積字的大篇幅" 而已。

　　清朝革新開明派,以《海國圖志》一書而名於世的魏源,曾在他的《孫子集注序》裏從宏觀的角度論 "兵" 曰:「天地間無往而非兵也,無兵而非道也,無道而非情也⋯⋯精之又精,習與性成，羿得之以射名，秋以奕，越女以劍。」這可以說是自司馬遷〈貨殖列傳〉以兵論商之後最具雄辯力的文字。如果我們把魏源對“兵略、兵事”的看法應用到“詩”的審識，那麼我們也可以說：“天地間之佳妙者無往而非詩也，無詩而非道也，無道而非情也……精之又精，名隨用立，羲之得之以書名，公孫以劍，八大以畫，蕭邦以琴，鄧肯以舞，狄拉克以物理…。”

類似的雄辯泛論觀點也見於章學誠略嫌誇大的「六經皆史」說，以及劉勰在他之前一千三百年就已經客觀地指出的「五經含文」論。劉勰又曾說「詩者持也，持人性情」。所以我以為如果從“好詩”的定義來看，我們也可以說“五經含詩，發人幽情”。

但是話說回來，“如詩一般”的繪畫、音樂、舞蹈、歌曲、演說、數學定理、科學發明……也都是人作的產品，既然詩是人寫的，也是為“人”寫的，因此我們研究詩，就不能不“以人為本”。在“好詩”有了明確的定義之後，我們就應該探討“什麼是大詩人”？

對於這一個“人人都聽說，個個有答案”的另一個大問題，作者認為大詩人之“大”，可以用六組考量來審視他（她）們所應該具備的基本資格與成就：（1）：量大，時長，面廣；（2）：思深，情厚，意遠；（3）：技熟，字煉；（4）：膽大，創新；（5）：由感取勝，由小見大；（6）：人各有體，自我實現。孟子說「知人論世」，能夠“立本”和“知人”，然後可以再進一步去“論事”，去探討和詩有關，而尚未解決的一些重要問題。

《詩行天下》一書的安排，也是依照這樣的步驟，從新的視角和材料，分成三組展開討論。書中選了作者在過去八年中所寫與《詩經》和“詩”有關的十一篇論文，從本質到文史哲兵經的集合討論，首尾相呼應，各組題目串聯，內容諸學並馳，並輔之以相對應，或有助於延伸論文中不盡之意的詩、書、畫、攝影，以潤飾擴展有限的文字議論。詩書畫本來是文藝的一體多面的大族。以書、畫、攝影置於文章之後，穿插於篇章之間，其實也是《易經》所說的「一張一弛之為道」，而且也藉著這個"休閒的時間"，不僅讓讀者的大腦得到休息，也讓大腦調動過去的記憶，繪畫讀者自己的彩圖，其總效果應該比密集連續的論文要好。這其實也是漢詩不能超過七言，而天下所有的詩都需要斷句，並在句與句之間，置如空白的原因。本書酌量穿插詩圖的做法，其實也是本書第一篇論文，〈詩的本質與格式、聲韻、記憶、腦力的關係〉的理論和觀點的實踐。

【第一組：詩的本質】

　　本書的第一組文章，名之為"詩的本質"，它包含四篇論文。作者在第一篇 ──〈詩的本質與格式、聲韻、記憶、腦力的關係〉裏，強調詩的"第一義"不在格律、音韻，而在內容和感情，所謂"文達義、字達情"。文中並以一些膾炙人口的舊詩為例，以證明作者的論點。作者也應用心理實驗的結果，率先指出，四六、五言、七言格式的流行，與人對數字、文字的記憶能力有關。文章並採用現代腦科學的瞭解，以探討詩的斷句與行句空間的作用，以及聲韻對記憶連串的幫助。並對詩的長短，陳述了新的看法，也翻譯了一些英詩，以闡明"信、達、雅"雖難，但仍當勉力；而本文對漢詩的論點，也大多可以轉用於西方詩作的理解。詩有它獨特的本質，人們誦讀詩句時，口、耳、眼、腦的協作運思，以及詩是一種"節約能量和腦力"的文字安排，以便集中注意力去"聯想賦比、起興遊虛"，則也是中西所同，而可以行於古今和天下。

　　本組的第二篇論文，從"詩的本質"共性，推進到對人類共情的討論，而以情詩為 "渡河的工具" 。2009 年 9 月份的《美國科學人》雜誌有一篇文章探討愛情可以激發創造力的問題[4]。該文的作者引用科學實驗證明 —— 愛情的幻想，如果是對長期柔情的起興，常可以讓頭腦換一個思想方式，跳出平日的固定思維框架，而給予創造力一個 "飛龍在天" 的機會。〈中西古代情詩比略短述 —— 並由《周易‧乾卦》推演 "賦比興" 的幾何時空意義〉這篇短文，不僅從詩的起源來看情詩在詩學和詩史上的重要性，而且由中西古代的情詩，我們可以清晰地看到人類愛情的共通，和人性的共通。從這一個基本人性的瞭解，讓我們看出美國社會學家杭廷頓的 "文明衝突論" ，過分偏重於對 "病理學" 的負面驚呼，而非如中西經典情詩對 "生命學" 的正面讚頌。

　　這篇論文更率先集合西方的幾何學與中華最古老的《周易‧乾卦》，來瞭解《詩經》和 "詩" 所使用的 "賦、比、興" 方法和思維，並指出它們與任何創新的方法相通。這不僅顯示了文理可以互補，而且讀 "詩" 對科技上的 "大創新" ，也常有其啟發性。這一個古老的命題，可以闡示超過字面上的意義而涵具重大的道理。文藝和科學這兩大 "文化" ，表面上垂直不能互通，但是它們也有重疊之處，並且在創造設計時的一些基本考量更是相通或相同。這是作者在全書裏也一再加以關注和闡明之處。找到共同點， "八大文明" 和 "兩大文化" ，就可以相通。現代的人文社

4　N. Liberman & O. Shapira, Does Falling in Love Make Us More Creative?, Scientific American, Sept. 29, 2009. " ...why is love such a stimulating emotion? Why does the act of falling in love – or at least thinking about love – lead to such a spur of creative productivity? One possibility is that when we're in love we actually think differently. This romantic hypothesis was recently tested by the psychologists Jens Förster, Kai Epstude, and Amina Özelsel at the University of Amsterdam. The researchers found that love really does alter our thoughts, and that this profound emotion affects us in a way that is different than simply thinking about sex."

會學學者應該多做為不同的文明、文化做"架橋"的工作，並批判那些以"放火炸橋"來爭一時之名，但缺乏同情心的學者和政客。

　　本文所附的插圖和詩畫中，有一首作者的英詩，收入 2008年「美國數學學會」的「數學與情詩」朗誦會詩集，詩名是 "All the World is a Complex System – Of the Imaginary and the Real," （中譯名為〈世界複變，奇正虛實〉），以數學的複變函數和《孫子》的兵法來論愛情，這也顯示了詩可以經由兵略，跨越到數學領域，再度實踐了本書之名 —— 《詩行天下》。

　　本組的三、四兩篇論文：〈氣象文學之祖：《詩經》—— 從"風雲雨雪"的"賦比興"說起〉及〈《昭明文選》中的氣象文學〉，乃繼承上一篇對"賦比興"的討論和理論，從人和自然的關係與從《詩經》以來，詩人對天候氣象的反應，來探討人類文學史上尚未正式立項探討過的「氣象文學」與「氣象詩學」。作者利用電腦檢索來分析自《詩》至《楚辭》，再到漢魏南北朝、唐宋的詩詞賦裏，有關氣象的"風、雲、雨、雪"及"祖"字等字的字頻，發現《小雅》和《大雅》的作者群，具有明顯不同的寫作心態和表演考量。這對兩千年來熱烈討論甚麼是《大雅》和《小雅》的異同這個大問題，用電腦為工具，以統計學的思維，找出了新的資料，並提出新的看法。從統計中華古代"大詩人"在他們詩作裏有關氣象的字頻，清晰地發現"大詩人"對氣象變換的敏感度和人天的感應，確實高於同時代的其他的"一流詩人"。這些新發現，應當可以帶給世上愛好詩學和國學的學者們新的研究方向和生動有趣的新領域。

　　第一組的最後一篇論文〈陶淵明治學思維闚觀 —— 兼說《文選》數例〉，特別選了他的〈桃花源記〉和〈閑情賦〉來討論，以承接本組第一篇〈詩行天下〉的論點，並為下一組的討論鋪路。〈桃花源記〉是眾所熟知的短篇小說，陶淵明用字精簡而暢順，不到四百字，說了一個不朽的哲學故事。它的形式表面上是散文，但是讀起來朗朗上口，音樂性極強。如果應用第一篇論文"甚麼是好詩？"的定義——「用最少和最精煉的字句，借助視覺格式和聽覺效果，表達最多的意思和感情，又能強烈感染讀者之心，引發多樣的想像，並留下最深刻而久遠的記憶"者。」來衡量此文，就會發現〈桃花源記〉其實也是一首好詩！〈桃花源記〉不僅是一篇"好詩"，而且其中透露了陶淵明做學問的態度。關於這位超一流的的大詩人在潛意識或思想上如何"做學問"？這是此文中的另一個大題目。

　　至於〈閑情賦〉一文，陶淵明採取奇正辯證的筆法，用強烈的對比和重復如歌的節奏去表達"十願與十悲"，由"質變到量變"，而成功地給予許多古代讀者，包括蕭統，一種幾乎累積百倍強大的感性衝擊。這又印證了〈詩的本質〉一文中，作者以兵法論詩的論點。這一段議論也討論了一個詩人寫詩，成於何時與幾歲的重要問題。〈閑情賦〉一文的寫成時間和陶淵明幾歲寫成此賦的問題，自古以來有多種說法，但是至今（2007年）沒有一個可以完整回答所有問題的答案。我對過去所有的猜測所用的方法都不同意，因為至今所見到的論文和意見，都認為陶淵明只在"某一段時間"完成此賦，而沒有人用詩人和畫家的經驗去體會一件藝術作品，從構思，建造，到初步完成，然後又有若干次的潤飾修改，最後留下來的作品，才是"完成"或"未完成"的作品。而傳諸後世的"成品"，又很可能不是時間上"最後"的作品。文論學者或考證專家如果限制一件文藝作品在時間的一點，這很有可能是錯誤，或只對了一部分。

　　"我個人以為所有的大作家和藝術家，都有不斷改進自己作品的"欲望"。有些作品，反映了作者當時的特殊情感見識，後來時過境遷，若再想改動，則常如刻舟求劍，情"隔"識"邪"，所謂加一字則囉唆，減一字則趣弱。但如果能保持年青時的熱情內容，又加上中年的經歷，以及年長時的哲思和文字精鍊，則有可能成為情理文字均佳，"立體型"的好文章。　所以我認為〈閑情賦〉的初稿當在三十左右，然後又改寫若干次，直到五十之後，纔寫成我們看到的模樣。這個猜想，也是由張愛玲寫〈色、戒〉前後修改 28 年而啟發。"這一篇論文藉助於劉勰和張愛玲的行文和身世，把"詩"和"文"在創作上的類同性加以交叉討論，而不止於"直線性"地討論表面上是"詩"的作品。

【第二組：詩人的多樣性及幽默感】

　　《周易‧乾卦‧用九》在二千五百年以前就提出「見群龍無首，吉。」這個可以用於現代國際關係和文明、文化、學術發展上的"多樣性"正向觀念。但是這六個字的正向積極的意義，一直到 2005 年才在「北京論壇」的國際關係分壇上正式提出來[5]，而為學者們開始接受和傳播。然而歷來文人、學者品詩論文卻多半用大道可以"一以貫之"，和智者論事可以"一言以敝之"的態度來論斷詩人的"一種性情"和"一種詩風"。這個傳統，從文論大家鍾嶸、劉勰到今日，都少有例外。但是人性複雜，身心又與歲月遷移，又因季節、所在之地和對象的變化，於是真誠的詩人筆下自然反映了內外的變異，不可能只有一種詩風。所以詩的風格、形式和作用，在孔子所舉的"興、觀、群、怨"這四大類之外，還包括喜劇的幽默、戲謔，以及諷刺、批判形式和功能。

---

5 林中明《On Great Nation（論大國）》，《北京論壇（2005）論文選集（Enlgish）》，北京大學出版社，2006 年 10 月，第 151-189 頁。

所以我們論詩，就不能不瞭解絕大部份的大詩人，在詩多、類廣，思逸、言雅之外，必有其幽默、俗世的一面。

本組的討論主要針對三位唐宋大詩人 —— 杜甫、白居易和陸游。因為他們不僅上承陶淵明[6]，又向下繼續影響明、清以及民國初年的詩家，例如從王陽明、錢謙益和陳寅恪等著名文士、詩人、學者所寫的戲題詩裏，都看得到這個幽默戲詩的傳統。討論中華詩學裏的幽默感，劉勰的〈諧讔篇〉算是先驅。清初的金人瑞（聖嘆）則以別眼利筆，把傳統詩文中的幽默感，正式當作文學裏重要的成分，而加以闡明注釋。這些資料，胡適先生轉手加料，曾經大張旗鼓地宣揚 "他所發現的老杜幽默感" 於一時。宣揚一時而復歸於寂靜的原因之一，大概是由於幽默感在中華傳統儒家文化中長期受到歧視，而屬於弱勢文學和低級文化。但是要談文學裏的幽默感，必需自己先有足夠的幽默感，才能見出和重視前人的幽默感。文學本來具有喜怒哀樂多種內容，只有深沉的悲劇和歷史故事而沒有輕鬆而笑中帶淚的喜劇和幽默文學是不健康的文學。所以我認為 "廣幽默文學" 的研究和實踐值得加強和推廣，以平衡傳統文學裏過度開發的悲詩、憤文、纖詞和軟曲，並提升社會人際關係的和諧，與有助於個人的心理健康。

本組的第一篇 ——〈杜甫諧戲詩與四大詩人的幽默感〉，作者藉由研究詩聖杜甫的諧戲詩，來探討幽默感、幽默感的基因傳承，以及戲題詩的起源與幽默詩的種類。杜甫的詩作題材廣，感情深，有多樣性，於體式多所創新，而且又富「幽默感」，可以說是中華大詩人中 "多樣性和幽默感" 的代表。經由電腦檢索，作者率先在 2002 年指出杜甫諧戲詩的數目和頻率在《全唐詩》裏名列前茅。

---

6 林中明〈陶淵明的多樣性和辯證性及名字別考〉，《第五屆昭明文選國際研討會論文集》，北京・學苑出版社，2003，第 591-511 頁。

然而可怪的是 —— 前人和今人、學者和教師，絕大多數都認為或繼續認為杜甫的詩風「沉鬱悲觀」，似乎大多數研讀杜詩的人，也只是浮觀文句和"書云亦云"，以致古來學者大多以偏概全，錯解了杜甫的真面目，我認為這是中華文學史上一個極大的誤解和偏見。本文不僅將杜甫的幽默感和古代四大詩人 —— 屈原、陶淵明、李白、蘇軾相比較，更嘗試綜合領域地用簡明的「幽默交流矩陣數學」和「幽默特性函數」來解釋複雜的「幽默感」，並率先用兵法、量子力學的知識，來幫助瞭解動態幽默文學的攻守戰略和它的內外動力來源。希望這些新嘗試、新視角和新工具，能為古老"失速"的龐大「國學」和現代新銳的「文藝心理學」，帶來新而擴展的瞭解，與舊而忽略的知識，庶幾不負新的"知識平台[7]"對我們研究舊經典的幫助。

　　本組的第二篇，〈白樂天的幽默感與哭笑比〉，其中一部分曾刊於 2004 年日本《白居易研究年報》第五期的「討論廣場」，並承日本編譯者指出「本書在論證與資料運用的方法上，確實存在令人費解之處，不容諱言。然而，〈白樂天的幽默感〉一書仍具有其不可抹滅的價值，尤其作者介紹「陶淵明→杜甫→蘇軾」一脈相傳的幽默詩流派，並針對何以白居易（原本理應名列該流派中）缺乏幽默感，提出質疑，其論述非常值得讀者用心詳讀。正如作者所企盼的，希望此書得以成為大家廣泛討論白居易幽默感的契機，創造討論此主題的一方新天地。」在本書中的文章，則已倍增該年報所容許發表的內容，並附清晰的統計圖表，以解釋作者所使用的資料和方法，和加入"一般學刊所不容許"，但卻是有助

---

7 林中明〈經典與創新：從「知識平台」到「文化縱深」〉，《叩文經典》，第十屆「文化與社會」學術研討會（主題「經典與文化」）論文集，淡江大學，2004.11.25-26。學生書局，2005 年。　第 143-180 頁。

於本文討論的帶有幽默童趣的詩畫插圖。

　　這篇論文除了率先探討了白居易自號白樂天的可能原因，和他的「樂天」心情在不同時期的變化之外，文中也討論幽默、諷諫、笑鬧在 "熵" 能正負貢獻的區別，並略述中、日、英、美幽默感的差異。本文更大量使用電腦（計算機）檢索，有系統、多層次地去分析白樂天的幽默感，用簡單的統計學，和新創的 "笑哭比"、"悲哭哀愁總和指數"、"悲笑比" 等新範圍及新方法，對白居易和十位唐代重要詩人相互比較和分析，其結果頗有一些前人可能意想不到，而或能一新時人耳目之處。

　　這篇論文不止是研究眾所皆知而未深究的 "白樂天的幽默感"，而且闡明使用電腦檢索和數理統計可以擴大研究的範圍，並對舊有的課題找出新的意義，和得到更精確的答案。近來還有臺灣文學院教師主張 "學文者不必學數理"，這真是落伍的思想。想想劉勰當年在《文心雕龍・程器篇》指出：「文武之術，左右惟宜。郤縠敦書，故舉為元帥，豈以好文而不練武哉？孫武《兵經》，辭如珠玉，豈以習武而不曉文也？」其胸襟何等開闊！其人在定林寺時又是何等地好學，於儒、道、釋、兵無所不學，無所不通！今日學文藝和學理工的老師和同學，有百、千、萬倍優於劉勰的學習環境，豈可繼續自閉於專科斗室，或不屑閱讀開導思想的 "詩文"，或放棄現成方便的 "方法" 和 "工具" 還洋洋自得，驕其師友呢？

　　本組的第三篇，〈陸游詩文的多樣性及其幽默感〉，也是長文。作者試圖從更廣義的 "文武合一" 和 "斌心雕龍" 的新視角，來分析陸游的心態及其詩文。並同時探討他 "多樣性" 和 "多維體" 的成就，包括他的《入蜀記》遊記，《老學庵筆記》，史學著作《南唐書》以及他的書法成就。並再度藉助電腦檢索，對陸游近萬首詩，作統計學的初級分析，以幫助瞭解陸游詩裏的"幽默感"和"憂傷感"等較明顯的感性傾向，並與陶淵明、杜甫、白樂天、蘇軾等大詩人比較其異同。最後，借用劉勰《文心雕龍》裏〈養氣篇〉和〈程器篇〉的觀點，來探討陸游在文學創作上的動力來源，以及"放翁"在晚年進退行止上所遭受到的非議，並略述不同於前人的一些看法。

【第三組：《詩》的引用及活用】

《詩經》的研究，除了文學之外，還包括文本、語言、文藝、社會、歷史、傳播等多項的探討。但是《詩經》如何被後人引用？和如何像先秦甚至像西漢時期那樣的活用？"詩"在現代教育和企業管理以及科技創新裏佔甚麼"位置"？這些都是比較新，而且是當前"國學研究"與大專教育的重要課題。然而一般研究《詩經》的論文，多只注重傳統文學上的學術意義，而一般人讀"詩"則是多為工餘的消遣，這都和先秦到漢初讀《詩》和用《詩》的態度不同。現在"國學"又成了國人口頭上的"顯學"，"讀經"也在兩岸的中小學裏形成風氣，但是如果我們把"舊經典"只當"文言文"來讀，而沒有闡發"舊經典"中的"活智慧"，那麼這個"國學熱"也只能增加學生們對過去文化和文字的知悉，但不能提供可以活用的知識和深厚的智慧，因此勢將不能在學術上持久，也不能在民間深入，更不能隨著新鑄的孔子像走向世界。

因此本組選了作者在過去八年所寫的四篇論文，分別從社會、經濟、政治、軍事、《文心雕龍》詩學局限、文選的源頭以及"詩"對創新發明的助益等課題，來討論《詩經》和"詩"如何有益於"士人"和"通人"的教育，它如何曾對《文選》、文學以及政經社會起過影響，以及讀"詩"寫詩，為何可以幫助科技創新？而反過來說，基本數理教育和邏輯思維的訓練，也對社會人文學者的研究有助於清晰立論和達到精確的結論。如果有志於以古體詩寫作的詩人能有現代化的見識，其作品一定更有親和力；而喜歡新詩的詩人，如果具有"文化縱深"的學養，於文字的精簡和詩韻的雅逸，一定也有幫助，而且可能創造出可以持久傳世的"新體詩"。

　　本組的第一篇論文，〈詩行天下 ── 從《鹽鐵論》大辯論的引《詩》批儒說起〉，乃是針對《詩經》和儒學在西漢時代，在一場財經政策、社會民生、國防攻守大辯論，在《鹽鐵論》一書中所留下的寶貴教育、政治、思想路線激烈鬥爭的資料，首次加以探討。並對照古希臘詩人梭倫以詩立憲宣政，和當前美國總統歐巴馬以"散文"和"多線並進"宣導新政的成績，指出善用"詩"的語言於政策宣導上，它具有"達義、達情、達識"的威力。說到政策宣導，我們應該認識鄧小平先生在 1979 年所揭櫫的「小康社會」這個重大政經治國理想，其中"小康"二字，典出《詩經‧大雅‧民勞》的一句詩：「民亦勞止，汔可小康。惠此中國，以綏四方。」深於《詩》學的孟子曾提倡研究學問需要「知人論世」，我認為還應該「識時論經」，擴大我們過去對《詩經》只作純文學方面的研究，以見證中華優良的整體文化與政經、歷史累積的智慧。

　　本組的第二篇，〈劉勰文論的創新與詩學的局限〉，這一篇的討論，把《詩經》的詩學和《文心》的文論合起來研究。作者從讚揚《文心雕龍》融會兵略於文論的重大創新，以辯駁劉勰思想守舊說起，再談到由於劉勰時代文士受到政教思想的限制，以致《文心》"避談愛情"而有"寡情"的局限，因此它也不是如許多學者所極度讚美的"文論聖經"。從這個"寡於情"的角度，反而突顯了周代《詩經》裏開放的風氣和較開明的社會禮法。現代人之所以讀《詩經》的古文字時仍然覺得詩句親切和詩人的真誠，《詩經》的《風》、《雅》詩之仍然勝過大多數明、清的八股文和死板的格律詩，"字達情"是主要的原因。這篇論文也和〈中西古代情詩比略短述〉這一篇論文所指出"情"在"詩"裏所佔的主導地位，前後相呼應。

　　本組的第三篇，〈廣文選：從《詩經》《昭明文選》到《古文觀止》〉，從《昭明文選》研究的角度，指出《詩經》纔是中華文化中，第一部大規模而且高品質的"文選"。因此，就"廣文選"的意義來看，《詩經》是「源」，《文選》是「流」。想要精究《昭明文選》的「文華事義」，必需同時研究「廣文選史」裏的第一本結集 ── 《詩經》，並比較各"文選"集結的方式、視角和質量。"詩"和"文"本來是一族，而《文選》之中，詩文各半。我們研究"詩"，當然不應該把《詩經》和《文選》分開來研究。這道理就像《文心》和《文選》應該合起來研究是相似的。作者探討「氣象文學」和「氣象詩學」，把《詩經》和《文選》作為接續的大項來研究，也是基於研究文學必須兼具宏觀和微觀，而且要在時空上串聯和並聯。「廣文選」的研究既串聯三千年，也橫貫《玉臺新詠》和《宏明集》三本書。文學要看整體社會和貫連時代，如劉勰所說的「文變染乎世情，興衰繫乎時序」。而我們研究文化和文明更要把"文、史、哲、兵、經"以及藝術和科技放在一起來觀察思考。二十年前德國人打倒了柏林圍牆，東西德又重新合一。歐洲各國互相爭伐幾百年，現在也合而為一。難道我們還要把國學分成多塊，不能從"智術一也[8]"的理解下，合而知之，分而治之？

　　2009 年 11 月 1 日去世的百歲人類學家，克勞德・李維史陀

8　林中明，〈智術一也〉，《斌心雕龍・自序》，臺北・學生書局，2003 年。第 xxiii-xxxii 頁。

（Claude Lévi-Strauss），他所建構的結構主義，以研究一項人文課題，必須探索各有關的來源，方能瞭解複雜的文化結構。這種時空多維串聯和並聯的多方考察，架構研究的方法，深深影響了社會學、哲學、語言學等人文學科。而李維史陀自己則每月必看《科學美國人（Scientific American）》雜誌，暫時忘記他自己不具備這些科學的專業訓練，以"學則忘我"的態度，從頭到尾，一篇不漏，一句不漏地讀，數十年如一日。和李維史陀相比，我們研究中國博大的國學和深厚的文化，難道還只鑽其中一門的一本書？明明可以電腦檢索資料，卻還用百倍於電腦檢索的時間，去目索手抄不需要深刻思考的資料？，或者繼續重複已有的研究題目，借用前人的資料，甚至還有縱容學生抄襲別人的論文，再加上自己名字的文學…醫學的領導人。面對李維史陀做學問的態度，他們難道不慚愧嗎？

所以本組和本書的最後一篇，〈舊經典活智慧 ── 從《周易》《詩經》《孫子》《史記》《文心》看知識經濟、企管教育與科技創新〉，作者踵隨孔子以六藝為一個知識整體來教學的典範，把"詩"和《詩經》當作文化中的一元，從"文史哲兵經"以及科技、藝術的整體思維和經驗，重新審視"國學"中符合現代教育的智慧，並討論何以這五本書可以作為"新五經"的考量和原因。作者除了推薦《孫子》、《史記》、《文心雕龍》這三本"新"的經典之作以外，也特別指出"詩"與《詩經》對重大「研發創新」的貢獻，其原因在於"詩可以興"，能擴大和啟發人的想像力。這對於當代重視"短線目標"的社會，以及過分強調訓練邏輯線性運作的左腦，而犧牲了右腦的平行多線思維的現代教育，也有重要的啟發和平衡的意義。關於平衡教育的問題，劉勰在《文心雕龍·程器篇》指出：「蓋人稟五材，修短殊用，自非上哲，難以求備。蓋士之登庸，以成務為用。魯之敬薑，婦人之聰明耳。然推其機綜，以方治國，安有丈夫學文，而不達於政事哉？」劉勰的意思是"上士梓材"，當然應該"求備"，不僅智及文武（廣義），而且"達於政事"。關心社會和"天下大事"，古今材士，應該是有志一同的。

　　回顧 1902 年，23 歲時已經創意驚人，開始思考重大科學問題的愛因斯坦，他平日不止細讀科學經典，也和朋友散步喝茶聊天，更閱讀和與數理「垂直對立」的戲劇小說等文藝作品。五十年後的中國航太科學家錢學森，他在美國加州理工學院讀研究所時，不僅研究航空工程和物理，也旁聽化學和生物，而且"懂得繪畫、音樂、攝影這些方面的學問，還被美國藝術和科學學會吸收為會員（2006 訪問自述）"。他曾說"這些藝術上的修養，不僅加深了我對藝術作品中那些詩情畫意和人生哲理的深刻理解，也學會了藝術上大跨度的宏觀形象思維。我認為，這些東西對啟迪一個人在科學上的創新是很重要的。科學上的創新光靠嚴密的邏輯思維不行，創新的思想往往開始於形象思維，從大跨度的聯想中得到啟迪，然後再用嚴密的邏輯加以驗證。"難怪當代文學家 Nabokov 曾說：「科學莫不幻想，文藝無不真實。」有道是：你的胸襟眼界有多大，境界和成就可能有多大。你能用甚麼工具和方法，就決定了你的研究效率和成果。南宋詩人和書法家陸游曾經寫下「詩境」兩個大字，如果他活在今日，一定會同意這些現代大師對科學和文藝可以互為啟發的觀點，和高層次的科學及數學裏也有如詩一般的境界。

　　大教育家孔子曾對弟子說「小子何莫學乎《詩》？」因為《詩》的功能之一是「詩可以興」，有助於想像力，擴大思想的空間。當世界上許多國家都可以組裝汽車、電腦，各種資訊人人都可以從網路獲得，而知識經濟和尖端科技的競爭更加劇烈的時代，已開發和開發中的各國，更需要「以正合，以奇勝」的教育訓練和戰略思維。創新不能由沒有創新經驗的“管理人員”喊口號，而需要“領導者”鼓舞幻想力和欣賞「藝則唯我」，有膽識的創造研發者。一般人偶爾讀《詩》，既可以放鬆繃緊的神經，也能擴大心胸，運思超越時空，而又不脫離現實人生經驗。如果不受已經“半僵化”的「近體詩」的繁瑣音律格式的過分束縛，或陷入過時的西方理論巢臼，當然可以有助於思想的解放，以及「文創企業」和「科技創新」的騰飛。所謂「流水不駐恆長清」（圖 1），智慧是活的，“詩學”也應該是活的。“習而時學”，習古而時學新，這纔是我們現代研究《詩經》和發揚國學的態度。

已故的古典文學家和書法家，臺靜農先生，曾經贈送 家母張清徽教授一把墨梅團扇，題句是：“有不寐道人意否？奉清徽發笑。龍坡里居者”（圖 2）。臺太老師的書法，我認為不屬於一般論技巧的書法，而是當代“士人書法”中的上品，張大千先生更認為他的墨梅不讓金農。不寐道人多異文錄作，但我認為他的梅花不及金農，然而金俊明「不事王侯，高尚其志」和“拒不仕清”以“無根之梅”上接南宋遺民鄭思肖的“無根之蘭”，卻很類似鄭、臺二人的心境。臺靜農先生所問的“有不寐道人意否？”，想必心中有其政治環境的感觸和墨戲的“躊躇滿志”。臺靜農先生題字曰“奉”，給弟子輩，但已是教授的老師的清徽教授發笑發唪，更顯出他在學識、氣節和經歷之外的幽默感。現在作者奉《詩經》研究的前輩，夏傳才教授之命，匆匆集文出書，恐怕要讓識者和大家發笑。不過天下學問浩瀚無涯（封底插圖），一代固當有一代之學，雖不能“德行天下”，若一文而能立一見，亦為幸矣。

林中明 2009.11.19　加州・太陽里

圖 1　春山不老　流水長清

圖 2　臺靜農先生贈張清徽先生墨梅團扇 "有不寐道人意否？奉清徽發笑。

按：不寐道人，金俊明（1602-1675），明末清初，吳縣（今江蘇蘇州）人。
　　明諸生。入復社，才名籍甚。少隨父官寧夏，往來燕趙間，以任俠自
　　喜。諸邊帥爭欲延致幕府，不就。一日筮焦氏易，得蠱之艮（不事王
　　侯，高尚其志），愀然太息曰：天將俗我高尚其志乎？遂隱居市廛，
　　傭書自給。自稱不寐道人。明亡，棄諸生杜門傭書自給，不復出。及
　　卒，門人私諡貞孝先生。俊明好錄異書，工詩古文兼善書畫，尤長於
　　墨梅，論者疑以鄭思肖之蘭。嘗寫陶詩及畫梅寄王士禎兄弟，士禎甚
　　寶之。世稱 "三絕"。著有《春草間堂集》、《推量稿》、《闡幽錄》、
　　《康濟譜》，均見《清史列傳》並傳於世。"

詩 行 天 下

目　　次

夏傳才序 ································ 1

自序・簡介 ······················· 5

詩的本質

導　　言 ····························3-8

詩的本質與格式、聲韻、記憶、　腦力的關係 ········· 9-44

中西古代情詩比探短述 ················45-82

氣象文學之祖：《詩經》 ··············83-131

《昭明文選》中的"氣象文學" ··········131-171

陶淵明治學思維闊觀 ················172-204

詩人的多樣性及幽默感

導　　言 ·······················207-211

杜甫諧戲詩與四大詩人的幽默感 ············212-256

白樂天的幽默感與笑哭比 ··············257-319

陸游詩文的多樣性及其幽默感 ············320-369

詩的引用活用

導　　言 …………………………………………………… 373-380

《詩》行天下：從《鹽鐵論》大辯論的

　　引《詩》批儒說起 …………………………………… 381-412

劉勰文論的創新與詩學的局限 ………………………… 413-438

廣文選源變：從《詩經》到《昭明文選》、

　　《古文觀止》 ………………………………………… 439-471

舊經典活智慧 …………………………………………… 472-534

《詩經》裏的戰爭與和平 ……………………………… 535-554

《詩經》裡的"王道精神"初探 ……………………… 555-578

全書後記 ………………………………………………… 579-582

插圖-II　目錄 …………………………………………… 583-608

With Poems We Stride …………………………………… 609-610

插　圖 -I

林　中　明

目　　錄

頁數	詩圖名稱	作品年月	尺寸大小
31	古橋濟世如經師	2005.6	
32	1.中華文化金字塔；2.大國也者	2003；2008	
33	壬午論詩隨筆	2002	
34	好詩如雕龍	2001	
35	1.秋籟；2.杜尚剃頭；3.福岡賞櫻	2007；2006；2005	
36	1.現代經典應用・石家莊；2.杜甫研討會	2005；2003	
37	1.一代有一代之詩；2.春蝶	2003；2008	
38	1.冬雨；2.馮友蘭詩；3.鳴砂山大漠懷古	2002；1989；2002	
39	1.善彈者忘器，善聆者忘我；2.秋山楓葉 3 幅；3.咸陽博物館紅牆題詩如楊風子	2007；2008；2008	
40	張家界《詩經》詩會即興六首	2001	
41	1.春神早綠芭蕉葉；2.藝變	2007；2006	

42	1.張敬〈白頭詩〉；2.文字興亡，匹夫有責；3.風雲雨雪、風花雪月辨	2002；2006；2009	
43	1.青海行題扇 2.陸游「詩境」3.黃花岡	2006；2007；2004	
44	1.論我四句；2. 景美冬日山坡石階	2004； 2005	
45	1. 83 歲岡村先生蹴球圖； 2. 楊風子書牆	2007.4；2008	
46	南京中山陵抗日航空烈士紀念館銘文	2008.4.3	
47	1.黃鶴高樓長江水；2.黃鶴樓觀夕陽	2006.4	
48	1.魯米〈春到果園〉；2.杜甫草堂朱牆綠蔭	2006； 2006	
49	陽春白雪黃昏夜	2009.3	
50	1.書〈陳後山感懷詩〉；2.讀郭尚先書論	2005； 2009.5	
51	風鈴花不作聲	2006	
52	1.古之巫者，今之政客；2.北玄宮印象	2006；2006	
53	1.小布達拉宮金頂；2.承德避暑山莊題扇	2004.8	
54	1.長江三峽詩；2.陝西‧黃河魂圖	2003； 2008.8	

插　圖 -Ｉ

石橋渡眾 豈如 經師之傳道乎

乙酉五月末書詩記行
於 加州 矽谷 太陽里

乙酉五月隨詩經會長
夏傳才先生登 趙州橋 有感

大匠妙術建
石拱跨河千
載勢猶雄
古橋濟世如
經師負重渡
人不計功

林中明书詩題照

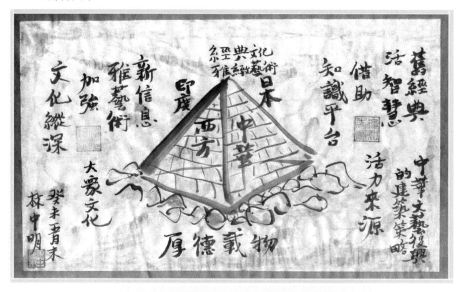

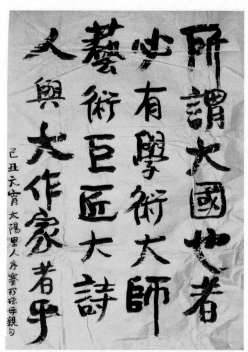

壬午 論詩隨筆 [印] 林中明 [印] 杜甫詩會後七日

桐城姚鼐瓣古文之大家也 其論文有名句曰

文無古今唯其當耳 偉哉其言然惜

未言何謂當也 余嘗論古今中外之詩曰

所謂好詩者不在格律形式而在能以最少

之字說最多之意 又最能感人且能留下

最深刻和最久遠之印象者 是耶非耶书之以待高明

好詩如雕龍　而非精雕蟲
六義謹鋪陳　詩情反不濃
為詩意如何　豈在細律中
必先得其情　次乃求其工

論詩詩之一　辛巳五月　林中明　于加州太陽里

乙丑三月　太陽里人重書舊句

夫六義為詩此元稹讚張藉之語也嗟乎張藉特句律之雄耳以其所學為得其師韓愈之豪氣諧趣之半未可以虎睨唐代詩壇之一角矣夫六義豈可於心此其詩之所以不至著乎

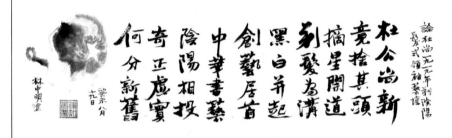

杜甫的諧謔戲詩論文發表

一代有一代之詩　林中明

江水如練古今同
雲際虹彩不畏風
黃鶴雖去樓台在
仙人不來有詩翁

春蝶

春風飄絮
雪拂面
鳥鳴聲中
杜鵑開
蝶逐百香
意未盡
翩然飛花
過牆來

天下學問
豈有界乎

丁亥吉月廿　太陽里人書

冬雨
桐葉當落盡三松猶半天
窗滴若浮雲雨聲催人眠

癸未十月末　林中明

曾賞山茶八度花
有幸南渡得還家
當時舊事重題記
五十年間浪淘沙

右錄馮发蘭先生
一九八九年五月於
三松堂上口拈一詩
三代炎黄
贈五十年前西南
不明者明
聯大學生張敬及
張寄謙二教授
自勝剛强
余隨訪在側因記
其詩及訪問之言

三松堂上

《文心雕龍》内摺 詩圖　2003

《鳴沙山大漠懷古》
鳴沙坡上人似蟻，
大漠藍天萬里雲。
漢唐樓塔驚顯現，
班超玄奘未了情。

Am I going up,
or We are going down?
So many people are climbing,
Only one's heart may count.

Midway at the Singing Sand Mountain Slope

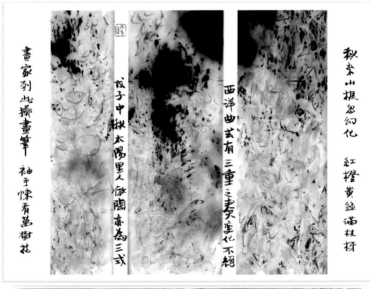

第五屆詩經國際研討會即興六首

記二〇〇一年詩經國際研討會

海外存知己　天涯若比鄰
山川溢於眼　經典常在心

登六奇閣覽山川如畫
六奇者……石雲樓洞……十里畫屏……

山石皺如畫　古人不我欺
峰巒橫十里　胸懷縱六奇

詠張良　林中明

悲韓懷赤膽　擊秦拜黃石
功成息綠野　白雲伴國師

第五屆詩經國際研討會即興六首

後三首

詩派本義……

睢鳩關之間經典莎鳥叮之唱我卿
山間處之聞情詠　林中時之參蟬鳴
幽風七月……五月鳴蜩　六月莎雞振羽

丟公詩經見龍在田
河間文化君子乾乾

贈河間史……

心染蒼山四野綠目繪
朝陽萬里紅沉吟百年
愁和慮笑談千載事興功

記辛巳歲六月張家界詩經研遊會

己丑歲二月初十太陽里……

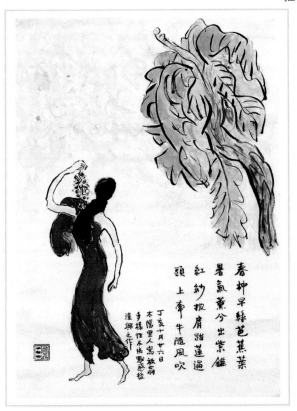

春神早綠芭蕉葉
暑氣薰兮出紫錐
紅紗披肩踏蓮過
頭上牽牛隨風吹

丁亥十月廿六日
太陽里人寫於臺北
李樣種子施戲感繪
蓮與之作

藝變

龍戰於野
兮其血玄
黃龍興
鳳學兮
執為卿狂
一陰一陽之
為道今
其變難窮
用新具載
舊筆兮
不以巧拙而
氣宏

丙戌五月初一
太陽里人裂變
集狂自探其樂

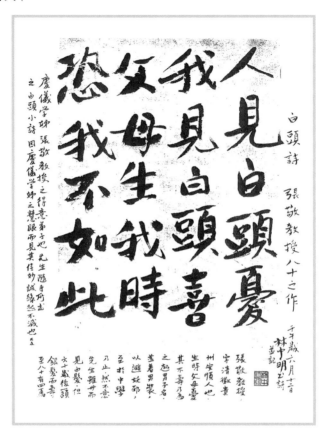

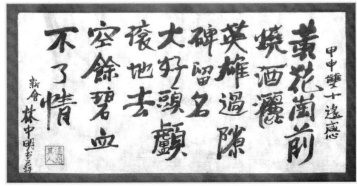

詩當無我

文當有我

學則忘我

藝則唯我

石階無人苔自生

何待春風綠埃塵

人間寒暑四季轉

山中鳥鳴兩三聲

台北近郊景美冬日山景

乙酉十月八日台灣三金

六經皆史
一詩亦讀

山猶此山　景猶此景
人各孫兒　鳥各孫鳴

選後重書舊來舊詩
太陽里人聲米散居卞猫

赤子之心　一蹴而得

乙酉二月廿八日　林中明攝影記詩

圖村繁教授蹴球花海

櫻花樹下問學者
笑言老師踢球去
遙看場上數童子
八三先生最得趣

赤子心不可壞

買初春福岡大濠公園
櫻花盛放如海勢文心
學者鋪床樹下飲酒
論學甚樂座中唯圖村
先生遠走花海草場逐
童子踢球自得其樂矯健
如六十年前 誠赤子之心之真人也

維摩詰
經云
過去現在
未來三心
皆不可得
不知赤子
忘心赤不
可得也

僬武洛
下楊風
子筆振
五代哀
書藝
小家小秧垂
小史大師
大嬌大意
快意

南京中山陵 抗日航空紀念館奠基紀念文

日本軍國 師歐擴張
甲午襲清 續襲俄航
殖民東亞 田中奏章
蘆溝烽煙 日旗蠻揚
七七事變 舉國憤昂

三月七中日冠猖狂
焦土熱血國共聯抗
自助天助蘇美援幫
中美飛虎碧空鷹翔
以寡敵眾越戰越強

戊子清明 林中明 書詩寄託

二之一

軍民一體 三維戰場
陸空齊捷 皇軍奔忙
前線後方 日冠慌惶
核彈再投 日本崩降
大江南北 一夕重光

回顧抗日億民死傷
抗敵三軍空戰悲愴
航空健兒奮勇墜亡
建館紀念壯士歇當
苦哉將士來者勿忘

戊子清明 林中明

二之二

黃鶴高樓
長江水
遷客騷人
有所歸
梅花落
年一在
樓上無人
玉笛吹

丙戌暮春 太陽里人

黃鶴樓前觀夕陽
東山寒月猶未起
落日火球煮大江
漫天烽煙燒飛鳥
明朝金烏又雄強

丙戌暮春 太陽里人

意譯波斯詩人魯米
無題詩
癸未六月初二
林中明

春色滿果園
酒醺光耀眼
榴花紅似火
映照美人顏
君若不克至
彼亦無傷嫌
君若翩然臨
彼亦然歡言

詩人周春塘教授古詩詞作品及
英詩之大家也癸未六月初大文
不由詣讀報與余暢談其人
其詩頗有本臺乃以吾繹之意繪其圖

陽春白雪黃昏夜

李花疏墨樹
春落疑冬雪
窗暗無來客
孤灯照寂階

或得靜者先生
昔年書陳後山
詩持贈之意

乙丑二月四日太陽里人書
陳後山客有可人期不來
之句意兼憶靜者先生

陳后山感懷詩
乙酉重九 林中明書

書當快意讀易盡
客有可人期不來
世事相違每如此
好懷百歲幾時開

一九八九年五月末台靜農先生於台大師生夜宴後书此為贈

先生深夜庭墨書詩
意非在字
台靜農
先生余之
太老師也
其人蓋具
小說家與
書藝之長
於摄晉六
朝史史之
外別有
夫藝上之
成就此為
一般學者所
難及之處
而所不能及
者胸襟與
風骨也

心懷
情深
氣盛
意洒

清代書法家郭尚先嘗云
書家每作一碑意之所至
各自為體未有守定法者
書各有真性情豈少擡頭
弄姿出於一轍乎

余嘗有字達情之說以為
每作一幅必當與詩畫相
應和當有風雲雨雪吾
意京樂皆岸無一轍乎
今讀舊成宗氣尚先書法
理論研究筆擇其義書
聯以為讀書心得也

太陽星乙丑四月十八日

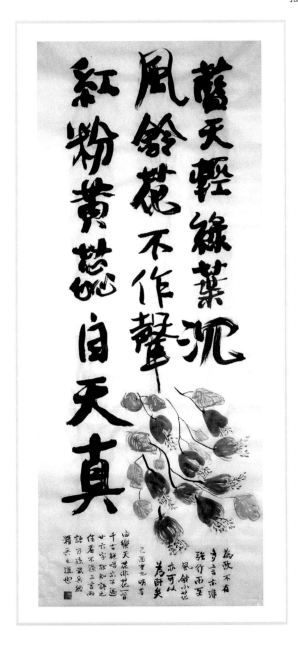

古之巫者噴火舞羽
今之駭客混水摸魚

丙戌太陽里人識

靈山出處別著拈中明　丙戌正月
高行健氏仙靈
山一書之語法獨
創兩獲諾具爾
文學奬熙芳之
鐵鏈書管雛編
蒐辭洪興祖補注
九歌(二之題巫)巫一
第二汴一可知凅長民技
出於此以靈山靈物

北玄印象
乾坤生
天地
道演水
火氣
一气化
三清
七星導
正義

丙戌九月十三日
太陽里人

林中明攝記
甲申月廿日
黃金壹萬六兩
金西藏其神聖
捨去第三層
令小兵以刃
進佔此宮
二戰日軍
據導遊言

二層皮
日軍拈去
知原因否
問君可
別甚奇
明暗有
陽裏
金瓦
輝煌夕

小布達拉
宮金頂

江深峽險
山高水淺
逆流溯源
舟小志遠

癸未正月
林中明

〈黃河魂景區〉

《仲夏踏泥》

《詩經》豳風，黃河踏泥。光腳滑稽，老小嬉戲。

I.詩的本質

導　　言

　　本書的第一組文章，名之為“詩的本質”，它包含四篇論文。作者在第一篇 ──〈詩的本質與格式、聲韻、記憶、腦力的關係〉裏，強調詩的“第一義”不在格律、音韻，而在內容和感情，所謂“文達義、字達情”。文中並以一些膾炙人口的舊詩為例，以證明作者的論點。作者也應用心理實驗的結果，率先指出，四六、五言、七言格式的流行，與人對數字、文字的記憶能力有關。文章並采用現代腦科學的瞭解，以探討詩的斷句與行句空間的作用，以及聲韻對記憶連串的幫助。並對詩的長短，陳述了新的看法，也翻譯了一些英詩，以闡明“信、達、雅”雖難，但仍當勉力；而本文對漢詩的論點，也大多可以轉用於西方詩作的理解。詩有它獨特的本質，人們誦讀詩句時，口、耳、眼、腦的協作運思，以及詩是一種“節約能量和腦力”的文字安排，以便集中注意力去“聯想賦比、起興遊虛”，則也是中西所同，而可以行於古今和天下。

　　本組的第二篇論文，從“詩的本質”共性，推進到對人類共情的討論，而以情詩為“渡河的工具”。2009 年 9 月份的《美國科學人》雜誌有一篇文章探討愛情可以激發創造力的問題[1]。該文

1　N. Liberman & O. Shapira, *Does Falling in Love Make Us More Creative?*, Scientific American, Sept. 29, 2009. "...why is love such a stimulating emotion? Why does the act of falling in love – or at least thinking about love

的作者引用科學實驗證明 —— 愛情的幻想，如果是對長期柔情的
起興，可以讓頭腦換一個思想方式，跳出平日的固定思維框架，
而給予創造力一個"飛龍在天"的機會〈中西古代情詩比略短述
—— 並由《周易‧乾卦》推演"賦比興"的幾何時空意義〉這篇
短文，不僅從詩的起源來看情詩在詩學和詩史上的重要性，而且
由中西古代的情詩，我們可以清晰地看到人類愛情的共通，和人
性的共通。從這一個基本人性的瞭解，讓我們看出美國社會學家
杭廷頓的"文明衝突論"，過分偏重於對"病理學"的負面驚
呼，而非如中西經典情詩對"生命學"的正面讚頌。

　　這篇論文更率先集合西方的幾何學與中華最古老的《周易‧
乾卦》，來瞭解《詩經》和"詩"所使用的"賦、比、興"方法和
思維，並指出它們與任何創新的方法相通。這不僅顯示了文理可
以互補，而且讀"詩"對科技上的"大創新"，也常有其啟發性。
這一個古老的命題，可以闡示超過字面上的意義而涵具重大的道
理。文藝和科學這兩大"文化"，表面上垂直不能互通，但是它
們也有重疊之處，並且在創造設計時的一些基本考量更是相通或
相同。這是作者在全書裏也一再加以關注和闡明之處。找到共同
點，"八大文明"和"兩大文化"，就可以相。現代的人文社會
學學者應該多做為不同的文明、文化做"架橋"的工作，並批判
那些以"放火炸橋"來爭一時之名,但缺乏同情心的學者和政客。

　　本文所附的插圖和詩畫中有和詩畫中，作者有一首英詩，收

- lead to such a spur of creative productivity? One possibility is that when
we're in love we actually think differently. This romantic hypothesis was
recently tested by the psychologists Jens Förster, Kai Epstude, and Amina
Özelsel at the University of Amsterdam. The researchers found that love
really does alter our thoughts, and that this profound emotion affects us in a
way that is different than simply thinking about sex."

入 2008 年「美國數學學會」的「數學與情詩」朗誦會詩集，詩名是 "All the World is a Complex System - Of the Imaginary and the Real,"（中譯名為〈世界複變，奇正虛實〉），以數學的複變函數和《孫子》的兵法來論愛情，這也顯示了詩可以經由兵略，跨越到數學領域，再度實踐了本書之名 ──《詩行天下》。

本組的三、四兩篇論文:〈氣象文學之祖:《詩經》── 從 "風雲雨雪" 的 "賦比興" 說起〉及〈《昭明文選》中的氣象文學〉，乃繼承上一篇對 "賦比興" 的討論和理論，從人和自然的關係與從《詩經》以來，詩人對天候氣象的反應，來探討人類文學史上尚未正式立項探討過的「氣象文學」與「氣象詩學」。作者利用電腦檢索來分析自《詩》至《楚辭》，再到漢魏南北朝、唐宋的詩詞賦裏，有關氣象的 "風、雲、雨、雪" 及 "祖" 字等字的字頻，發現《小雅》和《大雅》的作者群，具有明顯不同的寫作心態和表演考量。這對兩千年來熱烈討論甚麼是《大雅》和《小雅》的異同這個大問題，用電腦為工具，以統計學的思維，找出了新的資料，並提出新的看法。從統計中華古代 "大詩人" 在他們詩作裏有關氣象的字頻，清晰地發現 "大詩人" 對氣象變換的敏感度和人天的感應，確實高於同時代的其他的 "一流詩人"。這些新發現，應當可以帶給世上愛好詩學和國學的學者們新的研究方向和生動有趣的新領域。

本組的最後一篇論文〈陶淵明治學思維闚觀 ── 兼說《文選》數例〉，特別選了他的〈桃花源記〉和〈閑情賦〉來討論，以承接本組第一篇〈詩行天下〉的論點，並為下一組的討論鋪路。〈桃花源記〉是眾所熟知的短篇小說，陶淵明用字精簡而暢順，不到四百字，說了一個不朽的哲學故事。它的形式表面上是散文，但是讀起來朗朗上口，音樂性極強。如果應用第一篇論文 "甚麼是好詩？"的定義 ──「用最少和最精煉的字句，借助視覺格式和聽覺效果，表達最多的意思和感情，又能強烈感染讀者之心，引發多樣的想像，並留下最深刻而久遠的記憶者。」來衡量此文，就會發現〈桃花源記〉其實也是一首好詩！〈桃花源記〉不僅是一篇"好詩"，而且其中透露了陶淵明做學問的態度。關於這位超一流的的大詩人在潛意識或思想上如何"做學問"？這是此文中的另一個大題目。

　　至於〈閑情賦〉一文，陶淵明採取奇正辯證的筆法，用強烈的對比和重復如歌的節奏去表達"十願與十悲"，由"質變到量變，而成功地給予許多古代讀者，包括蕭統，一種幾乎累積百倍強大的感性衝擊。這又印證了〈詩的本質〉一文中，作者以兵法論詩的論點。這一段議論也討論了一個詩人寫詩，成於何時與幾歲的重要問題。〈閑情賦〉一文的寫成時間和陶淵明幾歲寫成此賦的問題，自古以來有多種說法，但是至今（2007年）沒有一個可以完整回答所有問題的答案。我對過去所有的猜測所用的方法都不同意，因為至今所見到的論文和意見，都認為陶淵明只在"某一段時間"完成此賦，而沒有人用詩人和畫家的經驗去體會一件藝術作品，從構思，建造，到初步完成，然後又有若干次的潤飾修改，最後留下來的作品，才是"完成"或"未完成"的作品。而傳諸後世的"成品"，又很可能不是時間上"最後"的作品。文論學者或考證專家如果限制一件文藝作品在時間的一點，這很有可能是錯誤，或只對了一部分。

　　我個人以為所有的大作家和藝術家，都有不斷改進自己作品的"欲望"。有些作品，反映了作者當時的特殊情感見識，後來時過境遷，若再想改動，則常如刻舟求劍，情"隔"識"邪"，所謂加一字則囉唆，減一字則趣弱。但如果能保持年青時的熱情內容，又加上中年的經歷，以及年長時的哲思和文字精鍊，則有可能成為情理文字均佳，"立體型"的好文章。所以我認為〈閑情賦〉的初稿當在三十左右，然後又改寫若干次，直到五十之後，纔寫成我們看到的模樣。這個猜想，也是由張愛玲寫〈色、戒〉前後修改 28 年而啟發。"這一篇論文藉助於劉勰和張愛玲的行文和身世，把"詩"和"文"在創作上的類同性加以交叉討論，而不止於"直線性"地討論表面上是"詩"的作品。

2009 年 11 月 20 日

或近　或遠　亦空　亦有　不住　不滅　不生　即所　即流

三橫
千壘
萬點
一以言之境界已
雲
癸未十月冬南寶寨
毎州書齋記事

詩的本質與格式、聲韻、記憶、腦力的關係

（Lin, Chong Ming ）

1763 Lark Lane, Sunnyvale, CA. 94087 USA.

Tel/Fax: 408-257-9461, email: Lcm20001@comcast.net

摘要：好詩的本質應是用最少最精煉的字，借助視覺格式和聽覺效果,表達最豐富的思想感情,引發讀者多樣的想像並留下深刻的記憶。我們研究《孫子兵法》、《心經》以及西方愛倫坡等的詩歌理論,都有助於我們對這種本質的理解。詩歌的長短、格式、音韻,有助於讀者注意力的維持,並能加強短期與長期的記憶。讀者也須借助視覺、聽覺、嗅覺、味覺、觸覺來達致對詩歌的理解。

關鍵字：詩的本質；"長詩非詩"；
　　　　　視覺格式；聽覺效果；
　　　　　記憶和詩句字數的關係

一、前　言

　　胡適先生在世的時候喜歡寫南宋思想家呂祖謙《東萊博議》中兩句話："善未易明，理未易察"，送給朋友和學生，勉勵他們要"獨立思考，不盲從，不受騙，不用別人的頭腦當頭腦"。後來胡適在給北洋大學學生陳之藩的信中更冷靜地解釋"善未易明，理未易察"這八個字 ——"就是承認問題原來不是那麼簡單容易"。其實天下的事情，不止是"理"和"善"未易"明"，世間思想的基本範疇，從來都沒有一定的答案。就像孔子的思想，每一個朝代，都有時代的見解。有時是進步了，有時是退步了。大半的時間，可能都在原地打圈圈。自古到今，中西學者不斷的在研究"什麼是美？"，也似乎從來沒有共識。至於"何謂幽默？"、什麼是"詩"？什麼是"好詩"？"大詩人"的定義是什麼？杜甫有沒有幽默感[1]？陶淵明只是淡泊的詩人嗎[2]？……等等，也都跳不出類似的情況，有時現代學者在文藝的躬行和理解上還不及古人。好在現代的資訊發達，科學進步，我們得以利用全球的"新信息"來擴大對中西"雅藝術"的瞭解，並且"借助知識平台"，來瞭解一些相關而更基本的生理及心理現象，用以增進我們對一些基本範疇的理解。　本文即是在這種情況下，就詩圖對詩的本質，以及格式、聲韻與記憶、腦力的關係，加以初步的探討。

1　林中明《杜甫諧戲詩在文學上的地位 —— 兼議古今詩家的幽默感》，杜甫1290 年國際學術研討會論文集，2002.11.28 及 29 日，淡江大學。臺北·里仁書局，2003.6.，pp.307-336。
2　林中明《陶淵明的多樣性和辯證性及名字別考》，第五屆昭明文選國際研討會論文集，學苑出版社，2003 年 5 月，pp.591-511。

二、什麼是詩？為甚麼“詩不是文”？

　　《孫子》說：「故不盡知用兵之害者，則不能盡知用兵之利也」。因此研究詩，也要先從詩之所以衰落著手。近五百年來，中華文明落後西方。原因之一是，科學不發達也不能生根，在缺少希臘發展幾何學以後，又無法用新的“知識平臺”繼續去窮理格物。李約瑟曾說「中國科學不發生的原因」，是因為中國是一個太實用的民族。這話用於說明國學研究和科學探討的不進步，恐怕也有幾分真理。因為我們都喜歡找實用的目標來作題目，事半功積而“權人”不犯，“至理”不憂。譬如朱熹在《詩經集傳‧序》裏雖然問：“詩何為而作也？”，似乎要窮理致知，但是他馬上又問，“然則其所以教者何也？”這就把詩的研究，又退回過去人討論過的實用“外相”了。

　　現代人的工作壓力還比古代人大，成天忙碌無比。因為忙，所以沒有時間去看費腦力的古書，不喜歡讀古詩，也不重視新詩。因為大部份的古詩文字艱深，思想不夠時髦，大多又和現代生活隔離，而新詩又不耐讀、耐看及耐想。所以現代的忙人多半只喜歡看有趣的圖，速戰速決，聽流行的歌，尚且可以有助於人際交流，因此漫畫和流行曲就取代了詩和長文。但是仔細的觀察，好的歌詞都可以當詩來讀，而四格漫畫用的手法，其實還是四行絕句詩的手法，所以我說如果小鳥是恐龍的後裔，那麼漫畫3就是詩的變形，而歌本來就是詩的兄弟。可見得今人並非品味低落和不懂詩，而是現代的詩身穿舊衣，帶了口罩和手銬腳鏈，所以失去

3　Charles Macgrath, “ Not Funny ”, New York Times, July 11, 2004.

活動力和吸引力。我們要研究詩的形式和音韻，不能不先從甚麼是 "詩的本質" 下手，消化古義，簡化要點，然後才能講詩的復興及現代化和大眾化。說到漫畫，記得豐子愷賴以成名的第一幅漫畫，只簡單題了兩句如小令的十個字：「人散後，一鈎新月天如水」。這在形式上，雖然不是四言或七絕，也不押韻，但是它雅俗並賞，沒有人能說它不是詩。以下，是我試著對從古至今，"什麼是詩"？這個老問題先略加以探索。

【劉勰論詩】

劉勰在《文心》裏，用了《總術》、《章句》和《體性》等篇，來說明 "文"、"筆"、"言" 的形式和內涵有何不同。雖然後人對這些簡略的敘述還是有爭議，但是劉勰至少曾嘗試給它們下了一些定義。然而劉勰與專寫《詩品》論詩的鍾嶸，卻把 "詩" 當作人人接受和理解的文類，不再解釋。在《明詩》篇裏，劉勰並沒加以分辨 "甚麼是詩？" 為甚麼 "詩不是文"？而 "文也不是詩"？如果「詩言志」和「詩者，持也。持人情性」，那麼難道 "文" 和 "藝術" 就不 "言志" 和 "持人情性" 嗎？《孫子兵法》說：「知彼知己，百戰不殆。不知彼而知己，一勝一負」。論 "文類" 至 179 種，而不究 "何為詩、文之別"，我們不能不說這是劉勰、鍾嶸和古代學者的集體疏失。

【什麼是 "詩"？】

至於要用上許多字來寫 "詩"，這還算是 "詩" 嗎？"什麼是好詩" 和 "大詩人的條件" 為何[4]？這一類有關詩的 "本質" 問題[5]，中國文人自古以來都不注重，認為這些是 "想當然爾"，不言

---

4 林中明《杜甫諧戲詩在文學上的地位：兼議古今詩家的幽默感》，《斌心雕龍》學生書局，2003。264-265 頁。
5 就像是禪宗學者喜歡問 "何為祖師西來第一義？"

自明的常識。在這種思維大環境之下，就連相當慎思和喜歡明辨的劉勰也不例外。相比於近代西方文論學者，他們又過於喜歡給"詩"下繁瑣的定義，但是大部份的學者習於以學術術語解釋學術術語，雖然匯為專書，也很少能用幾句話，和幾個例子，就能把它說清楚講明白。有鑒於此類的困惑，我曾經借助於《孫子兵法》和現代的常識，試圖給"好詩"下一個簡單的定義。因為窄義的"好詩"定義，似乎比廣義的"詩"容易定義。

【什麼是好詩？】

所謂好詩者，乃是「用最少和最精煉的字，借助視覺格式和聽覺效果[6]，表達最多的意思和感情，又能強烈感染讀者之心，引發多樣的想像，並留下最深刻而久遠的記憶[7]」者[8]。

根據這樣一個比較清晰的定義來理解，"好"的詩、樂府、詞及賦，雖然它們形式名稱不同，但是就「用最少和最精煉的字，借助視覺格式和聽覺效果，表達最多的意思和感情，又能強烈感染讀者之心，引發多樣的想像，並留下最深刻而久遠的記憶」而言，它們在本質上都屬於同一文類和級別，但它們和"文"、"散文"、"韻文"或是"歌"，這其間還是有其基本上的大差異。當然有時候也不能強行分割，況且還有"混合體"的問題存在其間，這

6　陸機《文賦》：文徽徽以溢目，音泠泠而盈耳。

7　據說，拿破崙曾說過：「最深的記憶，都比不上最淺色的墨水」。（類似朱光潛引 Ruskin 的話："最美麗的羅馬裸女雕像，也比不上血色艷麗的英國姑娘。"

8　張中行《詩詞讀寫叢話 —— 家有敝帚，享之千金》說：「詩詞有特種性質的強的表達能力，這主要表現在三個方面。其一是"精練"，即小本錢能做大生意。其二，"詩詞是表達幽微情意的妙手"。其三是利用漢字單音節、有聲調的特點以取得悅耳的"音樂性"，其他表達形式很少能夠這樣」。（林按：張公的說法和部份本文類似，但本文更強調視覺和記憶的重要性。）

包括部分帶韻的《老子》，以及「體簡而意淵，語微而旨遠[9]」、「機鋒俊拔，寄無窮之意於片語，包不盡之味於數句[10]」，讀之記憶深刻不能忘記的《世說新語》。

【大詩人的條件】

有了"什麼是好詩"的一種定義（當然不可能是唯一和絕對的），我們就可以順便再來看看"什麼是大詩人"？從歷史來看，大詩人似乎必須是才子，而才子卻不一定能成為大詩人。因為才子若無環境，不習詩法，終難成為大詩人。大科學家和藝術家都必須有大創新，同理，大詩人在風格上必有其創新，元積說杜甫「盡得古今之體勢，而兼人人之所獨專。」可以說是『知詩』之言。但我以為大詩人的"多樣性"裏還應該包括人類基本感情中和『喜悅諧戲』有關的『幽默感』。在文藝上，愁苦的情緒可以『戰略性』的堆積，但幽默諧戲的本體不雅，德音易壞；而表達的方式又多半是感情能量的『戰術性』快放，以致難以鋪陳懸疑、引人入勝和『戰略性』地營造大氣勢，所以歷來文評家都說「愁苦之言易工」，而諧戲之詩難成。但「好詩」之成，還不一定是「能工」和「守律」而已。我認為，「一首好詩，不論古今中外和體制格律，要能用最少的字，表達最多的意，不僅最能感人，而且能留下最深遠之記憶。」

當代有名的詩人余光中在《大詩人的條件 1972》這篇短文中引述英裔美籍詩人奧登在《19 世紀英國次要詩人選集‧序》的話："大詩人必須在下面五個條件之中，具備三個半才行。1.多產；

9　日本‧釋竺常（1719-1801）《世說抄撮》。引自王能憲，《世說新語研究‧附錄》，江蘇古籍出版社，1992 年。第 249 頁。

10　日本（文化年間），菅原長親〈《世說音釋》‧序〉，王能憲，《世說新語研究‧附錄》。第 251 頁。

2.題材和處理手法上，必須範圍廣闊；3.洞察人生和提煉手法上，顯示獨一無二的創造性；4.詩體技巧的行家；5.看得出早晚期作品的先後[11]。如果精簡並擴大他們的看法，我認為大詩人之『大』，大概是：（1）：量大，時長[12]，面廣；（2）：思深，情厚，意遠；（3）：技熟，字煉；（4）：膽大，創新；（5）：由感取勝[13]，由小見大；（6）：人各有體，自我實現[14]。把"好詩"和"大詩人"的定義合在一起，從"詩"的〈原道〉到"大詩人"的〈徵聖〉[15]，這樣對"什麼是好詩"的這個問題，或者可以瞭解得更充分些。但是"一代有一代之學"，人類對詩的瞭解，與時空並進，範圍當然不僅止於此。

三、從《孫子兵法》看「詩」的特徵

　　《文心雕龍・序志篇》說：「宇宙綿邈，黎獻紛雜，拔萃出類，智術而已」。劉勰的看法，其實也就是「智術一也」。我曾一再指出，劉勰的文論思維中，引用了不少《孫子》的兵略思想。而且

---

11 作者按：這是假設作者從來沒有修改潤飾過自己的舊作，而且他（她）的人生過程是單純、直線、片斷和不重復的經驗。由此可見奧登眼力在寫序文時，尚未達到一流的詩人和文學批評者的境界。

12 包括對歷史的聯係和時間的感受，如「六經皆史」和「逝者如斯」。而且能現代化，「與時偕行」（《易經・乾卦》）。

13 葉嘉瑩《漢魏六朝詩講錄・曹丕》：我認為，這「以感取勝」才真正是第一流詩人所應該具有的品質。……僅僅是平時一些很隨便的小事，都能夠給你帶來敏銳的感受，也就是詩意。

14 馬斯洛（1908-70）Hierarchy of Needs: from physiological, safety, belonging, esteem to self-actualization needs.

15 作者按：〈原道〉、〈徵聖〉是《文心雕龍》的樞紐五篇之二。其它三篇，〈宗經〉、〈正緯〉一正一反兩篇，對"詩"來說，不及對"文"重要。而〈辨騷〉篇的大膽、創新等特點，則已包括在"大詩人"的五項之中。

用《孫子兵法》來分析文藝創作，以至於詩畫、散文，都很實際，而且具有啟發性。依循著司馬遷以兵法論商，和劉勰用《孫武兵經》來論"文"，則我以為用《孫子兵法》來看「詩」的特徵[16]，也能找出幾個類似的重點：

（1）精、少：

世間的資源有限，所以《孫子兵法》特別講究，將者要能「令民與上同意」，而且要能以少勝多，在精不在多。所謂「兵非貴益多也，惟無武進，足以併力、料敵、取人而已」。古時文士的時間雖多，但可以書"寫"的媒介物少，所以文章要短，詩要短。現代人書寫的紙用不完，書多得連書目都看不完，電腦打字，口述指飛，快到一小時可以下筆數千言。但是大家忙著和世界賽跑，時間少到沒有一分鐘的完全自由，沒有時間"讀"長篇大論，所以古人和今人，寫詩、讀詩，還是要以少為要[17]。清代毛先舒認為："五十八字以內為小令。"（《填詞名解》）。王力在《漢語詩律學》中則認為：「62 字以下的為小令，以上的為慢詞」。《風入松》算是小令，也要 76 字。小令和詩相比，不能算小。但和許多現代詩比起來，又是精少了。漢字精簡的特色也受到《易經》"濃縮化、

---

16 劉慶雲〈孫子兵法與詩法（遊山東濱州孫子兵法城後）〉：兵卒貴精法貴嚴，出奇制勝鼓旗間。方圓虛實生神境，作戰裁詩一例看。2005.10.3.

17 楊振寧《易經與中華文化》，2004 文化高峰論壇。2004 年 9 月 3 日。中文古詩精簡。楊振寧先生說這是中文詩的特性，而受到《易經》精簡卦名的影響。"我這裏面講的精簡的觀念貫徹在中國漢語漢字成因裏面，所以希望只用一個字或者兩個字不大用三個字傳統是這樣子。我覺得這個可以講成是一個觀念，這個觀念是精簡為美，精簡為美與整個中國的文化有密切的關係，你比如說是中國的詩比西方的詩來得短，為什麼呢？如果你在很短幾個字裏面，比如 56 個字就可以講出來很複雜的觀念，很複雜的情感，為什麼要寫更多的呢，所以中國詩比起西洋詩來是短，這個我把它歸納成一個觀念，是和中國有精簡為美的主體觀念"。

抽象化、精簡化、符號化"的影響[18]。這也表現在"辭如珠玉"(《文心雕龍・程器》)的《孫武兵經》中。

(2)"法"、"嚴":

《孫子》五校,說"道天地將法";論將,要求「智信仁勇嚴」。所謂「法者,曲制,官道,主用也」,所以寫詩也要有"法"。詩的格式基本要求也不外乎兵法的"「一曰度,二曰量,三曰數,四曰稱,五曰勝;地生度,度生量,量生數,數生稱,稱生勝。」故勝兵若以鎰稱銖,敗兵若以銖稱鎰"。打仗用兵,受到天地、人、時空和資源的限制,什麼情況下用方陣、圓形或四象八卦,這都有其量度,這和中西詩的四言八句、抑揚五步、十四行等形式的要求也類似,至於練字遣辭,這和打仗用刀射箭,練兵遣將,同樣須要精準。寫詩如口語,而不見錘煉的痕跡,這只有陶淵明才作得到,就像歷史上用兵的天才如岳飛和王陽明,「運用之妙存乎一心」,可以不受此類限制。但是天才千年一出,我們還是要有一些法度,才能"令讀者與詩人同意也"。共通的形式和精煉的語言,能節省讀詩者的精力和時間,能量和時間,是物質時間裏的兩大基本要素,但也牽涉到讀詩者的吸收和起興的問題,這將在後面再進一步討論。

(3) 建勢、持節:

《孫子》的"節",不是瞄準而已。就寫作而言,"勢如張弩,節如發機,求之於勢,不責於人"是講建構高潮,拿捏時機,「因情立體,即體成勢(《文心雕龍・定勢篇》)」取讀者之耳目心志。

---

18 楊振寧《易經與中華文化》,中華文化高峰論壇演講稿,2004.9.3。

《孫子》說“故善戰者，其勢險，其節短”。這譬如日本的俳句，一句數字而已，可謂短之極矣，但是它仍然有十七音的制度限制存焉。有限制，所以可以集中精力，發揮攻擊的火力，反而更自由。近代大音樂家，Igor Stravinsky 就曾如此辯證地說過類似的話。詩和音樂，本來是兄弟，所以寫作的要素當然也差不多。

（4）旌旗金鼓　一人耳目　變人耳目：

《孫子・軍爭第七》說：“軍政曰：「言不相聞，故為金鼓；視不相見，故為旌旗。」夫金鼓旌旗者，所以一人之耳目也；人既專一，則勇者不得獨進，怯者不得獨退，此用眾之法也。故夜戰多火鼓，晝戰多旌旗，所以變人之耳目也”。這其實也是詩以眼、以耳為讀者之導向的同一原理，如果詩人只寫給自己看和聽，則要求自然可以放鬆，因為寫的人自己知道寫的是什麼，眼耳導向對自己的注意力幫助並不大。但是如果讀者每句都踫到新形式和怪字符號，眼耳俱疲，則不能“打仗”矣。歌的攻擊重點在耳，詩的信號攝入主要由眼，這也是兵法部勒軍隊進退的方法是與詩道相通。

（5）出奇制勝：

杜甫的名句「語不驚人死不休」，也是出於兵法。老杜之句，晚於孫吳的兵法一千多年，好的絕句詩，一句一絕，一波未平，一波又起，“因方以借巧，即勢以會奇（《文心雕龍・物色》）”，不用蠻力，借勢出新。能手還能埋下伏兵，到了尾句，奇兵突出，震憾讀者。這種寫詩的方法其實和兵法亦無二致。陳腔濫調，並不能引起讀者的注意力，有奇句，有伏兵隱意，詩句才有可能“強烈感染讀者之心，引發多樣的想像，並留下最深刻而久遠的記憶”。

（6）取用於國，因糧於敵，故軍食可足也：

詩的「比、興」之用，也在讀者由各人經驗自行演繹。能取用他國的兵馬糧食為己所用，所以能用最少的字，說最多的意思。善用典故的詩人，也是“取用於國，因糧於敵”，許多新詩不會活用舊典，所以要用幾倍的話，才能說一個意思，結果除了靠大量斷句來模仿詩的形式之外，和散文的平鋪直述，可說是並沒有兩樣。

（7）集中、突破，“速戰速決”：

“兵貴勝，不貴久”，故“兵聞拙速，未睹巧之久也”，這是古今中外的戰略原則[19]，也是詩的原則。好詩警句，以一字勝出，一句而壓全場。就像兵法的一擊潰敵，一刀奪命。散文可以多用字，得以從容逼敵。詩，是精兵，必須“集中、突破，速戰速決”。

（8）“故善動敵者，形之，敵必從之；予之，敵必取之”。

詩之所以要有固定和讀者熟悉的“形式”，就是要讓讀者容易隨從詩人的意思，不必每次每句面對新的格式。能省腦力，所以“行有餘力”來展開“比、興”的思維想像。所以“形之，敵（讀者）必從之；予之，敵（讀者）必取之。使用怪字僻典，讀者不能接受，望而生畏。雖“予之”，而大部份的讀者不願取之。俗人

---

19 約翰・柯林斯《大戰略：原則與實踐》（John M. Collins, Grand Strategy: Principles and Practices, Naval Institute Press, 1973）。大戰略的作戰原則包括：目的、主動權、靈活性、集中、節約、機動、突然性、擴張戰果、安全、簡明、統一指揮、士氣。林按：這都通用於文藝創作的原則。

不收,雅士不讚。只好孤芳自賞了。

　　學術理論和兵法理論一樣,必須"消化、簡化"後,再加以實用。否則只是能說而不能行。成了"紙上談兵",被識者笑話,被敵人活埋。下面我試借用以上的兵略原則,來分析一些中西名家的"詩論"。譬如:

四、愛倫坡「長詩非詩」論

　　愛倫坡認為長詩即使是"巧"工,但是拖得太"久",不能"集中、突破,速戰速決",所以"不是詩"。但是我認為他的邏輯理由並不"充分",並且有許多例外。其中包括他自己的一些長詩,和串聯成集的《離騷》等長詩。串聯成集的史詩、長詩,就像白居易《琵琶行》長詩裏的名句曰「大珠小珠落玉盤」,它們個別成珠,串珠成鏈。但如何讓大珠、小珠落的有法度和秩序?是用"金線"串成"金縷衣"?或者集小河成大河,集小勝成大勝?這些都需要建構"持久戰[20]"的大戰略和精密的補給及嚴格的戰術。所以寫長詩的要求,與大部份即興成詩的詩人性格不合,但也非絕對。譬如 1971 年獲得諾貝爾文學獎的智利詩人聶魯達,他在 1924 年 20 歲時就發表了成名作《二十首情詩和一支絕望的歌》。但是他在 1943 年騎馬登馬丘·比丘絕頂,受到拉美文化源頭與天地悠悠的震憾,到了 1945 年,寫下 500 行長詩《馬丘·比丘高處 "HeightsofMacchuPicchu"》。這首詩分 12 章,可以說是「大珠小珠落玉盤」的長詩的又一佳例,並被文學界公認為他的代表作。

　　再譬如英國的大詩人雪萊,27 歲寫成長詩《西風頌》,用的

---

20 毛澤東《論持久戰》,1938 年 5 月。

是雙韻體結尾的義大利三行體，所以讀者有重復的 "格式" 可循，不因詩長，格式散亂，而混淆對文字的注意力。雪萊此詩借西風之勢，如長江大河，滾滾而來，前浪未平，後波已湧。所以這首詩雖然長達七十句，十四行詩的五倍長，而讀者不覺其長，也沒有人認為這首長詩不是好詩，尤其是結尾一句，"If Winter comes, can Spring be far behind?" 更是一句抵萬詩。可惜三年之後，雪萊死於海上的風暴，豈所謂 "代大匠斲，終傷其手歟" ？

　　長詩如果沒有 "珠" 和 "玉盤"，串不成好詩，猶如打仗，雖然日日作戰而無勝，其結果是集大小 "不勝"，也不能成為 "小勝"，何況 "大勝" ？上古的人傳說以 "結繩記事"，但如果繩子長了，絞成一團，不僅失去 "注意力"，而且所記之事，前後顛倒，"記憶" 混亂，"賦" 且不成，如何 "比興" ？再說「常山之蛇」若長十里，不能首尾呼應，就像恐龍自食其尾而不知，以至於絕滅。所以「詩長」者，常常是由於作者不能 "精簡、集中、突破"，所以採用 "十則圍之"，以量代質的戰法，其不善戰可知[21]。所以愛倫坡說「長詩非詩」，確有一部份是至理。只是如果把他自己的名詩《大烏鴉》和 Gelett Burgess 的成名短詩《紫牛》相比，長達千字的《大烏鴉》，可能也不能算詩了。

21　根據胡小石弟子吳翠芬《獨向深山深處行 ── 憶胡小石師》中的記載，1961 年胡小石最後的一次演講，題目是杜詩，其中之一段，他以杜甫《北征》和《羌村三首》二長短詩相對比，論詩之短長曰：「小石師…把《北征》與《羌村》作了比較，說：這兩首詩寫作時間緊相連接，《北征》稍後，要互相參看。在杜詩中，《北征》最長，《羌村》較短，從劇本說，《北征》是連臺本戲，《羌村》是折子戲。從演員說，前者是長靠戲，有套數；後者是短打戲，摺子。以詩而言，<u>長詩波瀾起伏，有張有弛，結構上未必段段精采，而是有些精采處，也有可以唬得過去的地方</u>。而<u>短詩則是集中、精煉、吸攝人心，精采處可使人易於感到，表現出來</u>。《羌村三首》每首各從不同的角度著筆，每首都很精采。」

Example: Gelett Burgess（1866-1951）,*"I never saw
 a purple cow"*（林中明直譯）

I never saw a purple cow。	我從沒看過一頭紫牛。
I never hope to see one。	我也從沒想去看一頭。
But I can tell you, anyhow，	然而，讓我告訴你呦，
I'd rather see than be one！	我寧願看不願是一頭！

　　Burgess 能文能畫，但文名為此詩所掩。後來半得意半後悔的
又留下四句[22]，結尾是 "懊惱寫陋詩，誰引我殺之。" 似乎認為
他的小說和插圖幽默文章才能表達他真正的才能？

Example: Gelett Burgess, *"The Purple Cow: Suite"*:（林中明意譯）

CONFESSION: and a Portrait, Too,	這是坦白，也是自述。
Upon a Background that I Rue！	於此背景，我悔欲哭。
Ah, Yes! I Wrote the "Purple Cow",	嗚呼哀哉，紫牛我出。
I'm Sorry, now,	
I Wrote it！	
But I can Tell you Anyhow,	萬勿告人，否則汝誅！

五、散文與詩的分別

　　如前所論，詩是精兵，講節制，講突擊的高度效果。　散文

---

22 Gelett Burgess, *"The Purple Cow: Suite"*: CONFESSION: and a Portrait,
Too, Upon a Background that I Rue! Ah, Yes! I Wrote the "Purple Cow",
I'm Sorry, now, I Wrote it! But I can Tell you Anyhow, I'll Kill you if you
Quote it!（作者意譯：這是坦白，也是自述。於此背景，我悔欲哭。嗚
呼哀哉，紫牛我出。萬勿告人，否則汝誅！)

和詩不同，好的散文則如便衣警探，轉彎抹角，不動聲色，人不知其計所安出，看似「紛紛紜紜」然而「鬥亂而不可亂也」。其行動、衣裝和兵器都沒有規則，"不節而節"，似斷而連，卻能"不戰而屈人之兵"，雖勝而不形於色。但"該出手時就出手"，"敵人"沒有預防，反而容易"著了道兒"。詩既然如用精兵突擊要害，所以它的訓練特別嚴格，有一定的格式，讓寫者有所集中，而讀者可以省力，不必次次、句句都要揣摩格式、字數。踫到"新詩"句句失序，該斷不斷，可分不分，處處需要動用「完形理論」（GestaltTheory），浪費了寶貴的耳目腦力。以致讀者喘息不定，目搖神疲，沒有剩餘的精力去"比興"，然後思維"或躍在淵，飛龍在天"。因此，雖然寫詩的人頗有詩意，但是"詩藝"不與人同步同耳同眼，忽略了讀者的"眼、耳、鼻、舌、身、意"。"心"不能附於"物"，讀者沒有"可歸的田園"，詩人變成"遊牧英雄"，此所以新詩偶爾能"佔山為寇"打打游擊，但鮮能"據地稱王"，風光數代。

六 · 視覺、聽覺及嗅[23]、味、觸覺的影響

1. 《心經》：

《心經》不過 260 字。但是字數和古詩相比，可以算是"長詩"；和新詩相比，有時還是短詩。《心經》之所以可以稱為"詩"，因為它濃縮大乘經典，「用最少和最精煉的字，表達最多的意思和

---

23 2004 年 10 月 4 日諾貝爾生理醫學獎，頒發給破解人類嗅覺之密的科學家。其重要性包括"……由春天紫丁香花的香味喚起嗅覺的記憶……"。
The Nobel Prize in Physiology or Medicine for 2004jointly to Richard Axel and Linda B. Buck for their discoveries of "odorant receptors and the organization of the olfactory system".

感情，又能強烈感染讀者之心，引發多樣的想像，並留下最深刻而久遠的記憶」。其中所說的"眼耳鼻舌身意"，"色聲香味觸法"，"眼界"和"無意識界"，甚至"潛意識界"，其實都是「詩」所要借重的"工具"，用來達成詩人的"最大影響力"。其中的"眼、耳"器官，是直接的路徑，有道是"眼見為是"，"耳根最利"。至於幕後的操作，則有賴讀者"鼻、舌、身觸"的經驗，來"比附"詩人在這方面的經驗和心意。這其中又有"當時心意、過去經驗、未來想像"以及"人、我、眾生、壽者"的來往和集體潛意識經驗。Robert Pan Warren 的《海明威論（張愛玲譯）》，指出海明威的寫作技巧在於善用皮膚的感覺，一語道破其風格之特色。詩，是否一定要借用這些感官才能"詩達"於人？這也要看讀者的修行功力。如果蘇東坡年青時也不能真正欣賞陶詩，其餘人等，當然還是需要借重"色聲香味觸法"。不過《金剛經》裏佛說：「若以色見我，以音聲求我。是人行邪道，不得見如來」。這正是對世人過份注重初級感官經驗而說"道"，和說"詩"。有韻的《老子》卻說「大音希聲」，這大概也是指出"意"大於"音"的一種詩性說法。

2. 詩的第一義：《楚辭》或韻或否皆非辭、莎翁無韻無式亦為詩

聽覺的感應，有許多方式，可以是長短音的控制，也可以是以音節變化和重復來對應前後句。況且，有韻的組句，所表達的未必達到"詩"可以表達的"效果"或境界。真正的好詩，其實也不必限於一定的格式和過份的韻律。譬如宋·黃伯思《翼騷·序》評論《楚辭》的特點說：「…悲壯頓挫，或韻或否者楚音也…」，可見大詩人屈平在創作時，不以固定的韻律格式作為寫詩的樣板。余嘉錫《世說新語箋疏》評鄧粲稱裴遐談玄「辭氣清暢，泠然若

琴瑟」，曰：「晉宋人清談，不唯善言名理，其音響輕重疾徐，皆
自有一種風韻。」這就說明了即使是說話，有的人可以把不是雕琢
嚴配平仄音律的話語，隨機切分長短、抑揚音調，產生如歌的詩
韻。但是許多人因為缺乏對詩的真正感情和樂音的敏感，即使是
唸壓韻的律詩，也不見得就產生悅耳的效果。而又有人把朗誦詩
歌當成表演，誇張的表情和聲調，反而破壞了安靜欣賞詩的氣氛
和環境[24]。聲律本來是詩的輔助工具，過份強調和缺乏音韻，像
是蛇添足、虎缺爪，過猶不及，都對好詩造成變形破壞或氣韻損
失。

　　所以清代的文與史學家，章學誠曾說：「律詩當知平仄，古詩
宜知音節。顧平仄顯而易知，音節隱而難查。…詩之音節…如啼
笑之有收縱，歌哭之有抑揚…。[25]」可見詩的音韻表達有許多種
方式，善於誦詩的人，可以把不富音律的文句，運用添加的"長
短（如"嘯"的感性）、高低、急緩、澀潤、強弱、大小肥瘦（《水
滸傳》中的"喏"）……"等等方式，吟讀出富於感情如歌唱般的
音韻。反之，對音樂不敏感而且發音失控的人，一首好歌，也能
斷氣走調。因此，寫詩的人、讀詩的人和聽詩的人，共同決定最
後感受到的音律效果，再看西方英詩中也有許多既無明顯之韻，
也無固定之格式的散文詩，但是即使是評詩和寫詩的行家，也不

24 〈80後有"六怕"？反對詩歌朗誦〉，《羊城晚報》2009年08月21日：
　　"80後"現象研究專家江冰教授認為，"80後"有六怕，一怕詩歌朗
　　誦，認為是以真善美姿態販賣假大空；害怕假大空，但不反對詩歌。工
　　作在國企的李先生認為，其實並不是怕詩歌朗誦，而是怕假大空，覺得
　　很做作。貌似要昧著良心做自己不喜歡的事情，很假，所以"噁心"在
　　所難免。調查中還有很多"80後"並不反對詩歌，認為詩歌是一種很好
　　的感情宣洩。但普遍較反對詩歌朗誦的形式。
25 章學誠《文史通義新編‧內篇二‧文理》，倉修良編，上海古籍出版社，
　　1993年。第83-84頁。

能輕易否認它們不是詩[26]。

　　現代的電腦程式可以輕易地協助人們寫各種合乎規範的格律詩，但是想象力和學問有限，而且沒有感情的電腦程式，絕對不能把壞詩變成好詩。詩仙李白說：「綺麗不足珍」、「雕蟲喪天真」。所以李白雖然律詩寫得好，但他更喜歡更自由的七言歌行樂府詩。因此李白的"五言律詩只有七十多首，七言律詩只有十二首"[27]。杜甫是用韻的大家，但也必須換韻多次，才能寫長幅的律詩，以保持"大珠小珠落玉盤"的質量。到了清代的黃遵憲（公度），他曾多次刪改自選詩集《人境廬詩草》，甚至刪改一些律詩為絕句[28]！我想這有可能是他已經覺察到律詩的舊框已經妨害了詩的韻味，所以改為絕句，以求文字表達的自由。而王國維在《人間詞話》中也說：「近體詩體制，以五七言絕句為最尊，律詩次之，排律最下。蓋此體于寄興言情，兩無所當，殆有均之騈體文耳。」這就說明近體詩中的刻板格律，形式損害了詩韻，得不償失，反而不及古體詩的形式與音調韻律平衡，來得順暢達義與自然見情。

　　這些明顯的例子，對於固執地以為寫詩非要用格律來作詩的人來說，應該是有洗目革心的教育意義。詩如此，書法如此，電影如此，天下高妙的藝術都是如此。王僧虔說「書之妙道，神采為上，形質次之。兼之者方可紹與古人」，這和詩的格律考量當置于神思之後，我認為是同類的思維。好的電影也不在固定的結構、

26　錢學熙，〈錫德尼《為詩辯護》譯後記〉，人民文學出版社，1998 年。第 70 頁："詩行"只是一種裝飾，不是詩的本質或"詩的成因"。…因而他認為色諾芬和和赫利奧多羅斯都寫出了"完美的詩"，雖然"二者都是用散文寫作的"。

27　王運熙、李寶均《李白》，上海古籍出版社，1979。第 101 頁。

28　周作人〈（論）《人境詩廬草》〉，《知堂書話（下）》鍾叔河編，臺灣・百川書局，1989 年。第 28 頁。

明快的節奏、熱烈的畫面及優美的音樂，而是看完之後，當所有的技術、格式都模糊淡化之後，心裏是否仍有莫名的感動[29]？例如下列幾首有名的詩，用現在的讀音，它們並不完全押韻，但是沒有人會說它們不是詩，而且人人認為它們是"好詩"。

（1）《詩經・關雎》："參差荇菜，左右采（ts-er）之；窈窕淑女，琴瑟友（hiu-er）之"。

後人讀"采""友"不同韻。但也不妨礙對此段詩的欣賞。宋人朱熹在《詩集傳》裏注"采"「葉此禮反」。今人王力先生說「采與友古韻同部，禮與友古韻不同部，葉"此禮反"反而是錯誤的」[30]。

（作者按：王力用現代音韻學的知識平台來檢驗《詩經》，可靠度當較朱熹時代為高。讀音"er"係"倒e"的音標，因本電腦字匯中無此音標，姑以"er"之音代之。）

（2）《詩經・碩人》："手如柔荑（dyei），膚如凝脂（tjiei），領如蝤蠐（dzyei），齒如瓠犀（syei），螓首蛾眉（miei），巧笑倩（tsyen）兮，美目盼（phe-er-n）兮"。現代的讀音雖然和周朝古音不同，但是這一段描寫美人的詩句，並不因為"不押韻"而失去"詩"的特質和重要意念及感情。

（3）陳子昂（AD 661-702）《登幽州臺歌》："前不見古人，後不見來者；念天地之悠悠，獨愴然而涕下"。

唐人讀音與後人多有不同之處。唐人押韻的字，有些今人拗口。但是好詩"意韻"十足，今日讀之雖不押韻，但也不害於詩。莊子寫書用散文，但也詩意滿篇。《莊子・外物篇》說：「筌者所

---

29 2005 年 9 月 11 日，威尼斯影展評審員，鐘阿城，對最佳影片，李安《斷背山（Brokeback Mountain）》的讚語大意。

30 王力《詩經韻讀・對葉音說的批評》，上海古籍出版社，1980。1-3 頁。

以在魚，得魚而忘筌。言者所以在意，得意而忘言」。寫詩在於傳意起興，得意可以忘形，得意自然也可以忘韻。

　　（4）**崔顥**（AD 704?-754）**《長干行》**："家臨九江水，來去九江側。同是長干人，生小不相識"。

　　這首傚民歌男女問答的小詩，以今聲讀之，四句都拗，不合韻律。但依然有其情趣。

　　（5）**李商隱**（AD 813-858）**《登樂遊園》**："向晚意不適，驅車登古原。夕陽無限好，只是近黃昏"。

　　這首名詩，大家都背得爛熟，有誰覺得它不押今韻，就能說它不是好詩呢？

　　（6）喬伊斯（AD 1882-941）《尤利西斯・第八章》：20世紀的西方大作家喬伊斯，假借主角的耳朵所和他心中的評語，說了下面這兩個短詩句，和一句論詩"絕句"。他對詩韻的批評，很值得我們借鏡。

　　　　The hungry famished gull

　　　　Flaps o'er the waters dull

　　"這就是（所謂的）詩人寫法，用同音。然而莎士比亞不用韻：無韻詩。語言就像流水。思想。莊重"。

　　　　"Hamlet, I am thy father's spirit

　　　　Doomed for a certain time to walk the earth"

　　喬伊斯自己也寫詩，出過幾小冊詩集[31]。他的詩雖然不及他的文章高妙，但到底是詩人論詩，能切中要點。詩的第一義，應該是內容，而不是形式或韻律。韻律和形式，只是幫助讀詩的人，用最少的能量進入情境。這就是我在去年《詩經》研討會中所作

31　James Joyce poems: "Chamber Music（1907）"; "Pomes Penyeach(1927)"; "Collected Poems（1936）".

的報告要點之一[32]。喬伊斯在歐洲多年，對英、法、義等文化的今古詩都熟悉，他這一句簡略的評語，和中國歷來論詩的詩話形式類似，它們常能一語之中，還舉佳例為證，所以不必引經舉為證，引經據典漫說長篇大論。

3. 波斯詩人魯米：

又譬如美國當下最受歡迎和最暢銷的詩人之一，八百年前的魯米（J. Rumi 1207-1273）。他的詩翻譯成英文，詩意不失；翻成中文白話，詩意不失；譯為五古：；或近於《詩經》的四言，詩意仍然不失！這有如《孫子・虛實第六》所說：「形兵之極，以至於無形」。可見《金剛經》所說，確實對一些斤斤計較詩律的平仄對仗，而心中無詩意的"假詩人"[33]，是有宗教以外的文學啟發。為了證明我的觀點 —— 好詩不一定要呆板的格式和繁瑣的韻律，此文特別選附一首魯米的「無題詩」，從英文到中文白話，五古和四言，（並輔以圖片），以為愛好詩學的同道參考、比較和指教。

（1）. Coleman Barks et. al.（1995）：（英譯）

Come to the orchard in spring.

There is light and wine, and sweet hearts in the pomegranate flowers.

If you don't come, these do not matter.

If you do come, these do not matter.　　　　（35 words）

---

32 林中明《從視感、聲聞、記憶探討《詩經》、詩形、詩韻》，第六屆《詩經》國際研討會論文，河北承德，2004.8.4。

33 二十世紀西方最具創意的法國藝術家，杜尚（M. Duchamp）在 81 歲，去世前一年（1966 年）曾說：「我喜歡的東西，未必具有很多觀念性。我不喜歡的是那些，完全沒有觀念，只是視覺的東西。那讓我感到憤怒」。

（2）. **周春塘譯**（中央日報副刊 2003.7.1）：（白話）

請一遊春天的果園吧！那裏有醇酒陽光，石榴花中還有貼心的嬌娘。

假如你不來，他們並不生氣。假如你來了，他們也不那麼在意。　　　　　　　　　　　　　　　　　　（51 字）

（3）. **林中明**（癸未六月初二）：（五言）

春色滿果園，酒醇光耀眼。榴花紅似火，映照美人顏。

君若不克至，彼亦無傷嫌。君若翩然臨，彼亦無歡言。　　　　　　　　　　　　　　　　　　　　（40 字）

（4）. **林中明**（癸未八月七日）：（四言）

光酒紅顏，榴火花間。君若不至，彼無傷嫌。　君若翩臨，彼無歡顏。　　　　　　　　　　　　　　　（24 字）

【比較「阿那克里翁體（Anacreontics）」[34]：考利的詩，有韻律而乏義趣。故其詩譽生盛而死衰。】

The Epicure

（Abraham Cowley, 1618-1667）（林中明直譯）

Fill the bowl with rosy wine,	玫瑰酒滿樽，
Around our temples roses twine.	額紅玫瑰暈。
And let us cheerfully awhile,	快樂在今朝，

34　高東山（編著）《英詩格律與賞析》，臺灣商務印書館，1991。〈第三章‧格律詩體（按內容分類）〉，pp.205-210. "英詩阿那克里翁體的主要形式是每行三個揚抑格音步，和一個重讀音節，押雙韻（aa, bb, cc...），詩行數不限。"

Like the wine and roses smile.	酒與花俱笑。
Crown'd with roses, we contemn,	玫瑰頭上戴,
Gyges' wealthy diadem.	藐視金窟財。

Today is ours; what do we fear.	今朝樂無憂,
Today is ours; we have it here.	今朝為我有。
Let's treat it kindly, that it may	善待此時樂,
Wish, at least, with us to stay.	長伴不我捨。
Let's banish business, banish sorrow,	且忘忙與傷,
To the gods belongs tomorrow.	明日神仙抗。

4. 寫詩和 "讀" 詩的要義次序：賦、比、興與眼、耳、心

　　由以上的分析和例證，可見對於好詩而言，"眼" "耳" 的重要性不一定永遠排在第一。有規律的格式和聲韻，能加強讀者或聽眾的注意力，從 "賦、比" 而容易到 "興"，"興" 屬於內心和用腦的活動，就像電子收訊器，須要 "集中注意力"，"靜而後能得"，譬如下 "盲棋" 就不能一邊聽音樂一邊下棋取勝。好詩不一定需要嚴格的格律和押韻、對仗，當代詩文長者張中行在《詩詞讀寫叢話·18 古體詩》中說的好，"沒有詩意的韻語，只能稱為韻語，不一概稱為詩"。西方的詩亦然，除了前面所舉的波斯詩人魯米之外，又如古希臘女詩人莎弗（Sappho）的詩，也是只以殘句的柔美詩意，便壓倒西方古今詩人。

5. 希臘詩人莎弗：

　　她所遺留下來的詩篇雖然殘缺不全，只剩散句短詞，但仍然是詩，而且是好詩。譬如以下一首斷裂成五句十七字的無題短詩

³⁵，讓我們想起《詩經‧齊風‧雞鳴》詩裏頭四句十六字，丈夫不願意起身，把雞鳴當「蒼蠅之聲」，希望延長黑夜的類似情景。

　　莎弗：1.相信我　2.……我曾祈求　3.夜　4.延長……再延長
　　　　　5.為你和我……

　　《詩經‧齊風‧雞鳴》：雞既鳴矣，朝既盈矣。匪雞則鳴，蒼蠅之聲。

　　《詩經》的詩多半有一定的格式和韻律。但莎弗的殘詩斷句，格律不全，卻仍然是好詩。與此相對，《詩經》中的詩，很多的字音今日讀之已不押韻³⁶。但是它們依舊詩意十足，勝於絕大多數"湊韻、倒字"的律詩，和現代無韻、散體，拖拖拉拉的長詩。由此二例，可見格式和韻律，"眼"和"耳"的重要性，對好詩而言，不一定永遠排在第一。有沒有"詩意"？這才是詩的"第一義"。

　　6.「賦、比、興」　與　「眼、耳、心」相對應說：

　　"賦"講描寫，以眼見為真，為主。"比"是類比，常用「雖不能親見」，但是借助於耳聞"聽"來的事物情景來擴展意象。"興"是訴諸讀者、聽眾的經驗和"自心"的想像力，來達到"強烈感染讀者之心，引發多樣的想像，並留下最深刻而久遠的記憶"。謝榛在《四溟詩話》裏說「予嘗考之《三百篇》：賦，七百二十；興，三百七十；比，一百一十。」但我認為「用最少和最精煉的字，借助視覺規範和聽覺效果，表達最多的意思和感情」，以"眼耳"

35　陳育虹譯，莎弗（Sappho, Greek poet, ~ 650-590 BC）詩抄精選（16首之一），聯合報 2004.9.26.
36　譬如：王力《詩經韻讀‧國風‧周南‧關雎》標註出「求之不得，寤寐思服。悠哉悠哉，輾轉反側。」四句裏的"得、服、側"都是"k"音。今人所讀，都不押韻。但不失為好詩好句。上海古籍出版社，1980，146頁。

之"賦比"起，而擴展揚騰於"心"之"興"，仍然是好詩的要途。

七、詩的長短、格式、字形、聲韻與記憶的關係

1. 視覺效果：

詩的長短、格式，雖然不是寫詩的第一要素。但它們有助於注意力的維持，能節約讀者的腦力，當西洋詩或古詩的讀音與其習慣的讀音不同時，詩的長短、格式所帶來的視覺效果，和文字本身的詩意，常壓倒了詩人預設的音韻效果。我注意到孔夫子，雖然"六十而耳順"，但是眼睛卻還有"看不順眼"的時候。根據《論語・鄉黨第十》的記載，夫子「割不正不食」！可見得散漫無章法的一些新詩，是不容易為習慣於許多生活格式的人，所能"不受騷擾"而輕易接受。時下美國流行的四格漫畫和多格繪畫故事，其實也是"詩"的變體，和"長短句"的變體。但是用的格式還是大小"方塊"。就像後現代畫，雖然翻騰搞怪，但是仍然要遵循市場學，用方塊帆布作畫，不是橢圓形或是任意多邊形。美國詩人福斯特（Robert Frost）也說，詩人寫詩不遵守格律，就像是打網球而無網。但我以為，打球雖有網，但不限局數，打了幾十局，還在拖拖拉拉不結束，肯定更糟。音樂家史特拉文斯基曾說[37]：「取消格式限制帶來力量的消失。越多限制，反而解放心靈」。這大概是他嘲笑"無法、亂規"的（音樂）藝術家，其實多半是由於缺乏創造力才不得不搞怪的原因之一，但他自己的《春之祭禮》卻不在此限。《西遊記》裏說如來佛的手掌包天地，連齊天大聖都跳不出去。難怪《老子》說：「人之大患，在吾有身」。

---

37 Igor Stravinsky, The Poetics of Music, 1939-1940 six lectures at Harvard University.

這正是現代研究哲學、語言和文藝的學者，不能不研究和人體感官、神經、腦細胞相關聯的 Cognition Theory（認知理論），以及長短記憶的原因。相當重視格式而且用韻的《老子》說「大象無形，大音希聲」。是不是這就是他從反面所指出，過份重視形式、聲音反而不見"大象、大音"和"大藝"呢？

2. 聽覺效果：

視覺幫助讀者"看"詩，聽覺則幫助讀者"聽"詩。這包括讀者自己不出聲的"唸"詩，和聽別人"誦詩"。而字音的長短，詩的音節、韻律，因為可以幫助讀者集中注意力，和聯接前後句的內容，所以長時間是"詩家"的"渡人"利器。但是"近體詩"用律用到各字各句，其效果對於聽力沒有特別訓練的今人，則不僅不起加分的效用，而且用字幾乎是為了"不存在"的"前人耳朵"而作，以致於不進反退，常常平白損失了使用最佳文字的機會。難怪"現代寫近體詩的人"，無意中把許多喜歡詩的今人"殺於門外"，又同時"自縊"於詩的庭園。從商業的利益回收角度來看，這是"損人而不利己"，浪費資源。過於講究韻律的詩人或學者，常常自己也不是好的詩人。想當年陶淵明寫詩作賦，何嘗有"唐韻"或元末才編成的"平水韻"可用？若能夠瞭解《詩經》和《陶詩》對聽覺處理的多樣性妙處，自然不會"意必固我"地堅持嚴守"平仄"音律是寫好詩的唯一"調音"方式和寫好詩的第一義了。

3. 頭韻、尾韻及句中韻的差別：空間與
訊號的關係（Nyquiste Criterion）

清朝音韻學家，江永的《古韻標準》，舉出《詩經》韻的變化有數十種。今人的研究也不容易超過這些種類。詩韻可以放在一句或隔句的任何一字，但是對人腦的記憶和聯想來說，句中韻，

或詩"陰韻"[38]不及尾韻。但是何以西洋詩裏曾有頭韻，"陰韻"後來又傾向於中國詩的尾韻呢？美國史丹福大學學者蘇源熙（Haun Saussy）說"押韻與文化交流有關"[39]。是否交流的源起是起於某一特別文化呢？我想孟子說得好，「至於聲，天下期於師曠，是天下之耳相似也」。所以經過長時期的實驗，各文化的人們都會發現"尾韻"之後有"空白"和暫息的時間，因此不"立刻"受到後一字的"音、色、意"的干擾，所以能較完整和清晰地暫時記憶於腦，然後能和前後句的尾韻聯接起來，發展意象，形成像下圍棋者喜歡用的術語：作成"活龍"和"大模樣"的"生命體"，於是激蕩感情，並有加強長期記憶的作用。

信息理論中有所謂極重要的檢驗範圍曰 Nyquiste Criterion 者，它指出"類比信號"轉為"數位信號"的解析度清晰與否，必須有短於類比信號兩倍以上的數位基本信號為檢驗的基礎，才能有足夠的長度，以確定分辨類比信號的有無。我認為這道理大概也可以應用於尾韻的信息，因為有額外的空間讓聽覺休息，與不受干擾的腦力去思考聯繫剛剛收到字句信號串的意義。在此情形下，人腦能更完整地接受、整理收到的信號，並有比較足夠的時間去串連已有的記憶，發揮想像和推理[40]。所以我認為這種基

---

38 錫德尼《為詩辯護》，錢學熙譯，人民文學出版社，1998 年。第 65 頁。"最後，就是韻本身，意大利人是不能把它放在最後一個音節裡的，就是法國人所謂陽韻裡的；它總是在最後第二音節裡，就是法國人所謂陰韻裡，或者在更前一個音節裡，即意大利人所謂 sdrucciola 裡。"

39 吳日君：蘇源熙說：「押韻形式是從一個語言傳到另一個語言。我認為中國的押韻，很可能是世界上最早的」。《世界日報》,2004.7.30,p.B3.

40 作者按：林庚先生曾論《楚辭》中"兮"的作用曰：「它的目的只在讓句子在自身的中央得一個較長的休息時間」。我以為這個說法只說了"兮"和"些"（《招魂》中的句尾語辭，沈存中以為是楚人咒語尾辭）等尾辭的一部份作用。

於人腦特性的特地安排，終於使得尾韻成為用韻最有效的主流方式，取代了會受到最長干擾的首韻，並將句中不停變化的聲韻排擠到次要的位置。雪萊有名句曰："Music, when soft voices die; Vibrates in the memory"。這也是強調音響記憶的作用，才是聲韻和格式背後"不可見的腦袋"。許多寫詩的人忘了"記憶、頭腦、心意"才是最後決定一首詩是否為好詩的評判員，而誤把全部的精力全放在聽覺的格律平仄之上。這正如王安石的《讀孟嘗君傳》所感嘆的話：「孟嘗君特雞鳴狗盜之雄耳，豈足以言得士？不然，擅齊之強，得一士焉，宜可以南面而制秦，尚何取雞鳴狗盜之力哉？夫雞鳴狗盜之出其門，此士之所以不至也」。韻律有助於詩，但過於依賴，也能有累於好詩，此"好詩之所以不至"也。天下事常有因人因地而制宜者，於"士"，於"詩"，均可作如是觀乎？

以下舉三首英詩，以見音韻的大小作用。Tennyson 的《鷹》，音韻的效果最大。把岩石的險峻、鷹的鋼爪，海風的聲音都用 C,K,S 的韻音傳達了。Joyce 的兩首詩，都是"玩世不恭"的玩韻玩字，以自顯詩人蓋世文才。但《三個夸克》一詩，為物理界創出新名詞，這是詩人生前所料不及，意外的"不朽"成就。

Example : Alfred Tennyson's "The Eagle"　（林中明直譯五言）

He clasps the crag with crooked hands	攫崖鋼鉤爪，
Close to the sun in lonely lands	絕域近日霞。
Ringed with the azure world, he stands.	碧空獨傲踏，
The wrinkled sea beneath him crawls	海紋足下爬。
He watches from his mountain walls	峭壁銳眼察，
And like a thunderbolt he falls.	電閃俯沖下。

Example : James Joyce's "Three Quarks for Muster Mark[41]"

Three quarks for Muster Mark !

Sure he hasn't got much of a bark

And sure any he has it's all besides the mark.

But O, Wreneagle Almighty, wouldn't un be a sky of a lark

To see that old buzzard whooping about for uns shirt in the

dark

And he hunting round for uns speckled trousers around by

Palmerstown Park ?

...... (7 more lines, 4 lines ended with "k", such as 'Mark',
'ark', 'wark', 'spark';

and then two lines ended with "er", 'her' and 'feather'; the last
line back to "k",'mark'.

Example : James Joyce's " Ulysses, ch.17[42]"

Poets oft have sung in rhyme

Of music sweet their praise divine.

Let them hymn it nine times nine.

Dearer far than song or wine,

You are mine. The world is mine.

---

41 James Joyce, "Finnegan's Wake", Penguin Books, 1999. p. 383. 從此詩
字，物理學家把微粒子定為 "夸克"。

42 James Joyce, "Ulysses", Modern Library, p.(662)678.五句詩的第一字母，
合成 Leopold Bloom 名字的膩稱。

4. 記憶和詩句字數的關係：為甚麼詩是四言、五言，
而主流卻越不過七言？

　　劉勰《明詩篇》談四言和五言詩的變化，但是沒有指出，四言和五言詩的基本差別，即是在於一句裏的字數多少，因文字的排列組合，而造成句意的繁簡貧富變化。到了後來七言出現，句長似乎就到了盡頭。我要問，何以九言、十一言奇數句的變化更多，但卻不能成長為大勢主流？然而歷來研究 "詩學" 的文章和書籍，也都在體式來源上下功夫[43]，或者說是 "只不過氣更暢，意更足罷了"[44]，似乎少有研究 "為甚麼中國的詩，會從《詩經》的主要形式的四言變成七言，而主流又越不過七言"？這個重大的問題，我認為其關鍵牽涉到到人腦短期記憶的平均長度。前人沒有 "記憶科學" 的「知識平台」，所以不能捉住重點來談這個問題。然而根據當代心理學家米勒（Miller）的實驗結果，他發現未經訓練過的人腦，平均最多一次只能記 5 到 9[45]個字（Miller Factor[46]），如此看來，七言正好在中間，所以發展成為主流。又因為人腦不善於一次記憶太多字，所以在 7 個字以下斷句，就能讓人腦有空間發揮 "比興" 的功夫。長短句的產生，除了本身多變化，適于歌唱之外，應當和記憶的長短有關。但是詞牌長短不一，反而造成記憶的困擾，「成也蕭何，敗也蕭何」。問題又回到前段史特拉文斯基所說的 "自由度" 和 "創造力" 的關係了。

43　李立信《七言詩之起源與發展》，新文豐出版公司，2001 年。作者列舉 "32 種文學史，對七言詩對起源問題，幾乎不著一字"。
44　王力《詩詞格律》，上海教育出版社，1979 年新 2 版。第 234 頁。
45　林庚先生創九言體。接近人類短期字組記憶的上限。見《從自由詩到九言詩（代序）》、《九言詩的 "五四體"》。
46　George Miller, "The Magical Number Seven, Plus or Minus Two: Some Limits on Our Capacity for Processing Information", *The Psychological Review, 1956, vol. 63, pp. 81-97.*

　　王力先生認為＂散文分行書寫並不能變為詩；反過來說，詩不分行仍不失其為詩＂[47]。我認為王先生雖然是格律音韻的專家，和寫對聯的好手，但是他不是最好的詩人，因為他的論點雖然局部正確，但是卻混淆了＂詩＂和＂好詩＂，並忽視了因為分行所帶來額外的＂空間＂，所能產生的額外想像空間，是可加強讀者自身＂起興＂所帶來的＂詩感＂。然而許多新詩利用＂空間起興＂的效果，把缺乏詩意的散文，斷句成為 1 到 9 個字的單句，再配上額外的空間和彩色插圖，人們驚訝的發現，這樣作是真能產生一種說不清的＂詩意＂！於是紛紛把＂斷句為詩＂當作＂終南捷徑＂。這好像孫悟空拔下斷裂的許多毫毛一吹，突然變出許多＂詩人大聖＂來。其實這些＂新詩人＂靠的只是人腦自發的＂比興＂作用，這與善於斷句的＂大詩人＂，還是有鵬雀之別。夫子說「詩無邪」，不知也包括＂無邪＂於＂格式＂＂聲韻＂和＂空間＂否？

八. 尾　語

　　詩與文，詩與歌，都是人類表達意念感情的工具。它們雖然互相重疊，但也各有特性。詩的第一義不在形式和音韻，正如《金剛經》裏佛說：「若以色見我，以音聲求我。是人行邪道，不得見如來」。所以，我認為，一首好詩，應該能「用最少和最精煉的字，借助視覺格式和聽覺效果，表達最多的意思和感情，又能強烈感染讀者之心，引發多樣的想像，並留下最深刻而久遠的記憶」。但是一些經過許多人長時期的，在特點文化和特定區域反覆試用後，所選擇的適當形式和音韻，確實可以幫助該文化、及該區域

---

47 王力《詩詞格律》，上海教育出版社，1979 年新 2 版。第 830 頁。

的讀者，用較少的腦力而得到較大的感應，並能加強短期和長期的記憶。所以沒有法則的的自由詩，難以寫出好詩，但若完全依賴古人陳腔疲調，沒有真正的感情和新見地，雖然用了電腦軟件幫助校正韻律，也不能寫出比美古代"文史哲兵經"全材的古詩人的古詩。現代人探索新的詩形詩韻，本當參考其它文化的成就。但也不能忘記汲取自家前人的成功經驗，唯有「借助知識平台」，同時又「加強文化縱深」，才能開展新的詩學，和留下「一代有一代之學」。

【參考資料】

松浦友久《中國詩歌原理 1986》，譯者：孫昌武、鄭天剛，早稻田大學及南開大學 1990；臺灣版：洪葉文化事業有限公司，1993。

The New Princeton Encyclopedia of Poetry and Poetics, A. Preminger & T.Brogan ed., Princeton

University Press, 1993. pp. 1052-1063.（On Rhyme）

朱光潛《詩論》，1947。

Susan Blackmore, "Consciousness: An Introduction," Oxford University Press, 2004.

Ch.4. Attention and Timing, Ch.17. The Unity of Consciousness.

林庚《新詩格律與語言的詩化》，北京‧經濟日報出版社，2000。

王兆鵬《唐代科舉考試詩賦用韻研究》，齊魯出版社，2004。

【後記】

完稿後，又聽到美國賓州大學歷史系，Shelfon Hackney 教授介紹他的新書"Magnolias Without Moonlight"。注意到美國歐裔移民，立國以來，雖有憲法，但卻違反憲法和民主政治裏人人自由平等的原則，過去曾公然立法和實行歧視非洲、亞洲移民，現在也可能繼續影響當前美國的外交政策。　我忽然想到，這不也是和許多詩人、文藝學者，過份重視音韻、形式，而忘了"詩的第一義"是"詩意"，而不是聽覺和視覺的表象和反應。這就像許多美國歐裔白種移民，只注重「顏色」和「外形」而忘記了真正的民主政治，應當「以民為本」，而不是以"色、形"為本。難怪美國打完內戰之後一百年，又面對黑人的民權。而上週颶風 Katrina 給紐奧連（New Orleans）帶來的大水災，又曝露了種族和貧富不均的老問題。看起來，人類被"眼、耳、鼻、舌"等感官牽著鼻子走了幾千年，範圍還不止於「詩義」和「政治」而已。

2005.9.3.

【引用】本文選列於人民大學《復印報刊資料·文藝理論（月刊）》2006 年第三期。

　　（出版者簡介：中國人民大學書報資料中心編選的"復印報刊資料"以其涵蓋面廣，信息量大，分類科學，篩選嚴謹，結構合理完備，成為國內最有權威的具有大型、集中、系統、連續和靈活五大特點的社會科學、人文科學專題文獻資料寶庫。★辦刊宗旨：及時轉載文藝理論研究新成果，立足高校與文學研究專業人員，面向社會，使文藝理論與批評鑒賞等方面的高品位的學術文章產生更廣泛的影響。★主要讀者對象：高校文科教師和中文系學生。★主要版塊欄目：基礎理論研究　文藝百家　文藝爭鳴　交往與對話　文藝理論與批評　文壇動態　新書評介　比較文學研究　文藝新視野　文化研究等）

2009 年 9 月 30 日

【插圖】

我手寫我口　我口言我心

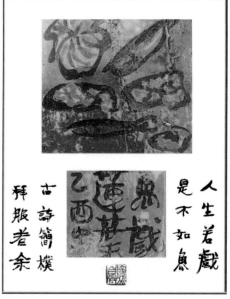

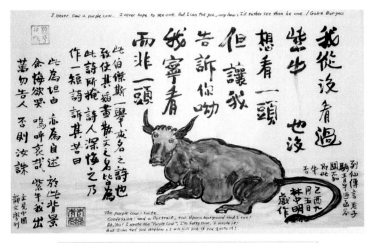

I never saw a purple cow. I never hope to see one. But I can tell you, anyhow, I'd rather see than be one. / Gelett Burgess

The Purple Cow : Suite
Confession : and a Portrait, too. Upon a background that I rue!
Ah, Yes! I wrote the "Purple Cow", I'm Sorry now, I wrote it;
But I can tell you anyhow, I will Kill you if you Quote it!

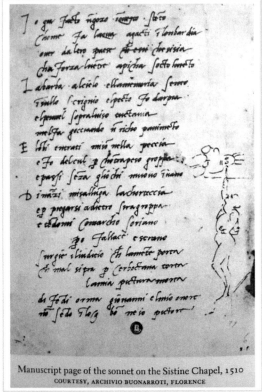

Manuscript page of the sonnet on the Sistine Chapel, 1510
COURTESY, ARCHIVIO BUONARROTI, FLORENCE

鷹

丙戌九月十日太陽里人

攫崖鋼鈎
爪絕域近
日霾
碧空獨傲
踏海紅足
下窺
峭壁銳眼
察電閃倏
沖下

鄧尼坐英國
桂冠詩人也
有鷹詩絕世
余譯以羨之

中西古代情詩比探短述[1]
── 並由《易經‧乾卦》推演「賦、比、興」的幾何時空意義

　　提要：本文利用對比的方法，探討人類寫詩的最根本動力── 愛情。並檢視西方古代一些重要的情詩，從〈所羅門王之歌〉到古埃及情詩，從古希臘的薩芙到古羅馬的奧菲德，從但丁的《新生》《神曲》到莎翁十四行及愛倫坡的哀情詩〈安娜貝爾‧李〉。並從《詩經》六義中的"賦比興"方法，擴大探討其更廣義的應用，並與當代歐洲心理學家拉康的 S.I.R.理論以及 M.I.T. 教學、研究方法相比較。最後更從幾何數學、《易經》哲思來瞭解"賦比興"這三大思考方式及其思維、感受、動情的三度空間發展程序。並由"賦比興"的思考過程，指出科技創新和"賦比興"的關係，以及讀詩對人際關係和科技創新的益處。

關鍵詞：中西古代情詩、賦比興、S.I.R.（Symbolic, Imaginary, Real），幾何時空、易經乾卦

---

1 杜甫詩題〈江上值水如海勢，聊短述〉。

一、緣　起

　　《周禮》把《詩》分成三大類，曰「風、雅、頌」。近代《詩經》研究大師聞一多認為「三百篇有兩個源頭，一是歌，一是詩」[2]。其實古代人類日常生活中詠寫詩歌，大多只不過起於一事，即男女之情。說「情詩」是詩之本源，當不為過。既然"情"是詩的源頭，所以「情文相生」，猶如「緣督以為經」，以致古今詩文必然是「緣情而綺靡（陸機《文賦》）」，而白居易所說的「感人者莫先乎情…詩者，根情、苗言、華聲、實義」，更把詩的根植於情而長（動詞）於文字的基本關係說得清楚實切。至于「賦詩言志，教詩明志」的說法，那應該是較少數的知識份子和士人們才感興趣的事，遠不及男女情詩對人類情感的衝擊和影響來得普及而且根本。用數學的比例來看，百分之九十以上的正常人，都經歷過男女情愛的階段。但有志於公務和官場的人，古今中外最大的官僚體系，都不曾超過轄區人口的百分之十。從這個比例來看，古來許多學者把"情"和"志"當做一回事，在層次和比例上都不免單調失真和過于簡陋，以偏概全[3]，雖然符合政治的需要，但是基本上有違學理也不近人情。現代人對古代經典失去共鳴，喪失信心，這也和經典傳釋過份為政治服務而偏窄化，以致經典國學失去對群眾的親和力，有相當的關係。

　　再從人類文明的發展史來看，人類文化發達之後，多以詩歌、文藝、韻律、法規來文飾導引人類基本的感情衝動。當規律文飾

---

2 夏傳才《詩經研究史概要》，臺北‧萬卷樓圖書公司，1993 年。
3 孔穎達《左傳正義》：此六志《禮記》謂之六情，在己為情，情動為志，情志一也。

過份應用之後，就譬如在足以禦寒的狐裘皮靴之外，再披袍套鞋，本體之美，行動之便，反而喪失。明朝的都穆曾在他的〈學詩詩〉裏這樣說：『學詩渾似學參禪，不悟真乘枉百年。切莫嘔心并剔肺，須知妙悟出天然。』這種看法，也許就像不識字的禪宗六祖惠能，捨棄繁瑣經文，直指人心，明心見性。到頭來，這個南方來的獦獠，反而截斷眾流，直承佛陀"拈花微笑"（圖1）的真義。

　　所以我也曾傚法前賢寫了一首〈論詩詩〉，批評歷來"職業詩人"和"半職業詩人"的詩，有衣有架而無血肉。中國的詩，至中唐而造極。但盛唐之後的詩，一來受到過度律法的限制，再加上摹仿前人，生硬套典，所以詩中之『情』，如加水之酒，再煮之麵，越加工而味越淡，越翻煮而勁越軟，"賦"不及攝影（圖2），"比興"不如《詩經》，不能動己，如何感人？

　　詩云：

　　　"好詩如雕龍，而非精雕蟲[4]；六義互鋪陳，詩情反不濃。

　　　為詩意如何？不在細律中；必先得其情，次而求其工。"

我認為"夫「六義為詩」，此唐人元稹讚張籍之句也。嗟乎張籍特句律之雄也。以其所學，苟得其師韓愈詩情豪氣幽默[5]之半，亦可以虎踞唐代詩壇之一角矣。夫「六義鋪陳」拳拳於心，此其詩之所以不至也。"因此我提出，研究古代詩歌，必先從最根本的「情詩」下手。能如此，則如孟子所云：『氣盛則無所不至』矣。而且我們如果能同時研究幾個最偉大古文明裏的一些代表性的情詩，則必然更能讓我們從文化之異，見出人性之同；而由詩情之同，

4　李白〈古風·第三十五首〉：『一曲裴然子，雕蟲喪天真。棘刺造沐猴，三年費精神。』

5　林中明《談諧讔 —— 兼說戲劇、傳奇裏的諧趣》，文心雕龍研究第四集，北京大學出版社 2000 年，第 101-131 頁。

庶幾又可以見到生命之道，以及世界八大文明間和平相處的可能性。

　　好的文章詩篇，一定講究或者暗合「起、承、轉、合」的章法。高明的“文選”，根據我的觀察，它們所選的文章，在開頭和收尾多表現出符合《孫子兵法》中「常山之蛇，首尾呼應」的兵略6。孔子雖然不是選編《詩經》的原始人，但是做為「六藝」的教師，想來孔子對於《詩經》各大類的首篇次序，也必有所選擇。如何選排全書的第一篇，其意義必然更為重大，如夫子所所謂「知所先後，則近道矣」7。把〈關雎〉8一詩放在最前線，給讀者「當頭棒喝」，足見孔子的眼力過人和教育方法的積極。可惜後世小儒仰承上意，配合政治，違心解詩，偏離人性，難怪二十世紀的中國讀者，曾經長期對《詩經》失去興趣，聯帶對中國文化也曾經失去信心。

　　為了更廣泛地瞭解人類詩歌的本質原意9，和《詩經》的世界性，本文選取西方古代文明中，文化發展程度略與殷周相當者的古詩情歌，加以觸類比較：這些包括從古埃及10、古希臘11、古羅

6　林中明《文選源變舉略：從《詩經》到桐城》，昭明文選國際研討會，第四屆論文集，吉林出版社 2001 年，第 562-582 頁。

7　《韓詩外傳卷五》子夏問曰：「關雎何以為國風始也？」孔子曰：「關雎至矣乎！夫關雎之人，仰則天，俯則地，幽幽冥冥，德之所藏，紛紛沸沸，道之所行，如神龍變化，斐斐文章。大哉！關雎之道也，萬物之所繫，群生之所懸命也，河洛出圖書，麟鳳翔乎郊，不由關雎之道，則關雎之事將奚由至矣哉！」

8　王夫之《詩廣傳·周南九論·論關雎》：性無，不通；情無，不順；文無：不章。道生於餘心，心生於餘力，力生於餘情。白情以其文，無吝無慚，而節文已具矣，故曰〈關雎〉者王化之基。

9　海濱《國風中的愛情詩與維吾爾族情歌的比較研究》第四屆《詩經國際學術研討會論文集》1999。孫作雲《詩經與周代社會研究·詩經戀歌發微》，中華書局，1966。

10　Michael V. Fox, "The Song of Songs and the Ancient Egyptian Love Songs", The Univ. of Wisconsin Press, 1985.

11　W.R. Paton, "The Greek Anthology", Harvard University Press, 1916。

馬到《舊約》中的〈所羅門王之歌〉。試圖以例證來探討中西文化的異同，廣其辭意，從異中見同，由同中見異。「見異」的能力，表現一個人的見識和胸襟。所以古典文論大師劉勰在《文心・知音篇》裏指出「見異，唯知音爾」。而「見同」，也代表一個人的比較分析後的歸類容納能力，而可以見出世界各文明的人情之「道」，不因時地而二也。　然而由于所冀者大，欲治者廣，因此在這篇短文裏，只能精選各議題的重點，做扼要的探討。這就是老杜所謂『觀江上水如海勢，聊短述』是也。

二、古代情詩例證 ── 並探討中西文化的異同

（一）希伯萊猶太教《舊約》中的〈所羅門王之歌[12]〉

　　西方文明傳承自埃及希臘的數理分析和猶太基督教的宗教信仰兩大源頭。猶太教的《舊約》，是希伯萊民族集神話、傳說、種族宗教、律法，詩歌、社會習俗、歷史和地理於一爐的重要經典著作。我甚至認為說它是類似於中國古代合「詩、書、易、禮、樂、春秋」於一冊的"文選"似乎也不為過。做為一個偉大宗教的聖典，其選文過程的反復爭執，與考慮政教影響的嚴肅心態亦可想而知。而成書後圍繞著這些經典，學者、信徒和王朝又復繼續累進新意義如有記憶的有機體，這於各大文明又皆相類同。各大文明中宗教的成長多由樸質而趨繁華，然而在《舊約》這部雄暴而剛性的聖典之中，竟然收錄了《所羅門王之歌》這兩千多字

12　《所羅門王之歌》又稱《詩歌中的詩歌》，或借用《詩經》〈大、小雅〉的名稱，恭稱其為《雅歌》。

中無一語言及"耶和華"或"上帝",並且文風又是陰柔婉轉的男女情歌詩篇。這不僅和《舊約》的其它篇章體例不符,就連以陰柔慈悲性和《舊約》互補,而更近人情的《新約》裏,也沒有"開會、投票、選入"類似的情歌詩篇。

　　雖然世間許多宗教都認為自己的"聖典"是唯一最偉大的"聖經",但是從內容的豐富和選篇眼光的特殊性而言,以今日尚存的資料來看,我認為實罕出《聖經》之右者。大乘佛教裏最精闢經典之一的《金剛經》有云:「一切賢聖,皆以無為法,而有差別。」我們如果借用這句話的精神,反過來看《聖經》,那麼《所羅門王之歌》這一小篇的情歌詩篇,就是《聖經》之所以勝於許多其它宗教聖典,甚至於大部份哲學經典的關鍵著力點 ── "以人為本、以情為上"。因為從文化的生命和價值而言,如果忽略了"人"和"情",則它就難免落於炎熱的空談或是冷冰的機械這兩端。我曾有一偈記此歌此事曰:

〈歌中之歌〉,《聖經》之要。	詩篇文句,混於史料。
因何而起?指何而云?	自何而歸?緣何而昇?
古來教眾,罕明其妙。	想見上帝,率性為道。
若無情愛,則人虛矯。	偽心求慧,如求兔角。
譬諸養蘭,忘根求表;	洗葉修枝,花影茫杳。
人有神性,因情昇奧;	渡河須舟,捨舟見道。

　　相信這樣的理解,或許比較接近猶太教前修學者記詩和選文的用心。

　　《所羅門王之歌》雖然是相當直接描述男女情愛的詩篇,然而全篇無一字提到『耶和華』或上帝。然而後世的猶太人和基督教徒卻常把它用于婚禮、慶典的實用儀式(圖3)。甚至在理論的層次上,許多猶太教的學者認為詩中女子和愛人的關係,其實是隱喻人和上帝的關係。這種一切都隱喻上帝的 "聖典化" 做法，和孔子之後的眾多儒學學者，為了服務政治，把《詩經》裏的情詩都泛政治化為思君之作的做法如出一轍。這也說明了人類總是喜歡把政治、經濟和文學、藝術相攪混，一如各文明、各國、各族、各地都不斷產生偉大的情詩，這些都是不隨時空更改的 "人類共性"。

（二） 西方古代情詩和《詩經》裏的 〈關雎〉、〈狡童〉

「關關雎鳩，在河之洲；窈窕淑女，君子好逑」這是周人的名句。《所羅門王之歌》裏第二章就說「冬天已往……百鳥鳴叫，班鳩之聲，我境聞到」。但熟悉莎士比亞情詩的學者，一定也對因鳥鳴而起興的〈這是情郎伴情女〉（It was a lover and his lass）這一首詩中的名句「眾鳥歌鳴，其聲叮叮[13]」（*When birds do sing hey ding a ding. Sweet lovers love the spring.*），感到耳熟眼亮。此外，莎翁詩中「眾鳥歌鳴，其聲叮叮」穿插詩中達四次之多，這與「窈窕淑女」一句出現於〈關雎〉的次數相同，。 我認為這也是古今中外詩心、詩情和 "賦、比、興" 詩技共通的一個趣例。而且莎翁所用複數的鳥，也為《詩經·關雎》中文英譯，爭執 "到底有幾隻雎鳩？" 而難有確論，提供了一個最佳的參考範例。

《詩經》裏的〈狡童〉記述女子嬌嗔，對男友又愛又怨的心情曰：「彼狡童兮，不與我言兮。維子之故，使我不能餐兮！彼狡童兮，不與我食兮。維子之故，使我不能息兮」！這種具有世界性的女子撒嬌語句，當然也能在詩劇大師莎士比亞的作品中找得到

13　李金坤〈關雎〉『關關』新解 —— 讀《詩》小札之一〉，2003 年 8 月寄作者。

對應。（圖 4）譬如在〈他殘忍的情人〉（His Lover's Cruelty）一
詩中，就有和〈狡童〉異曲同工的詩句：

......Is constant love deemed there but want of wit ?

......Do they call virtue there ungratefulness ?

《所羅門王之歌》裏女子指男友為『毀壞葡萄園的小狐狸』，也和
《詩經》裏的「狡童」和「狡狐」的意思相同。至於現代流行歌
曲之王 ──"貓王"（Elvis Presley），他也有一首〈別對我這麼殘
忍〉（Don't Be Cruel）風行全球。原因也是"情"之傷人，古今
中西無二。《聖經・傳道書》裏記載所羅門王嘆息「太陽之下無新
事」，可以說是見道之言。

（三）古希臘[14]、古羅馬情詩例證

1. **古希臘的女詩人薩芙**（Sappho, 630/612-570 BC），能歌擅
詩，情詩兼顧異性、同性。 雖只一二殘句，已見其熱烈慾情與
絕代詩才歌藝[15]，雖然羅馬教皇在七百年間二度下令焚毀她的情
詩，但是就像秦始皇焚書，而《詩經》仍然傳頌不絕一樣，所以
她的千餘殘句不僅流傳下來，而且薩芙歷來始終是西方文藝界中
最受矚目和景仰的人物之一[16]，即使是想把詩人驅出"理想國"

---

14 W.R. Paton, "The Greek Anthology" Harvard University Press, 1916。

15 Lord Byron・The Isles of Greece・（George Gordon Noel Byron） in Don
Juan （canto III, st. 86）: *"The isles of Greece, the isles of Greece! Where
burning Sappho loved and sung. Where grew the arts of war and peace,--
Where Delos rose, and Phoebus sprung! Eternal summer gilds them yet, But
all, except their sun, is set."*

16 作者按：即使是英國 2009 年 5 月新選出的 341 年來首位女性、蘇格蘭
籍、同性戀桂冠詩人，杜菲（Carol Ann Duffy, 1955-）教授，以其開放
的心態，多維的視角，變幻符情的語氣和文學的專業與戲劇的創造涉
獵，似乎要借助文學歷史和 14 行或多行詩句，例如借莎士比亞遺孀之
口，所寫的 *Anne Hathaway* （2009），才能寫出媲美薩芙一句殘詩就能
表達的不盡感性。

的柏拉圖，也把薩芙當作第十位繆思[17]。文藝復興時代，意大利
三大畫家之一的拉菲爾，在他著名的壁畫 Parnassus（1511-1512）
裏（圖5‧右），曾群列阿波羅、九位繆思、但丁、賀拉斯等二十
九位天上人間的文藝神人，他們各具神態，但無名牌。但是畫中
這二十九位頂尖神人，拉菲爾卻只畫了一位人間的女士 —— 薩芙，
而且她是所有神、人中唯一手持名牌者，崇敬之意，表現無遺，
一如莎士比亞對活詩人、真繆思的讚語[18]！可見上乘愛慾情詩在
西方文藝史上的地位。以下選兩條她的情詩短句，以見其詩風情
韻：

詩 1. Ἔρος δ᾽ ἐτίναξέ μοι φρένας, ὡς ἄνεμος κὰτ ὄρος δρύσιν
ἐμπέτων

Love shook my soul, like on the mountain the wind upon the
oaks falls... （英譯者 Elpenor）

愛情搖我魂魄兮，如山風之臨橡樹。　　　　　（林中明漢譯）

---

17 1. According to www.saphogr.net: She has been called "the Tenth Muse"
and the "mortal Muse" （probably the muse of lyrics and erotic poetry），
Plato has called her wise （according to Aelianus Claudious）, and Horace
in his 2nd ode says that even the dead are admiringly listening to her songs
in holy silence in the underworld.
2. According to geocities.com: Plato in *Anthologia Palantia*, said *"Some
say the muses are nine - how careless - behold, Sappho of Lesbos is the
tenth"*. In a similar vein, a poem attributed to Dioscorides hails Sappho
with an invocation that says *"greetings to you lady, as to the gods; for we
still have your immortal daughters, your songs"*. Famously too, the great
statesman Solon, a contemporary of Sappho, is said to have heard a boy
singing one of her songs, and asked him to teach it to him, so that he might
learn it and die.
18 Shakespeare's Sonnet 38 invokes the Tenth Muse: "How can my Muse want
subject to invent, While thou dost breathe, that pour'st into my verse. Thine
own sweet argument?" the poet asks, and in the opening of the sestet calls
upon his muse: "Be thou the tenth Muse, ten times more in worth. Than
those old nine which rhymers invocate."

詩 2. στᾶθι κᾰντα φίλος καὶ τὰν ἐπ᾽ ὄσσοισ᾽ ὀμπέτασον χάρι
（英譯者 D. W. Myatt）

Because you love me. Stand with me face to face. And unveil the softness in your eyes...

> 君憐我愛我兮，何不行近靠緊？面與面相貼兮，眼波盡顯柔情。　　　　　　　　　　　　　　　　　　（林中明漢譯）

2. **古羅馬的奧維德**（Ovid, Publius Ovidius Naso（43 BC-AD 17or18））（圖 5‧左），擅寫愛慾情詩，也懂得行銷市場自我宣傳他的《愛之藝術》等為文學而文學的愛情詩。不幸碰上羅馬王族裏道德保守派和愛情自由派的衝突，而遭屋大維驅逐出境，並下令盡焚其作。但是奧維德的愛情詩作到底是人性人情的文學傑作，所以他在西方古典詩壇的地位終於超過同時代的維吉爾。奧維德在他的《戀歌》詩集中曾把史詩、戰士和情詩、詩人對比其異同（〈第一首〉、〈第九首〉）。並穿插愛情頑童射手邱彼得快箭射倒詩人（圖 5‧中），讓詩人情迷心竅，頓棄戰爭史詩和規律的音步，轉向戀歌情詩去自由發揮。

3. **但丁**（Dante Alighieri，1265-1321）是歐洲 14 世紀文藝復興的重要推手之一，並以長詩《神曲》[19]三部傳世，成為現代意大利語的創拓和奠基者。恩格斯曾稱讚他為 "中世紀的最後一位

---

19 作者按：根據刁紹華在《但丁傳》中的注釋，但丁著作原名是 "Comedy" 後來因為薄伽丘在《但丁贊》中稱這部 "喜劇" 為 "神聖的"，1555 年威尼斯版第一次以《神聖的喜劇》"*Devine Comedy*" 為標題，後來就被普遍采用。中國的翻譯把 comedy 曲解為 "曲"，錯誤極大，不可原諒。所以我認為此書中文譯名應該正名為《神聖喜劇》 而非沿用錯誤的《神曲》。否則巴爾扎克（Balzac）的《人間喜劇》（La Comédie humaine）豈不是要譯成《人曲》了嗎！

詩人，同時又是新時代的最初一位詩人。"但是這位偉大的文學家，他的文學創作靈感竟然來自他在 9 歲時第一次遇到 8 歲的女娃 Beatrice，並且到 Beatrice 23 歲去世為止，除了路經橋上時交換過一抹似有似無的眼神之外，始終沒交談過（圖6）。後來但丁寫了《新生（Vita Nuova）》31 首人間愛情詩，奠定了他文學上的地位。在《新生》的第 27 首詩[20]裏，但丁描述了愛情對他所起的作用和威力，使得他勇氣皆失，而又倍感甜蜜。但丁在此詩中兩度用了"愛情施威於我"的字句，但是他認為他的謙卑甜蜜混雜的感受，只有他自己（和過來人？）能體會，但"不足為外人道也"。物質世界裏的理智邏輯，終不能跨越愛情的感受。這也說明了愛情和愛情詩之所以神秘而不朽。最後被佛羅倫薩專制政體所放逐的但丁在《神曲》裏，再寫和戀人相逢於天上，創造了西方文藝世界裏最偉大的詩篇，創建了意大利新語文，和推動了其後的文藝復興。但丁甚至在《神曲》中兩度稱《神曲》為"神聖詩篇"[21]！可見愛情詩對歐洲文化和文學起了多大的作用！

　　4．從十九世紀開始，西方的文明開始從歐洲轉移到美國，而美國的文化與文學也隨這潮流水漲船高。美國詩人愛倫坡（Edgar Allen Poe, 1809-1849）也如同但丁，認得他後來的妻子，他姨媽的女兒弗吉尼亞·克蒂姆時年方八歲。後來他在弗吉尼亞十三歲

---

20 Dante. Vita Nuova. XXVII. "So long has Love held power over me, and accustomed me to his lordship, that as he seemed harsh to me at first, so now he seems sweet in my heart. And so when he takes away my courage, and my spirits seem to fly away, then I feel throughout my soul, such sweetness that my face pales, and then Love holds such power over me, that he makes my spirits go speaking, and always calling on, my lady to grant me greater welcome. That happens to me whenever I see her, and is so humbling, no one can understand."

21 按：但丁甚至在《神曲》中兩度稱《神曲》為"神聖詩篇"，見於：1.《天堂》XXIII, 63; 2.《天堂》XXV, 1。

時結婚（ "I was a child and she was a child" 如 Annabel Lee 此詩中
所云），可惜因為窮困，弗吉尼亞在十二年後去世，而愛倫坡病痛
悲哀也在兩年後去世。愛倫坡悼念妻子的遺詩〈安娜貝爾‧李〉
（Annabel Lee）[22]於愛倫坡去世後出版，其中五次以 "賦、比"
之筆言及「在海邊的王國」，最後以「海邊墓園、海浪悲響」的 "比、
興" 為結，寄餘想於悲音，可說是血淚如浪湧的哀情鉅作。　這
首哀情詩也上接但丁寫《新生》（Vita Nuova）情詩的傳統，同樣
是為哀悼他們二十三歲[23]、二十五歲時便去世的年輕愛人，而寫
成的戀情追思傑作。

　　由以上幾個短例，可以看到西方古今藝文巨擘都是重感情的

22　Edgar Allan Poe. Annabel Lee. 1849. " It was many and many a year ago,
In a kingdom by the sea, That a maiden there lived whom you may know.
By the name of ANNABEL LEE; And this maiden she lived with no other
thought, Than to love and be loved by me. I was a child and she was a child,
In this kingdom by the sea; But we loved with a love that was more than
love-, I and my Annabel Lee; With a love that the winged seraphs of heaven,
Coveted her and me. And this was the reason that, long ago, In this
kingdom by the sea, A wind blew out of a cloud, chilling, My beautiful
Annabel Lee; So that her highborn kinsman came, And bore her away from
me, To shut her up in a sepulcher, In this kingdom by the sea. The angels,
not half so happy in heaven, Went envying her and me- Yes!- that was the
reason (as all men know, In this kingdom by the sea） That the wind came
out of the cloud by night, Chilling and killing my Annabel Lee. But our
love it was stronger by far than the love, Of those who were older than we-
Of many far wiser than we- And neither the angels in heaven above, Nor
the demons down under the sea, Can ever dissever my soul from the soul,
Of the beautiful Annabel Lee. For the moon never beams without bringing
me dreams, Of the beautiful Annabel Lee; And the stars never rise but I feel
the bright eyes, Of the beautiful Annabel Lee; And so, all the night-tide, I
lie down by the side, Of my darling- my darling- my life and my bride, In
the sepulcher there by the sea, In her tomb by the sounding sea."

23　按：根據俄國文學宗教思想家，梅列日科夫斯基的《但丁傳》（刁紹華
譯，遼寧教育出版社，2000 年）但丁幾乎是在 1292 年，他自幼就在白
日夢中幻想的 "夢中的情人" Beatrice 死後，就立刻開始籌劃寫作《神曲》，
意圖以前所未有的長篇詩作來紀念一位美好的女性。（《新生》XLIII.）。

才子，所以他們的作品才能"將心比心"，感動後世和異地他族的讀者。不過有道是"詩緣情，文依理"，所以〈古詩十九首〉的作者不知何許人也，而《玉臺新詠》裏的作者，大多也不是熱衷於文藝理論之人；而寫文藝理論的大師，不一定是寫情詩的好手。譬如寫中西第一部最有系統的文藝批評理論大作《文心雕龍》的劉勰，他的感性範圍和層次如何？見識的局限又是如何[24]？都很值得我們研究。

（四）劉勰的情志心理分析和時代的影響

劉勰在寫《文心雕龍》的時候雖然借居於定林寺，但是我一直認為他當時絕對不是佛教徒。因為他在《文心雕龍‧程器篇》裏以「君子藏器，待時而動」自勉，準備「緯軍國，任棟梁，奉時以騁績」。『緯軍國，奉時騁績』這是須要殺人流血的工作，所以我認為善用《孫武兵經》於文藝論的劉勰[25]，在壯年時期雖然也傾心於佛教智慧，但是絕對不是佛教徒。然而《文心雕龍》裏〈明詩〉〈樂府〉〈諧讔〉[26]等篇所顯現的文學理論完全不考慮"男女之情"，這就很可能出于時代風氣和政治標準，所以士人多半誤解了孔子的思想和行為，使得所謂的儒家、經學家的思想影響到《文心雕龍》以及其他文論的作者不能兼顧到人類文藝創作的最基本感情，以至于這位文理俱勝，融兵入文的文藝理論大家，"功虧一簣"，沒有達到闡述文藝理論的更寬闊更動人的境界。這雖然是中華文藝理論發展史上的一大憾事，但是反過來說，卻也提供

24　林中明《劉勰文論的創新與詩學的局限》，2004 年《文心雕龍》國際學術研討會論文冊，深圳大學，2004 年 3 月 27 日、28 日。第 241-249 頁。
25　林中明《劉勰、《文心》與兵略、智術》，史學理論研究，1996 第一期。
26　林中明《談諧讔：兼說戲劇和傳奇裏的諧趣》，文心雕龍研究，第四輯，北京大學出版社 1998。

了一個研究《文心》的新視角和社會政治對 "文變"、"文論" 的
影響力。(有關此一論題,請參看作者 2004 年在深圳大學《文心
雕龍》研討會所發表的論文:《劉勰文論的創新與詩學的局限》)

三、從幾何學和四度空間來探討
『賦、比、興』的作用

(一) 老問題 —— 賦比興與新名詞 —— S.I.R.
(Symbol, Imagine, Real):

在有限空間、時間和資源的世間,人類崛起於億萬生物之中,
依靠的不是肌肉、體力,而是基于相對強大的記憶力而發展出來
的學習和思考能力。上世紀五十年代,法國新佛洛伊德主義精神
分析學家拉康 (Jacques Lacan, 1901-1981) 就曾總結了當時社會
人文科學的最新研究成果,於 50 年代擇要地指出:"想像"、"象
徵" 與 "現實" [27] 是構成人類生活世界的三個重要動力因素,而
這三者又各自成雙地相互扭結成三個軸線,不斷地創造出新的文
化云云。這個說法其實不出中國二千年前已有的 "賦比興" 三個
作用,也一直被人類應用於各個科目,包括國際關係[28]等學科。

27　Jacques Lacan. July 8, 1953. "The Symbolic, the Imaginary, and the Real"
　　(SIR).
28　〈奧巴馬就像一位棋手 (Obama Is Like a Chess Player)〉,德國《明鏡
　　(Spiegel)》週刊 2009 年 7 月 6 日。〈美前國務卿基辛格縱論國際局勢
　　與美國外交〉,《新華網》,2009 年 07 月 20 日。"基辛格:關心國家命運
　　卻不關注客觀條件的人是脫離現實的。出色的外交政策的藝術就在於,
　　認識到一個社會的價值觀並努力盡最大可能去貫徹它。問:您要求的是
　　現實理想主義嗎?基辛格:沒有一種現實主義不同時帶有理想主義的元
　　素。抽象力量的理念只存在於概念之中,而不是存在于現實生活裡。"
　　作者按:"現實主義" 的著眼點就是 "賦",應用抽象的理念就是一種
　　"比","理想主義" 就是脫離現實的一種 "興"。

但是拉康的說法在當時頗吸引了歐洲人的眼光，買他的書而不看，成為自喬依斯《尤理西斯》[29]出版以來的又一個"時尚讀物"。拉康的說法雖然仍然有其"市場"，但是我認為他的說法不過是重複了春秋時代就有的「賦比興」觀念，而先後見於《周禮·春官·大師》的「教六詩，曰風，曰賦，曰比，曰興，曰雅，曰頌。以六德為之本，以六律為之音。」以及漢代《毛詩序》的「故詩有六義焉，一曰風，二曰賦，三曰比，四曰興，五曰雅，六曰頌。」風、雅、頌明顯地屬於《詩經》的文體分類，但是「小雅」和「大雅」的分別，直到 2008 年，還有爭議以及新的發現[30]。然而「賦比興」的明晰用法和科學分類，卻一直在各家的文字解釋[31]裏「纏夾」[32]至今，雖然資料都收集的更完整，解釋的更詳細，舉例也更有系統，差不多能想到的情況，都有人分析討論過。這個"舊命題"似乎已經到了嚴重重複所羅門王名句「太陽之下無新事」的地步。但是如果我們仔細閱讀各種新的文章和書籍，我們都會發現今人如山似海的解釋，仍然沒有比 1400 年前鍾嶸在《詩品·序》裏所下的定義：「文已盡而意有餘，興也；因物喻志，比也；直書其事，寓言寫物，賦也。」來得更清晰和從數理科學來作進一步地探討和解釋。

---

29 林中明《喬伊斯的"文心"與《尤利西斯》的文體、文術、文評 —— 劉勰《文心雕龍》和喬伊斯《尤利西斯》的相互映照》，日本福岡大學 2004 《文心雕龍》國際學術研討會論文集，臺北·文史哲出版社，2007 年。第 59-94 頁。

30 林中明《氣象學之祖：《詩經》 —— 從"風雲雨雪"的"賦比興"說起》，第八屆《詩經》國際學術研討會論文集，陝西·洽川，2008 年 7 月 24-27 日。（2009 年出版）

31 宋·朱熹在《詩集傳》：「賦者，敷陳其事而直言之者也。比者，以彼物比此物也。興者，先言他物以引起所詠之詞也。」

32 朱自清《詩言志辨》說：「賦比興的意義，特別是比興的意義，卻似乎纏夾得多，《詩集傳》以後……纏夾得更厲害……。」

（二）舊命題、新方法：愛情、幾何、乾卦

拉康在 1973-1974 年提出以拓樸學中三個連環互套，抽去其一，則這"三位一體"的結構就要解構成"連環可解"的 Borromean knot/Ring（圖 7），來看"象徵"、"想像"、"現實"（S.I.R：Symbolic, Imaginary, Real）這三個文藝基材間的關係。這似乎是嶄新的觀念，其實只是借助一個幾何學的觀念，從一個"新角度"來審視"賦比興"這個"老問題"。

拉康"發明"的 Borromean 三環相套之說，我認為很可能受到基督教"三位一體"的說法的影響，也更可能受到但丁《神曲》結尾的啟發。因為在但丁《神曲》·《天堂》的最後一章，32 章，但丁說：「在那深遠閃亮而深沉的的本體裏，我看見三個圓環，三種顏色，同樣大小；一個似乎是另一個的反射，好像一個彩虹受到另一個彩虹的反射，而第三個似乎是被這兩個所吹燃的火。可是我的語言文字的描述能力如此貧乏，理解力又模糊不清……我像一個幾何學家，雖傾全力去測量那圓周，但是由於沒有掌握基本原理，結果和猜想不符。……想要達到這想像力的最高點，我力有未逮，但是由於愛情的動力，驅使我的欲望和意志如車輪之滾動向前，如同宇宙之力移動太陽星辰。[33]（林中明譯）」

---

[33]　Dante, A. *The Divine Comedy.* Paradiso: Canto XXXIII . Longfellow, H.W. tr. "Within the deep and luminous subsistence, Of the High Light appeared to me three circles, Of threefold color and of one dimension, And by the second seemed the first reflected, As Iris is by Iris, and the third, Seemed fire that equally from both is breathed. O how all speech is feeble and falls short, Of my conceit, and this to what I saw, Is such, 'tis not enough to call it little!...As the geometrician, who endeavors, To square the circle, and discovers not, By taking thought, the principle he wants,...But my own wings were not enough for this, Had it not been that then my mind there smote,...Here vigor failed the lofty fantasy: But now was turning my desire and will, Even as a wheel that equally is moved, The Love which moves the sun and the other stars. "

　　但丁的文字其實也可以應用於我們對詩作奧義"賦比興"三個連環的探討 ── "賦"與"比"互相映照，但是它們"鼓天下之動"，而幫助吹燃"興"的"想像之火"。只是但丁老實地說"自知不知，亦有所知"，但是他能確定人間的愛情力是求知的動力，均勻持久，如輪之前行。而拉康則雖借用"三位一體"的觀念，意圖以拓樸幾何學來解這奇妙的 R. S. I. 三圈相套、三元多次代數聯立方程。只是看來拉康只能借這 Borromean 三環說它們之間的一種關係，但是不能較準確地用數學來量化測量圓圈的周長，也未能簡明地說清楚這三圈的大小、比重、硬軟等質地，以及它們如何互動互映，"一對一"、"一對二"、"二對一"等關係。

　　從但丁和拉康的思考和探討，我們可以看到西方前賢對人類思想動力的研究，也是以"道生於一，三生萬物"這樣一個古老而中西略同的思想，選擇三個基本作用為基本變數，而最後都意圖以幾何數學來作更有系統的科學探討，他們試圖融文學、藝術與數學、科學於一體的努力，很值得我們的敬佩。與六百年前但丁的神學文學和三十年前拉康的心理學文化學的探討相對，我認為人類在寫詩、表意、煽情、行銷等等最基本手法也都不外乎運用「賦、比、興」這三大基本方法，所以我認為探討「賦、比、興」的研究，可以用愛情詩配合數理和哲學來重新看這個古老的命題。以下的討論將從 1. 本文的切入點 ── "愛情詩"，2. 中學幾何學所講的空間數理，配合我們所熟知的 3.《周易》中的〈乾卦〉，來探討寫詩表意所必須使用的"賦比興"這三大方法背後的思維空間變化。

　　西方古典愛情詩《所羅門王之歌》用"賦"多於借"比"，因為長篇散文詩的字數比《詩經》大部份詩篇所用的四言要來的多，字多，所以容易用"賦"的手法來描寫景物事件。至於古典情詩中用"比"的手法，則《古埃及情歌》、《所羅門王之歌》和《詩經》都驚人的類似。《所羅門王之歌》描寫良人和自己的美麗，就用鳳仙花和玫瑰花來比喻。說身體的美好，就用"一對小鹿"來比喻佳偶的兩乳，"滴蜜的蜂房"來比喻新婦的嘴唇。《古埃及情歌》則用 mandragora 根球形容"妹妹的乳房"，睡蓮花比喻女子的香唇[34]。《詩經》則不直指，一般的比喻也都間接含蓄，用編貝、螓蟀之類的蟲魚草木來形容身體其他部位的美好，幾千年來，幾乎取代了正式器官的名稱。屈原好用"香草"自況，蘇軾以"桂棹蘭槳"自居。"記得綠羅裙，處處憐芳草"更是大家熟悉的"比、興"名句。關于"賦比興"的研究，自古至今，豈止千萬人反復注解，難道天下還有新的看法嗎？不過有道是"一代有一代之學"，我們應該"借助知識平台"，從現代人的認知角度"以新發故"。以下就是我從《周易》，加上現代對幾何四維空間的認知角度，來解釋『賦比興』的科學觀下的文學意義。

（三）從《易經·乾卦》看『賦比興』
三大思維、方法的幾何時空意義

1.『賦』：點畫、勾線，從"潛龍勿用"的"零度
空間"到"以管窺豹"的"一度空間"

《文心雕龍·銓賦篇》把"賦"的手法解釋為「鋪采摛文，體物寫志也」。可以說是文學作者用類似畫家繪畫一般較直接的鋪

---

34 *Love Lyrics of Ancient Egypt,* translated by Barbara Hughes Fowler（1994）. The University of North Carolina Press. 4-5. " Girl: Your love is mixed in my limbs, like honey mixed with water, like mandragoras, mixed with resin gum, or the blending of flour with salt. Boy: My sister's mouth is a lotus, her breast mandragoras, her arms the limbs of a tree, her ..., her head the love-wood trap, and I am the gone goose ! The cord is my... , her hair is the lure in the net, that will ensnare me. "

陳方式，以置點（西洋印象派點畫、米家山水、現代噴墨印刷機都是“點畫”）、勾線（西洋素描和國畫的勾勒則為以線為主的畫法）、塗彩的方式，大約類同〈謝赫六法〉中的“傳移模寫、應物象形、隨類賦彩”三法，來描述所欲表達事物的情況，讓他人和眾人瞭解作者的意圖（圖8）。這種基本的直接描述的表達方法也見於創造供大眾使用的文字時所用的「象形」和一些「指事」的手法。

但是由於每個人的見聞和所知有限和異於他人，大部分人描寫事物都只能從自己腦神經之所見，以類乎各自「潛龍勿用（乾卦・初九）」近於“零度（維）空間”的潛意識心態，和「井底之蛙」近於“零度（維）空間”的局限見解來觀察描述外在世界。但是大詩人如古希臘的荷馬，雖然傳說是個“瞎子”，但是他能用大眾的語言和旁人的共同經驗來吟唱詩歌、史詩，所以他雖然“後天目盲”，但是“心明筆燦”，作品中西能賞，並且對人物、動作、音響、色彩的描寫，荷馬“鋪采摛文，體物寫志”的功力，今人恐怕還是不易超越。

就幾何學的角度來看，個人的初級認知，常常起於個人知識庫的“點”在近乎“零度空間”的經驗範圍裏運作。如果一個人有生理、心理（包括群眾心理）上的盲點、色盲或弱視角度，他們就頗有可能對於某些事物和顏色“視而不見”，“見山不是山”，“色亦是空”，不僅自己“看”不見，也不能對別人的描述起共鳴。他們雖然不是所謂的“文盲”，也可能受過“高等教育”，有些還是“商業大款”，但是很可能卻是個相對的“詩盲”或“文藝盲”。戰國時代各國“外交要員”在大會或是出遊的場合，如果“登高而不能賦”，他們就等於自動放棄了“發言權”和“影響力”，不僅失去對方的尊敬，也難以達成外交任務。

　　就個人的範圍而言，當"個人"的"我"和"他人"的"你、他"相溝通時，知識對應和感受交換的範圍就必須從個人的"零度空間"延展到"兩點相聯成線"的"一度空間"。就各個人的成長經驗而言，這又好比不斷地以"管中窺豹"的方式，移動"視管"以觀察事物，摹仿動作。從數學的角度來看，"賦"也近於實數的算術。再就人眼觀看事物的動作而言，朱光潛早在上世紀 40 年代就指出斯屈臘通（Stratton）用照相器攝取眼球在看曲線和物體時，發現眼球和視點是不規則的跳躍所構成[35]。因此從科學的角度探討"如何我觀"，就會發現人們所有觀察的範圍，都是由靜止固定的"點"，而運動延伸到"多點、亂點"而形成許多"直線、曲線、折線"，它們的幾何空間乃是從"零度空間"擴大到"一度空間"。

　　如果把"賦"的性能用於社會行為的理解，那麼《金剛經》裏所說的「人相、我相」，大概就是指人類在"零度空間"和"一度空間"裏的認知尚未擴展到「眾生、壽者」的範圍以前，所具有的有限度腦認知和情識活動的範圍。而這也就是"賦"這一個方法在基本運用時，所佔有的思維的幾何空間。而當代熱門的 M.I.T.（Multi-Inter-Trans Disciplinary Teaching/Research）教學研究方法裏的"多學科（Multi-Discipline）"教學及研究法，也幾乎和"賦"的性能對應。所以"賦"的意義廣大，它不止可以用於《詩經》的理解，也籠罩並超越"詩、文、藝、術"的範圍，而是一個具有普世性的"方法"。所以我們幾乎可以仿《文心》的開章第一句，對"賦"的研究作一個籠統的結論說："賦之於述事也大矣！"

---

35 朱光潛《文藝心理學》，第二章〈形體美〉，臺灣，開明書店，1969 年，第 317 頁。

2.『比』：觸物圓覽，"見龍在田"，八面出鋒，由點到線，展線拓面："二度空間"

《文心雕龍・比興篇》解釋為「比者，附也。附理者，切類以指事。寫物以附意，颺言以切事者也。」這種寫作的方法，也類似於創造文字時的「形聲、會意」手法。可以說是作者用間接的方式，更鮮活多樣的文字，"颺生動、達理、通情之言以切多方、多樣之眾事"，把感情活動和觀察範圍擴大到"人、我"，甚至於包括"你、我、他"如《金剛經》所說的「眾生相」；以及在物質世界的空間裏，對所見所知的前後、左右、上下等近距離的景物事相，作類似的"小點塊比較"，然後串聯和擴張，作較遠距離的"大面積比較"。這樣的比附、串聯，自然就把觀察、思想和感受的範圍，由點而線，八面出鋒，直線但「紛紜雜遝」多向地表達情感，包括「畜憤以斥言（《文心》）」。於是相對於"賦"的點染，"比"就擴大到"人我感知"單線單向的"一度空間"之外，概括"你、我、他"的交感，並籠罩具有「眾生相」、多樣性的"二度空間"思維感受和文詞表現。

就感情推理的思維感受而言，這就是《孟子》所說的「他人有心，予忖度之」；就事物的描寫方式而言，就是「喻、擬、類、寫、方、譬」諸類方法。把「一對一」的直接描寫，擴展到「比聲、比貌、比聞、比舐、比觸、比心」等感官"一對多"的擴張；或者「以物比理、以聲比心、以人擬獸」，以甲比乙等跳躍性的聯想，則其類多不勝舉。這種經由「附理，比例以生」來擴大思維感受範圍的方式，也很像數學裏的代數。若徵諸於《易經》，我認為它們可以類比於〈乾卦・九二〉裏的「見龍在田」卦象，把認知感受由個人經驗知識為主的一點作為中心起點，前後、左右地擴大視野範圍，其結果就是"田"狀的幾何圖形。《文心雕龍》又

說 "比" 是「觸物圓覽」，其實也就是古篆字『田』字的圓形結體，據自身之點，畫視見半徑之圓，其切於物象，誠妙不可言。因為觀察範圍的擴大，「君子學以聚之，問以辯之，寬以居之，仁以行之」，有進口的知識，有審察後可用的材料，有擴大的胸襟，有協調眾人的行動，打開了 "獨學無友，閉門造車" 的自閉症，衝破意識形態的鎖國政策，這就必然促進了「天下文明」和達到「利見大人」的有益結果。

　　現代流行的快易速成的 "比較文學"，在研究方法上，也就是走 "東張西望"、"平面擴張"，就近推演的路。因此有時也不免流於主觀上牽強附會，或客觀上材料機械堆積之弊。而 "比" 的方法也近於 M.I.T.(Multi-Inter-Trans Disciplinary Teaching/Research) 教學研究方法裏的 "跨學科（Inter-Discipline）" 教學及研究法。所以 "比" 的意義和作用範圍又要比 "賦" 更為廣闊，它不止可以用於《詩經》和各種學術，而是一個具有開拓知識疆域的普世性 "方法"。

　　至於作者近年融合《孫子兵法》、《文心雕龍》與科技創新於一爐所作的一些名之為《斌心雕龍》的初步探討，這些探討其實也是從 "賦" 到 "比" 的擴張和串聯。只是文武二道在傳統思想中大家以為是水火不相容的學問，但是一旦能夠把表面對立的學科會通 "起來"，那也就是司馬遷和劉勰所達到的領域。因此我們又可以對 "比" 的探討作一個和 "賦" 類似的結論："比之於知識也大矣！"

3.『興』：或躍在淵、飛龍在天，第三個光環、第三度空間

　　《文心雕龍‧比興篇》說「"興" 者，起也。起情，故 "興" 體以立」，這就是說 "興" 的表達和反應和 "比附" 不在同一個平面上，而且 "提升" 了感情的反應 "高度"。〈比興篇〉又說：「起

情者，依微以擬義，發注而後見。稱名也小，取類也大。」這就是說"興"除了提升感受的高度之外，還有"放大"微小的意義，照亮隱晦的暗示，並增加其感受"強度"的功能。"興"的手法，較"比"的直線串聯來得"彎曲間接"，所以劉勰說它用於諷刺政事時如「環譬以極諷，託喻婉成。」但丁在《神曲》的結束篇所說的三個光環中的「第三個似乎是被其他兩個所吹燃的火。」我認為這"第三個光環"頗類似於"賦比興"的"興"，它因為"賦、比"的鋪陳、點染和擴聯、比附，而"興"方得以藉"星星之火"可以"八面出鋒"而至大火燎原。

　　再就文字創造的方式而觀，"興"和"會意、轉注、假借"似乎都相關聯。從書法來看，中國的書法，"賦"形表意，中小學學生習字，和一般文書報告，點劃要依照政府的規範。但到了以書法寫字的時候，初級書法家的筆法就多比附於經典或是流行名家。但書法的最高成就，不再以"賦、比"自滿，最後和最難的一關就在於"字達情[36]"或是"興"的表達。宋代以來所謂的「文人字」，其實就是以寫詩的方式來表達書寫者的學識、風骨、經歷和趣味。書法到了《字外有字》的境界[37]，那就到了"興"的層次，也就是書法的最高境界。在數學裏，如果"賦"近乎實數的算術，"比"近於幾何的比例，也近於以象徵的變數來解聯立方程的代數，那麼"興"或許有"複變函數"裏相位轉換可以改變虛

36　林中明《現代書法的能與不能：科技、文心與士人》，2007 "傳統與現代書法國際學術研討會‧論文集，華梵大學美術學院，臺北美術館，2007 年 5 月 19 日、20 日。"書法三達：文達義，字達情。書達識。"

37　林中明〈字外有字（Character Beyond Character）〉，Proceedings of The 2nd Internationaal Conference on East Asian Calligraphy Education, California State University, Long Beach, 11-13 August 2000。pp.17-32。

實數大小正負的性質[38]（圖 9A、9B）。在 M.I.T. 教學研究的方法裏，"興"顯然就具備"轉化、飛越"（Trans）的功能，而且一定是科學大突破時所需要的方法和功能，因為逐步邏輯推演的 "小創作"（evolutionary invention）只是有限的改進，而大創新（revolutionary innovation）,則一定是"躍淵飛天"的大突破（major breakthrough）。

　　在文學的應用上，用「賦」和「比」的手法，作者可以鋪陳轉比，以多為勝寫出長篇描寫細膩、文字華麗而易讀的文賦。但是好詩的要求不在字多意細和表面的格律，而在字少、義多、情動、憶長[39]。所以只有賦比而無"興"，則難以成為好詩。所以說，"興"是文藝作者努力的終極目標。〈乾卦·九三〉說「君子終日乾乾」、「與時偕行」，就是說文藝創作者每天都應該認真努力，和時間賽跑，隨著時間的前進，在「二度空間」裏不斷地去擴展進步。當作者或詩人更加努力，即使依附著柔軟的逆流，也能跳出框框條條，那就應了乾卦九四的「或躍在淵」，從「二度空間」的水平面，跳到新的環境 ——「三度空間」，要勇於嘗試創新，經常要自我挑戰地「自試也」。自試成功的作者，能描述在"你我他"有限而而熟知的人際環境之外，廣大世界裏既普遍而又抽象的「眾生相」裏的"悲慘世界"和"人間喜劇"，這才能感動超越時空和文化背景之外廣泛的讀者，激起新鮮生動，騰躍深遠的聯

38　Lin, Chong Ming.（2009）All the World's a Complex System-Of the Imaginary and the Real. 2009 The Mathematical Association of American & SIGMAA on Mathematics and Arts: *Mathematics and Love: A Poetry Reading*, January 7, 2009, Washington D.C.（附作者中文自譯及插圖：〈世界複變　奇正虛實〉）

39　林中明《詩的本質與格式、聲韻、記憶、腦力的關係》，中國韻文學刊，2005 年第三期。第 80 至 89 頁。人民大學《文藝理論》學刊，2006 年 3 月，第 89-99 頁。

想和意象。這種因近指遠，從小見大的現象很近於〈乾卦・九五〉的「飛龍在天」，從「二度空間」提昇到了「三度空間」。有了全面的思維、感受的空間自由，當然是「利見大人」。不過，不朽的作品除了要雅俗共賞、無遠弗屆之外，還需要通過時間的考驗，如《金剛經》裏所說的「壽者相」。能過了這一關，作品的「半衰期」增長，壽命「與時皆極」。因此千年之後，仍然能讓讀者讀之百感交集，為之哭，為之笑。那就成了「四度空間」裏的 "經典之作"，不至于「亢龍有悔」，一季而終。

四、《詩經》和高科技創造力的關係[40,41,42]

21 世紀的人類，由于過分依賴網絡收集資料，和用電腦做排比和判斷，不必凡事推敲想像和長考，或者說只須快速爬行或者乘搭高速汽車、火車，而不須騰空遠眺，「摶扶搖而上者九萬里。」久而久之，一個腳印一個思維，心靈數位化，千人一面，當然難有突破性的創造發明。這種腦力的自我局限，或可經由經典古詩就已闡明的 "賦比興" 方法，重新打開因過分使用電腦而數字化的心靈[43]。從詩人的夢筆，開拓因過分專業化而窄縮的創造力。如果從野花中都能看到天堂[44]，「那麼從人類情詩裏的通性同感，

---

40 林中明〈舊經典活智慧 —— 從易經、詩經、孫子、史記、文心看企管教育和科技創新〉，2003，《斌心雕龍》，臺灣，學生書局，頁 463-518。

41 林中明《從《詩經》看企管教育和科技創新》，《詩經研究叢刊，第五集》2003.07，北京，學苑出版社，頁 234-239。

42 林中明〈經典與創新：從「知識平台」到「文化縱深」〉，2005，《叩文經典》，臺灣，學生書局，頁 143-180。

43 Norman Cousins:《The Computer and the Poet（電腦與詩人）》，Saturday Review 1966。

44 詩人兼雕刻畫家，布雷克（W. Blake, 1757-1827）的不朽名句：To see a

就更容易看到更開闊的世界全景」（亞理斯多德），和消除近年西方霸權武斷而悲觀的「文明衝突論[45]」。這是我們研究《詩經》的學者們所應該共同重視的天下事。

五、結　論

陶淵明《閑情賦》有云：「始則蕩以思慮，而（終）歸之於閑正」。余之為文，亦追其意。孔子曰：「君子務本，本立而道生。」夫「道勝於德，筆勝於劍；吻甜於蜜[46]，情先於文」，情詩也者，其為詩文之本歟？

如果古今中外的男女情詩，都能超越時空，突破教條和意識形態，而起興動人「與時皆極」（《易經・乾卦》），那麼我們就證明了世界各大文明之差異，當在其後天的環境、文化、教育和生活末節而不在本心。所謂「性相近，習相遠」，人心應無根本的差別。由此而觀之，杭亭頓（Samuel Huntington）所預言的「文明衝突論」實無其必然性，所以不能以之為根據，來製造不必要的對立和衝突。從基本人性的瞭解，去化解後天習俗所造成的偏見，應該比動用「兵戈之力」，更為有效而且愉快。

此外，所謂「一代有一代之學」，"一代有一代之詩"（圖 10）。本文藉由作者與讀者感情知識的互動，用《易經・乾卦》和三度

---

world in a Grain of Sand, And a heaven in a wild flower；Hold Infinite in the palm of your hand, And eternity in an hour.（我的五古譯文）：野花見天堂，微塵現大千；無窮握指掌，永恆一時間。

45 Samuel P. Huntington, "The Clash of Civilizations and The Remaking of World Order," Simon & Schuster 1996。

46 《聖經・舊約・歌中之歌（所羅門王之歌）（雅歌）》第四章，11、12行。

空間的幾何學，加上第四度的時間，結合古今中西情詩，「以經解經」、「以詩解詩」，去解釋千年來聚訟紛紜，但仍不得科學系統要領的「賦、比、興」這詩學三大要義；並進一步地以舊有的幾何學與現代科學的方法眼光，試圖有系統地去瞭解文藝創作的方法和作用的本質。疏漏之處，還請方家指正為要。

六、後記（2003.2.15）

Some like fighting, Many prefer poetry;
If Civilizations are clashing, Can multiculturalism be far away ?

今年（2003）臺北國際書展邀請的貴賓 —— 1986 年諾貝爾文學獎得主渥雷・索因卡 （Wole Soyinka），2 月 15 日在臺大發表訪臺的最後一場演講。這位奈及利亞詩人說，「詩可以擴大視野和觸感，人類應該思考在爭奪石油、鑽石等之外，還有什麼值得追求的價值；每個人都可以藉由詩來發掘內在的情感，找到抵抗不公正的力量。」在西方高科技和所標榜的民主自由制度和口號席捲世界的 21 世紀，居然一位從非洲來的詩人，能給我們帶來新的視角和情懷，這是很值得我們思索的經驗。

2001 年 7 月我在撰寫這篇文稿的時候，曾在加州海邊踫到家兄在美國軍界的友人。他們很奇怪地問我，為什麼一個搞高科技的工程師，會花如許寶貴時光在這樣一個"不切實際"，而且是"負收益"的古典文學命題上？於是我試圖解釋現今世界幾大文明，雖然因為文化宗教背景的不同，而有「文明衝突」的可能，並因而可能帶來世界性的災難。但是我們更可以由人類"共性"，包括古今中外相通的"情詩"，而覺悟到人類「性相近，習相遠」（《三字經》),「群分而氣同,形異而情一」(《白居易・論詩》)。世間「意識形態」的差異,其實大多是後天人為的誤導。一旦人類能頓然覺悟到各文明間的"同"和"情"遠多於"異"與"恨",而真正的愛情乃是"把自己的快樂,建築在別人的快樂上",那麼或許各國各族各教…能因此逐漸共同捐棄「文化、宗教成見」和「歷史、地理冤仇」,而為維護這"共同居住"的"太空船"的安全與和平而"興起""同舟共濟"的感情,並共同努力,繼續它的航行…。

　　當我在理性而學術性地解釋我的動機和目的時,我還記得他們想笑而控制不笑的表情,和最後禮貌性的道別。當然,他們當時尚未瞭解我所說的「世界性災難」的嚴重性。只是,兩個月之後,九月十一日,他們在華府看電視震驚悲痛之餘,或有可能想到兩個月以前,我所說的"迂腐笑話",竟然不再是"學究笑話",而是"美國哀歌"了。

　　前天(2003.2.13),《紐約時報》的讀者投書欄,有幾位讀者為了總統夫人取消年度的「白宮詩人頌詩大會」,發表了意見。他們的信文雖然簡短,就像《詩經》的國風,但是對社會時局和人類的關懷,似乎和三千年前的業餘詩人沒有兩樣。有一位叫 Kate Farrell 的讀者引了詩人 William Carlos Williams 的詩,提醒大家:「詩之所以為詩,乃在其具有創意和藝術價值之外,還有一種對世界的深沉關懷,而且對權力饑渴的機會主義者所帶來的災難、暴力、毀壞和死亡,也是一種解毒劑。此所以人們在 911 事件後轉向詩中尋求心靈的自由、勇氣和清靜。」

William Carlos Williams:

> *It is difficult*
> *to get the news from poems*
> *yet men die miserably every day*

for lack

of what is found there.

這封投書，雖然來的晚了一些，但是仍然表現了一些少數美國知識份子的良知，和呼應了古代中國的「風人之義」，而且也給我這篇文章作了貼切及時的注腳。

諾貝爾文學獎得主索因卡在昨天的演講中說，「詩可以擴大視野和觸感，人類應該思考在爭奪石油、鑽石等之外，還有什麼值得追求的價值；每個人都可以藉由詩來發掘內在的情感，找到抵抗不公的力量。」

我拈出古今中外「情詩」以為檢討和當作"過河"的工具，也可以算是現代的〈所羅門王之歌〉吧。

（初稿刊於 2001 年《詩經》國際研討會論文集，北京・學苑出版社，2002 年。第 393-402 頁。又收入作者《斌心雕龍》，臺北・學生書局，2003 年。本文復於 2009 年 7 月修訂增潤，並附彩圖，以符賦比起興之義。）

2009 年 8 月 3 日

七、插　圖

圖1."拈花微笑"的"賦比興"

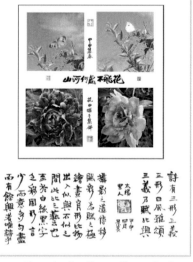

圖2.攝影者"賦"，"比興"者詩

圖3.逝水年華　花落誰家

圖 4. 無夜不相思

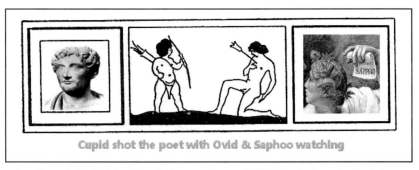

Cupid shot the poet with Ovid & Saphoo watching

圖 5.左：奧斐德（Ovid）雕像。　5.右：薩芙（Sapho），拉菲爾繪。
　　中：愛情頑童邱比特（Cupid）以"愛神之箭"射倒欲寫戰史詩、
　　　　載道詩的詩人。
　　（中：插圖出自 Jean De Bosschere。1930。無版權。Google Books）

圖 6. "Dante met Beatrice" by Henry
Holiday 1883（Wiki）

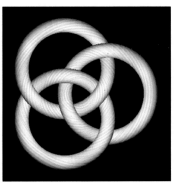

圖 7. Borromean Ring（Wiki）

圖 8. 素以為絢　繪事後素

2009 The Mathematical Association of American & SIGMAA on Mathematics
and Arts: "Mathematics and Love: A Poetry Reading", January 7, 2009,
Washington D.C.

All the World's a Complex System -- Of the Imaginary and the Real

Lin, Chong Min　　rev. 2009.7.7

Some say the world is fire and ice.
Some say life is comedy and tragedy,
and winners happy , losers worry.

I think the world is mostly complex.
We count fingers with real numbers
and dream for imaginary events.

Some say the world has North and South.
Some say people have artists and scientists,
and women from Venus, men from Mars.

I think regardless you go East or fly West,
all the men and women are merely lovers,
from infants to their old days.

Parents love their babies, children their pals.
Men love women, women love men, and
men love men and women love women !

Lovers counting on the imaginary,
and dreaming for the real.
All wanted the real and few knows vectors roll.

When amplitudes on axis change with phases,
love turns to hate,
and hot to cold.

Oh lovers and dreamers,
before you fall into love and wake up from
dreams, wish you were told,
by a mathematician with wisdom of old:
that the world is complex ,
and imaginary love is coated with real gold.
that the world is complex ,
and imaginary love is coated with real gold.

世界複變奇正虛實
林中明 自譯　　2009.7.7

有些人說這世界是水和火，有些
人說生命是喜劇和悲劇，幾家歡
樂幾家欷噓。

我認為這世界大半是複變函數，
我們扳手指數實數，
夢的都是虛幻事故。

有些人說這世界分為南北，有些
人說人類分成藝術人和科學人，
女人是金星人，男人是火星人。

我認為無論你向東走還是向西
飛，所有的男人和女人都是愛人，
從嬰兒到老人。

父母愛兒女，小孩愛爸媽，男生
愛女生，女生愛男生，男生愛男
生，女生愛女生！

情人計算著虛想，夢想著實相，
都爭實樣，少知矢量！

投影在軸上的振幅隨相角而變
遷，愛情轉成仇恨，熱火變為冰
冷。

情人和做夢的人啊，在你墜入情
網和醒自夢鄉之前，希望有位數
學家，傳授給你那古老的智慧：
這世界真是複變函數，鍍真金的
愛情，虛幻不能算數。

圖 9A. 太平洋邊，玻璃帆船；夕陽西下，虛實燦爛。

圖 9B. 燈光日光，照明一樣。地板樓梯，虛實共相。

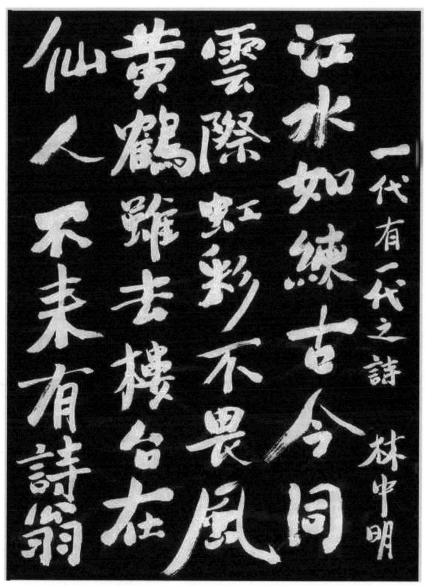

圖 10.〈一代有一代之詩〉2002.8

第五屆《詩經》國際學術研討會·
詩會賦景·即興六首

湖南·張家界　2001 年 8 月 6 日-11 日

1.〈記 2001《詩經》國際研討會〉（借王勃詩、演劉勰意）

　　　海外存知己，天涯若比鄰；山川溢於眼，經典常在心。

2.〈登「六奇閣」覽山川如畫〉

　　　山石皺如畫，古人不我欺；峰巒橫十里，胸懷縱六奇。

　　注一：六奇閣在張家界黃龍寨之頂。六奇者：乃山奇、水奇、石奇、
　　　　　雲奇、樹奇、洞奇也。

　　　　　然孔子以六藝教學，八大以六藝傲世，而現代學術則又不止於
　　　　　文史哲兵經、理工生化等項矣。

　　注二：張家界有名勝曰：「十里畫廊」，峰巒溪流，風景如畫，綿延
　　　　　十里，目不暇接。

3.〈詠張良〉（清·《永定縣誌》云：漢·留侯張良墓，（好事者傳說）
　　在青山岩…）

　　　悲韓懷赤膽，擊秦拜黃石；功成遊綠野，白雲伴國師。

4.〈詠山景情歌：兼應詩源本義 —— 戲為疊字，暗嵌名字。〉

　　　雎鳩關關開經典，莎鳥叮叮唱我卿；

　　　山間處處聞情詠，林中時時參蟬鳴。

　　注一：Shakespear poem〈It was a lover and his lass〉: " when birds do sing
　　　　　hey ding a ding "

　　注二：〈豳風·七月〉：春日載陽，有鳴倉庚…五月鳴蜩…六月莎雞
　　　　　振羽。

5.〈贈　河間文化局長　田國富 ── 讚其傾一人一家之力,乾乾繼存中

　　華《詩經》文化〉

　　　　毛公詩經,見龍在田;河間文化,君子乾乾。

　　注一:「見龍在田」「君子乾乾」《易經‧乾卦》之卦象也,今“以

　　　　　經解經”。

　　注二:河間市有「君子館村」紀念毛萇講經。近年該處挖出漢磚兩塊,

　　　　　上刻“君子”二字。

6.〈記　辛己年六月　張家界　《詩經》研遊會〉

　　　　心染蒼山四野綠,目繪朝陽萬里紅;

　　　　沉吟百年愁和慮,笑談千載事與功。

氣象文學之祖

詩經

從風雲雨雪的

賦比興說起

第八屆研討會
二〇〇八年七月洽川

林中明 撰

氣象文學之祖：《詩經》

—— 從 "風雲雨雪" 的 "賦比興" 說起

　　提要：鍾嶸的《詩品》雖然只以陶淵明的詩為中品，但是他總結陶淵明的成就，認為陶淵明是 "古今隱逸詩人之宗"，並指出了一個有特色詩派 "隱逸詩"，這是他的眼光獨到之處。至於說五經的《詩經》是中華詩學之祖，古今學者不能異議。但是如果要說《詩經》是中華文學之祖，這就會引起爭議。譬如劉勰在《文心雕龍・宗經篇》裏就說「五經含文」。顯然意指《詩經》之外的四經，也都各有文學上的功能和特色，不容《詩經》獨佔 "中華文學之祖" 的地位。但是如果我們把《詩經》當作 "氣象詩學" 之祖，則應該沒有疑問。又因為《詩經》開啟了中華文學創作，所以《詩經》也當得起 "氣象文學" 之祖。鍾嶸《詩品・序》的開頭指出「氣之動物，物之感人，故搖蕩性情，形諸舞詠」，然後他又提到「南風之詞，卿雲之頌」以及「春風、春鳥、秋月、秋蟬、夏雲、暑雨、冬月、祁寒（包括冬雪）」，可以說他已經把 "氣象文學" 裏的 "風雲雨雪" 的氣象和 "四季" 天候都考慮在內，只差了用像 "隱逸詩派" 這樣的稱呼來指出《詩經》的顯著成就之一乃是廣義的 "氣象文學" 或是 "氣象詩學" 之祖而已。

　　近代文學批評分工益細。　除了 "新聞文學"、"女性文學" 等熱門學類之外，又有較專門和和冷門的 "文學社會學"、"文學

法律學"、"文學人類學"和「六經皆史」的"文學歷史學"以及
"一方水土養一方人物"的"文學地理學[1]"等別類文學研究出現。
但是中國從《尚書‧洪範》治國九疇中就有氣象一大門類[2]，而且
自《詩經》以來更有大量詠"風雲雨雪"氣象的詩作，和許多與
此有關的個別詩話和論文研究，然而至今卻沒有一個專門的類別
名稱以利于集中研究，這是說不過去的事。　因此我提出包括詩
和散文的"氣象文學"名稱，作為一個專門研究的類別對象，並
以《詩經》為中華"氣象詩學"以及廣義"氣象文學"啟蒙之祖，
用這個似為新訂而實係舊有的"範疇"作為研究《詩經》的輔助
概念，經由此分類思考順流而下，更有系統地貫串會通其後詩詞
文章裏"氣象文學"的變化演進，以為研究詩學、文學者建立一
個共同討論的限定框架，和更專注的主題。

　　本文的第一部份，專注於以電腦檢索來分析《詩經》裏的氣
象文學。　而第二部份，則將對中華大詩人們，從屈平的《楚辭》、
陶詩到李杜蘇黃、王維陸遊等在"氣象詩學"上的表現，和他們
對廣義"氣象文學"開展的貢獻，利用電腦檢索加以統計和評述。
在瞭解了中國詩人的"氣象文學"發展走向之後，作者也選列一
些代表性的西方詩文，以說明"氣象文學"乃是人類文學的共同

1　林中明《地理、歷史對文化、文學的影響：從薛地到矽谷》，淡江大學，
　　第十二屆社會與文化國際學術研討會，論文集，2008 年 5 月 23-24 日。
2　《尚書‧洪範》九疇之八‧庶徵：曰雨，曰陽，曰燠，曰寒，曰風，曰
　　時。五者來備，各以其敘，庶草蕃廡。一極備凶，一極無凶。曰休徵：
　　曰肅，時雨若；曰乂，時陽若；曰哲，時燠若；曰謀，時寒若；曰聖，
　　時風若。曰咎徵：曰狂，恒雨若；曰僭，恒陽若；曰豫，恒燠若；曰急，
　　恒寒若；曰蒙，恒風若；曰王省惟歲，卿士惟月，師尹惟日。歲月日時
　　無易，百穀用成，乂用明，俊民用章，家用平康。日月歲時既易，百穀
　　用不成，乂用昏不明，俊民用微，家用不寧。庶民惟星，星有好風，星
　　有好雨。日月之行，則有冬有夏；月之從星，則以風雨。」

興趣。如果"氣象文學"過去曾是人類文學的共同興趣，而過去的氣象變化也影響了人類文明的進程[3]，現在過度的"地球暖化"所帶來的氣候變遷也必成為人類共同的災難和文藝變化"可見的推手"。一千四百年前劉勰在《文心雕龍》中宏觀地指出"文變染乎世情"。如果"文變染乎世情"是文學社會學的真理，那麼我們也敢說"文變染乎氣象"是"氣象文學"的指標。我們可以想見今後人類的詩文藝術，一定也會反映 21 世紀以來天候氣象的激烈變遷，及其所帶給全人類的衝擊和災難。所以本文作者相信"氣象文學"也因"地球暖化"的興起而必將成為時代文學的新科"顯學"。而研究近三千年前《詩經》裏的"氣象文學"，不僅有系統地反思和欣賞中華古代詩人們在"氣象文學史"上的豐盛成績，也為 21 世紀中華文藝復興，提供舊的養分和新的信心。

關鍵詞：祖、風雅頌、聞一多、氣象文學、氣象詩學、電腦檢索

一、前　言

　　自從進入 21 世紀以來，隨著中國經濟的持續快速成長，人們越來越開始重視歷史大家湯恩比在七十年前所作的預言 —— 21 世紀將是中國人的世紀。而胡適在六十年前所期望的"中華文藝復興"似乎也不再是少數中國士人的幻想。但是"地球是平的"，經濟和知識是全球共通的，已開發的甲國所有的，不久乙國也有；已開發國家所有的，不久開發中的國家也能努力學習或購買獲得。韓愈說「弟子不必不如師，師不必賢於弟子，聞道有先後，術業

3　Brian Fagan, *The Great Warming-Climate Change and the Rise and Fall of Civilizations*, Bloomsbury Press, 2006.

有專攻，如是而已。」看來這也完全適合於國家的經濟成長和科技知識的獲得。流行歌曲，一個星期就可以全球共唱，時尚服裝，一個月就能在各國上場。科技工業的汽車電腦，開發中的國家也多能裝配生產。等到大家都在市場經濟上近乎平等而貿易，食衣住行世界大類相同時，國與國，區域與區域之間的較量，就不再以傳統的武力和製造力相競爭，而是以服務業和文化企業相抗衡。在不能只靠打仗而能安然掠奪他國的財富時，傳統的軍力以及 "硬實力" 的功能，就開始飽和，失去了它們的威懾力，而依靠文化力的 "軟實力" 開始抬頭，成為輔助或替代 "硬實力" 的 "聰明手段"（Smart Power[4]）。這就是《詩經‧大雅‧烝民》裏早就引用過的情況 "人亦有言：「柔則茹之，剛則吐之」。" 然而所謂的 "文化力"，卻沒有速成的藥方，世界一流的大學，也沒有真正能開這門課的紮實學者。

中國號稱是文化大國[5]。從數量上來說，三千年的文化累積，當然比三百年的文化累積來得深厚。但是累積深的富礦，發掘的難度相對加大。因此三千年前開始采風編寫配樂的《詩經》篇章，就連國學大師王國維也認為 "《詩》《書》為人人誦習之書，然於六藝中最難讀。以弟之愚暗，於《書》所不能解者殆十之五，於《詩》亦十之一二。此非獨弟所不能解也，漢魏以來諸大師未嘗不強為之說，然其說終不可通，以是知先儒亦不能解也[6]。" 所幸由於其後許多學者的努力，從前不可解的文字已經減少，新的研究方向和方法更帶來了新的瞭解。而在這眾多的著名學者之中，

---

4 CSIS Smart Power Project's Final Report: *A Smarter, More Secure America*, CSIS Commission, 2007.11.6.
5 林中明〈*On Great Nation*（論大國）〉，《北京論壇（2005）論文選集》，北京大學出版社，2006。第 151-189 頁。
6 王國維《觀堂集林》卷二，《與友人論〈詩〉〈書〉中成語書》。

夏傳才先生獨尊聞一多先生為"現代《詩經》研究大師"，並指出「聞一多先生是詩人、學者、民主戰士。……，聞一多先生研究《詩經》，兼得三者之長，（所以）成為現代《詩經》研究大師。[7]」傳才先生的這一段話，眼光犀利而獨到，大概因為他自己也是詩人、學者和抗日及革命鬥士，所以能在眾多《詩經》研究者中單獨"拈出"聞一多先生在文字訓詁、詩文情義、記憶與韻律和詩的關係[8],[9]和民俗學及人類學上突出的成就。聞一多先生在這三項"專長"之外，還精於繪畫，而且自己能設計繪畫精美的書籍封面。繪畫的訓練，使得他對詩的形式和色彩更為敏感。他曾說：「我是受繪畫的訓練的，詩的外表的形式，我總不忘記。[10]」以詩人之心兼畫家之眼來寫詩、評論詩文和研究《詩經》，聞一多先生"兼得四家之長"，難怪成為一代之大師。

　　在聞一多先生的"四家之長"中，我認為"民主戰士"這個名詞用於學術研究其實含有深義：1."民主"就是反對學術思想的專制！而且不固執於一種理論或意識形態！2."戰士"是以生命的付出，作為向一種值得奮鬥的目標的代價，而且不是掠奪別人的財富。學術上的"民主戰士"乃是"將別人獲得知識的快樂，建築在自己的痛苦和犧牲上"。《孫子兵法》開章第一句就是「孫子曰：兵者，國之大事，死生之地，存亡之道，不可不察也。」以"戰士"的心態研究學問，當然是把這門學問、這篇論文、這個

7　夏傳才《詩經研究史概要‧聞一多 —— "現代《詩經》研究大師"》，臺北‧萬卷樓圖書有限公司，1993 年。第 307-330 頁。

8　夏傳才〈詩經研究史概要‧聞一多 —— "現代《詩經》研究大師"，對詩經的總論〉，第 311 頁。

9　林中明《詩的本質與格式、聲韻、記憶、腦力的關係》，中國韻文學刊，2005 年第三期。第 80 至 89 頁。(轉載於)：人民大學《文藝理論》月刊，2006 年 3 月。第 89 至 99 頁。

10　《聞一多全集》第二卷。武漢‧湖北人民出版社，1993 年。第 166 頁。

題目當成"死生存亡的大事"，全力以赴。聞一多和王國維之所以能成為"大家"，這和他們作學問時的"戰士"心態必然有關。他們做學問做到別人做不到的"強度、高度、深度、廣度、細度、新度"，以及他們的"不幸猝逝"，其實也和這種"隱性"的「可與之死，可與之生，而不畏危也」的"戰士"心態有關。回顧文學史上文藝理論的巨擘劉勰，他也是一身集儒學、佛理、諸子百家的學問，並且是知名的碑文作家以及兵略知識和運用成功的實踐者[11]，所以才能達到前所未有的研究成果。

　　新世紀的《詩經》研究，在國家倡導"自立創新"，社會掀起"國學熱潮"的時候，更不能不對《詩經》的研究方向和方法加以重視。夏傳才先生在上世紀末，1999 年在山東濟南舉行的第四屆《詩經》國際學術研討會開幕詞中提出「我們不能只有一種方法論……我們也不能只有一種研究模式。……借鑒西方新觀念、新方法論…比較文學研究、原型研究、文化人類學研究，大大開拓了詩經學領域，豐富了對《詩經》的認識，還應該繼續進行。」十年過去了，近年的文學研究分工益細。除了"新聞文學"、"女性文學"、幽默詩學[12],[13]等熱門學類之外，又有較專門和和冷門的"文學植物學"、"文學社會學"、文學政治經濟學[14]、"文學法律

11　林中明〈劉勰、《文心》與兵略、智術〉，中國社會科學院‧《史學理論研究季刊》，1996 年第一期，第 38-56 頁。

12　林中明〈杜甫諧戲詩在文學上的地位 — 兼議古今詩家的幽默感〉，杜甫 1290 年國際學術研討會論文集，2002 年 11 月 28 及 29 日，淡江大學。臺北，里仁書局，2003 年 6 月，第 307-336 頁。

13　林中明〈白樂天的幽默感〉（日文譯者：綠川英樹），日本‧《白居易研究年報》，勉誠出版（株），平成十六年八月，2004 年 8 月，第 138-153 頁。

14　林中明〈詩行天下 — 從《鹽鐵論》大辯論的引《詩》說起〉，第七屆《詩經》國際研討會 2006 論文集。北京，學苑出版社，2007 年。

學"、"文學人類學"和「六經皆史」的"文學歷史學"以及"一方水土養一方人物"的"文學地理學[15]"等別類文學研究出現。但是中國從《尚書·洪範》治國九疇中就有氣象一大類[16]，而且自《詩經》以來更有大量詠"風雲雨雪"氣象的詩作，和許多對此的個別詩話和論文研究，然而至今卻沒有一個專門的類別名稱以利于集中研究，這是說不過去的事。因此我提出包括詩和散文的"氣象文學"名稱，作為一個專門研究的類別對象，並以《詩經》為中華"氣象文學"啟蒙之祖，用這個似為新訂而實係舊有的"範疇"作為研究《詩經》的輔助概念，經由此分類思考順流而下，更有系統地貫串會通其後詩詞文章裏"氣象文學"的變化演進，以為研究詩學、文學者建立一個共同討論的限定框架，和更專注的主題。

　　聞一多先生研究《詩經》有許多獨到之處。譬如他對一些特殊文字的意義和出現的頻率都加以注意。後來的學者，也有很多人以一、二字的出現頻率和意義來寫論文。這種檢字析頻的方法在電腦普及的當代，連小學生也能做出成績。但是精究文字、訓詁的聞一多先生，反而特意在《匡齋尺牘》裏強調「訓詁學不是詩」，否則「字句縱然都看懂了，你還是不明白那首詩的好處在那

---

15 林中明〈地理、歷史對文化、文學的影響：從薛地到矽谷〉，淡江大學，第十二屆社會與文化國際學術研討會，論文集，2008 年 5 月 23-24 日。
16 《尚書·洪範》九疇之八·庶徵：曰雨，曰暘，曰燠，曰寒，曰風，曰時。五者（問：六項何以謂五者？）來備，各以其敘，庶草蕃廡。一極備凶，一極無凶。曰休徵：曰肅，時雨若；曰乂，時暘若；曰晢，時燠若；曰謀，時寒若；曰聖，時風若。曰咎徵：曰狂，恒雨若；曰僭，恒暘若；曰豫，恒燠若；曰急，恒寒若；曰蒙，恒風若。曰王省惟歲，卿士惟月，師尹惟日。歲月日時無易，百穀用成，乂用明，俊民用章，家用平康。日月歲時既易，百穀用不成，乂用昏不明，俊民用微，家用不寧。庶民惟星，星有好風，星有好雨。日月之行，則有冬有夏；月之從星，則以風雨。」

裡……藝術在那裡？美在那裡？感情在那裡？詩在那裡？」所以我們用電腦檢索，還是要先有一個大方向，然後用電腦檢索為輔助的手段，再用人腦判斷資料的傾向和顯示的可能意義。聞一多先生又運用當時新起的民俗學、人類學、文藝性心理學作為"以學逆志"、"知性論詩"的新兵器。似乎是大大地創新了研究學問的眼光和手段。但是我們都知道周朝的士人教育就有六藝之多，包括了算術和戰士的騎射。孔子也教學生注意《詩經》裏的「鳥獸草木之名」，這和古希臘‧亞里斯多德同時研究生物學和"詩學"沒有大方向的區別。但是亞里斯多德之所以為亞里斯多德，就是他全面地研究各種學問，而不是只偏一門以為滿足。和中西古代的學人比起來，現代人都因為就業所需，各個從事專門的學科，以保證工作"易守難攻"的安全性。但是這種專業教育所提供的就業機會和工作固然不易被取代性，而且造成了人人都是專家、達人，但是大家都不自覺地自我窄化，所以中國不能再出現像孔子、亞里斯多德、梁啟超、湯恩比、王國維、聞一多之類的人物。《詩經》學會的會長夏傳才教授判定"早夭"的聞一多為治《詩經》的大家，其實這也等於批評現代學者不應當自滿於"名師"和"專家"，應該趁這百年罕見的大好環境和時機，努力做好我們這一代的"一代之學"。

　　現在的大環境讓我們有機會正式學習或自我進修許多新的學科知識，所以我們更應該利用綜合學科的方便，並使用電腦這個相對廉價的利器來作一些新的、進步的、更深刻的、而有意義的經典文學研究。所以我在這篇論文中提出"氣象文學"的範圍和名稱，選擇"風雲雨雪"四個較常用的氣象名詞，利用電腦檢索，對《詩經》加以分析，並以"多點定曲線"的方法，貫連《楚辭》、陶詩，《全唐詩》、《全宋詩》裏十大詩人對這四個氣象字使用的頻率加以比較，分析他們的用字傾向，再參用《全宋詞》裏所出現所有字的字頻，反證選擇這四個字的適當性和排列次序的正確，和討論它們與詩人感受的機遇、層次，和用"賦比興"手法表現時的四維時空變化及關係[17]。

本文也試圖探討氣象科學知識發達後，雖然各代科學家對氣象的瞭解不斷地增加，應變手段也更加有效，氣象科學必然對"氣象文學"的想像力有所限制和衝激，然而何以許多詩人寫詩的心態，仍然是以不變的情感對應科學知識之巨變？譬如說，在中國親身經過 2008 年初冰雪暴災難的上千萬人們，今後對"雨雪霏霏"這句詩的感受一定和以前不一樣。而當代倫敦的居民和旅客也不會再感受到"倫敦霧"的情思。新一代的詩人們應該如何重新調整"天、地、人"三才之間的感受[18]，以作到既能不泥於古，又有實感於心，下筆也不虛偽做作，達到如《詩經》中不少詩所具有的那種孔子稱讚的所謂"詩無邪"的境界？和王國維所說「詞人之忠實，不獨對人事宜然。即對一草一木，亦須有忠實之意，否則所謂游詞也」的心術？所以對草木、樓台、車馬、風雲的忠實，這是各時代對"認真"的詩人的挑戰，否則下筆如飛，盡是假情假景，有詩無句，不正如朱子所嗤笑的「這般（詩）一日作百首也得」嗎。

本文除了探討《詩經》和唐宋詩詞之外，也略舉一些西方詩文為助例，以說明"氣象文學"是人類文學的共同興趣，並以之反思和欣賞中華古代詩人們在"氣象文學"上的成績，以為 21

---

17 林中明〈中西古代情詩比略短述 —— 並由《易經·乾卦》推演『賦比興』的幾何時空意義〉，第五屆《詩經》國際研討會 2001 年 論文集。北京，學苑出版社，2002 年。第 393-402 頁。

18 王亞平贈夏傳才（1982）有句曰：「文山詩海探索遠，雪地風天行路難。」便是以風雪天地襯托人的治學精神。

世紀中華文藝復興的又一著力點，和提供新一代中華詩人面對全
球性挑戰時的舊養分和新信心。

二、氣象文學之祖：《詩經》

　　《詩經》是文也是史，而且有生物學、社會學、人類學等多
樣價值。就文學而言，它不僅是最早的詩歌總集，又因為有組織
有文學性的韻文早於散文，其結果我們也可以說《詩經》也是最
早的"文選"[19]和"純文學之祖"。更因為《詩經》是以有韻的詩
為主，所以人們可以稱它為中華"韻文之祖"。現代知識經濟動輒
要求尊重原作和專利的知識產權。　諾貝爾獎的得失也常因發表
時間的先後和"祖從"關係而易手。中國人從殷周時代就重視"祖"
的身份，歷史上唐太宗發兵擊突厥的原因之一，就因為李淵曾稱
突厥為父，則突厥為祖，自己成孫，這是奇恥大辱（近現代有些
人把殖民自己國家鄉土的侵略者哈之為祖為父，這是世界歷史上
少見的記錄）。在文學創作上，後人公認《楚辭》是賦之祖，確立
了屈平在文學史上的高位。詩聖杜甫驕傲地說「吾祖詩冠古」，以
杜審言為傲。黃庭堅論書法，引前人言「大字無過《瘞鶴銘》」，
自己又說「《瘞鶴銘》為大字之祖也」[20]，導致清乾隆也說「非晉
人不能也」，從皇權上加持了《瘞鶴銘》的地位。近代國學大家王
國維可以說是研究元劇之祖，他在《人間詞話‧43》裏品評詞人
高下，也重視"詞祖"的地位，他寫道「學南宋者，不祖白石，

---

19 林中明〈（廣）文選源變舉略：從《詩經》到桐城〉，第四屆昭明文選國
　　際研討會論文集，吉林出版社，2001年6月。第562-582頁。
20 黃庭堅〈題瘞鶴銘後〉：右軍嘗戲為龍爪書，今不復見。余觀〈瘞鶴銘〉，
　　勢若飛動，豈其遺法耶？歐陽公以魯公書〈宋文貞碑〉得〈瘞鶴銘〉法，
　　詳觀其用筆意，審如公說。

則祖夢窗。」可見得文藝創作與科學科技發明都要爭先。因此我認為《詩經》為"氣象文學"之祖，這是一個值得探討而且重要的新題目。

　　"祖"字不僅見于《詩經》，也見於含有部份和《詩經》一樣古老或者更早的文誌《尚書》。《尚書》的文學性雖然不及近於純文學的《詩經》，但是它輾轉流傳下來的記事和文字，補充了我們對古代社會文化及文字的知識。譬如《尚書・堯典》云：「受終於文祖」。當時"文祖"的意義和後來的"文章之祖"不同。馬融對此句的注釋說「文祖，天也。天為文萬物之祖，故曰文祖。」而鄭玄注云："文祖，五府之大名，猶周之明堂。"[21]所以許慎《說文解字》說「祖，始廟也。」和段注說的「始兼二義，新廟為始，遠廟亦為始。」都指出"祖"和宗廟建築與祭典儀式直接相關。所以孔傳說「文祖者，堯文德之祖廟。」而這個意思也可以由"祖"字在《詩經》中出現的地方和次數見證。到了漢代，司馬遷著《史記》，"祖"字的字頻排到 272 位，遠在"王" 11 位，"君" 22 位，"帝" 85 位之後，政治實權的重量，或可以由此稍見。另外也可以看出詩人文學和政治史家手眼的不同傾向。即使以司馬遷的文豪健筆，《史記》中的政治、權位詞的出現頻率還是高於"氣象文學"裏的"風"（495 位）、"雲"（615 位）、"雨"（690 位）)、"雪"（1719 位))、"雷"（1784 位）、"霧（2105 位）"、"電"（2511 位）……等字[22]。

　　因為根據元智大學的軟件檢索，"祖"字在《詩經》裏出現於

---

21 馬融、鄭玄注，王應麟集，孫星衍補集：《古文尚書馬鄭注》，卷 1，乾隆 60 年（1795）蘭陵孫氏刻本，頁 6b。(郜積意《經學的比興與文學的比興》，《人文雜誌》，2007 年第 4 期。)

22 李波《史記字頻研究》，北京・商務印書館，2006 年。第 70-173 頁。

23 首詩 （風：0，大雅 8，小雅 7，頌：8），"祖"字出現於《詩經》共有 30 句：（風：0，大雅 13，小雅 9，頌：8）。這樣的次數，它們在《詩經》四大類裏，所佔的百分比，我列置下表。檢查這些數字和它們百分比所具有的意義，在下節和"風雲雨雪"比較時，我們將可以看得更清楚。但是我們就從這個表，立刻可以發現《頌》和《大雅》裏"祖"字出現的比例接近，而超過《小雅》近乎 2.5 倍！而且"祖"字在十五國《風》的 160 首詩，2608 句子裏，竟然出現率為"0"！如果把唐代大詩人李白、杜甫、《全宋詞》中所用"祖"字的超低頻率和"祖"字在《詩經》的四類組出現的頻率相比，我們不僅可以看出"詩"的"平民化"和"個人主義"的走向，以及《雅》、《頌》裏詩歌文字與宗廟祭典關係的"特質"，並且對解釋"雅"只和樂器、正音、時序等有關，而未充分考慮詩人、編者的心態，詩句本身的選字、用字，和表演對象的口味及制度的要求，也有了新的疑問和新的補充。而由於明顯看到《詩》中"祖"字的出現地方和頻率，以及氣象文字出現的地方、頻率和我們對氣象文學的分析，相信對《詩經》的瞭解，也具有文化上的意義。

　　兩千年來，學者曾為"風、小雅、大雅、頌"這四組詩類的異同而熱烈辯論[23]。到了近百年，由於資料的增加和研究方法的進步，人們逐漸瞭解它們在政治觀點[24]、音樂[25, 26, 27]、舞蹈、功能、

---

23 梁啟超〈釋四詩名義〉：大小雅所合的音樂當時謂之正聲，故名曰雅。"雅"與"夏"相通，…《說文》："夏，中國之人也。"雅音即夏音，猶為"中原正聲"云爾。

24 〈毛詩序〉：雅者，正也。言王政所由廢興也。政有大小，故有《小雅》焉，有《大雅》焉。

25 孔穎達《毛詩正義》：詩體既異，音樂亦殊。

26 鄭樵《六經奧論》：朝廷之音為雅。《小雅》、《大雅》，特隨其音而寫之

對象、內容、風格等上的特質，從而減少了像過去只憑簡單的資料和個人意見便敢大膽下驚人的新論斷。但對於"大雅"和"小雅"的分別，"只是古樂早已失傳，我們已無法具體考證了[28]"，所以至今仍然沒有決對重大的資料證據，可以穩當全面而科學地回答所有的問題[29]。所以我認為這整個古老的大題目當然還有許多可以研究的小地方，譬如從"祖"字和氣象有關的文字及其後隱含的意義來分析這四組詩類，就可能帶給我們一些新的資料（"賦"事"述"知）和理解。從這樣的資料再和後代詩人的用語相"比較"，又可以提供我們對詩學和文化社會變遷的一些脈絡，並"興起"繼續思考研究的"興趣"。這也可以算是研究方法的"賦、比、興"了。

字 出現數	《詩》 305 首 7284 句	%《詩》 %首數 %句數	15 國風 160 首 2608 句	%風 %首數 %句數	小雅 74 首 2326 句	%小雅 %首數 %句數	大雅 31 首 1616 句	%大雅 %首數 %句數	頌 40 首 734 句	%頌 %首數 %句數
祖	23 首 30 句	7.54 0.41	0 0	0 0	7 首 9 句	9.46 0.39	8 首 13 句	25.8 0.80	8 首 8 句	20 1.1

詩人、詞集	李白	%1206	杜甫	%1489	《全宋詞》字頻

　　律耳。律有小呂、大呂，則歌《大雅》、《小雅》宜有別也。

27　余冠英《詩經選》：可能原來只有一種雅樂，無所謂大小，後來有新的雅樂產生，便叫舊的為《大雅》，新的為《小雅》。

28　夏傳才《詩經研究史概要（增注本）》，北京・清華大學出版社，2007年。〈關於詩經研究的基本問題・風雅頌的分類〉第 18 至 21 頁。

29　張啟成《詩經風雅頌研究論稿》〈第三編・雅詩研究論稿〉，學苑出版社，2003 年。第 282 至 283 頁。"至於雅詩為什麼有《大雅》、《小雅》之分，古今各家之說也很不同。……音樂的差異，鄭樵（《六經奧論》）與余冠英（《詩經選》）的說法，都是一種主觀的猜測，至少到現在為止，學者們都沒能找到正確的答案。至於《大雅》、《小雅》的詩體差異，尚可知其大概。" 林按：確知為大知，不確知為小知，雖有大知、小知之別，但皆為知也。

	（元智大學，2008）		（元智大學，2008）		（南京師範大學報告，2004）
"祖"字出現次數、頻率	21 筆資料 10 筆為真	0.829	27 筆資料 14 筆為真	0.940	祖字與其它 9 字的字頻並列 148 名,其出現百分比均為 0.0104%

三、《詩經》中"風、雲、雨、雪"字頻分析

【訓詁學不是詩學　電腦檢索也不能代替人腦思想】

　　21 世紀教育和研究工具都大量使用電腦和多媒體。但是電腦在許多情況下，只是輔助人腦，還不能取代人的文藝創作和科技創新的基本構想。譬如說，寫作中文字出現的頻率不僅代表作者文字的修養，也表現了個人思想和感情的傾向。但反過來說，野蠻人不瞭解文字的內涵，雖能以字為符號來發音，但缺少和文字背後文化經驗的思想感情，所以用字的頻率和思想感情不甚關連。如同莎士比亞在《暴風雨》中借法術師普洛斯帕羅（Prospero）之口，對野人卡力班所說：「我憐憫你，很費力地教你說話……你還不能懂你自己的話，只像畜類一般地叫喚，我教給你語言好傳達你的意思……[30]」。但是一般受過長期文字教育的人，心思漸與字符相連，所以用字必有其潛在的原因。心理學家弗洛伊德把"說漏了嘴[31]"的字和潛意識相連，所以人們的文章和言談"此中有

30　W. Shakespeare, *Tempest*, Act.1, Scene 2. "PROSPERO : Abhorred slave,Which any print of goodness wilt not take, Being capable of all ill! <u>I pitied thee,Took pains to make thee speak, taught thee each hour. One thing or other: when thou didst not, savage, Know thine own meaning, but wouldst gabble like A thing most brutish, I endow'd thy purposes , With words that made them known.</u>"

31　Freudian slip , according to Wikipedia 2008.3: "The Freudian slip is named after Sigmund Freud, who described the phenomenon he called *Fehlleistung*（literally meaning "faulty action" in German）, but termed as *parapraxis*（from the hellenic παρά + πράξις, meaning "other action" in

深意"，但是若不用數量分析和電腦來幫助檢索排列，然後釐清用字的傾向和可能的內涵，當然會如陶淵明的名句一般"欲辨已忘言"。可是檢索排比也有其極限，正如同聞一多所說「訓詁學不是詩學」，電腦檢索當然也不能代替思想明辨。如果只是計算一些文字的出現頻率，然後加以整理和描述，寫成報告，就算論文，那麼現在有些小學六年級的學生也能在老師的指導下做出可觀的成績來。所以真正的研究工作，就不能只做電腦能做的事，更不能做已經有人做過的題目和層次、方向。一項研究工作能有多大成績，常常在選題的時候已經泰半決定。

【風雲雨雪在詩中的重要性】

本文選擇"風雲雨雪"的原因也就是在於它們是大自然作用於所有人的現象，借用《荀子‧天論》的話就是「天行有常，不為堯存，不為桀亡。陰陽大化，風雨博施，萬物各得其和以生，各得其養以成，不見其事而見其功，夫是之為神。」這樣一組超越時空而反復發生但又不可預測的現象，本身就有其神奇性和詩性。而詩人的感覺又是特別敏銳，所以「南風之薰兮，可以解吾民之慍兮；南風之時兮，可以阜吾民之財兮。（舜帝《南風歌》）」事關萬民生計的"風"，「大塊之噫氣，其名為風（《莊子‧齊物論》）」的哲學"風"，「以動萬物也（《康熙字典》）」的物理"風"，自然成為詩人寫詩的首選。而證之《詩經》和唐宋大詩人，以及《全

English）. In his 1901 book *The Psychopathology of Everyday Life.* A Freudian slip, or parapraxis, is an error in speech, memory, or physical action that is believed to be caused by the unconscious mind. A Freudian slip is not limited to a slip of the tongue, or to sexual desires. It can extend to our word perception where we might read a word incorrectly because of our fixations. It is important to note that these slips are semi-conscious. This is to say that these thoughts are consciously repressed and then unconsciously released. This is unlike true Freudian repression, which is the unconscious act of making something conscious.

宋詞》的字頻，都"逆向"證明了我的看法。鍾嶸《詩品序》說「昔《南風》之詞，《卿雲》之頌，厥義夐矣。」就指明了"風雲"氣象的變化，對詩人靈感的激發是極其重要的。

　　漢高祖不喜歡讀書，也不是詩人，但是以帝王之雄心，藉自然之大勢，也能唱出千古絕壯的《大風歌》：「大風起兮雲飛揚，威加海內兮歸故鄉，安得猛士兮守四方。」可見得到"風雲"之助勢，連普通人都有寫出好詩的可能性。至於大詩人在筆下興風翻雲，如莎士比亞在他最後一劇《暴風雨》中，寫似為"夫子自擬"的普洛斯帕羅（Prospero），面對大海，呼風喚雨，好不快意[32]。這也顯出人類對氣象的崇拜、恐懼和重視。《論語・陽貨篇》孔子說：「小子何莫學夫詩，詩，可以興，可以觀，可以群，可以怨，邇之事父，遠之事君，多識鳥獸草木之名。」其實《詩經》和《易經》[33]中也包括許多氣象、天時的描寫，值得當時學子們的學習，以及我們後人對"氣象文學"的發源和開展加以探討和重新認知。

　　以下是借助元智大學的《詩經》檢索軟件，對《詩經》中"風雲雨雪"四個主要的氣象詞的出現次數和地方加以排列，並計算其相對於四大詩類所出現的頻率，加以比較，和探討這些數字代表的可能傾向。在選列各"字"時，題目的字不列入，和氣象無關而成為另外事物的名詞者，如"雲漢"是"銀河"非"雲"，所以不計入"雲"的出現次數。此外，許多其它有關氣象的字，如

32　W. Shakespeare, *Tempest*, Act.1, Scene 2. " MIRANDA: If by your art, my dearest father, you have put the wild waters in this roar, allay them.The sky, it seems, would pour down stinking pitch,But that the sea, mounting to the welkin's cheek,Dashes the fire out."

33　《易經》有關氣象的卦和文字多半是"比"，但偏於應用，缺少文學性。譬如：〈震卦〉上下皆"震"，皆雷，所以〈象〉曰：洊雷。〈巽卦〉上下皆"巽"，皆風，所以〈象〉曰：隨風。〈坤卦・初六〉：履霜，堅冰至。〈屯卦・彖〉：雷雨之動滿盈。〈屯卦・象〉：雲雷，屯。君子以經綸。

果都加以分析，當然可以提供更多的資訊和瞭解。但本文只論其中最重要的四個字，舉四以知十，這是遵循《孫子》"精兵"和集中的策略。因為"窮舉法"表面上工程浩大，但有時反而模糊了焦點，此兵法所云「無所不守則無所守」也。此外，在排比計算過程中，最初資料的選擇和輸入，以及人腦可能出現的錯誤，也都會影響數字和結果的精確度，這些都將因細心讀者的審辨而發現及改正，作者先此致謝。以下是 2008 年 7 月 4 日使用元智大學網路檢索系統檢索的結果，列表以便閱讀。

字出現數	《詩》305首7284句	%《詩》%首數%句數	15國風160首2608句	%《風》%首數%句數	小雅74首2326句	%小雅%首數%句數	大雅31首1616句	%大雅%首數%句數	頌40首734句	%頌%首數%句數
風	20首 32句	6.56(2) 0.44(1)	10首 18句	6.25(2) 0.69(1)	6首 10句	8.11(2) 0.43	4首 4句	12.9 0.25	0 0	0 0
雲	6首 8句	2.62(3) 0.11(4)	3首 5句	1.88(3) 0.19(3)	2首 2句	2.70(4) 0.086	1首* 1句	9.68 0.06	0 0	0 0
雨	23首 29句	7.54(1) 0.40(2)	11首 15句	6.88(1) 0.58(2)	12首 14句	16.2(1) 0.60	0 0	0 0	0 0	0 0
雪	7首 9句	2.30(4) 0.12(3)	2首 3句	1.25(4) 0.12(4)	5首 6句	6.76(3) 0.26	0 0	0 0	0 0	0 0
祖	23首 30句	7.54 0.41	0 0	0 0	7首 9句	9.46 0.39	8首 13句	25.8 0.80	8首 8句	20 1.1

四、《詩經》中"風雲雨雪"字頻芻論與"大雅"、"小雅"之別異

1. "風"與"雨"二字，各佔風雲雨雪四字中"詩首數"與"詩句數"的第一、第二。也略為"雲、雨"二字的 2.5 倍。"風"動萬物，無時不生、無地不至，確然。抬頭看天，多少有"雲"或"少雲"，萬里無雲的日子少。但是晴天雨天都有雲，所以"雲"

出現的次數應該比"雲"多,但是"雲"虛而"雨"實,所以"雨"的出現,在周代社會,有限的選詩中,超過"雲"字。至於"雪"字,一年四季,中原地區只有冬季會偶然下雪,所以從氣候地理學來說,"雪"平均出現和引起詩人注意和下筆的次數也就相對較少。

　　2."風"字出現於「15 國風」與「大、小雅」之"詩首數"相同。但「15 國風」佔《詩三百》之半,有 160 首之多;而「大、小雅」只約有《詩三百》的三分之一,105 首,所以"風"字出現於「大、小雅」"詩首數"的比例反而高於「15 國風」"風土人情"的"風詩"約有 50%之多,"雨"在〈小雅〉中的出現頻率也高於〈風〉。這不容易解釋。

　　3.風、雅、頌的分類和解釋,自古以來有幾大派。但是以"音樂、場所、時序"來分的說法最後佔了上風[34]。宗廟的音樂遠離大自然無遮蓋的田野道路,所以"宗廟之音"的「頌」詩沒有一首和"氣象"中的"風雲雨雪"有關!這真讓人驚訝。《易傳·系辭傳上》中說:"上古穴居而野處,後世聖人易之以宮室,上棟下宇,以待風雨。"廟堂遮風避雨的效果,顯然發生作用,而祭師和樂師也不會在這種場合歌舞「夜來風雨聲,花落知多少」這一類的"風花雪月"的感情,除非是為亡國之君作樂吧。國家"廟算"(《孫子》)的地方和祖宗祭典的大事,似乎不受氣象的影響,這其實也是"想當然爾"的情況。杜甫《論詩六絕句》說:「別裁偽體親"風"、"雅"」,但沒有提到"頌"。夏傳才先生認為杜甫「以《風》《雅》聯繫現實,反映生活的精神為本[35]」。我認為杜甫確

---

34 夏傳才《詩經研究史概要》〈風雅頌的分類〉,臺北·萬卷樓出版社,1993年。第 23-27 頁。

35 夏傳才《詩經研究史概要》〈李白、杜甫論對三百篇的繼承〉,第 148 頁。

實有此意。但是《雅》沒有明顯出色的男女情詩，對感情的內斂大於《風》的外爍。大雅、小雅若真為同類？那麼它們在“雨雪”出現頻率上頗有分別，這又是什麼緣故？

4.“朝廷之音”的「大雅」竟然和“廟堂之音”的「頌」一樣，沒有一首和“雨”、“雪”有關？這可能也反映了“風土之音”的「風」和“朝廷之音”的「大雅」與「小雅」有其不同，這在許多學者只以雅詩的產生時代或以樂曲調性等較簡單的選項來分大小雅，也提出了新的問題和補充。根據以上字頻檢索的結果，「大雅」似乎對小民憂心的“雨”、“雪”敏感度低於「小雅」，這是比較奇怪的傾向。當然如果真的有詩三千首可以檢索，那麼氣象字出現的頻率可以更有統計學的代表性。不過就這有限的 31 首大雅詩篇來看，這其間可能也反映了奏樂場合與演奏對象。所謂“居廟堂之高”，則大多數的官員不會“憂其民”和鄉間的“雨雪”；而“處江湖之遠”的貧困大眾則先憂天氣對生活的影響，而不會時時“則憂其君”及君之“祖”。范仲淹在《岳陽樓記》結尾的一段話，其實也反映了他“與眾不同”地同時“關懷”君及民，表現了他的忠心和仁心。

5.但是若將「大雅」與「小雅」合計，則《雅》的“風雲雨雪”字出現的比例超過《風》。這就形成一個比較奇特的問題：何以“朝廷之音”對基本氣象的敏感度超過“風土之音”？這問題似乎不能用演奏的場合和對象就可以簡單回答。也許我們要猜想“文藝心理學”裏的“距離說”可能在這裏有所作用。詩的收集渠道多方，《漢書‧食貨志》所說的「行人振木鐸徇於路以採詩，獻之太師，比其音律」只是一種方式。但無論是那一種收集、進獻和選擇方式，經手人必然是古代有文學修養和知音樂的“知識份子"[36]或"有給級"的士人。知識份子和沒有經濟壓力的士人，行有餘力，比較能花時間去瞭解和欣賞文藝音樂，所以古代歷來的士人一般對"風雲雨雪"和"風花雪月"的敏感度要遠大於沒有文藝音樂修養的一般百姓和農民。孔子所謂「行有餘力，則以學文」，其實也是指出知識份子在經濟問題大致解決之後，對風景文藝的愛好和歌詠獻詩[37]是自然的傾向。不同身份的人對天候氣象變化的反應自然不同。直接受到雨雪洪旱沖擊的平民，一般沒有能力和心情如杜甫一樣"恨"群童公然搶去茅草，而悲茅屋不敵秋風秋雨[38]。或者如蘇軾貶於黃州，憂風雨寒食而寫詩。相比之下，廟堂高官無風雨之憂，當然也感受不到和寫不出與氣象有關的好詩。〈小雅·信南山〉有句云：「上天同雲。雨雪雰雰，益之以霢霂，既優既渥，既霑既足，生我百穀。」這首詩實景直說，重"賦"而少"比興"，其著眼處只是周王祭祖祈求保護農業生產力，維持國力，因此缺乏親民的同情心及感人的文學性。所以老杜說「親風雅」，想來不是說大小雅都是好詩。但是也有如《豳風·七月》用"賦"的筆法描寫四季農墾生活變化於八段長詩，雖然一字不及"風雲雨雪"，但也月月關注氣候時節，額外增加了《風》詩裏的氣象文學性。這一類的詩，可能有助於解釋《風》、《雅》之間對氣象文學在字頻表現上的差別。以後可以進一步分析。

36　《國語周語上》：『召公曰「故天子聽政，使公卿至於列士獻詩，（韋注『獻詩以風也。』）瞽獻曲，史獻書，師箴，（韋注『師，少師也。箴，箴刺王闕以正得失也。』）瞍賦，（韋注『無眸子曰瞍。賦公卿列士所獻詩也。』）矇誦。」』

37　〈大雅·卷阿〉：有卷者阿，飄風自南。豈弟君子，來游來歌，以矢其音。

38　〈小雅·斯干〉：約之閣閣，椓之橐橐。風雨攸除，鳥鼠攸去，君子攸芋。

五、《詩經》氣象文字的名詩、秀句

　　"風雲雨雪"四個氣象文字，不僅在《詩經》和唐宋詩詞裏出現率高，它們在陰、晴、雷、電、霜、靄等氣象字之外，其實也各代表一類生活中重要的經驗和感情，即使在 21 世紀，基本感情不變。譬如"南風"薰兮，讓人想起溫柔財阜[39]；"風雨"的來去能讓人驚憂交集；"雨雪"紛飛，寒風刺骨，又是何等的傷悲肅殺；"風雲"變幻，強者見其雄強威武，弱吏不免憂讒畏譏。不同的氣象，產生了不同的感情，也產生了不少的名詩、秀句。《文心雕龍·隱秀篇》說：「秀也者，篇中之獨拔者也。」《詩經》裏的一些名詩，多半成於"秀句"或"警句"。有些"警句"比較直說，雖然劈面凜然，但是餘音不遠。如果《詩經》要選氣象名詩秀句，其中有三首三句，我認為最有詩意，而且膾炙人口，雅俗共賞。

　　1. **鄭風《風雨》：**

　　　"風雨如晦，雞鳴不已。既見君子，云胡不喜。"

　　這首詩一景而多義，可以看作是感時憂政的詩[40]，也可以看作是夫婦喜逢或是情侶恨別的詩。它用"最少的字，表達最多的意思，激起最強烈的感情，留給讀者最長久的記憶"，所以是"好

39　《樂記》云：『昔者舜作五絃之琴，以歌南風。』《孔子家語》亦云：「昔者舜彈五弦之琴，造南風之詩。其詩曰：『南風之薰兮，可以解吾民之慍兮；南風之時兮，可以阜吾民之財兮。』鄭玄注曰：『南風，長養之風也。』《說文解字》說：「薰，香草也。」白居易首夏南池獨酌詩：「薰風自南至，吹我池上林。」《史記·五帝本紀》：「南風之薰兮，可以解吾民之慍兮。」

40　〈風雨如晦，預則禍不生 —— 從歷史看當前經濟困境〉，《工商時報,【工商社論】》，2008.07.18。

詩"[41]。

2. 小雅《采薇》：

　　"昔我往矣，楊柳依依。今我來思，雨雪霏霏。行道遲遲，
　　載渴載飢。我心傷悲，莫知我哀。[42]"

　　這首詩的好處，古來讀者豈止萬千。古代最精采的一段評讚
對話見於《世說新語‧文學第四‧52》："謝公（謝安）因子弟集
聚，問毛詩何句最佳？遏（謝玄）稱曰：「昔我往矣，楊柳依依；
今我來思，雨雪霏霏。」公曰：「訏謨定命，遠猷辰告。」謂此句
偏有雅人深致。"從此《采薇》一詩奠定了它在中華文壇的地位。
但是這讚語出於善於用兵，以少勝多，擊潰符堅號稱百萬的大軍
的謝玄，可見得《詩經》雅、頌中高士能文能武的精神，貫穿至
魏晉不衰。文士可以"舉為元帥"，武人也可以寫出"辭如珠玉"
的文章，這不僅是劉勰在《文心雕龍‧程器篇》裏的話[43]，也是
中華文化裏的優良傳統[44]。在今人的讚文中，姜亮夫先生說得好：
「從寫作上看，它和詩經的許多作品一樣用以薇"起興"的手法，
加上章法、詞法上重遝疊奏，使內容和情趣都得以層層"鋪出"，

---

41 林中明〈詩的本質與格式、聲韻、記憶、腦力的關係‧何謂好詩？〉,《中
　　國韻文學刊》, 2005 年第三期, 第 80 至 89 頁。轉載於：人民大學《文
　　藝理論》學刊, 2006 年 3 月。

42 《世說新語》：「謝太傅問諸子侄：「子弟亦何預人事，而正欲使其佳？」
　　諸人莫有言者, 車騎（謝玄）答曰：「譬如芝蘭玉樹，欲使其生於階庭
　　耳。」《晉書‧列女傳》：「叔父安嘗問：『毛詩何句最佳？』道韞稱：『吉
　　甫作頌，穆如清風。仲山甫永懷，以慰其心。』安（謝安）謂有雅人深
　　致。」《世說新語》：「謝遏（遏通羯，謝玄小名）年少時，好著紫羅香
　　囊，垂覆手，太傅患之，而不欲傷其意。乃謫與賭，得即燒之。」

43 林中明〈劉勰和《文心》和兵略思想〉,《文心雕龍研究‧第二集》北京
　　大學出版社, 1996 年, 第 311-325 頁。

44 林中明《斌心雕龍：從《孫武兵經》看文藝創作》, 1998 年第四屆國際
　　孫子兵法研討會論文集, 軍事科學出版社, 1999 年 11 月, 第 310-317
　　頁。

漸漸深化，也增強了作品的音樂美和節奏感。全詩有記敘，有議論，有景物，有抒情，有心理描寫，搭配錯落有致，又十分妥貼，因此《采薇》一篇確是《詩經》中最好的篇章之一。」這又證明詩人借勢於氣象景觀和普世的經驗，可以寫出好詩，不斷地豐富了人類的"氣象文學"。

3.《秦風·蒹葭》：

"蒹葭蒼蒼，白露為霜。所謂伊人，在水一方。溯洄從之，道阻且長。溯游從之，宛在水中央。"

這首詩，文外有重旨，一事而多義，符合〈隱秀篇〉所說「心術之動遠，文情之變深」。去歲的「中國教學資源網（高教版）2007.11.21」有一篇題為"《蒹葭》課文簡析"的文章把這首詩的多種好處都詳加論述，很見功力。它指出"詩的每章開頭都採用了賦中見興的筆法。通過對眼前真景的描寫與讚歎，繪畫出一個空靈縹緲的意境，籠罩全篇。詩人抓住秋色獨有的特徵，不惜用濃墨重彩反復進行描繪、渲染深秋空寂悲涼的氛圍，以抒寫詩人悵然若失而又熱烈企慕友人的心境。正如王國維《人間詞話.24》所說："《詩·蒹葭》一篇，最得風人深致。"具有"以我觀物，故物皆著我之色彩"和"其言情也必沁人心脾；其寫景也必豁人耳目；其辭脫口而出，無矯揉妝束之態。"該文又指出，「《蒹葭》是三百篇中抒情的名篇。它在《秦風》中獨標一格，與其他秦詩大異其趣，絕不相類。在秦國這個好戰樂鬥的尚武之邦，竟有這等玲瓏剔透、纏綿悱惻之作，實乃一大奇事。」這疑問其實又印證了《斌心雕龍》的理論[45]。

---

45 林中明《由《文心》、《孫子》看中國古典文論的源流和發揚》，《古代文論研究的回顧與前瞻》，復旦大學 2000 年國際學術會議論文集，上海，

六、"風雲雨雪" 詩句的 "賦比興" 手段

"賦比興" 是寫詩作畫和所有文藝創作所必備的手法，但它們也常是科學上大突破時所需要的眼力和手段。譬如設計高科技產品時，必先 "直書其事"，描寫規格鉅細靡遺，如宋‧李仲蒙所說的「敘物以言情謂之賦，情物盡者也」，這是 "賦"。然後把自家的優勢和弱點與檯面上和潛在的競爭對手客觀謹慎地比較，<u>既比附於舊物以順於顧客慣性以利於接收，也比較於創新給顧客帶來新的價值和新功能的刺激</u>。但為了鼓勵士氣和爭取投資，有時候也不免要誇張自己的長處和唱衰對方的強點，這與寫詩的 "比"，「索物以托情謂之比，情附物者也（李仲蒙）」，在手法和策略上也基本無大異。最後是市場推出的 "興"，如何激起潛在消費者的購買欲望，增加心理上的價值，這也就是類似李仲蒙所說的「觸物以起情謂之 "興"，物動情者也。」可見<u>人類動腦筋做事情的考慮和設想是類似而常相通，文藝的比興，無大異於商業的比興，此所謂天下〈智術一也〉</u>[46]，而詩的學習可以增加科技創新的能力與市場行銷的考量，這也已經是許多西方名校所必修的課程了[47]。

關於《詩經》和 "賦比興" 寫詩手法的研究，自古至今，差不多能想到的情況都有人分析討論過。似乎已到了重復所羅門王名句『太陽之下無新事』的地步。而其中最精要而有系統的討論，

復旦大學出版社，2002 年，第 77-105 頁。

46　林中明《斌心雕龍‧自序》，臺北，學生書局，2003.12。第 xxiii-xxxii 頁。

47　林中明〈從《詩經》看企管教育和科技創新〉，《詩經研究叢刊》第五集，北京‧學苑出版社，2003 年，第 234-239 頁。

大概仍然是近乎 1400 年前鍾嶸在《詩品·序》裏下的定義：「文已盡而意有餘，興也；因物喻志，比也；直書其事，寓言寫物，賦也。」不過一代有一代之學，我們應該從現代人的認知角度去"溫故知新"、"習而時學之"。新的探討中，也包括作者在 2001 年用《周易·乾卦》，加上幾何學四維空間的認知角度，來解釋『賦比興』的科學觀[48]。但是鍾嶸在《詩品·序》的開頭指出「氣之動物，物之感人，故搖蕩性情，形諸舞詠」，然後他又提到「南風之詞，卿雲之頌」以及「春風、春鳥、秋月、秋蟬、夏雲、暑雨、冬月、祁寒（冬雪）」，可以說他已經把"氣象文學"裏的"風雲"氣象和"四季"天候都考慮在內，只差了用像"隱逸詩派"這樣的稱呼來指出 —— 《詩經》的顯著成就之一乃是"氣象文學"之祖而已。所以談論"氣象文學"的"賦比興"，不能不承認鍾嶸的先驅地位。以下就"風雲雨雪"的幾何時空意義加以論述。

【"風雲雨雪"的幾何時空意義和對詩人的影響】

　　風，曾假於鳳字，又"因日而生"而插入日字，也由於蠡蟲旋風[49]，終定於蟲形。它不可見，似乎沒有體積，在人的眼中，屬於「零度空間」。但是它"陰陽相擊"，「風動萬物」，無所不在，這又把風的大小擴大到四維廣大無邊的時空。因為風無所不在，無人不逢，所以詩人遣字用詞，最容易用到風，因此它的出現頻率自然也高。風雲雨雪的出現頻率不僅在唐詩、宋詞裏維持這相對的次序，它們在《史記》的出現頻率次序，也是"風"（495 位）高於"雲"（615 位）），然後是"雨"（690 位））、"雪"（1719 位））、

---

48 林中明〈中西古代情詩比略短述 —— 並由《易經·乾卦》推演『賦比興』的幾何時空意義〉，第五屆《詩經》國際研討會 2001 年論文集。北京，學苑出版社，2002 年，第 393-402 頁。
49 陳政《字源談趣》北京·新世界出版社，2006 年，第 48-50 頁。

"雷"（1784位）)、"霧（2105位)）"、"電"（2511位）)……等
和氣象有關的字。舜帝時的《南風歌》和漢高祖的《大風歌》長
度雖然短，但是氣勢磅礴，就是基於風本身磅礴大氣、無所不在
的特性。雲、雨、雪，這三個字都是雨或雲字頭，也是同一族水
氣的氣體、液態、固態的"一氣化三清"的物理變化，並且與農
民[50]、漁夫、牧者的生活都極其密切，而即使是現代人，它們也
和人們的心理狀況連接，如顧城的詩〈遠和近〉裏就有秀句曰：
"你看我時很遠，你看雲時很近。"

　　雪，在有的情況下，似乎是一度空間的"點"，所以"撒鹽空
中差可擬"。但是它又有的時候飄如輕花，於是詩人又可以運用想
像力[51]，說它若"柳絮因風起"。而雲的形狀更是不可捉摸，它既
是二維，也有一維和三維的變化，白雲蒼狗，魚鱗煙花，說之不
盡，給予詩人可見而不可觸的多樣形象，既不可名狀，又無不類
似，它本身就是詩性的物和詞。這就像國畫畫家喜歡畫荷花荷葉，
因為它們變化萬千，又有水波相襯，所以容易有成績。而相比於
棕櫚樹一類的樹，不僅是北地少見，嶺南派的國畫中也少入畫，
可能因為棕櫚樹一類的樹幹和樹葉粗看起來太規律而單調，如果
只用黑白，不用彩色陰影加以變化以表現感情如西洋畫，而書法
線條又不能一筆多過折，一般的畫家自然就不容易畫出獨特的氣

50　顧城〈我耕耘〉："我耕耘，淺淺的詩行，延展著，像大西北荒地中，模
　　糊的田壟。風太大了，風，在我的身後一片灰砂，染黃了雪白的雲層。
　　我耕耘我播下了心，它會萌芽嗎？會，完全可能。在我和道路消失之後，
　　將有幾片綠葉，在荒地中醒來。在暴烈的晴空下，代表美，代表生命。"
51　顧城〈我的詩〉："我的詩，不曾寫在羊皮紙上，不曾侵蝕，碑石和青銅；
　　更不曾，在沉鬱的金頁中，劃下一絲指痕。我的詩，只是風，一陣清澈
　　的風，它從歸雁的翅羽下，升起。悄悄掠過患者，夢的帳頂，掠過高燒
　　者的焰心，使之變幻，使之澄清。在西郊的綠野上，不斷沉降，像春雪
　　一樣潔淨，消溶。"

韻來。至於雨，這是老杜最喜歡騁馳的特區，也是古今中外所有大詩人的"兵家必爭之地"[52]。它既是「零度空間」的"點"，又是一維劃空的"絲"，落在地上形成二維的"淺潦"，流到深谷裏，就成了可以藏潛龍三維的"淵"。"風雲雨雪"有如此多的變化，如果再加上雷電的閃光和爆震，"氣象文學"的內容就太豐富了。

　　以下只就《詩經》裏有"風雲雨雪"四字的詩句，略分析其作用可歸於"賦比興"三類中的哪一類或多類，以見出《詩經》裏眾多詩人寫氣象詩用詞謀篇的重點和手法。天下的詩句有些用字似乎是重用比興，既有太陽、又有鋼鐵、大風，然而全詩的最終表現，則並無顯著的"比興"效果。這就像《金剛經》裏「佛告須菩提："于意云何，如來昔在然燈佛所，于法有所得不？""不也，世尊，如來在然燈佛所，于法實無所得。"」因為「諸菩薩摩訶薩，應如是生清淨心，不應住色生心，不應住聲、香、味、觸、法生心，應無所住，而生其心。」拼命強用"比興"，其實"於詩並無所得"。這篇論文只從詩句的用字來看"風雲雨雪"四字的種類歸屬，既是有所專注，也是避免泛濫上綱的誤用。

　　再就世界文學對氣象的反應而言，雖然莎士比亞在十七世紀寫了名劇《暴風雨》，但「到了十八世紀末之前，西方散文小說家對天氣的變化不甚注意，直到十九世紀，小說家似乎總在談天氣。部份原因是浪漫派詩畫對大自然的高度欣賞所引起，部份原因則是文學中強烈重視自我感覺，引起了人和自然交互影響與感情投射。因此天氣變化觸動人的感情，引起羅斯金（John Ruskin）所說的"感情錯置"（pathetic fallacy）的效果，也就是把人的情感

---

52 顧城〈雨行〉："雲灰灰的，再也洗不乾淨。我們打開雨傘，索性塗黑了天空。在緩緩飄動的夜裡，有兩對雙星，似乎沒有定軌，只是時遠時近……。"

投射交錯於自然界現象中。[53]（本文作者直譯）」羅斯金所觀察到的文藝現象其實在《詩經》裏已經大量出現，經過魏晉南北朝個人主義而更興盛，到了唐宋蔚為大觀。但是它們的源頭還是起於《詩經》繼承前人所繼續發展的"氣象文學"以及"賦比興"等寫詩的手段。"賦比興"的手段其實也是人類各文明裏發展文學所必然具備的手段，決不是《詩經》和中華文學所獨有[54]。譬如 20世紀一位重要的俄、美文學雙棲的作家，納巴可夫（Vladimir Nabokov, 1899-1977）在 18 歲時寫的一首〈飛落之雨（The Rain Has Flown, 1917）〉，就同時用了"賦比興"的手法，藉春雨飛落，寫詩人志懷55。所以我們研究"氣象文學"裏的"氣象詩學"，也是和世界文學、現代詩學相掛鈎，不是閉門考古，孤芳自賞。

【氣象文字用"賦"之例】

《詩經》中有關氣象天時的文字都不能不以"賦"為基礎。沒有風雲雨雪的實體描寫，比興的手法就無以為用。此所謂"皮之不存，毛將焉附？"與"無比興不賦也"。《詩經》中一些用到

---

53 David Lodge, *The Art of Fiction*, Viking Penguin, 1992. Ch.18. *Weather*, p.85.

54 胡蘭成《中國文學史話》，上海社會科學院出版社，2004 年。"好文章是必需有一種天地之初的感覺，使人想要興起。文明的新思想就是因一個興字而悟得。西方文學裡是沒有興的，所以大家都對《詩經》說的一個興字無知了。"

55 Vladimir Nabokov, "Dozhd Proletel"（"The Rain Has Flown" 1917），*Poems and Problems*（1970）.
"The rain has flown and burnt up in flight. I tread the red sand of a path. Golden orioles whistle, the rowan is in bloom, The catkins on sallows are white. The air is refreshing, humid and sweet. How good the caprifole smells! Downward a leaf inclines its tip, And drops from its tip a pearl."
（林中明直譯 2009.3.16）〈飛落之雨〉：雨滴火速落，我踏紅塵來。黃鸝鳴翠柳，枝頭飄絮白。濕雨清新氣，香浮春花開。柔條垂細葉，尖凝晶珠懷。

"風雲雨雪"的地方，雖然本句"只是烘托創作氣氛的"設辭"，別無象徵亂世的微言大義[56]"，但是它們所營造的氣氛，對下句或全詩卻起了比興的作用。不能一概用簡單的看法，來斷定有關氣象天時文字的"賦比興"分類。此所以劉熙載在《藝概·賦概》裏說：「《風》詩中賦事，往往兼寓比興之意。賦兼比興，則以言內之實事，寫言外之重旨。」以下的選列，也都不是固執於一類或唯一歸屬，所謂"詩無定詁"，唯言其"傾向"以方便言事爾。劉勰在《文心雕龍·詮賦》中論賦曰：「賦者，鋪也，鋪采摛文，體物寫志也。睹物興情。情以物興。」所以"賦"的最後目的，也不是記事的歷史文學或今日的新聞文學。劉勰又說「故義必明雅；物以情觀，故詞必巧麗。麗詞雅義，符采相勝，如組織之品朱紫，畫繪之玄黃，文雖新而有質，色雖糅而有本，此立賦之大體也。」則已經把漢代興起的"賦體"和"寫實"的繪畫相連接。這是前人論賦和讀《文心》時所忽略的地方，而這也是我認為聞一多先生因為也是畫家，而能身兼"四家之長"，所以在治《詩經》時的獨勝處。以下列舉《詩經》中以"賦"的手法，來描寫有關氣象文字"風雲雨雪"的詩句與其詩題，並偶附小註，以便更具體地來觀賞和分析《詩經》詩句中"賦"的一些用法：

〈邶風·終風〉"終風且暴，終風且霾，終風且曀，曀曀其雷（雨曡無土）…"

〈鄘風·定之方中〉"靈雨既零，命彼倌人，星言夙駕，說于桑田。"（"星"即晴夜見星也，同晴[57]）

〈鄘風·蝃蝀〉"朝隮於西，崇朝其雨，女子有行，遠父母

56　鍾叔河〈我學〈詩〉的經過〉，戴維《詩經研究史》，湖南教育出版社，2001年，第四頁。（讀周作人《郝氏說〈詩〉》一段）
57　〈衛風·伯兮〉：「其雨其雨，杲杲出日。」是以"出日"言白天之"晴"也。

兄弟。"（似"賦"而"比"其大、小環境）

〈秦風·晨風〉"鴥彼晨風，鬱彼北林，未見君子，憂心欽欽。"（晨風是"賦"，鬱林為"比"）

〈鄭風·蘀兮〉"蘀兮蘀兮，風其吹女。蘀兮蘀兮，風其漂女。叔兮伯兮，倡予要女。（以賦起歌）

〈鄭風·風雨〉"風雨淒淒，雞鳴喈喈。既見君子，云胡不夷？！風雨瀟瀟，雞鳴膠膠。既見君子，云胡不瘳？！風雨如晦，雞鳴不已。既見君子，云胡不喜？！"（由"賦"而"興"。情思之冠乎？）

〈檜風·匪風〉"匪風發兮，匪車偈兮，顧瞻周道，中心怛兮！匪風飄兮，匪車嘌兮，顧瞻周道，中心吊兮！"（由風而車，由"賦"而"興"思鄉之想）

〈曹風·下泉〉"芃芃黍苗，陰雨膏之；四國有王，郇伯勞之。"（"賦"雨之益耕，而"比"之荀躒郇伯）

〈豳風·東山〉"我徂東山，慆慆不歸。我來自東，零雨其濛。"（此4句凡4用以起4段詩。是以"賦"細雨為引，而"興"起繁復之思，念新婚而別離之妻。）我東曰歸，我心西悲。

〈大雅·卷阿〉"有卷者阿，飄風自南"。

〈大雅·桑柔〉"如彼遡風"與"大風有隧"。

〈大雅·烝民〉"吉甫作誦，穆如清風"。

〈小雅·信南山〉"上天同雲。雨雪雰雰，益之霢霂，既優既渥，既霑既足，生我百穀。"

〈小雅·黍苗〉"芃芃黍苗，陰雨膏之。"

〈小雅·出車〉"昔我往矣，黍稷方華；今我來思，雨雪載塗。（此詩據考成於西元前800年，在〈采薇〉西元前934

年之後，是抄襲，而"黍稷方華"務實，不及"楊柳依依"浪漫。）

〈小雅・正月〉"終其永懷，又窘陰雨。"（是"賦"而"稍稍比興"）

〈小雅・甫田〉"農夫之慶，琴瑟擊鼓，以御田祖，以祈甘雨，以介我稷黍，以穀我士女。"

〈小雅・大田〉"有渰萋萋（淒淒），興雨（或言係"雲"字）祁祁，雨我田公，遂及我私。"

【氣象文字用"比"之例】

《文心雕龍・比興篇》說「故比者，附也。附理故比例以生。且何謂為比？蓋寫物以附意，颺言以切事者也。……至如麻衣如雪，兩驂如舞，若斯之類，皆比類者也。」劉勰舉〈曹風・蜉蝣〉的"蜉蝣掘閱，麻衣如雪。"為例，可以說是善於取譬。他又說：「夫比之為義，取類不常：或喻於聲，或方於貌，或擬於心，或譬於事。」這也說得較後之論詩者更有系統，更具體。然後劉勰又引「枚乘菟園云：焱焱紛紛，若塵埃之間白雲，此則比貌之類也。……至於揚班之倫，曹劉以下，圖狀山川，影寫雲物，莫不纖綜比義，以敷其華，驚聽回視，資此效績。」這就幾乎把"氣象文學"中重要的一員："雲"字，拿來作為解釋"比"的典範詞字。可以說劉勰也早已看到"氣象文字"對詩的重要性。以下列舉《詩經》中有關氣象文字"風雲雨雪"的詩句與其詩題，以便更具體地來觀賞和分析《詩經》詩句中"比"的用法：

〈邶風・綠衣〉"絺兮綌兮，淒其以風。"（以義如像，故其用為"比"）

〈邶風・凱風〉"凱風自南，吹彼棘心。棘心天天，母氏劬勞。"（南風和煦，"比"於母）

〈邶風‧谷風〉"習習谷風，以陰以雨，黽勉同心，不宜有怒。"（又陰又雨且怒，"比"之家不和）

〈邶風‧北風〉"北風其涼，雨雪其雱。北風其喈，雨雪其霏。"（"風雨雪""比"之國事不堪也）

〈鄘風‧君子偕老〉"鬒髮如雲，不屑髢也。"

〈衛風‧伯兮〉"其雨其雨，杲杲出日。願言思伯，甘心首疾。"（盼愛人之歸"如"盼落雨及日出也）

〈鄭風‧出其東門〉"出其東門，有女如雲；雖則如雲，匪我思存。"

〈齊風‧敝笱〉"齊子歸止。其從如雲。……齊子歸止。其從如雨。"

〈曹風‧蜉蝣〉"蜉蝣掘閱，麻衣如雪。"

〈豳風‧鴟鴞〉"迨天之未陰雨……風雨所漂搖，予維音嘵嘵。"

〈大雅‧韓奕〉"諸娣從之，祁祁如雲"。

〈小雅‧白華〉"英英白雲，露彼菅茅。天步艱難，之子不猶。"（不猶，是"反比"也。）

〈小雅‧角弓〉"雨雪瀌瀌，見晛曰消。莫肯下遺，式居婁驕。雨雪浮浮，見晛曰流。如蠻如髦，我是用憂。"（大人如太陽，出而小人紛亂之雪消。是"比"也。）

〈小雅‧小明〉"二月初吉，載離寒暑。心之憂矣，其毒大苦。念彼共人，涕零如雨。"

〈小雅‧頍弁〉"如彼雨雪，先集維霰。死喪無日，無幾相見。樂酒今夕，君子維宴。"（由比而興哀）

【氣象文字用"興"之例】

古來論《詩經》和詩的三種手法，一般對於"賦、比"解釋的差異不大，最多是說它們可以重疊，可以起興。但是關於"興"的看法，"豪杰自興"，各家都有自己的說辭。但是總而觀之，不能超過鍾嶸在《詩品·序》裏所下的定義：「文已盡而意有餘，興也」。等到李仲蒙以為：「敘物以言情謂之賦，情盡物也；索物以記情謂之比，情附物也；觸物以起情謂之興，物動情也。」這就把"興"說得模糊，好像敘物、索物就不能興。還不如朱熹在《詩集傳》裏說"興者"乃是"先言他物以引起所詠之詞也"來得專有所指，不同於前人。但是朱熹雖有所中，卻也有所泥、有所累，和鍾嶸的簡義比起來，似有小乘與大乘之別。其實古代文論者對"興"的詩家手眼所作的最好的解釋，可能還是劉勰。劉勰在《文心雕龍·比興篇》裏說：「興者，起也。起情者依微以擬議。起情故興體以立，觀夫興之託諭，婉而成章，稱名也小，取類也大。」劉勰高明的地方就是指出詩家用"興"的高妙處乃在"依微以擬議，婉而成章，稱名也小，取類也大。"如果用兵家的語言來解釋劉勰的話，就是善用"興"者，懂得採取"間接路線"，婉而成章；又知道"避實而擊虛"，不用壯言大話，從人同此心、心同此理的小處突破，然後擴大戰果。而所"稱名也小，取類也大"其實也是一個電子科技上常說的"放大"作用。所以<u>我認為，用現代語言來說，"興"就是"放大"感受，擴張幻想，提高想像力的手段。</u>

<u>"興"，可以是"有我之興"、"小我之興"，也可以是"無我之興"、"大我之興"。只要最後能加倍感人，長留記憶，就是成功的"興"</u>。《孟子·公孫丑章》記載「孟子曰："以力假仁者霸，霸必有大國；以德行仁者王，王不待大。湯以七十里，文王以百里。以力服人者，非心服也，力不贍也；以德服人者，中心悅而誠服也，如七十子之服孔子也。《詩》云：'自西自東，自南自北，無思不服。'此之謂也。"所以文王不用霸力，以"稱名也小"

的百里地而"興起",所以孟子說「然而文王猶方百里起,是以難
也」。把孟子所說的,用之於《詩》的"興",道理是類似的,而
且可見詩人要能成功地用"興"的藝術手法來"起興達情"是件
很不容易的事。所以我認為孟子確實是懂得《詩》的行家,但可
惜他和劉勰、鍾嶸都沒有留下詩篇給後人欣賞,並印證他們不僅
理論高明,而且眼手俱到。以下列舉《詩經》中於一句之中,用
"興"的手法來發揮氣象文學的詩句及其詩題,以為義例:

〈小雅·何人斯〉"彼何人斯?其為飄風。胡不自北?胡不
自南?胡逝我梁?祇攪我心。"(飄風之辭,似"賦比",而
實"比興")

〈小雅·谷風〉"習習谷風,維風及雨。…習習谷風,維風
及穨。"(谷風之辭,似"賦",而實"興")

〈小雅·蓼莪〉"南山烈烈,飄風發發。南山律律,飄風弗
弗。"

〈小雅·四月〉"冬日烈烈,飄風發發。民莫不穀,我獨何
害?"(飄風之辭,似"賦",而實"興")

〈小雅·采薇〉"昔我往矣,楊柳依依。今我來思,雨雪霏
霏。"(似"賦"實"興"。三百第一。)

七、結語與展望

人居於"天地人"三才的天地之中,自然在生活和情感上和
天氣風雲、山川地理相投射互動。本文提出以"氣象文學"為研
究《詩經》裏的"氣象詩學",及其後氣象詩學、氣象文學發展諸
大類的通稱。由這樣的分類,我們可以更確切地觀察到《詩經》
對中華詩學和文藝的影響。所以稱《詩經》為中華"氣象文學之

祖"也是恰當而且名至實歸。本文又由"祖"字和"風雲雨雪"五個字出現的字頻，發現"風、大雅、小雅、頌"的四類區分，另有一種受到"風土、人情、"與"環境、職位"影響的因素。因為在目前所見的《詩經》中，"祖"字竟然不見於十五國風的160首詩。《大雅》31首詩，全然無"雨、雪"二字。而《頌》詩的作者和觀歌舞聽樂唱的觀眾似乎完全不顧外界的天氣，40首《頌》詩中，竟然無一字"風雲雨雪"！這樣截然不同的字頻，確實讓我們觀察到"風雅頌"不是同一類，說《詩》中的"風雅"，不一定就包括"頌"[58]。經過本文的分析，作者發現"風、大雅、小雅、頌"的四類區分，還有不同於前人所瞭解的情況，值得研究《詩經》文學社會學等學者，作進一步探討。

　　至於《詩經》沒有"楚風"，但是其後的《楚辭》中"風雲雨雪"出現的總字頻約在~0.48%左右，然後到了宋代《全宋詞》中的"風雲雨雪"總字頻達到~2%之多，這也顯示出人類文明進步之後，人的個人意識和自我感情加強，因此與大自然的交錯投射也隨之上升，一如西方十九世紀文藝和小說的發展趨向。但是人類文明進步到21世紀，"風雲雨雪"對人類生活的直接影響開始相對減弱，過去三千年的"氣象文學"是否開始走向"環境文學"？這將是下一代學者研究的題目了。范仲淹的著名《岳陽樓記》除去標點符號和記年，約為359字。而其中93字左右大致與氣象天時有關，這25.9%的氣象字頻難道就能代表這篇作品的文學成就嗎？　這個問題的答案當然是顯而易見的 —— 好的作家概能以小見大，嘻笑怒罵，隨手拈來，皆成文章。古人說豪傑借勢自興，"風雲雨雪"之於詩，亦可作如是觀。

---

58 杜甫〈戲為六絕句之六〉："別裁偽體親風雅，轉益多師是汝詩。"作者按：老杜言"親風雅"未言"親頌"。

　　【展望】由於篇幅所限,此文只報告了本文研究的第一部份。本文的第一部份,專注於以電腦檢索來分析《詩經》裏的氣象文學。而第二部份,則對中華大詩人們,從屈平的《楚辭》、陶詩到李杜蘇黃、王維陸遊等在"氣象文學"上的表現,和他們對"氣象文學"開展的貢獻,利用電腦檢索加以統計和評述。在瞭解了中國詩人的"氣象文學"發展走向之後,作者也將選列一些代表性的西方詩文和現代中文新詩,以說明"氣象文學"和"氣象詩學"乃是人類文學的共同興趣。如果"氣象文學"過去曾是人類文學的共同興趣,現在過度"地球暖化"所帶來的氣候變遷[59]也必成為人類共同的災難和文藝變化"可見的推手"。一千四百年前劉勰在《文心雕龍》中宏觀地指出"文變染乎世情"。如果"文變染乎世情"是文學社會學的真理,那麼我們也敢說"文變染乎氣象"是"氣象文學"的指標。我們可以想見今後人類的詩文藝術,一定也會反映 21 世紀以來天候氣象的激烈變遷,及其所帶給全人類的"沖"擊和災難。所以本文作者相信"氣象文學"也因"地球暖化"的興起而必將成為時代文學的新科"顯學"。而研究近三千年前《詩經》裏的"氣象文學",不僅有系統地反思和欣賞中華古代詩人們在"氣象文學史"上的豐盛成績,也為 21 世紀中華文藝復興,提供舊的養分和新的信心。)

　　第八屆《詩經》國際學術研討會・陝西・洽川・2008.7.25-7.28

2009 年 10 月 12 日

---

59 非洲肯亞也下雪!Ivan Canas, 2008 Sep 3-Residents in Kenya's Rift Valley celebrate the area's first ever snowfall with snow ball fights and a day off work and school. The small village of Busara 255 Kilometres northwest of the Kenyan capital, Nairobi awoke to a strange phenomenon on Wednesday (September 3). An area of about one square kilometre was covered in what meteorologists called snowflakes, blanketing a whole hillside. Sonia Legg reports.

【附圖】

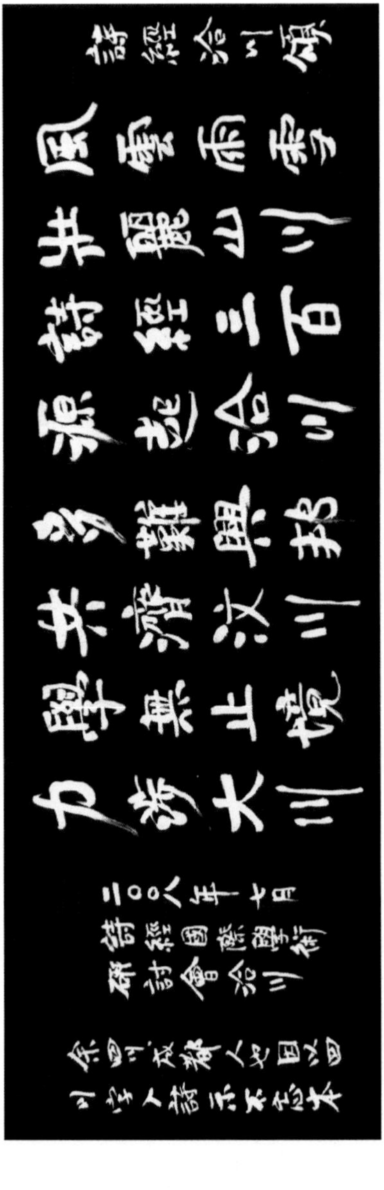

圖 1.〈詩經洽川頌〉 林中明 2008.7.15 （68x195cm）

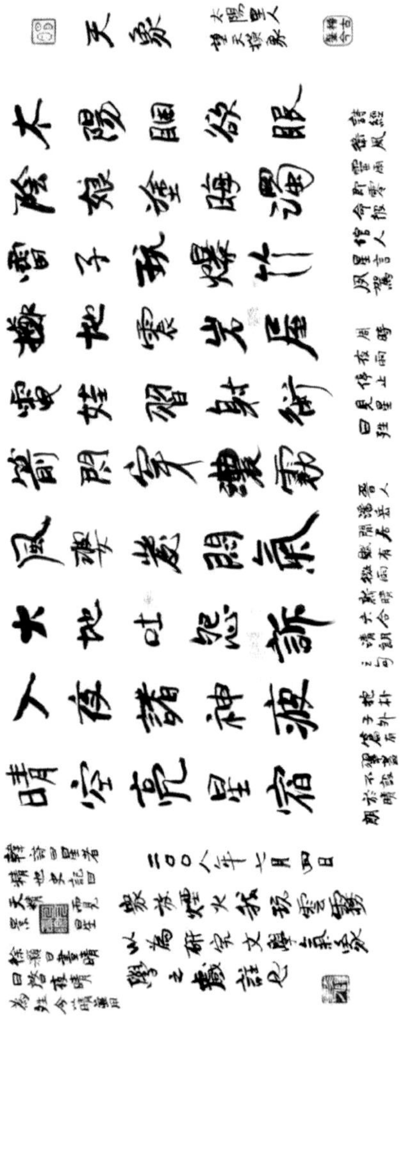

圖 2.〈天象〉 林中明 2008.7.4

第八屆《詩經》洽川國際學術研討會、晚會旅遊‧
林中明攝影賦詩選錄

《洽川娃》

《上鑼鼓》

二〇〇八年七月廿五日第八屆
詩經研討會文藝晚會上承
日本詩經會長村山吉廣先生
執贈其近作　久保天隨大正
詩壇之雄一丈　喜知大正三絕
中久保先生之那須野一詩有
浮雲風浩浩之辭甚近於余
氣象詩學之用字因書
四句回贈之其辭曰：

風雲雨雪詩人吟
黃河洽川研詩經
大正三絕雖遠去
君我二人揚雅音

太陽里人
林中明　二〇〇八年七月廿七日蹈黃河
岸泥歸來夜作此詩

《贈日本詩經會長‧村山吉廣先生》

宋昌基先生韓國
詩經研究之龍頭也
二〇〇八年七月廿五日於合
陽舉行之第八屆詩經
會上作精系兩富哲理之
紫言啟人心智大矣！
余因集其四句書贈致敬

回復詩心　活用詩經
美化言辭　美化人生

林中明
二〇〇八年七月廿七日
共蹈黃河岸泥
歸來有感而書

《贈韓國詩經會長‧宋昌基先生》

詩經采風
黃河踏泥
光腳滑稽
老少嬉戲

仲夏踏泥
戊子六月芟
太陽里人

詩經學者仲夏踏泥黃河
之濱白髮六七人青壯數十人
滑乎河泥手舞足滑嬉戲
而歸如夷子昔年

陝西黃河河灘‧遊客捲褲去履，不懼滑跌骯濕，踏泥相逐為戲。

注：“金步搖”古代貴婦頭戴之金飾件，取其行步則動搖，故名。
步搖與簪、釵都是插在髮際的飾物，而簪首上垂有旒蘇或墜
子,行動時亦步亦搖故稱為步搖。其製作多以黃金屈曲成龍
鳳等形，其上綴以珠玉。六朝而下，花式愈繁，或集鳥獸花
枝等，晶瑩輝耀，與釵細相混雜，簪於發上。《釋名‧釋首
飾》：“步搖，上有垂珠，步則動搖也。”《後漢書‧輿服
志下》：“步搖以黃金為山題，貫白珠為桂枝相繆，一爵（雀）
九華（花）。”王先謙集解引陳祥道曰：“漢之步搖，以金
為鳳，下有邸，前有笄，綴五采玉以垂下，行則動搖。”

唐‧白居易《長恨歌》有名句曰：“雲鬢花顏金步搖。”

電視臺記者訪問：“您不怕滑跤嗎？”答：我從小就練“少林”功夫…

黃河汽艇翻浪，沙灘機車輾泥。

合陽木罌缶古渡予淮陰侯

木罌缶浮水渡夏陽
楚麵欺敵擒魏王
長樂宮鐘悲遺響
河灘小宪玩泥忙

自古君子
不敵小人
英雄傷於
暗箭難非
天意亦可
哀也

戊子六月甚
太陽里人

史記淮陰侯列傳記韓信為蕭何呂后所詐
呂后使武士縛信斬之長樂鍾室信方斬曰吾
悔不用蒯通之計乃為兒女子所詐豈非天哉

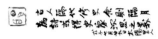

揚之音　林中明　詩經會上

兒女風雲詩人情

黃土洽川啓詩經

關々雎鳩猶在耳

前浪後浪揚雅音

二○○八年七月廿七日太陽里人

踏黃河岸泥歸來記聞

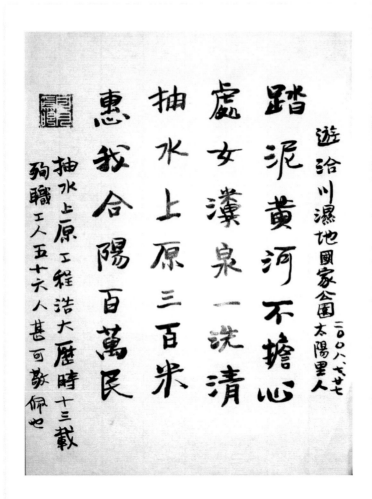

遊洽川濕地國家公園 二〇〇八‧七‧廿七 太陽里人

踏泥黃河不擔心
處女漢泉一洗清
抽水上原三百米
惠我合陽百萬民

抽水上原工程浩大歷時十三載
殉職工人五十六人甚可敬佩也

注：陝西黃河邊濕地為中國最大濕地。　濕地水源來自地下上千
　　噴泉（俗稱漢泉）及黃河。漢泉潔淨溫暖，四季噴水不絕，
　　水溫恆在攝氏 29 至 31 度之間，秋夜游泳賞月，飄浮銀波之
　　上，真有東坡《赤壁賦》中所云"遺世獨立，羽化登仙"之
　　感。夏日行走萬畝荷塘之間，則碧海無涯，紅白點點，荷香
　　撲鼻，誠旅遊之勝地也。

天狗吃月古人驚
唯獨荀卿不動心
太陽裡人攝太陽
日如新月滿天星

荀子天論篇曰

天行有常
不為堯存
不為桀亡
應之以治則吉
應之以亂則凶

夫日月之有蝕
上明而政平
則雖並世而起
無傷也
太陽裡人日後人不見
於西安古都目睹此三百六十年來僅見
之日環蝕乃思荀子所言而記之以詩圖焉
今人亦多不及也

西安觀日環蝕

二〇〇八年八月一日余出席洽川詩經研討會後

2008 年 8 月 1 日，日環蝕見於西安市，距上次 1648 年
在西安發生，已 360 年矣。

《昭明文選》中的 "氣象文學"

提要：《文選》的研究，千變萬化。除了研究它所收集文章的內容和欣賞辭藻的美學，我們還可以上溯到《詩經》，以探討文明演進、作者轉型對 "氣象文學" 的影響。研究《文選》的 "氣象文學" 卻和《詩經》聯線，這是因為《詩經》不僅是中國最早的 "詩選"，也是 "文選" 和 "氣象詩學、氣象文學" 等文類之祖。再從文類來說，《昭明文選》雖然名為 "文選"，但是也包括 "古詩選、楚辭選、漢賦選" 等文類的 "詩選"。所以就 "氣象文學" 的研究而言，《昭明文選》可以說是在《詩經》之後繼續觀察氣象文學變遷的一個最佳的 "詩文辭賦" 集合群。

本文從 "氣象文學" 的新角度切入研究《文選》，並且上承對《詩經》"氣象詩學" 的理解，由這兩個著力點和其關係聯線，對以下四個題目作初步的探討。一、季節氣象的變化與其對人類不變的影響；二、氣象變化對文學表達的助益；三、建築文明降低了氣象對詩人、文士的影響；四、詩文資料、感受距離、即興沉思、無邪有為。

研究古典文學，雖然目標是 "知古" 和 "傳承" 優良傳統文化，如〈文選序〉所說：「增冰為積水所成，積水曾微增冰之凜，何哉蓋踵其事而增華，變其本而加厲。物既有之，文亦宜然。」但是研究古典文學和過去的文化，我們固然應該傚法文學巨擘如屈平，學習他當年在艱苦的環境裏，仍然能以絕大的才力、功力和毅力，融會古典文藝、詭怪民俗、異族思想再加以創新的精神，但是我們也不能忽視舊文明和新世紀之間的關聯。在這"地球暖化"成為世界重要課題的時刻，我們緣氣象變化、風雲雨雪以觀察它對人類身心及文學、文化的影響，自然有其時代的意義。

　　然而由於篇幅所限，本文只能先對「京都」、「物色」、「古詩十九首」及「離騷」、陶詩等部份加以探討，以略見《詩經》之後，於「多識於鳥獸草木之名」之外，《文選》裏有關"風雲草木之興（〈文選序〉）"的"氣象文學"的沿襲與變遷。並將以作者去歲對《詩經》的"氣象詩學"與今年對《文選》的"氣象文學"的研究作為新的"知識平台"，以之繼續探討唐宋詩詞裏的"氣象文學"和"氣象詩學"。陸宗達教授曾說：「《文選》這個富礦，還僅僅開掘了表層，用新思想、新方法來重新認識它，選取新角度來繼續挖掘它，這個工作應該說剛剛開始[1]」。這篇論文也可以作如是觀。

關鍵詞：風雲雨雪、氣象詩學、人天感應、《詩經》、《離騷》、《古詩十九首》、《文心雕龍‧物色篇》、〈春雨的色彩〉、即興與沉思、無邪與有為

一、《詩經》與"氣象文學"

　　《詩經》不僅是中國最早的"詩選"，也是"文選"和"氣象詩學、氣象文學[2]"等特殊文學類別之祖[3]。說《詩經》是中華詩

1　趙富海〈《昭明文選與中國傳統文化》‧後記〉，吉林文史出版社，2001年。第 614 頁。

2　林中明《氣象學之祖：《詩經》——從"風雲雨雪"的"賦比興"說起》，第八屆《詩經》國際學術研討會論文集，陝西‧洽川，2008 年 7 月 24-27日。（2009 年出版）

學之祖，古今學者不能異議，但是說《詩經》是中華文學之祖，這就有爭議。譬如劉勰在《文心雕龍・宗經篇》裏就說「五經含文」。顯然意指《詩經》之外的四經，也都各有文學上的功能和特色，不容《詩經》獨佔“中華文學之祖”的地位。鍾嶸《詩品・序》的開頭指出「氣之動物，物之感人，故搖蕩性情，形諸舞詠」，所以受到氣象變化的感動而寫出的詩篇，收集在中國最早集結的“詩選”──《詩經》中，這使得《詩經》自動成為“氣象詩學”之祖，所以沒有問題。又因為《詩經》開啟了中華文學創作，所以《詩經》也當得起廣義的“氣象文學”之祖[4]。

　　文學不斷地變化，品味也隨時代而起伏，所以劉勰率先指出“文變染乎世情，興衰繫乎時序”的道理。但是“天、地、人”互為影響，古代詩人、文士對大自然“風雲雨雪”的強烈感受，又使得“文心染乎氣象，欣鬱繫乎風雨”，這一不同於董仲舒半迷信的“天人感應”的“人天感應”的現象，從商、周到明、清，在類似的建築文明下，基本上沒有太大的變化。《莊子》說：“緣督以為經”，我們研究文學，也不妨緣天上的“氣象”和腳下的“地理[5]”以為“任、督”二脈，我們循“氣象”之脈，沿《詩經》之溪流而下，就應當以探討《文選》裏的“氣象文學”為下一個“大穴道”。

　　《昭明文選》雖然名為“文選”，但是其中有許多應用文，陳

3 林中明《（廣）文選源變舉略：從《詩經》到桐城》，第四屆昭明文選國際研討會論文集，吉林出版社，2001 年 6 月，第 562-582 頁。
4 作者按：曾獲得三屆諾貝爾經濟學獎的「賽局理論」（Game Theory），首寫《賽局理論與經濟行為》的數學家馮諾曼應當是“賽局理論之祖”，而1994 年才獲獎的納許（John Nash）則是“現代賽局理論之父”。
5 林中明《地理、歷史對文化、文學的影響：從薛地到矽谷》，《文學視域》（淡江大學・第十二屆社會與文化國際學術研討會・論文集）。臺北，里仁書局，2009 年。第 191 至 214 頁。

延嘉教授認為「《文選》應稱 "我國現存的第一部文學和文章總集"[6]。而在它的 37 類七百餘篇中，一共選了近 13 卷 334 首詩，包括 "古詩選、楚辭選、漢賦選" 等詩類，所以我們也可以把 "半部《文選》" 視為《詩經》之後，從楚、秦漢到梁朝[7]近八百年間的 "詩選"。所以就 "氣象文學" 的研究而言，《昭明文選》可以說是《詩經》之後，觀察中華文明進步之後 "氣象詩文學" 的變化，以及文士如何感受 "風雲草木之興（〈文選序〉）" 的一個最佳 "詩文辭賦" 集合群，而由此轉折又可以向前探索唐宋詩文高峰期的大變化。

二、"風雲雨雪" 等 "氣象變化" 在詩、文中的重要性

（一）季節氣象的變化與其對人類不變的影響：

　　季節的變化是一個較為緩慢的過程，它侵人無形，搖心有色，類似佛家所說的 "漸修"。而 "風雲雨雪" 的發生直接刺激人身感官和物類生息，"傾盆大雨，冰雹砸頭" 的作用就類似於禪宗的 "棒喝頓悟"。所以本文把季節和氣象合起來研究，以見頓、漸之全。研究 "風雲雨雪" 在詩、文中出現頻率的原因，在於它們是大自然直接作用於所有人類感官、生物環境所不可避免的物理現象，而敏感的詩人、文士因而為之寫下它們的感受，形成 "氣象詩學"

6　陳延嘉〈文學與文章 —— 也談《文選》的正名〉，《文選學研究論文集》，吉林人民出版社，2006 年。第 299 至 304 頁。

7　曹道衡、沈玉成〈有關《文選》編纂中幾個問題的擬測〉，《昭明文選研究論文集》，吉林文史出版社，1988 年。第 35 頁。"…所錄作品，基本上都出於天監十二年（513 年）以前去世的作家之手，既止于沈約的卒年…卻選入了此後三個作家五篇作品…劉孝標卒於普通二年（521 年），徐悱卒於普通五年（524 年），陸倕卒於普通七年（526 年）。"

與"氣象文學"。氣候季節雖然周而復始，但是氣象的變化，對早期的人類來說，則多是不可測的現象，甚至可以動搖社會人心和衝擊政權的穩定性。因此有樸素科學思想的荀卿在《荀子·天論》中議論天時氣象時雍智地說：「天行有常，不為堯存，不為桀亡。陰陽大化，風雨博施，萬物各得其和以生，各得其養以成，不見其事而見其功，夫是之為神。」

但是對一般人來說，這樣一組超越時空而反復發生但又不可預測的現象，本身就有其神奇性和文藝性。所以臺灣故宮博物館的考古文物家，楚戈先生在他 2009 年 2 月出版的《龍史》[8]中指出，東亞的龍是農龍，農字起自雷聲隆隆之音，而商周的"帝"字出於"雨水之神的雨龍"。可見得農業立國的中國，對"風調雨順"等氣象變化的重視。周朝編寫的《易經》，其中也有許多和氣象有關的文字。然而由於這些和氣象有關的卦與文字多半是用"比"的手法，而且偏於卜卦應用，所以相較於《詩經》，就缺少美學的文藝性。譬如：「〈震卦〉上下皆"震"，皆雷，所以〈象〉曰：洊雷。〈巽卦〉上下皆"巽"，皆風，所以〈象〉曰：隨風。〈坤卦·初六〉：履霜，堅冰至。〈屯卦·彖〉：雷雨之動滿盈。〈屯卦·象〉：雲雷，屯。君子以經綸。…」但是這些與氣象有關的《易經》字句都不能算是真正的"氣象文學"。

早期的農業社會完全靠天吃飯，對於季節氣象變化的感覺當然特別敏銳，所以事關萬民生計的"南風"，讓古代務農的詩人留下了可能是舜帝所詠的《南風歌》：「南風之薰兮，可以解吾民之慍兮；南風之時兮，可以阜吾民之財兮」；而詩人哲學家莊子，就在〈齊物論〉中寫出「大塊之噫氣，其名為風」的哲學詩。「以動

---

8 楚戈《龍史·自序》,《龍史》,臺北,2009 年 2 月,自費出版,第 6 頁。

萬物也（《康熙字典》）」的物理 "風"，因為無所不在，自然成為
詩人寫詩的首選。而證之《詩經》和唐宋大詩人，以及《全宋詞》
的字頻，都證明了我對 "風" 字為氣象文字之首的看法[9]。

　　到了南北朝，文士對文學、藝術的瞭解更為成熟，所以文論
高手紛出，而且他們都注意到季節氣象對文學的影響。譬如蕭統
在〈文選序〉裏就說到「風雲草木之興」；鍾嶸在《詩品序》裏說
「昔《南風》之詞，《卿雲》之頌，厥義夐矣」；劉勰在《文心雕
龍》裏特別撰寫了和氣象有關的〈物色篇〉。劉勰在〈物色篇〉的
開篇首句就說「春秋代序，陰陽慘舒；物色之動，心亦搖焉」。這
些經典文論中的名句，在在都說明了 "季節氣象" 的變化，對詩
人、文士寫作靈感的激發是極其重要的。

（二）氣象變化對文學表現的助益 ——"用最少的文字表達最多的感情和詩意[10]"

　　1.**完形心理學**：文學的載體是文字符號。如何用文字表現出
立體、彩色、身歷聲等等如電影一般的細節、特殊的角度、有時
間感的動作和 "蒙太奇" 剪接的時空自由[11]？這不可能的任務不
在於用大量的文字來描寫，而是借助於讀者自身的經驗，順著作
家的明說或暗示，自行置入色彩、音響、動作與時空的次序，如

9　林中明《氣象學之祖：《詩經》——從 "風雲雨雪" 的 "賦比興" 說起》，
　　2008 年。

10　林中明《詩的本質與格式、聲韻、記憶、腦力的關係》，中國韻文學刊，
　　2005 年第三期。第 80 至 89 頁。人民大學《文藝理論》學刊，2006 年 3
　　月，第 89-99 頁。

11　林中明《中華文化及漢字結構對電影蒙太奇發明的啟示》，2008 年「傳
　　統與現代書法國際學術研討會」，論文集，臺灣，華梵大學美術學院，
　　2008 年 5 月 31-6 月 1 日。

「完形心理學（Gestalt）[12]」所言。而這個風靡二十世紀的 "新理論 ",其實早見於劉勰的《文心雕龍‧物色篇》。劉勰所謂的「一葉且或迎意,蟲聲有足引心」,陶令的「櫚庭多落葉,慨然知已秋（〈酬劉柴桑〉）」不也就是利用人類共通的經驗和記憶,達到 "完形、完情、完視、完聽、完圖" 的手段和結果嗎?而蕭統最佩服和喜愛的作家陶淵明和他的詩,就是具有 "外枯而內膏,似澹而實美（〈東坡題跋:評韓柳詩〉）" 的特色,所以欣賞陶詩要靠讀者自家的經驗,說一而喻百,去 "完形、完影、完神、完景與完情"。

2. **"風雨之助"**:劉勰在〈物色〉篇的結尾說:「然屈平所以能洞監〈風〉、〈騷〉之情者,抑亦江山之助乎?」而大詩人陶淵明聯類於氣象,沉吟於風雨,也得到 "風雨之助"。譬如他描寫春夏季節氣象的變化,他只簡練地說 "靄靄停雲,濛濛時雨","林木交蔭,時鳥變音"。這種精煉的白描筆法之所以能成功,就在於他描寫的都是大家都熟悉的季節氣象的景色和變化,所以讀者大多能自行補入 "風雲雨雪" 的明暗冷熱乾濕等變化細節,甚至包括潛藏在我們記憶中的史前氣象環境經驗[13],因此說一而喻百,

---

12 李華〈運用"完形"理論,個性化構建教材〉,《小學課堂網》,2007 年 9 月 8 日。"完形主義心理學習又稱格式塔心理學,它是 20 世紀初起源於德國的早期認知主義學派。它認為,人們在面對一種不完美的即有缺陷或有空白的格式塔刺激物時,會情不自禁地產生一種急於要改變它們,並使之完滿的心理趨向,這種趨向能有效地激起知覺興奮程度,引起一種自覺追求的充滿緊張感的內驅力,驅使人們積極主動地填補、完善所知覺到的不完滿刺激,進而使知覺、經驗達到完滿的格式塔整體即完形整體"。

13 NIicholas D. Kristof, " *When Our Brains Short-Circuit* ," New York Times, 20090702. "..."We humans do strange things, perhaps because vestiges of our ancient brain still guide us in the modern world," notes Paul Slovic, a psychology professor at the University of Oregon and author of a book on how our minds assess risks. ..."What's important is the threats that were dominant in our evolutionary history," notes Daniel Gilbert, a professor of

而不是說百而喻一[14]。因此一個好的作家，必然要利用這些最普世的 "氣象季節" 經驗，方能用最少的文字，來表達最多的意象，如同《孫子兵法》的精兵戰略[15]，而這也是劉勰在〈物色〉篇讚揚《詩經》所說的「並據要害…以少總多，情貌無遺矣。」

再譬如屈平寫〈離騷經〉就說「溘埃風余上征…帥雲霓而來御（迓）。」班固的〈西都賦〉描寫建築、人士、荷葉、射獵軍威就說「煙雲相連…冠蓋如雲…荷插成雲…星羅雲布…雷奔電激。」而張衡的〈西京賦〉描寫建築之長之綿延無際，就必需借助 "氣象文字" ──「長廊廣廡，連閣雲蔓」。諸如此類，舉不勝舉。在《詩經》、《文選》之後的詩文大家，更是懂得借重人們共有的氣象變化經驗，用最少的文字，表達最多的感情[16]。根據電腦字頻分析，我發現大詩人，李白和杜甫，使用 "風雨" 二字頻率之高，

psychology at Harvard University. Professor Gilbert argues that the threats that get our attention tend to have four features. First, they are personalized and intentional.　Second, we respond to threats that we deem disgusting or immoral.　Third,　threats get our attention when they are imminent, while our brain circuitry is often cavalier about the future. Fourth, we're far more sensitive to changes that are instantaneous than those that are gradual."

14 張讓〈一種日常之好：人造空間沉思〉，《中國時報》，2009 年 7 月 1 日。"是那種季節，每天清晨醒來便聽到鳥雀吱喳的鳴聲。不知幾種鳥，吱喳喁啾，聽來不像打架，也不像調情，倒像鄰居隔了圍牆聊天，講些今天天氣很好、哪裡蟲子比較多或這根枝子上景色比較好之類。當然，我不是徐文長也不是鳥語專家，只是好奇傾聽隨想。不過若你問我鳥類有沒有語言，我會說：「當然！」（作者評：這是很好的散文，但是用了137 字。比起有些西方浪漫派的小說散文，此文這一段說季節變化 "時鳥變聲" 的文字還算是短文了。2009.7.2）

15 林中明《斌心雕龍：從《孫武兵經》看文藝創作》，1998 年第四屆國際孫子兵法研討會論文集，軍事科學出版社，1999 年 11 月，第 310-317 頁。

16 林中明《詩的本質與格式、聲韻、記憶、腦力的關係》，中國韻文學刊，2005 年第三期。第 80 至 89 頁。人民大學《文藝理論》學刊，2006 年 3 月。第 89-99 頁。

果然分別高居唐代十大詩人之首[17]。所以我認為擴大瞭解普世的 "氣象變化",和適當應用 "風雲雨雪、雷電霜露" 的經驗於詩文(圖 1),也必然是文學創作與文藝欣賞中重要的一環[18],而這也正是本文探討 "氣象文學" 的意義所在。從現代教育的角度來看,作者提倡的 "氣象文學" 也和當前中國小學一年級著名的課文 ── 〈春雨的色彩〉[19]在用心上也無二致。可見許多古典文學裏的道理,可以應用到近日的教學,而經典之作給人們的啟發也是跨時空的。

---

17 林中明《氣象學之祖:《詩經》 ── 從 "風雲雨雪" 的 "賦比興" 說起》,第八屆《詩經》國際學術研討會論文集,陝西,洽川,2008 年 7 月 24-27日。(2009 年出版)

18 李華〈運用 "完形" 理論,個性化構建教材〉,《小學課堂網》,2007 年9 月 8 日。"…如何運用 "完形" 理論,個性化地構建教材,給學生營造廣闊的思維空間呢?我想談談自己粗淺的看法。……三、"構建無結尾的 "不完形" 對話文本。培養思維的創造性":對於那些含蓄或故事性強的內容,可以把結尾刪去讓學生對結尾進行 "完形",也可以先隱藏結尾,這種方法叫無結尾的 "不完形" 對話文本。比如,實驗教科書《春雨的色彩》一課就體現了這一創意。春雨到底是什麼顏色呢?這一問題的解答是多元的、不確定的,這對培養學生的想像力和創新精神很有幫助。對於這種無結尾的文本,在呈現時還可以在作業系統中設計編演課本劇或續寫文本等練習題。如果設計續寫文本,就可以在文本中留出足夠的空格,實現學生對該文本的主動思考和再創作。這對激發學生的主動性和培養學生的創造性是非常有益的。

19 〈春雨的色彩〉,中國小學一年級下的課文。「春雨,像春姑娘紡出的線,輕輕地落到地上,沙沙沙,沙沙沙……田野裡,一群小鳥正在爭論一個有趣的問題,春雨到底是什麼顏色的?小燕子說:"春雨是綠色的,你們瞧,春雨落到草地上,草就綠了,春雨淋在柳樹上,柳枝也綠了。"麻雀說:"不對,春雨是紅色的,你們瞧,春雨灑在桃樹上,桃花紅了,春雨滴在杜鵑從中,杜鵑花也紅了。"小黃鶯說:"不對,不對,春雨是黃色的,你們瞧,春雨落在油菜地裡,油菜花黃了,春雨落在蒲公英上,蒲公英花也黃了。"春雨聽了大家的爭論,下的更歡了,沙沙沙,沙沙沙……。」

三、建築文明改變了氣象對詩人、文士的影響

（一）《詩經》裏建築對風、雅、頌的影響：

　　建築影響生活，自然也影響文學[20]。《易傳·系辭傳上》中說：
"上古穴居而野處，後世聖人易之以宮室，上棟下宇，以待風雨。"
人類最早的藝術圖畫，就是發生和記載於原始人為了躲避風雨冰
雪和野獸所居住的"天然建築"——洞穴的岩壁上，但是缺乏文
字和書寫的載體述寫外在的氣象的變化和內心的喜怒哀樂感受，
"事、義"都要靠結繩、刻石和口傳。到了商周，文明高度發展，
人們不僅能織布、冶金、建堂廟，而且發展出成熟的文字和典雅
的文學——例如采集民風和搭配歌舞，用來娛眾、祭祖所產生的
《詩經》。《詩經》中的《風》、《大、小雅》、《頌》的分類和解釋，
自古以來有幾大派。但是以"音樂、場所、時序"來分的說法最
後佔了上風[21]。然而我發現，宗廟的音樂可能由於作者的身份遠
離大自然無遮蓋的田野道路，聽樂的公卿、列士和皇親、族的生
活也不太受氣象變化的影響，所以"宗廟之音"的「頌」詩沒有
一首，沒有一句，沒有一字和"氣象"中的"風雲雨雪"有關[22]，
這真讓人驚訝！廟堂遮風避雨的效果，顯然發生作用，而有良好
禮儀傳統的祭師和樂師也不會在這種場合歌舞「夜來風雨聲，花

20　林中明〈《文心雕龍》文體構思與《建築十書》建材設計〉，2008 年《文
　　心雕龍》國際學術研討會論文集，北京·首都師範大學，2008 年 10 月
　　16-19 日。（2009 年出版）
21　夏傳才《詩經研究史概要》〈風雅頌的分類〉，臺北·萬卷樓出版社，1993
　　年。第 23-27 頁。
22　林中明《氣象學之祖：《詩經》——從"風雲雨雪"的"賦比興"說起》，
　　2008 年。

落知多少」這一類的“風花雪月”的感情（圖 2），除非是為亡國之君唐玄宗、李後主之類的國君歌舞作樂吧。白居易曾在〈與元九書〉中指責六朝時期文義萎靡，「于時六義浸微矣。陵夷至於梁陳間，率不過嘲風雪，弄花草而已。」但是他又指出，「噫！風雪花草之物，三百篇中，豈舍之乎？顧所用何如耳。」同理，我們由“風雲雨雪”入手，研究「氣象文學」、「氣象詩學」，也是從《詩經》六義而來，再加以專注擴大而已。

（二）《文選》裏建築對“風雲雨雪”感受的影響

蕭統在〈文選序〉裏說：「式觀元始，眇覯玄風，冬穴夏巢之時，茹毛飲血之世，世質民淳，斯文未作。」這說明了建築的進步，是文明進步的一個重要環節。沒有這遮風避雨的廣義房屋建築，人類就沒有餘力和心情去發展需要安靜的環境來寫作精煉的文學，而風雲雨雪對詩人文士賴以庇護的建築、門窗、屋頂的衝擊，也增加了詩文的題裁，如杜甫的〈茅屋為秋風所破歌〉[23]和蘇軾的〈寒食詩〉[24]等等名篇。〈文選序〉接著又說：「…《易》曰："觀乎天文，以察時變。觀乎人文，以化成天下。"文之時義

---

23 杜甫〈茅屋為秋風所破歌〉：「八月秋高風怒號，卷我屋上三重茅。茅飛渡江灑江郊，高者掛罥長林梢，下者飄轉沉塘坳。南村群童欺我老無力，忍能對面為盜賊。公然抱茅入竹去，唇焦口燥呼不得。歸來倚杖自嘆息。俄頃風定雲墨色，秋天漠漠向昏黑。布衾多年冷似鐵，嬌兒惡臥踏裏裂。床頭屋漏無乾處，雨腳如麻未斷絕。自經喪亂少睡眠，長夜沾濕何由徹！安得廣廈千萬間，大庇天下寒士俱歡顏，風雨不動安如山。嗚呼！何時眼前突兀見此屋？吾廬獨破受凍死亦足！」

24 蘇軾〈寒食詩〉：1.「自我來黃州。已過三寒食。年年欲惜春。春去不容惜。今年又苦雨。兩月秋蕭瑟。臥聞海棠花。泥污燕支雪。闇中偷負去。夜半真有力。何殊病少年。病起頭已白。」2.「春江欲入戶。雨勢來不已。小屋如漁舟。濛濛水雲裏。空庖煮寒菜。破灶燒濕葦。那知是寒食。但見烏銜紙。君門深九重。墳墓在萬里。也擬哭塗窮。死灰吹不起。」

遠矣哉！」這就把四季的氣象時變連接到文化的發展，這可以說就是作者上文指出的"文變染乎氣象"了。〈文選序〉接著又說：「…增冰為積水所成，積水曾微增冰之凜，何哉蓋踵其事而增華，變其本而加厲。物既有之，文亦宜然。隨時變改，難可詳悉。」此段蕭統用冬季氣象裏的冰雪來比喻文飾翰藻和文學的發展都是一個累積變化的過程。蕭統用氣象冰雪等的"物"與詩文翰藻的"文"相關聯，而且指出文章隨時代、時間而變化，近乎劉勰所說的"興衰繫乎時序"。既然詩文藝術的變化原因很多，當然它們也和氣象的變化一樣"難可詳悉"了。《詩經》裏周代的建築技術尚未發達，房屋的高度自然有限，所以沒有像〈古詩十九首・之五〉裏所說「西北有高樓，上與浮雲齊」的景色和興起的感觸。建築文明帶給人類新的空間感受和光線變化，更隨著季節氣象加強了詩人"賦比興"的場面和想像力。以下以《文選》中最具代表性的幾篇京都大賦，來作建築文明與氣象文學之間關係的分析和探討。

1. 卷一・賦・京都・班固〈兩都賦〉

　　班固在漢・明帝・永元年中，撰寫〈兩都賦〉以支持繼續建設洛陽為首都的政策。其中重點如〈兩都賦・序〉中所說：「…海內清平，朝廷無事。京師修宮室，浚城隍，起苑囿，以備制度。」這就說明〈兩都賦〉的內容基本上和影響農民生活起居的"風雲雨雪"氣象變化無關。所以賦中凡是說到"風雲雨雪"的氣象部份，都是站在欣賞季節氣象變化的角度，「應物象形，隨類賦彩（〈謝赫六法〉）」，以建築為"骨架"，「骨法用筆」，追求達到文章「氣韻生動」的效果，並以此取悅於皇帝和統治階層裏雅好文學的王公貴人。所以他在〈西都賦〉中寫道：「…層構厥高…軼雲雨於太半」。至於描寫宮殿旁邊的園林池湖的魚鳥風光，則說：「…

浮沉往來，雲集霧散…風舉雲搖，浮遊溥覽。」班固在〈東都賦〉
裏，更以近乎《頌》的筆法說「…雨師泛灑，風伯清塵……宣皇
風…供帳置乎雲龍之庭。」然後在結尾的五首詩裏，雖然有「習
習祥風，祈祈甘雨」和「吐金景兮小歊浮雲」等似乎和氣象有關
的文字，但是如本文作者在〈氣象文學之祖：《詩經》〉一文中指
出："頌"是高官唱舞於廟堂之作，所以內容歌頌"祖宗"，但不
真正關心"風雲雨雪"對人民的影響，所以《詩經》的《頌》和
《大雅》中，竟然無"雨"、"雪"二字！（表一）現在我們分析班
固的〈兩都賦〉，再次證明了我的看法不是"孤例"。

字 出現數	《詩》 305首 7284句	%《詩》 %首數 %句數	15國風 160首 2608句	%《風》 %首數 %句數	小　雅 74首 2326句	%小雅 %首數 %句數	大　雅 31首16	%大雅 %首數 %句數	頌 40首 734句	%頌 %首數 %句數
風	20首 32句	6.56(2) 0.44(1)	10首 18句	6.25(2) 0.69(1)	6首 10句	8.11(2) 0.43	4首 4句	12.9 0.25	0 0	0 0
雲	6首 8句	2.62(3) 0.11(4)	3首 5句	1.88(3) 0.19(3)	2 首 2句	2.70(4) 0.086	1首* 1句	9.68 0.06	0 0	0 0
雨	23首 29句	7.54(1) 0.40(2)	11首 15句	6.88(1) 0.58(2)	12首 14句	16.2(1) 0.60	0 0	0 0	0 0	0 0
雪	7首 9句	2.30(4) 0.12(3)	2首 3句	1.25(4) 0.12(4)	5首 6句	6.76(3) 0.26	0 0	0 0	0 0	0 0
祖	23首 30句	7.54 0.41	0 0	0 0	7首 9句	9.46 0.39	8首 13句	25.8 0.80	8首 8句	20 1.1

2. 卷二至卷六：張衡〈二京賦〉與〈南都賦〉及
　　左思《三都賦》

張衡的〈二京賦〉與〈南都賦〉以班固的〈兩都賦〉為模範
和競爭的對象，所以在篇幅、內容和文字的華麗、誇張上，都極
力鋪陳鉤深，並勝過前修班固。但是身兼文學和科學兩家之長的
青年張衡，風骨過人，曾屢拒官職不就，並周遊各地考察學習，
因此他對民間風土人情的瞭解和感受應該比班固深刻。所以張衡

在〈西京賦〉中談狩獵時，就有「孟冬作陰，寒風肅殺。雨雪飄飄，冰霜慘烈。」的氣象描寫。他在敘述廣場妙戲時，也用氣象文字的「度曲未終，雲起雪飛，初若飄飄，後遂霏霏」來描寫演戲佈景的逼真。張衡在〈東京賦〉裏探討洛陽建都「先王之經邑」的考量時，就特別指出「總風雨之所交」的重要性。其後談到天子出巡，也以「陰陽交和，庶物時育⋯勸稼穡於原陸」考量氣候與民生的關係，可見得張衡對氣候農作與民生經濟的重視。這種心態，就和官居朝廷高位的廟堂之士有所不同。但是張衡以十年的功夫所寫的〈二京賦〉與〈南都賦〉雖然不是"記事之史，繫年之書"的"贊論"和"序述"，但是他"襃貶是非，紀別異同"，也可以說是"事出於深思，義歸乎翰藻"的典範。

張衡的三篇京都賦啟發了左思，左太沖在《三都賦‧序》裏說：「余既思摹〈二京〉而賦〈三都〉」。左思在摹仿之中，除了更注重史地的徵信，於描寫"氣象"方面的文字也踵追張衡京都三賦的華麗多變，做到楊雄《法言‧吾子》中所標示的「詩人之賦麗以則。」在〈魏都賦〉裏，左思更描寫了進步的建築，使得「風無纖埃，雨無微津」，可見建築文明對風雨防範的功能，使得詩人可以從反方向來表現"氣象文學"。雖然左思的《三都賦》曾經哄動一時，留下"洛陽紙貴"的傲績，但是從文學史而言，他雖有大賦的創作（invention），而且可能對陶淵明的論史感時的"風力"有所影響[25]，但終就不是文學的創新（innovation）[26]。有時候一篇小賦，若有新意，反而讓人讀之不累，詠有餘味。

---

25 鍾嶸《詩品》：「宋徵士陶潛，其原出於應璩，又協左思風力。」
26 顧農〈陶淵明對陸機的模仿與超越〉，《文選論叢》，揚州‧廣陵書社，2007 年。第 230 至 233 頁。

3. 卷十三‧物色‧謝惠連〈雪賦〉

《文選》裏關於建築文明改變詩人對"風雲雨雪"的感受，也可見於謝惠連的〈雪賦〉。〈雪賦〉的開頭說到「歲將暮，時既昏。寒風積，愁雲繁。梁王不悅，游於兔園。…俄而微霰零，密雪下。」這是《文選》中難得以"雪"為主題的詩賦文章。文中謝惠連假司馬相如之口，從雪宮的建築說起：「臣聞雪宮建於東國，雪山峙於西域。岐昌發詠於來思，姬滿申歌於黃竹。曹風以麻衣比色，楚謠以幽蘭儷曲。盈尺則呈瑞於豐年，袤丈則表沴於陰德。」在幾句話之間，引經據典，文筆起承轉合，然後以「雪之時義遠矣哉」為首段破題的總結。文筆的氣勢磅礴，這讓人聯想到也是三十出頭的劉勰以「文之為德也大矣[27]」為《文心雕龍》全書開頭一句的筆法。然後謝惠連洋洋灑灑地描寫了道地的"雪景"：

> 「若迺玄律窮，嚴氣升。焦溪涸，湯谷凝。火井滅，溫泉冰。沸潭無湧，炎風不興。北戶墐扉，裸壤垂繪。於是河海生雲，朔漠飛沙。連氛累靄，掩日韜霞。霰淅瀝而先集，雪粉糅而遂多。其為狀也，散漫交錯，氛氳蕭索。藹藹浮浮，瀌瀌弈弈。聯翩飛灑，徘徊委積。始緣甍而冒棟，終開簾而入隙。初便娟於墀廡，末縈盈於帷席。既因方而為珪，亦遇圓而成璧。眄隰則萬頃同縞，瞻山則千巖俱白。於是臺如重璧，逵似連璐。庭列瑤階，林挺瓊樹。皓鶴奪鮮，白鷴失素。紈袖慚冶，玉顏掩嫮。 若迺積素未虧，白日朝鮮，爛兮若燭龍，銜燿照崑山。爾其流滴垂

---

27 楊明〈《文心雕龍》釋讀商兌〉，《文心雕龍》國際學術研討會，臺灣，2007 年 6 月 2 日至 5 日。

冰，緣霤承隅。粲兮若馮夷，剖蚌列明珠。至夫繽紛繁騖
之貌，皓□曒絜之儀。迴散縈積之勢，飛聚凝曜之奇。固
展轉而無窮，嗟難得而備知。若迺申娛翫之無已，夜幽靜
而多懷。風觸楹而轉響，月承幌而通暉。酌湘吳之醇酎，
御狐貉之兼衣。對庭鵾之雙舞，瞻雲鴈之孤飛。踐霜雪之
交積，憐枝葉之相違。馳遙思於千里，願接手而同歸。」

就"氣象文學"而言，這一段賦文可以說是前所未有的傑作，
難怪謝惠連也自得地借鄒陽之口說：「鄒陽聞之，懣然心服。有懷
妍唱，敬接末曲」。「於是迺作而賦積雪之歌」。

在這一段的歌辭裏，我們可以看到文士們在梁王的宮殿裏"披
重幄，援綺衾，坐芳縟。燎薰鑪，炳明燭，酌桂酒，揚清曲"，完
全不受寒冬冰凍的威脅而飲酒賦詩。可見建築文明已經大大超越
了周代，因此文士們對嚴寒雨雪的感覺也不再有《詩經》〈北風〉
裏「雨雪其霏」那種寒風刺骨，威脅到生命的冰冷感覺。因此我
們可以說此文雖然如劉勰所云「隨物以宛轉（〈物色〉）」，然而文
章的"翰藻"有餘，但是「與心而徘徊」（〈物色〉）」的真情卻相
對不足。可是〈雪賦〉的最後類似"贊論"結論的"亂"，卻又把
賦文從"翰藻"提升到哲學的境界，使得〈雪賦〉一篇，也當得
起"事出於深思，義歸乎翰藻"的評價。小謝的"亂"雖然說「節
豈我名，潔豈我貞。憑雲陞降，從風飄零。值物賦象，任地班形。
素因遇立，污隨染成。縱心皓然，何慮何營？」詩人的文章雖然
有超塵之想，然而他因為溺好佳文而忘卻了俗世的禮法，被妒嫉
他的人批評父喪而與友人杜德靈歡然以詩贈答，因而長期不得入
朝為官，發揮他的文學影響力。想來這篇〈雪賦〉也是有感而發，
"因情立體，即體成勢"而寫成這篇傑作。為"氣象文學"樹立
了一個典範。（圖 3.〈櫻花飄雪〉）

四、詩文資料、感受距離、即興沉思、無邪有為

(一) 詩文資料來源的 "直接、間接" 與 "最終成品" 的 "真實感"

雖然《詩經》和《文選》成書的手段都是 "收集" 詩文。但是《詩》中十五國風的主要收集渠道是長期而多地選取民間 "質勝於文"、"半成品" 的 "玉石",然後經過專家文士的 "加工切割琢磨" 成文學精品的 "玉璧"。這收集民風到詩歌的寫成,如《漢書·食貨志》所說的「行人振木鐸徇於路以采詩,獻之太師,比其音律」,其最後的成品必然經過古代有文學修養和知音樂、懂舞蹈的 "知識份子"[28] 或 "有給級" 士人的 "鎔裁" 潤飾。因此〈邶風·終風〉「終風且暴,終風且霾,終風且曀,虺虺其靁」…" 和〈鄘風·定之方中〉「靈雨既零,命彼倌人,星言夙駕,說于桑田」("星" 即晴夜見星也,同晴[29])」這一類的詩,確實反映了民間對氣象的看法和感情。但也可套用王國維在《人間詞話》中所論,改為 "詩人對氣象人生,須心入乎其中,又須筆出乎其外:入乎其中,故能深感之;出乎其外,故能清觀之;能入而深感之,故能動人;能出而寫之,故能達意。" 孔子所說「文質彬彬,而後君子」,好詩大概也是如此。

---

28 《國語周語上》:『召公曰「故天子聽政,使公卿至於列士獻詩,(韋注『獻詩以風也。』) 瞽獻曲,史獻書,師箴,(韋注『師,少師也。箴,箴刺王闕以正得失也。』) 瞍賦,(韋注『無眸子曰瞍。賦公卿列士所獻詩也。』) 矇誦。」』

29 〈衛風·伯兮〉:「其雨其雨,杲杲出日。」是以 "出日" 言白天之 "晴" 也。

　　與《詩三百》或“詩三千[30]”的采風與編寫相比，《文選》選集的最後一步可以是東宮之中數人幾日之作，或者蕭統一人在幾小時之內，拍板圈選幕僚已經準備好的名冊[31]。因此日本的岡村繁先生曾說“《文選》決不是一部由當時第一流文人花費許多歲月編輯出來的前所未有的大選集。…是“第二次性質的選集。[32]”其後繼續有學者認為《文選》是倉促成書[33]。而在《文選》裏這些已經“包裝好的成品”中，譬如來自官場中的班固所自創的〈兩都賦〉，就不及後來年青的張衡在〈二京賦〉裏，根據自己旅游考察經驗所寫的氣象文學。而小謝的〈雪賦〉雖然轉折跌宕又勝於張平子的〈二京賦〉，卻仍然遠不及小雅《采薇》「昔我往矣，楊柳依依。今我來思，雨雪霏霏」來得感人。我以為這是《采薇》在富於視覺美感的“雨雪霏霏”一句之後，還有一句「行道遲遲，

30　司馬遷《史記・孔子世家》：「古者詩三千餘篇，及至孔子去其重，取可施於禮義…三百五篇，孔子皆弦歌之。」

31　林中明《（廣）文選源變舉略：從《詩經》到桐城》中〈（論）選文成書的成敗以“眼力和內容”為主，“人數和耗時”為餘〉，第四屆昭明文選國際研討會論文集，吉林出版社，2001年6月，第562-582頁。“…可見《文選》成書的功夫，很可能是在宮中現有的圖書中和在梁武帝選的《歷代賦》，及昭明太子自己選編的《正序》與《文章英華》的基礎上，再「選」和「抄」出30卷。所以從人力和時間來計量，《文選》在選點上所化的眼力功夫不及手抄的人力功夫，而且更不及《呂氏春秋》、《淮南子》、甚至于《世說新語》編撰和寫作所花的功夫。譬如初唐歐陽詢主編的《藝文類聚》，全書百餘萬言，引古籍1431種，規模數倍於《昭明文選》，也只用了三年功夫。可見《文選》的成就是幾代名流的眼力累積，和所斟酌的選擇的成果。編輯人數的多少和耗時的長短，不僅是為餘事，而且也不是決定品質的主要因素。這是研究《昭明文選》時，應該在主輔先後和輕重高低上，首先加以分辨的。…”

32　韓基國〈日本“新文選”管窺〉，《昭明文選研究論文集》，吉林文史出版社，1988年。第314頁。

33　王曉東〈《文選》係倉促成書說〉，《文選學新論》，1995，中州古出版社，78至90頁。

載渴載飢。我心傷悲，莫知我哀。" 這一句對比於上句的溫暖春風，加倍襯出遠地服兵役者在冰雪裏的寒凍與悲傷。難怪曾帶兵擊潰前秦符堅的謝玄，認為這句是《毛詩》中的最佳之句[34]。

　　所以我認為一首好詩的完成，大約類似如何完成一方價值連城的玉璧：首先需要找到一塊最好的玉石，然後玉匠大膽選擇最能突出其特質的角度加以切割，再耐心地以精細的打磨達到形狀、光澤與神韻，如陶詩所云 "形、影、神" 的完美三結合。《詩經》的許多好詩，就是具有第一手的 "真實感"，又經過專家文士的文字音調修飾和句落的安排與歌舞配合而成，所以它們具有最大的 "真實感" 和 "修飾力" 的總和。許多詩人年青時都富有巨大的熱情，但缺乏洗練的文字功夫和深刻的人生思想；但是及其老矣，文字洗練，感觸深沉，但又喪失了感人的熱情，所以詩作不是太熱情而粗糙，就是太理性而氣勢疲弱，不能達到最大的 "真實感" 和 "修飾力" 的總和。

　　譬如蕭統所 "惋惜批判" 的〈閑情賦〉，陶淵明此賦的成文時間古來人各一辭，沒有決定性的公論。但是探究此賦的寫成時間的學者，卻少有人想到，看似行文自然而不費力的〈閑情賦〉，可以像左思寫《三都賦》一樣，耗時多年而成[35]。世間許多偉大藝術品的 "製造過程"，有時可以是基於年青的熱情和素描設計，再經過成年期的反復推敲，最後到老年又加入深刻的人生哲思，然

34　《世說新語・文學第四・52》裏 "謝公（謝安）因子弟集聚，問毛詩何句最佳？遏（謝玄）稱曰：「昔我往矣，楊柳依依；今我來思，雨雪霏霏。」"

35　顧農〈關於左思《三都賦》及其序注〉，《中國文選學》，北京，學苑出版社，2007 年。第 312 頁。"左思的卒年不可考，陸侃如先生擬定於太安二年（303），同時將《三都賦》的完成繫於本年。…可以說，《三都賦》不是左思寫出來的，而是他改出來的。"

後才琢磨完工，成為情理兼備、文勢俱足的＂立體型＂好文章[36]。所以我認為〈閑情賦〉的初稿當在三十左右，然後又改寫若干次，直到五十之後，纔完成傳世的文本。又譬如王國維的《苕華詞》寫於二十九到三十四歲之間，他在〈自序〉中說：「欲為詩人，則又苦感情寡而理性多」，他所感嘆的也是為一時的年紀所限，不能兼顧兩端。他當時大概沒有想到年歲增長之後，若不是因為「高峰倦眼窺紅塵，爭教湖水宿詩魂（〈苕華詞·浣溪沙〉）」，他可能尚有思想感情更上層樓，兼＂生氣＂與＂高致＂二境之長。

（二）感受距離：遠則隔、近則蔽

1. 心理的距離

　　年青人寫文章常喜歡切身近觀，發願遙想，熱情多於理性。但是同樣是描寫＂風雲雨雪＂的氣象，後人的作文知識應該比前人更豐富、更進步，年青的作者應該更是＂為學不讓＂前修，為什麼劉勰在〈物色篇〉中要說面對《詩經》，「後進銳筆，怯於爭鋒」呢？我想這是後世的文人寫詩文的材料和靈感不是第一手，因此感覺敏銳度打了折扣，所以文字的表達也就情浮感淡。而另一種極端則是自身的經歷感情太強，因此在表達上為主觀所蔽，雖然想要「齊心同所願〈古詩十九首之四〉」結果「含意俱未申」，不能寫出同於大眾的經驗。因此朱光潛在《文藝心理學》[37]裏特別談到觀察人物風景如果太近或太遠，都不能寫出好的作品。《詩經》作品經過采風，選擇，修潤，配樂，達到一個遠近距離的最

36　林中明《陶淵明治學思維闊觀 —— 兼談《文選》數例》，第七屆昭明文選國際研討會論文集，廣西桂林，2007 年 10 月 28-29 日。第 182-187頁。

37　朱光潛《文藝心理學》〈第二章·心理的距離〉，臺灣，開明書局，1969年。第 15-33 頁。

佳平衡，然後纔有可能從 "詩三千" 中被選入《詩三百》。而《文選》的許多作者寫季節氣象，不免 "靜想雄風"、"閉門造雪"，所以不能感人如《詩經》。而作者不詳的〈古詩十九首〉，雖然對 "季節氣象"，着墨不多，但是卻卓絕千古，難怪到了明代，王世貞要感嘆地說 "〈十九首〉談理不如《三百篇》，而微詞婉旨，碎足並駕，是千古五言之祖"。

2.〈古詩十九首〉的特性：感似近而意遠，事似虛而情實

《文選》所選的十九首詩，「不知時代，又失姓氏，故但云古詩。（呂向注）」。《昭明文選》李善注曰："並云古詩，蓋不知作者，或云枚乘，疑不能明也。詩云，'驅車上東門'，又云'遊戲宛與洛'，此則辭兼東都，非盡是乘，明矣。昭明以失其姓氏，故編在李陵之上。" 我們回顧中華詩史，如此精采的詩作，竟然作者 "先生不知何許人也，亦不詳其姓字"，他們的居處恐怕既無門前五柳，也乏院內三松為標記，這真是研究古典文學的遺憾。但是反過來看，我認為也就正因為〈古詩十九首〉和這一類的古詩不是專以寫詩玩字為出名手段的文士所作，所以他們所寫的詩具有類似《詩經》原作者一般的真摯感情[38]。這些 "古詩" 很可能又經過後人的潤色，也改變了語氣，常用 "婦人女子之口而成，

38　作者按：2009 年 7 月 7 日，哄動世界數億人的麥可‧傑克森葬禮追悼儀式上，最感人，讓觀者無不動容的，不是事前安排的儀式，而是在沒有預先安排下，麥可‧傑克森 11 歲女兒芭莉絲‧傑克森（ParisJackson），哽咽著對著麥克風所說的一段話：「自從我出生以來，他一直都是最棒的父親，我非常愛你」。（"Ever since I was born, Daddy has been the best father you can ever imagine," said Paris Michael Jackson, 11, unable to hold back her sobs. "And I just wanted to say I love him so much."）語畢大哭，轉身投入姑姑珍娜傑克森（JanetJackson）懷抱，小女孩真情流露的談話，全場動容。（"Ever since I was born, Daddy has been the best father you can ever imagine," said Paris Michael Jackson, 11, unable to hold back her sobs. "And I just wanted to say I love him so much."）

使學士大夫操筆為之，反不能爾，以人籟易為，天籟難學也[39]”，這樣經過兩度調節“感受距離”，其成篇程序也就有些近似《詩經》，所以它們兼真摯、距離、文筆三項之長，所謂讀詩感其情，識事存其距，賞文觀其藻是也。明代寫《詩鏡總論》和《古詩鏡總論》的陸時雍認為“〈十九首〉近於賦而遠於風，故其情可陳，而其事可舉也。虛者實之，紆者直之，則感寤之意微，而陳肆之用廣矣。夫微而能通，婉而可訊者，風之為道美也。”，又說“（十九首）謂之風餘，謂之詩母”。我認為黃、陸二人從文學史的角度來看此十九首古詩的大事緣起，都頗有見地。

　　作者略加數計這十九首詩裏“風雲雨雪”的字頻[40]，得到「風：10，雲：4，雨：1，雪：0」的數字。這項數字比例和分配，“風”和“雪”的頻率亦近於《詩經》中《大雅》與《小雅》裏所使用的氣象字頻，而“雲”的字頻則多於“雨”。雖然由於詩數有限，不能得到更具統計意義的字頻，但是根據我對《詩經》作者階級屬性的分析，在有限的〈古詩十九首〉中的內容，向原野和鄉下

39　黃遵憲《人境詩廬草·山歌·題記》。見周作人〈（讀）人境詩廬草〉，“民國二十六年二月四日，在北平。”

40　〈古詩十九首〉中與“風雲雨雪”氣象季節有關的詩句：〈古詩十九首之一〉：胡馬依北風…浮雲蔽白日。〈古詩十九首之五〉：西北有高樓，上與浮雲齊。清商隨風發，中曲正徘徊。〈古詩十九首之七〉明月皎夜光，促織鳴東壁。玉衡指孟冬，眾星何歷歷。白露沾野草，時節忽復易。秋蟬鳴樹間，玄鳥逝安適。〈古詩十九首之十〉終日不成章，泣涕零如雨。〈古詩十九首之十一〉四顧何茫茫，東風搖百草。〈古詩十九首之十二〉東城高且長，逶迤自相屬。廻風動地起，秋草萋已綠。四時更變化，歲暮一何速！晨風懷苦心，蟋蟀傷局促。〈古詩十九首之十四〉白楊多悲風，蕭蕭愁殺人！〈古詩十九首之十六〉涼風率已厲，游子寒無衣。亮無晨風翼，焉能凌風飛？眄睞以適意，引領遙相睎。徒倚懷感傷，垂涕沾雙扉。〈古詩十九首之十七〉孟冬寒氣至，北風何慘栗。

看,其中無一句言及"冰雪"[41],也無一句憂及"農稼";向上看,也沒有"憂廟堂之高"和追思祖宗的文字和含意,所以我認為這些詩的幾位原作者,當為下層官吏或能詩文而在野的知識份子所作。以這樣的方式去猜測作者的身份,或許是研究"氣象文學"能對〈古詩十九首〉所作的一點小貢獻。此外,就這十九首詩裏"風"的用法而言,大多把"風"當成一個"人性化"的名詞,例如:"胡馬依北風"、"東風搖百草"、"晨風懷苦心"、"涼風率已厲"。這比起《詩經》裏對氣象的描寫比較多用"賦"筆,把氣象當成背景[42]而言,〈古詩十九首〉的作者已經更注重個人主觀的經歷和感情,與民生國政都無所涉,但是仍然保持《詩經》裏感情真摯,沉吟反復,用字遣辭自然,而不鋪陳"翰藻"的風格。它們即不是"即興"之詩,也不具志士、哲人的"沉思"之義。所以它們不能用蕭統讚賞歷史讚論序述籠統的"事出於深思,義歸乎翰藻"兩句話來概括它們的類屬。

---

41 韓愈〈左遷至藍關示姪孫湘〉:「一封朝奏九重天,夕貶潮州路八千。欲為聖明除弊事,肯將衰朽惜殘年。雲橫秦嶺家何在?雪擁藍關馬不前。知汝遠來應有意,好收吾骨瘴江邊!」。

42 例如:1.〈秦風·晨風〉"鴥彼晨風,鬱彼北林,未見君子,憂心欽欽。"(晨風是"賦",鬱林為"比");〈鄭風·蘀兮〉"蘀兮蘀兮,風其吹女。蘀兮蘀兮,風其漂女。叔兮伯兮,倡予要女。(以賦起歌);〈鄭風·風雨〉"風雨淒淒,雞鳴喈喈。既見君子,云胡不夷?!"(由"賦"而"興");〈小雅·何人斯〉"彼何人斯?其為飄風。胡不自北?胡不自南?胡逝我梁?祗攪我心。"(飄風之辭,似"賦比",而實"比興")。2.〈小雅·谷風〉"習習谷風,維風及雨。…習習谷風,維風及頹。"(谷風之辭,似"賦",而實"興");〈小雅·蓼莪〉"南山烈烈,飄風發發。南山律律,飄風弗弗。";〈小雅·四月〉"冬日烈烈,飄風發發。民莫不穀,我獨何害?"(飄風之辭,似"賦",而實"興");〈小雅·采薇〉"昔我往矣,楊柳依依。今我來思,雨雪霏霏。"(似"賦"實"興"。三百第一。)

（三）即興與沈思

1. "事出於深思，義歸乎翰藻" 的過份擴大和應有歸屬：

所有的文藝作品都有 "慢工出細活" 和 "一揮而就" 這兩種極端的種類。《文選》中 "慢工出細活" 的作品，尤以左思 "構思十稔"（《三都賦·序》），"練《三都》以一紀"（《文心雕龍·神思》）為代表。譬如行書的三大法帖就都是即興的傑作，而張衡、左思的六篇京都賦，就都各耗時十年以上。《文選》的文類繁多，就 "即興" 的詩句而言，〈易水歌〉和〈大風歌〉就都明顯地不屬於 "事出於深思，義歸乎翰藻" 的類別。楊明教授在 1995 年指出 "自阮元拈出這兩句後，凡言《文選》選錄標準，都以 "深思"、"翰藻" 為言。[43]" 也許在阮元之後研究《文選》的學者重史多於思詩，所以把《文選》內容和詩文 "多樣性" 的本質不經意地簡化了？把原本關於歷史讚論序述也有文學特性的 "事出於深思，義歸乎翰藻" 這兩句話來概括《文選》所有的選文標準，這個近乎 "兩個凡是" 的框框，幾乎犯了章學誠在《文史通義·易教上》所偏激強調 "六經皆史" 的錯誤。與之相比，劉勰在〈宗經篇〉所說的 "五經之含文"，就比章學誠所說的 "六經皆史" 來得客觀扎實。

章學誠曾在〈評沈梅村古文[44]〉中說到 "同年友梅村沈君…志潔才清，識趣古雅，所撰皆直舒膺臆，無枝辭飾句，讀其書可想見其為人。…蓋人各有能有不能，與其飾言而道中庸，不若偏舉而談狂狷，此言貴誠不尚飾也。" 看來章學誠是稱讚沈赤然（字

43　楊明〈"事出於深思，義歸乎翰藻" 解〉，《文選學新論》，中州古籍出版社，1997 年。第 101 頁。

44　章學誠《文史通義新編·外篇·〈評沈梅村古文〉》，倉修良編，上海古籍出版社，1993 年。第 361-365 頁。

梅村）的白描實筆，另有清趣雅識，同時也把自家名字"學誠"
的重要意義藉題闡明，以免後人見名而不解，待識已千年[45]。沈
赤然則在他的《寒夜叢談‧卷三‧與章實齋書》中評讚《文史通
義》中"講韓歐之法者不可以升馬班之堂，深馬班之學者豈復顧
韓歐之筆，初亦不能無疑，及讀至文士撰文唯恐不自己出，史家
之文唯恐出於己數語，又聞所未聞，何論之奇而確也。"這就與
章學誠之論文相呼應，而將文人、史家文筆特性和局限都加以說
明。所以我認為蕭統所評史家讚論序述特性時所說的"事出於深
思，義歸乎翰藻"兩句話，應該不僅針對大部份文人志浮於情的
飾筆有所警惕，也對史家述事辭語樸直，質勝於文，不能引起讀
者的興趣而加以規勸。但是我認為蕭統的原意，絕不是提出這兩
句話，試圖以一個單一的標準，作為"京口文藝講話"，強施於政
權下所有文人及文體的命令式評語。所以今天我們重新思考這兩
句話時，應該縮小它們被阮元及其後的許多學者過份擴大了的範
圍，而將這兩句話放回蕭統〈文選序〉中原有的位置和它們有限
的範圍。

　　周作人在《讀風臆補》[46]中說他"小時候讀《詩經》，苦不能
多背誦了解，但讀到這幾篇如〈王風‧彼黍離離〉、〈中谷有蓷〉、
〈有兔爰爰〉、〈唐風‧山有樞〉、〈檜風‧隰有萇楚〉，輒不禁愀然
不樂。同時亦讀唐詩，卻少此種感覺。"可見詩文有多樣性，有
的感人深，有的寫景細，有的氣勢雄，所以"紀一事，詠一物（〈文
選序〉）不能只用一、二種形式概括全體。但是人類對於氣象的反

---

45 林中明《陶淵明的多樣性和辯證性及名字別考》，第五屆昭明文選國際
　　研討會論文集，學苑出版社，2003年5月，第591-511頁。
46 周作人《〈讀風臆補〉》，《知堂書話（下）》，鍾叔河編，臺灣‧百川書局，
　　1989年。第4頁。

應，所謂"風雲草木之興"，卻有其自史前人類以來的連續性，和地球運轉季節重復變換的不變性。因此用"氣象文學"這樣一個新角度來重讀經典之作和看文學史，學者或可以跳出傳統研讀《詩經》和《文選》的框框，得到對"人天感應"的新認知。

此外，雖然蕭統和梁武帝都喜愛典雅的詩文，但是蕭統選文仍有較寬闊的地方[47]。我想當年昭明太子所稱讚的"事出於深思，義歸乎翰藻"，可能其中也有些稱讚"創新"的意思[48]。因為一個作者如果能對文章描寫的人物事件加以選擇，對隱含的問題加以深思，當然在史、哲、兵、經的深度上可能超過前人和同儕；而敘述質樸的義理時，文詞若能翰藻華麗，甚至"自鑄偉辭"，當然能在文字語言的表達上讓讀者"耳目一新"，達到"令民與上同意也"或"出奇制勝"[49]的效果。一個作者如果能把這兩種成就加在一起，我認為就有可能達到文史哲學上的創新，而不只是文學作品上的"推陳出新"。（圖 4.〈雨後春柳〉）

2. 《詩經》也不能用"溫柔敦厚"來概括所有的詩風

與《文選》的"事出於深思，義歸乎翰藻"兩句話幾乎一度"無限上綱"的例子相比，歷來許多研究《詩經》的學者，也喜歡用"溫柔敦厚"這句話，"無限上綱"地來概括《詩經》的標準

---

47 袁行霈〈從《昭明文選》所選詩歌看蕭統的文學思想〉，《昭明文選研究論文集》，吉林文史出版社，1988 年，第 30 頁。

48 劉樹清〈事出於深思，義歸乎翰藻：論《文選》對文學主體性的肯定〉，《昭明文選研究論文集》，吉林文史出版社，1988 年，第 122 頁。"《文選》全書，選入作品 676 篇（每題以一篇算）…這些作品，絕大多數都是既有內容，又有作家個性特點：既在形式上有所創新，又在藻飾上比較華美的作品。"

49 林中明《斌心雕龍：從《孫武兵經》看文藝創作》，1998 年第四屆國際孫子兵法研討會論文集，軍事科學出版社，1999 年 11 月，第 310-317 頁。

詩風。但是我們都知道，中外古今的時代文集和大詩人的詩集，從來就沒有"定於一"的絕對標準。所以勉強用"一個標準"來概括時代的詩集、文集，就必然忽視了社會的複雜性和文學、作者的"多樣性"和"與時俱進"的現實，而導致在偏頗的範圍作自我局限地解釋前人的作品，長此以往，導致後代的人也"人云亦云"、"書曰亦曰"、"師說亦說"，造成對詩文集整體不自覺的許多誤解。

3.〈易水歌〉與〈大風歌〉：

　　《昭明文選·卷 28·雜詩》裏記載〈易水歌〉的序與歌詞為：「燕太子丹使荊軻刺秦王，丹祖送於易水上。高漸離擊築，荊軻歌，宋如意和之，曰：風蕭蕭兮易水寒，壯士一去兮不復還！[50]」因為這兩句歌詞，悲壯雄強，威震千古，後人便多以為作者不是"刺客"荊軻，而必另有其人。但是我們讀《史記·刺客列傳》的記載：「荊卿好讀書擊劍，以術說衛元君，衛元君不用。荊軻既至燕，愛燕之狗屠及善擊筑者高漸離。荊軻嗜酒，日與狗屠及高漸離飲於燕市，酒酣以往，高漸離擊筑，荊軻和而歌於市中，相樂也，已而相泣，旁若無人者。荊軻雖游於酒人乎，然其為人沈深好書；其所游諸侯，盡與其賢豪長者相結。其之燕，燕之處士田光先生亦善待之，知其非庸人也。」所以我們知道荊軻好讀書能作歌，因此他到了易水旁，藉著"蕭蕭"之"風"，和易水邊的"寒冷"氣象，伴筑轉調，即興唱出這首〈易水歌〉，可以說是藉寒風之勢，氣象之助，君臣之悲，刺客之雄，而成此千古絕唱。

50　司馬遷《史記·刺客列傳》：「…太子及賓客知其事者，皆白衣冠以送之。至易水之上，既祖，取道，高漸離擊築，荊軻和而歌，為變徵之聲，士皆垂淚涕泣。又前而為歌曰：'風蕭蕭兮易水寒，壯士一去兮不復還！'復為羽聲忼慨，士皆瞋目，髮盡上指冠。」

　　〈大風歌〉的作者漢高祖劉邦，曾任"亭長"，必然略通文書，但本性不喜歡讀書也不尊重讀書人，想來他也從來不是個入流的詩人。但是以其帝王雄心，藉著自然氣象的風勢，也能即興唱出千古絕壯的：「大風起兮雲飛揚，威加海內兮歸故鄉，安得猛士兮守四方。」可見凡能得到"風雲雨雪"的助勢，即使連普通人都可能寫出較好的詩句。但是較好的詩句究竟不是流傳千古的名句。項羽、劉邦想作皇帝，一個說"彼可取而代之"，另一個說"大丈夫亦若是"。可是在中華三千年的文壇上能留下一首短詩，甚至一句警句，也都不是任何人立了大志，經過時間的考驗而能保證做到。詩文的功夫修煉到最後，大概剩下兩個極端：一個是自然無邪，一個是奇艷有為。二者之中苟得其一，還有識者收入出集，便足以傳世。而人情事理、起伏進退所興起的詩意，加上"風雲雨雪"的"氣象文學"，則更是容易有飛揚沉鬱的氣勢。如白居易〈與元九書〉中所言：「古人云：窮則獨善其身，達則兼濟天下。僕雖不肖，常師此語。大丈夫所守者道，所待者時。時之來也，為雲龍，為風鵬，勃然突然，陳力以出；時之不來也，為霧豹，為冥鴻，寂兮寥兮，奉身而退。進退出處，何往而不自得哉？」

（四）無邪有為：蕭、蘇眼力重審，
　　　陶、屈成就再讚

　　章學誠（1738-1801）在《文史通義・內篇一・詩教下》裏雖然也指出《文選》的本身的價值已是「辭章之圭臬，集部之準繩」，但是他也多處批判《文選》的裁篇題論和一些篇章的命名，認為這些地方「淆亂蕪穢，不可殫詰…集人之文尚未得其意指…」。可以說是在日本・岡村繁先生之前二百年就指出了《文選》編選排目命篇的缺陷。這些地方,即使是一個未完成的選本[51],恐怕蕭統作為主事或掛名者,還是需要負一些責任。但是我認為蕭統的眼力應該從他編選的《文選》和《陶淵明集》的兩大方面來評價。《詩經》和《陶淵明集》裏許多詩文都是真情流露"無邪之詩",但是《文選》裏則有許多類似歷史讚論序述"事出於深思,義歸乎翰藻"的"有為之文"。也就是說,蕭統一個人同時兼顧了文學裏"無邪"和"有為"這兩大方面,這是很偉大的胸襟和極不容易的眼力[52]。就此而言,前人都只論《文選》一書的編選成績,所以都沒有給予蕭統適當的"多極"與"立體性"的評價,恐怕很多過去的評論一如劉勰所說「褒貶任聲,抑揚過實,可謂鑒而弗精,玩而未覈者也。(〈辨騷篇〉)」。

1.蕭、蘇眼力重審:

孔子讚揚《詩經》,標出它的特點:「詩三百,一言以蔽之,曰思無邪。」"思無邪"的解釋,在沒有確切的出土新資料以前,古今難有定論。於此,我的一個看法是《詩三百》中,除了《頌》的歌功頌德以外,大部份的詩的感情是真摯的,文字也是洗練的。就這樣的標準看,許多後世的詩人都做不到,所以劉勰說「後進銳筆,怯於爭鋒。」但是晉宋之際的陶淵明是一個例外,而年青的蕭統竟能看到他的特點和不可及的成就,指出陶淵明的「文章不群,辭彩精拔,跌宕昭彰,獨超眾類,抑揚爽朗,莫之與京。橫素波而傍流,干青雲而直上。語時事則指而可想,論懷抱則曠而且真。」

---

51 曹道衡〈關於《文選》研究的幾個問題〉,《中國文選學》,北京·學苑出版社,2007年,第3頁。

52 錢鍾書《管錐編》,中華書局,1986,第 1394 頁。"簡文之兄昭明太子愛陶集而"不能釋手",具眼先覺…而簡文…殆後來眼力漸進歟?"

　　如果用〈文選序〉的名句“事出於深思，義歸乎翰藻”來看陶淵明的詩文，那麼我們對這兩句話的瞭解就不得不擴大。因為陶淵明的作品無不出於深思，但是又看不出用力的痕跡；而他的文字則多用白描，錘煉詩文敢用簡筆，只需“淡抹”，不必“濃妝”。然而鍾嶸卻以其「文體省淨，殆無長語…世嘆其質直」而已，所以僅列入中品。他寫春夏秋冬季節的變化，只簡練地說「有風自南，翼比新苗（〈時運〉）」，「林木交蔭，時鳥變音」，「晨風清興，好音時交（〈歸鳥〉）」,「櫚庭多落葉，慨然知已秋（〈酬劉柴桑〉）」「淒淒歲暮風，翳翳經日雪。傾耳無希聲，在目皓已潔。（〈癸卯歲十二月中作與從弟敬遠〉）」…其妙處都待有經驗者自行玩味。但是沒有經驗的人，自然覺得太簡單，以致時人甚至許多後人，都以為他文字貧瘠，只是中品之詩，靖節之人而已。這樣的誤解，包括了年青的詩人蘇軾！而直到東坡居士有了更豐富的人生經驗之後，才漸漸體會和回味出陶詩的高妙，因此盛讚他的詩“質而實綺，癯而實腴，自曹、劉、鮑、謝、李、杜諸人，皆莫及也（〈與蘇轍書〉）”，這纔徹底為他“外枯而內膏，似澹而實美（〈東坡題跋：評韓柳詩〉）”的詩文作出不可逆的平反。因為以蘇軾之大才，他對陶淵明的理解和欣賞竟然要到了四十歲以後，才能達到二十幾歲，“小兒強作解事（東坡譏蕭統譏〈閑情賦〉事）”的蕭統的程度，所以我認為青年太子蕭統的眼力在大詩人蘇軾，以及和他同時代的詩文名士沈約，文論大家鍾嶸，甚至可能也在卅出頭的庶人劉勰之上，這是殊堪驚佩的大事。（圖5：無中見有，方為明眼）

2. 陶、屈成就再讚：淡泊明道、自然無邪與　悲憤見志、強勢創新

　　（1）《詩經》與《陶淵明集》的相似處：

"無邪"對"有為","自然"對"功夫",這是《詩經》和《陶淵明集》與絕大部份後世詩人文士的差別。明末書畫大家董其昌〈論畫(1613)〉的(第七則)有云:"畫與字各有門庭。字可生。畫不可熟。字須熟後生。畫須熟外熟。"詩文的"自然"和"功夫",當然也有表面上看起來"生、拙"的"自然、無為",以及看不出來的"錘煉、熟練",和文字上看來是明顯的"深思翰藻"。這其間的"多樣性"和"層次"就更不能用"一種標準"或是"二分簡化法"來看待。難怪《金剛經》說:「一切賢聖,皆以無為法,而有差別。」《孫子兵法》主張「不戰而屈人之兵」,也是類似的思維和境界。

(2)屈平的悲憤見志、强勢創新與自鑄偉辭、驚采絕艷:

與大部份陶詩的表面淡泊的"自然無邪"相比,《文選》中"奇艷有為",最"强勢"的"文學創新"和"艷詭文字",則非屈平的賦文和《文選》中未選入的〈天問〉等作品莫屬。劉勰在〈辨騷〉中指出屈平的作品,既「取熔《經》旨,亦自鑄偉辭」,有繼承,又創新。劉勰指出,屈平的作品從「朗麗以哀志,綺靡以傷情」,到「瑰詭而慧巧,耀艷而深華」,不僅達到「標放言之致」,而且在其後兩千年的中華文學史上,也是"寄獨往之才,氣往轢古,辭來切今"。這都標誌著屈平以他的才力、功力和毅力,所達到的絕大成就。所以他的作品囊括典雅和華麗,悲艷而不浮譁,事多狷怪雜懂,文常掩涕規諷,敢大膽放言而又循典誥之體,並且勇敢地〈天問〉,表現了樸素的科學思想[53]。其結果是他如此"多樣性的成就",而且同時達到前無古人,後恐亦無來者,「驚采絕

---

[53] 林中明《科學與文藝的平衡:屈平、張衡、李善三典範》,2006年「文選學與楚文化國際研討會」論文集,湖北‧黃岡,2006年4月12日-14日。(據主持者云,已在籌劃出版中。)

艷,難與并能」的力度、亮度、熱度、深度與高度。(圖 6.〈海
風西來,我心悵惘〉)

（3）《楚辭》裏 "風雲雨雪" 的字頻與《詩經》、
　　《全宋詞》的比較:

由於屈平的作品「山川無極,情理實勞（遼）」（〈辨騷〉）,所
以雖百家之注,千人之文亦不能盡論。以下只專就屈平作品中與
季節氣象有關的 "風雲雨雪" 字句,略作字頻統計和初步的分析。
若論其作品中有關氣象宇宙的問題,則其內容豐富,可以寫成專
書,甚至開專門的研討會。作者根據電子版《楚辭》[54]中屈平和
其他作者的〈離騷經〉、〈九歌〉、〈天問〉、〈九章〉、〈遠遊〉、〈卜
居〉、〈漁父〉、〈九辯〉、〈招魂〉、〈大招〉、〈惜誓〉、〈招隱士〉、〈七
諫〉、〈哀時命〉、〈九懷〉、〈九歎〉、〈九思〉諸篇作了初步的字頻
統計如下:

估計《楚辭》在約 31800 "字"（包括標點符號、題目等約 1/6）
中, "風、雲" 兩字計有 116 字,佔全部文 "字" 的 0.364%, "風、
雲、雨、雪" 四字合計,約有 127 字,佔全部文 "字" 的 0.399%
（表 2）。如果減去大約 1/6 的標點符號 "字" 碼,則 "風、雲"
兩字約佔全部文 "字" 的 0.437%, "風、雲、雨、雪" 四字約佔
全部文 "字" 的 0.479%。但是 "雲" 多於 "雨",這倒是和《詩
經》相反。

風:58,雲:58,雨:13,雪:8,晴:0,陰:9,陽:〈 39

表 2.《楚辭》中氣象文字的出現數目

---

54 根據「九江・中語教研網」電子版本,2007 年 3 月 22 日。

這和約 39224 字（或 39234）的《詩經》比較，《詩經》中的“風、雲”兩字有 40 句，約佔全部“字”的 0.1%，“風、雲、雨、雪”四字合計 78 句，約佔全部“字”的 0.2%。所以《楚辭》中“風、雲、雨、雪”四字出現的字頻大約是《詩經》的 2.4 倍！這數字顯示湘楚雲夢大澤地區，氣象變化對詩人的心態和用字頗有影響。若與更晚的《全宋詞》（北大版 2008）中約佔 2%的“風雲雨雪”字頻相比，我們看到中華文化區域裏，詩詞使用“氣象文字”字頻加速上升的現象。這可能是因為文明進步，詩人們逐漸擴大了他們的生活、旅游、感受的領域，所以人心和氣象的互動更加顯著，而表現在詩詞中。

（4）例・《楚辭卷第二・九歌》

〈九歌〉共計 1845 字（連標題及標點符號）1817 字（去標題），其中“風雲雨雪”共 21 字，在此篇中的字頻為 1.16%，若加上 2 個“雷”字，共 23 字與氣象有關，其字頻升為 1.26%，約 4 倍於〈離騷〉！這個比例，有些類似《詩經》中《大雅》和《頌》與《十五國風》之比。其中〈山鬼〉一首，在它的 218 字中，氣象有關文字凡 6 見：「表獨立兮山之上，雲容容兮而在下。…杳冥冥兮羌晝晦，東風飄兮神靈雨。…雷填填兮雨冥冥，猨啾啾兮又夜鳴。…風颯颯兮木蕭蕭，思公子兮徒離憂。」屈平的彩筆藉著“風雲雷雨”把整場的氣氛渲染得如夢如幻，有聲有色，神、巫、山鬼，動作飄忽風雲，光線變化晝晦明暗，他運用“賦、比”的功力果如劉勰所讚 ──「氣往轢古，辭來切今」，超乎前人的《風》、《雅》之上，可見詩人善用氣象文字所能達到的震憾效果。而且在〈山鬼〉中，這六個氣象文字的字頻高達此篇的 2.75%，更是超過一千年後的《全宋詞》的 2%。這一首賦，不僅氣象風景變幻多端，人物的口吻又似乎“一人多口”，開“你、我、他”集於

一身之語言創作的先鋒，並且時間遠在高行健於 2000 年以《靈山》
的 "一人多口" 榮獲諾貝爾文學獎的兩千多年前[55]。劉勰極讚屈
平「金相玉式，艷溢字淄毫」，這完全沒有誇大其辭，可謂 "褒揚
皆實，鑒精得奧者也"。

五、結　論

　　陸宗達教授曾說：「《文選》這個富礦，還僅僅開掘了表層，
用新思想、新方法來重新認識它，選取新角度來繼續挖掘它，這
個工作應該說剛剛開始。」本文就是從 "氣象文學" 的新角度來
探討《文選》── 上承《詩經》的 "氣象詩學"，下探《全宋詞》
的氣象文字 "風雲雨雪" 的出現字頻，以闡明季節氣象的變化對
人類不變的影響，更指出作家若能敏銳地感受氣象變化，並將之
形諸文字，必能助益於表達更豐富的感情。本文以去年（2008）
對《詩經》"氣象詩學" 的研究為基礎，把它應用到探討《文選》
中的京都大賦，以探視 "建築文明" 對氣象文學影響。更由於研
究比較《詩經》與《文選》中詩文資料收集和整理的程序，見出
詩人對氣象感受的心理距離，可以影響到作品的品質。

　　在研究《文選》中氣象文學的同時，本文建議對〈文選序〉
名句 "事出於深思，義歸乎翰藻" 的過份泛用應該加以適當的收
斂，並舉出文學和《文選》都具有 "多樣性"，不能用這 "兩句話"
過份簡化成 "兩個凡是"，"無限上綱" 地成為《文選》中所有作
品的選擇標準。譬如〈易水歌〉和〈大風歌〉就顯然不是沉思之
作而是即興的產品。本文也對蕭統同時兼顧並編選 "自然無邪之

---

55 林中明《科學與文藝的平衡：屈平、張衡、李善三典範》，2006 年。

詩”的《陶淵明集》，與“翰藻有為之文”的《文選》，所表現的
獨到眼光和寬闊的胸襟予以表揚。也以陶淵明和屈平的文風作比
較，見出詩文“無邪”和“有為”這兩大對立方向的不同成就；
並從他們作品中的“氣象文字”加以統計和欣賞。研究古典文學，
雖然目標是“知古”和“傳承”優良傳統文化，如〈文選序〉所
說：「增冰為積水所成，積水曾微增冰之凜，何哉蓋踵其事而增華，
變其本而加厲。物既有之，文亦宜然。」但是研究古典文學和過
去的文化，我們固然應該傚法文學巨擘如屈平，學習他當年在艱
苦的環境裏，仍然能以絕大的才力、功力和毅力，融會古典文藝、
詭怪民俗、異族思想再加以創新的精神，但是我們也不能忽視舊
文明和新時代的關聯。在這“地球暖化”以及風力發電、日光能
源成為世界環保和能源的重要課題時刻，我們緣“氣象變化、風
雲雨雪”以觀察它對人類身心及文學、文化、文明的影響，自然
有其承先啟後的意義。（圖 7〈陽春白雪黃昏夜〉）然而由於篇幅
所限，本文只能先對「京都」、「物色」、「古詩十九首」及「離騷」、
陶詩等部份加以探討，以略見《詩經》之後，於「多識於鳥獸草
木之名」之外，《文選》裏有關“風雲草木之興（〈文選序〉）”的
“氣象文學”的沿襲與變遷。並將以作者去歲對《詩經》的“氣
象詩學”與今年對《文選》的“氣象文學”的研究作為新的“知
識平台”，以之繼續探討唐、宋詩詞裏的“氣象文學”和“氣象詩
學”，以及古希臘、羅馬以來，西洋文學中所存在[56]（圖 8.莎士比

---

56 作者按：如莎士比亞的《暴風雨》（Shakespeare's Tempest）。文見：林
  中明《氣象學之祖：《詩經》 ── 從“風雲雨雪”的“賦比興”說起》，
  2008 年。“再就世界文學對氣象的反應而言，雖然莎士比亞在十七世紀
  寫了名劇《暴風雨》，但「到了十八世紀末之前，西方散文小說家對天
  氣的變化不甚注意，直到十九世紀，小說家似乎總在談天氣。部份原因
  是浪漫派詩畫對大自然的高度欣賞所引起，部份原因則是文學中強烈重

亞《暴風雨》第二幕），然而尚未意識到，和正式學術性及有系統
地加以研討的"西方氣象文學"，和各大文明系統中的"世界氣象
文學"。

2009《昭明文選》國際學術研討會・揚州・8月

2009年8月8日

六、插　圖

圖1.〈草原縱馬圖〉"天蒼蒼，野荒荒，風吹沙捲視茫茫。
天蒼蒼，地無牆，男兒龍馬志遠方。天蒼蒼，草翻浪，
遠山不動雲裏藏。天蒼蒼，雲茫茫，高山雪融潤故鄉。"
己丑閏五月八日，太陽里人題玄黃草原縱馬圖，並誌
雅俗文化流轉之意。

視自我感覺，引起了人和自然交互影響與感情投射。因此天氣變化觸動
人的感情，引起羅斯金（John Ruskin）所說的"感情錯置"（pathetic
fallacy）的效果，也就是把人的情感投射交錯於自然界現象中。（David
Lodge, The Art of Fiction, Viking Penguin, 1992. Ch.18. Weather, p.85. 本
文作者直譯）"羅斯金所觀察到的文藝現象其實在《詩經》裏已經大量
出現，經過魏晉南北朝個人主義而更興盛，到了唐宋蔚為大觀。"

圖 2."氣象文學"的"風雲雨雪"
異於"閒情小說"的"風花雪月"。

　　白香山〈與元九書〉中對"風雪花草"的所責所正，亦與作者同。所謂「風雪花草之物，三百篇中，豈舍之乎？顧所用何如耳。」

　　　圖 3.〈櫻花飄雪〉（序）己丑三月初一，春光明媚，太陽里人與友賞櫻花於金山公園。見花簇若雪，白首笑顏，因喜賦詩為誌。

　　"三月櫻花春，飄雪眼瞇塵。
　　園中聞笑語，不見白頭人。"

（又記）張敬教授八十有詩詠白頭曰："人見白頭憂，我見白頭喜。
　　　　父母生我時，恐我不如此。"

　　天下因白頭而憂者，可以釋懷。

圖 4.〈雨後春柳（原詩無題，譯者後加）〉

　　（序）此俄國作家納巴可夫少年十七、八歲之作。余以七步譯為五言，亦快意之作也。己丑二月廿日．太陽里人。（譯詩）

　　"雨滴火速落，我踏紅塵來。
　　黃鸝鳴翠柳，枝頭飄絮白。
　　濕雨清新氣，香浮春花開。
　　柔條垂細葉，尖凝晶珠懷。"

　　（跋識）此詩雖為弱冠偶筆，但已見詩人承天而降，大步獨行之志懷。是以見人所未見，聞常人所未聞。累集彎葉成珍珠也。

圖 5.〈無中見有，方為明眼〉讚蕭統眼力
過人，獨識陶淵明詩文「文章不群，
辭彩精拔，跌宕昭彰，獨超眾類，抑
揚爽朗，莫之與京。橫素波而傍流，
干青雲而直上。語時事則指而可想，
論懷抱則曠而且真。」

　　圖 6.〈海風西來，我心悵惘〉（序）：己丑五月之末，世界
金融海嘯之厄未小消。余觀乎加州海岸之濱，老少犬鳥，歡然自樂。
是先天下之樂，後世界之憂者也。然古訓有云：人為財死，鳥為食
亡。因承三閭之賦作句焉。
　　　　"夏日午陽，砂灘赤燙。白浪排岸，碧海汪洋。兒童戲水，
　　　　家犬野狂。
　　　　人擲我搶，眾鳥爭糧。屈子涉江，漁父滄浪。海風西來，
　　　　我心悵惘。"
　　　　己丑夏至・太陽里人。五月廿八日・玄黃繪。

圖 7.〈陽春白雪黃昏夜〉

李花渲墨樹，春落疑冬雪。窗暗無來客，孤灯照寂階。

乙丑二月四日太陽里人書陳後山「客有可人期不來」之句意，兼憶靜者先生。或得靜者先生（臺靜農教授）昔年書陳後山詩持贈之意。

圖 8.莎士比亞《暴風雨》第二幕

Shakespeare: Tempest, Act I, Scene II, by Artist <u>Henry Fuseli</u> I P <u>Simon</u>, Production Date :1797, Copyright Status: No known copyright restrictions

Curator's Description: Fuseli's paintings for Boydell's Shakespeare Gallery, which opened in London in 1786, proved enormously popular, and a number of engravers produced works from them. When living in Rome the artist had made numerous studies of Michelangelo's figures in the SistineChapel, and the gesture of Prospero in this scene from the Tempest is a direct reference to the Creation of Adam.

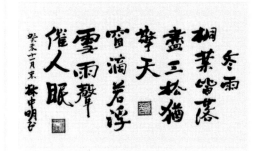

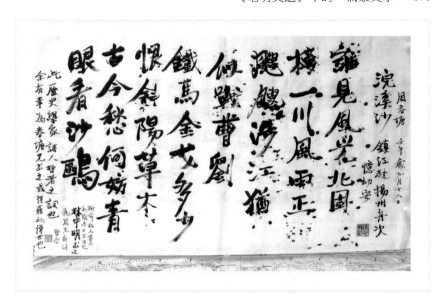

陶淵明治學思維闊觀

── 兼說《文選》數例

提要：本文針對《文選》、《文心》"選文"的"選或不選"的
考量，對蕭統、劉勰和陶淵明這三位文選、文論、文學大師之間
的連環套關係，加以探討。文中先試以"智術一也"的看法，從
〈桃花源記〉的部份文字來探討陶淵明潛隱的治學思維。再從〈閑
情賦〉的特色，來探討何以我們今日看到的劉勰《文心雕龍》，其
中不提陶淵明一字。並指出陶淵明於構建〈閑情賦〉一文時，所
採取的的奇正辯證的筆法，用強烈的對比和重復的節奏去表達"十
願與十悲"，由"質變到量變"，而成功地對許多古代讀者，包括
蕭統，達到百倍強大的感性衝擊。最後，本文對《文選》作者中
的屈平、張衡，以及注《文選》的李善，對於他們治學求真的科
學觀和方法，也一併加以探討。

關鍵字：〈桃花源記〉、〈閑情賦〉、劉勰《文心雕龍》、《孫子兵法》、
　　　　　屈平、張衡、李善、張愛玲《色、戒》

一、前言：選或不選？這是大事！

　　《文選》之所以能傳世不朽，它的成功，除了官方的支持和
團隊的貢獻之外，必須歸功於領導人 ── 昭明太子蕭統"獨超眾

類"的眼力,和"略其蕪穢,集其清英",與"不欲兼功"的取捨
標準。蕭統的卓絕眼力,也見於他以獨到的眼光,看到陶淵明"文
章不群,詞采精拔,跌宕昭彰,獨超眾類。抑揚爽朗,莫之與京"。
然而何以與陶淵明同期,而且是好友的顏延之竟然看不到淵明詩
文的"獨超眾類"?而且昭明太子手下的重臣,文論的大師,東
宮舍人與御林軍的統領劉勰,明明知道太子對陶淵明的喜好,而
且還為他編了專集,然而這位強調"圓照博觀",慨嘆"知音其難"
的劉舍人,竟然忽略了這個已經為蕭統、鍾嶸先後指明特點和成
就,"莫之與京"、"古今隱逸詩人之宗"的文人?劉勰"嗤笑"古
今「文人相輕」,但他自己卻沒有在《文心雕龍》的修訂版(很可
能存在)中加入對陶淵明的批評或讚揚?這真是後人難解之謎。
這個謎團,也同時牽涉到後世學者文人對《文選》及《文心》兩
部巨作互動關係的進一步瞭解,以及對陶淵明這個偉大的詩人、
文人,和"創制的小說家"[1]和"創新的思想家"的瞭解。

　　因此我認為研究《文選》,不能不瞭解昭明太子在宮廷鬥爭中
的壓力[2],與編書、選文的心態。而要瞭解"余愛嗜其(陶淵明)
文,不能釋手"的蕭統的心態,就不能不探討能詩、能文、能創
作極短篇小說〈桃花源記〉,開創古代詩歌中的田園詩派,大膽創

1　魯迅《六朝小說和唐代傳奇文有怎樣的區別 1935》,《介且亭二集》,1935
　年。"但六朝人也並非不能想像和描寫,不過他不用於小說,這類文章,
　那時也不謂之小說。例如阮籍的《大人先生傳》,陶潛的《桃花源記》,
　其實倒和後來的唐代傳奇文相近;就是嵇康的《聖賢高士傳贊》(今僅有
　輯本),葛洪的《神仙傳》,也可以看作唐人傳奇文的祖師的。李公佐作
　《南柯太守傳》,李肇為之贊,這就是嵇康的《高士傳》法;陳鴻《長恨
　傳》置白居易的長歌之前,元稹的《鶯鶯傳》既錄《會真詩》,又舉李公
　垂《鶯鶯歌》之名作結,也令人不能不想到《桃花源記》。"
2　胡耀震〈蕭統選陶、評陶的自相矛盾及其新編《文選》新證〉,《中國文
　選學》(第六屆文選學國際學術研討會論文集),學苑出版社,2007 年。
　第 10 頁。

新寫死後魂觀親友的〈挽歌詩〉，而又有自家哲學思想的陶淵明的治學思維。而且就文哲學問的研究而言，何以年青的蕭統能瞭解陶淵明的文章詞采超眾，而年青的蘇軾尚未能瞭解陶詩的妙處？何以一千五百年後，雅好內典思想歷史的陳寅恪在 55 歲 "中身" 之年能看出 "淵明之思想為承襲魏晉清談演變之結果，及依據其家世信仰道教之自然說，而創改之新自然說……就其舊義革新，「孤明先發」而論，實為吾國中古時代之大思想家，豈僅文學品節居古今之第一流，為世所共知者而已哉！[3]" 而文論大家劉勰，精通佛典諸子五經，卻不能見出陶淵明的高明處？是不能也？還是不為也？還是真沒有看到魏晉南北朝詩文的第一高手？還是古今中外的學者，都有相同的盲點？這更值得我們的深究。

　　陶淵明的一些詩不僅是 "古今隱逸詩人之宗"，而且他的詩文言語更是語意特意隱晦，文字也表面上似乎自然無華，而內涵實多錘煉，再加上一些似正實反，似謙而傲，似嚴肅而實幽默的詩文[4]，更讓古今研究他的人，容易內外皆惑，即使闚觀數點，也難見全豹。陶淵明在他的半自傳〈五柳先生傳〉中自謙 "好讀書，不求甚解"。似乎對精究學問不感興趣。但是他馬上又接一句 "每有會意，便欣然忘食"。可見得他讀書有他自己的方法，而頗能會通書中之深意，因此乃能融會和開創出有自家特色的思想。

　　古人說「人如其文」、「書如其人」。現代心理學的研究則指出人之所以在不經意時會說漏嘴（slip tongue），因為人的言語反映了他的內心。文人和畫家，若是真誠創作，則其思維心態，必然

---

3 陳寅恪〈陶淵明之思想與清談之關係 1945〉，《金明館叢稿初編》，上海古籍出版社，1980 年，頁 205。

4 林中明《陶淵明的多樣性和辯證性及名字別考》，第五屆昭明文選國際研討會論文集，學苑出版社，2003 年 5 月，頁 591-511。

有跡可尋。名家小品，雖小而亦反映作者的審美情趣、藝術手法甚至戰略思維。而一些貌似小品的創作，大師反而反復錘煉，不一定"心態輕鬆"[5]。時下因李安電影獲威尼斯影展最佳影片獎的《色、戒》，就是中國現代小說才女張愛玲，反復錘煉 28 年而成的精煉小品[6]，並且題目寓意雙關一如陶淵明的〈桃花源記〉和〈閑情賦〉，它們的內容也轉折反射了作者的經歷和心態。所以我認為從陶淵明的〈桃花源記〉中，可以闚見一些他的思維方式，甚至可以找出他作學問的策略。而對於〈閑情賦〉進一步的瞭解，不僅可以看出陶淵明對奇正辯證的熟練，甚至可以提供何以劉勰"忽略"陶潛的幾個可能原因[7,8]。

　　陶潛的治學思維固然值得探索。《文選》裏的屈平、張衡，以及注《文選》的李善，他們的治學思維也值得瞭解[9]。《文選》是

---

5 〈當代藝術小品畫成收藏新寵〉，浙江線上新聞網站，2007 年 10 月 05 日。"…業內人士分析說，名家小幅作品同樣反映著名家的審美情趣與藝術手法。而在創作時，往往心態輕鬆，揮灑自如，藝術水準反而能得到更好的發揮。編輯：許蘇琴

6 林按：《色、戒》全文約一萬三千字。和陶淵明的近四百字的〈桃花源記〉與近九百字的〈閑情賦〉兩篇"小品"相比，算是"中品"。張愛玲雖然在 1950 年就完成《色、戒》的初稿，但她不斷修改，直到 1978 年，28 年後才和另外兩個小品《相見歡》、《浮花浪蕊》一同結集成《惘然記》出版。張愛玲在卷首語寫道："這個小故事曾經讓我震動，因而甘心一遍遍修改多年，在改寫的過程中，絲毫也沒有意識到三十年過去了，愛就是不問值不值得。"

7 林中明《劉勰文論的創新與詩學的局限》，2004 年《文心雕龍》國際學術研討會論文，深圳大學，2004.3.27-28。

8 林中明《文藝會通：劉勰與石濤》，中國《文心雕龍》2007 國際學術研討會‧論文集，中國《文心雕龍》學會、南京‧中山陵園管理局主辦，2007.6.2&6.5。

9 林中明《科學與文藝的平衡：屈平、張衡、李善三典範》，2005「文選學與楚文化國際研討會」論文集，湖北‧黃岡，2006.4.12-14。《許昌師範學院學報》2006 年 9、10、11 月三期連載。

一個"富礦",只是看我們用什麼眼光,從什麼角度去挖掘深埋的礦藏。愛因斯坦曾說,(成名的科學家)人應該不以在薄木板上鑽許多小洞而得意。那麼我們偶爾"忘路之遠近",以探險的方式去探礦,雖然披沙不一定見金,但是或許能得些有用的銅鐵鉛錫。這一次雖然鑽不到大礦脈,下一次可以繼續深挖。我的失敗,或者可以讓後繼者不犯同樣的錯誤,改變探討的方向。《桃花源記》裏描寫的"漁人","不凝滯於物,而能與世推移(屈原《漁父》)",「復前行,欲窮其林。林盡水源,便得一山。」這種"自主創新"的精神,雖然可能落到"先生不知何許人也"的下場,但比起坐在祖傳的"富礦"上,神氣活現地賣地面上的沙石,給別人蓋大樓,有意思得多了。

　　以下依次討論:一、陶淵明在〈桃花源記〉中,所透露出他作學問的思維策略;二、〈閑情賦〉裏的奇正辯證和華麗熱情的文字;三、何以劉勰在《文心雕龍》裏忽略了陶潛的幾個可能原因;四、屈平、張衡,以及李善的治學思維;五、結語。

二、由〈桃花源記〉看陶淵明作學問的思維策略

　　陶淵明"好讀書",精讀儒家的經典,也賞覽誌異的《山海經》。但是他對天師道的信仰[10]、諸葛亮的崇敬[11]與中華哲人文士對兵略的研究[12,13]和興趣,就不見於表相的文字。現代學者文士,包括

---

10 陳寅恪〈天師道與濱海地域之關係 1945〉,《金明館叢稿初編》,上海古籍出版社,1980 年,頁 1-40。

11 林中明《陶淵明的多樣性和辯證性及名字別考》,第五屆昭明文選國際研討會論文集,學苑出版社, 2003 年 5 月,頁 591-511。

12 林中明《劉勰、《文心》與兵略、智術》,中國社會科學院‧史學理論研究季刊,1996 第一期,頁 38-56。

梁啟超、陳寅恪等大學者，對這方面的研究，也都是剛開始。但是限於已知的詩文和歷史材料，今人不容易做出比蕭統時代更廣更深的研究。然而我認為，即使是已知熟透的詩文，其實換一個角度，換一個想法，我們還是可以發掘一些新的意義。

　　譬如說眾所熟知的不到四百字的極短篇小說〈桃花源記〉，以陶淵明詩文常具有的隱秀虛實作風，其中當然不止是小說和體裁的創新，而且"一氣化三清"，兼及一些社會學與哲學的思想。和《文選・卷 19・情》中選錄的的宋玉〈高唐賦〉、〈神女賦〉及曹植的〈洛神賦〉相比，宋、曹的賦只有想像和辭藻，但故事之賦，平鋪直述，沒有曲折，更無辯證。而陶文的佈局發展，一波未平一波又起，故事雖是白描手法，但有轉折變化卻又合乎常理，其中隱然有兵略佈陣的嚴整，和反映了陶淵明自己對治學的思維和策略。

　　我常以為天下動腦筋的事"智術一也[14]"。所以凡是追求最大戰略效果的事，都近於清代・魏源所說天下智事"無往而非兵也"。而凡是喜歡動腦、動手、動腳，上天下地、渡河出海做研究的人，恐怕看事情也難免以為世上諸事"無往而非學也"。王國維在《人間詞話・第 26 則》中說"古今之大學問者，必經過三種境界。"然而他也怕人批評他的比喻"天馬行空"不落實處，所以特別加了一句"此等語皆非大詞人不能道。然遽以此意解釋諸詞，恐為

---

13 Lin, Chong Ming, "A Tested Model with cases of Philosopher - Archers: From Guanzi（725-645 BC）to Confucius（551-479 BC）, Lu Xiangshan（1139-1193 AD）, and Wang Yangming（1472-1528 AD）." 2004 北京論壇（學術），Beijing Forum（Academic）2004, On "The Harmony and Prosperity of Civilizations", Collection of Papers and Abstracts on Information Management, 2004.8.23-8.25, pp.9-19.

14 林中明〈斌心雕龍・自序：智術一也〉，《斌心雕龍》，臺北・學生書局，2003 年，頁 xxiii-xxxii。

晏、歐諸公所不許也。"可惜他沒有想到，陶公早已不著相地，在他之先，說過類似的話了。以下試從〈桃花源記〉的文字思路流程，來分析陶淵明看事推理的層次和治學思維。

（一）從〈桃花源記〉分析陶淵明看事推理的層次和治學思維

1. "晉太元中，武陵人，捕魚為業"

陶淵明寫詩文特別重視列舉成文的時間。這雖是做學問的基本規矩，但和一般的詩人為了發泄情感，不重時間，浪費用字等作風很不一樣。而且此事發生也有特定的地點 —— 武陵。這是對空間的重視。出場人的身份，他也介紹清楚。時空與天地人三才，都清楚界定。因此我認為陶淵明推理立論的思維，雖不及屈平的〈天問〉的宏偉和張衡的〈二京賦〉的鉅建，但和其他的詩人、詞人相比，他的文章具有樸素的邏輯和一些基本的科學觀。

2. "緣溪行" —— 與 "學緣趣" 說

陸機〈文賦〉提出與《尚書・堯典》"詩言志 "，漢晉詩歌 "勞者歌其事[15]" "詩緣事[16]" 不同的 "詩緣情" 之說。然而對於治學之道，我認為 "學而無趣，則行之不遠"，所以陶淵明和許多中西學問大家一樣，都是 "學緣趣" 的實行者。〈五柳先生傳〉中陶淵明自稱 "好讀書，不求甚解"。這個漁夫，不是《文選》裏建言屈平，年長智多的〈漁父〉。而很可能是一個不喜歡在定點打漁，"心態年青" 的漁人。漁人不止於定點捕魚，卻 "緣溪行""向前看"。

---

15 作者按：西漢・何休《春秋公羊傳解詁》卷六十〈宣公十五年〉中提出半對半錯的看法曰："男女有所怨恨，相從而歌。饑者歌其食，勞者歌其事。"

16 曹勝高〈論漢晉間 "詩緣事" 說的形成與消解〉，2007 年第七屆文選學國際研討會論文冊，第 1 至 8 頁。

這顯然是一個"好讀書",好學,好藝,喜歡以行動探索未知的人。而不是一個見識多、心態老,坐而時思,起不能行的"讀書人",或是等待"太卜(屈平〈卜居〉,並見於《昭明文選》與《古今文選》)"來卜算未知的命運。這漁人活潑好動,喜探新知的心態,和孔子「吾不試,故藝」的"學緣趣"心態,也是有些類似的。

　　3. "忘路之遠近"

　　"忘路之遠近"的情況也完全呼應〈五柳先生傳〉裏的"每有會意,便欣然忘食"。可見得他對學問的追求,已到廢寢忘食的地步。所謂"人不痴迷,藝不精"是也。孔子在齊聞《韶》,三月不知肉味。這也是一種"愛智"愛美,"每有會意,便欣然忘食"。這與現代學人全心全意投入學問或研究工作的心態是一樣的。"忘路之遠近"的心態和行動,也見於追求學問者的不辭辛勞,五嶽尋仙不辭遠的心態。歷史上的禪宗六祖惠能,年青時從廣東步行到湖北黃梅學佛;或是法顯、玄奘萬里迢迢去印度取經的行動,都是類似的。上世紀初的大學者王國維對於治學提出三境界。其中"第一境"是引晏殊《蝶戀花》"昨夜西風凋碧樹,獨上高樓,望盡天涯路。"我認為這和〈桃花源記〉的第一段類似。

　　4. "忽逢桃花林,夾岸數百步"

　　不為打魚糊口而自限,忘記路途的遙遠,去追尋不可知的勝境,這也是真正做大學問的人,為學問而學問的態度。努力了半天,終於看到不同凡俗的美景,大量美麗的知識,無言而靜態地排隊歡迎這位"學者"的到來。研究各類學問,或者開發新的高科技產品的人,應該都曾有過類似的體會。

　　5. "中無雜樹,芳草鮮美,落英繽紛;漁人甚異之"

　　王國維〈釋物篇〉格"物"字之源,認為"物本雜色牛之名"。我看牛的毛色雖多,但毛皮雜色之下,"雜色牛"的共性,還是"一頭牛"。真正的學問，內精純而外多姿，如《荀子‧效儒篇》中說大儒「法先王，統禮義，一制度；以淺持博，以古持今，以一持萬；茍仁義之類也，雖在鳥獸之中，若別白黑；倚物怪變，所未嘗聞也，所未嘗見也，卒然起一方，則舉統類而應之，無所儗作；張法而度之，則晻然若合符節：是大儒者也。」

學問到了爐火純青的境界，如陸機〈演連珠‧第四十二首〉所云「火壯則煙微，性充則情約」，正是 "中無雜樹，落英繽紛" 的意象。陸機、陸雲的後人，南宋四大詩人中的陸游，在六十三歲寫的〈夜坐示桑甥十韻〉中論詩道曰：「好詩如靈丹，不雜氈薰腸。子誠欲得之，潔齋不祥。食飲白玉，沐浴春蘭芳。」則詳發「詩無邪」之意，亦可為淵明此句作注箋。能寫得出這樣美好純淨的風景，我看這其實是陶公有意無意中自述治學境界。

新的學問總是隱藏在陌生環境的複雜資訊中。什麼是這條路的最後結果？大多數的大發明人和重要理論的創新者自己也不能完全預見。因為大凡可以預先想見的事，那多半不是天下的 "大學問"。記得諾貝爾物理獎得主薛定格（Schrödinger）1943 年 在英國劍橋大學演講「何為生命？（What Is Life？）時就指出基因的存在。後來的研究者因此推想出基因的雙螺旋結構，開闢了人類知識的新天地。

看到這樣 "美麗新世界"（"Brave New World" fiction by A. Huxley），"漁人" 當然是 "甚異之"。《孟子》笑愚人「緣木求魚」。一個 "捕魚（動物）為業"，講求實物實利的漁人，忽然 "緣溪行"，"轉行" 去欣賞、研究植物和美學，這更讓讀者驚訝。但也說明 "智術一也" 的基本道理。因為好的頭腦，可以跨領域，應用新的資訊材料和工具平台，作不同科目的研究。人們如果在理性分析和大膽決策下走對了路，就可以 "緣" 新的路，研究開發出不同的新學問來。

6. "復前行，欲窮其林。林盡水源，便得一山。"

已經看到了美麗的風景，仍然不滿意目前的風光，漁人竟然"復前行，欲窮其林"！這裏我們可以看到陶令的內心，完全不只是一個淡泊無所爭勝的人！他知道探求學問，是永無止境的事。所以必須要有虛心求進，精益求精的精神，一直要找到大河水流的源頭（見：書前插圖-Ⅰ：逆流溯源　舟小志遠），纔算完成了第二階段的探討。王國維治學三境界的第二境，引柳永《鳳棲梧》中的"衣帶漸寬終不悔，為伊消得人憔悴。"其實這也和〈桃花源記〉的次一階段類似。但是王文情思飄渺，恐為周、程等理學家所咄矣！

7. "山有小口，彷彿若有光，便舍船，從口入"

許多新的學問，即使到了門口，由於入口窄小低矮，還有野草盤繞，不放低身段，一頭鑽入，是不可能看到前面"彷彿若有光"，可以繼續前進。但要繼續前進，就要捨棄"渡至彼岸"的故有熟悉的謀生工具。這是大學問家在做學問中，發現須要轉向，而且必須換用新工具、新的"知識平台"時，所必須作出的抉擇。陶淵明出仕四次，每次都有痛苦的抉擇，只是此文表面寫得清淡，看不出他在一生事業上的大膽進退。

8. "初極狹，纔通人；復行數十步，豁然開朗"

新的學問，沒有人走過，所以山洞裏的路，既黑且窄。非得不顧頭破衣污，努力再繼續前進，然後纔有"豁然開朗"的境界。而這也就是一千六百年後，王國維引辛棄疾《青玉案・元夕》所說的作學問事業的第三境界："眾裏尋他千百度，回頭驀見，那人正在，燈火闌珊處。"

9. "……及郡下，詣太守，說如此。太守即遣人隨其往，尋
向所誌，遂迷不復得路。南陽劉子驥，高尚士也，聞之，
欣然規往，未果，尋病終。後遂無問津者。"

作大事業、大學問如此之艱難。即使是高人一等的學者、知
識份子，按圖索驥，而不是自力創新，自尋新路，也不見得就能
重復前人的大突破。陶淵明之後，沒有第二個詩人文士可以超越
陶淵明 的詩文（見：書前插圖-I：秋籬）；《文心雕龍》之後，也
沒有第二本可以匹及的文論。但是《昭明文選》之後，又有許多
"文選"，它們甚至有超越《昭明文選》之處[17]。這就值得研究《昭
明文選》的學者們的深思了。

三、〈閑情賦〉裏的奇正辯證和華麗
熱情的文字，及其創作年代

陳寅恪研究陶淵明，在〈陶淵明之思想與清談之關係〉一文
的第一句話就說：「古今論陶淵明之文學者甚眾，論其思想者較
少。」所以他研究陶淵明與天師道的關係，打開了陶淵明研究的
一個新天窗。這種研究學問的思維，就如同 "史學家李埏回憶，
當年陳寅恪在西南聯大講授隋唐史，開講前開宗明義："前人講
過的，我不講；近人講過的，我不講；外國人講過的，我不講；
我自己過去講過的，也不講。現在只講未曾有人講過的。[18]" 所
以我們研究近九百字的〈閑情賦〉，當然也應該研究過去沒有研究
過的東西，而不是重復前人已經反復探討，一再敘述的男女感情

---

17 林中明《（廣）文選源變舉略：從《詩經》到桐城》，第四屆昭明文選國
際研討會論文集，吉林出版社，2001 年 6 月，頁 562-582。
18 謝泳〈過去的教授〉，《中國青年報》，2007 年 8 月 01 日。

部份。譬如說，陶淵明大部份的作品都自記時間，然而〈閑情賦〉
的寫成時間，各家說法不一。有人說是年青血氣方剛時纔會有艷
情的情緒（古直《陶靖節詩箋・餘錄》：「少年示志之作」），王瑤
的注竟然說是太元十九年（394），淵明喪偶之作！逯欽立注認為
是淵明彭澤辭官後「以求愛情的失敗表達政治理想的幻滅」，也有
說是晚年的作品。諸家各出妙想，不一而足，讓我想起諸家對劉
勰為何入定林寺的猜想，也是各自反映了自己的"一種經驗"，來
單極化地判定天下大事只有"一種可能"！這種思維方式，很可能
也是中華傳統文化中諸大弱點中的"一個大弱點"。許多學者們判
定作品日期，都喜歡採獨一答案法。對於〈閑情賦〉成文的"過
程"沒有一位想到人類思想如此複雜，大作家的作品常是多次修
改而成，而非時下趕場的作品　，可以"一揮而就"[19]。

　　我個人以為所有的大作家和藝術家，都有不斷改進自己作品
的"欲望"。有些作品，反映了作者當時的特殊情感見識，後來時
過境遷，若再想改動，則常如刻舟求劍，情"隔"識"邪"，所謂
加一字則囉唆，減一字則趣弱。　但如果能保持年青時的熱情內
容，又加上中年的經歷，以及年長時的哲思和文字精鍊，則有可
能成為情理文字均佳，"立體型"的好文章。

　　所以我認為〈閑情賦〉的初稿當在三十左右，然後又改寫若
干次，直到五十之後，纔寫成我們看到的模樣。這個猜想，也是
由張愛玲寫〈色、戒〉前後修改 28 年而啟發。真實的情況不能證
實，但我以為這篇極有爭議的文章，很可能是和張愛玲的掙扎修
改，內涵許多隱情的情況類似。所以我認為〈閑情賦〉一文，和
〈桃花源記〉都隱含豐富的資料，有助我們瞭解陶淵明作學問和

---

19 作者按：齊白石題自己的畫，好題"一揮而就"。但是他的學生李可染
　　說，白石老人常常思量徘徊許久，才寫上"一揮而就"四個字！

寫文章思維方法。而以樸素的科學觀來看這些文章，也是現當代
研究《文心雕龍》的第三個階段[20]。以下試就〈閑情賦〉中的治
學思維和特殊的文術方式加以探討：

（一）學術道德與人性規範：是 "色戒"、 "戒色" 而非 "色藉"、"藉色"！

〈閑情賦・序〉「初，張衡作《定情賦》，蔡邕作《靜情賦》。」
　　我嘗說，文藝、戰略、科技，智術一也。它們都是人類智術
創新的活動。所謂 "文無第一，武 無第二"，作 "文抄公" 雖
然可以混過一時，但是終究不是體面的事。時下學術升等靠論文
發表的數量和發表的場所。但是論文和辭賦都講究創新，所以許
多論文抄襲別人的論文，而故意不提出處。而陶淵明人品高，自
然心中有 "學術道德" 的一把尺在把關，所以他和曹植寫〈洛神
賦〉一樣，特意指出他的創意來源[21]，也無懼於 "非原創" 之譏。
雖然他也是藉此強調此文如同張、蔡賦文的「終歸閑正」，和曹植
也要借宋玉之文而避嫌有類似的依藉，但基本上，他強調這篇文
章是 "戒色"，而不是描寫情色的 "色藉" 之文。而科學家和政法

---

20 海村惟一〈當代龍學研究略攷 —— 從 "索引" 到 "思辨" 再到 "創新"〉，
　　日本福岡大學《文心雕龍》國際學術研討會論文集，文史哲出版社，2007
　　年 3 月。第 365 至 382 頁。「… 就龍學研究而言，… 第三期從 2003 年
　　開始。…由《文心雕龍》（496-497）到《斌心雕龍》2003），"文" 與 "武"
　　之相通，竟花了一千五百多年…來完成這 "相通"，所謂 "文武之道，
　　一弛一張"。… 筆者認爲林中明的《斌心雕龍》開啓了當代龍學研究第
　　三期之門。此書不僅做到 "文武合一"，而且，把科學性方法論引進了
　　"龍學" 研究，使 "龍學" 走出 "研究"，開始通過 "科學實驗"，合 "文
　　武" 以 "雕龍"，即在研究的基礎之上進行研究者自身的創作。這也許
　　可以稱爲 "後當代龍學現象"。」
21 按：《張平子集》裏的〈同聲歌〉和〈定情賦〉的筆法極其類似。所以
　　《西溪叢語》指出「陶淵明〈閑情賦〉必有自，乃出張衡〈同聲歌〉。」

刑名全材的張衡能寫文學情感纏綿的作品，也說明了"智識份子"的多樣性，如多度空間的球體，以全部體積的大小來決定成就的大小，而不是一度空間的有無。簡單的定性，是古來誤解文士大家的最大來源之一。顏延之對陶潛文章的幾乎不能欣賞與瞭解，與蕭統對〈閑情賦〉的誤解，甚至劉勰《文心雕龍》的"避解"，都說明了中華文化中，簡單"二分法"的根深蒂固，與學問不能展開的眾多原因之一，即在此處乎？

（二）創新豪氣、態度謙和："不求甚解" 竟是反諷？

> 「綴文之士，奕代繼作；因並觸類，廣其辭義。余園閭多暇，復染翰為之；雖文妙不足，庶不謬作者之意乎。」

交待完了啟發他的文章來源，他馬上解釋他雖然也是所謂「綴文之士，奕代繼作」，但是「因並觸類，廣其辭義」，不是抄襲重述，而是有所觸類創新，在前人開拓的領域裏，又有擴展。然後他接著說他的工作量，和自我的審評：「余園閭多暇，復染翰為之；雖文妙（龔斌：文妙二字，曾本、咸豐本云：一作「好學」）不足，庶不謬作者之意乎。」這段話，因為陶公語氣謙和，文字典雅，歷來學者以為他在說客套話，所以大多忽略了淵明胸中的豪氣和他投入的工作量的問題。我從這段話，看到陶淵明描述了他的寫作，花了不少時間，因為"多暇"之故。其實他糧食不夠吃，甚至要乞討，那來的"園閭多暇"？其實這也說明陶令和杜工部等，舉家之所以饑餓，就因為"詩人"的全心全時投入他們的寫作，所付出的代價！這種心態和行為，不是一般人可以從字面上加以理解，必須自己有類似的經歷和閱讀過"正解人"的解說，纔能體會陶、杜寫詩為文饑餓乞討的複雜心態和奇怪行為。

　　「復染翰為之；雖文妙不足，庶不謬作者之意乎。」這句話的意思，照我看，又是說"反話"。其實他是熟讀了張衡與蔡邕的文章，知道文妙可以超越，反復辨正，可以"閑制"似乎是"色情"而其實是人的貪欲和執著，所以肯定自己"不謬作者之意"，因而於賦成之後，如《莊子・養生主》的庖丁解牛，功成之後，擲筆而起，為之而四顧，為之躊躇滿志[22]，善筆而藏之。後來的人，自己不謙虛，所以以為別人在學問上的謙虛是客套，是個性上的"溫良恭儉讓"。自古以來，無數研究陶淵明的學者不都誤以為他只是"淡泊之人"嗎？可見得常為古今人們誤解的"不求甚解"四個字，很可能是反諷一般的讀書人，師說亦說，人云亦云。所謂罵人不帶髒字乎？

（三）奇正辯證的筆法和華麗熱情的文字：從質變達到百倍的量變！

　　許多評論〈閑情賦〉的文章都喜歡把它和表面類似的賦，如《文選・情賦》中所選宋玉的〈神女賦〉、曹植的〈洛神賦〉從文獻和選文編輯的角度相比[23]，或西方歌頌婦女容顏體貌的詩相比，而不深究它們文學上的成就與對讀者的沖擊力。其實包括錢鍾書評〈閑情賦〉，都迷於陶公華麗熱情的文字，而沒有人看到陶淵明奇正辯證的筆法與眾之不同。所以沒有人指出蕭統說"揚雄所謂「勸百而諷一」者，卒無諷諫"一句在算術上出了大錯！因

---

22 按：馮友蘭〈餘生札記〉，《讀書》1990 年第 11 期。就有此一段類似文字，以說明杜甫"新詩作罷自長吟"的"躊躇滿志"。我認為其中也隱含了對自己的〈聯大紀念碑碑文自識〉和自賞，與完成《中國哲學史新編・第七冊》時的得意心態。

23 清水凱夫《文選》編輯的周圍〉，俞紹初、許逸民主編《中外學者文選學論集》，中華書局，1998 年，頁 962-977。

為陶淵明在敘述艷麗熱情的"十願"兩句文字之後，用同等長度和份量的兩句文字來寫"九悲一嗟"。（圖 1.和陶淵明〈種桑長江邊〉）

　　在整篇九百字裏，艷麗熱情的"十願"不過佔六分之一左右的文字。所以蕭統在"計量"上的誤差達到五百倍之多！而後來的學者也沒有人對此指出異議。

> 願在衣而為領，承華首之餘芳；
> 悲羅襟之宵離，怨秋夜之未央！
> 願在裳而為帶，束窈窕之纖身；
> 嗟溫涼之異氣，或脫故而服新！
> 願在髮而為澤，刷玄鬢于頹肩；
> 悲佳人之屢沐，從白水而枯煎！
> 願在眉而為黛，隨瞻視以閒揚；
> 悲脂粉之尚鮮，或取毀于華妝！
> 願在莞而為席，安弱體于三秋；
> 悲文茵之代御，方經年而見求！
> 願在絲而為履，附素足以周旋；
> 悲行止之有節，空委棄于床前！
> 願在晝而為影，常依形而西東；
> 悲高樹之多蔭，慨有時而不同！
> 願在夜而為燭，照玉容于兩楹；
> 悲扶桑之舒光，奄滅景而藏明！
> 願在竹而為扇，含淒飆于柔握；
> 悲白露之晨零，顧襟袖以緬邈！
> 願在木而為桐，作膝上之鳴琴；
> 悲樂極而哀來，終推我而輟音！

　　孫武子在《孫子・用間第十三》說:「凡興師十萬,出征千里,百姓之費,公家之奉,日費千金,內外騷動,怠于道路,不得操事者,七十萬家,相守數年,以爭一日之勝,而愛爵祿百金,不知敵之情者,不仁之至也,非人之將也,非主之佐也,非勝之主也。」就是指出大部份的領導人,不知"計量",只看到百金之費用,而不能宏觀年費三十萬金的戰費,是給上士百金的三萬倍!當然人的頭腦一般智商相差只在一倍以內,為什麼蕭統會誤估至於五、六百倍之多呢?

　　我認為這正是證明陶淵明寫作成功之處,他只用了五、六分之一左右的文字來寫艷情,而"小兒"、"老夫"、"道學"、"凡士"就都感受到巨大的艷情衝擊。這情況也像當前李安導演的《色、戒》,其中色情的部份不過也是五、六分之一,竟然引起華人社會的巨大反映。由此可見文藝手法中"比、興"的作用,可以迷惑人的認知和計算,從"質變達到量變",竟有百倍的效果!《孫子》提倡精兵,以少勝多。在文學上,大詩人可以「用最少和最精煉的字,借助視覺格式和聽覺效果,表達最多的意思和感情,又能強烈感染讀者之心,引發多樣的想像,並留下最深刻而久遠的記憶[24]」。而陶淵明也一再地證明了這一點。從治學的觀點來說,他是極成功的詩人,也是寫文章極有安排的戰略家。

(四) 多樣涵義、特定視角與讀者參與:與拉維爾 (Ravel) 波來若舞曲 (Bolero) 的比較

　　對〈閑情賦〉的批評,歷來多走"二分法"或"只此一事"

---

24 林中明〈詩的本質與格式、聲韻、記憶、腦力的關係〉,《中國韻文學會學刊》(季刊) 2005 年第三期。中國人民大學《文藝理論》(月刊) 2006 年 3 月。

的路線。完全不瞭解一個大詩人的作品必然具有多樣性的涵義。而一個成功的戰略家也不會永遠正面進攻，他們一定同時顧及多種攻守的路線。《孫子兵法》所謂"十則圍之，敵則能分之。"陶淵明的作品，也常都具有這樣的特色。

所以蕭統在〈陶淵明集序〉所云：「白璧微瑕，惟在〈閑情〉一賦，揚雄所謂「勸百而諷一」者，卒無諷諫。何必搖其筆端？惜哉！亡是可也。」與蘇軾在〈東坡題跋・題《文選》〉中所說：「淵明〈閑情賦〉，正所謂「〈國風〉好色而不淫」，正使不及〈周南〉，與屈、宋所陳何其？而統乃譏之，此乃小兒強作解事者。」都說對了一部份。

就文學的筆法而言，淵明〈閑情賦〉之所以能產生百倍的衝擊力，我認為他採取了第一人稱的視角，所以讀者不自覺地投入其中，設身處地，跟隨著陶淵明的彩筆而幻想，從頭到腳，貼身漫遊美女的身肩足履（圖2・倣淵明〈閑情賦〉詠鞋）。這在《孫子兵法》，就叫作「道（導）者，令民與上同意，可與之死，可與之生，而不畏危也。」因為所有的文藝作品，雖然都有所"本"（文本主義），但是最後的理解，雖因時空而異，"染乎世情"，卻一定是由讀者自心決定。大作家的本領之一，就是"不戰而屈人之兵"，讓讀者不自覺地被導入作者的花園、森林或情愛、戰場。蕭統《文選》中宋玉的〈神女賦〉和曹植的〈洛神賦〉未嘗沒有美女艷色，但是蕭統和許多後之學者卻不覺得"色情"的刺激。我認為是宋玉的〈神女賦〉和曹植的〈洛神賦〉都混入旁觀者，所以沒有私情可以發展。2000年諾貝爾文學獎的《靈山》也有一些男女私情的描寫，但是高行健採用了"一人三口"，你、我、他的說話混出於一人，所以也沒有隱私之保障，讀者不會陷入色情的幻想。所以人稱視角的關係，造成第一層的差別。

在〈閑情賦〉寫作的第二層次上，六分之一的"十願、十悲"，以 一願入而一悲出，的反復手法，加強了對比的刺激，如此連續十次，其效果就像法國作曲家 Maurice Ravel （1875-1937）譜寫的 Bolero[25]，而又在遠近的變化上勝之。可見如果陶淵明若沒有仔細的建構計劃，是寫不出這樣迷人而又奇正迭起的鉅作。 所以我認為研究陶淵明家世生平以及詩文感情的文章已經夠多而且

---

25 Wikipedia: Boléro is a one-movement orchestral piece by Maurice Ravel. Originally composed as a ballet, the piece, which premiered in 1928, is arguably Ravel's most famous musical composition. The work had its genesis in a commission from the dancer Ida Rubinstein, who asked Ravel to make an orchestral transciption of six pieces from Isaac Albéniz' set of piano pieces, Iberia. While working on the transcription, Ravel was informed that the movements had already been orchestrated by Spanish conductor Enrique Arbós, and that copyright law prevented any other arrangement from being made. When Arbós heard of this, he said he would happily waive his rights and allow Ravel to orchestrate the pieces. However Ravel changed his mind and decided initially to orchestrate one of his own works. He then changed his mind again and decided to write a completely new piece. While on vacation at St Jean-de-Luz, Ravel went to the piano and played a melody with one finger to his friend Gustave Samazeuilh, saying "Don't you think this theme has an insistent quality? I'm going to try and repeat it a number of times without any development, gradually increasing the orchestra as best I can." This piece was initially called Fandango, but its title was soon changed to "Boléro". The composition was a great success when it was premiered at the Paris Opéra on November 22, 1928, with choreography by Bronislava Nijinska and designs by Benois. The orchestra of the Opéra was conducted by Walther Straram: Ernest Ansermet was originally planned to conduct the orchestra during its entire ballet season; however the orchestra refused to play under him. A scenario by Rubinstein and Nijinska was printed in the program for the premiere: 'Inside a tavern in Spain, people dance beneath the brass lamp hung from the ceiling. [In response] to the cheers to join in, the female dancer has leapt onto the long table and her steps become more and more animated.' Boléro became Ravel's most famous composition, much to the surprise of the composer who predicted that most orchestras would refuse to play it. According to a possibly apocryphal story, at the premiere a woman shouted that Ravel was mad. When told about this, Ravel smiled and remarked that she had understood the piece.

重復到了浪費人力的地步，而研究陶淵明的筆法及文章建構，以及他隱藏的治學方法和態度，卻還大有可為。特別是古典文學中陶潛、劉勰和蕭統這三大人物之間連環套的互動和隱秘，值得我們加以探討。

三、劉勰《文心雕龍》"避解"陶潛詩文的可能原因

（一）劉勰不瞭解陶淵明文學的成就和價值

有名的文人顏延之，《文選》裏選了近 30 首顏延之的詩文，可說是當時頗有眼力的文人。顏延之是 陶淵明的好友，還為淵明寫弔文。顏延之和淵明喝酒之餘，必然讀過陶文、陶詩，卻也沒有看出陶淵明的文學成就！梁・簡文帝・蕭綱年青時也不重視陶淵明[26]，"後來眼力漸進[27]"，纔"以（陶）詩置几案間，動靜輒諷味"（《顏氏家訓・文章篇》。蘇軾年青時也未見淵明詩文之妙……。可見得"知音實難"，正解不易。以此類推，所謂劉勰也有可能"染乎世情"，以致於不瞭解和重視陶淵明；或者因為取材時的年代劃分，而割捨了如此重要的一位曠世大文學家；或者是僧佑的定林寺藏書中沒有收羅陶淵明的作品……等等。這些理由在局部上似乎成理，但就廣面而觀，則又不能成立。因為劉勰晚年寫〈滅惑論〉，"處處流露了趨承梁武帝意旨的明顯痕跡。[28]"

---

26 簡文帝・蕭綱〈與湘東王書〉："古之才人，遠則楊、馬、曹、王，近則潘、陸、顏、謝。"（按：蕭綱年青時眼中的近人有顏延之，而與顏同時代的陶潛則不與焉。）
27 錢鍾書《管錐編》，中華書局，1986 年，頁 1394。
28 王元化〈《滅惑論》與劉勰的前後期思想變化〉，《文心雕龍講疏》，上海古籍出版社，1992 年，頁 44。

可見得劉勰懂得官場中的為文必須符合上級的意向。身為昭明太子的東宮舍人，後來因奏請蔬果代替犧牲，遷升步兵校尉，掌管東宮御林軍，並且「深被昭明太子愛接」的劉勰，當然重視太子的好惡，不會固執己見，於修訂本的《文心雕龍》中，繼續置淵明於不顧。更何況劉勰瞭解「知音其難，逢其知音，千載其一乎？」，而且笑「古來知音，多賤同而思古」，豈有私心以陶淵明為“近代”而忘記了自己在〈知音篇〉提出的“六觀”，而“私於輕重，偏於憎愛，不能平理若衡，照辭如鏡”，自陷“醬瓿之議”乎？

然而劉舍人明知昭明太子喜愛陶淵明，而陶淵明詩文的“文章不群，詞采精拔，跌宕昭彰，獨超眾類。抑揚爽朗，莫之與京”已然為昭明太子所公認，而且還特別動員東宮人力財力，為他編了《陶淵明集》。在此情形之下，作為臣子的劉勰豈敢、豈能故意不在修訂版的《文心雕龍》中，不提及太子超愛讀之的文學巨擘？此外蕭統和手下文士共同討論篇籍，商榷古今，編選《文選》，其間必然也有劉勰在座。然而劉勰的《文心雕龍》中，說好說壞竟然不提陶淵明一字，這是中華古典文學千古疑案中的一件大事。根據我個人的猜想，其中另有其他的原因，包括梁武帝對陶淵明宗教立場及對於〈閑情賦〉的批評，它們雖然不見諸文字，但所帶給劉勰和蕭統的無形壓力，都值得考慮其可能性。

（二）《文心雕龍》修訂版失傳[29]

《文心雕龍·隱秀篇》根據詹金英的義證，明末補文中列有「彭澤之○○，心密語澄，而俱適乎○○」數字。《王利器·文心

29　林中明《陶淵明的多樣性和辯證性及名字別考》，第五屆昭明文選國際
　　研討會論文集，學苑出版社，2003 年 5 月，頁 591-511。

雕龍校證》謂毛本作「彭澤之逸，心密語澄，而俱適乎壯采」。但我認為「逸」字不是篇名，與上段體例不合。但即使是「逸」和「壯采」是劉勰原文，也不見出劉勰對陶淵明有高明的瞭解和特別的評價。但從另一個角度來看，我認為如果是明人偽作，由於宋人對陶淵明的推崇備至，偽造者應該用更積極的字眼來描述「彭澤」的文章特性和高妙之處。明末補文中若有「逸」和「壯采」三字作為評價，我認為這反而像劉勰時代對「彭澤」的「半調子」理解。加上這個本子裏有《定勢篇》，非劉勰不能有此有此會通《孫武兵經》的卓識。所以我認為明末補文的一部份反而有可能是真的。從陶淵明反探劉勰，這是新的角度。

　　如果《文心雕龍・隱秀篇》明末補文大部份是劉勰的手筆，那麼我們就踫到一個極重要的大問題『劉勰有無可能在後期輔佐東宮太子蕭統時，為了迎合蕭統對陶淵明的口味，在《隱秀篇》甚至其他篇章，加入了討論陶淵明的字句？和產生了「修訂版」？只是由於「修訂版」的流傳不普及，所以後人只看到劉勰的「較早版」？』另外一個情況是，《文心雕龍・隱秀篇》明末補文的四百零一字全係後人偽補。因為陶淵明寫詩作文，本來是舒情遣性以「自娛」。他的詩文表面淡泊質樸，所以青年時代熱中軍政的劉勰，也和官場得意時早年的蘇軾一樣看走了眼，在堂堂鉅作《文心》之中，竟無一字語及，猶如西諺所說：「就連荷馬也有打盹的時候」。劉勰出仕梁朝之後，運用兵略，避爭趨吉，曾做到昭明太子的東宮舍人，兼御林軍統領，長在昭明太子左右。所以《文心雕龍》不提陶潛，很可能一則是劉勰忙於政事和兼撰新文，無暇修訂舊作；或是他的興趣轉變到佛學，忙于修編佛典和替人寫碑銘，無心增益昔學。如果沒有鐘嶸和二蕭的品選佳賞，陶淵明的大部份詩文恐怕不能流傳到後世。陶淵明的詩文雖然和《文心》

失之交臂，但卻提供了一個思索《文心》版本修訂的嶄新線索，所以也不是全然的損失。

（三）劉勰本身對男女艷情的冷感[30]，加上蕭統對〈閑情賦〉的重批，與佛徒的傾向

觀諸《文心雕龍》中提到"情"字計有 145 處，散見於 40 篇，可以說是相當重視"情"的作用。但是說到"情"感之中極重要的男女之情，劉勰卻以蜻蜓點水或視而不見的"儒佛兼用"，近乎後世"道學先生"的態度加以"軟處理"。這不能說不是劉勰文論捨此取彼之後，有得亦有失，"惜哉！亡是豈可也"的一個大局限。

劉勰本身對男女感情之事自白年青時起，就不感興趣。〈南史・劉勰傳〉中的"家貧不婚"，不是後來做了舍人和御林軍統領時仍然不婚的理由。再加上昭明太子對〈閑情賦〉加以重批「白璧微瑕，惟在《閑情》一賦，揚雄所謂勸百而諷一者，卒無諷諫，何足搖其筆端？惜哉！亡是可也。」，所以逐漸轉為佛徒的劉勰，對於"天師道"的陶淵明，以及陶淵明對"形盡神滅"的看法更是與佛教的生死觀相反[31]。所以劉勰更沒有興趣"搖其筆端"，再於修訂版中加入評論陶淵明的字句，所謂"亡是可也。"綜合以上的幾個可能影響劉勰不選擇對陶淵明的詩文加以評論的原因，其中蕭統對〈閑情賦〉的重批，很可能起了"壓垮駱駝的最後一根稻草"的作用。

---

30 林中明《劉勰文論的創新與詩學的局限》，2004 年《文心雕龍》國際學術研討會論文冊，深圳大學，2004 年 3 月 27-28 日。第 241-249 頁。
31 龔斌《陶淵明集校箋・前言》，上海古籍出版社，1996 年。第六頁。

以此而觀，〈閑情賦〉之為文、為德、為情、為論也大矣！[32]

四、屈平、張衡，以及李善的治學思維[33]

　　《文選》中其他的作者，譬如屈平、張衡，以及注《文選》的李善，他們的治學思維也有值得我們一併探討的地方。這樣的方式去研究古典文學似乎是創新，但是我認為其實是"復古"。因為古時候的文人和士人都是全材，擅文知武，問天探藝，既懂政經，也通史哲。所以會通諸藝，其實纔是孔孟、朱王之學。以下略談屈平、張衡，李善的求真為學之道，所謂"因並觸類，廣其辭義。雖文妙不足，庶不謬作者之意乎。"

（一）求"真"的科學態度和社會環境

　　研究中國科技史的李約瑟曾猜測，中國之所以沒有生出"科學"的原因，可能是中國人太實用。所以"有沒有用"，"可不可以賺錢"，"能不能出名"？這是中國人對待"知識和學問"的三個代表性問題。所以"實用"、能賺錢、能出名這三個考量，長期壓倒大部份人們對追求"真理"的熱心。當前中國政府大力提倡"自主創新"，楊振寧在 2007 年 10 月也說中國 20 年內可以拿諾貝爾科學獎。但是即使是現代的科學家，最後能不能有大突破，卻不只是有了"知識"、"工具"和"熱誠"就能達成。所以到了科學的頂端，真正的突破，就如愛因斯坦所說：「想像力比知識重

32　楊明〈《文心雕龍・原道篇》文之為德解〉，《文心雕龍》國際學術研討會論文冊，南京・2007 年 8 月，第 133-141 頁。

33　林中明《科學與文藝的平衡：屈平、張衡、李善三典範》，2005「文選學與楚文化國際研討會」論文集，湖北・黃岡，2006.4.12-14。《許昌師範學院學報》2006 年。

要。……提出（好）問題比解決問題重要」。因為知道了什麼是問題，總有辦法"處理"這些問題，但沒有想像力，提不出新問題、新看法，則"學者"也永遠是"工匠"，資料收集安排者，而不是有創意的科學家、文學家、藝術家或任何"大家"。

2004 年 3 月在紀念愛因斯坦誕辰 125 周年的座談會上，上海社會科學院的沈銘賢 發言說：「恩格斯也說過，懷疑和批判的頭腦是科學家的另一個主要的武器。我想這樣一種理念是很需要的，現在這種離經叛道的思想不是太多了，而是太少了。我們現在總是說如果中國能出一個愛因斯坦會怎樣？是不是就可以得諾貝爾獎。但是我們更應該思考的是愛因斯坦在那個時期出來的背景和社會環境。客觀的環境、個人的條件、文化的條件是怎樣的？我認為我們現在的傳統、文化、機制、環境、培養人的方式，出不了愛因斯坦。不解決環境、機制、文化、教育方面存在的問題，就很難培養出創新人才。愛因斯坦說過，進行科學研究要有兩類自由，一個是外在的自由，不會因為發表不同的觀點而受到壓制，二是要內心的自由，內心的自由就是要有自由的思想，不要總是拘囿于傳統的理念」。這就更讓我們懷念起寫《天問》的屈平來。

（二）屈平的求真與《天問》

朱熹說「不疑不進」。可惜大部份的儒家和非儒家的學者，都不能為求"真"，而"該有疑處而不疑"，甚至「疑所不當疑，信所不當信」[34]。然而大詩人和外交家屈平，則對"有疑之處"則恆有疑。他對有生命危險的政治措施如此，對古代流傳下來，人

---

34 游國恩主編《離騷纂義》，中華書局，1980 年。第 505-506 頁。謹按：《四庫總目提要 》譏明儒汪瑗疑屈原為聖人之徒，必不肯自沉於水等乖議。

人以為"想當然爾"的歷史也如此,對開放的大自然更是如此[35]。他在《天問》篇裏問道:「上下未形,何由考之[36]?冥昭瞢闇,誰能極之?馮翼惟像,何以識之?明明闇闇,惟時何為?陰陽三合,何本何化?」這些看似普通的問題,其實也都是從希臘到牛頓以來西方科學家所思考的大問題!

「明明闇闇,惟時何為?」這個"夜晚為甚麼會是黑暗"的問題,在西方以 Heinrich Olbers 在 1823-1826 年提出來的 Olbers' Paradox 為最出名。而這個問題的答案卻是因為宇宙的大小和已存在時間都是有限的,所以纔會有"暗夜",而這個問題導致現代科學家發現"宇宙大爆炸"的存在,因此這個發現就成了天文物理學家探索宇宙緣起的新方向。屈平的《天問》如果和《莊子·外篇》的〈天道〉、〈天理〉、〈天地〉,荀子的〈天論〉,《淮南子》、《論衡》等古代學者智士對天文的議論,以及唐人柳宗元的〈天說〉、〈天對〉和劉禹錫的〈天論〉等比較起來,屈平〈天問〉所意欲探討的是天文學上一連串相關連的重大基本問題,有些問題,現在也還沒能完備地解答。所以如果我們用孔子的話,來評價兩千五百年前屈平《天問》裏的科學求真態度,我們就會同意,他的問題是"於常人不疑處有疑"有科學觀的「大哉問!」

屈平在《天問》篇裏繼續問道:「九天之際,安放安屬?隔隈

---

35 洪興祖《楚辭補注》:"天問之作,其旨遠矣。蓋曰:遂古以來,天地事物之變不可勝窮。欲付無言乎?而耳目所接,有感於吾心者,不可以不發也。欲具道其所以然乎?而天地變化豈思慮知識之所能究哉?天固不可問,聊以寄吾之意耳。楚之興衰,天邪?吾之用舍,天邪?國無人莫我知也,知我者其天乎?此《天問》之所為作也。"

36 約翰·密爾頓(John Milton 1608-1674)的《失樂園》中,當亞當詢問天使拉斐爾天體的規律時,拉斐爾只給了些含糊的提示,然後推卸責任地說「剩下的那些被偉大的造物主明智地掩藏起來,不讓人或神知道。」按:牛頓 1642 纔出生。

多有，誰知其數？東西南北，其修孰多？南北順橢，其衍幾何？」
對於屈平的問題，李政道先生曾指出：「在第一段中，屈原推理道：
假定天空的形狀是半球，若地是平的，天地交接處必將充滿奇怪
的邊邊角角。什麼能夠放在哪里？它又屬於什麼？宇宙這種非解析
的幾何形狀太不合理，因而不可能存在。因此，地和天必不能互
相交接。兩者必須都是圓的，天像蛋殼，地像蛋黃（當然其間沒
有蛋白），各自都能獨立地轉動。在第二段中，屈原推測，地的形
狀可能偏離完美的球形。東西為經，南北為緯。屈原問道，哪個
方向更長？換句話說，赤道圓周比赤經圓周更長還是更短？然後，
他又問道，如果沿赤道橢圓弧運動，它又應當有多長？我們知道
地球的赤道半徑略長於極半徑約 21 公里。所以，李政道教授認
為：「西元前 5 世紀的屈原，在推論出"地"必須是圓的之後，甚
至還能繼續想像出 "地" 是扁的橢球的可能性，堪稱一個奇跡。
這一幾何、分析和對稱性的絕妙運用，深刻地體現出了藝術與科
學的統一。」所以李政道認為《天問》「這篇以氣勢磅礴的詩句寫
成的文章，完全可能是基於幾何學分析、應用了精確推理的最早
的宇宙學論文之一」[37]。

（三）張衡的求真與創新：東方達文奇 —— 張衡

　　至於張衡，這位 "字平子" 的文藝、科技、治政全材，我認
為他簡直可以稱為 "智術一也[38]" 的 "東方達文奇"。而於政事治
理上，他的政績又遠遠超過孤芳自賞的達文奇。他的《二京賦》
氣勢和內容固然已經超越了班固，而他的《四愁詩》，又是中國文
學史上現知的第一首獨立完整七言詩。從天文、大都城寫到個人

37　李政道：《藝術和科學》，載《科學》1997 年總第 49 卷第 1 期，第 6 頁。
38　林中明《斌心雕龍‧自序‧智術一也》，臺北‧學生書局，2003 年。

心理的"小賦"，他的胸襟是如同屈平一般，極其寬闊的。"平子"之字，當之無愧！他的數學計算、科學儀器製造和天文地理測量更在許多地方曾領先西方近千年。張衡在《應間》中說：「君子不患位之不尊，而患德之不崇，不恥祿之不夥，而恥智之不博」。"恥智之不博"這一句，說得豪氣干雲！這也正是一個上乘智士的學習態度，中西無異。

　　屈平的《天問》，張平子用實證的儀器「渾天、地動儀」做了最"善"的回答。屈平在文學形式上的創新，《詩》的擴大，和內心的探討，張平子也用五言（〈同聲歌〉）、七言（〈思玄賦[39]〉系詩）做為形式創新來回答；宏偉的《二京賦》，壓倒了班固的《兩都賦》；他的抒情小賦，上承《詩》的國風，並溫和的繼承了屈平內心火山般的熱情；最後，他的《歸田賦》不僅扭轉鋪張華麗的時代賦風，而且我認為也開啟了魏晉的田園詩，甚至啟發陶淵明寫《歸去來兮辭》和《歸田園》詩五首。　如果考慮他的《思玄賦》、《髑髏賦》、《冢賦》心情[40]，那麼也距離陶淵明幻想的《桃花源記》也只差沒有「欣然規往」就「未果，尋病終」罷了。張衡在科學上的成就[41]，淹沒了他在文學、繪畫和政令治理上的成績。現在該是我輩為他做些適當"表揚"[42]和"平反"[43]的時候了。

39　郭建勛《楚辭與七言詩》，《先秦兩漢文學論集（祝賀褚斌杰教授從教 50 年紀念）》，北京・學苑出版社，2004 年。第 344 頁。"《思玄賦》通篇為騷體，共 356 句，比《離騷》僅少 17 句。這是作者有意識的安排…借鑒…模仿。"

40　王志堯等《張衡評傳》，河南大學出版社，1997 年，第 165 頁。

41　聯合國 1970 年把月球背面一座環形山命名為張衡山。1977 年，又把太陽系裏編號 1802 的小行星命名為張衡。

42　〈我怎樣教《張衡傳》〉，中國小學語文（中國特級教師文庫《小學語文教學藝術與思想》第二輯）2005 年？

43　雷立柏（奧地利・Leopold Leeb），《張衡，宗教與科學》，社會科學文獻出版社，2000 年。

（四）李善的求真與創新[44]

　　胡適先生是 20 世紀初對中國語言改革和推動科學考據貢獻最大的學者之一。他到美國康乃爾大學求學時，最初是想以農救國。但是被迫記憶 40 種蘋果來分析蘋果種類之後，就不堪痛苦而轉學哲學。但我認為正是這考證蘋果的基本分類、考證訓練，後來卻很可能引導他成為終身愛好考據國故的大師。他曾經說「做學問的人當看自己性之所近，揀選所要做的學問；揀定之後，當存一個「為真理而求真理」的態度。……學問是平等的，發明一個字的古義，與發現一顆恆星，都是一大功績。(《新潮》二卷一號，頁五六）」由此而觀李善注《文選》在文字學、訓詁學、校勘學和考訂學等等綜合學科上的成就，我們應當把他在中國文學史上過去只被視為一個"博學謹慎"的文人位置，適當地加以提高。

　　李善編修[45]《文選注》引書多達一千六百八十多種，征引博贍[46]，包括許多散失亡佚書籍的片段，成為後來學者 的"考證之資糧"。蘇軾在《書謝瞻詩》文中說：「李善注《文選》，本末詳備，極可喜。」這是指李善的工作"既真且善"。但是李善的真正突破和創新，則是王寧先生在《談李善的《昭明文選注》：代本書序》中所指出的「李善的《文選注》則是中國訓詁學史上第一部大規模的集部注釋，它適應文人文學作品的特點，發展出新的注釋體式，因而突破了兩漢與魏晉的（說解式、直譯式與考證式）經注

44 王寧《李善的《昭明文選注》與選學的新課題》，《昭明文選研究論文集》，吉林文史出版社，1988 年，頁 191-198。

45 岡村繁《〈文選〉李善注的編修過程》，《昭明文選研究論文集》，吉林文史出版社，1988 年，頁 165-175。

46 孫欽善《論〈文選〉李善注和五臣注》，《昭明文選研究論文集》，吉林文史出版社，1988 年，頁 176-190。

與子、史注釋，在古書注釋歷史上揭開了新的一頁。李善的《文選注》，就其注釋的主要手段而言，開創了一種全新的體式，即徵引式。它主要以鉤稽故實、徵引出處來達到解詞說義的目的。」王寧先生所指出的特點，其實也是一個研究李善《文選注》的創新。因為李善採取的“徵引式”，超越了一般文獻樸學“求真、求善”的標準，所以李善的方法也是“真善美”平衡的。

李善釋詩，“釋事而寓義”[47]，「以典釋典」、「以境比境」[48]，[49]，這是他是懂得《文心雕龍》“比興”之理。因為詩本來就不能翻成另一種語言[50]。一首詩，它可以既像無數朵花，也可能是像“熱情，熱情，猛如虎”一般地撲將過來，單手、單刀、單槍阻擋不住。因此用適當的“詩文舊典”來解釋後出的詩文，就像「用“量子力學的一顆子彈化成無數顆散彈”，去射擊撲過來的“無數的量子老虎”[51]」，無論“量子老虎”如何變化，也有一顆“量子子彈”會擊中它的要害。 散文名家陳之藩曾對胡適說朱子和陸象山的鵝湖之會，也是以詩言思[52]。意思是天下哲理解人難得，

---

47 黃侃評點《昭明文選》開宗明義第一條：「讀《文選》者，必須於《文心雕龍》所說能信受奉行，持觀此書，乃有真解。」

48 趙福海《從《文選註》看李善的美學思想》，《長春師範學院學報》2000年第三期。《文選學散論》，吉林人民出版社，2004年，第53至65頁。

49 李善註《昭明文選．卷17．傅毅〈舞賦〉》：“或有踰埃赴轍，霆駭電滅”，註曰：“言馬踰越於塵埃之前，以赴車轍，如雷霆之聲，忽驚忽滅。”林按：“忽驚忽滅”四字，本身是詩句，且比原句的“霆駭電滅”更有動態張力。

50 林中明《詩的本質與格式、聲韻、記憶、腦力的關係》，中國韻文學刊，2005年第三期，頁80-89。

51 George Gamow, “Mr. Tompkins in Wonderland,” London, Cambridge University Press, 1939.

52 陳之藩《在春風裏．序》：「……話題說遠。我們還是回到那年的暑假。有一次，適之先生鄭重其事地問我：「之藩，你說『為天地立心，為生民立命，為往聖繼絕學，為萬世開太平』，這四句究竟是在說什麼？」我說這不是張橫渠的話嗎？那天他鬱鬱不樂，只問我這四句話究竟是說

不是詩人，不是哲人，不是志士，如何解得詩人之詩，哲人之思，志士之愁？所以屈平、張衡固然各有其偉大的成就，而李善注《文選》，也有它的傲人成績。李善的"絕對總成就"雖然不及屈平和張衡，但他在"真善美"上的平衡成績，卻是一個值得探討的新題目。

五、結　語

本文針對《文選》、《文心》"選文"的"選或不選"的考量，對蕭統、劉勰和陶淵明這三位文選、文論、文學大師之間的連環套關係，加以探討。並試從全新的角度，以"智術一也"的看法，從〈桃花源記〉的部份文字來探討陶淵明潛隱的治學思維。作者又以〈閑情賦〉的特色，來探討何以我們今日看到的劉勰《文心雕龍》，其中不提陶淵明一字。並初次指出陶淵明於構建〈閑情賦〉一文時，所採取的的奇正辯證的筆法表達"十願與十悲"。強烈的對比和重復的節奏，全文中描寫艷情的六分之一的文字意外成功地"由質變到量變"，產生百倍的效果，造成許多學者讀者的感性衝擊，以至昭明太子之輩錯誤地以為〈閑情賦〉是一篇情色文章。所以逐漸轉為佛徒的劉勰‚很可能也沒有興趣在最後的修訂版《文心雕龍》中，"搖其筆端"加入對陶淵明的評語和應有的讚詞，而以"亡是可也"的態度，略過了屈平和杜甫之間的大文學家和思想家陶淵明。以此而觀，〈閑情賦〉之為文、為德、為情、為論之

什麼？我無辭可答。他為什麼比我還困惑呢？好像是同一天或第二天，他又問我：「之藩，你說，鵝湖之會他們講什麼話呢？朱子是什麼地方的人，陸氏兄弟又是什麼地方的人，言語不同啊！」我這倒有答案了。我說：「他們不說話，他們在開會之前作詩，會後還作詩。用作詩來表達思想、來溝通意見。律詩是不能廢的，他們所作也不是白話詩，也很少方言入詩。」

影響也大矣！

　　作者於簡略探討陶淵明的治學思維於謀篇戰略之後，對《文選》作者中的屈平、張衡，以及注《文選》的李善，也一併加以探討。這樣的方式去研究古典文學表面上似乎是創新，但是我認為這其實是"復古"。因為古時候的許多文人和高士都是全材，他們不僅擅文知武，也能問天探藝，既懂政經，也通史哲。所以我認為會通諸藝的"儒學"或"國學"，纔是孔孟、朱王的真實門徒。希望此文也能"因並觸類，廣其辭義。雖文妙不足，庶不謬作者之意乎。"

六、插　圖

圖 1　和陶淵明〈種桑長江邊〉

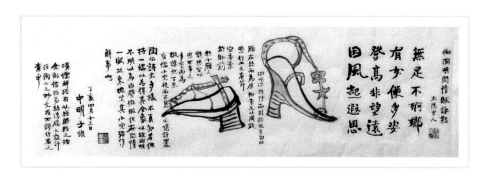

圖 2　倣淵明〈閑情賦〉詠鞋

II. 詩人的多樣性及幽默感

導　　言

　　歷來文人、學者品詩論文多半用大道可以"一以貫之"，和智者論事可以"一言以敝之"的態度來論斷詩人的"一種性情"和"一種詩風"。這個傳統，從文論大家鍾嶸、劉勰到今日，都少有例外。但是人性複雜，身心又與歲月遷移，又因季節、所在之地和對象的變化，於是真誠的詩人筆下自然反映了內外的變異，不可能只有一種詩風。所以詩的風格、形式和作用，在孔子所舉的"興、觀、群、怨"這四大類之外，還包括喜劇的幽默、戲謔，以及諷刺、批判形式和功能。所以我們論詩，就不能不瞭解絕大部份的大詩人，在詩多、類廣，思逸、言雅之外，必有其幽默、俗世的一面。

　　本組的討論主要針對三位唐宋大詩人 —— 杜甫、白居易和陸游。因為他們不僅上承陶淵明[1]，又向下繼續影響明、清以及民國初年的詩家，例如從王陽明、錢謙益和陳寅恪等著名文士、詩人、學者所寫的戲題詩裏，都看得到這個幽默戲詩的傳統。討論中華詩學裏的幽默感，劉勰的〈諧讔篇〉算是先驅。清初的金人瑞（聖嘆）則以別眼利筆，把傳統詩文中的幽默感，正式當作文學裏重要的成分，而加以闡明注釋。這些資料，胡適先生轉手加料，曾經大張旗鼓地宣揚"他所發現的老杜幽默感"於一時。宣揚一時

1　林中明〈陶淵明的多樣性和辯證性及名字別考〉，《第五屆昭明文選國際研討會論文集》，北京・學苑出版社，2003，第 591-511 頁。

而復歸於寂靜的原因之一，大概是由於幽默感在中華傳統儒家文化中長期受到歧視，而屬於弱勢文學和低級文化。但是要談文學裏的幽默感，必需自己先有足夠的幽默感，才能見出和重視前人的幽默感。文學本來具有喜怒哀樂多種內容，只有深沉的悲劇和歷史故事而沒有輕鬆而笑中帶淚的喜劇和幽默文學是不健康的文學。所以我認為"廣幽默文學"的研究和實踐值得加強和推廣，以平衡傳統文學裏過度開發的悲詩、憤文、纖詞和軟曲，並提升社會人際關係的和諧，與有助於個人的心理健康。

　　本組的第一篇 ──〈杜甫諧戲詩與四大詩人的幽默感〉，作者藉由研究詩聖杜甫的諧戲詩，來探討幽默感、幽默感的基因傳承，以及戲題詩的起源與幽默詩的種類。杜甫的詩作題材廣，感情深，有多樣性，於體式多所創新，而且又富「幽默感」，可以說是中華大詩人中"多樣性和幽默感"的代表。經由電腦檢索，作者率先在 2002 年指出杜甫諧戲詩的數目和頻率在《全唐詩》裏名列前茅。然而可怪的是 ── 前人和今人、學者和教師，絕大多數都認為或繼續認為杜甫的詩風「沉鬱悲觀」，似乎大多數研讀杜詩的人，也只是浮觀文句和"書云亦云"，以致古來學者大多以偏概全，錯解了杜甫的真面目，我認為這是中華文學史上一個極大的誤解和偏見。本文不僅將杜甫的幽默感和古代四大詩人 ── 屈原、陶淵明、李白、蘇軾相比較，更嘗試綜合領域地用簡明的「幽默交流矩陣數學」和「幽默特性函數」來解釋複雜的「幽默感」，並率先用兵法、量子力學的知識，來幫助瞭解動態幽默文學的攻守戰略和它的內外動力來源。希望這些新嘗試、新視角和新工具，能為古老"失速"的龐大「國學」和現代新銳的「文藝心理學」，帶來新而擴展的瞭解，與舊而忽略的知識，庶幾不負新的"知識平台[2]”對我們研究舊經典的幫助。

　　本組的第二篇，〈白樂天的幽默感與哭笑比〉，其中一部分曾刊於 2004 年日本《白居易研究年報》第五期的「討論廣場」，並承日本編譯者指出「本書在論證與資料運用的方法上，確實存在令人費解之處，不容諱言。然而，〈白樂天的幽默感〉一書仍具有其不可抹滅的價值，尤其作者介紹「陶淵明→杜甫→蘇軾」一脈相傳的幽默詩流派，並針對何以白居易（原本理應名列該流派中）缺乏幽默感，提出質疑，其論述非常值得讀者用心詳讀。正如作者所企盼的，希望此書得以成為大家廣泛討論白居易幽默感的契機，創造討論此主題的一方新天地。」在本書中的文章，則已倍增該年報所容許發表的內容，並附清晰的統計圖表，以解釋作者所使用的資料和方法，和加入“一般學刊所不容許”，但卻是有助於本文討論的帶有幽默童趣的詩畫插圖。

　　這篇論文除了率先探討了白居易自號白樂天的可能原因，和他的「樂天」心情在不同時期的變化之外，文中也討論幽默、諷諫、笑鬧在“熵”能正負貢獻的區別，並略述中、日、英、美幽默感的差異。本文更大量使用電腦（計算機）檢索，有系統、多層次地去分析白樂天的幽默感，用簡單的統計學，和新創的“笑哭比”、“悲哭哀愁總和指數”、“悲笑比”等新範圍及新方法，對白居易和十位唐代重要詩人相互比較和分析，其結果頗有一些前人可能意想不到，而或能一新時人耳目之處。

　　這篇論文不止是研究眾所皆知而未深究的“白樂天的幽默感”，而且闡明使用電腦檢索和數理統計可以擴大研究的範圍，

2　林中明〈經典與創新：從「知識平台」到「文化縱深」〉，《叩文經典》，第十屆「文化與社會」學術研討會（主題「經典與文化」）論文集，淡江大學，2004.11.25-26。臺北・學生書局，2005 年，頁 143-180。

並對舊有的課題找出新的意義，和得到更精確的答案。近來還有臺灣文學院教師主張"學文者不必學數理"，這真是落伍的思想。想想劉勰當年在《文心雕龍・程器篇》指出：「文武之術，左右惟宜。郤縠敦書，故舉為元帥，豈以好文而不練武哉？孫武《兵經》，辭如珠玉，豈以習武而不曉文也？」其胸襟何等開闊！其人在定林寺時又是何等地好學，於儒、道、釋、兵無所不學，無所不通！今日學文藝和學理工的老師和同學，有百、千、萬倍優於劉勰的學習環境，豈可繼續自閉於專科斗室，或不屑閱讀開導思想的"詩文"，或放棄現成方便的"方法"和"工具"還洋洋自得，驕其師友呢？

　　本組的第三篇，〈陸游詩文的多樣性及其幽默感〉，也是長文。作者試圖從更廣義的"文武合一"和"斌心雕龍"的新視角，來分析陸游的心態及其詩文。並同時探討他"多樣性"和"多維體"的成就，包括他的《入蜀記》遊記，《老學庵筆記》，史學著作《南唐書》以及他的書法成就。並再度借助電腦檢索，對陸游近萬首詩，作統計學的初級分析，以幫助瞭解陸游詩裏的"幽默感"和"憂傷感"等較明顯的感性傾向，並與陶淵明、杜甫、白樂天、蘇軾 等大詩人比較其異同。最後，借用劉勰《文心雕龍》裏〈養氣篇〉和〈程器篇〉的觀點，來探討陸游在文學創作上的動力來源，以及"放翁"在晚年進退行止上所遭受到的非議，並略述不同於前人的一些看法。

〈白貓黃蝶相戲圖〉戲題六句

莊子夢蝶，佛陀醒覺。童子上學，心不在學。撲蝶之貓，趣不在蝶。

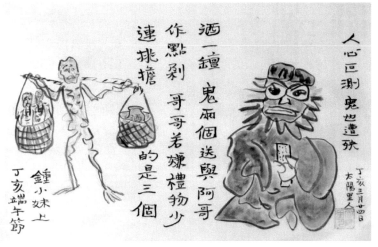

《清都散客》〈鍾小妹端午節賀節送兄鬼酒圖

杜甫諧戲詩與四大詩人的幽默感

提要：藉由探討杜甫幽默感的傳承、戲題詩與幽默詩的種類，以及和古代四大詩人—屈原、陶淵明、李白、蘇軾的幽默感，本文不僅探討中華戲題詩的起源和傳承，也藉助西方文學和心理學來探討幽默的本質，更創新使用數學矩陣和特性函數來檢視幽默的交流作用，並率先用兵法、量子力學來瞭解動態幽默文學的攻守戰略和內外動力學。

關鍵詞：戲題詩、陶淵明、金聖嘆、胡適、幽默特性函數、幽默交流矩陣數學

一、緣　起

隨著世界文明的和平進展，和大中華經濟圈的興起，以及自信心的恢復，中華文化又逐漸受到重視和欣賞。其中最具有實用價值和『陽剛』進取性的〈孫子兵法〉固然早已成為國際顯學。而在同時間，反面『陰柔』文藝性的學術研究，譬如古典文藝理論的「龍學」、「選學」以至於「書法」和「詩學」等的研究也都欣欣向榮，各領風騷，似乎是『情勢一片大好』。但是如果走近一看，內容卻又都是『似曾相識』，打圈圈的多，跨大步『走自己的路』和真正『走出去』的少。古典文學研究所踫到的『瓶頸』和

挑戰，其實也不是現代社會科學所獨有的困境和『專利』。當前電腦、通訊業所踫到的不景氣和滯銷，就業和資金的情況甚至更為嚴峻。

　　宏觀的來說，這是所有「智術活動」在快速發展中必然會因為"守舊思維"、"傳統方法"在"可用時間"減少時，"成果"的重量和濃度必然相對減弱的必然現象。

　　如何利用新的「知識平臺」提高視野，開發「創新觀念」，加強「文化縱深」[1]，使用新的方法增進效率⋯這些也都是所有研究『國學經典』者的共同挑戰[2]，只是因為競爭不如高科技業界明顯，不易引起量化的警惕和改進。

　　一千五百年前研究『經學』的劉勰也曾踫到同樣的困境。他說：「敷讚聖旨，莫若注經；而馬、鄭諸儒，宏之已精；就有深解，未足立家。」因此他才想到天下之事，不過都是「智術而已」，於是採取主動，發起攻擊，開闢新戰場，「搦筆和墨，乃始論文。」

　　研究杜甫的詩學，我們也踫到同樣的問題。古今箋注杜詩者，成千上萬。杜詩的韻律技巧，忠心仁懷，歷來文人論述不絕，『宏之已精』發掘殆盡。可以說是再『細推』下去，即使「就有深解」，也「未足立家」，甚至是添足和續貂。但是杜甫既稱詩聖，他的詩當然具有多樣性，而且在風格上尤多創新，而過去的研究者尚未體會其妙和甚解其義。杜甫用字也有許多創新，除了「餓死」這

1　林中明〈由〈文心〉、〈孫子〉看中國古典文論的源流和發揚〉，復旦大學 2000 年『古代文論研究的回顧與前瞻國際研討會』論文集，復旦大學出版社，2002 年 8 月，第 77-105 頁。

2　林中明〈舊經典活智慧 —— 從易經、詩經、孫子、史記、文心』看企管教育和科技創新〉，第四屆〈中華文明的二十一世紀新意義〉學術研討會論文集，嶽麓書院，湖南大學，2002 年五月。

些“新詞”之外，他也可能是最早把「物理[3]」這個別蘊哲理的名詞，在〈賈誼新書・道德說〉和〈淮南子・覽冥訓〉之後，首先應用到言情說理詩[4]裏的詩人。雖然他雄沉悲鬱[5]的詩風久為詩人和學者所推崇，但是杜詩裏的諧戲趣味，卻長久以來不僅“正解人”知音難尋，連“索解人”也乏人探趣。

　　人類基本行為古來不外『戰、走』二事，而古希臘以來的西方文藝不過悲劇和喜劇兩個大端[6]。但中國古典詩壇的大家，從唐宋到明清，文人以諧謔為低俗，所以對諧戲詩不值得作專門的論述，以致不能全面欣賞『詩』的多樣性，所以對『杜詩』的欣賞瞭解也缺了有趣的一角。這就像是吃了十幾道大菜之後，尾食竟缺了一道八寶飯之類的精緻甜食，不免有一種飽脹卻無趣的悵然。

　　因為看到古來對杜甫諧戲詩的欣賞還大有探索的空間，所以本文除了用古典文論的〈文心・諧讔〉為基礎[7]並綜合近代西方幽默心理學，〈孫子兵法〉等來討論杜甫諧戲詩的來源、種類，以及杜甫等大詩人在中國幽默詩學史上的地位之外，並特別提出簡淺

3　李政道〈中國古代的物理學〉，中國科學院建院 50 周年紀念會上的報告，2002 年 2 月。杜甫〈曲江二首〉之一：江上小堂巢翡翠，苑邊高塚臥麒麟。細推物理須行樂，何用浮名絆此生。

4　劉真倫〈易識浮生理難教一物違 —— 談杜詩的理趣〉，《杜甫研究季刊》第十九期，1989 年第 1 季。

5　吉川幸次郎〈中國詩史・杜甫小傳〉：(『自古有行旅，我何苦哀傷？』)『杜甫之所以對逆旅生涯如此傷感，最根本的重要原因，想作為一個實踐的的政治家的熱切願望，變得越來越渺茫，那才是悲哀的中核。』李慶譯，復旦大學出版社，2001 年。

6　維吉尼亞・吳爾夫（Virginia Woolf）〈燈塔行〉（To The Lighthouse）：「今兒是什麼把你弄醒的？」「是射到我床邊窗戶的陽光，照醒了我。」「喔，那是快樂的太陽，還是悲傷的太陽？」，1927 年。

7　林中明〈談〈諧讔〉兼說戲劇、傳奇裏的諧趣〉，〈文心雕龍〉學術研討會論文集，1998 年八月。〈文心雕龍研究第四集〉，北京大學出版社 2000 年，第 110-131 頁。

實用的物理思考，以及用"矩陣數學"的電路分析、"幽默特性函數"來解釋至今似乎仍然難以捉摸，不可方物的『動態幽默心理學』，以此就正於前修、方家及後之來者。但是由於篇幅的限制，此文也只能『觀江上水如海勢，聊短述』耳。

二、杜甫的諧戲詩體

大凡有文字的文明，一定會由於感情的需要，而發展出祭天地拜祖先的頌唱舞蹈，譏諷時政的歌謠讕語，和無數不加修飾、直接表達的男女情歌[8]。這就是〈文心雕龍‧諧讕篇〉所云：「夫心險如山，口壅若川，怨怒之情不一，歡謔之言無方。」早期的詩作大多文字質樸，感情真摯。但開玩笑的詩，從來就是「辭淺會俗，戲謔抃笑，妄笑狂歌，本體不雅，有虧德音，其流易弊。(〈諧讕〉)」真正既典雅而又能讓人起『會心微笑』，『悲中有喜，笑裏帶淚』的詩文，那是到了陶淵明才達到的新境界[9]。所以說諧戲詩體本非杜甫首創，而是從〈詩經〉的作者群到左思、陶淵明，梁武帝父子等，再繼續發展出來的特殊趣味，和無心而累積的成果。只是可惜過去的文人學者受到社教禮法和科舉考試的限制，大多缺乏孔、孟、陶、杜的心胸和『幽默感』，所以歷來箋注杜詩者罕能體會杜甫『淚中帶笑』的高妙，都以為杜甫只是個忠君愛民的『悲情詩人』，這真是小看了杜詩的「體大精深」。如果說杜詩的成就在於（1）題材多面和自創新體，（2）精於韻律善用文字，（3）

8　林中明〈中西古代情詩比探短述〉，第五屆〈詩經〉學術研討會論文集，2001 年八月。學苑出版社，2002 年，第 393-402 頁。

9　中明〈陶淵明的多樣性和辯證性以及名字別考〉，第五屆〈昭明文選〉學術研討會論文集，2002 年 10 月。〈文選與文選學〉，學苑出版社，2003 年 5 月，第 591-611 頁。

忠國愛民，和（4）悲喜兼具等四個大項；那麼如果讀者不能體會工部的『幽默』，就好像老虎跛了一腳，雖然虎頭虎爪俱在，但騰跳之際，精神就不免打了折扣，讓人誤為鬱病的大蟲，瘸腿的鐵匠鍛神 Hephaestus。

三、錢謙益、仇兆鰲、楊倫皆
不解杜詩裏的「戲」意

　　清代的錢謙益、仇兆鰲和楊倫都是近四百年號稱研究杜詩的大家，但是他們於杜詩諧戲幽默之處，卻都不能寫出他們所體會到的杜甫趣意。仇兆鰲的〈杜詩詳注〉在三家之中雖然最為詳盡，但奇怪的是，他卻完全不談『戲』字的隱義。楊倫的〈杜詩鏡銓〉號稱平正，也注意到詩意的疏解，但對『戲贈』解釋為「戲自贈也。後人自贈題本此。」可以說是「見其小，而失其大」。錢謙益傾一生之力注杜詩，臨終猶不能釋懷。然而他雖然注意到杜甫詩體常用『戲』字，但他以為工部「以詩論文，題之曰戲，亦見其通懷商榷，不欲自以為是。」沒有見出杜甫在表面的謙虛之下的自豪和諧戲情懷。真正以「將心比心」、拍案叫絕的方式來解說杜詩裏的幽默趣味，千載知音，古人中還只是被冤罪砍頭，臨刑還敢幽默地說 "殺頭是痛快事" 的金聖嘆一人而已。

四、金聖嘆的〈杜詩解〉

　　金聖嘆不僅對杜詩的註解做出貢獻，他所註解的〈天下才子書〉諸篇章，也都別開古來文藝批評之新面，每每見出前人所未嘗見，以致時人嘆為靈童鬼眼。他的詼諧故事更是膾炙人口，可

見他是因為學問淵博通達，而且天性幽默，所以纔能見出老杜的諧趣。他的朋友徐增序其遺稿〈才子必讀書〉曰：「聖嘆無我與人，相與則如其人，如遇酒人則曼卿轟飲，遇詩人則摩詰沉吟，遇劍客則猿公舞躍，遇釋子則蓮花繞座，遇靜人則木訥終日，遇孩赤則啼笑宛然也。以故稱聖嘆善者,各舉一端,以其人不可方物也。」因為杜甫是公認的『詩聖』，金聖嘆當然也曾想精注〈杜詩〉一顯才學眼手，傳之後世。但是可惜才大遭忌，冤枉地折損於哭廟一案，不能完成『六才子書』的注釋。

　　根據他侄輩金昌所輯的〈杜詩解〉，聖嘆曾說：「先生凡題中有戲字者，悉復用滑稽語。」可以說大大增益了錢謙益所評部份不足之處。然而金聖嘆一世儒生，雖具靈童鬼眼，或許因為他沒有經過長年饑餓的痛苦，和闖蕩江湖的經驗，所以沒能對陶淵明和杜甫在饑餓生活下的諧戲心理做進一步的分析。此外，金聖嘆雖然是文學評論的巨擘，但是本身不是詩體的創新大家，所以他對杜甫在創新時『以戲為豪』的心態自然不夠敏感。可以說金聖嘆對杜甫諧戲詩的研究，好比一個明星足球員，雖然眼明腿快，腳法靈活，把足球帶到了門前，卻少了臨門的最後一腳，於是讓三百多年後年輕的胡適順勢一撥，輕取一城。這個情形有點像牛頓說他的研究是站在巨人的肩膀上一樣。只是胡適奢談杜甫的的詼諧風趣，卻絕口不提金聖嘆，這和朱光潛談文藝裏的兵略，卻絕口不提好友朱自清的先見[10]，讓我既詫異且為大匠們為了爭"發明權"的『小器』而嘆惜。

---

10 林中明〈劉勰、〈文心〉與兵略、智術〉，中國社會科學院〈史學理論研究季刊〉，1996 年第一期，第 38-56 頁。

五、胡適的杜詩研究

　　胡適在研究中國文學白話史中杜詩的地位時說:「不能賞識老杜的打油詩,便根本不能瞭解老杜的真好處。正因為他是個愛開口笑的人,所以他的吞聲哭使人覺得格外悲哀,格外嚴肅。這樣頑皮無賴的詼諧風趣便使他的小詩自成一格,看上去好像最不經意,其實是他老人家最不可及的風格。」於是乎研究杜甫諧戲詩地位的最後的關鍵一腳,便由胡適藉助研究『白話文裏的打油詩』的『勢』,輕起一腳,撥球滾入,射門得分。

　　胡適雖然寫了一些有創意的白話詩,但他本身不是一流的詩人,甚至也不是『中品』的詩人。然而何以胡適能看到杜甫詩中的幽默,而其他研究杜甫詩學的古代和近代的學者,包括聞一多、郭沫若等等,以及古今一流的詩人都看不到呢?

　　劉勰說「見異,唯知音耳。」但就此一學案而論,我認為是『見同,乃知己耳。』因為胡適年青時留學美國,對於西方盛行的幽默機智別有體會,所以能站在金聖嘆的肩膀上,看到杜詩的森林裏,透出一座別墅的一角紅瓦。此所以他能看到比他高的人,所看不到的林中別墅。只是胡適在論文中,一句不提金聖嘆的開疆闢土的功績,真讓人大大遺憾。此外,胡適對杜甫諧戲詩的研究雖然有「承先啟後」之功,但是他的研究還是「才子章臺走馬看花」,匆匆到此一遊。而且也沒有看到杜甫和陶淵明及梁詩在諧戲詩上的淵源關係。所以本文不僅試圖"定點再射一球",而且以普及簡明的矩陣模式,架構出有系統而互動的「動態幽默心理學」,並將杜甫的諧戲詩與其他大詩人作比較,試圖在前修尚未曾觸及的地方,"射角球",開拓新的園地。

　　胡適研究學問，傾向於乾嘉考證之學。他的考證方法，也許是從他在康乃爾大學分析四十多種蘋果種類時，得到一些西方驗證法的啟發。雖然這對研究佛學唯心的智慧幫助有限，但對基本『國學』的研究，尤其在上世紀之初，可以說是『瞎眼之島，獨目稱王。』對于杜甫『幽默感』的來源和特質，曾經受過西方『幽默感』文明洗禮的胡適當然不會放過這個機會，並也提出一二個"半個新見"，如祖傳幽默感，一些驚嘆號，和許多形容詞。

六、杜甫諧戲詩的來源

（一）先天的祖傳家學

　　元稹說杜甫的詩藝「盡得古今之體勢，而兼人人之所獨專。」可以說是"知詩"之言。但是說到杜甫諧戲詩的來源，則似乎只有胡適直指它來自杜甫的祖父杜審言。近代文藝心理學也有不少學者認為雖然文藝修養和幽默感都可以從後天去培養，但大部份還是基於各人的天性，或者還有部份來自遺傳的可能。如果誠如此派學者所言，那麼如果一個人『天生』沒有文藝細胞和幽默感以及領導能力，則似乎注定後天的教育也就只能找到小河，「順水推舟」而漸進，或者「揠苗助長」，以求短期有限的速效，然後如「彼得定律[11]」一般地失敗。

　　雖然胡適正式指出，杜甫諧戲詩和他的詩學淵源，很可能有

---

[11] The Peter Principle is the principle that "In a Hierarchy Every Employee Tends to Rise to His Level of Incompetence." It was formulated by Dr. Laurence J. Peter and Raymond Hull in their 1968 book *The Peter Principle*. （Wikipedia）

一部份來自祖父杜審言。但北宋的黃庭堅早已說過：「杜之詩法出審言，句法出庾信，但過之耳。」南宋的陳振孫也說：「甫之家傳有自來矣」。此外，南宋的楊萬裡，繼承了陶、杜的幽默，也注意到這個脈絡，曾於〈杜審言詩集序〉中感嘆地說：「余不知祖孫相似其有意乎？抑亦偶然乎？」難怪杜甫自己也驕傲地說「妙絕與誰論，吾祖詩冠古。」（〈贈蜀僧閭丘師兄〉）。

　　明朝的胡應麟在〈詩藪內編〉中推崇杜審言的五律為初唐第一，而且七律和五律二體之妙，實為獨創。在仔細研究了杜甫和杜審言的聲律辭章、氣象風格之後，胡應麟「明確拈出了『少陵家法』的命題來概括其詩歌藝術的承傳關係，來自於家風、家傳；而且突破了句似、語脈、粘對和詩法的傳承關係[12]。」所以胡適的『新見』，其實是借用前人的舊見。可以說是借古人的錦衣絲袍來披身，只是換了一頂法蘭西帽而已。

　　既然杜甫的詩學是乃祖家傳，那麼他的幽默感也就其來有自。根據〈新唐書・杜審言傳〉的記載，杜審言「恃才高，傲世見疾」。又記載他在臨死時還有餘力開老朋友的玩笑，竟對詩人宋之問和武平一諧謔地說「然吾在，久壓公等，今且死，固大慰，但恨不見替人」。所以有幽默感的胡適據此一條，便『大膽的假設』此事說明杜甫的幽默感來自乃祖。但傅璿琮認為〈新唐書〉的記載是軼聞[13]。因為根據宋之問的祭文和〈唐詩記事・卷六〉有關武平一對杜審言的推崇，『這其間看不出〈新唐書〉本傳所載那樣傲慢的情狀』。則似乎認為如果杜審言死前的話語是實，則所記載的言語大概不是開玩笑，而是一種近于『文人相輕』，死不認輸的

12　朱學東〈『少陵家法』與唐詩研究〉，杜甫研究學刊，2002 年第一期，41 至 50 頁。

13　傅璿琮〈唐代詩人叢考・杜審言考〉。

傲慢。胡適和傅璿琮在看法上的差別，我想可能是兩人性格和經驗不同而致[14]。胡先生性情或較幽默，所以看到幽默的一面。傅先生雖然隨和，但比胡先生或較嚴肅，所以認為杜審言臨死所說的話，如果是真事，則為『傲慢』的表現，因此斷為非真，而是軼聞。與此相比，1592 年英國的的劇作家羅勃・格林（Robert Greene），在臨死前譏諷宿仇莎士比亞為「一隻借用我輩羽毛而暴發的烏鴉」，則真是死不停嘴的譴舌矣！

　　關於杜審言臨終之言，我的判斷則傾向於胡適的直覺猜測。因為我根據宋之問弔杜審言的祭文裏有「君之將亡，其言也善」一句話。我認為這反襯出杜審言平日說話一定相當幽默，甚至諧近乎謔，常常讓別人當眾出醜，下不了臺。〈新唐書・杜審言傳〉說他從『洛陽縣丞貶吉州司戶，又與群僚不協，共構之繫獄，將因事殺之。』想來也是開同事的玩笑過分所致，讓同僚又窘又忌，難怪讓小人和頑固的道學之士氣到動了殺機。我認為這情形也和後來的才子蘇軾在朝『受剿』相類似。杜審言一直到快要死了，才『命子誡妻』。但是看到老朋友，仍然改不了真性情，又開了一個善意的『最後的大玩笑。』所以我認為他真正的意思恰恰和文字表面的意思相反，乃是稱讚宋、武是『替人』也，而不是刻薄自大，至死不悔。

　　清初的黃生（1622-1696？），我認為很可能看過金聖嘆（1608-1661）的〈杜詩解〉。在他的〈杜詩說〉裏也注意到杜甫『假喜為嗔』和『意喜之而故怨之』的藝術手法[15]，我認為這也

14　林中明〈陶淵明的多樣性和辯證性以及名字別考〉：這是「慣性」難改和數學的「集組映像」（set mapping）的缺乏對應，而和學問功力似無直接的大關係。

15　徐定祥〈以意逆志，盡得性情 ── 評黃生〈杜詩說〉〉，杜甫研究學刊，1994 年第二期，52 頁。

和杜甫乃祖的作風是如出一轍。平日嚴肅的人，當然不能瞭解這種以『基本反語』開玩笑的技巧，所以杜審言最後的笑話讓不少後來『板起面孔』來學「詩」的學子跟著前人『道學』的思維走了自我局限的錯路。古諺說『夏蟲不可語冰』，並不是說『冬蟲』優於『夏草』，而是說人皆有其本性和環境下的長處和盲點，這也是學術理論上千古不移的真理。

（二）後天的影響：應璩、左思、陶淵明、梁詩

至於後天的影響，胡適說：『杜甫的〈〈北征〉像左思的〈嬌女〉，〈羌村〉最近于陶潛。』鍾嶸〈詩品〉說「魏侍中應璩詩，得詩人激刺之旨。宋徵士陶潛詩，其源出於應璩。」這大約是指應、陶兩人都有諷刺的詩風。但我認為應璩的〈百一詩〉，繼承〈詩經〉的諷刺筆法多於諧戲的幽默，所以對杜甫的諷刺朝政時事筆法的影響多於左思和陶潛。至於左思的〈嬌女〉或許曾帶給淵明一些靈感寫幽默的〈責子詩〉，而淵明和梁詩裏的諧戲幽默又再影響杜甫。但是談到詩裏的幽默感，應璩和左思都遠不及陶潛。所以胡適說：「陶潛出於應璩，只是說他有點詼諧的風趣而已」，是說對了一部份。至於鍾嶸說的「（陶潛詩）協左思風力」。我認為這是說左思〈詠史詩〉中論兵法，讚荊軻等等，都和陶淵明偶爾透出的豪氣相類似，但和陶潛的諧戲詩無關。

胡適又說：「陶潛與杜甫都是有詼諧風趣的人，訴窮說苦都不肯拋棄這一點風趣。因為他們有這一點說笑話做打油詩的風趣，故雖在窮餓之中不至於發狂，也不至於墮落。這是他們幾位的共同之點。」我認為這倒是講到要緊處，而且對各時代壓力下的知識份子也有啟發性。

以上討論了杜甫諧戲詩的來源，下面就回過頭來重新認識近

代心理學家對『幽默』的認識和界定。

七、幽默諧戲

（一）『什麼是『幽默[16]』？

　　這個問題就像問『什麼是詩，何謂之美』一樣：不問的時候，大家似乎都知道什麼是『詩』，什麼叫『美』。但是一問、再問到了三問，反而攪糊塗了[17]。但是有些開放性的問法，雖然沒有固定的答案，卻也能讓我們擴大認識這個問題的範圍和深度。譬如我們可以試問："幽默"是何"詞類"？它是"名詞"？"形容詞"？"副詞"[18]？可不可以作"動詞"？這些問題雖然都能輕易地列出一些答案，但也都不是全部的答案。此所以"幽默"的研究表面是"文學"，但究其攻守，也是"兵法"；探其用心，則更是"心

16　*The American Heritage Dictionary, 4th edition, 2000*：1. The quality that makes something laughable or amusing, 2. That which is intended to induce laughter or amusement, 3. The ability to perceive, enjoy, or express what is amusing, comical, incongruous, or absurd. 此外，具權威性的字典，*Fowler's Modern English Usage*（2nd edition 1965），也曾列了一個簡表，以分辨 humor, wit, satire, invective, sarcasm, irony, cynicism, and The sardonic.〈辭海·幽默〉：發現生活中喜劇性因素和在藝術中創造、表現喜劇性因素的能力。幽默在引人發笑的同時，竭力引導人們對笑的對象進行深入的思考……超越滑稽的領域，而達於一種悲愴的境界。

17　〈陳省身文集·南開訪談錄〉：『問：什麼是好的數學呢？答：這很難下一定義。但是大家心裡都有數。舉例來說，費馬大定理（Fermat's Last Theorem）的敘述很簡單……走在大街上可以對行人講明白，但是證明很難，內涵很深。』華東師範大學出版社，2002 年，p.72。

18　John Allen Paulos, *I Think Therefore I Laugh - An Alternative Approach to Philosophy*, Columbia University Press, 1985. In *Afterword*, p.153, "Humor too is adverbial and qualifies one's approach to other activities. One answers questions humorously, analyzes a situation humorously, writes or speaks humorously."

理學"和"哲學";聽其笑聲和觀其身體動作,又是"生理學";如此複雜的身心機制和人我語言的往來,當然不能只"摸象之一肢",應該用更多的數學來輔助分析這"多元聯立方程式"。

　　人類的文化背景和所處的環境雖然不同,但對幽默、機智和諷刺、笑謔的理解和反應大致是類同的。只是古今所用的『專有名詞』隨時間地域而變,使得原本『人同此心,心同此理』的幽默諧戲變得複雜,有時竟成了文字學的問題,不懂相關文字的意義,則無共通的幽默可言。古希臘的哲人蘇格拉底喜歡用撥根探底的問話方式來探討問題,或者以之來說服對手。蘇格拉底和弟子有關幽默諷刺的討論,也記載於柏拉圖的著作中。

　　【幽默倫理學:"To Laugh Or Not To Laugh, That's The Issue"】

　　西方探討"幽默"、"諷謔"的意義,可以上溯到柏拉圖在 *Philebus* 48-50 裏指出弱者的無知失控為可笑,但強者的無知失控則為可恨。柏拉圖在〈共和國(*Republic*)〉388e 和 389a 裏更指出文學如果毫無節制地亂開玩笑開到神的頭上,即使是大詩人荷馬的〈依裡亞特(*Iliad*)〉i.599-600 裏荷馬把瘸腿的鐵鍛之神 Hephaestus 拿來開玩笑[19],也是不予苟同,而應該加以剔除的。取笑強者必然惹禍。取笑弱者,又缺乏同情心。陶淵明的岳父孟嘉溫雅平曠,被長官庾亮和桓溫取笑,不以為意,反而得到尊敬。杜甫的祖父杜審言和蘇東坡都喜歡開別人玩笑,逗一時之快,得罪了不少人,丟官和幾乎送命,都為幽默付出代價,真可謂"官職誠可貴,生命價更高,若為幽默計,兩者皆可拋!"笑還是不笑?什麼時候、什麼地點可以笑,不該笑,又如何對付譏笑?有誰能像孟嘉龍山落帽,"見譏,笑而請筆作答,了不容思,文辭超

---

19 Homer, *Iliad*, i.599-600. "And unquenchable laughter arose among the blessed gods. As they saw Hephaestus limping through the hall."

卓，四座嘆之。" 轉嘲為敬，文德俱顯！這真是個值得研究的大問題[20]。但是在科舉考試掛帥的中國，這個題目卻從來不能登大雅之堂，所以歷來文人學者，只重複說前人的笑話，沒有人把"幽默、諧讔" 當作一門學問來討論。

相對中華的保守，西方對幽默的研究，到了近代得助於新興"心理學"的「知識平臺」，而大步躍進。譬如柏格森（1859-1941）[21]和弗洛伊德〈論幽默 1905〉等的 "傳統戲笑與幽默理論" 的研究，就傾向認為幽默的樂趣動力來自一種感情能量消耗的節餘。換成類似孔子的話，可以說就是『心有餘力，則以笑聞』。譬如說，工作壓力大，而舉止自由也較多的美國，『幽默』就是一個必要的『壓力釋放閥』和『衝突減少劑』。在一個經常受到不同壓力的環境裏，『幽默發笑』的條件首先要能確定自我安全，和優越感的建立，然後纔能 "獨笑樂" 以及 "眾笑樂"。達成『幽默發笑』的方法有主動和旁觀兩大類。主動的方法可以經由語言、動作來自我釋放欲念，轉移壓力，或自嘲以先行減低因拙為、愚行、異動、奇想等所受到的嘲笑壓力，也可以用文字言語或間接動作對不滿的人事表達攻擊。旁觀者除了接受幽默戲諷的訊息而發笑，也提供一個參考點和 "正、負回授"（positive or negative feedback）的路徑和能量。

---

20 Ronald de Sousa, *The Ethics of Laughter and Humor*, Ch.IV of *The Philosophy of Laughter and Humor*, State of University of New York Press, 1987. pp. 225 - 249.

21 柏格森（Henri Bergson），*Laughter: An Essay on the Meaning of the Comic*, translated by Cloudesley Brereton and Fred Rothwell, New York, Macmillan & Co., 1911。

（二）藉助 "矩陣數學"、"特性函數" 和 電路分析方法來探討幽默交流作用

　　傳統幽默戲笑研究的這些說法，也都牽涉到每一個有關詞彙的定義。邏輯學家即使能把詞彙的定義『原子化』，但如何再把它們組合起來，又成了新的問題。所以這一類的基本問題越研究就越複雜，雖然人人似乎都可以找出新的案例，但卻缺乏簡明而廣義的解釋。這種情形也和『經濟理論』的研究類似，常常是三位專家，卻有六個觀點，而且每一次的觀點又常與上一次不一樣。加以使用的術語又各有發明，讓外行人聽得既佩服，又迷糊。所以新一代的經濟學者就傾向於使用通用的數學符號和方程式來進行或然率的數量分析，以避免人各一詞所造成在起始點和中局架構就發生不同解釋的混亂。

　　面對同樣的挑戰，我認為不妨藉助簡明的近代矩陣數學，和類似基本電子電路分析中，兩組輸入（給我）和輸出（到別人）雙接頭的『特性函數矩陣』（characteristics Matrix），以 "幽默特性函數" 和 "幽默交流矩陣數學"，來表達別人、我，語言、行為間的相互來往交流，非單向進行的群體互動關係：

$$B_1 = S_{11}*L_1 + S_{12}*L_2 + b_1$$
$$B_2 = S_{21}*L_1 + S_{22}*L_2 + b_2$$

此處　B　變數是指行為（Behavior）；L 變數是指語言、文字（Language, Character）；S 變數是指幽默特性（Sense of Humor characteristics）；b 變數是指背景噪音（Back ground Noise）。

　　B_1　代表自己的行為；B_2　代表對方的行為；

　　L_1　代表自己的語言；L_2　代表對方的語言；

　　S_{11}　代表自己的『幽默特性函數』；S_{22}　代表對方的『幽默

特性函數』；

S_{12}　代表自己主動與對方反應的『幽默特性函數』；

S_{21}　代表對方主動與自己反應的『幽默特性函數』；

b_1　是對自己行為起干擾的『背景噪音』；b_2　是對對方行為起干擾的『背景噪音』。

　　在這種廣義的互動關係之下，我們立刻就可以看出，既然人我、彼此的四個『幽默特性函數』就有多種的可能；若再加上語言、行為的複雜度和流動性，當然就會使得整個系統的變化種類有無窮種之多。許多研究報告用『窮舉法』來極列舉人類、社會[22]和時空對『幽默』影響的情況[23]。這些散漫的情況如果用簡單明暸的『幽默特性函數』去解釋，就能把極複雜的『幽默感』分析，經由 "幽默交流矩陣數學" 的形式，在思考上變成較易理解的互動系統，而不是 "順水推舟" 式地四處收集、排列已知的各項說法；或在單一作用方向，和線形時間上，進行探討簡化的平面場地；或者添加一些曲面的複雜度所作的研究而已[24]。

　　雖然如何選用適當的數值代入這個幽默矩陣聯立方程式還只是初步的『半科學』，但是至少人們能藉此一架構，較清楚地看出

22　釋惠敏〈印度梵語戲劇略論〉：「戲劇演出成功可分為『人的成功』與『神的成功』兩類。以觀眾的言語與肢體的感情反應為判斷標準。所謂『人的成功』，是指觀眾有微笑、半笑、大笑、叫好、驚喊、悲嘆、哄然、毛豎、起身、贈物等反應。若是觀眾認為此戲能充分表現真情與各種情態，或劇場滿座，無騷動與異常現象則歸於『神的成功』」。藝術評論，1996。

23　瑪哈特 L·阿伯特〈幽默與笑：一種人類學的探討〉，金鑫榮譯，南京大學出版社，1992 年。保羅·麥吉〈幽默的起源與發展〉，閻廣林譯，南京大學出版社，1992 年。

24　John Allen Paulos, *Mathematics and Humor,* The University of Chicago Press, 1980. Ch.5: A Catstrophe Theory Model of Jokes and Humor, pp.75-99.

『幽默行為』的主從、來去互動的關係和訊息能量的走向。幽默
戲笑的內容複雜，但是交互作用的架構可以有系統地簡化它的作
用關係和變化方向，因此可以在“不犧牲內容的複雜度“上，因
系統簡明而幫助瞭解和探討問題，這和一些因過分簡化而喪失訊
息的作法是大不相同的。所以作者在此特別提出這樣的方法並簡
略地加以敘述，希望它能給 21 世紀的“現代幽默研究”和「文藝
心理學」帶來在電路設計上早已成功使用近“百年之久”的“新
方法”[25]。

八、幽默諧戲動力發生的原因

幽默諧戲和發笑的原因，我認為可以藉用一些通俗而實用的
理論，來簡化複雜而講不清楚的『學理』和『假說』：

（一）餘力導致發笑：『古典力學』
能量移轉、減壓說

這個簡單理論可以較清晰地解釋，人們情感的移轉，類似古
典力學的能量移轉。譬如說，默片時期卓別林的滑稽電影，常用
『與眾不同』的『異動』來造成觀眾的發笑。又如在音樂中，莫
扎特的音樂和歌劇裏常有詼諧的樂句和動作。他甚至故意在音樂
裏放入錯位走調的音符，能讓音樂的行家忍俊不住，笑到捧腹絕

---

25 英國心理學家 Carol Rothwell 在調查 1000 個英國人對快樂的定義之後，
於 2003 年 1 月發表滿足公式 C=P+5E+3H。C 是 Contentment（幸福、滿
足），P 代表 personal traits（個人性向，包括生活觀、耐苦、抗變），E
代表 Existence needs（生存需要，包括健康、金錢、朋友），H 代表 High
order needs（高級需求，包括幽默感和自尊）。林按：這也是社會科學走
向簡單數學的又一新例。

倒。『樂聖』貝多芬雖然行止語言嚴肅，但他卻首度把巴洛克時代已有的詼諧樂曲，以 Scherzo（詼諧曲）的形式用於第二和第七交響樂。海頓也採用了這種『新』花樣，把它用於編號 33 的六首四重奏中。（Opus 33: *Russian Quartets, or Glischerzi*）可見得中西的詩聖和樂聖，對藝術中的『詼諧』形式和發展，也有相通之處。這種形式，除了打破沉悶之外，也是一個簡短地放鬆繃緊的神經，對生命加以反思，而各個音樂家依其性格，藉曲式來傳達他們的笑聲[26]。

（二）放光與發笑：『量子物理』能階
　　　跳躍導致的『雷射放光說』

人類會突然發笑，是由於情感能量的移轉。特別是當人們覺察到自己是處於『優越』和『安全』的地位。這個多餘的能量，在瞬間從『緊張』的高度，降到『行有餘力』的低處，這個過剩的能量就可能變成『發笑』的動力之源。這種情況，有點類似於『雷射放光』所基於的『量子物理』能階跳躍。

（三）奇、褻則笑：《孫子兵法》奇正相對論

《孫子兵法》說：「奇正相生，如環之無端。」我認為用《孫子》的奇正相對論可以解釋為什麼有些事情會讓人覺得奇怪、不諧和。而奇之大者，令人驚嚇；奇之小者則能令人趣笑。就像人的皮膚受到突然的刺激時，大的刺激就產生痛感，而微小的刺激，則產生癢感和笑意。所以說，天下事，不奇不笑，不褻不笑。

26　John Fu, private communication, 2003, 1, 22.

（四）『電腦系統』記憶比較功能：

　　雖然〈孫子〉的「奇正」理論變化無窮，但是何以產生「奇正」的感覺？這就牽涉到人腦的『記憶』和『比較』功能。沒有過去經驗的記憶『檔案』，則新的刺激不能和舊的記錄比較。比較的結果如果『新』的刺激信號和『舊』的經驗一樣，那就是所謂的「正」。對於正經八百的事物，人們是不會笑的。會笑，一定是因為時空、主從等等平日習以為常的『人、事、物』突然變得不同甚至『奇怪』。如果這種『奇怪』能使自己覺得『優越』，那麼情感上累積的"或戰或逃"的應變能量就會由『發笑』的方式放泄出去，以解除緊張的神經壓力。所以說，除了人以外，動物是不會發笑的；經驗窄，框框多，記憶差的人，也是較不容易發笑的。而有幽默感的人，又多半是具有較高的「情感智商」和對於人、事、物的變化敏感者。時下美國有些服務業公司，如 SouthWest Airline，在選錄新雇員時，在考試之中，一定測試其幽默感的高下和有無，就是這個道理。

　　有了新的『知識平臺』、分析工具和理論基礎，我們對杜甫的幽默感當然就有新的瞭解。

九、杜甫諧戲詩

（一）諧戲詩的種類

　　杜甫詩的類型集古人之大成，其中有長有短，有悲有喜。諧戲詩的部份，從攻擊性的「諷刺」詩到化解性的幽默詩都相當出色。若從兵法的角度來分析「幽默」「諧戲」，我認為可以把「幽默」「諧戲」大約區分成『文』『武』兩大類。『武』的諧戲屬於『攻擊性』的言語行為，從婉轉隱喻地諷諫其上，到縱橫雄辯地譏諷左右時人時事，到無所保留地責譴其下等等，多半是「把自己的快樂建築在別人的痛苦上」，易發難收，常有後患。

而『文』的諧戲則屬於『化解性』的言語行為，它們傾向於「把自己的快樂建築在自己的痛苦上」，或者「把朋友的快樂建築在自己的快樂上」，微言大義，或諧而知音，或一笑解憂。雖然就種類而言，『文』『武』兩類各有所長，但我認為在文藝的蘊藉、文字的運作和修養的層次上來看，「硬語」易擲而「軟言」難敷，『直武』常不及『文曲』。而且從熱力學的角度來看，『武道』的諧戲幽默常常是「硬碰硬」，「直來直往」，『以暴易暴』，結果產生更多的廢熵和反彈。而上乘『文道』的諧戲幽默，則常有化解人我憂傷，內外憤恨的功能，因而降低人間的廢熵，減少敵意和失衡。因此在這篇論文裏，我的討論重點專注於前人較少注意的『化解性』幽默，而捨棄容易激起注意和已為多人研究過的『攻擊性』諷諫、諧謔。當然，勇於"投槍"搏虎的"諷諫詩"，如後來白居易的新樂府創作，那還是很值得我們敬佩的。

「諧戲」「幽默」的語文和「笑」的行為如「雞之於蛋」而不可拆分。所以要研究「諧戲」和「幽默」，就必先研究「笑道」。已故的戲劇大師齊如山曾經分析平劇中『笑』的種類，結果列舉出一百多種。可見得人類『笑』的心理和行為是多麼複雜，所以我用矩陣方程和「幽默特性函數」來輔助瞭解「幽默戲笑」實在有其必要。至於詩裏的諧戲種類，我們可以從低級的胡鬧和噪鬧，到攪笑、戲笑，升高到『採用漫畫手法的自諷自嘲[27]』和『無聲

---

27 川合康三〈杜甫詩中的自我認識和自我表述〉，杜甫國際研討會，淡江大學，2002 年 11 月 27、28 日。

勝有聲的幽默』，種類繁多，族繁不能備載。所以唯有藉助於變數方程系統，才能有效管理，而不至於『翻倒荷芰亂，指揮徑路迷。』（杜甫〈泛溪〉）

　　一般白話文和打油詩的諧戲多半流於「辭淺會俗，但本體不雅，其流易弊，有虧德音」（《文心雕龍‧諧讔篇》）。上乘的幽默，要不是機智典雅，如《世說新語》；或者就是表面嘻鬧，而『笑中有淚』；如卓別林的喜劇默片，不說一語，而盡得哀樂之情。同樣的道理，上乘的悲劇也有用笑鬧的場面來襯托出深沉的悲痛，就像冬日濃雲之中突然透出一束溫暖的陽光，這使得陽光消失後的天色格外顯得沉鬱寒冷。例如古典戲劇大師莎士比亞悲劇裏，都活用小丑，並給予重頭戲，以對照那不可避免的悲劇結局。當代的例子如贏得 1998 年奧斯卡『最佳外國影片』的《美麗人生》（Life is Beautiful），其中描述集中營裏的一個猶太死囚，為了使自己的幼兒在絕望的環境裏感到快樂，而手忙腳亂地強顏歡笑，粉飾太平，讓已知悲劇結局的觀眾，份外感到心酸。

　　就近代有名的作家而論，林語堂的幽默多屬於"文"，而能自娛娛人。魯迅的幽默多半是"武"，是屬於『攻擊性』的諷刺，殺傷力強，敵痛我喜。若以四季來分，魯迅是屬於秋風和冬雹型的諷刺大師（雹多見於春秋，但偶然也能在冬天發生）。而陶淵明的幽默，「不戰而屈人之兵」，似乎是春夏之間的輕風飄雨，淡而無傷，涼中透暖。杜甫的幽默範圍最廣，有攻有守，或笑中帶淚，也能悲復能歡，笑突轉傷，可以說是春夏秋冬四季，兼而有之。杜甫的幽默感表現得最醒目之處，除了字句中直接用『笑』『戲』的詩之外，乃是他那些以「戲」為題的詩。

（二）論杜甫好以『戲』為詩題且多變化及創新[28]

　　杜甫詩集中題為「戲」者，以詩題單個計算，包括《仇本》的目錄上列有〈戲為三絕句〉的詩題者[29]，共有 22 題[30]。若以一題而有數首計，再加上三首原注中有『戲』字者[31]，則有 38 首之多。這個數目在臺灣元智大學 2002 年電子版的《全唐詩》中近 380 首以『戲』為題的詩篇裏幾乎占了十分之一，僅次於效法杜甫寫「戲題詩」，傳世近三千首，倍於杜甫的白居易的 90 首[32]。宋代詩人又再受到陶、杜、白等詩人的影響，《全宋詩》（元大 2002 版）中以『戲』為題者近千，約有 995 首左右，比《全唐詩》多了兩倍半；而用『戲』字的宋詩約 414 首，424 句。宋朝大詩人

28　蔡錦芳〈談杜甫的的戲題詩〉，《杜甫研究季刊》第三十一期，1992 年第 1 期。

29　按：但書中則又只用〈三絕句〉為題，與另組非幽默的〈三絕句〉相重復。此組三詩〈戲為三絕句〉別具幽默，一為惜花之戲言，一為與鳥為樂之戲言，一為自賞其竹而不應客。難怪明代楊慎讚曰：「楸樹三絕句，格調既高，風致又韻，真可一空唐人。」

30　杜甫：〈戲簡鄭廣文兼呈蘇司業〉〈閿鄉薑七少府設鱠戲贈長歌〉〈戲贈閿卿秦少公秦少公短歌〉〈戲題王宰畫山水歌〉〈戲為雙松圖歌〉〈戲作花卿歌〉〈戲贈友二首〉〈春日戲題惱郝君兄〉〈戲呈元二十一曹長〉〈風雨看舟前落花戲為新句〉〈官定後戲贈〉〈路逢襄陽楊少府入城戲呈楊員外綰〉〈（仇本）戲為三絕句〉〈戲為六絕句〉〈數陪李梓州泛江有女樂戲為艷曲二首〉〈戲題上漢中王三首〉〈崔評事弟許相迎不到，應慮老夫見泥雨怯出，必衍佳期，走筆簡戲〉〈戲作俳諧體遣悶二首〉〈戲寄崔評事表侄等〉〈官亭夕坐戲簡顏少府〉〈纜船苦風戲題四韻奉簡十三判官〉〈遣悶戲呈路曹長〉。

31　〈愁（原注：強戲為吳體。）〉；〈戲作寄上漢中王二首〉（原注：王時在梓州，初至斷酒不飲，篇中戲述。）；〈王竟攜酒，高亦同過，共用寒字〉（原注：高每云：汝年紀小，且不必小於我。故此句戲之。）

32　林中明《白樂天的幽默感》（日文譯者：綠川英樹），日本，《白居易研究年報》，勉誠出版（株），平成十六年八月，2004 年 8 月，第 138-153 頁。

陸游學陶、杜、白、蘇，也好用『戲』於詩題，流傳下來的竟有416 首之多（元大 2002 版），恐怕是歷來詩家之冠[33]。白、陸二人的詩有如此大量的『戲』題詩，我認為他們都曾受到陶潛、杜甫『戲』題詩流風的影響[34]。中唐詩魁白居易學杜，而幽默感不及杜，或者和他經學濟世的志向與官場的拘束有關。他曾有〈楊柳枝〉詩句戲答劉夢得曰：「誰能更學孩童戲，尋逐春風捉柳花？」也顯得有些自知之明。杜甫的諧戲詩甚至影響十七世紀日本江戶時期的俳句大師包括松尾芭蕉[35]。這也是另一個可深入研究的論題[36]。

（三）戲題詩的源起和初祖：梁武帝蕭衍父子

杜甫雖然有「詩聖」之稱，但是他除了家學，也承傳前賢。就詩的發展史而觀，漢魏詩人都很少用『戲』於詩題。譬如著名的三曹，就未見用『戲』於詩題。南朝虞龢〈論書表〉記載劉宋內府所藏王羲之法書中有「紙書戲學一帙十二卷」。若是真本，則王羲之則是用『戲』於文藝的始者之一，或者東晉人已有此習語。但到了南北朝的梁朝三帝，在《全梁詩》的 10 首『戲』題詩裏，梁武帝父子就佔了 7 首：梁武帝有〈戲作詩〉和〈戲題劉孺手板詩〉；梁簡文帝有〈戲贈麗人詩〉，〈執筆戲書詩〉和多韻體的〈戲

33　林中明《陸游詩文的多樣性及其幽默感》，陸遊學術研討會論文集，福建・武夷山，2007 年 12 月 8、9 日。（《中國韻文學刊》，2008 年第 4 期，第 59-73 頁。）

34　林中明〈論杜甫諧戲詩對唐宋詩家的影響〉（未發表）。

35　江戶時期的西山宗音主張俳諧的滑稽性和創作自由，他的「談林派」也影響芭蕉的幽默詩作。例：芭蕉幽默昆蟲詩之一：牡丹花深處一隻蜜蜂歪歪倒倒爬出來哉。（陳黎譯）

36　太田青丘〈芭蕉與杜甫・芭蕉之笑 —— 幽默感〉，日本法政大學出版局，1971 年，p.256-260。

作謝惠連體十三韻詩〉；梁元帝竟大膽題作〈戲作艷詩〉；邵陵王蕭綸有〈戲湘東王詩〉；《昭明文選》編者之一的劉孝綽，也有〈淇上戲蕩子婦示行事詩〉。這些詩題表現了上位者幽默自信的態度，可以說是一種創新和新的風趣，和所謂的『艷詩』也相頡頏。至於《全梁詩》中 46 首詩中用『戲』字的詩，作者包括蕭氏父子，則還是遵循傳統的思維，胸襟眼光還沒有超出《詩經》裏「魚戲蓮葉」和男女情戲的手法，多以『鳥、魚、猿、熊』和女子為『嬉戲』的對象。但梁武帝等以『戲』入詩題，應該是開詩題『戲』風之先的「詩人群」，而杜甫、白居易、陸遊、蘇軾和黃庭堅等好用『戲』題詩者，或者還應該推梁武帝蕭衍為『戲題詩』的『初祖』。這種以『戲』為題的方式，自唐、宋之後更成為中華詩人寫詩的一種"傳統模式"，文人雅士以「戲」為題，以表現一種典雅而自信的幽默趣味，就連『理學家』和『兵法家』王陽明在他的詩集裏，也留下四首類似陶令和老杜風味的幽默詩[37]。其後清代的錢謙益和民國的陳寅恪等詩人文士[38]，也都繼續這個"傳統"寫了不少以『戲』為詩題的作品，但是要做到陶、杜戲詩自然典雅、"傲睨自恣、如入化境"（聖嘆語）的幽默趣味，則似乎在於家學基因和個人胸襟，不能力求。

（四）杜甫幽默感的家傳

陶潛有外祖父孟嘉的遺傳，而杜甫秉承了祖父杜審言的『幽

---

37 王陽明〈過鞋山戲題〉（笑『屈子漫勞傷世隘』）、〈江施二生與醫官陶野，冒雨登山人多笑之，戲作歌〉（按：此襲老杜〈戲贈友二首〉及〈崔評事弟許相迎不到，應慮老夫見泥雨怯出，必衍佳期，走筆簡戲〉）、〈重遊開先寺戲題壁〉（按：承陶令卻五斗米事）、〈觀從吾登爐峰絕頂戲贈〉。
38 何其芳〈有人索書，因戲集李商隱詩為七絕句〉1964；〈錦瑟：戲效玉谿生體〉1977。

默基因』，更在詩題和詩句裏發揮『幽默』的精神。我認為杜甫寫戲題詩時，誠如聖嘆所云，一題『戲』字，不僅情緒上激發樂觀喜感，而且常能因此跳出禮法學術的舊框架，有如〈易經‧乾卦〉的「或躍在淵」，於是乎渾身精神抖擻，自然「飛龍在天』『下筆若有神』。杜甫集中題為「喜」者有 33 首。但多半是為晴雨天氣和國事為喜，沒有什麼幽默和深趣。題為「悲、哀」者，雖然只有 15 首，但詩人悲哀世事人情，卻是無處不在，讓後世無數的讀者，代代相傳，誤以為杜甫只是悲觀的沉鬱詩人。但從統計學的角度來看，杜甫詩中『樂觀』的次數還是不少於『悲觀沉鬱』的次數。所以我們應該強調杜甫的詩是不僅是 "多樣性" 的，詩的內容和情緒的 "動態範圍"（Dynamic Range）也超越其他大家。而歷來以為杜甫只是忠君愛民，悲觀好哭的詩人，其實是簡化和誤解了杜甫。文學史上真正能「將心比心」，橫跨一大步去瞭解杜甫的幽默感，還必須回溯到清初的金聖嘆。

（五）杜甫諧戲詩的第一知音：金聖嘆

　　金聖嘆評杜詩有「戲」字者時曾說：「先生凡題中有『戲』字者，悉復用滑稽語（評〈崔評事〉）」。他評〈遣悶戲呈路十九曹長〉中的「戲」趣，批的過癮，甚至如批〈秋興八首〉，一批不足，意有未盡，還要別批一回！他先批道：『寫來不覺直如戲語。詩到此，豈非化境。非但要看先生詩是妙詩，切須要看先生題是妙題。』他再別批曰：『每見粗心人，見題中有一『戲』字，便謂先生老饕饞吻，動以杯酒賴人，殊可嗤也。若夫『戲』字，則落魄人不戲，又焉得遣去悶乎？白眼自恣之言，所謂『戲』也，所謂『遣』也，豈尚顧他人之難當其傲睨乎？…總圖極暢，不怕笑破人口也。凡題有『戲』字詩，只如此。』所以我認為金聖嘆乃是古來杜甫諧戲詩的第一知音，胡適則是借箭轉射耳！

　　杜甫另有許多詩篇，雖不題為「戲」，詩中也不言「戲」說「笑」，但『戲笑諧謔』自在其間，甚且及於蟲鳥，如杜甫〈絕句漫興九首・其三〉：「熟知茅齋絕低小，江上燕子故來頻。銜泥點汙琴書內，更接飛蟲打著人。」而王嗣奭說「托之燕子點汙琴書，飛蟲打人，皆非無為而發。」我認為這正是後世道貌岸然以治杜詩的學者，而實不解幽默的一個例子。杜甫傲恣自遣，戲為詩篇的心態，胡適可能也瞭解，但胡適探討的方向過于執著宣傳白話詩的重要和趣味，因而反受其累，未能進一步把杜甫戲詩的深意講出來。這或許也是史家所謂的「成也蕭何，敗也蕭何」吧！

　　講完了杜甫的「戲題詩」，以下略舉杜詩中全然非以類似"刀筆暗器"作"武力"的諷切譏批者[39]，以略見杜甫詩中"文"戲幽默的大類。

（六）杜甫諧戲幽默詩大類略舉

1. 以狂掩淒：

　　杜甫好稱老夫，也喜歡孔子給『狂狷』子弟下的定義。譬如在他五十歲寫的〈狂夫〉這首詩裏寫道：「厚祿故人書斷絕，恆饑稚子色淒涼。欲填溝壑惟疏放，自笑狂夫老更狂。」先生以狂放掩淒涼，表面上看起來是狂放，但其實是白眼向天，藉自笑以遣己悲。

2. 自得其樂[40]：

39　杜甫詠禽獸詩，如〈黃魚〉、〈麂〉、〈鸚鵡〉，多半幽默但也諷切有所指，後來又影響到白居易的"諷諫詩"，見作者〈白樂天的幽默感及笑哭比〉2009。

40　人本主義心理學家，馬斯洛（Abraham Maslow）on "Self-Actualizer": They had an unhostile sense of humor - preferring to joke at their own expense,

在〈去矣行〉和〈江春〉二詩裏，杜甫正當中年，但已盡嘗饑餓的痛苦。但詩人並沒有被打倒。居然能寫出『未試囊中餐玉法，明朝且入藍田山』和『老妻畫紙為棋局，稚子敲針作釣鉤』那樣的幽默詩句來消解肉體上的痛苦，做到了〈孟子〉給『大丈夫』所訂的修養境界。這是杜甫和其他詩人相比，他們在窮困之時只會悲嘆涕泣醉酒忘憂，或並不饑貧卻大說餓病是大不相同的。喜歡讀陶、杜詩的王陽明，貶居龍場，「歷瘴毒而苟能自全，以吾未嘗一日之戚戚也。(〈瘞旅文〉)」相信他也是靠著一股正氣，加上自得其樂的幽默感才能克服瘴癘困境。但和杜甫在〈屏跡〉詩尾所寫「廢學從兒懶，長貧任婦愁；百年渾得醉，一月不梳頭。」的自得其樂相比，杜甫的態度是更解脫的。

3. 窮開心　帶豪氣

杜甫人窮卻志不短。在〈今夕行〉裏還會從眾玩『博塞』取樂，而且還自幽一默曰：「英雄有時亦如此[41]」，氣勢不止劉毅的『沒錢亦賭百萬』（胡適語），而幾乎有劉邦赴宴白吃，包塊石頭『上書萬錢』的氣魄。這是其他詩人所少見的『帶豪氣之幽默感[42]』。後來黃庭堅在〈鼓笛令〉詞裏戲說「酒闌命友閒為戲。打揭兒，非常愜意。」或許是承杜甫的餘趣，但不全是幽默感。講究明理躬行的呂祖謙（1137-1181），認為「杜公今夕行非遊戲之作，託意亦深」，大概沒有躬行過幽默，如同漢儒解《詩經》，不解兒

---

or at the human condition, and never directing their humor at others. They had a quality he called acceptance of self and others, by which he meant that these people would be more likely to take you as you are than try to change you into what they thought you should be. This same acceptance applied to their attitudes towards themselves: If some quality of theirs wasn't harmful, they let it be, even enjoying it as a personal quirk.

41 杜甫〈今夕行〉：「今夕何夕歲雲徂，更長燭明不可孤。鹹陽客捨一事無，相與博塞為歡娛。馮陵大叫呼五白，袒跣不肯成梟盧。英雄有時亦如此，邂逅豈即非良圖？君莫笑，劉毅從來布衣願，家無儋石輸百萬。」

42 王嗣奭曰：(杜甫〈壯遊〉)此乃公自為傳，其行徑大都似李太白，然李一昧豪放，公卻豪中有細。

女柔情，總要牽扯到思君憂民的岔路上去。理學大師朱熹也說〈今夕行〉非博塞詩。朱熹超越前賢，能看出陶令在〈詠荊軻〉裏的豪氣！卻感覺不到老杜的淘氣？這或許和他的理學思想和為人師表的身份有關。

4. 童戲童趣

到了知天命之年，杜甫還有童心，學「童戲左右岸，罟弋畢提攜」。雖然已入秋，但捉魚挖藕，仍然有春日夫子「吾與點也」的心情。他不僅是為家人找食物，而且在冷水裏和兒童一般「翻倒荷芰亂」，甚至於做『童子軍』的領隊不成，以至於「指揮徑路迷」(〈泛溪〉)。這種與童共戲，還能自笑『領導無方』的幽默感，已經近於忘我和與境同化的地步。這其間甚至包括有名的〈茅屋為秋風所破歌〉裏的「南村群童欺我老無力，忍能對面為盜賊」二句，也都是和兒童開玩笑的話[43]。這更是其他詩人所難達到的童趣和幽默的境界。譬如白居易〈觀兒戲〉詩有「童騃饒戲樂，老大多憂悲」之句，就顯得長幼有隔，不及老杜口中雖好說『老』，卻始終有「童心未泯」的樂趣[44]。像是在〈雨過蘇端〉裏，老杜就懂得享受梨棗酒飯之外的「諸家憶所歷，歡喜每傾倒」，甚至由得「親賓縱談謔」，而能在一旁融入「喧鬧慰衰老」[45]。可以說是「幽默之時者也」。

5. 悲憤不屈，勇者無止：最高段的幽默文學

胡適說杜甫在〈秋雨嘆三首〉中『嘲弄草決明，還自嘲「長安布衣誰比數？……稚子無憂走風雨。」這種風趣到他晚年更發達，成為第三時期的特色。』其實杜甫的幽默感自中年以來就已

---

43 廖化津〈〈茅屋歌〉正解 —— 莫把兒戲作盜賊〉，《杜甫研究季刊》第十七期，1988 年第 3 季。

44 王陽明〈江施二生與醫官陶野冒雨登山人多笑之，戲作歌〉：予亦對之成大笑，不覺老興如童時。

45 杜甫〈雨過蘇端〉一詩中的幽默喧謔，乃由世界級經濟學者，臺灣中央研究院院士，蕭政教授指出。2001 年 2 月。

經超人一等。譬如他在寫〈曲江二首〉時，年方 46 歲，他不僅悟出「細推物理須行樂」，而且真正能和大自然打成一片。他在典當春衣之後，還能心隨蝴蝶、蜻蜓穿花飛舞。他能和「蟲魚草木」諧和歡樂，且能把窮愁典當暫時放開，這種與大化諧戲的心態言語，更顯得出詩人『化困為樂』高人一等的修養。但我認為杜甫真正高明的地方還不止於此，而在於饑寒近死之時，還能繼續『淚中帶笑』地寫詩釋鬱。杜甫在謀生的策劃上似乎是『屢戰屢敗』，很像希臘神話中的西昔弗士[46]被大神宙斯懲罰，推石上山，到了山頂，石頭總是又滾下山來。但杜甫卻能擦了汗水，一笑下山，從頭來起。可以說是『勇者無止』的生命鬥士，讓人起敬[47]。

在〈北征〉這首詩裏，杜甫大氣蓬勃，從城市到荒野，從國事到家事；從「床前兩小女，……學母無不為，曉妝隨手抹，狼籍畫眉闊。生還對童稚，誰能即瞋喝？」又再轉到關心戰事。像是常山趙子龍在長板坡，七出七入，或是西昔弗士的下而復起，在一首詩裏，有『多種簽名』。他既關心國家，也關懷人道，而父女情懷，卻用幽默筆法寫出。就像電影《美麗人生》，淚中帶笑，絕非『插科打諢』無事笑鬧[48]，如蘇雪林在〈唐詩概論〉中天真的說「杜甫返家時妻子女兒的情景『很有趣、叫人發笑』」。幽默到了這個地步，可以說詩人已經在意志上贏得了下一場戰鬥的入場證。而這種入世有我而又忘我的幽默，既把「自己的快樂建築在自己的痛苦上」，對於後世的億萬讀者，他又把「別人的快樂建築在自己的痛苦上」，這樣面對痛苦人生，揮灑幽默文學，我認為這是最高段的幽默文學。

46　卡繆（Albert Camus），《西昔弗士的神話》（*The Myth of Sisyphus*），1943。

47　林中明〈詠希臘神話之一〉：西昔弗士為神詛，推石上山恆傾覆；仰天一笑未服輸，壯哉勇士下山谷。

48　管遺瑞〈評蘇雪林在〈唐詩概論〉中對杜詩的研究〉，杜甫研究學刊，1993 年第 4 期，55-61 頁。

十、古今大詩家的幽默芻議

　　中國是『詩』的古國和大國。三千年來有文字記載的詩篇數量，拜毛筆和造紙業開發特早的緣故，如果計入所有被戰爭和政治摧毀的詩篇，數量肯定是其它各國詩之總和。既然世界上有那麼多詩篇，所以幸運留名的詩人也不少。但是哪些詩人才是『大詩人』？這是個永遠爭論不完的話題，而且還會隨時空而改變。不過如果一定要選大詩人，我們必先為選擇的標準下一定義，然後才能根據這些定義來做較客觀的判斷。

（一）大詩人的條件

　　當代有名的詩人余光中在〈大詩人的條件 1972〉短文中引歸化美籍的英國詩人奧登（W.H. Auden, 1907-73）在〈19 世紀英國次要詩人選集・序〉[49]中論 "大詩人" 曰：大詩人（major poet 應當譯為 "主要的詩人"）必須在下面五個條件之中，具備三個半才行。

　　1.多產；2.題材和處理手法上，必須範圍廣闊；3.洞察人生和提煉手法上，顯示獨一無二的創造性；4.詩體技巧的行家；5.看得出早晚期作品的先後[50]。

---

49 W. H. Auden, Introduction to " 19th Century British Minor Poets," （Delacorte, 1966）: One cannot say that a major poet writes better poems than a minor; on the contrary the chances are that, in the course of his lifetime, the major poet will write more bad poems than the minor.... To qualify as major, a poet, it seems to me, must satisfy about three and a half of the following five conditions. 1. He must write a lot. 2. His poems must show a wide range in subject matter and treatment. 3. He must exhibit an unmistakable originality of vision and style. 4. He must be a master of verse technique. 5. In the case of all poets we distinguish between their juvenilia and their mature work, but [the major poet's] process of maturing continues until he dies....

50 明按：這是假設作者從來沒有修改潤飾過自己的舊作，而且他（她）的人生過程是單純、直線、片斷和不重復的經驗。由此可見奧登眼力在寫

　　我精簡並擴大他們的看法，認為大詩人（great poet）之『大』（greatness），大概是同時具有以下六項成就，而形成一個"大體積、大模樣的多維球體"。雖然不同的大詩人在某一維度或幾個維度比別人強，但也在某些維度比別人弱，所以我們要看他們的總成就、總體積，如運動十項全能的比賽，不以一、二項的高下來判斷總成績。我以為：

　　大詩人六條件是：（1）量大，時長[51]，面廣；（2）思深，情厚，意遠；（3）技熟，字煉；（4）膽大，創新；（5）由感取勝[52]，由小見大；（6）努力自我實現[53]，作品「與時偕行」（〈易經・乾卦〉）。

（二）什麼是好詩？

　　大詩人必須是才子，而才子卻不一定能成大詩人。因為才子若無環境，不習詩法，不努力，不能自我批評，終難成為大詩人。大詩人在風格上必有創新。元稹說杜甫「盡得古今之體勢，而兼人人之所獨專。」可以說是『知詩』之言。但我以為大詩人的多樣性裏還應該包括人類基本感情中和『喜悅諧戲』有關的『幽默感』。在文藝上，愁苦的情緒可以『戰略性』地逐步堆積，但幽默諧戲的本體迅速難控而多不雅，所以劉勰說德音易壞。而幽默諧戲表達的方式又多半是感情能量的『戰術性』快放，以致難以『戰略性』地營造大氣勢，鋪陳懸疑、引人入勝。所以歷來文評家都說「愁苦之言易工」，而諧戲之詩難成。

序文時，尚未達到一流的詩人和文學批評者的境界。

51 包括對歷史的聯係和時間的感受，如「六經皆史」和「逝者如斯」。

52 葉嘉瑩〈漢魏六朝詩講錄・曹丕〉：我認為，這「以感取勝」才真正是第一流詩人所應該具有的品質。……僅僅是平時一些很隨便的小事，都能夠給你帶來敏銳的感受，也就是詩意。

53 馬斯洛（1908-70）Hierarchy of Needs: from physiological, safety, belonging, esteem to self- actualization needs.

　　奧登論"主要詩人"時先說"主要詩人"的詩不一定都比"次要詩人"高明,而且"主要詩人"的一生還多半寫了許多濫詩!所以我們認為"大詩人"應該是寫了許多首"好詩"的詩人。但是什麼是"好詩"呢?自古以來似乎還沒有看到簡單明快的說法。許多教寫詩的老師和浸淫此道的詩人都喜歡強調「能工」和「守律」。但是細看古今「好詩」,卻不一定是「能工」和「守律」而已。因此我認為,「一首好詩,不論古今中外和體制格律,要能用最少的字,表達最多的意思,不僅最能感人,而且能留下最久的記憶。」

　　以下的討論,就應用上述的原則,先選中國古代歷史上最著名的四位大詩人,屈原、陶淵明、李白、蘇東坡和杜甫比較;然後若有篇幅,再試舉幾位著名的"近代"詩人和杜甫對壘,以見杜甫之"大"。(一如劉勰論文,避免遴選當代的文人、詩人。)

(三) 杜甫諧戲詩在文學上的地位

　　為什麼選屈原、陶淵明、李白、蘇東坡和杜甫比較呢?王國維說:「三代以下詩人,無過於屈子、淵明、子美、子瞻者。」當代詩人文論學者黃國彬〈中國三大詩人新論〉,也以屈原、李白和杜甫並論。《孫子兵法·兵勢第五》說『色不過五,五色之變,不可勝觀也。』我也認為舉要也應該『要不過五』,五個大家,應該足以截斷眾流。至於近代和當代有名的詩人,似乎在自選和他選的詩集裏都看不到出色的幽默詩。或許魯迅和吉川幸次郎所說的「中國人缺乏幽默感」和「日本人缺乏幽默感」,可能是指現代受過相當教育的人,雖然也繼續唐宋元明以來民間流行的"插科打諢、無事笑鬧",但是卻缺乏古人高妙典雅、言外重旨如杜甫之類的幽默作品?而不是說古代的風流雅士、詩人學者也都是如此？

（四）毫無幽默感的大詩人 ── 屈原

屈原學問好，知內政，而又是國際級的外交家，也具備樸素而深刻的物理天文觀察和興趣，他一人獨領《詩經》以後詩賦創新的風騷，不是一介舞文弄墨的詩人而已。蘇軾稱讚屈原的《離騷》，說是「風雅之再變者，雖與日月爭光也。」但就『幽默感』而論，《楚辭》裏屈原和後繼者的題目和內容都是「怨、哀、憂、思、惜、懷，傷、悼、悲、忍、太息、掩涕…」一類的悲情之作，只有〈卜居〉一首，提到「滑稽突梯，如脂如韋，以潔楹乎？」。但是這段詩句本非言笑，乃是描寫滑溜之詞，而且〈卜居〉也不像是屈原原作。如果說金聖嘆是杜甫諧戲詩古來第一知己，那麼司馬遷就是屈原的第一知己。司馬遷在〈史記‧屈原賈生列傳〉開場就說屈原「博聞強志[54]，明於治亂，嫻於辭令，入則與（楚懷）王圖議國事，出則接遇賓客，應對諸侯，王甚任之。」可見屈原和蘇軾同是棟梁之材的能臣，這是陶、李、杜所不及者。但就詩論詩，杜甫全然得到屈原「雖放流，睠顧（楚）國，繫心（懷）王，不忘欲返，冀幸君之一悟，俗之一改也。其存君興國而欲反覆之，一篇之中三致意焉」的心行志向，但在幽默自適上則遠遠超越屈子。所以我認為屈原雖然是大詩人，但是他的詩文無一處有「幽默感」，所以就詩人的『全面性』和『多樣性』的"多維球體"成就而言，缺乏紙冊記載全部著作的屈原，不能排在首位，所以杜甫還是穩居詩人之冠，只是說到文章、賦和小說的成就，

---

54 作者按：這是假設作者從來沒有修改潤飾過自己的舊作，而且他（她）的人生過程是單純、直線、片斷和不重復的經驗。由此可見奧登眼力在寫序文時，尚未達到一流的詩人和文評者的境界。

工部則不及淵明和東坡。

（五）李白的豪情

　　次就『詩仙』李白詩文的『幽默感』而觀，雖然韓愈曾說「李杜文章在，光焰萬丈長。乾坤擺雷硠，惟此兩夫子」，但元稹在〈唐故檢校工部員外郎杜君墓係銘序〉裏說：「是時山東人李白亦以奇文取稱，時人謂之李杜。予觀其壯浪縱恣，擺去拘束，模寫物象，及樂府歌詩，誠亦差肩於子美矣。至於鋪陳始終、排比聲韻⋯⋯則李尚不能歷其藩翰，況堂奧乎？」似乎元稹對李白和杜甫並肩大不以為然，但這也是古來不能定判的一項文學爭議。然而若從『幽默感』的方向來比較李杜的高下，則我認為李白雖有豪氣，如杜甫所謂『飛揚跋扈為誰雄？』李白也會笑人[55]，詩中有『笑』的詩有 140 首，169 句之多。但他的「笑」，多半是表現豪放之情，直發而少迴旋，很少有變勢出奇和點人笑穴的幽默感。所以我認為李白的幽默諧趣不及杜甫，證實了元稹對李杜在全面比較下，「（李）差肩於子美⋯⋯李尚不能歷其藩翰」的評價。不過如果有人要比較李、杜的艷情詩，則工部不止要讓太白以肩臂。但這是"多維球體" 中的另一維選項比較，不在本題範圍之內。

（六）蘇東坡開朗的幽默感

　　至於拿杜甫和蘇軾相比，我認為東坡心胸比工部開朗，幽默

---

55 李白〈戲贈鄭溧陽〉：陶令日日醉。不知五柳春。素琴本無弦。漉酒用葛巾。清風北窗下。自謂羲皇人。何時到栗裡。一見平生親。〈江夏贈韋南陵冰〉、〈醉後答丁十八以詩譏予搥碎黃鶴樓〉、〈口號吳王美人半醉〉、〈嘲王歷陽不肯飲酒〉：地白風色寒，雪花大如手。笑殺陶淵明，不飲盃中酒。浪撫一張琴，虛栽五株柳。空負頭上巾，吾于爾何有？〈贈內〉：三百六十日，日日醉如泥。雖為李白婦，何異太常妻？（林評：李白竟敢"幽"妻子一"默"！可見李婦之賢。）

感不在工部以下。東坡詩題為『戲』的有 107 首之多,詩句有『笑』的有 406 句,381 首[56],說『謔』的僅一首,可見他本性爽朗寬厚,好直笑而不求曲謔。東坡的諧戲詩詞多半是直來直往,雖然喜歡開玩笑,但少蘊積,在傳說的鬥笑詩句裏,常輸給佛印,也反映了居心寬厚的東坡笑話缺乏有意取勝的兇狠殺傷力。相比之下,工部的幽默感則常『笑中帶淚,淚中復笑』;而東坡除了〈黃州寒食詩(及帖)〉[57]等幾首外,較少處於此種境界。杜甫則似乎由於後天的逆境更為險惡,反而造就他諧戲詩風曲折的特質。因此我認為杜甫詩中幽默感的層次,一般要比東坡來得複雜和耐嚼,這或許是老天爺對窮困詩人的一種補償吧?

(七) 陶淵明高雅溫厚的幽默感

杜甫的詩類繁多,一詩之中又能八面出鋒,變化轉折,出人意表,所以有「詩聖」的美稱。然而就『幽默感』而言,杜甫和陶淵明相比,則又要輸淵明一肩。這其間的微妙處,幾乎也是石濤和八大畫作之間『苴簡深遠』的差別,也就是蘇軾所說的「質而實綺,癯而實腴。」因為陶淵明不僅有典雅的『遊戲文字』,又復精擅『文字遊戲』。而且陶令的幽默來的自然,在『諧戲』之外,又懂得玩『讔戲』。他似謔實慈,戲裏有情,悲中復有喜,笑裏且

56　2002 年,元智大學,羅鳳珠·中國文學網路研究室·唐宋文史(數位)資料庫。其它同此。

57　蘇軾〈黃州寒食詩二首之一〉:「臥聞海棠花,泥汙燕支雪。闇中偷負去,夜半真有力。何殊病少年,病起鬚已白。」此與杜甫〈絕句漫興九首〉中「熟知茅齋絕低小,江上燕子故來頻。銜泥點汙琴書內,更接飛蟲打著人。」與蟲燕互觀相戲的幽默趣味相近。蘇軾〈黃州寒食詩二首之二〉:「春江欲入戶,雨勢來不已。小屋如漁舟,濛濛水雲裏。空庖煮寒菜,破灶燒濕葦。那知是寒食,但見烏銜紙。」也是轉幽默及於燕子,沖淡居屋漏水和炊煮無食之淒慘。

帶淚。此外，陶令心胸曠達，雖然幽默，但譏人殊少，諷己則多。陶詩述比且興，隱中有秀；收放自如，舉重若輕，如『隨風潛入夜』；開玩笑也是自然，如『潤物細無聲』，雅而通俗，嚼有回味。因此他高雅溫厚的幽默，可望而力不可及。

所以我認為論古代大詩人的『幽默感』，高雅溫厚，不可力及的陶淵明當居首座，其次才是精妙變化的杜甫和開朗的蘇軾，樂天的白居易，陸放翁和黃魯直。至於李白，雖然就詩的"多維球體"成就而言，李、杜各踞頂峰，但就幽默感而言，李白縱才逞豪，"十步殺一人，千里不留行"，不屑於口舌之戲，所以和精究兵學而受到『軍中無戲言』軍紀觀念影響的曹操、蘇洵、杜牧一樣，都不太講究幽默感。而屈原對中國詩賦轉型發展的貢獻雖然名列前茅，但談到『幽默感』，就還要排在李商隱[58]岑參、秦觀之後。或者說屈原根本就是另類的「悲劇詩人」，所以就『幽默感』一事而言，屈子乃是屬於另外一個世界，所以我認為"稽古鑒今，蓋棺論定"，屈原的幽默感既是"最後一名"，也是"不列名"，而且根本不必列名的。

（八）現代詩人的幽默感

一個國家民族的幽默感似乎也和它的棋力一般，與國力的起伏有關。記得當大英帝國以日不落帝國雄霸天下時，約翰牛的幽默也是一流的。就連國會議員也必須具備幽默感，以為雄辯之奇兵。當蘇聯霸跨歐亞尚未崩解時，高層的笑話雖受政治教條的約束，但中下層人民的『鐵幕笑話』卻是天下無敵。回頭看上兩世

---

58 李商隱〈俳諧〉詩僅「柳訝眉雙淺，桃猜粉太輕」二句略有『輕淺』俳諧趣味。但杜甫〈戲作俳諧體遣悶二首〉則以夔州異俗風情為籲笑，句句有所指，戲作大見精神，正如金聖嘆所云。此等幽默非真幽默者不能下視『浮生好笑處』也。

紀的中國和日本，因為戰爭，生活條件緊張，戲笑是奢侈的事，難怪魯迅曾說『中國人缺乏幽默感』；而鄰國的漢學大師吉川幸次郎也曾感嘆地說『日本人沒有幽默感』。再看富裕的美國人，雖然文明尚未精緻化，但幾乎人人會講笑話，也喜歡聽電台和看電視上的笑話節目。在美國，沒有幽默感的人，可以說是『文化社會裏的窮人，窮得只剩下錢』。試看美國從學術界到商業圈的開會演講，如果演講人不能安排一個適當的笑話以為開場，一場演講的失敗猶在其次，『感性智商』從此被人看扁，這才是做事和升遷時的致命暗傷。

　　然而在這麼一個 "講文明"、"講幽默感" 的新世紀，中華詩人的幽默感能和古代的陶、杜對壘嗎？能超英趕美嗎？很遺憾的是，在現代著名中華文化圈的詩集和選集裏，不論新詩舊體，我看不到『雅俗共賞』的幽默詩[59]。這是因為詩人們不敢把他們最好的幽默諧戲詩拿出來，放入選集呢？還是社會仍在變動，文化青黃不接，以致於『行無餘力』，不足以雅言幽默？還是社會賢達和大眾的文化品味不高，以致 "插科打諢" 的無厘頭笑鬧成了主流文化，所以 "劣幣驅逐良幣" ？這都值得有心人再進一步去探討。

十一、結　論

　　杜甫的地位由於詩作題材廣，感情深，有多樣性，於體式也有創新，而且又富『幽默感』，因此他的 "多維球體" 的 "體積" 最大，所以他的「詩聖」地位再次得到確定。而且從杜詩中諧戲詩數量之多而觀，前人認為杜甫的詩風『沉鬱悲觀』，我認為大多是浮觀文句，以致嚴重錯解和相對局限了對其人其詩其趣的瞭解。

---

59 按：先生有集文而無集詩？雷銳等編〈余光中幽默散文賞析〉灕江出版社，1992。

　　在探究杜甫『幽默感』的過程中，作者也嘗試用簡明的 "幽默交流矩陣數學" 和『幽默特性函數』來解釋複雜的『幽默感』。希望這些新的嘗試、視角和工具，能為古老的『國學』和現代『文藝心理學』，帶來新的瞭解，庶幾不負新世紀對我們的挑戰。

十二、後　記

1. 本文初稿載於 2002 年《杜甫與唐宋詩學》—— 杜甫誕生 1290 年國際學術研討會論文集，2002.11.28 及 29 日，臺灣淡江大學。臺北・里仁書局，2003 年，第 307-336 頁。文章收入作者的《斌心雕龍》，臺北・學生書局，2003 年。第 239-278 頁。此文於 2009 年又經潤飾增補近五千字，並添加插圖，增加趣味。

2. 此文在 2002 年的研討會上，承師兄黃啟方教授講評，指正啟發和演示治學方法，受益良多，特此致謝。此豈《顏氏家訓・文章第九》所云：「學為文章，先謀親友，得其評裁，然後出手。慎勿師心自任，取笑旁人也。」者乎？同章又云：「江南文制，欲人彈射。知有病累，隨即改之。」可知今人之講評制度，亦未嘗逾越古人也。壬午歲十月廿日林中明識。

3. 研討會主持人，陳文華教授在《杜甫與唐宋詩學・前言》裏說：「值得一提的是：邀請的與會人士，有些也跨出了中文系的領域，如林中明教授，其專業是資訊科技，在美國電腦公司任顧問，卻以杜甫的諧戲詩為題發表論文，這可能是其家學淵源所致，但也可看出杜詩的魅力幅射之廣度」。

4. 湖北民族學院文學院院長，又是作家和詩人的毛正天教授，在大會結束時的總評和論文集的『觀察報告』〈新視野、新觀念、新方法、新會風：杜甫與唐宋詩學研究的新進展〉裏指出，「觀點新銳是本次學術研討會的重要創獲，也是杜甫與唐宋詩學研究的新進展的的特徵。……美國學者林中明先生從杜詩的諧戲

幽默分析入手，顛覆前人用『沉鬱悲觀』概括杜詩的論斷，認
為前人『是浮觀文句，錯解和局限了對其人其詩的瞭解』」。他
又說：「研究方法的多樣化，將是這次研討會又一抹不去的記
憶⋯⋯如⋯⋯現代的、西方的、多學科的方法，顯示出古代文
學研究的活力。如美國學者林中明先生研究杜詩的幽默諧戲動
力發生時，從古典力學的「能量移轉減壓說」到量子物理的「雷
射放光說」，到古典哲學的「奇正相對論」，到電腦系統的「記
憶比較功能」原理進行立體解說，讓人看到研究方法活用的魅
力。毛教授又說：「中國古代文學學科積澱深厚，形成了自己
的相當成熟的研究方法體系，但也有採錄多種研究方法或更新
研究方法的必要。⋯⋯正如美國學者林中明先生在探討杜甫幽
默感的過程中嘗試運用自然科學方法時所說："希望新嘗試能
為古老的『國學』和現代『文藝心理學』帶來新的視角和工具，
並且不負新世紀對我們的挑戰"」。

2009 年 9 月 16 日

【參考資料】

莫芝宜佳（Monika Motsch）〈〈管錐編〉與杜甫新解〉（Von Qian
　　Zhongshus Guanzhuibian zu einer Neubetrachtung Du Fus,
　　1994）（馬樹德譯），河北教育出版社，2002。

張敬〈清徽學術論文集〉：〈論淨丑角色在我國古典戲曲中的重
　　要〉，〈我國文字應用中的諧趣 —— 文字遊戲與遊戲文字〉，華
　　正書局，1993。

Steven Pinker, How the Mind Works, "The Meaning of Life: What's
　　So Funny ?", Norton, 1997。

Scherzo（詼諧曲）：（大英百科全書）*plural Scherzos, or Scherzi,* in
　　music, frequently the third movement of a symphony, sonata, or
　　string quartet; also, in the Baroque era（*c.*1600-*c.*1750）, a light

vocal or instrumental piece（ *e.g.,* the *Scherzi musicali* of Claudio Monteverdi, 1607）, and, in the 19th century, an independent orchestral composition. In symphonies, sonatas, and string quartets of the 19th century, the scherzo replaced the 18th-century minuet. Unlike the rather stately minuet, originally a dance of the aristocracy, the scherzo in rapid $^3/_4$ time was replete with elements of surprise in dynamics and orchestration.

Both the minuet and scherzo contained a contrasting section, the trio, following which the minuet or scherzo returned according to the format ABA. Occasionally, as in Ludwig van Beethoven's *Seventh Symphony,* another trio and scherzo followed. The reiterated or abrupt rhythms in some of Joseph Haydn's minuets clearly anticipate the scherzo as developed by Beethoven; in his six quartets, Opus 33（ *Russian Quartets, or Gli scherzi* ）, Haydn actually used the term.

In the 19th century the scherzo was not necessarily bound to larger works, but it was still a characteristically swift-moving piece of music. Brilliant effects of orchestration and exhilarating rhythms in a swift tempo characterize Felix Mendelssohn's scherzo from his Midsummer Night's Dream, while in the four piano scherzos of Frédéric Chopin dramatic, somewhat dark moods alternate with more lyrical trios. A later Romantic example is Paul Dukas's L'Apprenti Sorcier（ The Sorcerer's Apprentice）, a "scherzo based on a ballad of Goethe."

According to private communication with John Fu of Microsoft at Seattle , he thinks that Scherzo is a development from minuet. Beethoven was a person who just couldn't sit still and follow strictly to the form A-trio-A of minuet. He had to develop. All his music has long developments. Sometimes, scherzo is the place where the composers relax a bit and truly thinking about themselves that it reflects the life experiences of a composer. You can hear the good life of Felix Mendelssohn in his scherzos. In Mahler, you hear bitter sweets, struggle for survival. In Shostakovich, you hear repressions. In Bruckner, you hear praises. January 2003.

《杜甫研究季刊》有關論文：

遲乃鵬〈讀杜甫〈戲作俳諧體遣悶二首〉雜記〉,《杜甫研究季刊》第七十期,2002 年第 1 期。

陳新璋〈評胡適的杜詩觀〉,《杜甫研究季刊》第四十三期,1995 年第 1 期。

徐定祥〈以意逆志盡得性情 —— 評黃生〈杜詩說〉〉,《杜甫研究季刊》第四十期,1994 年第 2 期。

管遺瑞〈評蘇雪林在〈唐詩概論〉中對杜詩的研究〉,《杜甫研究季刊》第三十八期,1993 年第 4 期。

唐典偉〈試論杜甫的幽默情趣及文化意義〉,《杜甫研究季刊》第二十四期,1990 年第 2 期。

劉真倫〈易識浮生理難教一物違 —— 談杜詩的理趣〉,《杜甫研究季刊》第十九期,1989 年第 1 期。

屈守元〈談杜詩的別材別趣〉,《杜甫研究季刊》第十九期,1989 年第 1 期。

鐘來因〈評胡適的杜詩研究〉,《杜甫研究季刊》第十八期,1988 年第 4 期。

杜甫的諧戲詩論文發表

淡江大學

淡水　臺灣　二千另二年　十一月廿八日

杜甫一千三百九十年誕辰唐宋詩學研討會

"糾正"吉川幸次郎所説　日本人　沒有
幽默感　因為京都大學的川合康三教授
不僅看到杜甫的幽默感如漫畫而且自己也有幽默感

"杜甫的幽默感論文宣讀"
"與川合康三教授笑談日本人和中國人的幽默感" 2002.11

貓頭鷹之見　2004

童戲　2004

日出而息，日入而作。人力於我何有哉！2008

小小園蜥舌劍噴，瞋目擺尾勢龍門！天地萬物同一體，
你我孔龍的傳人。2009

白樂天的

幽默感與笑哭比

林中明撰 乙丑年六月

初稿寫於二〇〇三年刊於日本白居易研究年報二〇〇四年八月第五卷論文名為白樂天之幽默感今則倍增其內容並附後記插圖以為詩行天下之一章

白樂天的幽默感與笑哭比

提要：本文的一部份曾刊於 2004 年的日本《白居易研究年報》第五期的「討論廣場」，本文則倍增該年報所容許發表的內容，並附圖表、插圖。本文探討了白居易自號白樂天的可能原因，和他的「樂天」心情在不同時期的變化。除了討論幽默、諷諫、笑鬧在 "熵" 能的正負之別以外，並略述中、日、英、美幽默感的差異。在使用電腦（計算機）檢索分析白樂天的幽默感時，以創新的 "笑哭比"、"悲哭哀愁總和指數"、"悲笑比" 等新範圍及新方法，將白居易與其他十位唐代重要詩人相比較。在古典文學的探討之外，也藉此文闡明傳統手翻書頁的檢索做法，在資訊時代，有開放的電子版可檢索的情況下，浪費了寶貴的研究時間。但是時下電腦檢索和電腦分析也有它們的局限。計算機檢索分析必須先有宏觀視野和文化縱深的知識，並設定有意義的限定目標，才能享受到電腦科技這個新的 "知識平台" 的益處，也避免 "機器讀書" 和 "讀書機器" 之譏。

關鍵字：幽默感、諷諫詩、〈諧讔〉、陶淵明、杜甫、傷感詩、"笑哭比"、"悲哭哀愁總和指數"、"悲笑比"

一、前　言

（一）日本漢學研究與青木正兒的卓見

八十年前，日本漢學家青木正兒先生，寫了一本介紹中國文學的入門小書：《中國文學概論》[1]。這本書雖然頁數不多，但是內容精詳且有新意，而又不時發出高見。愛好漢學的年青人，即使今日讀之，相信仍然能受到啟發。回顧中日漢學的千載交流，似乎經由青木先生等漢學大師，又從日本給中國帶來了新的氣象。青木先生在他短短的序文中說：「（中國文學）上下三千年，載籍極博，文海至廣，從何書讀起，向何處問津呢？…然若夜郎自大的暗中摸索，那恐怕說不定會迷路，所以要預先在大體的方位上懂得一點。」青木先生這一番話，對當代一些以哈日與去中國化為新學的臺灣學者，真是棒喝。但是對受到"國學熱"的刺激，而欲速成的一些中國年青學者，也是一盞明燈。

從前的學人研究學問，老師總是告訴他要下苦功做重要的題目。現在的學者研究學問，學術市場的風向告訴他，甚麼是有賣點的題目，趕快推出多量的半成品，以量兌質，別立新像。近來電腦軟件的應用普及到社會科學和人文學科，電腦檢索和分析能力，節省了大量逐篇翻閱找字句的時間，讓學生和學者得以用節省下來的時間，作更多的思考和創新。熟悉電腦網絡的學者，用這些新的研究利器去攻堅掘隱、綜繁析理[2]，似乎積極應用所謂的

1　青木正兒《中國文學概論》，隋樹森譯，1936 年，臺灣開明書店，1954 年。
2　「文學與資訊科技」國際研討會，由清華大學人文社會學院、清華大學電機資訊學院、元智大學中國語文學系共同籌畫於 2003 年 12 月 9-11 日在清華大學及元智大學召開。

科學思維和電腦程式之後，研究經濟學和古典文學就都可以「君子乾乾，或躍在淵」，突破前人需要十年寒窗苦讀才能達到的成績。然而實際上社會科學和人文藝術包含的變數，遠比數學程式裡有限而常見的變數超過得太多。如果沒有學科的歷史知識和文化縱深的修養，並能應用宏觀的瞭解去預先設定有意義和有限的目標[3]，那麼電腦檢索和邏輯分析往往只是產生更多的資料，並且須要更多的時間去消化，才可能整理出和轉換成有用的知識。不過上述的問題，反過來也能發生在“一頁一頁用手翻書”找資料作研討，但也沒有文化縱深和宏觀瞭解的工作者身上，並且他們花費了長時間所拼湊的資料，常常更不精確，錯了也不易修改，結果是兩頭皆失。這其實就是《孫子兵法·始計第一》所說：「（道天地將法）凡此五者，將莫不聞，知之者勝，不知者不勝。」──只有資訊，而不真正瞭解其意義，則不能戰勝敵人，取得戰果。杜甫所謂的「讀書破萬卷，下筆如有神」，也只是給有才而且能會通百家的人，而不是“一頁一頁用手翻書”或是只用電腦檢索的人。

（二）眼手 “檢索不到” 與電腦資料消化

　　上世紀日本漢學大師吉川幸次郎在他未完成的大作《杜甫私注》裡，對〈奉贈韋左丈二十二韻〉首句「紈袴不餓死」的 “餓死” 兩字作注釋曰：「在從前的詩歌中，使用這個詞語的例子，包括《文選》中的詩歌在內，是檢索不到的。感覺是到了杜甫的這

---

3 諾貝爾物理獎得主，理查·費曼（Richard Feynman）曾說，解微分方程式之前，就應該知道答案大約是什麼樣，然後再去解微分方程式。愛因斯坦（Albert Einstein）也曾說：*The truth of a theory is in your mind, not in your eyes.*

首詩時，"餓死"一詞才開始出現。4」吉川先生京都大學的高足
—— 興膳宏先生在懷念老師的散文裡說：「所謂 "檢索不到"，是
指花費相當大的探索精神和在專業學科上作出卓越的判斷洞察力
的基礎上所表現出來的必要自信。作者所說的 "檢索不到"，我們
也就感到非常放心了。5」興膳宏先生所所說的故事，指出了日本
上一代學者治學的認真態度與扎實的功夫。但是「《杜甫私注》共
二十卷的注釋工作，可惜由於作者去世，這項工作未能完成。6」
我讀文至此，不禁掩卷而嘆：如果吉川幸次郎當年有個人電腦，
可以上網 "檢索" 杜甫以前的資料，那麼他一定能提早完成《杜
甫私注》的注釋工作，讓後之好讀杜詩者，能學到更多他一生苦
學所累積的學識。

　　"檢索" 了日本漢學大師的實幹精神，再回顧歐美過去二三
十年，用電腦對莎士比亞和其他古典文學所做的研究和成績似乎
有限，亦乏大的突破。這讓我懷疑用電腦程式去研究文學，恐怕
其結果也將重蹈三、四十年前紅極一時所謂的「人工智慧」和「光
學電腦7」等時髦學科之覆轍。電腦的長處是能快速執行大量的已
設定的計算，而且能夠 "過目不忘" 任何過程和細節。但是電腦
的局限，則在於只能做程式設計師所交待的計算和處理預置的可

---

4 作者按：《全唐詩》中有 16 首詩用到 "餓死" 二字。其中李白〈笑歌行〉
　雖然可能比杜甫早，但是蘇軾說是偽詩。其他則孟郊四用 "餓死"，元稹、
　白居易、李紳等各一次。想來都是受杜甫的影響。
5 興膳宏〈關於吉川幸次郎先生《杜甫私注》之我見〉，《中國古典文化景
　緻》，李寅生譯，中華書局，2005 年。183-184 頁。
6 興膳宏〈豹軒 —— 鈴木虎雄〉，《中國古典文化景緻》，李寅生譯，中華書
　局，2005 年，236 頁。
7 Chong M. Lin, Photonic I/O's at the PWB（Printed Wire Board） and Chip
　Level?, Best Paper Award of the 1986 International Electronics Packaging
　Conference, San Diego, Nov. 17-19, 1986.

能反應。然而，如果程式設計師不會寫詩，不懂欣賞音樂美術，不喜歡看悲劇，也缺乏幽默感，當然對中西文學的研究都不能有大的突破，甚至不能有次要的新結果。所謂「取法其上，得乎其中。取法其中，得乎其下」。不知道"敵人"和"敵首"在那兒，四十匹馬拉的快馳戰車也不能帶來戰果。

　　戰爭是大規模的生死廝殺，照理說要比對付一個不會反擊的"死去文學家"困難得多而且失敗則能要命，所謂「死生之地，存亡之道，不可不察也」。但是傳統作戰所面對的敵人是有形的；細心的將領，可以看得到對方人馬旌旗，也可以聽到動靜金鼓，還可以借助於間諜去偵察敵情。但是古代偉大的文學家們，由於他們距今遙遠，資料難尋，而且他們本身又具有複雜的經歷和「多樣性」的個性與作品，再加上「辯證性」的思路轉換[8]，愛惡又常選擇性地跳躍，「不與時偕行」，所以要想全面地瞭解一個大作家的為人和作品，那反而比打一場有形的「萬人敵」還要困難。中國地大史久，文學籍博文廣，想要抓到來龍去脈，更是困難。但是青木先生說：「當然，只要從自己有興趣的地方著手，漸漸的擴展開來，這也可以的」。就兵法而言，就是先要擇點突破，然後"宜將餘勇追流寇"，繼續擴張戰果。研究學問要堅持"個人興趣"，這似乎是曲高和寡，也和時下追逐市場的學風大大脫節了。

（三）文學的鑒賞力

　　青木先生又說：「文學是須要玩味，須要陶醉的；但是卻不能做食而不知其味，以醉為滿足的那種牛飲馬食之徒。一定要養成

8　林中明〈陶淵明的多樣性和辯證性及名字別考〉，2002年第五屆昭明文選國際研討會論文集，《文選與文選學》，學苑出版社，2003年5月，頁591-611。

雖在鹹淡輕重與其微妙的風味上也能敏感到一種味覺[9]。所謂味覺
是甚麼呢？鑒賞力是也。鑒賞力何由養成？這須依據經驗與批評
吧」。

鑒賞力不止觀者本身有高下，對象也有大小。小的地方，鑒
賞力可以有出入，所謂"如人飲水，各自表訴"；到了淡雅之處，
更是"人如其賞，賞如其人"（圖 1）。但是重要的項目，還是當
有分辨，不可隨波。譬如一千多年來，大部份的學者把陶淵明只
當成是個"有三個字號，淡泊的隱士"，那真像是瞎子摸象，"有
四條巨柱，龐大的軀體"。這個誤解，師生相傳，代代相續，把一
個內心熱情而有生命力的陶淵明偏誤了近八百年。直到朱熹指出
「陶淵明詩…豪放不覺耳。其露出本相者，是〈詠荊軻〉一篇，
平淡底人，如何說得這樣言語出來？（《朱子語類》）」，這才讓"讀
書不求甚解"的小儒們吃了一驚。但朱熹之後，人消識散，人們
又回到舊日的慣性思維，直到 2003 年，這些大問題才又一次地正
式釐清，並解決了一些其他相關而重要的問題（〈陶淵明的多樣性
和辯證性及名字別考〉（2003））。所以青木先生在書序之末，特別
推崇朱熹的讀書研究之法，並說：「這不獨是讀書之要訣，就是在
文藝的鑒賞等亦然。以這樣的誠心向前邁進，則心眼漸開，獨創
的天地亦庶幾近之矣」。

研究博大精深的中國文學，更需要這種特殊的鑒賞力，「以這
樣的誠心向前邁進，則心眼漸開，獨創的天地亦庶幾近之矣（青
木語）」。但是回顧中國文學史，人們不止長時期對陶淵明誤解，
就連千家注的詩聖杜甫"多樣性"的詩篇和心態，千年以來，也
遭到大多數學者的誤解，連帶使得近乎所有的學生和絕大多數的

---

9 林中明亦有"白具五味"之說，詳見《斌心雕龍》〈字外有字〉，臺灣，
　學生書局，2003 年，頁 335-336。

讀者，都誤以為杜甫的詩風只是「沉鬱悲觀」、忠君愛民而已。這些嚴重的鑒賞力偏誤，我認為大多是由於歷來的學者缺乏足夠的幽默感，師云亦云、書印則信，因而浮觀文句，以致偏解和局限了對其人其詩其趣的瞭解[10]。

（一）諷喻、閒適、傷感、雜律詩的框框與重新審排及"幽默詩"的性質考量

相對於歷來學者對陶、杜的誤解，歷來學者對白居易其人其詩的研究，情況就好的多。這不是由於研究者的方法不同，而是主要因為白居易的性格比陶、杜來得簡單直率，流傳後世的資料也多，所以不容易產生誤會。但是即使如此，白居易的幽默感，為詩人自訂的四種詩類：諷喻詩、閒適詩、傷感詩和雜律詩的框框所限，不能把非政治性、非批評性"無所為、有其趣"的"幽默詩"從"有所為、不為文[11]"的"諷喻詩"裡分出來，而「律詩」裡也有〈戲答諸少年〉、〈醉吟〉的"幽少年一默"和"幽自己一默"的"幽默詩"。即使是「傷感詩」，裡面也有"閒適"而略帶對動、植物"幽默"的〈玩松竹〉，與〈逍遙吟〉的"閒適詩"（圖 2.《圖注蝸角詩》）。至於最傷感的〈不能忘情吟〉，詩人自創「聲成文，文無定句，句隨吟之短長」的新穎別體，它不僅不屬於四大詩類，其中還有"淚中帶笑"的"自幽一默"。諸如此類

10　林中明《杜甫諧戲詩在學上的地位 —— 兼議古今詩家的幽默感》，杜甫1290 年國際學術研討會，2002 年 11 月 28 及 29 日，台北淡水淡江大學。臺灣·里仁書局，2003 年 6 月，頁 307-336。

11　白居易〈新樂府序〉：「其辭質而徑，欲見之者易諭也；其言直而切，欲聞之者深誡也；其事覈而實，使采之者傳信也；其體順而肆，可以播於樂章歌曲也。總而言之，為君為臣為民為物為事而作，不為文而作也。」

多不勝舉。可見千年以來讀白居易詩文，"盡信其分類，不如無分類"。所以至今還沒有學者有意識地把這個題目拈出來，並作專文探討，遑論對中國大詩人的幽默感作有系統的大規模研究。

　　白居易對日本古典文學有相當的影響力[12]，日本人對白居易的興趣，也在大多中國著名詩人之上。現在京都大學的川合康三教授等日本學者，發起《白居易研究年報》專集，決心把日本已有十集的《白居易研究講座》，「以這樣的誠心向前」繼續推進，並設置「討論廣場」，容納國外不同的新意見。這豈不正是青木先生八十年前所盼望的「則心眼漸開，獨創的天地亦庶幾近之矣」嗎！能為這個專門的年報學刊撰寫一篇新的題目，提出新的看法和方法，這也是我個人的榮幸。但是我相信，這樣有系統、容新識的做法和年報學刊，也未嘗不是今後研究白居易、中唐文學與中國文學學者及讀者們的幸運和便利。

　　因為本文以白居易的幽默感為主題，下面先從白居易這個人，何以"字樂天"說起。

---

12 〈林文月：沒《長恨歌》就沒日本名著《源氏物語》〉，《廣州日報》，2009
　　年 01 月 19 日。"廣州日報（記者）：您翻譯了日本名著《源氏物語》，
　　聽說最近您出席了該書誕生 1000 周年活動，能談談這部名著嗎？林文
　　月：《源氏物語》有很多人在做翻譯工作，我的優勢可能在於我的母語
　　是日文，加上對於古典的情結。前幾天去日本參加了《源氏物語》誕生
　　1000 周年活動，感悟頗深。日本文學與中國文學有很多相通和相關聯的
　　地方，可能很多國人都不知道，這部日本最偉大的名著是受到白居易的
　　《長恨歌》的影響的，故事的開始就是與《長恨歌》相互呼應，也許沒
　　有《長恨歌》就沒有日本偉大的《源氏物語》。《源氏物語》開卷就引用
　　了《長恨歌》、《長恨歌傳》中的語句，把桐壺天皇對桐壺更衣的寵幸比
　　作唐玄宗與楊貴妃的關系。但實際上，桐壺更衣與楊貴妃的性格、在宮
　　中的地位、在作品中的作用等等都全然不同…"

二、“白居易，字樂天”何也？

　　歷來所有研究和談論白居易的短文、傳記、文章和專集，一定都用“白居易，字樂天，其先太原人也”之類的場面話介紹他的生平。至於他甚麼時候開始自號樂天，就連最有考證癖的胡適和陳寅恪，可惜於此都未著墨（或原稿於文革中遺失）。有些學者反而對他的祖先封地，妻母性情更感興趣。妻母性情會直接影響到一個人的生活情緒，但不一定影響其思想。但多少代以前的祖先和白居易的詩文有重要的關係嗎？如果有，是甚麼關聯？例如杜審言之於杜甫[13]。如果沒有，花大量的人力時間去研究這個不太相關的歷史，我認為不僅是虛題大作，而且本末倒置。但是許多大學者既然曾如此費力研究這類的題目，所以其後的研究者自然也都“樂於”跟隨領導，研究大家都研究過的題目是不會錯的，能夠附加一些人家和自己對“枝節”的大小“枝節”意見，更是一本十利，以量濟質。

　　同樣的研究方式，也見於陶淵明的研究。以至於錢鍾書《管錐編》〈五柳先生傳〉的引句，把眾多版本的「先生不知何許人也，亦不詳其姓字」改為少見的「亦不詳其姓氏」[14]，歷經五版二十

13　林中明《杜甫諧戲詩在學上的地位 —— 兼議古今詩家的幽默感》。
14　作者按：要瞭解晉人論述人之姓氏、名字習慣用法，可由顏師古在《漢書敘例》中所列，漢末魏晉時期二十二人注釋《漢書》為參考之一例，而不應以一千五百年後，明末王船山《船山遺書・思問錄內篇》之「不知何許人，亦不詳其姓氏」為判定用字為“姓氏”之依據。顏師古在《漢書敘例》中開列屬於這一時期的注釋家二十二人中，並說「諸家注釋，雖見名氏，至於爵里，頗或難知。」如其中第六人「鄭氏，晉灼《音義》序云不知其名，而臣瓚《集解》輒云鄭德。」第七人「李斐，不詳所出郡縣。」第十六位「項昭，不詳何郡縣人。」第二十位是注釋家蔡謨「全

年，也沒有讀者發現它頗不同於其他版本，並要求進一步解釋或修正。這雖然是陶淵明文章的不幸，但也是他早已"幽默地""預見"的"悲哀"。中國重要文論創作人之一的陸機，在他的傳世名著《文賦》開頭第一段就說：「余每觀才士之所作，竊有以得其用心。夫其放言遣詞，良多變矣。妍蚩好惡，可得而言」。中國人的姓氏是父母給的，或者是皇帝賜的…但是一個讀書士人的名字和字號一定是個人性格和理想的外映和內蘊，想要瞭解一個重要中國文人的心態，不能不先瞭解他有感而發，在不同時間所自訂隱含特義的名號。譬如陶淵明的三個字號，都不是"閒字泛號"，它們互相呼應，各有所指。如果忽視了精於用字的陶淵明在他名字裏的隱義，當然也就不能真瞭解陶淵明其人，甚至對其詩其文　都有誤解的可能（〈陶淵明的多樣性和辯證性及名字別考〉）。所以本文的破題，也是從討論白居易的字號"樂天"說起。瞭解了這個和他正名居易相"齊名"的字號，才能談他的"幽默感"。這也就是中國兵法家所好說的「擒賊先擒王，射敵先射馬」，和現代管理科學所強調的「先做最重要的事」。

（一）"樂天"字號起於何時？

900 卷《全唐詩》的 48900 餘首詩中，用"樂天"二字而與「白樂天」無關的詩大約不出 10 首。可見得「樂天」一詞，實為白居易名號的專用。白居易的"居易"這個名字想像父親取自《中

取臣瓚一部散入《漢書》的「臣瓚,不詳姓氏及郡縣。」可見得需要用到"不知其名"的時候，已經知道姓氏；而"不詳姓氏"和不詳出生地、住地的時候，是因為已經知道"名字"。如果陶淵明說「先生不知何許人也，亦不詳其姓氏」，難道已經知道"名字"，所以才用"五柳先生"「因以為號焉」？所以我認為"亦不詳其姓字"的包容量比"不詳其姓氏"來得更生動、更淒涼、更符合前後語氣，以及近於晉唐時代的用法。

庸》的「君子居易以俟命」，而他的弟弟白行簡則是下一句「小人行險而徼幸」的"行險"變成與"居易"相對的"行簡"。白居易的字「樂天」與"居易"相對，則應該是他自己取自《易經·繫辭》的「樂天知命故不憂」這一句，但我認為其間也有可能受到《詩經·魏風·碩鼠》「樂土、樂國、樂郊」等字的影響和啟發[15]。

　　至於他甚麼時候開始用「樂天」這個名號？劉維崇的《白居易評傳》[16]認為「大概是在」元和十年（815），被誣告而貶到江州「這一時期」，取此名號和人生的態度，「以求身心的解脫」，有關資料見於〈自誨〉詩[17]。楊宗瑩的《白居易研究》[18]從身世到樂天思想都研究，但卻沒有提到「樂天」的名號始於何年。只有邱燮友的《白居易》[19]特別指出：「這時，他取「樂天」為字……這是貞元十六年（800）的事」。但是邱先生沒有列舉"樂天"的出處。日本·花房英樹《白樂天研究（1971）》裏談到白居易"思想之位相"時，引他寫於805年夏季，34歲時的〈永崇里觀居〉詩句「樂天心不憂」，以見其"生之原理"。但花房英樹此文和他所譯A.Waley的《白居易》裡，也都並沒有用此詩明訂「樂天」字號的初成時間[20]。不過根據白居易的友人陳鴻在《長恨歌傳》中

15　作者按：《詩經·魏風·碩鼠》早有「適彼樂土，樂土樂土」，「適彼樂國，樂國樂國」，「適彼樂郊，樂郊樂郊」的用法。白居易在〈自誨〉詩裏用「樂天樂天」的句法，也必然受到〈碩鼠〉詩的啟發。

16　劉維崇《白居易評傳》，臺灣商務印書館，1970初版，1996二版，第200頁。

17　白居易〈自誨〉：樂天樂天，來與汝言。……汝今年已四十四……樂天樂天歸去來。

18　楊宗瑩《白居易研究》，臺北·文津出版社，1985年。

19　邱燮友《白居易》，臺北·國家出版社，1988年8月。

20　花房英樹《白樂天》，清水書院，1990年版，208-209頁。花房英樹於1959年翻譯英人Arthur Waley（1951）之白居易傳記研究："The Life and Time of Po Chu-I"。

「元和元年（806）冬十二月，太原白樂天自校書郎尉於盩厔」的敘述，白居易在此之前已以「樂天」之號名於世，而不是在 815 年，白居易四十四歲貶到江州做司馬閒差時，為解憂而起的名號。根據白居易的〈養竹記〉：「…貞元十九年春，居易以拔萃選及第，授校書郎，始於長安求假居處，得常樂里故關相國私第之東亭而處之。」以及三十二歲時寫的〈常樂里閒居偶題十六韻〉[21]，我們知道他曾經住在「常樂里」，而且雖為小官但是生活頗暇逸，出有馬，飲有酒，看有竹，談有友。我猜想，白居易有「樂天」的想法，也有可能是由「常樂里」的地名和生活所觸發。不過根據《登科記考》卷十五貞元十七年：「…樂天在十六年第二榜」。如果不是後之記考者借用了三年後的"樂天"這個出名的"字"，那麼白居易就有可能已於三十二歲之前，在貞元十七年（800）29歲時，甚至更早，已經取字號為「樂天」。

（二）"樂天"的幾個時期

知道白居易大約可能在甚麼時候，在甚麼情形下，為自己取了「樂天」的字號，這才能瞭解他的人生哲學和幽默感的「起、承、轉、合」。同樣的情況也可適用於瞭解八大山人[22]以及石濤[23]的

21　〈常樂里閒居偶題十六韻〉之一：「帝都名利場，雞鳴無安居。獨有懶慢者，日高頭未梳。工拙性不同，進退跡遂殊。幸逢太平代，天子好文儒。小才難大用，典校在秘書。三旬兩入省，因得養頑疏。茅屋四五間，一馬二僕夫。俸錢萬六千，月給亦有餘。既無衣食牽，亦少人事拘。遂使少年心，日日常晏如。勿言無知己，躁靜各有徒。蘭台七八人，出處與之俱。旬時阻談笑，旦夕望軒車。誰能鏟校間，解帶臥吾廬。窗前有竹玩，門外有酒沽。何以待君子，數竿對一壺。」

22　林中明《從劉勰《文心》看八大山人的六藝和人格》，《文心雕龍》2000 國際學術研討會論文集，北京‧學苑出版社，2000 年，頁 574-594。

23　林中明《文藝會通：劉勰與石濤》，中國《文心雕龍》2007 國際學術研

眾多名號和他們的詩畫隱意。這就是《文心雕龍‧序志篇》所說的「振葉以尋根，觀瀾而溯源」。同樣的一個「樂天」，在幾個不同的階段，必然有不同的意義。以下試用宏觀的角度來看，白居易的 "樂天" 大略可分成幾個前後重疊，但各有特色的時期。

1. "困苦而樂天"：

未中舉以前的「白樂天」，是勉勵自己以 "困苦而樂天" 的精神來克服困苦的學習環境。

2. "無憂衣食、有友蘭臺" 的 "樂天"：

白居易 29 歲時，考詩、賦、策及第，心情愉快，生活改善，所以可能在此時開始對外使用「樂天」的名號，而在三十二歲居住於 "常樂里" 之後，正式對外宣佈這個 "實證與得意"，"無憂衣食、有友蘭臺" 的 "樂天" 字號。其後的七、八年間，雖然做的是小官和輕鬆的工作，但是衣食住宿不愁，免於饑凍，寡慾少病[24]。在結識元稹之後，他們共同致力長律和情渲艷詩，試探創造詩歌新體，這時期是「樂詩的樂天」。

3. "先天下之憂而憂"，憂國憂民；"後天下之樂而樂" 的 "樂天"：

在這一時期，元、白共同撰寫《策林》，縱論天下大事 75 門之多，從政治制度、經濟稅收到禮樂文章……甚至以兩人先祖在軍事上的成就為榜樣，以近於專業化的熱忱來討論兵役屯田和邊防兵略！這些行為和著作，都遠遠超過後世簡化 "中國士人" 為「純文人」的行動與學識範圍。因此我認為真正客觀而用心研究白居易的學者，必然會有 "歷史的白居易，不等同於詩人的白居

討會‧論文集，中國《文心雕龍》學會、南京‧中山陵園管理局主辦，2007 年 8 月。

24 白居易〈永崇觀居〉：「幸免凍與餒，此外復何求。寡慾雖少病，樂天心不憂」。

易[25]"，以及詩人的白居易，又不等同"斌心雕龍"知兵略曉工程
的白居易等看法。但是如何"不等於"？那就又回到"賞如其人，
人如其賞。人各殊見，見各殊人"（圖 1），人人所識不同的情況。

當白居易在元和三年（808）五月，出任左拾遺的諫官後，白
居易「粉身以答殊寵，有闕必規，有違必諫，夙夜憂勤，有望於
太平（《舊唐書·元白列傳》）」。並繼承《詩經》「以風刺上」和發
揮杜甫諷諭詩篇的精神，採用民歌和新樂府的新格式，以平易切
實的「諷諫詩」來輔助雅正嚴肅的諫議文字之所不足（圖 4）。在
這一階段，他奮不顧小臣之身，以小搏大，批評時政，得罪了許
多大小遠近的官吏，甚至惹惱了憲宗皇帝。其結果是"居小官，
大不易"，於元和六年，藉丁母憂，退居渭上。雖然有衣有食生活
無慮，但是他開始對政治的黑暗本質感到失望。他在渭水邊閒立，
看童子鬥草騎竹，雖然詩曰「雅侄初學步，牽衣戲我前。即此自
可樂，庶幾顏與原。」[26]但是滿腦袋想的是儒家修德忘饑寒的原
憲和顏淵。然而實際上他完全沒有達到過杜甫在長期處於饑寒狀
況下，仍然能夠欣賞蟲鳥和兒童嬉玩的幽默感[27]。我認為這也和

---

25 陳家煌《白居易詩人自覺研究》，中山大學·博士論文，2007 年 6 月。

26 白居易《效陶潛體詩十六首之九》：「原生衣百結，顏子食一簞，歡然樂
   其志，有以忘饑寒。今我何人哉？德不及先賢。衣食幸相屬，胡為不自
   安？況茲清渭曲，居處安且閒。榆柳百余樹，茅茨十數間。寒負簷下日，
   熱濯潤底泉。日出猶未起，日入已復眠。西風滿襟巷，清涼八月天，但
   有雞犬聲，不聞車馬喧。時傾一壺酒，坐望東南山。雅侄初學步，牽衣
   戲我前。即此自可樂，庶幾顏與原！」

27 林中明《杜甫諧戲詩在文學上的地位 —— 兼議古今詩家的幽默感·杜甫
   諧戲幽默詩大類略舉·4.童心未泯》到了知天命之年，杜甫還有童心，
   學「童戲左右岸，罟弋畢提攜」。雖然已入秋，但捉魚挖藕，仍然有春
   日夫子「吾與點也」的心情。他不僅是為家人找食物，而且在冷水裏和
   兒童一般「翻倒荷芰亂」，甚至於做『童子軍』的領隊不成，以至於「指
   揮徑路迷」（《泛溪》）。這種與童共戲，還能自笑『領導無方』的幽默感，

他 38 歲才有第一個女兒金鑾，而金鑾兩歲就去世；次女阿羅生於 45 歲，又沒有兒子嬉玩（圖 5），一生疏遠於兒童有關。

4.退亦樂，進亦樂，寄心於佛，養生於道的"樂天"：

從元和十年（815），白居易 44 歲，因武相（元衡）為刺客殺於長安，他越位諫事，為當權者所惡，再因受誣作詩忘母，有如小謝之受誣，有傷儒家名教，被貶為閒職小吏的江州司馬。他在〈王夫子〉一詩中所寫的「男兒上既未能濟天下，下又不至饑寒死。吾觀九品至一品，其間氣味都相似！」這完全是"幽默譏諷詩"，而竟只能漫歸「傷感四」。

我覺得不很恰當，但後來的編輯者也不敢變更詩人的四類。這是以後應該調整或加註明的詩類。在這個階段詩人白樂天真的很樂天，他在〈詠懷〉詩裡自云「自從委順任浮沈，漸覺年多功用深。面上減除憂喜色，胸中消盡是非心。妻兒不問唯耽酒，冠蓋皆慵只抱琴。長笑靈均不知命，江蘺叢畔苦悲吟。」可見白居易不僅完全沒有"投江"的念頭，還懂得享受人生「恬然自安」，直到兩年之後，偶聽江邊婦人夜彈琵琶，說到「弟走從軍阿姨死」，由於因用兵淮蔡事而「同是天涯淪落人」（陳寅恪言），於是聞樂生悲，這才淚下如雨，盡濕青衫。

在江州過了三年，他的好友崔群出任宰相，他才有幸調升忠州刺史。再兩年，又調回首都長安。51 歲，見志不能行，自請外調杭州，兩年又回京，55 歲又出任蘇州刺史，次年回洛陽，再返長安。可以說他是一再主動地避開黨爭朝鬥，這是中國歷史上少

已經近於忘我和與境同化的地步。這其間甚至包括有名的《茅屋為秋風所破歌》裏的「南村群童欺我老無力，忍能對面為盜賊」二句，也都是和兒童開玩笑的話。這更是其他詩人所難達到的童趣和幽默的境界。譬如白居易《觀兒戲》詩有「童騃饒戲樂，老大多憂悲」之句，就顯得長幼有隔，不及老杜口中雖好說『老』，卻始終有「童心未泯」的樂趣。

見的「退亦樂，進亦樂」，既寫詩，又編書，能遊玩就遊樂，能回
朝廷就回長安做官的智慧型文士詩人。他的思想似乎得到儒、釋、
道三家思想重點的最佳平衡。外處既懂得《荀子·天論》的道理[28]，
內練又在佛法修心和道家養生中取得身心的舒暢。所以他能在大
和元年（827），文帝的誕日，與釋、道代表上殿，辭辯三教教義，
取悅皇帝。在政治上，他逐漸褪去年青時的稜角，瞭解「丈夫一
生有二志，兼濟獨善難得併。…況吾頭白眼已暗，終日戚促何所
成？不如展眉開笑口，龍門醉臥香山行[29]」幾乎達到不倒翁隨處
平衡的藝術境界。在這期間，他除了沒有兒子之外，生活相當暇
逸。可以說是「退亦樂，進亦樂，寄心於佛，養生於道的樂天」。
但是因為生活舒適，雖然寫一些戲笑的詩、詩序[30]和詩句，但由
於缺乏歷練真正困厄生活的深度和廣度，所以沒有寫出像陶淵
明、杜甫一般從困境饑餓中超脫出來、有深度和奇趣、笑中有淚
的諧謔、幽默詩句。

5.得子而樂，失子"知天"，善處老病，真正"樂天"：

　　白居易和元稹都是晚年得子[31]。然而他在兩年之後又喪子。
再加上老病[32]，這時候的白居易才是真正的知天而樂天[33]。但是由

28　《荀子·天論》：天行有常，不為堯存，不為桀亡。應之以治則吉，應
　　之以亂則兇。強本而節用，則天不能貧；養備而動時，則天不能病；修
　　道而不貳，則天不能禍。

29

30　白居易《和微之詩 23 首並序》（時 57 歲）："…所謂天下英雄。唯使君
　　與操耳。戲及此者。亦欲三千里外。一破愁顏。勿示他人。以取笑誚。"
　　按：此為樂天自豪之語，非"遊戲幽默"之語。

31　白居易《予與微之老而無子發於言歎著在詩篇今年冬各有一子戲作二什
　　一以相賀一以自嘲》之一："常憂到老都無子"。之二："五十八翁方有
　　後"。

32　白居易《病中詩十五首（并序）余蒲柳之年六十有八…》：…若問樂天
　　憂病否，樂天知命了無憂。

於對女兒不很重視，而又終身沒有和小兒放情戲玩，所以對兒童的幽默感缺乏真情，因此不及陶、杜的幽默兒戲詩來得傳神和感人。白居易雖然信佛，但是對佛法的認識不及他對儒、道的深刻。就以「樂天」避凶趨吉的人生處世態度來說，他或許還更近於《荀子‧天論篇》眾多看法中的一個部份：「天職既立，天功既成，形具而神生，好惡喜怒哀樂藏焉，夫是之謂天情。……順其類者謂之福，逆其類者謂之禍，夫是之謂天政。……聖人清其天君，正其天官，備其天養，順其天政，養其天情，以全其天功。如是，則知其所為，知其所不為矣；……其行曲治，其養曲適，其生不傷，夫是之謂知天」。晚年白樂天的詩風在他學習陶淵明[34]而自訂的「閒適詩」裏多作發揮。這和年青時代自名「樂天」，又同時寫「諷諫詩」和「艷詩」的「樂天」是完全不同的心境。所以我認為談論「白樂天」必先問一下：「你指的是那一個時期的白樂天」？然後才能談論比較有交集共識的「白樂天」。而這也是研究任何一位多樣性大詩人時，所必須有的基本方法和態度。否則，其視角必然偏頗而多盲點，雖然動作輕巧，手指靈敏，到底是斜眼探花或是閉目摸象。

三、白樂天詩的分類不止於四

論列了白居易的「樂天」心態行為大略可以分為五個時期，

---

33 白居易《對酒五首之二》（時 62 歲）：「蝸牛角上爭何事，石火光中寄此身。隨富隨貧且歡樂，不開口笑是癡人」。按：樂天自幼貧而至晚富，歷經官場起伏，子女好友生滅，雖云「笑」而實知天見道也。劉禹錫詩題中說"樂天續有酬答皆含戲謔極至風流"（樂天時 65 歲），或言過其實。

34 白居易《自戲三絕句》（按：是效陶淵明《形影神》，"聊假身心相戲往復。偶成三章"。）

再回過頭來看他的詩題、詩句，就比較容易瞭解其中的幽默感蘊藏著不同的感情，「應該由它們的題材和思想出發，不應該局限在原來的分類上[35]」，所以我們不能用過去習用近乎"刻舟求劍"的分類法，簡單地處理近代人類才有所專研的「幽默感」種類和範圍。譬如說，白居易在「樂詩的樂天」時期，他所寫的戲詩、艷詩都浪漫而愉悅。其中《花非花》一首（圖3），雖然被放在「感傷類」，但是感遇多悲傷少，而且在浪漫情懷之外，也有幽默娛人並娛己的味道。用"感傷"來處置《花非花》這首詩，我認為極不恰當。白居易早年自編詩集時，自己定了四個大類：諷諭、閒適、感傷、雜律，乃是回應元稹而作，而且是有時期性的名類，譬如白居易在《與元九書》中說：「自拾遺來，凡所遇所感，關於美刺興比者，又自武德至元和，因事立題，題為《新樂府》者，共一百五十首，謂之諷諭詩。」

　　但是當白居易的詩文隨時間逐漸增加以後，我認為這早期所訂的四個詩就漸漸不及元稹早期所擬的十種分類[36]來得詳細和適當。譬如《白居易集·卷二十九·格詩五十首》裡的〈冬日早起閒詠〉，就意義來說，是標準的「閒適詩」，然而不放在早期自訂的「閒適詩」類裡，諸如此類，多不勝舉。難怪陳寅恪評曰：「後來則唯分格詩與律詩二類，不復如前之詳細，殆亦嫌其過於繁瑣耶[37]？（陳寅恪〈論元白詩之分類〉）」。元稹為《白氏長慶集》作

---

35 褚斌杰《白居易評傳》，北京·人民出版社，1980年，頁107。

36 陳寅恪《元白詩箋證稿·論元白詩之分類》：「據（元稹寄樂天書）此，微之詩可分1.古諷，2.樂諷，3.古體，4.新題樂府，5.七言律詩，6.五言律詩，7.律諷，8.悼亡，9.五七言古體艷詩，10.五七言古體艷詩，共為十體也。」

37 曹之、曹新哲，〈白居易與圖書編撰〉，《出版科學》2003年第4期。"白居易曾要求後人在編輯其作品時，把雜律詩全部刪去，他說："其餘雜

序曰：「大凡人之文各有所長，樂天之長可以為多矣。」然而後人編集，以偏概全，因形錯心，將錯就錯，以為神明。皮日休說「元白之心，本乎立教…謂之諷諭，謂之閒適。既持是取大名，時士翕然從之，師其詞，失其旨。」而且後人還局限於白居易一時之分詩四類。這就像陶淵明〈歸去來兮辭〉開頭所云：「既自以心為形役，奚惆悵而獨悲？悟已往之不諫，知來者之可追；實迷途其未遠，覺今是而昨非。」以後學者再編白居易詩文集如其自云「他時有為我編集斯文者（〈與元九書〉）」，當以此為鑒。

白居易詩文集中“以偏概全，因形錯心”，「以心為形役」的例子很多，最顯眼的莫過於編置於「傷感四」，排在哀十三歲早夭的蘇簡簡的〈簡簡吟〉與章尾指名道姓的「示妓人商玲瓏」〈醉歌〉，與慷慨助友的〈醉後狂言酬贈蕭殷二協律〉之間的一首奇麗朦朧的〈花非花〉三、三、七言民歌格式的七言變體詩。這首詩，表面看是飄渺的“讔”詩，再細讀，又似是送給不便指名的情人，與上接的“示妓人”或〈山遊示小妓[38]〉裡幽默的「莫唱楊柳枝，無腸與君斷。」公然有所指大不相同，應該屬於淡雅幽默但不悲傷的暫別艷詩。雖然此詩古來沒有正解，但是無論如何，它不是一組傷感詩之一，也不是一首直述哀衰老或傷早逝的“傷感詩”，而是一首如明代茅瑛（映）在《詞的》卷一所云：「此樂天自譜體也。語甚趣。」白樂天難得寫“朦朧詩”，所以可能性之

律詩，或誘于一時一物，發於一笑一吟，率然成章，非平生所尚者，但以親朋合散之際，取其釋恨佐歡，今銓次之間，未能刪去。他時有為我編集斯文者，略之可也。”

38　《白居易集・卷第二十九・格詩五十首》〈山遊示小妓〉：「雙鬟垂未合，三十才過半。本是綺羅人，今為山水伴。春泉共揮弄，好樹同攀玩。笑容花底迷，酒思風前亂。紅凝舞袖急，黛慘歌聲緩。莫唱楊柳枝，無腸與君斷。」

一是白居易為了有意避免用"艷詩"的名詞類別[39]而自己遭人諷諭，所以把它放到"感傷類"。更由於當時的人也沒有"幽默感"這個觀念和術語可用，而且也都有劉勰《文心雕龍·諧讔篇》所說「空戲滑稽，德音大壞」的顧忌，所以從陶淵明到杜甫，他們都不別立「滑稽、諧、讔」這幾項，以致"幽默詩"的內容特色也一直沒有引起學者的注目。

這個大行列中也包括大學者陳寅恪先生在內，他們都沒有看到元白詩裏尚有一些幽默的部份。或者由於陳寅恪、吉川幸次郎、鈴木虎雄等"傳統"學者大多為人嚴肅，也缺乏幽默感，所以雖然看到這個問題，但沒有甚麼反應，如臺灣俗語常戲稱的「有看沒有到」。但是南北朝時代"思兼儒佛、心態保守"如劉勰的《文心雕龍》裡已早有〈諧讔篇〉，可見中國古典文藝理論裏並不缺乏樸素的喜劇和幽默理論，只是後人受到"偏解的儒學"和"部份孔孟之學"的約束，把喜劇和幽默排除在正經正式的教學之外[40]。但是從現代的觀念來看，我認為《花非花》雖然是浪漫派的幽默朦朧艷詩，但其中有些幽默感近於"諧讔"的"讔"，而不具明顯或深刻的"感傷"。和陶淵明的《五柳先生傳》相比，《五柳先生傳》表面上幽默，但內蘊極大的感傷，和《花非花》表裡輕盈，心無所住的詩韻正好相反。

後來許多不解風情和幽默的人，因為這首詩句中沒有寫明甚麼是主詞，所以有人竟異想天開地認為主體說的是貓！（圖 3.B）

---

39 元稹在唐穆宗前批評張祜「祜雕蟲小技，壯夫不為，或激賞之，恐變陛下風教」。杜牧撰李戡墓誌銘，批評元白詩「纖艷不逞，非莊人雅士所為」。

40 林中明《談諧讔 —— 兼說戲劇、傳奇裏的諧趣》，《文心雕龍》1998 國際研討會論文集，《文心雕龍研究第四集》，北京大學出版社，2000.3，頁110-131。

如果寫《我是貓》的夏目漱石聽到這樣的說法，一定笑倒在地。而美國 20 世紀詩人 Carl Sandburg（1878-1967）曾有一首題名為〈霧〉[41]的小詩：「霧來，小貓輕足。坐看，港城罩薄幕。靜悄，纏綿無數。行走，一去不回顧。（林中明變格試譯）」，則把貓和霧融為一體，端的是媲美香山居士的小品好詩。但是就事論詩，因為這首詩的詩風，近似元、白共戲共遊時的風流創作，所以可以由〈山遊示小妓〉的「笑容花底迷，酒思風前亂」裡的 "花底迷" 和 "風前亂"，與元稹二十年後寫的〈春曉〉「半欲天明半未明」一句看出，「花非花，霧非霧，夜半來，天明去」的主角必然是指 "如花非花、似風如霧" 非妓人的　相好美女。但以一種猜謎而 "諧讔" 的方式表達出來，在 "賦、比" 的作詩手法之外，用 "興" 的方式來傳出不盡的情意。所以此詩雖然格異詩短只有二十六個字，而非長句[42]，但它 "用字少、思紅袖。表意豐，感懷舊。記憶長，似夢遊。題惆悵，結風流。" 成為一首千古絕唱。

（一）幽默、諷諭、諷刺、諧讔、笑鬧的分別

因為本文是談論「白樂天的幽默感」，在討論完「樂天」的五個時期之後，就應該討論什麼是「幽默」和「幽默感[43]」？但是

41　Carl Sandburg, Fog, Selected Poem, A Harvest Original, 1996. "The fog comes, on little cat feet. It sits looking, over harbor and city, on silent haunches, and then moves on."

42　《白居易集・卷 15・律詩》〈微之到通州日授館未安見塵壁間有數行字讀之即僕舊詩其落句云淥水紅蓮一朵開千花百草無顏色然不知題者何人也微之吟歎不足因綴一章兼錄僕詩本同寄省其詩乃十五年前初及第時贈長安妓人阿軟絕句緬思往事杳若夢中懷舊感今因酬長句〉：「十五年前似夢遊，曾將詩句結風流。偶助笑歌嘲阿軟，可知傳誦到通州。昔教紅袖佳人唱，今遭青衫司馬愁。惆悵又聞題處所，雨淋江館破牆頭。」

43　〈The American Heritage Dictionary, 4th edition, 2000〉：1.The quality that makes something laughable or amusing, 2.That which is intended to induce

這一類的問題就像問「什麼是詩？何謂之美？笑為何意？」一樣：
不問的時候，大家似乎都知道什麼是「詩」，什麼叫作「美」，什麼表情就是「笑」[44]。但是一問，發現時代不同，社會文化不同，定義和感受都不一樣，反而不容易用幾句話就能講清楚。

1.幽默：笑人笑己，有為無用，產生"負熵"（negative entropy[45]）

　　此文之所以要討論「幽默感」並分辨戰鬥、諷諭、諷刺、諧謔、笑鬧和幽默的不同，主要原因在於"幽默感"乃是人所特有的一套本領和複雜的感識。人和動物遇到外界的挑戰，基本上非戰鬥即逃走（Fight or Flight）；感情的基本反應，非行動即閒適，其中的行動不外乎攻或守，如果處理不當，就有財產的損失及生命的危險。人類之異於動物，在於能動腦筋應付人或自然的挑戰，在極端的戰、逃之間，能適當地加入心理調適，可以"靜態地不戰不走"，也可以"動態地以守為攻"；在悲劇和喜劇情況之間，還有"淚中帶笑"和"笑中帶淚"[46]，"笑人又自笑"，"表面笑己，

---

laughter or amusement, 3. The ability to perceive, enjoy, or express what is amusing, comical, incongruous, or absurd. 此外，具權威性的字典，Fowler's Modern English Usage（2nd edition 1965），也曾列了一個簡表，以分辨 humor, wit, satire, invective, sarcasm, irony, cynicism, and The sardonic.《辭海・幽默》：發現生活中喜劇性因素和在藝術中創造、表現喜劇性因素的能力。幽默在引人發笑的同時，竭力引導人們對笑的對象進行深入的思考……超越滑稽的領域，而達於一種悲愴的境界。

44　《白居易集・卷 4・諷諫詩》.〈天可度，惡詐人也〉：「…高可射兮深可釣，唯有人心相對時。咫尺之間不能料，君不見李義府之輩笑欣欣。笑中有刀潛殺人，陰陽神變皆可測。不測人間笑是瞋。…」

45　Erwin Schrodinger（1943），*What Is Life?*, lectures delivered at the Institute at Trinity College, Dublin.

46　杜甫《九日（登高）諸人集於林》：九日明朝是，相要舊俗非。老翁難早出，賢客幸知歸。舊采黃花勝，新梳白髮微。漫看年少樂，忍淚已霑衣。

而實自傲"[47]，"有所為卻無實用"等多種幽默反應。幽默的破壞性較小，甚至有時候還是一個心理壓力的有效疏導機制。文藝性的幽默、笑鬧，不以殺傷別人為目的。上乘的幽默比諷刺來的高明，因為要圓轉、節制、切題、有攻有守，於小見大，甚至還能兼及蟲鳥、春風[48]；有時還能用來化解人際的衝突和自我內心的壓力，所謂「府中歡笑勝尋醫[49]」；也可以用不同的形式來表現趣味和關心，而且主要是「以不戰而屈人之兵」達到目的，並減少廢熵（entropy）的產生和累積。因此它有時可以產生 "負熵（negative entropy)"，並減少一些心中累積的痛苦。

2. 諷諭、諷刺：有為有旨、己笑、仇痛，小型的 "檄移"，產生 "正熵"（entropy）。

當人類文化進步之後，戰鬥之中亦有文事[50]，文章辭語也可以用於宣戰書的「檄」和勸導的「移」[51]。白居易的「諷諭詩」，繼承《詩經》的 "諷"，也是小規模的 "檄、移"，它們都是欲有所為、有攻擊對象，要讓自己笑、親者快，而敵人哭、仇人痛的文字戰鬥。諷諭、諷刺、諧謔的文章和語言都是戰鬥的工具，它

47　《白居易長慶集陸拾》〈劉白唱和集解〉：「…予頃與元微之唱和頗多，或在人口，常戲微之云：'僕與足下二十年來為文友詩敵，幸也亦不幸也。吟詠情性，播揚名聲，其適遺形，其樂忘老，幸也；然江南士女語才子者，多云元白，以子之故，使僕不得獨步於吳越間，亦不幸也。」

48　作者按：金聖嘆批杜詩〈漫興九首〉，中有句云：「看他將春便當作一人相似，滑稽極矣。…春風作橫，古所未聞，滑稽極也。……先生與白（居易）用筆迴絕如此，劉會孟（劉辰翁）小兒乃謂此詩近白，爾烏知？」

49　白居易〈歲暮夜長病中燈下聞盧尹夜宴以詩戲之且為來日張本也〉：「榮鬧興多嫌晝短，衰閒睡少覺明遲。當君秉燭銜杯夜，是我停燈服藥時。枕上愁吟堪發病，府中歡笑勝尋醫。明朝強出須謀樂，不擬車公更擬誰。」

50　林中明《斌心雕龍：從《孫武兵經》看文藝創作》，1998 年 10 月第四屆孫子兵法國際研討會論文集，軍事科學出版社，1999.11.，頁 310-317。

51　林中明〈《檄移》的淵源與變遷〉，《文心雕龍》1999 年國際研討會論文集，文史哲出版社，2000.3.，頁 313-339。

們是能遠距離傷敵於無形的特殊武器。它們戰鬥的方式，主要是
在找出敵人的弱點，舉實例加誇飾，以產生相對的優勢和殺傷力。
它以公開嘲笑和諷刺別人的方式，影響決策者和大眾人民，以產
生持續的上下夾攻的心理壓力，使得對手改變行為，以符合"主
攻者"的意志。

　　可惜的是，秀才造反，三年不成，"諷喻詩"雖然寫得好，但
是不能穿透貪官污吏、皇親國戚和宦官小人的厚皮，往往諷諫不
成，出師未捷身先死，或者貶官流放，病死僻鄉。所以真正要達
到快速的改革，必須使用武力，要靠槍桿，而不能只靠筆桿。但
是世間武力的攻擊，為了要在有限的時空資源裏達到目的，必須
動用或集中超過對手能抵抗的資源和能量，而在這物理和心理攻
擊的過程中，不可避免地造成破壞和產生不可再使用的 "廢熵"
（entropy）和社會資源的浪費與環境的破壞。

3. 諧謔、笑鬧：有為無傷、皆大歡喜、產生 "噪音"

　　諧謔、笑鬧和武鬥殺敵以及 "諷諫"、"諷刺" 不同，它們雖
具攻擊性，但是不含害人心，也不具殺傷力。杜甫〈雨過蘇端〉
裏的「親賓縱談謔，喧鬧慰衰老」，則是屬于為喧鬧而笑鬧，有動
作而無實用的「諧謔笑鬧」[52]。諧謔、喧鬧雖然也使用了一些能
量，但是一旦渲洩了情緒之後[53]，應該沒有什麼後遺症[54]。

---

52 按：此詩幽默戲謔之處得自經濟學家蕭政教授（2002）。
53 劉勰《文心雕龍·諧讔》曰：「芮良夫之詩云：『自有肺腸，俾民卒狂。』
　　夫心險如山，口壅若川，怨怒之情不一，歡謔之言無方。昔華元棄甲，
　　城者發睅目之謳；臧紇喪師，國人造侏儒之歌；并嗤戲形貌，內怨為俳
　　也。又蠶蟹鄙諺，狸首淫哇，苟可箴戒，載于禮典，故知諧辭讔言，亦
　　無棄矣。」
54 《國語·周語上》：「…邵公曰："…防民之口，甚于防川。川壅而潰，
　　傷人必多，民亦如之。是故為川者決之使導，為民者宣之使言。…民之
　　有口，猶土之有山川也…口之宣言也，善敗于是乎興…夫民慮之于心而

（二）幽默和民族的關係

「幽默」（humor）這個字，是英國人創的字，也是英國人的"國學"，中國《史記》裡的〈滑稽列傳〉的"滑稽"和西洋的"幽默"有些相似，但又不同。美國人因為以英語為不成文的國語，所以把「約翰牛」的幽默學了三五分。美國商業的演講，一定要懂得用幽默話開頭，不然就不能"不戰而啟人之聽"，沉悶嚴肅的演講，在美國一定達不到有效的溝通。拉丁語系的民族就學不會英國人的幽默[55]。法國人的熱情和文藝，造就了諷刺詩、諷刺漫畫、諷刺戲劇，近似白居易的「諷諫詩」。但是輕描淡寫的一句話，四兩撥千金，攻中有守，解窘化憂，減少廢熘。這種幽默，法國人不及英國紳士的訓練有素，但比德國人的嚴肅還勝一肩[56]。

亞洲諸國，近二世紀因為受到西方殖民勢力和其後的意識形態壓迫，生活緊張，在儒家道學先生教育下所殘留的一絲滑稽和幽默感都被壓縮殆盡。此所以上世紀中國的頭號文人魯迅曾說中國人缺少幽默感，而其後的半世紀還每下愈況。再看日本的情況，譬如日本專治杜甫的漢學大師吉川幸次郎，他教學嚴肅，似乎也缺乏幽默感[57]。根據他京都大學的後輩川合康三先生所說（2002），吉川先生也曾說日本人沒有幽默感，而吉川先生也沒有

宣之于口，成而行之，胡可壅也？若壅其口，其與能幾何？"」

55　Very Droll,〈French Humor〉, The Economist, Dec. 18, 2003.

56　德奧系統的貝多芬，雖然創作了新的「詼諧曲」（Sherzo）形式，但是聽聽他《第九交響樂》裏的「詼諧曲」，竟然雄偉大氣，完全不是一般人印象中的輕鬆諧戲的味道。不如普羅科菲耶夫直接以詼諧的手法寫出諷刺俄國沙皇腐敗的組曲《奇傑中尉》（Lieutenant Kije）。相比於人稱「廣大化教主」的白居易，有多樣詩材詩體，那是相當高的讚辭。

57　興膳宏〈吉川幸次郎先生其人及其學問〉,《中國古典文化景緻》，李寅生譯，中華書局，2005 年。頁 171-1794。

注意到、談過和寫過杜甫的幽默感。但是根據周作人在〈《浮世風呂》》（1937）〉一文中所寫：「江戶時代的平民文學正於明清的俗文學相當…但是我讀日本的滑稽本，還不能不承認這是中國所沒有的東西。…日本人自己也常常慨嘆，慚愧不及英國人。這滑稽本起於文化文政年間（1804-1829），卻全沒有受着西洋的影響…所以那無妨說是日本人自己創作的玩意兒。我們不能說比英國小說家的幽默如何，但這總可證明日本人有幽默趣味要比中國人為多了。」受到「朱子學」影響的日本，結果比寫出《西遊記》、《儒林外史》的中國文化更懂得"滑稽"，我們要問，這和以前中國文化長期受到"部份孔孟思想"的儒家禮法教育有關嗎？還是元朝雜劇裡的活潑幽默生於新文化顛覆了舊傳統，和舊文士的被排擠出新官場？而孔孟以及宋元雜劇裡的幽默滑稽是"死於"（王國維語）明、清科舉八股取士的教條？還是基本國民性裡就有不擅於幽默滑稽的文化天性？

（三） 儒家沒有幽默感嗎？

中國人缺少幽默感，許多人直覺地以為這又是和儒家的思想禮法有關，孔子和孟子要負責任。其實孔子、孟子都懂得幽默，只是被後世腐儒、小儒誤會為板起面孔說教的"道學先生"，以致於失去了生命力的「孔孟之道」，一旦遭遇到西方人性化的文化，就相形見絀，成了一種意識形態的舊思想，而日益衰亡。但是實際上，孔子文武雙全又有幽默感，孟子不僅有國際觀，懂得射箭，而且是儒家裡罕見的幽默大師。

1. 孔子的幽默：

孔子的幽默可以從《論語》裡看到。例子之一，譬如孔子到武城，聞弦歌之聲，很滿意子遊的禮樂治教，莞爾而笑，卻幽默地和他開玩笑，說「殺雞焉用牛刀」？子遊以為老師真的認為他做的過分，急忙搬出孔子的教條來解釋。結果孔子說了一句非常有人性的話，「前言戲之耳」！例子之二，孔子聽說公叔文子「不言不笑不取」，以為矯情，對公明賈的解釋也認為不合人情，便含蓄的批評道：「其然！豈其然乎」？

2. 孟子 —— 儒家的諧聖：

孟子講的寓言類的笑話頗多，他幽默笑話的成績更是位居諸子的前列。孟子在儒家義理上雖然算是亞聖，但是我認為他所"創作[58]的義理笑話"，譬如齊人驕其妻妾、偷鄰人雞…等，卻可居儒家的「諧聖」。這也許是他能在古代缺乏營養醫療和動盪的環境下，活到 84 歲高壽的原因之一吧。這也可以見出儒家的兩位開山大師和教育學家，都不是板起面孔說教的道學先生。明代毛晉選編《六十種曲》，其中孫仁孺的《東郭記（1618）》，呂天成（1580-1618）的《齊東絕倒》二劇，民初文人書畫家姚華在《菉漪室曲話（1913）》中，對它們評價最高，稱此二者"皆滑稽之雄"。後來清朝蒲松齡寫的《東郭簫鼓兒詞》都是從《孟子》裏眾多極短篇的寓言名作中得來的靈感和素材。

3. 地理歷史政治制度影響幽默文化

由上所述，可見後世的中國儒者，和今天的中國缺乏幽默感，不能把責任推到孔、孟的頭上。同理，松尾芭蕉的俳句也有幽默感[59]，所以也不能說日本人缺乏幽默感是天生的。胡適當年曾寫

---

58 按：孟子的笑話是創作，所以後來有人寫詩指出「乞兒何能娶二妻？鄰人哪來許多雞？」
59 按：例 1.江戶時期的西山宗音主張俳諧的滑稽性和創作自由，他的「談林派」也影響芭蕉的幽默詩作。例 2.芭蕉幽默昆蟲詩之一：牡丹花深處一隻蜜蜂歪歪倒倒爬出來哉。（陳黎譯）
2.太田青丘《芭蕉與杜甫·芭蕉之笑 —— 幽默感》，日本法政大學出版局，

戲詩為曾大呼"四十以上皆可殺"的錢玄同作四十賀歌[60]，後來日本學者興膳宏也寫滑稽悼文賀老同學一海知義從大學退休[61]。這都表現了一些近代中、日文人"不忌諱死亡"，具有如陶淵明當年寫〈自祭文〉的幽默感。

　　所以可知喜怒哀樂和幽默感是人類的共同能力，但因文化環境、官場制度和後天的培養而有較大的差別。英國早在 1215 年就訂立「大憲章」，保護人民的權力和部份的自由在世界各國之先。英國人講笑話諷刺統治階級不太怕隨意就被砍了頭。所以人民閒談，作家寫文章，甚至政客問政相攻，都有相當的幽默感。一個國家和民族有沒有幽默感，其實是它們民主自由程度的指標，至於他們的幽默感有沒有格調，有沒有"品味"？則是地理、歷史所影響下區域文化水平的反映[62]。所以有的地區幽默感多一些，有的地區則是以笑鬧撒潑和無賴無釐頭的"笑話"當做"幽默"，而且洋洋自得。但是同樣生活在君主獨裁或是道統、神權統治之下，言論和寫作的自由有限，何以白居易的幽默感不及他所崇尚的杜甫，和喜歡的陶淵明呢？這就不能不考慮到他們的家世，個

1971 年，頁 256-260。

60　按：昔年錢玄同批古諷舊，曾有「四十以上皆可殺！」之語。不久，他也到了四十歲。胡適戲作〈亡友錢玄同先生成仁紀念歌〉以贈：「該死的錢玄同！怎麼至今未死？一生專殺古人，去年輪著自己。可惜刀子不快，又嫌投水可恥。這樣那樣遲疑，過了九月十二。可惜我不在場，不曾來監斬你。今年忽然來信，要作成仁紀念。這個倒也不難，請先讀封神傳。回家先挖一坑，好好睡在裡面。用草蓋在身上，腳前點燈一盞。草上再撒把米，瞞得閻王鬼判。騙得四方學者，哀悼成仁大典。年年九月十二，到處念經拜懺。度你早早升天，免在地獄搗亂。」

61　興膳宏〈滑稽故事與嘮叨念佛教 —— 一海知義先生生前追悼戲文〉，《中國古典文化景緻》，李寅生譯，中華書局，2005 年，頁 243-248。

62　林中明《地理、歷史對文化、文學的影響：從薛地到矽谷》，《文學視域》（淡江大學‧第十二屆社會與文化國際學術研討會‧論文集）。臺北‧里仁書局，2009 年，頁 191-214。

別的生活環境，和個人的性格傾向。

（四）家世的影響

胡適曾指出，杜甫諧戲詩和他的詩學淵源，很可能有一部份來自祖父杜審言。我也同意他的看法（林中明《杜甫諧戲詩在文學上的地位》）。陶淵明的幽默感隱而不顯，懂得在權勢下，避實戲虛。陶淵明的詩深得"諧讔"之趣，我認為這很可能受到他外祖父在桓溫暴權下如何生存自樂的啟發（林中明《陶淵明的多樣性和辯證性及名字別考》）。至於白居易，我認為，他的幽默感不僅沒有受到家世的正面影響，而且曾受到家世和家庭的負面影響！我的原因有三：

1. 白居易自稱是秦國大將白起和北齊五兵尚書白建之後。雖然陳寅恪等人的考證指出這與事實可能不符，但是這種兵家之後的想法，導致他在早年對兵略也很熟悉和重視。他和元稹同寫的 75 篇《策林》，就對邊防和兵役等事加以專究。在不少與軍政有關的諫議上，他也頗有灼見。有道是「軍中無戲言」，所以在朝作到三品官的白居易開玩笑時比較拘謹，和小吏或無業的杜甫，不受太多官場限制，有時完全開放的文士心態大不相同。

2. 白居易的父親在他 23 歲時去世。但他的母親，在婚姻上因為是老夫少妻，而且是違反唐代律法的舅甥配[63]，心理上可能受到打擊，不僅成為悍婦，而後發為奇怪的舉止行為。她後來在白居易 40 歲時「看花墜井死」，死因也很離奇。這時曾受白居易批評和"諷諫詩"所諷刺過的政敵，就藉機誣陷白居易母死而仍然作〈賞花〉、〈新井〉詩不忌諱母親的死事，把白居易一直貶到

63　按：柳宗元有〈韋道安〉詩，述其俠義救女，女父「頓首願歸貨，納女稱舅甥。道安奮衣去，義重利固輕。」可見舊甥不可婚也。

江州作司馬閒差小吏。這些打擊和鬱悶，也減弱了白居易作戲笑詩的真情。

　　3. 白居易有三個女兒。38 歲中年得女，名之金鑾，透露出他很有繼續想上朝作官的意願。但是才兩年，旋即喪母又喪女，同時又遭誣陷貶官，真是情何以堪。於是作詩〈自誨〉曰「樂天樂天，可不大哀。」然後到了 58 歲的晚年，才又喜又窘地得一男兒，取名阿崔。這是否諧音，意為 "催" 而得之，或是紀念兩位崔姓摯友（崔玄亮、崔群）不可得知。但是不到三年，還沒能和他玩耍，阿崔又生病去世。所以我認為，白居易雖然為人隨和，也能和年青人一起吟詩喝酒，但並不過分戲鬧打成一片[64]。而他終其一生，沒有真正和兒童放懷玩耍過，也不能融入兒童之戲，他似乎只能坐在堂上，遠距離的觀看兒童玩竹馬戲[65]，或者如〈池上二絕，二首之二〉所述，遙看「小娃撐小艇，偷採白蓮迴。不解藏蹤跡，浮萍一道開。」他雖然有女兒阿羅，但只有被動地被女兒牽衣、牽裙（大概牽的多半是母親的衣裙），而似乎不願意和小女兒玩耍，情況和李白類似[66]。杜甫雖然常年在外，但他能和兒童打成一片，與「稚子敲針作釣鉤」，又能在秋日和「童戲左右岸，罟弋畢提攜」，捉魚挖藕，以至於「指揮徑路迷」（《泛溪》），完全沒老沒小，指揮 "童子軍" 玩 "打野外" 的戲耍。所以杜甫

---

64 白居易《座中戲呈諸少年（60 歲時）》：衰容禁無多酒，秋鬢新添幾許霜。縱有風情應淡薄，假如老健莫誇張。興來吟詠從成癖，飲後酣歌少放狂。不為倚官兼挾勢，因何入得少年場。

65 白居易《觀兒戲》：「髫齔七八歲，綺紈三四兒。弄塵復鬥草，盡日樂嬉嬉。堂上長年客，鬢間新有絲。一看竹馬戲，每憶童騃時。童騃饒戲樂，老大多憂悲。靜念彼與此，不知誰是癡」。

66 白居易《官舍》稚女弄庭果，嬉戲牽人裾。白居易《效陶潛體詩十六首之九》牽衣戲我前。李白《南陵別兒童入京》：兒女嬉笑牽人衣……仰天大笑出門去…。（林評：皆無陶令與稚子同樂之 "大歡" 境界）

寫兒童戲詩的幽默感高於白樂天。至於陶淵明寫〈責子〉[67]，文字表面上是板起面孔責子，其實分明是笑容滿面的幽默詩，那就比老杜真情流露，直來直往的幽默感，在文字對比和趣味境界上還要高上一二籌。近人魯迅、周作人兄弟兩人都是傑出的文學大家，但魯迅的文字劍拔弩張，周作人的幽默小品清淡而有餘味，情況與白居易及後來官拜宰相的從祖弟白敏中，以及蘇軾、蘇轍兄弟的性格都略有相似處。

（五）個性 和 風格的形成

由於以上的分析，可見白居易的幽默感，最有可能泰半出於知足哲學[68]與樂天的天性。所以他在諸般環境和家世的限制之下，經由杜甫諷諫幽默詩風的薰陶和啟發，再加上陶淵明諧謔幽默詩文的潛移默化，才發展出來大量的戲笑詩題和詩句。但是也是由於傳統儒家和西來佛教的影響，白居易的幽默視角不是太近、太直接的攻擊譏諷，就是太遠、太淡的有限度的戲笑。讓人覺得他不是在說真話，或常是言不由衷。在譏諷的時候，白居易不及杜甫簡雅，在戲笑的時候不及陶令淡幽。但是和同時代的詩人比起來，他還是其中的佼佼者。以下就戲笑詩題、詩句，簡略比較白居易、元稹、劉禹錫、李商隱、李賀、韓愈、杜牧、張籍以及杜甫、李白這些當代和上一代的有名詩人，以見證論點。詳

---

67 陶淵明《和郭主簿二首》:「弱子戲我側，學語未成音」;《止酒》:「大歡止稚子」;《責子詩》:「白髮被兩鬢，肌膚不復實。雖有五男兒，總不號紙筆。阿舒已二八，懶惰故無匹。阿宣行志學，而不愛文術。雍端年十三，不識六與七。通子垂九齡，但念梨與栗。天運苟如此，且進杯中物」。杜甫曾說:「陶潛避世翁，未必能達道，有子賢與愚，何必掛懷抱?」可見得杜甫也看走眼了。

68 其陳寅恪《元白詩箋證稿‧附論:〈白樂天之思想行為與佛道關係〉》，北京‧三聯書店，2001年，頁337-341。

細的比較，須要更多篇幅，將在另文中專作討論。

四、唐代大詩人的 “笑哭比”

　　白居易自己以諷諫、閒適、傷感作為他寫詩動機的三大類。從數學的角度來看，可以說是正面出擊，負面悲哀和中性的閒適三類，或者可以看作一個三角形，互相關聯。所以我們要想瞭解其中的一類，也必須瞭解其他二項。如果樂天是隨處平衡，那就是閒適的最高成就。至於要想瞭解他的幽默、戲諷，也就必須瞭解傷感悲哀的部份。本文所提出以 “笑哭比” 來檢視詩人傾向的好處是以 “標準化（Normalized）” 後的 “笑詩數／哭詩數”，來放大詩人感情的 “動態範圍”（dynamic range），以加強突顯其特性。就像買東西需要 “價廉物美” 的計算方法就是把 “物美” 的值，除以 “價廉” 的值，其 “商” 就是 “價值乘積”（Performance Product = Performance/Price）。這個科學計值的方法，其實孔子也用過，孔子在《論語・子路章・24》所云：「子貢問孔子：“鄉人皆好之，何如？” 曰：“未可也。”“鄉人皆惡之，何如？” 孔子曰：“未可也。” 不如鄉人之善者善之，其不善者惡之。」這也就是我所說的 “舊經典、活智慧” [69]。

　　至於用計算機檢索，輔助分析白樂天在攻擊性的諷諫詩之外的幽默感和傷感悲哀，可以從他的「戲笑詩題文字」切入，如作

---

[69] 林中明《舊經典活智慧 —— 從易經、詩經、孫子、史記、文心看企管教育和科技創新》，第四屆《中華文明的二十一世紀新意義》學術研討會論文（喜瑪拉雅基金會）主題：傳統中國教育與二十一世紀的價值與挑戰，嶽麓書院・湖南大學，2002 年 5 月 30、31 日。《斌心雕龍》，臺北・學生書局，2003 年，頁 463-518。

者在 2002 年所率先使用於杜甫、白居易等詩人[70]。但要做好一個大詩人幽默感的分析，當然不能止於檢索以 "戲"、"笑" 為詩題的數目，和抄下有關的詩句部份就算完工。就白居易的幽默感而言，譬如他所寫的〈劉白唱和集解〉就不是詩，而是文章。而且文章中自笑自傲的意思又隱於文字之外。像這些情況都不是現在或短期內，普通計算機（電腦）和一般程式所能直接做好的分析。

　　目前的計算機文字分析必須有限定的目標，電腦（計算機）檢索找出的字頻才能做出有助於瞭解情況的分析。有了計算機精確檢索再經人腦對結果加以瞭解篩選之後，就可以再進一步去擴大戰果，縱橫串聯其他有關項目，和更全面地去細探微觀白樂天的幽默感和哀傷感，並有系統地去與中國其他大詩人比較異同高下。在這個電腦計算和網路資訊無所不在的時代，如果學校和學者還繼續用手 "一頁一頁翻索其詩題" 如古人，然後再用紙筆去統計資料，這種古代不得不使用的方法，不僅速度慢，浪費了寶貴的腦力和時間，而且容易出錯，在 21 世紀如此做學問，得到中小學生也能做的 "研究結果"，並還有人眼難以避免的錯誤，這樣的學術研究，在今天就這不僅可嘆，而且不可取[71]。

---

70 作者於 2002 年 11 月在臺灣・淡江大學・中文系舉辦的「杜甫誕生 1290 年國際學術研討會」上首創從詩人的 "戲題"、"戲句" 等方式分析《全唐詩》中杜甫、白居易等人的幽默感。並以電子檢索方式分析 "戲題"、"戲句" 等有關幽默感的文字。論文見於 2003 年《杜甫與唐宋詩學》，臺灣・里仁書局，2003 年。

71 按：在作者於 2002 年以電腦（計算機）檢索方式分析杜甫、白居易、陸游等唐宋詩家的論文發表之後，偶然看到 2007 年 6 月印出的臺灣・高雄・中山大學・陳家煌博士論文《白居易詩人自覺研究》裡也分析了白居易在《全唐詩》中的 "戲題"、"戲句"，但用手 "一頁一頁翻索其詩題，統計《全唐詩》所收詩作中，詩題含「戲」字眼的統計表，此表並非檢索網路資料而來…。" 其統計表見該論文 334-338 頁。因為用手計算，其中有不少錯誤，譬如 332 頁列杜甫以戲為題 20 題，31 首。元

（一）唐代大詩人以 "戲" 為詩題的統計

1. 以 "戲" 為題的 "字頻／總詩數" ：

《全唐詩》收集了大約二千五百多人的詩作，不同的資料庫，計有從近四萬八[72]千到五萬一千首詩[73]。用元智大學的電子檢索（2009.8.8），以 "戲" 為題的詩有 404 首，其中有 83 首是白居易的作品[74]，而且是第一大戶。相比之下，杜甫 33 首（但作者 2002 年包括仇本與序言，實計 22 題 38 首），劉禹錫 14 首，李商隱 10 首，柳宗元 6 首，元稹 5 首，李白 2 首[75]，杜牧 1 首，韓愈 1 首〈戲題牡丹〉早夭的李賀和用功的張籍無一首！可見得白居易學杜甫寫詩以戲為題，樂在其中，而且超越了杜甫近 2 倍之多！而舉止嚴肅的張籍，果然一首都不用 "戲" 為題。所以韓愈寫《毛

智大學的系統則為 22 題 33 首。而且因為頁一頁翻，只數題不讀內容，所以沒有統計 "戲" 字在句中出現的次數為 14 次。杜甫有詩題為〈愁〉，而題的原注曰：「強戲為吳體。」這是一個重大的以時尚的吳音為新標準的嘗試，意義重大。錯過而不見，既失於計數，更失於 "吳音新詩" 的大事件。

72 鄭州大學可計算機檢索的《全唐詩庫》2002 年 11 月 21 日統計：收集了大約二千五百二十九人的詩作，四萬二千八百六三首。不同的版本又有不同的數目和字句。吳庚舜在〈漫話《全唐詩》〉中指出： "《全唐詩》的巨大規模，清聖祖愛新覺羅・玄燁（康熙皇帝）在《全唐詩・序》中作過介紹。他說全書收錄唐代 "二千二百餘人" 的 "詩四萬八千九百餘首" 。說得更準確點，這部書實際上包括了唐五代三百五十餘年間的詩、詞、謠諺。在唐、宋、元、明、清五個大統一朝代中，這是今天能夠見得到的唯一一部斷代詩歌總集。它為我們閱讀、研究唐代詩歌、唐代文化藝術提供了極大的方便。"

73 元智大學，羅鳳珠教授主持，《全唐詩檢索》2009.8.8。

74 白居易 71 歲猶有幽默戲戲笑詩題曰：〈歲暮長病中燈下聞盧尹夜宴以詩戲之且為來日張本也〉。

75 按：李白〈戲贈杜甫〉一首係偽作。「飯顆山頭逢杜甫，頂戴笠子日卓午。借問別來太瘦生，總為從前作詩苦。」故只計 2 首。

穎傳》，曾受到這位不苟言笑，年紀比他大三歲的"弟子"的諫戒規範[76]。

這種直接用計算機或用人手檢計"用戲字於詩題的數目"的方法其實不夠"充分"，因為寫詩多、流傳多的詩人自然結果偏高。所以在"必要有戲字為題"的條件之外，還需要再計算"字頻／總詩數"，這樣"標準化"了之後，才能見出詩人好用"戲"字的密度和真正的傾向。若以此法計算，該電子資料庫裡列入白居易詩 2941 首，83 首具有以"戲"字為題，百分比為 2.82%，大於杜甫的 1483 首有 22 題、33（38）首戲字為題的 2.22%（2.56%）。所以白居易還是唐代用"戲"字於詩題的第一大戶。這可以說白居易學杜甫，於"戲題"一項，青出於藍而勝於藍，超過了老師。

2. 陶公杜老諧讔傳人：

後來清初注杜詩的錢謙益也有多首詩以戲為題[77]，而著有《元白詩箋證考》的陳寅恪，也喜歡以"戲"為詩題[78]。可以說是好杜詩者必佩服白居易的諷諫詩，喜歡杜、白戲詩的詩人，自然也寫"以戲為題"的諷諫、幽默詩，喜好陶杜者，又必然能作"淚中猶笑、笑中帶淚"的戲題幽默詩。陳寅恪失明腳傷臥病多年後，1965 年尚有〈枕上偶憶建炎以來，《繫年要錄》所載何繽絕命詩，因戲次其韻，亦作一首，誠可謂無病而呻者也。〉之詩，其詩曰「元亮虛留命，靈均久失魂。人生終有死，遺恨塞乾坤。」這首詩題長若序，真陶、杜立題、附序、幽默、戲題、笑淚並起、哭

---

76 林中明《談諧讔 —— 兼說戲劇、傳奇裏的諧趣》，《文心雕龍》1998 國際研討會論文集，《文心雕龍研究第四集》，北京大學出版社 2000 年 3 月，頁 110-131。

77 蔡錦芳〈杜甫、錢謙益、陳寅恪戲題詩之比較〉，《杜甫研究學刊》2006 年第 4 期。

78 按：清華大學 1993 年出版之《陳寅恪詩集》中以戲為題者約 22 題之多。

之笑之的傳人也。而計其"字頻／總詩數",亦近乎 5%之多,高於杜、白"戲題"的使用頻率,是謂青於青矣!若略改他為清華大學國學門同學所撰的名聯 —— "南海聖人再傳弟子,大清天子同學門人[79]",那麼他也有點"孔聖孟子幽默學步,陶公杜老諧謔傳人"的味道。

(二) 唐代大詩人用"戲"字於詩句的統計

用"戲"字於詩句的頻率,白居易還是領先唐代詩界群雄。作者"根據元智大學 2006.9.1 電子版和搜索程式",電腦(計算機)檢索結果,依次列出:白居易有 31 首,杜甫 14 首,韓愈 13 首,劉禹錫 12 首,李白 10 首,李商隱 7 首,張籍 7 首,元稹 5 首,杜牧 5 首,李賀 3 首,柳宗元 2 首。此處白居易和杜甫還是在量上(白居易 1.05%,杜甫 0.94)領先群雄。但是劉禹錫則為 1.34%,反而領先白、杜!借用白居易給元稹和後來劉禹錫的話,就是"所謂天下英雄,唯使君與操耳"[80]。

但是雖然白、杜在"戲題"和"戲句"的數量上相敵,但老杜寫詩,一用戲為題,就精神百倍,而且在詩類和詩意上迭有創新和重大的突破(金聖嘆評杜詩),而白居易則多用"戲贈""戲和""戲題""戲答"等半輕鬆、半開玩笑、半謙虛等方式來配合"戲"字,而多半並不太幽默,也沒有像他在樂府民歌詩類上有創新。這包括白居易在〈與元九書〉中所說「…如今年春遊城南

---

79 周一良〈我所了解的陳寅恪先生〉,《《柳如是別傳》與國學研究—紀念陳寅恪教授學術討論會論文集》,浙江人民出版社,1995 年,頁 13。

80 白居易《和微之詩二十三首(并序)》:近來因繼。已十六卷。凡千餘首矣。其為敵也。當今不見。其為多也。從古未聞。所謂天下英雄。唯使君與操耳。戲及此者。亦欲三千里外。一破愁顏。勿示他人。以取笑誚。樂天白。

時，與足下馬上相戲，因各誦新豔小律，不雜他篇。」雖云"相戲"但只是各頌詩句為歡，不是一般的"開玩笑"或"滑稽笑戲"。所以我說，論幽默感，樂天上不及淵明、老杜，下不及東坡，但是也正由於白居易不擅於開別人的玩笑，所以在朝廷裡人緣甚佳，這可以說是"失之東隅，收之桑榆"。

至於小杜，雖然年青時頹唐浪跡於脂粉，但是他的內心還是個重史和好兵的人物，以致於他反而在為李飛作的墓誌銘上批評元、白曰：「自元和以來，有元、白詩者，纖豔不逞，非莊士雅人，多為其所破壞…吾無位，不得以法治之！[81]」看來杜牧頗缺乏幽默感，他在"戲"字上，除了在《西江懷古》的「魏帝縫囊真戲劇」一句上傳世千古之外，其餘只講"兒戲"鳥戲而已，沒有甚麼高明的幽默詩句。

（三）唐代大詩人用"笑"字於詩句的統計

用"戲"字於詩題，雖然是南北朝蕭氏父子的創新（林中明《杜甫諧戲詩在文學上的地位》），但用"笑"字則是大眾化的字眼，而且《詩經》裏就有 8 句[82]，用法與唐人亦無大異，多半是直接敘述的性質。詩仙李白雖然沒有甚麼幽默感，但是在他詩句裏，特別喜歡使用"笑"字來表現他的豪放，以至於有些故作英

---

81 杜牧〈唐故平盧軍節度巡官隴西李府君墓誌銘〉：「詩者，可以歌，可以流於竹，鼓於絲，婦人小兒皆欲諷誦，國俗薄厚，扇之於詩，如風之疾速。嘗痛自元和已來，有元白詩者，纖豔不逞，非莊人雅士，多為其所破壞。流于民間，疏於屏壁，子父女母，交口教授，淫言媟語，冬寒夏熱，入人肌骨，不可除去。吾無位，不得用法以治之。」

82 《詩經》裏有 5 首詩和 8 句詩用到"笑"字：1.〈小雅・斯干〉爰笑爰語，2.〈邶風・終風〉顧我則笑，3.〈邶風・終風〉謔浪笑敖，4.〈衛風・竹竿〉巧笑之瑳，5.〈衛風・氓〉載笑載言，6.〈衛風・氓〉咥其笑矣，7.〈衛風・氓〉言笑晏晏，8.〈衛風・碩人〉巧笑倩兮。

雄的矯情，但是許多人喜歡李白表面上明顯的豪放和“力氣”，譬如當代德國漢學家顧彬就說“李白很勇敢,不像杜甫愛哭”[83]。我認為他雖然說得有趣，但是我們需要量化比較的科學數據。

　　要更全面地瞭解一個時代大詩人們使用戲、笑字的傾向，必須找出其相對的哭、悲、哀、愁等字的使用頻率。使用 2006.9.1元智大學《全唐詩》資料庫檢索的結果，我們可以看到（消除了一些題名稍異但是程式重復計算的詩以後）用“笑”字於詩的統計是：白居易有 174 首，李白 140 首，杜甫 50 首，杜牧 44 首，劉禹錫 42 首，李商隱 37 首，元稹 36 首，韓愈 25 首，李賀 24首（包括〈神弦曲〉“笑聲碧火巢中起”這首聲色俱厲奇詭的“笑”。）柳宗元 8 首，張籍 8 首（雖無“戲”言，但還能笑！）。

（四）唐代大詩人用“哭”字於詩句的統計

　　白居易有 47 首，杜甫 46 首，李白 15 首，劉禹錫 6 首，杜牧 4 首（人歌人哭水聲中），元稹 25 首，李商隱 11 首，韓愈 4 首，李賀 10 首（〈神弦曲〉青狸哭血寒狐死），張籍 6 首，柳宗元 1首。

　　但是詩人的“哭”，有時候也是幽默的意思,譬如李商隱的〈亂石〉詩：「虎距龍蹲縱復橫，星光漸減雨痕生。不須併礙東西路，哭殺廚頭阮步兵。」“哭殺廚頭阮步兵”是以《晉書·阮籍傳》「時率意獨駕，不由徑路，車跡所窮，輒慟哭而反。」的典故來寫亂石礙路難行，可以是藉亂石諷亂世，也可以是一個遊山客的幽默。

---

83 〈顧彬：李白很勇敢，不像杜甫愛哭〉，中國網 china.com.cn，2007-09-11。
　　「談到自己喜歡的唐朝詩人，顧彬認為，李白是個“很勇敢、充滿勇氣的人”，“不像杜甫，總是哭、流眼淚”。他認為，李白的詩“有一種內在的力氣”，“不是軟弱的東西”。」

所以有時不能徒以字母的意思作唯一的解釋，而統計字頻也只是
一個輔助瞭解詩人傾向的工具而已。

表 1A 唐代大詩人‧戲笑哭詩數‧笑哭比

詩（集）	詩數	戲題首數	戲字句數	笑字首數	笑字句數	哭字首數	哭字句數	笑哭比笑/哭
《全唐詩》元智	51138	404 0.8%	433	2123 4.2%	2286	534 1.0%	612	4.2
白居易	2941	83 2.82%	31 1.05%	174 5.9%	198 #2	47 1.6%	78	#6 3.7
杜　甫	1483	22題33首 2.22%	14 0.94%	50 3.4%	56	46 3.1%	55	#11 1.1
劉禹錫	894	14 1.56%	12 1.34%	42 4.5%	50	6 0.7%	6	#4 6.42
李商隱	612	10	7	37 6%	38	11 1.8%	11	#7 3.3
柳宗元	200	6	2	8 4%	8	1 0.5%	1	#3 8.0
元　稹	848	5 0.6%	5	36 4.2%	46	25 2.95%	36	#9 1.42
李　白	1167	2 0.17%	10 0.87%	161 13.4%	201#1	15 1.3%	17	#2 10.1
杜　牧	539	1	5	44 8.2%	46	4 0.74%	4	#1 11.1
韓　愈	429	1	13	25 5.8%	25	4 0.93%	4	#5 6.24
張　籍	496	0	7	8 1.6%	10	6 1.2%	6	#10 1.33
李　賀	291	0	3	24 8.2%	25	10 3.4%	10	#8 2.41

（五）唐代大詩人李白、杜甫、
　　　白居易的"笑哭比"

感性的比較詩人的樂觀和悲觀很容易，因為不需要證明，人

人都有大聲發言之權。單項的計算，也類似小學生的算術。但是"笑"與"哭"的倒數的乘積，就代表了一個總和的樂觀量，它能顯出更清晰的方向和意義，這是以前做檢索的學者所未嘗做過的一個科學的計算方法。在這個計算裡，我用元智大學的資料庫（2006.9.1）把李白、白居易、杜甫三人詩中（笑/哭）字所佔各人詩數的百分比再做一個比較，發現杜牧、李白最樂，白居易居中，杜甫果然比較喜歡哭，並且他的"哭詩數/總詩數"~3.1%超過《全唐詩（元智大學）》平均值~1.0%的三倍！而且李白、杜甫的（笑/哭）比例更是驚人的十比一！所以難怪德國漢學家顧彬要感性地說"李白很勇敢,不像杜甫愛哭"。

小杜的"笑哭比"在此十一人中排第一，可見杜牧性格的豪放和注解《孫子兵法》的兵略家心態，對他的詩風都有一定的影響。而官至三品的白居易則是居於近三分之一的地方，可見得他也不如李白的豪放大笑，生活閒適不必痛哭如老杜。但是詩人有時候"誇飾"其辭，哭窮的陸游家裡，從來就沒有"餓死（杜甫首創）"的子女如杜甫，但是詩裡卻用了許多"哭"字。所以我們只能以詩人的用字為一種性情的傾向，不能完全當真。

【"笑哭比"定義】：笑（首）%/哭（首）%（意義："笑哭比"值越高越樂觀）

表 1B：唐代十一家詩人　笑哭比及名次

笑哭比	11	10	8	6.4	6.2	3.7	3.3	2.4	1.4	1.3	1.1
詩人名字	杜牧	李白	柳宗元	劉禹錫	韓愈	白居易	李商隱	李賀	元稹	張籍	杜甫
笑哭比名次	1	2	3	4	5	6	7	8	9	10	11

注：字頻數以四捨五入簡化。

杜牧：李白：柳宗元：白居易：杜甫＝11：10：8：4：1

　　杜甫《贈李白》有「飛揚跋扈為誰雄」的句子，這想來也包括矯情的大笑和不節制的使用“笑”字在內。根據元智大學（2006.9.1 系統的結果，異於 2004）電腦檢索搜尋，李白和白居易分別有 201 及 198 句（2006.9.1）使用“笑”字（在 161、174 首中），數量皆踞（8.8% ,8.7%）唐代詩人之冠（亞，若計小數點）（元大系統 2006.9.1.檢索出 2123 首、2286 句使用“笑”字。但較早版本及檢索，詩人有不同資料和字頻結果）。但和南宋陸游有 1029 首詩，1052 句詩文用“笑”字；416 首詩用“戲”於題，108 首用“戲”於句相比，則又瞠乎其後了（元大 2004 年的系統）。或者我們應該說，陸游和白居易一樣，都是師承杜甫，而陸游在《全宋詩》裏又有上萬首詩（元智大學檢索：9164 首，2004 年），所以在“戲笑詩”的數量上，甚至幽默趣味上，都超過白居易。到底誰更幽默？這就是另外的研究題目了。

五、唐代重要詩人 “悲、哭、哀、愁[84]總和指數” 的比較

　　用電腦檢索分析文學作品，主要在於先設定有意義的題目，再使用邏輯關聯的方法，專注特殊而隱僻的目標，去整理散布的

84　《詩經》沒有用“戲”、“哭”、“愁”字。用“悲”字有 3 首：1.〈小雅·采薇〉我心傷悲，2.〈豳風·七月〉女心傷悲，3.〈豳風·東山〉我心西悲。用“哀”字有 6 首 11 句：1.〈小雅·十月之交〉亦孔之哀，2.〈小雅·十月之交〉哀今之人，3.〈小雅·大東〉哀我憚人，4.〈小雅·大東〉哀我憚人，5.〈小雅·何草不黃〉哀我征夫，6.〈小雅·何草不黃〉哀我征夫，7.〈小雅·采薇〉莫知我哀，8.〈小雅·鴻雁〉哀此鰥寡，9.〈小雅·鴻雁〉哀鳴嗷嗷，10.〈小雅·蓼莪〉哀哀父母，11.〈小雅·蓼莪〉哀哀父母。

資料。尤其是需要消耗大量人力時間才能做研究的題目，才用電腦輔助分析。否則不僅浪費"電腦腦力"，而且帶來更多不相關的資訊和更混亂的結果。　本文研究白樂天的幽默感，除了和當代重要詩人相比較"戲笑"詩題、詩句之外，另外更從反方向，比較他們的"悲情傾向"。然後用總量作分母，各項互相比較，以找出白樂天"樂天"之名，是否真正名符其實。並且順便看出各名家的情感用字傾向。這種作法，是題中有題，尚可以開出許多新的題目。以下用"哭笑悲哀愁"五項重要的感情字作指標，分析探討唐代重要詩人用字所顯露的感情特性傾向：

（按：以下是作者再用元智大學新的 2006 年 9 月的《全唐詩》檢索的結果。雖與以前用 2004 年資料庫的檢索結果略有出入，有時高到百分之二、三十以上，而且其中也有同樣的詩以不同的題目重復置入者，又有注字、別句相混，但各詩人用字的傾向大致穩定。但這也顯示電子資料庫的資料與時俱進，所以檢索不能"刻舟求劍"，只能做為思考問題的輔助。20090812）

1. 悲：

（1）用"悲"字於詩的統計是：

白居易有 121 首，杜甫 120 首，李白 118 首，劉禹錫 44 首，元稹 44 首[85]，韓愈 37 首，李商隱 20 首[86]，李賀 16 首[87]，杜牧 14

---

85 元稹〈象人〉：「被色空成象，觀空色異真。自悲人是假，那復假為人。」；〈感夢〉：「悲歡兩相極，以是半日中。」

86 李商隱〈北齊：二首之一〉：「一笑相傾國便亡，何勞荊棘始悲傷。小憐玉體橫陳夜，已報周師入晉陽。」

87 李賀（〈悲銅駝〉：「落魄三月罷，尋花去東家。誰作送春曲，洛岸悲銅駝。橋南多馬客，北山饒古人。客飲杯中酒，駝悲千萬春。生世莫徒勞，風吹盤上燭。厭見桃株笑，銅駝夜來哭。」

首[88]，張籍 6 首[89]，柳宗元 5 首。

（2）由"悲"字出現的數目來看，李白、杜甫、白居易三人差別只有 1%，但是從"悲字詩數／總數"的分析來看，李白 10.1%：杜甫 8.1%：白居易 4.1%，這顯示李白的情感在悲而少哭，杜甫則感情豐富，戲、悲、哭都高於其他唐代大詩人，笑則少於其他大詩人。所以李、杜詩之所以"與眾不同"，可以從他們的"哭笑比"以及擅用"風、雲"氣象文字高於其他大詩人[90]得到另一證明他們兩位用字的特殊性。而白居易相對地穩健，他的"悲"字的 4.1%出現率，也正是《全唐詩》"悲"字 4.1%的平均出現率！

（3）但是我們也要注意有些詩同時包括幾種感情詞字，笑、悲、歡、哭。例如：

i . 李商隱的〈北齊：二首之一〉：「一笑相傾國便亡，何勞荊棘始悲傷。」

ii. 李賀的〈悲銅駝〉：「客飲杯中酒，駝悲千萬春。厭見桃株笑，銅駝夜來哭。」

iii. 杜牧〈哭韓綽〉：「歸來冷笑悲身事。」

iv. 元稹〈感夢〉：「悲歡兩相極，以是半日中。」

所以我們只能從統計的傾向看大方向，但是也要注意細處的許多複雜對立的感情變化。

---

88 杜牧〈哭韓綽〉「歸來冷笑悲身事」；〈寓題〉「假如三萬六千日，半是悲哀半是愁。」

89 張籍（〈哭丘長史〉：「曾是先皇殿上臣，丹砂久服不成真。常騎馬在嘶空櫪，自作書留別故人。詩句遍傳天下口，朝衣偏送地中身。最悲昨日同遊處，看卻春風樹樹新。」

90 林中明《氣象學之祖：《詩經》 —— 從"風雲雨雪"的"賦比興"說起》，第八屆《詩經》國際學術研討會論文集，陝西‧洽川，2008 年 7 月 24-27 日。（2009 年出版）

2. 哀：

（1）用"哀"字於詩的統計是：

白居易有 23 首，杜甫 93 首，李白 42 首[91]，劉禹錫 13 首，杜牧 4 首[92]，元稹 22 首，李商隱 11 首，韓愈 27 首，李賀 4 首，張籍 3 首[93]，柳宗元 5 首[94]。用"哀"字的唐代大詩人中，又是杜甫冠於群"騷"，並且是四倍於《全唐詩》的平均值。而白居易則少於《全唐詩》的平均值幾乎一倍。這說明白居易確實是比較"樂天"，所以他在用"新樂府"的格式寫"諷諫詩"，以勝於魯迅《投槍集》的文筆作正面攻擊政治腐敗的問題之同時，卻也懂得身心需要"閒適"的道理，而不至於真的悲觀到杜甫的心情，甚至靈均投水和静安沉湖的地步。

（2）在白居易自豪的「諷諫詩」中有一首相當激烈抨擊政府和國防的詩 —— 〈新樂府：西涼伎，刺封疆之臣也〉。在詩中他藝術性而又幽默憤慨地寫道：

> 「西涼伎，西涼伎，假面胡人假獅子。…奮迅毛衣擺雙耳，如從流沙來萬里。應似涼州未陷日，安西都護進來時。須臾云得新消息，安西路絕歸不得。泣向獅子涕雙垂，涼洲

---

91 李白〈冬夜醉宿龍門覺起言志〉：「…哀哀歌苦寒，鬱鬱獨惆悵。傅說版築臣，李斯鷹犬人。欻起匡社稷，寧復長艱辛。而我胡為者，嘆息龍門下。富貴未可期，殷憂向誰寫。去去淚滿襟，舉聲梁甫吟。青雲當自致，何必求知音。」

92 杜牧〈齊安郡中偶題二之二〉：「秋聲無不攪離心，夢澤蒹葭楚雨深。自滴階前大梧葉，干君何事動哀吟。」

93 張籍〈祭退之〉：「…哀哉未申施，中年遽殂喪。朝野良共哀，矧於知舊腸。籍在江湖間，獨以道自將。學詩為眾體，久乃溢芰囊。略無相知人，黯如霧中行。北遊偶逢公，盛語相稱明。名因天下聞，傳者入歌聲。公領試士司，首薦到上京。一來遂登科，不見苦貢場。」

94 柳宗元〈入黃溪（永州）聞猿〉：「溪路千里曲，哀猿何處鳴。孤臣淚已盡，虛作斷腸聲。」

陷沒知不知。獅子回頭向西望，哀吼一聲觀者悲。貞元邊
將愛此曲，醉坐笑看看不足。…天子每思長痛惜，將軍欲
說合慚羞。奈何仍看西涼伎，取笑資歡無所愧。縱無智力
未能收，忍取西涼弄為戲。」

　　這詩中憤慨多於悲哀，雖有"歡"、"笑"等字，卻只是用為
加強諷刺性的文學對比。又如杜牧的〈齊安郡中偶題二之二〉，雖
然有"哀"字，卻是藉樹葉滴雨，拿階前梧桐開個以《世說新語‧
任誕》中桓玄哭家諱的典故，「干君何事動哀吟」的幽默玩笑。但
是李白在〈冬夜醉宿龍門覺起言志〉裡疊用"哀、鬱、去"諸字，
可見"哀、鬱"之盛：「…哀哀歌苦寒，鬱鬱獨惆悵。…去去淚滿
襟，舉聲梁甫吟。青雲當自致，何必求知音。」但檢索只計為一
首時，就減少了"字句"的計量比例。所以電子檢索不能區別一
詩中可能存在的多類意思，這就有待使用者的"二度檢索"，指出
分別。但是直接的"一度檢索"，在高數量的資料時，仍然可以顯
出第一層面的傾向，並有助於下一步的分析和分辨。

3. 愁：

　　（1）用"愁"字於詩的統計是：

　　白居易有 267 首，杜甫 160 首，李白 135 首[95,96]，元稹 57 首
[97,98]，李商隱 54 首[99,100]，劉禹錫 47 首[101]，杜牧 46 首[102]，李賀 34

95　李白〈宣州謝朓樓餞別校書叔雲【倍侍御叔華登樓歌】〉：「棄我去者昨
　　日之日不可留，亂我心者今日之日多煩憂。長風萬里送秋雁，對此可以
　　酣高樓。蓬萊文章建安骨，中間小謝又清發。俱懷逸興壯思飛，欲上青
　　天覽日月。抽刀斷水水更流，舉杯銷愁愁更愁。人生在世不稱意，明朝
　　散髮弄扁舟。」
96　李白〈將進酒〉：「…古來聖賢皆寂寞【古來賢達皆寂寞】，惟有飲者留
　　其名。陳王昔時宴平樂，斗酒十千恣歡謔。主人何為言少錢，徑須酤取
　　對君酌。五花馬，千金裘。呼兒將出換美酒，與爾同銷萬古愁。」
97　元稹〈箏〉：「莫愁私地愛王昌，夜夜箏聲怨隔牆。火鳳有凰求不得，春
　　鶯無伴囀空長。急揮舞破催飛燕，慢逐歌詞弄小娘。死恨相如新索婦，
　　枉將心力為他狂。」

首[103]，韓愈 22 首[104, 105]，張籍 31 首[106]，柳宗元 9 首。

　　（2）"愁"字在《全唐詩》中的出現率為"愁、悲、淚、泣、哀、憂、哭"七個"傷感字"之冠軍（見表 2A）。可見得詩人無時不愁，雖樂亦憂，"愛上層樓強說愁"是詩家的本性和註冊商標。"哭"反而是"七傷感字"的尾卒。所以陶令意不在酒而篇篇

98　元稹〈有鳥：二十七章之七〉：「有鳥有鳥群紙鳶，因風假勢童子牽。去地漸高人眼亂，世人為爾羽毛全。風吹繩斷童子走，餘勢尚存猶在天。愁爾一朝還到地，落在深泥誰復憐。」

99　李商隱〈莫愁〉：「雪中梅下與誰期，梅雪相兼一萬枝。若是石城無艇子，莫愁還自有愁時。」

100　李商隱〈送崔珏往西川〉：「年少因何有旅愁，欲為東下更西遊。一條雪浪吼巫峽，千里火雲燒益州。卜肆至今多寂寞，酒壚從古擅風流。浣花牋紙桃花色，好好題詩詠玉鉤。」

101　劉禹錫〈酬令狐相公早秋見寄〉：「公來第四秋，樂國號無愁。軍士遊書肆，商人占酒樓。熊羆交黑槊，賓客滿青油。今日文章主，梁王不姓劉。」

102　杜牧〈讀韓杜集〉：「杜詩韓集愁來讀，似倩麻姑癢處抓。天外鳳凰誰得髓，無人解合續弦膠。」

103　李賀〈莫種樹〉：「園中莫種樹，種樹四時愁。獨睡南窗月，今秋似去秋。」

104　韓愈〈秋字〉：「淮南悲木落，而我亦傷秋。況與故人別，那堪羈宦愁。榮華今異路，風雨昔同憂。莫以宜春遠，江山多勝遊。」

105　韓愈〈叉魚招張功曹〉：「叉魚春岸闊，此興在中宵。大炬然如晝，長船縛似橋。深窺沙可數，靜搒水無搖。刃下那能脫，波間或自跳。中鱗憐錦碎，當目訝株銷。迷火逃翻近，驚人去暫遙。競多心轉細，得雋語時囂。潭罄知存寡，舷平覺獲饒。交頭疑湊餌，駢首類同條。濡沫情雖密，登門事已遼。盈車欺故事，飼犬驗今朝。血浪凝猶沸，腥風遠更飄。蓋江煙羃羃，拂櫂影寥寥。獺去愁無食，龍疑懼見燒。如棠名既誤，釣渭日徒消。文客驚先賦，篙工喜盡謠。膾成思我友，觀樂憶吾僚。自可捐憂累，何須強問鴞。」

106　張籍〈臥病〉：「身病多思慮，亦讀神農經。空堂留燈燭，四壁青熒熒。羈旅隨人歡，貧賤還自輕。今來問良醫，乃知病所生。僮僕各憂愁，杵臼無停聲。見我形憔悴，歡樂語丁寧。春雨枕席冷，窗前新禽鳴。開門起無力，遙愛雞犬行。服藥察耳目，漸如醉者醒。方悟養生者，猶為憂患生。」

有酒，李白生氣也笑毫情更笑，老杜擅長幽默，卻文字多哭，其結果都獨樹一幟，各個在詩壇大戰場上戰略成功。

（3）唐代用"愁"字最多的大詩人，竟然不是杜甫！是李賀和李白！杜甫和白居易排在此十一人的第三、第四名。有鬼才（《文獻通考》、《滄浪詩話》）之稱的李賀，其實用"鬼"字的頻率只有3.1%，近於"哭"，低於"悲"（5.5%）、"愁"（11.7）、"死"（11%）的字頻。他在〈莫種樹〉擔憂：「種樹四時愁。」而人們卻都以為和"百年樹人"相比，十年種樹並不是長時間。而李賀連樹都愁其四時，難怪二十七歲早夭，是真正的"愁""死"人。《太平廣記》寫李賀死後夫人哀不自解，李賀報夢，說：「然某雖死，非死也…今為神仙中人，甚樂。」恐怕他作神仙，還是好說愁。李白雖然用"愁"也多達~11.6%左右，但是李太白活的時候就是"神仙"，不用為生活憂愁，他的愁是豪放的感情，不是真的淒苦的哀愁。李白的名句「抽刀斷水水更流，舉杯銷愁愁更愁。人生在世不稱意，明朝散髮弄扁舟。」一句三用"愁"字，這是詩家中的記錄。所以他應該是最擅用"愁"而卻"不愁"的大詩人。

（4）白居易雖然用"愁"，但是自號"樂天"的白樂天怎麼會真的天天發愁呢？

i. 白居易在〈適意二首之二〉寫道：

「十年為旅客，常有飢寒愁。三年作諫官，復多尸素羞。有酒不暇飲，有山不得遊。豈無平生志，拘牽不自由。一朝歸渭上，泛如不繫舟。置心世事外，無喜亦無憂。終日一蔬食，終年一布裘。寒來彌懶放，數日一梳頭。朝睡足始起，夜酌醉即休。人心不過適，適外復何求。」

可見白居易口頭說愁，實為寫詩戲字。

ii. 白居易〈寫新詩寄微之偶題卷後〉[107]所說的 "愁"，其實是自詡自喜之詞。

iii. 白居易真正擔心而憂愁的是年老體衰，面似花[108]、腰如柳的歌妓和駿馬對他都漸漸地失去了原先享樂人生的意義。所以 "白公" 屢屢擔心 "白頭"！所以他借鄰叟之口，在〈代鄰叟言懷〉中發洩自己的憂愁：「人生何事心無定，宿昔如今意不同。宿昔愁身不得老，如今恨作白頭翁。」

（5）這些用 "愁" 字較多的詩人中，韓愈、張籍師生的兩首詩，〈秋字〉與〈臥病〉說了較實際的 "愁"。但是詩人們大多喜歡戲字，所以元稹的〈箏〉「莫愁私地愛王昌，夜夜箏聲怨隔牆。」表達的是艷詩；李商隱的〈莫愁〉「若是石城無艇子，莫愁還自有愁時。」是戲字；劉禹錫〈酬令狐相公早秋見寄〉的「公來第四秋，樂國號無愁。」是讚友；韓愈的「獺去愁無食」是一首絕佳的捕魚寫真，捉到鮮魚非常得意，寫下〈叉魚招張功曹〉，記錄自己的叉魚武功成就，和呼朋喚友來共享鮮魚宴。可見許多詩裡雖然有 "愁" 字，但是內容有時卻是記載樂事。因此它們影響了部份統計數字，但對多詩者的性向大勢影響則較有限。

---

107 白居易〈寫新詩寄微之偶題卷後〉：「寫了吟看滿卷愁，淺紅牋紙小銀鉤。未容寄與微之去，已被人傳到越州。」
108 白居易〈勸我酒〉：「勸我酒，我不辭。請君歌，歌莫遲。歌聲長，辭亦切，此辭聽者堪愁絕。洛陽女兒面似花，河南大尹頭如雪。」

〈表 2A 唐代大詩人‧悲、哭、哀、愁字詩頻數‧"悲哭哀愁詩字頻總和指數" 及 "（悲哭哀愁詩頻總和指數/笑字詩頻）比"〉

詩（集）/詩人	詩數	悲字首數	哭字首數	哀字首數	愁字首數	笑字首數	悲苦哀愁字詩頻總和指數%/笑字%比
全唐詩‧元智大學資料庫 200609	51138	2088 4.1%	534 1.0%	741 1.45%	4166 8.1%	2123 4.2%	14.65%14.56/4.2=〉 3.49
白居易	2941	121 4.1%	47 1.6%	23 0.78%	〈267 9.1%	174 5.9%	#7（7）15.58/2.64
杜　甫	1483	120 8.1%	46 3.1%	93 6.3%	160 10.8%	50 3.4%	#1（1）28.3/8.32
劉禹錫	894	44 4.9%	6 0.7%	13 1.5%	52 5.8%	42 4.5%	#8（5）12.9/2.87
李商隱	612	20 3.26%	11 1.8%	11 1.8%	54 8.8%	37 6%	#6（8）15.66/2.61
柳宗元	200	5 2.5%	1 0.5%	5 2.5%	9 4.5%	8 4%	#10（9）10.00/2.50
元　稹	848	44 5.2%	25 2.95%	22/21 2.6%	57 6.72%	36 4.2%	#5（3）17.47/4.16
李　白	1167	118 10.1%	15 1.3%	〈42 3.6%	〈135 11.6%	161 13.4%	#2（10）26.6/1.98
杜　牧	539	14 2.6%	4 0.74%	4 0.74%	46 8.5%	44 8.2%	#9（11）12.58/1.53
韓　愈	429	37 8.6%	4 0.93%	21 4.9%	22 5.1%	25 5.8%	#4（4）19.53/3.37
張　籍	496	6 1.2%	6 1.2%	3 0.6%	31 6.25%	8 1.6%	#11（2）9.25/5.78
李　賀	291	16 5.5%	10 3.4%	4 1.4%	34 11.7%	24 8.2%	#3（6）22.0/2.68
詩（集）/詩人	詩數	悲字首數	哭字首數	哀字首數	愁字首數	笑字首數	悲苦哀愁字詩頻總和指數%/笑字%比

〈表 2B 唐代十一詩人 "悲哭哀愁" 四字字頻總和指數及排名〉

悲哭哀愁% 指數總和	28	27	22	20	17	16	16	13	13	10	9
詩人名字	杜甫	李白	李賀	韓愈	元稹	李商隱	白居易	劉禹錫	杜牧	柳宗元	張籍
悲愁名次	1	2	3	4	5	6	7	8	9	10	11

注：字頻數以四捨五入簡化。

〈表 2C 唐代十一家詩人 "悲哭哀愁四字總和" 與 "笑字" 的 "悲笑比 "排名〉

（悲哭哀愁 ／笑）比	28	5.8	4.2	3.4	2.9	2.7	2.6	2.6	2.5	2.0	1.5
詩人名字	杜甫	張籍	元稹	韓愈	劉禹錫	李賀	白居易	李商隱	柳宗元	李白	杜牧
悲笑比名次	1	2	3	4	5	6	7	8	9	10	11

注：雖未用 "標準化於悲哭四字，但比值高下及排名不變。

（四）唐代大詩人 "悲、哭、哀、愁字詩頻 總和指數" 的比較與 "標準化"

1. "悲、哭、哀、愁字詩頻總和指數"（表 2A）

　　用一個字的使用頻率來判斷一個詩人的性情傾向，雖然有統計數目的支持，但是由於詩人情感的複雜多樣，一字為判是單薄的作法。所以我選了四個和悲哀有關的字，分別觀察其單字的傾向，然後再把它們集合起來，比較他們十一人（以後可以增加）悲情的傾向。其結果不出（表 2A、表 2B）的指向，杜甫仍然是第一名！但是李白、李賀位居第二、第三，這表示李白的感情豐富，"動態範圍（dynamicrange）" 高，所以大笑和悲愁都是名列前茅。此所以一般人年青的時候特別容易受到李白詩的強烈感情衝激而有所反應，而在年長的時候，才會比較欣賞杜甫和陶淵明。

本文的主角 "白樂天" 名列第七，所以果然相對其他十人而言，不是一個悲戚的詩人。這樣使用電腦（計算機）檢索及應用標準化、交叉對比，以分析悲喜 "動態範圍" 並排名比較的方法雖然是研究詩學的一種新的組合及方法，但是它並不是一個全新的方法，也不應該成為一個固定的新框框。今後的學者可以擴大選人、選字的範圍，或改變組合，以觀察不同的傾向，作進一步的分析和研究。

2. "悲、哭、哀、愁字詩頻總和指數" 的 "標準化" 與 "笑" 字頻之比

把四個 "悲觀" 字的字頻加在一起雖然有 "放大" 的作用，但是如果不將其 "標準化"，則不能回到和 "樂觀" 字的 "公平" 比較。當我們把《全唐詩》這四組字除四之後，就得到一個比較公平的指數：3.66，它比笑字字頻的 4.2 為小。這也約略指出唐代詩人的 "笑" 比 "悲哭哀愁四個字" 出現多~15%。而杜甫的 "笑" 比 "悲哭哀愁四個字" 出現少 2.1 倍！白居易則 "笑" 比 "悲哭哀愁四個字" 出現多 51%，大於唐朝的 15%。所以白居易是 "比較一般唐朝詩人" 來得樂觀，或 "樂天"！

3. 陳寅恪的 "悲觀八字" 與 "樂觀四字" 及 "解放前後" 的變化[109]

陳寅恪喜歡用 "戲" 字為題，如杜甫、白居易、陸游和錢謙益。但是他的感情偏向於悲觀近於杜甫，遠於 "白樂天"。1994年陳寅恪先生的紀念論文集中有李堅教授的一篇文章談到他的悲觀傾向和家庭背景，並用 "未稍加篩選或略討論真正涵義和歸屬

---

109 李堅〈《陳寅恪詩集》中的悲觀主義色彩淺釋〉，《《柳如是別傳》與國學研究 —— 紀念陳寅恪教授學術討論會論文集》，浙江人民出版社，1995 年，頁 103-120。

[110]"的"悲、哀、仇、恨、怨、病、死、亡"八個悲觀的字和"喜、笑、歡、樂"四個樂觀的字所出現的數目相比,得出 253：64 的比對。李教授又用解放前後的樂觀四字與悲觀八字相比,得出：

（1）解放後 220 首詩中的悲觀八字出現 96 次,解放前 110 首詩有 108 次。

（2）解放後的樂觀四字出現 49 次,是解放前的 15 次的 3 倍多。"由此可見,生活上的歡樂氣氛卻顯著增加。"

李堅教授的文章很成功地突顯了陳寅恪先生詩字的悲觀傾向,和適當介紹了他在解放初期生活中的一些歡樂,並且對於前後的政治環境也勇於陳述和略加批評,這在 1994 年還是比較難得。但是可惜李教授沒有使用"標準化"的方法比較二組字和詩數,所以直接得到"3 倍多"的錯誤表象,而不是"標準化"後應該是 1.64 倍的正確字頻比例數字。

（五）唐代大詩人"悲、哭、哀、愁字詩頻
總和指數"/笑字詩頻的"悲笑比"

有了"悲、哭、哀、愁字詩頻總和指數"作為基數（在這個比較中,沒有使用四字的"標準化",因為都除 4,其相互比例不變。）我們再除以已經列表統計的"笑字詩頻",得到一個新的指數："悲笑比"（表 2C）。由於分子、分母可能相消,所以其意義

---

110 作者按：陳寅恪先生的後期詩文很多都為文革的抄家所沒收,也沒有歸還。我猜想陳先生許多悲觀批評的詩,可能都被家人匿藏銷毀。所以悲觀批評的詩數比後來收集的詩數要少。而且此文中所舉的三首有"笑"字的詩,〈文章〉（第 114 頁）、〈偶觀十三妹新劇戲作〉（第 114 頁）、〈乙未除夕…〉（第 119 頁）,都不是歡樂的意思。此外,陳寅恪〈庚戌柏林重九作 —— 時聞日本合併朝鮮〉：「昔時嘗笑王政君,臘日黑貂獨飲酒。…興亡今古鬱孤懷,一放悲歌仰天吼。」開頭一句的"笑"其實是為"悲歌"開道的字,而不是歡喜的"笑"。

不如單向悲情的"悲、哭、哀、愁字詩頻總和指數"來得清晰。這
個數目低可能是悲歡都強烈，也可能是詩的用字，表面上缺乏感情
用字。但是指數第一高的杜甫，仍然符合他的詩風傾向。而白居易
仍然偏向不悲戚的一邊。更由於白居易高數目的戲題詩和用"笑"
字的詩數，所以我們可以肯定"白樂天"名符其實，而且是陶淵
明、杜甫一脈的嫡傳，然後又傳到宋代的陸游，和近代的陳寅恪[111]。

六、結　語

　　古今中外的大詩人都具多樣性，有創新，感情豐富籠罩悲喜
兩端，而他們的性格和作品在不同時期又不盡相同，而又常富於
辯證性。所以要想真正地瞭解一位大詩人，必須要從他們被忽略
和誤解的角度去重新探討甚麼是他們的真面目？本文就是續探討
陶淵明和杜甫的多樣性、辯證性和幽默感之後，專對大家都認為
很熟悉的白居易，重新探討白樂天其名，和他的幽默感，並點及
中日近代的滑稽幽默文學的發展。也藉此比較和瞭解其他唐代重
要詩人的用字與感情傾向，以及證明大詩人之所以為大，因為他
們的感情多半籠罩悲喜兩端。

　　另外更藉探討唐代詩人的機會，闡明時下開始流行的電腦檢
索和所謂的科學邏輯分析，必須先有宏觀的瞭解和訂立有意義的
目標和方向，「意在筆先」，然後才能利用高速度、大儲量的電腦，
使用正確的統計和公平的比較方法去進行檢索分析，享受電腦的
益處。否則"法輪轉不成，反被法輪轉"，反墜"機器讀書"和"讀
書機器"之譏。本文在使用電腦（計算機）作檢索分析時，也提

---

111 陳寅恪〈庚戌柏林重九作〉：「…陶潛已去羲皇久，我生更在陶潛後。…」

出了"笑哭比"和"悲、哭、哀、愁字詩頻總和指數"、"悲笑比"等"標準化"後再加以比較的基本方法,去試圖瞭解詩人幽默感和悲情的傾向,並以此提供後之來者,青出於藍,「上逼青天高,俯臨滄海大[112]」的參考。

七、後　記

這篇論文的催生,來自在 2002 年 11 月底,在淡江大學中文系所召開的「杜甫 1390 年誕辰紀念國際學術研討會」上所遇到的川合康三教授。川合先生是京都大學著名的漢學家,據說在日本有三大漢學家之一的地位。但是彼時 我孤陋寡聞,只是和川合先生在聽論文宣讀時都坐在前排而點頭相視,然後就各持相機,偶爾攝取一些學者熱情宣讀論文時的寶貴鏡頭。後來因為我的論文是為杜甫的幽默感"平反",而又在會上向一位以日本漢學大師吉川幸次郎為題的臺灣學者,問到吉川先生對杜甫幽默感如何評價?和他對日本人幽默感作如何看法的問題。這兩個問題都不好答,也沒能得到解答。於是川合先生舉手發言,輕鬆地引用第一手資料,以權威性的口吻,逕說"吉川先生的文集裏沒有談過杜甫幽默感,但他認為日本人缺乏幽默感云云。"我當時雖然為我的"看走了眼"大吃一驚,但當場還是"幽"了這位功力深厚,但看來年青,仍然"先生不知何許人也"的日本學者"一默"。川合先生當時也不以為忤,還哈哈大笑(圖 6)。

後來中飯時間,在場外和先生作"禮貌性地寒暄",並對他的博學表示敬意。先生笑着說我的論文談杜甫的幽默感頗有新意,

---

112 孟浩然〈越中逢天台太一子〉。

邀我為日本的白居易研究學刊寫一篇有關"白居易的幽默感"，因
為這個題目也還沒人寫過。我當時以為他是說"客套話"，或許
在開玩笑，所以也就唯唯附合他的建議。

　　12 月回到加州，竟然接到先生來信，鄭重地要我踐約。我上
網一查，原來這位"貌似青年才俊"的學者是日本有數的漢學大
家，而且對白居易的研究早在二十年前就有至少兩篇以上的論文
[113]。於是匆匆忙忙寫了一篇〈白樂天的幽默感〉，另外也如探討陶
淵明名字一般，探討了"樂天"名字的可能意義，並附了一些白
居易的幽默戲詩及電腦檢索的簡表。後來因為文長，沒有全部刊
出。但是還是要感謝川合先生的獨具慧眼，以及他"談笑風生"
卻"一諾如山"的"日本學風"。此外還要感謝翻譯者：南京大學
文學博士‧綠川英樹講師特別在論文之後附加一段簡短的介紹，
免得日本學者也有"先生不知何許人也"的疑問。

　　此外，2004 年第五號《白居易研究年報》還創置了一欄「討
論廣場」，並為「討論廣場」的主旨，寫了近一頁的說明 —— 引用
《顏氏家訓‧勸學篇》「見有閉門讀書，師心自是，稱人廣坐，誤
謬差失者多矣」所指出學術不可自以為是，必須大眾批評討論，
希望讀者作者交流異見，把這「討論廣場」當成"健全知識的競
技場"…云云。而我的論文由於提出許多新的看法，所以有幸被
放置在這第一場的"知識競技場"（圖 7），以激起日本白居易專
家的注意和討論。雖然後來沒有看到日本學者對拙文新法和異見
的批判，但從 這些地方都見出日本學者做事時仔細扎實求真求
實的功夫[114]。

---

113 川合康三《論長恨歌》（《中國的人性探索》83.2）。川合康三《來到長
　　安的白居易 —— 喧騷和閒適》（集刊東洋學 54，85.11）
114 作者按：日本的《白居易研究年報》，每年都請下定雅弘先生撰寫日本

　　到了 2007 年，我在網路上看到臺灣一篇內有一節有關白居易幽默感的博士論文，其中有類似我在 2002 年杜甫幽默感論文中討論唐人用"戲"為題及各家包括白居易等的戲題數目，和 2004 年這篇論文中的一些選詩和論點，意氣風發，好像是自己新創，卻沒有一字提到來源，而論文答辯審核者中，還有當年出席杜甫研討會的成名學者，居然他們也都沒有疑問。這和日本學者的扎實謙虛、仔細嚴格的學風相比，並且想到錢鍾書當年指導吳庚舜共同撰寫有關洪昇基於白居易的〈長恨歌〉和陳鴻自言根據王質夫所述而寫的〈長恨歌傳〉所寫的〈長生殿〉的〈也論《長生殿》〉論文[115]，敢於為不符當時政治教條的論文署名負責，但是堅持不肯署名在前，而用一個"孫辛禹"[116]有典有戲的筆名"爭到""殿後"的"權力"的故事，覺得不勝感慨。因略記陳、錢往事，以為後人之鑒。

2009 年 9 月 15 日

學者（主要是日本學者）研究白居易和出版書籍論文的資料和簡介。譬如：下定雅弘〈日本的白居易研究-1998 年〉（2000）《白居易研究年報－創刊號》。下定雅弘〈日本的白居易研究-1999 年〉（2001）《白居易研究年報－第二號》。下定雅弘〈日本的白居易研究-2000 年〉（2002）《白居易研究年報－第三號》。下定雅弘〈日本的白居易研究-2001 年〉（2003）《白居易研究年報－第四號》。下定雅弘〈日本的白居易研究-2002 年〉（2004）《白居易研究年報－第五號》。而臺灣有關白居易研究的資料收集，已經是十幾年前的事了：謝佩芬〈近四十年來臺灣地區白居易研究概況〉《唐代研究學會會刊》，第三期(1992.10)，頁 57-64。

115　吳庚舜、孫辛禹〈也論《長生殿》〉，《文學評論》，1965 年第二期。
116　作者按：根據吳庚舜〈悼念可親可敬的錢鍾書先生〉（《一寸千思：憶錢鍾書先生》，遼海出版社，1999 年 9 月第 2 版，頁 478-491。）一文敘及錢先生這個堅持"殿後"的筆名"孫辛禹"，典出二處：（1）天干中"辛"在"庚"之後；（2）古代聖賢"堯舜禹"三人"禹"位於"舜"之後。所以錢先生以"孫辛禹"三字為筆名，"名、位"俱謙居於指導的吳庚舜之"後"。此外，《百家姓》裡"孫"姓排在"錢"姓之後，我看他似乎也"存"心幽自己這個"默存"一"默"。我認為在這件事裡，錢先生不僅顯出一個學者勇敢而謙遜的精神，也表現了他遊戲文字和幽默用典的功力。（根據：中国社科院的徐友模〈為錢鍾書先生的署名喝彩〉，《中華讀書報》，2004 年 7 月 30 日。錢、吳是共同作者，不是坊間流傳的吳庚舜請教錢鍾書有關白居易〈長恨歌〉的故事。）

白居易研究年報　第五号　二〇〇四年

平成十六年八月　発行

白楽天のユーモア

【訳者附記】
ここに訳出したのは、林中明氏の「白楽天の幽默感」である。著者の許可を経たうえで、内容・構成・行文にわたり一部削改したことをお断りする。また必要に応じて訳注を施し、（　）で示して本文と区別した。

著者は、台湾出身で、現在は米国シリコンバレーでコンピュータ開発を専門とするかたわら、中国古典文学研究にも従事し、かつ詩書画を嗜む、という異色の経歴の持ち主である。しかしながら、「白楽天のユーモア」は、本稿の論証、資料運用の方法などに疑問を感ずる点がないわけではない。率直に言って、ことに「陶淵明→杜甫→蘇軾」というユーモア詩の系譜のなかで、なぜ（本来ならばその系譜に連なるはずの）白居易にユーモアが乏しいのか、という問題提起それ自体は、非常に傾聴に値すると思う。著者ご自身が望むように、これを契機として白居易のユーモアをめぐる新たな「討論の場」が開かれんことを期待したい。

白氏新楽府序について
　―旧鈔本・刊本の本文よりみて―　太田次男　1
[招客]の詩―白居易詩の表現―　澤崎久和　20
胸前の雪―白詩における女性美表現管窺　橘　英範　45
白詩における生理的感覚に基づく充足感の詠出
　[伸びをする][頭を掻く]表現を中心に　中木　愛　77
「姜換馬」考　丸山　茂　100
白楽天のユーモア　林中明　訳明　138
下定氏の「白詩は杜詩の口語を
　どのようにとりいれたか？」への手紙　衣川賢次　154
島田忠臣の納涼詩における白詩受容
　『夏日納涼』を中心に　緑川英樹　160
白氏文集校注（三篇）　謝　思煒　164
[古今集]の歳除歌と『白氏文集』　岩井宏子　187
[江戸後期]刊　金剛寺蔵『文集抄』影印・翻刻・賦一首　北山　円正　209
　暁晴　[伝]小野道風墨跡本　影印・解題　後藤昭雄　227
書評　佐藤恒雄『藤原定家研究』　山口謠司　243
日本における白居易の研究―二〇〇二年　赤羽　淑　249
編集後記　下定雅弘　287

151

〈白樂天的幽默感〉（日文）譯者附記

本書譯自林中明先生的『白樂天的幽默感』，非經作者許可，請勿任意刪改其內容、文章結構或用字遣詞。此外，文中必要之處附有譯注，為與本文有所區別，以【】示之。

作者出身自台灣，現任職於美國矽谷，對電腦開發學有專精，同時從事中國古典文學研究，亦嗜好詩詞書畫，擁有與眾不同的特殊經歷。本書在論證與資料運用的方法上，確實存在令人費解之處，不容諱言。然而，『白樂天的幽默感』一書仍具有其不可抹滅的價值，尤其作者介紹「陶淵明→杜甫→蘇軾」一脈相傳的幽默詩流派，並針對何以白居易（原本理應名列該流派中）缺乏幽默感，提出質疑，其論述非常值得讀者用心詳讀。正如作者所企盼的，希望此書得以成為大家廣泛討論白居易幽默感的契機，創造討論此主題的一方新天地。

作者按：此段的譯者為鄭佳珍女士。台大日文系及夏威夷應用英語研究所畢業。目前開設個人工作室，專事文字翻譯工作。譯者能翻譯出符合日文原文調性的文字，可見其中日文學的功力。特此致謝。　（20090812）

八·插　圖

圖 1.人如其賞，賞如其人。人以殊見，見以殊人。

圖 2.《圖寫并注白居易蝸角詩圖》

蝸牛角上爭何事，火石光中寄此生；隨貧隨富且隨樂，不開口笑是癡人。

花影岩石　香山居士曾作短詞

花似花　花非花　霧非霧
葉如葉　夜半來　天明去
伴日來
潛入夜

來時岩石　短短廿六
不敢擋　字實為
去處還思　精兵未
明月夜　亞於其
　　　　餘制衣之
　　　　長恨歌

癸未四月嵐借香山名句題圖

 太陽里人

圖 3.《和白居易〈花非花〉詩 附二圖并識》

花非花，霧非霧；夜半來，天明去。
來如春夢幾多時。去似朝雲無覓處。

此詩雖然格異詩短只有二十六個字，而非長句，但它
"用字少、思紅袖。表意豐，感懷舊。記憶長，似夢遊。題惆悵，結風流。"
成為一首千古絕唱。

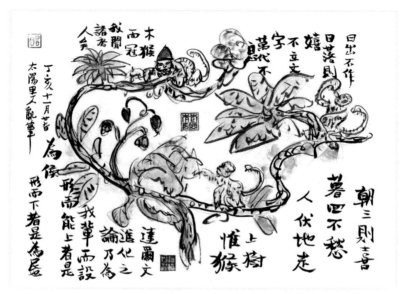

圖4.〈木猴而冠〉：朝三則喜，暮四不愁。人伏地走，上樹惟猴。

圖5.〈童戲〉：砂畫停車場，踢球作遊戲。門虛球亦小，真假何嘗計。

二千另二年十一月廿八日余於
淡江大學杜甫一千三百九十
年誕辰「唐宋詩學研討
會」上有幸與京都大學
川合康三先生比鄰而
坐因川合先生云吉川幸
次郎嘗云「日本人沒有
幽默感因愛言『納正』之
因其論文見到老杜之
幽默感如漫畫而其人
亦富幽默感也。
按周作人先生於《浮世風呂》(一九三七)
一文中亦言滑稽之道乃
東方民族所每日不如英
而中又不及日矣！

圖 6.〈2002 年淡江大學「杜甫研討會」上論中日幽默感事攝影跋注〉

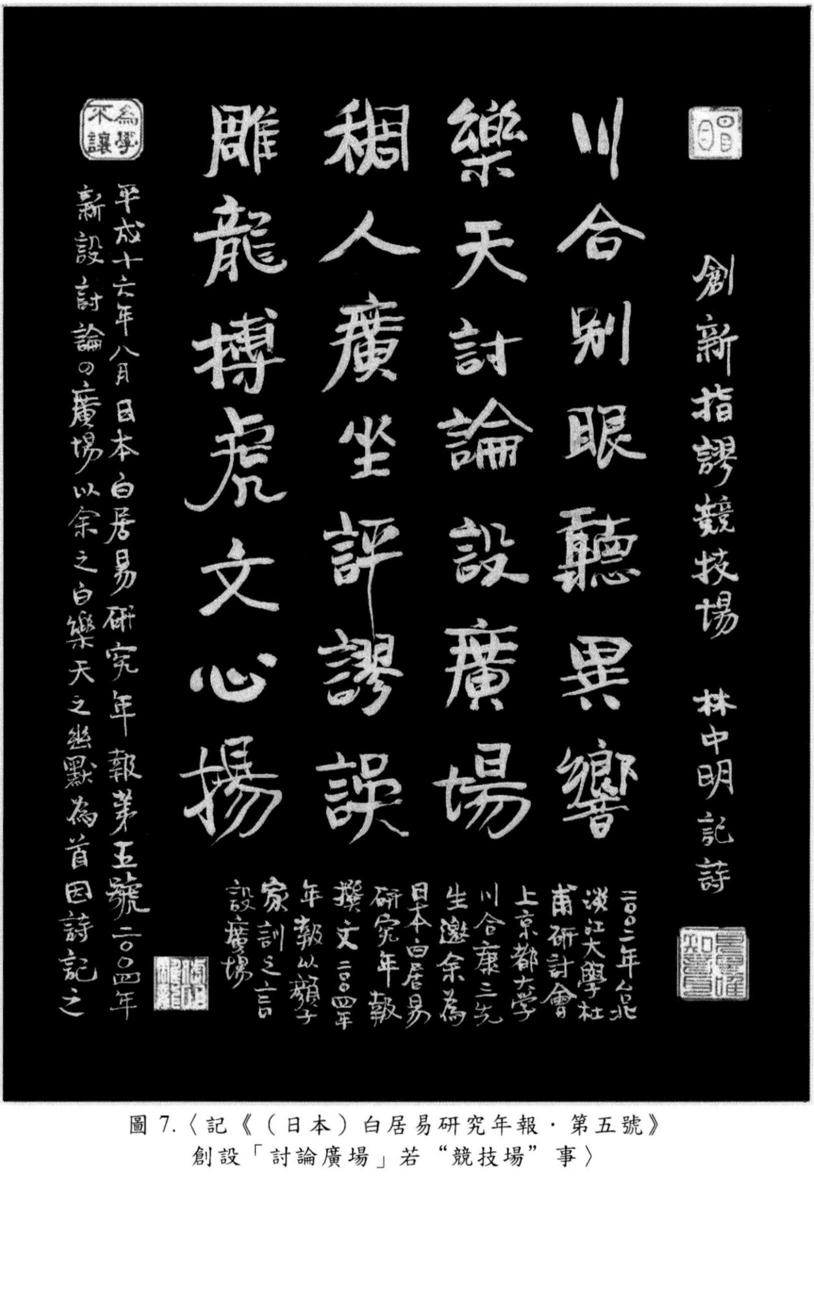

圖7.〈記《（日本）白居易研究年報・第五號》
創設「討論廣場」若“競技場”事〉

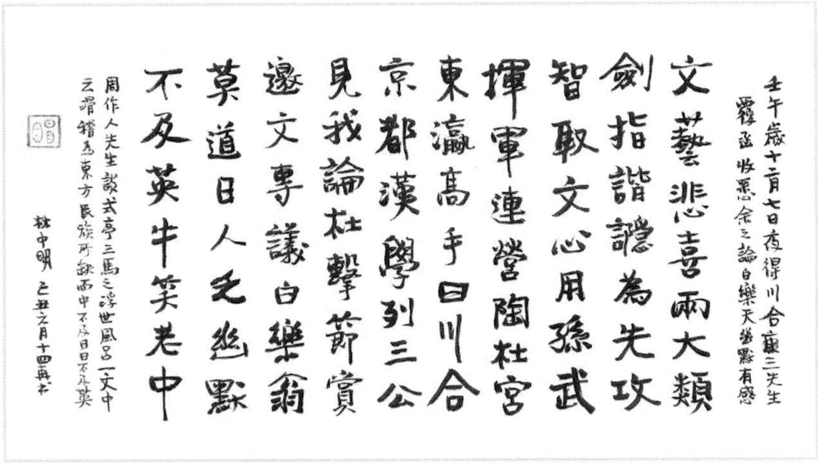
壬午歲十二月七日夜得川合康三先生
覆函收悉余之論白樂天幽默有感
文藝悲喜兩大類
劍指諧讔為先攻
智取文心用孫武
揮軍連營陶杜宮
東瀛高手日川合
京都漢學列三公
見我論杜擊節賞
邊文專議白樂翁
莫道日人乏幽默
不及英牛笑老中
周作人先生談式亭三馬之浮世風呂一文中
之滑稽為東方民族所缺而中不及日日不及英
林中明 乙丑元月十四再書

圖 8.〈文藝悲喜、東西幽默〉

陸游詩文的多樣性及其幽默感

提要：試圖從更廣義的"文武合一"和"斌心雕龍"的視角，來分析陸游的心態及其詩文、趣味故事和文化典故的《入蜀記》遊記、《老學庵筆記》，以及《南唐書》等著作，並將其放在測量"大詩人"的總成就和"多樣性"的"多維立體球"裏加以比較。並借助電腦檢索對陸游近萬首詩，作初步統計學的分析，以幫助瞭解陸游詩裏的"幽默感"和憂傷感等較明顯的感性傾向，與陶淵明、杜甫、白樂天、蘇軾等大詩人有何顯著的異同。最後，借用劉勰《文心雕龍》裏〈養氣篇〉和〈程器篇〉的觀點，來探討陸游在文學創作上的動力來源，及"放翁"在晚年進退行止上所遭受到的非議，略述不同於前人的一些看法。

關鍵字：《斌心雕龍》、大詩人、幽默感、多樣性、養氣、風骨

一、前　言

"知放翁之不為詩人，乃可以論放翁之詩。"

　　　　　　　　　　—— 楊大鶴《劍南詩鈔序》

　　2007 年 12 月，劉慶雲教授等學者在福建武夷山舉辦陸游學術國際研討會。對於淳熙五年（1178），曾任福建路常平茶事，並於次年（1179）秋季途經武夷山，和紹熙二年（1191）領祠祿，

中奉大夫提舉建寧府・武夷山・沖佑觀，和在（1198）七十四歲時，自稱"今年高謝武夷君"不再復請祠祿的陸游來說，這是舉辦學術研討會來紀念陸游的一個適當的地點。

　　對一般人來說，由於陸游年青時悔情之作，《釵頭鳳》[1]一詞的感人，所以大多數人對陸游的印象，多半只是一個兒女情長的詩人。而陸游八十五歲嚥氣前的《示兒》詩[2]，以及留下的許多忠君愛國詩文，讓近人如梁啟超等，再給他加了新的響亮稱號——"愛國詩人"[3]。但是把"愛國詩人"這個稱號頒給陸游一人，我認為不太適當。因為當中國歷代歷朝面對胡虜外敵入侵時，除了少數六親不認，認賊作父的民族敗類之外，人人心中愛國，個個思欲抗敵。但愛國和抗敵的手段多端，有武力反擊派，也有外交防禦派。把陸游突出為"愛國詩人"固然沒錯，但是其他的詩人難道就不愛國？所以本文試圖從古已有之的"文武合一"文化傳統，和近年作者所提出的"斌心雕龍[4]"視角，來取代歷來對陸游籠統冠以"愛國詩人"的舊稱和看法。並從宏觀多樣的《斌心雕龍》[5]角度及方法，來分析陸游能文好武，多樣性的心態與成就，以及其詩文中的一些特性，譬如他突出的幽默感和歷史觀。

　　如果我們認真而仔細地研究陸游的生平，就知道陸游的成就

1　陸游《釵頭鳳》：紅酥手，黃縢酒，滿城春色宮牆柳。東風惡，歡情薄；一懷愁緒，幾年離索。錯！錯！錯！春如舊，人空瘦，淚痕紅浥鮫綃透。桃花落，閑池閣，山盟雖在，錦書難託。莫！莫！莫！
2　陸游《示兒》詩：死去元知萬事空，但悲不見九州同。王師北定中原日，家祭無忘告乃翁。
3　梁啟超《讀陸放翁集》：詩界千年靡靡風，兵魂銷盡國魂空。集中什九從軍樂，亙古男兒一放翁！
4　林中明《斌心雕龍：從《孫武兵經》看文藝創作》，1998 年 10 月第四屆孫子兵法國際研討會論文集，軍事科學出版社，1999.11.，頁 310-317。
5　林中明《斌心雕龍》，臺北・學生書局，2003 年。

遠遠不止是宋代詩人中公認的大家而已。譬如他曾寫了出色的《入蜀記》遊記，其中記載風土人情之細，評鑒歷史文物之精，討論李、杜、蘇、黃詩句與地理之關係，甚至評論浮橋設計與隋楊伐高麗之敗，與趙宋伐南唐之成[6]……，都為後來的遊記開了先河。我以為《入蜀記》的文學、地理、歷史價值，就連明代大旅遊家徐霞客的遊記，在許多地方都不能企及。陸游又有記述文化故事，及充滿趣味典故的《老學庵筆記》，其中對文字和詞語出處也多高見，甚至指出杜甫《梓州金華山》詩中"上有蔚藍天"一句，誤以"蔚藍"為藍色，而不知"蔚藍"本為"天"的隱語（《老學庵筆記》卷六）。

　　陸游才大不得用，部份能力雖發之於大量的詩文猶不能盡其興。所以在書寫眾多的詩詞文章之外，行有餘力，則以編寫頗具史家手眼的《南唐書》，欲上追司馬遷，近比歐陽修。陸游的《南唐書》雖然只留下殘卷，但其中評論人物制度、外交關係、軍經政治與宗教迷信之誤國，都不是其他文人及大詩人所能匹及。北宋徽宗和南唐後主都以迷信道士、妄崇佛力而亡國。陸游在毛晉收集的《家世舊聞》遺文中，用了大量的篇幅，記"載蔡京，述妖異事獨詳"。於此，毛晉在文末作識曰："不解何也"。顯然毛晉和許多文人一樣，雖好其"逸詩遺文"，而不知放翁此等"誌異"之文，都是間接對昏庸皇帝和"士大夫無恥者"的憤怒批評史筆，但是陸游為了避免小人和妒嫉者的彈劾，乃巧妙地把他對政治和領導的批評混雜於所謂的"家世舊聞"與《南唐書》中。歷代許多腐儒以為熱情奔放的陸游滿腦袋只有"忠君愛國"思想，和他只是愛好喝酒寫字、遊山玩水而已。我看他們以己度人，所以都

---

6 陸游《渭南文集》卷四十四《入蜀記第二·七月十一日》。

小看了或忽略了陸游的經世之學和史學之識。

　　陸游在文、史的成就之外，又是成就頗高的書法藝術和鑒賞評論家。但是因為陸游的詩名極著，而掩抑了他在書法藝術上的成就7。（圖 1.陸游手書「詩境」石刻）類似的情形，在中華歷史上也發生多起。譬如王羲之的政軍能力為其書名所掩，王陽明的軍事天才和書法為其哲學成就所掩。諸如此類，都可能是中華文化中缺少"多樣觀"的教育課本和思想典範所致。反觀西方文化思想中有所謂的"文藝復興人（Renaissance Man）"，他們是身兼文藝、思想、科技的理想全才。我認為，這很可能正是五百年前西方文化開始超越中華文化的原因之一。所以一個僵化的文化，往往凡事只有一個標準，不與此同，就是錯誤；一個人只能有一個職業和成就；一篇文章只能談一個觀點，如《易經》晉卦‧上九的"晉其角"鑽牛角尖而不知其閉鎖，所以一旦超出了一個熟知公定的範圍，人們就大多略而不計，或則還可能被判為有違"規範"。

　　陸游的詩、文量多，超李、杜越元、白，在中華詩學史上量居歷代詩人之冠。現當代的作家和詩人，也以出書著作等身，與銷售的量大，作為成功和成就的標準。但是一個真正的"大詩人"、"大畫家"或"大作家"，是否徒以作品的數多、銷售量大，與霸佔市場的時間長，便可以最終能擠入歷史上的"大家"之列？我認為這還須要把"大詩人"、"大畫家"和"大作家"的總成就，放在一個"多樣性"的多維"立體球"的總體積下，加以衡量比較。陸游一生留下一萬多首詩詞，但是似乎真正撼人心弦的只有早歲的《釵頭鳳》一詞和臨終前的《示兒》一首詩。這個近於五

---

7 趙翼《甌北詩話》：放翁于草書工力，幾于出神入化，惜今不傳。且無有能知其善書者。蓋為詩名所掩。

千分之一的比例，很值得多產詩人的警惕和反省。李白的詩也多，失落的也不少，從質量來看，這是"焉知非福"！杜牧生前就自己燒了一部份不滿意的詩，所以他的詩集質量也較高。陸游活著的時候就和兒輩編集印刻，以近乎日記式的方式，經選擇後，留下了上萬首，後人大多認為質量不齊的詩作。

　　當代古典文學學者及書法墨藝名家臺靜農先生，在他的《龍坡雜文》散文集裏，用了近百分之十三的篇幅寫《隨園故事鈔》，發揚及贊賞袁枚的"多樣性"文才和有風格的風流，並痛批一些沒有品格而有名的文人，他們在袁枚生前，或明裡追隨，或暗中妒忌，等袁枚一死，全都翻臉批罵。他引清代蔣子瀟的《游藝錄》總評袁枚，其中有為他作翻案的文字，也有客觀的批評和公論。其中蔣子瀟認為袁枚詩文集太雜浮，"若刪其浮艷纖俗之作，全集祇存十分祇四，則袁之真本領自出，二百年來足以八面受敵者固不肯讓人也。"陸游詩著量多，也是"塞翁得馬，焉知非禍"。詩寫得多，好壞混雜，有損大詩人的英名。「但如就人而言，欲因詩以知人，則材料不嫌太多，集外詩也是很有用的東西吧。[8]」周作人屢屢自謙不懂詩，然而他的這種"以詩知人"的看法，倒是對後世想要瞭解重要的詩人文士的歷史心態卻是高見。

　　楊大鶴在《劍南詩鈔序》裏論陸游曰："然而放翁非詩人也。誦其詩不知其人可乎？是以論其世，以意逆志，是為得之。……知放翁之不為詩人，乃可以論放翁之詩[9]。"這正是說明了陸游的成就不止於詩，而陸游本人就指出他也不把杜甫"但作詩人看[10]"

8　周作人〈(論)《人境詩廬草》〉，鍾叔河編《知堂書話（下）》，臺灣·百川書局，1989年。第28頁。

9　陸游《劍南詩稿》卷三十三《讀唐人愁詩戲作》：少時喚愁作底物，老境方知世有愁。忘盡世間愁故在，和身忘卻殆應休。

10　陸游《劍南詩稿》卷三十三《讀杜詩》："…看渠胸次隘宇宙，惜哉千萬而已。因此研究陸游的人應該從他的"多樣性"下手，纔能較接近陸游的本相。反過來說，雖然陸游是"斌心雕龍"中"多樣性"學問的人物，他的成就不止於詞章，可以算是白、蘇之外的另一個"廣大教化主"，但是我們就詩論詩，也可以觀賞放翁多樣性成就中的一個重要面。

　　考量一個詩人的偉大與否[11]，我們應該在一般詩人的酸苦悲憤、風景愛情等情緒性詩作之外，再看看他是否能偶爾跳出憂酸悲苦等"詩界千年靡靡風（梁啟超）"的泛式，在年青時，能否深刻地體會古代賢聖的智慧？在壯歲時，對人世的無常，自身的不幸，能否迸出豪情的大笑和泛起帶淚的微笑[12]？在年老時，是否還能具有兒童的天真？能欣賞新一代年青人的趣味？並能站在史家的高度來看興衰有常的朝代世事？

　　本文將試從陸游詩文中流露出來的一些"幽默感"，來和陶淵明[13]、杜甫[14]、白樂天[15]、蘇軾等明顯具有特出幽默感的大詩人相

不一施。後世但作詩人看，使我撫几空嗟咨。"林按：此放翁以惜杜而自惜也。昔人方東樹《昭味詹言·卷四》有云："昔人云：讀杜詩，當作一部小經讀。余謂陶詩亦然。但何必云小也？"此所以陳寅恪以陶淵明為創新之思想家，而詩人李、杜、陸、楊之所不及處亦在此處乎？

11　林中明《詩的本質與格式、聲韻、記憶、腦力的關系》，中國韻文學刊，2005 年第三期。第 80 至 89 頁。人民大學《文藝理論》學刊，2006 年 3 月，第 88 至 99 頁。

12　林中明《談諧讔 —— 兼說戲劇、傳奇裏的諧趣》，《文心雕龍》1998 國際研討會論文集，《文心雕龍研究第四集》，北京大學出版社 2000.3，頁 110-131。

13　林中明《陶淵明的多樣性和辯證性及名字別考》，第五屆昭明文選國際研討會論文集，學苑出版社，2003 年 5 月，頁 591-511。

14　林中明《杜甫諧戲詩在文學上的地位 —— 兼議古今詩家的幽默感》，杜甫 1290 年國際學術研討會論文集，2002.11.28 及 29 日，淡江大學。臺北·里仁書局，2003.6，頁 307-336。

15　林中明《白樂天的幽默感》（日文譯者：綠川英樹），日本·《白居易研

比較。由於陸游的詩詞有萬餘首之多，他幾乎以詩為日記、週記，所以在分析他的幽默戲笑詩作時，借助電腦的檢索來分析其幽默傾向，就比較有統計學上的意義。電腦檢索的方法，也有其局限。作品的版本，詩作的重復或缺失，軟件的功能，都會影響檢索的結果。所以在質識上的重要決定，還須要與學者的瞭解與判斷互校，以減少可能的偏差和錯誤。

　　最後，借用劉勰《文心雕龍》裏的《養氣篇》，來瞭解陸游文學創作的動力；參考《文心雕龍》《程器篇》的"風骨"觀點，對"放翁"在晚年出山，為權相韓侂冑寫《南園記》和《閱古泉記》，在進退行止上所遭受到清流的非議，甚至知友朱熹的惋惜，略述作者不盡同於前人的看法。以下先從陸游的"愛國詩人"稱號說起。

二、陸游："斌心雕龍"，知戰而不好戰的　　　"一個""愛國詩人[16]"

　　陸游雖然是有名的詩人，但是一般人之所以知道陸游，大多由於他的兩首詩詞，和一首毛澤東"反其意而用之"的《詠梅》詞。第一首是他年青時悔情之作，《釵頭鳳》（圖 2.陸游〈釵頭鳳〉詞）；另一首則是陸游八十五歲嚥氣前的《示兒》詩。特別是這首《示兒》詩，每當中華民族遇到外侮時，它特別能激發國人的愛

究年報》，勉誠出版（株），平成十六年八月，2004.8.，頁 138-153。
16 以"愛國詩人"為為題，討論陸游的論文略舉：默竹《愛國詩人陸游》，《今日中國》13 期民 61.05，頁 91-102。周鈞源《愛國詩人 —— 陸游》，《浙江月刊》10 卷 11 期民 67.11，頁 16-18。鄧季屏《愛國詩人陸游》，《建設》30 卷 6 期民 70.11，頁 33-38。甯遠《誰憐愛國千行淚？ —— 宋代大詩人陸游》，《中華文藝》15 卷 3 期民 67.05，頁 73-79。

國心。更由於陸游留下許多忠君愛國的詩文，讓近人不約而同地接受了陸游是“愛國詩人”的“新”稱號。但是當任何國家面對外敵入侵時，除了少數“腦有反骨”，六親不認、認賊作父的民族敗類之外，人人心中愛國，個個思欲抗敵，只是在行動上有大小輕重的差別。愛國和抗敵的手段多端，有武力反擊派，也有外交防禦派，或用文藝音樂、科技醫護等來表達一己的愛國之心，甚至連佛教人士，如弘一大師，對於日本侵華，也積極地發出愛國的言辭。把陸游突出為“愛國詩人”固然沒錯，但是其他的詩人難道就不愛國？如果一定要用“愛國詩人”來作陸游這個人的一個“形容詞”，我認為應該加上“一個”兩字，稱陸游是“一個愛國詩人”，一如應當稱辛棄疾是“一個愛國軍人[17]”。此外，我認為用古已有之的“文武合一”思想，和近年作者所提出的“斌心雕龍”視角，來取代歷來對陸游籠統冠以“愛國詩人”的舊稱和看法，是更適當和較精深的。

　　【何謂“斌心雕龍”？】

　　“斌心雕龍”一詞，是我在 1995 年《文心雕龍》國際學術研討會上首先提出，以闡明劉勰的文論和行事是吸收融會了大量《孫武兵經》的哲理而成[18]。其後，我又在 1998 年第四屆《孫子兵法》國際學術研討會上，再度以此闡釋文藝創作與兵法戰略的關係

17　梁啟超《中國韻文裏頭所表現的情感》第五節。“（辛棄疾）他是個愛國
　　軍人，滿腔義憤，都拿詞來發洩，所以那一種元氣淋灕，前前後後的詞
　　家都趕不上。”
18　《劉勰、《文心》與兵略、智術》，中國社會科學院・史學理論研究季刊，
　　1996 第一期，頁 38-56。
　　《劉勰和《文心》和兵略思想》，《文心雕龍研究・第二集》北京大學出
　　版社，1996.9，頁 311-325。

[19]。我以為，文藝的發展，科學的創新，商業的管理，社會的和諧與國際關係大戰略的策劃與執行，都需要《易經》裏"一陰一陽之為道"的自然而又藝術性的動態平衡。"斌心雕龍"的思想，不是"為創新而創新"的口號，而是基於中華文化中"文武合一"的哲學與大量歷史經驗、賢智典範的一種擇優"復古"。

　　"斌心雕龍"的思想綜合《孫子兵法》與《文心雕龍》的兵略與文論，廣義地融合"精神與物質"、"實與虛"、"文與武"的思想。在行動上"解構又能結構"，"去腐為了創新"。對待表面衝突的"意識、學術、生活"，則新與舊共用，文化與科技並重，俗和雅並行。這種思想和做法，其實中華文化自古有之，作者只是以當代文藝及科技為背景，把它用現代或古典的語言表達出來。由於"斌心雕龍"的思想和行動包括了生活和知識的兩個對立面，所以它既有"多樣性"的"立體"面貌，又有"滾動性"、"跳躍性"的前進活力。這種辯證融合對立思想、知識、行為的文化，需要長時間的培養和發展。"在極權壓力下，匆匆進行的綜合自然科學與人文科學、神學與哲學，在某些圈子裏正風行一時，但未必有真正的生命力。[20]"所以抗日的戰略學家蔣百里曾指出，"一國的國防與民生一致者則強"。現下流行如何結合"硬實力"與"軟實力"的國際戰略理論，和一些世界一流大學吶喊的"文理合一"教育，其實也都是《易經》"一陰一陽之為道"與"斌心雕龍"思想在不同領域的應用。（圖 3．"務觀"學問斌心雕龍）

　　儒家的思想，有其穩定社會的貢獻。但若儒者忘了孔子注重

---

19 林中明《斌心雕龍：從《孫武兵經》看文藝創作》，1998 年第四屆國際孫子兵法研討會論文集，軍事科學出版社，1999.11，頁 310-317。

20 Friedrick Heer, *Europaische Geistesgeschichte* 1953，《歐洲思想史》趙復三譯，廣西師範大學出版社，2007 年。《作者前言》第三頁。

六藝並教[21]，而寡言心言性，反而耽於句讀、心性之學，以致主流文化陰靡不振，在歷史上屢屢導致國朝的衰亡。當《荀子》和陸游批評"小儒"、"瞀儒"和"腐儒"、"愚儒[22]"時，當梁啟超批評"詩界千年靡靡風，兵魂銷盡國魂空"時，他們其實都是指出過去中國的學者和詩人，在政治制度和儒家框架之下，大多忘記了"文武合一"與"美育與體育"應當並重，纔是真正的孔子精神與行事典範。中國歷代的大思想家，如管子、孔子、陸象山、王陽明等等，其實也都是"神箭手"[23]，而不是虛言心性，躲在象牙塔裏的學者。所以陸游的《醉歌》[24]詩中所說"讀書三萬卷，仕宦皆束閣；學劍四十年，虜血未染鍔"，並不違背孔子之學，也不是書生的空話。陸游八十三歲時的《自勉》詩說："學詩當學陶，學書當學顏。節義實大閑，忠孝後代看。"其中同時包括淡泊文雅韻味和忠義雄強精神，也是中華文化中特有的一種"斌心雕龍"思想的表現。陸游一生，不斷地研習歷史、地理和政治、經濟，

21　陸游《劍南詩稿》卷五十四《六藝示子聿》：六藝江河萬古流，吾徒鑽仰死方休。沛然要似禹行水，卓爾孰如丁解牛。

22　陸游《劍南詩稿》卷二十五‧《秋日郊居‧八首之七》：兒童冬學鬧比鄰，據案愚儒卻自珍。

23　Lin, Chong Ming, "A Tested Model with cases of Philosopher - Archers: From Guanzi（725-645 BC）to Confucius（551-479 BC）, Lu Xiangshan（1139-1193 AD）, and Wang Yangming（1472～1528 AD）." 2004 北京論壇（學術），Beijing Forum（Academic）2004, On "The Harmony and Prosperity of Civilizations", Collection of Papers and Abstracts on Information Management, 2004.8.23-8.25, pp.9-19.

24　陸游《劍南詩稿》卷二十一《醉歌》：" 讀書三萬卷，仕宦皆束閣；學劍四十年，虜血未染鍔。不得為長虹，萬丈掃寥廓；又不為疾風，六月送飛雹。戰馬死槽櫪，公卿守和約，窮邊指淮泗，異域視京雒。於乎此何心，有酒吾忍酌？平生為衣食，斂版靴兩腳；心雖了是非，口不給唯諾。如今老且病，鬢禿牙齒落。仰天少吐氣，餓死實差樂。壯心埋不朽，千載猶可作！"

而且鍛煉自己騎馬射箭功夫，既學舞劍，也懂製甲，希望有朝一日能一展"緯軍國，任棟樑（《文心雕龍》程器篇）"之材。在《醉歌》詩的結尾，陸游又說"如今老且病，鬢禿牙齒落。仰天少吐氣，餓死實差樂。壯心埋不朽，千載猶可作！"以他這般的雄心壯志，當然他的詩文和書法就具有一般讀書人和書法家所沒有的氣魄和活力。

【陸游的"尚武精神"】

梁啟超《讀陸放翁集》中說："集中什九從軍樂，亙古男兒一放翁！"到底陸游如何"從軍樂"？我使用元智大學羅鳳珠教授的《宋詩》檢索工具，來觀察陸游近萬首流傳下來的詩中，他所使用"兵、軍、刀、劍、甲、弓、箭、殺、血、胡（虜）"等與戰鬥有關字的數目，以幫助瞭解陸游的"尚武精神"。我發現他用"兵"字於詩的統計是：5 題 48 首 48 句；用"軍"字於詩的統計是：10 題 47 首 48 句。用"刀"字於詩的統計是：66 首 67 句；用"劍"字於詩的統計是：14 題 177 首 181 句。用"箭"字於詩的統計是：57 首 57 句；用"殺"字於詩的統計是：45 首 45 句。用"血"字於詩的統計是：49 首 49 句；用"胡（虜）"字於詩的統計是：231 首 240 句。陸游在他的詩裏用了這麼多與戰鬥有關的字眼，這間接證明他的"尚武精神"逾越大部份其他中華歷史上的知名詩人。但是"尚武"不能過份，否則人變成好戰的凶人，國家變成黷武的霸權，失去了剛柔相濟的平衡，造成社會上和國際間的動亂。陸游是否"尚武"過份，以致上忤其君？旁犯其僚？下傷其僕？並且虐待小動物？這些問題的答案，一部份可以從他的大量詩文與往來信札中找到資料。

【自古言兵非好戰】

首先，我們應該知道陸游在世時的時代背景，這樣纔能更深入地瞭解他的言行和詩文。譬如說，陸游所倡導的戰爭，我認為是一個"反侵略"的戰爭，而不是軍國主義、殖民主義的"把自家的快樂建築在別國他族的痛苦上"的"不義的侵略、掠奪、殺擄戰爭"。但是如何證明陸游是"好言兵"而"非好戰"？我從他的《南唐書》卷一《烈祖本紀第一》的最後一段的記述，得知陸游在文辭中贊同南唐烈祖對"…江淮間連年豐樂，兵食盈溢，群臣多請恢拓境土"的請求，答以"吾少在軍旅，見兵之為民害深矣。誠不忍復言。使彼民安，吾民亦安矣"的"不好戰"態度。陸游在書中又記載後來南唐的鄰國"吳越國大火，焚其宮室帑藏兵甲幾盡。將帥皆言乘其弊可以得志。帝一切不聽，遣史厚持金幣唁之。仁厚恭儉，務在養民，有古賢主之風焉。"由此可見陸游對"無故侵鄰"的否定，一如明代王陽明的拒絕從兩廣出兵伐越南。因為他們都信服和延續《司馬兵法》裏《仁本第一篇》"古者，以仁為本…國雖大，好戰必亡"的思想，所以都主張正義之兵，而且瞭解戰爭殺人無數的可怕，和它對社會土地的巨大破壞性。

　　陸游不只是口頭言戰，紙上言兵，夢裏出征[25]，上策獻論而已，他對兵略策問都有相當的研究，所以曾為從子朴"論孫吳遺意"的《聞聾錄》作序，並自謙曰："某儒且老，非能知武事者，朴許國自奮之志，亦某所愧也。"可見陸游對孫吳兵法的研究頗深，而且鼓勵親屬、從子以兵策報國。在這序中所說的"某儒且老，非能知武事者"，全是自謙的反話，讀者不可不知！

25　陸游《劍南詩稿》卷二十六《十一月四日風雨大作》："僵臥孤村不自哀，尚思為國戍輪台；夜闌臥聽風吹雨，鐵馬冰河入夢來。"紹熙三年（1192）陸游居家鄉，領祠祿，封山陰縣開國男（從五品），食邑三百戶，是年六十八歲，喪第五子子約。

【從來英雄總受讒】

至於他在官場的表現與他對同僚的態度，朱熹晚年說他 "能太高，跡太近"，其間有批評也有惋惜之意。但由他晚年和權相韓侂胄互相尊重的關係，以及可能私下調和對立派系的作為來看，陸游也不是一個渾身是刺，喜好無故攻奸別人的好辯好鬥之士。而且陸游對於和乎？戰乎？的歷史案例也有深刻的研究，所以他在《書賈充傳後》(《渭南文集》卷二十五)，有 "王猛、賈充之論（後秦及西晉的主和派），所謂差豪釐而謬千里者，可不察哉！" 的深刻判語。

淳熙七年（1180）當江西水災時，陸游 "奏撥義倉振濟，檄諸郡發粟以予民。" 淳熙八年（1181）當家鄉紹興水災時，他還寄詩給浙東提舉朱熹，催他早日來施賑救民。可見他對人民的關懷是主動而熱情的。至於對小動物的態度，可以看到他雖然到老不能全免於肉食，但是一有機會就放生雞[26]魚[27, 28, 29]，甚至老年時還避免亂殺蚊蟲[30]，接近佛家認為天下生物一體，人類宜當慈悲為懷的心態。所以我認為陸游是 "尚武、反侵略" 而不好戰，也不喜歡殘虐[31]殺生的仁人。孔子說，唯大仁者能大勇。陸游一生

26　陸游《入蜀記》第五‧九月十日：又得一烏牡雞，不忍殺，畜於舟中。

27　陸游《劍南詩稿》卷一《雨霽出遊書事》（1167 年，43 歲）：…小魚誰取置道側，細柳穿頰危將烹。欣然買寄吾意，草來無地蘇疲氓。林按：陸游自中年至老年，放生小魚、小動物之行，庶幾 "一以貫之"。

28　陸游《劍南詩稿》卷七十三《題舍壁》：年來常去殺，不嘆食無魚。

29　陸游《劍南詩稿》卷八十《書嘆‧二》：深林閑數新添筍，小沼時觀舊放魚。

30　陸游《劍南詩稿》《仲秋書事，十首之八》：省身要似晨通髮，止殺先從暮拍蚊。

31　陸游《渭南文集》卷五‧奏狀‧條對狀：（五）……伏睹律文，罪雖甚重，不過處斬。蓋以身首異處，自是極刑。……凌遲一條，肌肉已盡，而氣息未絕，肝心聯絡，而視聽猶存，感傷至和，虧損仁政。……欲望

志業，除了文史詩詞的成績之外，乃在於恢復中原國土，解救百千萬被金兵殺害奸淫的無辜宋民，和保衛眾多被掠奪焚燒的文化遺產和城鄉財富。所以他參戰陣、習兵法、近老將、知戰具，練騎射，舞刀槍，監製軍器[32]，允文允武，然後君子士人。只是陸游才高氣盛，常直諫無畏，所以刺痛了皇帝，招惹了權臣，引發小人的毀謗，以至于"功名夢斷，卻泛扁舟吳楚。漫悲歌傷懷弔古。煙波無際，望秦關何處。嘆流年，又成虛度（《謝池春》）"。我想這闋詞是陸游的大半生寫照。

三、陸游成就的"多樣性"

《務觀學問，斌心雕龍。不以詩人觀放翁，是真知其學也》：
南唐書追史遷筆，入蜀記壓霞客遊。
老學庵裏綠沉槍，八十夢憶紅酥手。萬篇詩文醇如酒，雕龍何必覓封侯？　　　　　　　　　　　　　　林中明　2007.12.1

人的大腦雖然比任何地球上的生物都發達，但是我們的腦容量到底有限，因此眼不能兩觀而明，耳不能二聽而聰，事件需要簡化，纔能記憶最多最刺激、最重要和重復最多次的事。因此人類的知識教育，常常敵不過主流風尚和不自覺地受限於強烈的意識形態。譬如，說孔子，只知道他是"萬世師表"，不知道他懂兵法和精於騎射；論杜甫，只知道他的悲情社會詩，不知道他是《全唐詩》裏最幽默的詩人；談陶潛，便一致歸類他為淡泊的隱逸詩

聖慈特命有司除凌遲之刑，以明陛下至仁之心，以增國家太平之福。臣不勝至願。

32 《宋史》本傳卷 395 記載"上曰："卿筆力回幹甚善，非他人可及。"（遂）除軍器少監。

人之宗,不能想像他的好武熱情,更不能接受他的《閑情賦》[33]……
等等。對於陸游,我們的教育系統和文化習慣,又輕易地把他只
當作一個兒女情長的愛國詩人,而不能想像,任何一個"能太高"
(朱熹評陸游語)的"中華士人",極可能,甚至應該是"文武雙
全"、"文藝會通"的士人,而且有可能是一個於文、史、哲[34]、
兵、經無所不窺的"通人"。北宋的蘇軾,曾經做過短期的"國防
部長(兵部尚書)",也曾在定州前線帶兵近兩年,組織弓箭部隊,
成功地防禦了精於騎射的契丹部隊;南宋與陸游同時且相識的朱
熹,宋孝宗封他為"武學博士",也曾經效法蘇軾組織弓箭部隊,
成功地枚平了湖南的民間叛亂;辛棄疾,不只是大詞人,他也曾
是抗金有戰功和地方平亂保安成功的戰將。我們若以此類推,陸
游能高才大,便可以"想當然爾"地推知陸游的成就,絕對不止
是宋代詩人中公認的大家而已。《宋史》本傳卷 395 記載"孝宗即
位……史浩、黃祖舜薦游善詞章,諳典故。上曰:"游力學有聞,
言論剴切"。遂賜進士出身。"可見陸游不僅詩文出名,而且因為
繼承了家傳大量藏書[35],所以博識多聞,熟知典故,為眾所公認,
而一般士人以及皇帝對於他有關政論歷史的見解看來亦多肯定。
然而千年以來眾多評論陸游的文士學者,只集中議論陸游詩詞的
高下,罕有兼及放翁文章、歷史、遊記和筆記等在"整體球形成
就"上的多樣性。我為陸游的成就抱憾,也為過去眾多讀者錯過
了全面地、深入地欣賞放翁"多樣性文章"而惋惜。

---

33 林中明《陶淵明治學思維闊觀 —— 兼說《文選》數例》,《昭明文選》國
　際學術研討會論文,2007 年 10 月。
34 周必大《省齋文稿》卷四十《寒巖升禪師塔銘》:……故人山陰陸務觀
　儒釋並通,于世少許可。……
35 《嘉泰會稽志》卷十六:紹興十三年,詔求遺書于天下。首命…陸宰家
　所藏書來上,凡萬三千卷有奇。

【《入蜀記》壓徐霞客】

陸游四十六歲閏五月十八日，應去年三月後，王炎除四川宣撫史後之招[36]，籌借了旅費，離開山陰家鄉赴四川，於十月二十七日到夔州，就任夔州通判軍州事。他一路遊山玩水，拜訪地方名士，相當詳細地記載了沿途的風土人情，精評了歷史文物，以及討論了不少李、杜、蘇、黃與地理有關的詩句，甚至評論浮橋設計與隋楊伐高麗之敗，與趙宋伐南唐之成[37]……。陸游留下了精采的《入蜀記》遊記，為後來的遊記內容開了先河，遊記文字水平樹立了榜樣。《入蜀記》的文學成就，以及記載的地理人情、史政經濟，我以為在這方面，就連明代大旅遊家徐霞客以山水風景為主的遊記，也不能企及。

【《老學庵》裏舞劍氣　諧諷遙接《三百篇》】

陸游大約七十歲時，"取師曠老而學，如秉燭夜行之語命庵"（《劍南詩稿》卷三十三）。陸游七十二歲時請朱熹為他的"老學庵"作銘。《老學庵筆記》可能也在這時期成型。後來編輯此書的湖南‧毛晉跋識曰："茲集……補史之餘，而糾史之謬。多識於鳥獸草木之名。""多識於鳥獸草木之名"，原句是孔子用以教初級班學生有關讀《詩》的好處。但是中級班的學生，就應該從"詩可以諷"的角度去看十五國風。陸游的眼光原來是以國家人民為第一位。所以《老學庵筆記》裏的重頭戲，應該是諷刺奸相秦檜弄權和君主迷信誤國，其次纔是一些文學批評、文字典故和趣味

36　《渭南文集》卷八‧啟十六首之六《謝王宣撫啟》："杜門自屏，誤膺物色之求。開府有嚴，更辱招延之指。銜恩刻骨，流涕交頤。……侵尋末路，邂逅賞音，招之於眾人鄙遠之餘，挈之於半世奇窮之後。……不知何由，坐竊殊遇。稱於天下曰知己，誰或間然。……某敢不急裝俟命，碎首為期。……庶少伸於壯志。"

37　陸游《渭南文集》卷四十四《入蜀記第二》七月十一日。

性小故事。其中所記述毛德昭的故事，可以說是一個典型無恥文
人的《儒林外史前傳》，值得我們與現代學界官場對照、比較和借
鑒。在此文中陸游寫道：

> "毛德昭，名文。苦學至忘寢食，經史多成誦。喜大罵極
> 談。無所忌諱。對客議時事，率不遜語，人莫敢與酬對。
> 而德昭愈自若。晚來臨安赴省試。時秦會（檜）之當國，
> 數以言罪人。勢炎可畏。有唐錫永夫者，素惡其狂。附耳
> 語曰：君素號敢言，不知秦太師如何？德昭大駭，亟起掩
> 耳曰：放氣（屁）放氣。遂疾走而去，追之不及。"

這個極其幽默的諷刺小故事，筆法精煉，組織嚴密，堪稱是
極短篇歷史諷刺小說裏的鑽石。它指出許多書生，用功讀書，作
學者狀；大膽批評，語無遮攔，似乎滿口正義。但是一旦踫到權
勢，馬上軟化，歌功頌德，以出賣良心，厚顏無恥詭辯的行為換
取最大的個人利益。這些所謂的"高學位學者"和真正的"公眾
知識份子"的古代"士人學者"，如蘇軾、黃庭堅、朱熹與陸游的
屢忤權臣和皇帝相比，更顯出蘇、黃、朱、陸等"士人學者"的
人品風骨之可貴。許多現代學者以為宋代黨爭，無君子小人之別。
我認為這正是許多現代學者，沒有花時間去細讀精思歷史的教
訓，浮沉於劣質的主流文化，以至於喪失了自身原則的反射。

《老學庵筆記》中對字學和詞語出處也多高見，陸游甚至指
出杜甫《梓州金華山》詩中"上有蔚藍天"，其實是誤以"蔚藍"
為藍色，而不知"蔚藍"本為"天"的隱語（《老學庵筆記》卷六）。
由此又可見陸游學問的廣博。

【《南唐書》追司馬遷】

陸游才大不得用，發之於詩文猶不能盡其興，所以他在創作
書寫眾多的詩文之外，行有餘力，則以編寫頗具史家手眼的《南

唐書》，欲上追司馬遷，近比歐陽修。陸游的《南唐書》雖然只留下殘卷，但其中評論人物制度、外交關係、軍經政治與宗教迷信之誤國，都不是其他大詩人所能匹及。北宋徽宗和南唐後主都以迷信道士、崇拜佛力而亡國，但一般史家只說他們耽於文藝、用人不當和政治混亂，罕論迷信佛道是加速了他們亡國的重要原因之一。在毛晉收集的陸游《家世舊聞》遺文中，陸游用了大量的篇幅"載蔡京，述妖異事獨詳"。毛晉在文末作識曰："不解何也"。顯然是和許多文人只好其"逸詩遺文"而不知放翁此等"誌異"之文，都是間接對昏庸皇帝和"士大夫無恥者"的憤怒批評。但為避免小人和妒嫉者的彈劾，乃刻意混雜於《老學庵筆記》[38]以及"家世舊聞"與《南唐書》中。歷代文人大半以為熱情奔放的陸游滿腦袋只有"忠君愛國"思想和愛好喝酒寫字、遊山玩水而已。他們都小看了陸游的經世之學和史學之識。陸游晚年，嘉泰二年五月 78 歲時起用協修國史，任職國史館、實錄院。一年之後順利完成《孝宗實錄》五百卷、《光宗實錄》一百卷，然後告老還鄉。可以說是以史傳世，以詩傳名。比司馬遷和黃庭堅[39]的遭遇好得太多了。

---

38 周作人〈(談)《老學庵筆記》〉，鍾理和編《知堂書話‧下卷》，臺北‧百川書局，1989 年。第 57-62 頁。"筆記中最有意義也最為人知的一則，即李和兒（淪陷虜庭，獻栗於南宋使節）的炒栗子（揮涕而去）的事。文在卷二。"

39 黃庭堅，蘇門四學子之一。北宋元豐八年主持編寫《神宗實錄》。元佑八年，任國史編修官。值蔡京當權，以"誣毀先帝"、"修實錄不實"加罪，紹聖元年（1094 年），黃庭堅貶出四川涪州，輾轉貶至廣西宜州，地方官承副相趙挺之之意，極虐之，使其無屋可居，乃棲息於風雨無遮之破敗城門戍樓，人不堪其苦，而庭堅詩書不絕，自得其樂。61 歲，病卒於是。

【士人書法：大如椽　小鳥絲[40]　飛霹靂　墜怪奇】

陸游在文、史的成就之外，又是成就頗高的書法家。只是可惜他的書法也大多沒有流傳下來。如果蘇軾最精采的書法——《寒食帖》沒有流傳下來，那麼東坡書法在書法歷史上的地位不免要大打折扣。如果陸游最好的書法也都能保存到明、清和現代，那麼我認為陸游書法史上的地位，應該還要高一些。從另個角度來看，也因為他的詩名極著，以至於掩抑了他在書法藝術上和文、史上的成就[41]。陸游不僅每天作詩，即使在晃盪的舟船之上也不停筆。因為陸游書寫與生活一致[42]，幾乎無日不書，醒亦書、醉亦書，當然書法精到。但他自謙，八十三歲時有詩題曰：《予素不工書，故硯筆墨皆取具而已。作詩自嘲》（《劍南詩稿》卷七十）。其詩云："筆惟可把握，墨取黑非白。硯得石即已，但可供擣帛。從渠膏梁子，竊視笑啞啞。" 其實這詩乃是幽默辭令，因為書家對筆的選擇，是書寫優劣與否的第一要事，除非事不得已，否則絕不能馬虎。陸游慎於選筆，精於審筆，《渭南文集》卷二十五·雜書就有一篇《書屠覺筆》，記載"建炎紹興之間，有筆工屠希者，暴得名。……四方士大夫皆貴希筆，一管至千錢，下此不可得。……希之技誠絕人，入手即熟，作萬字不少敗，莫能及之者。後七十餘年，予得其孫屠覺筆，財價百錢。入手亦熟可喜，然不二百字，敗矣！……" 可見陸游等書家對筆的講究，與花費之大。此外，《老學庵筆記》卷一記載 "洗硯法" 曰："謝景魚名倫。用蜀中貢魚紙，先去墨，徐以絲瓜磨洗。餘漬皆盡，而不損硯。" 可見

---

40 陸游《劍南詩稿》卷二十二《醉後作小草因成長句》：流落不妨風味在，花前醉草寫鳥絲。

41 趙翼《甌北詩話》：放翁于草書工力，幾于出神入化，惜今不傳。且無有能知其善書者。蓋為詩名所掩。

42 陸游《劍南詩稿》·卷七十《……每晚戲書絕句》。

書家保護名硯，藉以保護筆鋒和維護墨汁的細膩，也是不遺餘力。
所謂 "工欲善其事，必先利其器"，正是此意。

　　說到宋代兼為詩人和書法家的陸游、蘇軾和黃庭堅，我認為
他們都不是一般的 "書法家"。他們的書法，以及類似者的書畫，
應該稱為 "士人書法" 和 "士人書畫"，以別於歷來俗稱的 "文人
書法" 和 "文人畫"[43]。陸游在《自勉》詩開頭說： "學詩當學陶，

43　林中明論【士人書法】(《現代書法的能與不能：科技、文心與士人》，
　　2007 "傳統與現代書法國際學術研討會・論文集，華梵大學美術學院，
　　臺北美術館，2007.5.19、20。) "我之所以曾提出 "士人書畫" 以別於
　　"文人畫"，以及提出 "士人書法" 以別於 "文人字"，就是因為 "文人"
　　兩字，意思比較模糊，而且有其歷史上負面的記錄，並與現代教育情況
　　不符。現代教育 "文" 與 "理、工、商、農、法、醫、生化、軍政……"
　　等專門並列，以 "文" 來區分 "知識、身份" 完全與現實脫節。而現代
　　的大學畢業生都是 "學士"，研究所畢業則為 "碩士、博士"，所以從教
　　育學位來說，絕大部份的人都是 "士人"。當空中教學開放，帶職進修
　　流行，以學位而名的 "士人" 比例，只會日漸上升，而且沒有歧視的玻
　　璃天花板存在。再說由於現代 "士" 的多樣性專業，他們所能表達的
　　"義"、"情" "識"，也必將使得現代書法的內涵更為豐富，超出 "傳統
　　文人" 所能達到的廣度。
　　但更重要的是， "士" 在中華傳統文化裏還有一個人格標準的共識，那
　　就是孔子回答子貢所問：何如斯可謂之 "士" "矣" 時，孔子所說的 "行
　　己有恥，使於四方不辱君命，可謂士矣。" 這就是說，有廉恥、重榮辱、
　　忠職守的知識份子，就是 "士"，就是 "君子"，也就是孔子在《論語・子
　　罕篇》所說的 "三軍可奪帥也，匹夫不可奪志也" 的忠於個人良心志氣
　　的 "匹夫"。這個 "不可奪志" 的理想，也見於《禮記・儒行篇》 "儒有
　　可親而不可劫也，可近而不可迫也。可殺而不可辱也。" 後來曾子引申
　　其義，為中華文化裏的 "士" 下了一個更宏觀而深遠的定義： "士不可
　　不弘毅，任重而道遠"，把天下人的快樂，建築在自己的辛苦上。由以
　　上所引有關 "士" 的積極意義，可知 "理想的士" 與 "一般文人" 是具
　　有不同意義及境界的。譬如倪雲林稱贊友人惟寅為高士，明人和石濤也
　　都稱倪雲林為 "倪高士"。近代創新中國繪畫的嶺南番禺三傑，陳樹人、
　　高劍父、高奇峰，也曾都是為革命出生入死的志 "士"。陸游曾引用《舊
　　唐書・文苑傳》的 "士先器識而後文藝" 以見器識的重要；陳樹人也說
　　「德成為上， "士" 先器識而後文藝。」可見中華文藝大家都講究這種士

學書當學顏。正復不能到，趣鄉已可觀。…節義實大閑，忠孝後代看。[44]"陸游《跋東坡帖》(《渭南文集》‧卷二十九‧跋)稱讚蘇軾曰："公不以一身禍福，易其憂國之心。千載之下，生氣凜然。忠臣烈士，所當取法也。"這正是中華優良傳統文化中的"士人"定義，而陸游、朱熹的書法，也是屬於這一類。看他們書法中所表現的"氣象"和意境，絕不是每天練習就能達到的"字境"。這"字境"的"境"，和陸游書寫的大字"詩境"的"境"，大概屬於類似的文藝境界，只是應用不同爾。

【觀評大字之祖：瘞鶴銘】(圖 4‧陸游〈踏雪觀瘞鶴銘〉圖文跋記)

《瘞鶴銘》碑，唐宋以來都以為此碑為中華書法中的大字之祖，而黃庭堅更以為此碑的寫者，非王羲之不能。陸游曾有《跋瘞鶴銘》文字曰："瘞鶴銘，予親至焦山摹之。止有此耳。殘璋斷玦，當以真為貴，豈在多邪。淳熙之元九月一日。蜀州重裝。"(《渭南文集》‧卷二十六‧跋)而於(《渭南文集》‧卷二十九‧跋)中，陸游又有《跋樂毅論》曰："樂毅論橫縱馳騁，不似小字。瘞鶴銘法度森嚴，不似大字。此後世作者所以不可仰望也。庚申重九日，陸某書。"可以說是對《瘞鶴銘》推崇倍至。而陸游自己的大字，想必也因經常觀摹此銘而進步，而有其凜然氣勢。陸游的《踏雪觀瘞鶴銘》短文 58 字，字少而意到，比世稱古今論事

人的器識精神，而實踐之。所以他們的詩作、書法和畫風都不是現代畫家光憑技巧便可以追及。所以我提出"士人書法"以別於"文人字"，就在於傳統的"士人"定義，以及"書法"到底不只是"寫字"而已。"文人字"雖然是"文人畫"的順口溜，但是總不及"士人書法"的的意境與方法來得有"提昇"及"教導"的意思。"畫中有詩"、"字外有字"，這是區別所謂"文人畫"、"士人書法"與"匠人書技"的關鍵。

44 陸游《劍南詩稿‧卷七十‧自勉》：學詩當學陶，學書當學顏。正復不能到，趣鄉已可觀。養氣要使完，處身要使端。勿謂在屋漏，人見汝肺肝。節義實大閑，忠孝後代看。汝雖老將死，更勉未死間。

短文第一，王安石《論孟嘗君》一文的 92 字還要少。可見得陸游寫詩的量雖然超大，幾乎是到了寫日記，而讓人生膩的地步。但是他也能寫簡潔的《南唐書》和《入蜀記》以及極為精簡的小品文。能寫極為精簡的小品文，這是古人行文的長處，而今日的白話文作者，率皆不及，只能仰望。　　　（圖 5.丹頂鶴　冬之旅）

四、陸游詩文的"幽默感"

【幽默與笑鬧的分別】

　　既然要談陸游的幽默感，那麼我們最好先界定什麼是"幽默"和"幽默感"。這個問題初看起來人人都知道答案，但是就像問"什麼是詩？何謂之美？"一樣：不問的時候，大家似乎都知道什麼是"詩"，什麼叫作"美"。但是一問、再問、三問之後，就會發現時代不同，社會文化不同，定義和感受都不一樣，而懂得越多的人，反而不敢輕易確定什麼是詩，何謂之美。中國的《辭海》曾給"幽默"下了富於哲學意味的定義："發現生活中喜劇性因素和在藝術中創造、表現喜劇性因素的能力。幽默在引人發笑的同時，竭力引導人們對笑的對象進行深入的思考……超越滑稽的領域，而達於一種悲愴的境界。"英語字典《The American Heritage Dictionary, 4th edition, 2000》則給幽默下了比較大眾化的定義：1. The quality that makes something laughable or amusing, 2. That which is intended to induce laughter or amusement, 3. The ability to perceive, enjoy, or express what is amusing, comical, incongruous, or absurd。

　　但這兩本字典，並沒有特意去區分幽默和笑鬧的不同。我以為"幽默"是屬於較為靜態的，而笑鬧則一定是動態的。高級的幽默"淚中帶笑"和"笑中帶淚"[45]，不僅"笑人"，而且自笑。攻擊性的諷諭、諷刺、諧謔，可以說是戰鬥性的文章和語言。主要是在表現一種相對的優勢，所以可以嘲笑別人，或者逼使別人改變態度，以符合"主攻者"的意志。武力的攻擊，為了要在有限的時空資源裏達到目的，必須動用大量的資源和能量，並且產生破壞和不可再使用的"廢熵"（entropy）。杜甫《雨過蘇端》詩裏的"親賓縱談謔，喧鬧慰衰老"，則是屬于為喧鬧而笑鬧的"諧謔笑鬧"。善意的諧謔喧鬧雖然使用了一些能量，但宣洩情緒之後，彼此之間應該沒有刻意的後遺症。文藝性的幽默，不以殺傷別人為目的，反而常是用來化解人際間的衝突，和減少自我內心的壓力。幽默也可以用來表現趣味和關心，而且是以"不戰而屈人之兵"的方式達到目的，並減少仇恨、憂傷以及廢熵的產生。

【幽默和民族的關係】

　　"幽默"（humor）這個字，雖然來自西方古代設想生理液體的一種。但是現代慣用的幽默一詞，則是英國人發揚的一個字，而幽默的學問，也是英國人的"國學"和"顯學"。美國人因為以英語為不成文的國語，所以把"約翰牛"的幽默學了三五分。美國的公眾演講，一定要懂得用幽默話開頭，以降低抗拒。能拉近感情，就能達到更有效的溝通。拉丁語系的民族就學不會英國人的幽默[46]。法國人的熱情和文藝，造就了諷刺詩、諷刺漫畫、諷刺戲劇，近似白居易的"諷諫詩"。但是輕描淡寫的一句話，四兩撥千金，攻中有守，解窘化憂，減少廢熵。這種幽默，法國人不

---

45 杜甫《九日（登高）諸人集於林》：九日明朝是，相要舊俗非。老翁難早出，賢客幸知歸。舊采黃花勝，新梳白髮微。漫看年少樂，忍淚已霑衣。

46 Very Droll,《French Humor》, The Economist, Dec. 18, 2003.

及英國紳士的訓練有素，但比日爾曼民族嚴肅的德國人還不止勝一肩[47]。而亞洲諸國，近世紀因為生活的緊張，幽默感都被壓縮。此所以上世紀中國的頭號文人魯迅曾說中國人缺少幽默感，而日本的漢學大師吉川幸次郎也曾說日本人沒有幽默感。東北亞國家即使富裕了，仍然比歐美國家缺乏幽默感，我們要問，這和封建制度與儒家的思想禮法有關嗎？

【儒家沒有幽默感？】　　（圖 6.文化山巒與陶杜諧讔）

中國人缺少幽默感，許多人直覺地以為這和儒家的思想禮法有關，孔子和孟子又要負責任。孔孟被後世腐儒誤會為板起面孔說教的"道學先生"。因此被腐儒和小儒誤解而導致失去生命力的"孔孟之道"，自然日益衰亡。但是實際上，孔子文武雙全又有幽默感。《論語》裏記載孔子到武城，聞弦歌之聲，很滿意子遊的禮樂治教，莞爾而笑,卻幽默地和弟子開玩笑,說"殺雞焉用牛刀"？子遊以為老師真的認為他做的過分，急忙搬出孔子的教條來解釋。結果孔子說了一句非常有人性的話，"前言戲之耳"！另一回，孔子聽說公叔文子"不言不笑不取"，以為矯情，對公明賈的解釋也認為不合人情，便含蓄地批評說："其然！豈其然乎"？

孟子講了不少寓言類的笑話，數量和質量都位居諸子百家的前茅。孟子在儒家義理上雖然算是亞聖，但我認為他創作的義理笑話卻可居儒家的"諧聖"。這也許是他能在古代缺乏營養醫療和動盪的環境下，竟然能活到 84 歲高壽的原因之一吧。這也可以見出儒家的兩位開山大師和教育學家，孔子和孟子，都不是板起面

---

[47] 林按：德奧系統的貝多芬，雖然創作了新的"詼諧曲"（Sherzo）形式，但是聽聽他《第九交響樂》裏的"詼諧曲"，竟然雄偉大氣，完全不是一般人印象中的輕鬆諧戲的味道。不如普羅科菲耶夫直接以詼諧的手法寫出諷刺俄國沙皇腐敗的組曲《奇傑中尉》（Lieutenant Kije）。相比於人稱"廣大化教主"的白居易，有多樣詩材詩體，那是相當高的贊辭。

孔說教的道學先生。明代毛晉選編《六十種曲》,其中最富諧趣的
《東郭記》,就是從《孟子》裏極短篇名作中得來的靈感和素材。
可見後世的中國儒者缺乏幽默感,不能把責任推到孔、孟的頭上。
作為一個"文武兼備"的儒者,陸游的幽默感可以說是唐宋詩人
中次於杜甫,而略勝於白居易的大詩人。而他的筆記、短文也寫
了許多有史筆是非,而且幽默諷刺的小故事。相對於杜甫的不太
寫文章,也不特別致力於小品文,我認為這些地方是陸勝於杜。
陸游對杜甫的瞭解也頗有見地,周作人指出他在《老學庵筆記・
卷七》有談詩的一則云:「今人解杜詩但尋出處,不知少陵之意初
不如是。…且今人作詩亦未嘗無出處,渠不自知,若為之箋注亦
字字有出處,但不妨其為惡詩耳。」放翁的意見固佳,其文字亦
冷雋可喜,末數語尤妙。」知堂老人本人就是擅於說"冷笑話"
者,由他來稱讚陸游的幽默感,更顯出放翁的幽默感"冷雋可喜"。

【有是非的幽默感:笑中有憤恨之淚】

　　許多有權勢的人喜歡用尖酸刻薄的言辭去諷刺下屬和小民,
我認為這是次於下下品的"假幽默"。能秉持史筆是非的諷刺,常
有中上品的幽默。能譏笑自己並且有普世性的幽默,纔是上品的
幽默。陸游作詩有些地方明顯受到白居易的影響,他的諷刺性小
品文,也有些白樂天的味道。但是陸游史筆性的諷刺權臣巨奸秦
檜,則顯出了陸游的文學風骨。譬如《老學庵筆記》裏記載:

> "秦會之當國。有殿前司軍人施全者,伺其入朝,持斬馬
> 刀,邀於望僊橋下砍之。斷轎子一柱,而不能傷。誅死。
> 其後秦每出,輒以親兵五十人持挺衛之。初斬全於市,觀
> 者甚眾。中有一人朗言曰:此不了事漢,不斬何為!聞者
> 皆笑。"

這故事的結尾雖然是"聞者皆笑",但也表達了人民對巨奸秦

檜的痛恨，而且"笑中有憤恨之淚"。因為施全名全，而計劃卻不周全；用刀刺秦，而刀藝卻不修；他莽撞地獨自行刺，事不成，又復妨礙了以後刺秦的行動，讓秦檜反而安居相位，敗國殃民前後長達一十九年。我認為陸游記述此事雖出以幽默之筆，而實有憤慨之淚藏焉。陶淵明《詠荊軻》的末句說"惜哉劍術疏，奇功遂不成。其人雖已沒，千載有餘情。"與陸游相識，同受權相秦檜之害的朱熹在《朱子語類》裏說"陶淵明詩……豪放不覺耳。其露出本相者，是《詠荊軻》一篇，平淡底人，如何說得這樣言語出來？"陸游中年以後因官場不得意，乃自號放翁。其實他的豪放，也在這個小故事中"露出本相"來。文人多以為淵明淡泊，眾人多以為放翁是詩人而已，這都是認知不透的錯誤。

【大詩人的條件】

　　陸游的詩、文量多，超李、杜越元、白，在中華詩學史上量居歷代詩人之冠。但是一個超越時空的"大詩人"或者"大作家"，畢竟不能徒以作品的數多、銷售量大，與霸佔市場的時間長，便可擠入歷史上的"大家"之列。陶淵明留下來的詩只有百餘首，杜甫千餘首，白居易近三千首，陸游選刻而流傳下來的詩則有逾萬之多[48]。但是後世對這些大詩人的評價，卻與他們流傳下來的數量不成正比，而且有反比、反彈的趨勢。所以陸游自己也說："蓋人之情，悲憤積於中而無言，始發為詩。蘇武、李陵、陶潛、謝靈運、杜甫、李白，激於不能自己，故其詩為百代法。(陸游《渭南文集》‧卷十五‧澹齋居士詩序)"

48　陸游《劍南詩稿》卷四十八《小飲梅花下作》："六十年間萬首詩"。"自注：予自十七八學作詩，今六十年，得萬篇。"林評：可見得陸游篇篇計算，以多為喜。偶爾落水百篇，痛惜不已。亦見其詩多，至不能回憶復書也。

　　所以詩多，不一定好，詩好不一定"絕"於文字和意境。稱為"絕句"的詩體，從來難得一句一"絕"。天下古來留下無數的詩集，卻難得在一本詩集裏有幾十句可以傳世的"警句"。從中外詩史來看，大詩人似乎必須是才子，而才子卻不一定能成為大詩人。因為才子若無環境，不習詩法，沒有典範，終難成為世界級的大詩人。大科學家和藝術家都必須有大創新，同理，大詩人在風格上也必須有所創新。元稹說杜甫"盡得古今之體勢，而兼人人之所獨專。"可以說是『知詩』之言。但是過去談論詩人，很少考慮"悲劇性"詩作的對立面 ── 『幽默感』，這無疑是過去文論家和詩評者的傳統局限和自家的感情閉鎖。在文藝上，愁苦的情緒可以用『戰略性』的安排堆積成勢，但幽默諧戲的表達方式多半是感情能量以『戰術性』地快放，所以幽默機智（wit）難以鋪陳懸疑、引人入勝和『戰略性』地營造出大氣勢，給予讀者深刻久遠的印象。所以歷來文評家都有愁苦之言易工，而諧戲之詩難成的看法。但是大詩人之為『大』，應該包括更全面的人類感情和經驗，因此在（1）量大，時長，面廣；（2）思深，情厚，意遠；（3）技熟，字煉；（4）膽大，創新……等條件之外，還應該考慮（5）成功地表達多面的感情，並留下深刻的印象，及久遠的記憶。多面的感情，當然應該包括悲、喜兩大範疇，以及詩人的人世智慧的成熟度，童心天真的保存度，以及對小動物的慈悲心。

【唐宋詩人戲笑幽默比較芻計】

　　作者過去在探討杜甫和白樂天的幽默感時，開始採用電子檢索的方法，選擇不同的感情字來分析詩人作詩時的感情傾向，和可能的性格傾向，並與唐代其他大詩人比較異同高下。本文也繼續該文的方法，對陸游詩中的戲笑幽默字題字句予以統計，並與唐代著名詩人比較，以為日後更全面探討唐宋詩文大家幽默感而鋪路。因為研究唐宋詩文，不能繞過李、杜、白、黃、蘇、陸等大家。而研究大詩人，而若缺了研究幽默、喜劇的部份，如何能全面瞭解世界級的一些大詩人？

【以 "戲" 為詩題：陸游詩數居唐宋詩人之冠！】

（圖 7.圖注白居易蝸角詩）

《全唐詩[49]》收集了大約二千五百多人的詩作，近四萬八千首詩。用電子檢索[50]，以 "戲" 為題的詩有 373 首，其中有 90 首（實計 82 首）是白居易的作品[51]，而且是第一大戶。相比之下，杜甫 33 首（實計 38 首），劉禹錫 14 首，李商隱 10 首，元稹 5 首，柳宗元 6 首，李白 2 首，杜牧 1 首，韓愈 1 首，李賀和張籍無一首！可見得白居易學杜甫寫詩以戲為題，樂在其中，而且超越了杜甫近 2 倍之多！而舉止嚴肅的張籍，果然一首都不用 "戲" 為題。所以韓愈寫《毛穎傳》，曾受到這位不苟言笑，年紀比他大三歲的 "弟子" 的諫戒規範。但是若和北宋黃庭堅的 175 首（傳世約 2204 首），與南宋的<u>陸游的 402 首詩，以戲為題</u>[52]（另有 72 首詩以 "喜" 為題，18 首詩以 "笑" 為題）的數目相比，《全唐詩》總共以 "戲" 為題的 373 首，還輸給陸游一人的 402 首！可見宋人好用戲為題，逾越唐人，而陸游之好用 "戲" 為題，在數量上（若不論比例）更遠超前人，而且可能是中華詩史上的冠軍！然而若以詩作總數的比例而言，黃庭堅則勝過陸游。

49 林按：鄭州大學《全唐詩庫》2002 年 11 月 21 日統計：收集了大約二千五百二十九人的詩作，四萬二千八百六十三首。不同的版本和檢索系統又有不同的數目和字句。所以這些數目字只能用為參考，不是惟一的事實。
50 元智大學，羅鳳珠教授主持，《全唐詩》1999.4.16 版本程式。
51 白居易 71 歲猶有幽默戲戲笑詩題曰：《歲暮長病中燈下聞盧尹夜宴以詩戲之且為來日張本也》。
52 陸游以 "戲" 為題略例：《貧甚賣常用酒杯作詩自戲》；《看月睡晚戲作》；《貧甚戲作絕句》；《得貓於近村以雪兒名之之戲為作詩》。

詩題	陸游	白居易	杜甫	劉禹錫	李商隱	元稹	柳宗元	李白	杜牧	韓愈	張籍,張籍
戲	402	90	33	14	10	5	6	2	1	1	0,0

　　相對於 "戲" 題的數目之外，我們也應該比較陸游詩題中，使用悲哭等，與戲笑相反的感情字的數目，以橫觀其感情振幅的變化度。根據羅鳳珠的檢索系統（2007 年 11 月），陸游詩題用 "哭" 者，用 "悲" 者，總數約為用 "戲、笑" 詩題數目的十分之一。我以此判定陸游有幽默感，他在為國事不振、政治混亂而悲憤泣涕之餘（"悲" 字 337 首，340 句），仍然是個保持樂觀而且幽默的詩人。孔子說："君子固窮，小人窮斯濫矣。" 君子窮而不至於濫與亂，有一部份的功夫是要有點幽默感來釋懷。蘇軾、黃庭堅都是此中的典範。至於顏回和賈誼的早夭，孟子與陸游的長壽，我認為這很可能和他們的幽默感有關。

【用 "戲" 於詩句】

　　陸游有 108 首用 "戲" 於句。白居易則保持亞軍的地位。電子檢索列出：白居易有 32 首，杜甫 15 首，元稹 13 首，韓愈 13 首，劉禹錫 12 首，李白 8 首，李商隱 7 首，張籍 7 首，杜牧 5 首，李賀 3 首，柳宗元 2 首。此處白居易和杜甫仍然領先唐代群雄。借用白居易給元稹和後來劉禹錫的話，就是 "所謂天下英雄，唯使君與操耳" [53]。但是雖然白、杜在 "戲題" 和 "戲句" 的數量上相敵，但老杜寫詩，一用戲為題，就精神百倍，而且在詩類和詩意上迭有創新和重大的突破（金聖嘆評杜詩），而白居易則多用 "戲贈" "戲和" "戲題" "戲答" 等半輕鬆、半開玩笑、半謙虛

---

53 白居易《和微之詩二十三首（并序）》：近來因繼。已十六卷。凡千餘首矣。其為敵也。當今不見。其為多也。從古未聞。所謂天下英雄。唯使君與操耳。戲及此者。亦欲三千里外。一破愁顏。勿示他人。以取笑誚。樂天白。

等方式來配合"戲"字，而多半並不太幽默，也沒有像他在樂府民歌詩類上有所創新。所以我說，論幽默感的"量"，樂天不及陸游；論幽默感的"質"，則放翁不及老杜。至於小杜，雖然年青時頹唐浪跡於脂粉，但是他的內心還是個重歷史和好兵略的嚴肅人物，所以在"戲"字上，除了在《西江懷古》的"魏帝縫囊真戲劇"一句上傳世千古之外，其餘只講"兒戲"、"鳥戲"而已，沒有甚麼高明和有喜感的幽默詩句。

【唐宋重要詩人使用喜、笑、樂字 的詩數：用"笑"
於詩句，陸游又居唐宋詩人之冠！】

　　用"戲"字於詩題，雖然是南北朝蕭氏父子的創新（林中明《杜甫諧戲詩在文學上的地位》2003），但用"笑"字則是大眾化的字眼，而且《詩經》裏就有 8 句[54]，用法與唐人亦無大異，多半是直接敘述的性質。詩仙李白雖然沒有甚麼幽默感，但是在他詩句裏，特別喜歡使用"笑"字來表現他的豪放，以至於有些故作英雄氣概的矯情。杜甫《贈李白》有"飛揚跋扈為誰雄"的句子，這想來也包括矯情的大笑和不節制的使用"笑"字在內。

　　根據電子檢索的搜尋，白居易有 188 首 200 句使用"笑"字，數量居唐代詩人之冠。但和南宋陸游有 904 首詩，917 句詩文用"笑"字；402 首詩用"戲"於題，108 首用"戲"於句相比，則又瞠乎其後了。然而黃庭堅有 165 筆用"笑"於詩，因此在比例上近於陸游，高於白居易。或者我們應該說，陸游、黃庭堅和白居易，都是師承杜甫，而陸游在《全宋詩》裏又有上萬首詩（元

---

54 《詩經》裏有 5 首詩和 8 句詩用到"笑"字：1.《小雅·斯干》爰笑爰語，2.《邶風·終風》顧我則笑，3.《邶風·終風》謔浪笑敖，4.《衛風·竹竿》巧笑之瑳，5.《衛風·氓》載笑載言，6.《衛風·氓》咥其笑矣，7.《衛風·氓》言笑晏晏，8.《衛風·碩人》巧笑倩兮。

智大學檢索：9164 首），所以在“戲笑詩”的數量上，甚至幽默趣味上，都略超過白居易。但是說到詩裏的幽默感，則杜甫比陸游更多變化頓挫，而且杜甫詩裏特有的悲哀也加強了“笑中有淚”的對比及對讀者的沖擊，所以陸游在笑戲詩的質量上不及杜甫。

　　以下略舉用字的數目去比較陸游與著名唐宋詩家之間，幽默感、憂愁心與悲哀情的相對傾向。

　　用“笑”字於詩的統計是：陸游 904 首（917 句）[55]；白居易有 188 首，黃庭堅有 165 首，李白 140 首，杜甫 54 首，劉禹錫45 首，杜牧 44 首，元稹 43 首，李商隱 32 首，韓愈 25 首，李賀21 首，張籍 8 首，柳宗元 8 首。此外，陸游使用“喜”“樂”字的數目也高。陸游用“喜”字於詩的統計是：72 題 566 首 573 句；用“樂”字於詩的統計是：20 題 430 首 438 句。這都指出陸游雖然不時誇大自己的老病衰窮，還加上些涕淚的字眼作為伴奏，但從他的用字傾向來看，放翁自云的“嘆老嗟卑卻未曾”不是虛言，所以他確實是個頗樂觀的詩人。我們讀古人詩，常常要跳出表面的做作文字，看清他們真正的表情面目。

---

55 陸游用“笑”字詩句略例：卷三《自笑》：“自笑謀生事事疏，年來錐與地俱無。惟餘數卷殘書在，破篋蕭然笑獠奴。”林評：其實此翁家藏數萬卷，此詩只是自詡豪情。但是到了八十五歲，在“彌老彌堪笑”和“中年更可笑 （卷八十四）之外，仍然懂得“零落閒邊句，逍遙事外身。村東褚草蕈（菌），一笑得常珍。” 去享受新鮮香蕈。在《病中遣懷》則達到比孔子曲肱枕臂而消極地觀浮雲，更調皮快樂的境界：“人生長短無百歲，八十五年行九分。堪笑癡翁作點計，欲將繩子繫浮雲。”

【唐宋重要詩人使用哀、哭，悲、愁[56]、憂、傷，

……等負面情緒字的數目】

　　用電腦檢索去分析文學作品，要先設定有意義的題目，再使用邏輯關聯的方法，專注特殊而可能隱僻的目標，去整理散布的資料。尤其是需要消耗大量人力時間才能做研究的題目，才適於用電腦輔助去作初步的分析。否則用散彈槍打蚊子，不僅浪費"電腦腦力"，而且帶來更多不相關的資訊和更混亂的結果。本文研究陸游等詩家的幽默感，除了和那個時代前後的重要詩人相比較"戲笑"詩題、詩句之外，另外更從反方向，比較他們的"悲情傾向"。然後用總量作分母，各項互相比較，以找出白樂天"樂天"之名，是否真正名符其實？陸游是否樂觀多於涕淚？並且由此順便看出各名家的情感用字傾向。這種作法，是題中有題，可以開發許多新的研究題目。以下用"哀哭、悲愁"等項重要的感情字作指標，去分析探討唐宋重要詩人用字所顯露的一些感情特性傾向：

1. 用"哀"字於詩的統計是：陸游 143 首；杜甫 104 首，李白 39 首，黃庭堅 30 首，韓愈 27 首，白居易有 26 首，元稹 22 首，劉禹錫 17 首，李商隱 11 首，柳宗元 5 首，杜牧 4 首，李賀 4 首，張籍 3 首。

2. 用"哭"字於詩的統計是：杜甫 53 首；白居易有 50 首，元稹 30 首，陸游 22 首（22 句），14 題；李白 14 首，李

---

56 林按：《詩經》沒有用"戲"、"哭"、"愁"字。用"悲"字有 3 首：1.《小雅·采薇》我心傷悲，2.《豳風·七月》女心傷悲，3.《豳風·東山》我心西悲。用"哀"字有 6 首 11 句：1.《小雅·十月之交》亦孔之哀，2.《小雅·十月之交》哀今之人，3.《小雅·大東》哀我憚人，4.《小雅·大東》哀我憚人，5.《小雅·何草不黃》哀我征夫，6.《小雅·何草不黃》哀我征夫，7.《小雅·采薇》莫知我哀，8.《小雅·鴻雁》哀此鰥寡，9.《小雅·鴻雁》哀鳴嗷嗷，10.《小雅·蓼莪》哀哀父母，11.《小雅·蓼莪》哀哀父母。

商隱 10 首，李賀 10 首，黃庭堅 8 首，張籍 6 首，柳宗
元 6 首，劉禹錫 6 首，杜牧 5 首， 韓愈 4 首。

陸游詩中用"哀"字的次數雖然高於杜甫，但是陸游流傳下
來的詩數六、七倍於杜甫，所以杜甫的"哀"情和"哭"意，看
來還是居唐宋詩家之前矛。以至於歷來人們以為杜甫只是一個悲
哭哀泣的詩人，而完全忽略和誤判了大詩人杜甫詩中的多樣性和
絕佳的幽默感。盾結果以訛傳訛，誤導了上千年無數的專業文人
和一般讀者。

    3.用"悲"字於詩的統計是：陸游 337 首 340 句[57]，18 題；
      杜甫 134 首，白居易有 128 首，李白 101 首，黃庭堅 57
      首，劉禹錫 40 首，杜牧 16 首，元稹 52 首，李商隱 19
      首，韓愈 39 首，李賀 14 首，張籍 6 首，柳宗元 7 首。

    4.用"愁"字於詩的統計是：陸游 692 首 709 句[58]，12 題；
      白居易有 279 首，杜甫 170 首，李白 123 首，黃庭堅 113
      首，劉禹錫 47 首，杜牧 50 首，元稹 58 首，李商隱 49
      首，韓愈 30 首，李賀 31 首，張籍 27 首，柳宗元 11 首。

綜合以上的分析，我們可以看到陸游詩數近萬，杜甫的詩數
為 1451，少於白居易的 2947 首。但杜甫"哭悲哀"詩數都超過
白居易，比例也超過陸游，難怪杜甫給人悲傷詩人的印象。而白
居易的喜感和戲笑詩的數目雖然不及南宋的陸游，但他是唐人第

---

57 林評：陸游用"悲"字詩句略例：卷二十四《信筆》："為善得禍吁可悲，
   顏回短命伯夷饑。"猶有自悲自怨自負自戲之情。但至《示兒》絕筆詩，
   "死去元知萬事空，但悲不見九州同"，則是真悲也。

58 陸游用"愁"字詩句略例：卷四十五《春遊》：追憶舊遊愁滿眼；卷七
   十一《雜詠：九之四》：莫羨老夫垂九十（時八十三歲），一年添得一年
   愁。林評：可知此老多愁善感，無地無時不愁，無愁亦好曰愁用愁字亦
   如流水也。

一，所以白居易在唐代不愧"白樂天"之名！

5. 陸游使用"涕""淚"字的數目相對來說並不高，但是卻給讀者一個"臨表泣涕，不知所云"的印象。他用"涕"字於詩的統計是：2 題 72 首 72 句；用"淚"字於詩的統計是：107 首 109 句。

6. 陸游使用"憂""傷""憤""怒"字的數目顯示他雖憂傷但少憤怒，懂得控制情緒。陸游用"憂"字於詩的統計是：303 首 313 句；用"傷"字於詩的統計是：147 首；用"憤"字於詩的統計是：32 首；用"怒"字於詩的統計是 38 首。

7. 陸游使用"老""病""衰"字的數目雖然高，但是他活到 85 歲，晚年頭腦相當清醒，還能寫字走動，不屬於廣東人罵人時好用的"衰翁"之類。用"老"字於詩 的統計是：127 題 1641 首 1702 句；用"病"字於詩的統計是：205 題 933 首 952 句；用"衰"字於詩的統計是：22 題 706 首 710 句。

8. 陸游使用"饑"、"餓"字的數目不如想像之高。詩人對饑餓的關注，遠不及對酒醉的興趣。陸游用"饑"字於詩的統計是：1 題 6 首 6 句；用"餓"字於詩的統計是：26 首 26 句。陸游雖然喜歡說自已窮而且饑餓難忍。其實他的收入遠比子女餓死的杜甫，與不時需要乞食的陶潛好得太多。看他八十一歲時的官銜"太中大夫、寶謨閣待制致仕、山陰縣開國子、食邑五百戶、賜紫金魚袋"，便知他不是餓殍，只是詩人好"誇飾"，所以動不動就喊餓。"無病而大呻吟"並"發為詩"，我認為這是他眾多詩中的許多不必要的矯情和敗筆。

【幽默童心與對待小動物的幽默】

　　真正的幽默，能夠推己及人。能夠欣賞兒童天真世界的詩人，幽默層次又高一等。譬如白居易雖然為人隨和，也能和年青人一起吟詩喝酒，但似乎並不曾過分地和兒童戲鬧打成一片[59]。而他終其一生，沒有真正和兒童放懷玩耍過，也不能融入兒童之戲，他似乎只能坐在堂上，遠距離地觀看兒童玩竹馬戲[60]。他雖然有女兒阿羅，但只有被動地被女兒牽衣、牽裙（母親，白居易妻），而似乎不願意和小女兒玩耍，其情況和李白類似[61]。

　　陸游生有七子數女，所以和兒童玩耍的機會比白居易多。譬如《劍南詩稿》卷四十的《遣興》，就有"閑投鄰父祈神社，戲入群兒鬥草朋。"與《紙墨皆漸竭戲作》的"不如掃盡書生事，閑伴兒童竹馬戲。"與《劍南詩稿》卷二十四《愛閑》的"堪笑放翁頭白盡，坐消長日事兒嬉。"可見陸游在閒暇的時候，是能和孫輩的兒童打成一片，保持著童心未泯的"消極趣味"。但是說到與兒童嬉遊的"積極幽默"，我認為陸游、白居易都要遜陶、杜多籌。

　　杜甫雖然常年在外，但他能和兒童打成一片，與"稚子敲針作釣鉤"，又能在秋日和"童戲左右岸，罟弋畢提攜"，捉魚挖藕，以至於"指揮徑路迷"（《泛溪》），完全沒老沒小地戲耍。所以杜

59　白居易《座中戲呈諸少年（60歲時）》：衰容禁無多酒，秋鬢新添幾許霜。縱有風情應淡薄，假如老健莫誇張。興來吟詠從成癖，飲後酣歌少放狂。不為倚官兼挾勢，因何入得少年場。

60　白居易《觀兒戲》：髫齔七八歲，綺紈三四兒。弄塵復鬥草，盡日樂嬉嬉。堂上長年客，鬢間新有絲。一看竹馬戲，每憶童騃時。童騃饒戲樂，老大多憂悲。靜念彼與此，不知誰是癡。

61　白居易《官舍》：稚女弄庭果，嬉戲牽人裾。白居易《效陶潛體詩十六首之九》：牽衣戲我前。李白《南陵別兒童入京》：兒女嬉笑牽人衣……仰天大笑出門去……。（林評：皆無陶令與稚子同樂之"大歡"境界）

甫寫兒童戲詩的幽默實感高於白樂天。至於陶淵明寫《責子》[62]，文字表面上是板起面孔責子，其實分明是笑容滿面的幽默詩，那就比老杜真情流露，直來直往的幽默感，在趣味境界上還要高上一二籌。

　　仁人的境界，宋儒有所謂"民吾同胞，物吾與也"的名句。我覺得這個說法說得太籠統，有點板起臉來說教的味道。"言心言性"的"儒者"，如果不能對弱勢小動物等生物有所關懷和行動，那麼他們不僅離真正仁者的修養還有相當的距離，而且就一個"多樣性球體體積"而言，也因為少了一度空間（維）而在這個"幽默感"的軸向上有所縮減。一般豪放的英雄，凡事看大不看小，所以於幽默感也相對缺乏，對弱勢的小動物也缺乏愛心。所謂"打虎射雕"、"十步殺一人，千里不留行"，就是這一類人的寫照。孟子觀人，說要觀其眸子。還有人說觀人、選婿當觀於酒醉和麻將桌上。其實看一個人如何對待少數族群、弱勢者、童子和小動物的態度，也能知道他做人的底線。陶淵明寫《歸鳥》，關心歸鳥被獵人射死。杜甫能和蜻蜓、鷗鳥同樂。白居易能開鶴鳥的玩笑。蘇軾《寒食詩》，對燕子的騷擾，也以幽默處之。陸游好貓，可能曾受到他父親和黃庭堅的影響[63]。陸游得一貓，作了好幾首詩，

---

62 陶淵明《和郭主簿二首》：弱子戲我側，學語未成音；《止酒》：大歡止稚子；《責子詩》：白髮被兩鬢，肌膚不復實。雖有五男兒，總不好紙筆。阿舒已二八，懶惰故無匹。阿宣行志學，而不愛文術。雍端年十三，不識六與七。通子垂九齡，但念梨與栗。天運苟如此，且進杯中物。杜甫曾說："陶潛避世翁，未必能達道，有子賢與愚，何必掛懷抱？"林按：可見得杜甫也看走眼了。

63 陸游《老學庵筆記》第八卷："先君讀山谷《乞貓詩》，嘆其妙。"（附：黃庭堅《乞貓詩》：秋來鼠輩欺貓死，窺甕翻盤攪夜眠。聞道狸奴將數子，買魚穿柳聘銜蟬。）

幽默中亦見慈悲之心[64]。（圖 8.和陸游得貓雪兒詩〈格貓〉）這些
地方，則是屈平、李白兩位大詩人所缺乏耕耘和種植的"園地"。
《金剛經》說："一切賢聖，皆以無為法而有差別"。而我衡量大
詩人的整體成就，則加上兩條：其一是"幽默童心"，其二是"對
待小動物的幽默"，並說"一眾詩文，恐皆以幽默、童心與對待小
動物之態度而有所差別"，並以此與好言詩文及幽默者共議之。

五、《養氣》《程器》與進退風骨：

【告老復出　見譏清議】

　　《宋史》本傳卷 395 的陸游傳記載"游才氣超逸，尤長於詩。
晚年再出，為韓侂胄撰《南園》、《閱古泉記》，見譏清議。朱熹嘗
言其"能太高，跡太近，恐為有力者所牽挽，不得全其晚節"，蓋
有先見之明焉。嘉定二年卒，年八十五。"嗚呼！先生知史，重
史，復又寫史，竟然蓋棺論定，被批為"不得全其晚節"，不能"務
觀"歷史人物進退有節的教訓，給"放翁"的"放"字，留下了
一角陰影。對於一生重視氣節風骨的陸游來說，真是一大誣蔑和
諷刺！

　　朱熹大約在陸游七十二歲的時候，在一封給朋友的信中說
"頃嘗憂其跡太近，能太高，或為有力者所牽挽，不得全此晚節。
計今決可免矣。此亦非細事也。[65]"朱熹此語的重點應該是在後
兩句。朱熹在下一封信（《答鞏仲至·第五書》）又寫道："放翁近

---

64 陸游《劍南詩稿》·卷二十三《得貓於近村以雪兒名之戲為作詩》："似
　虎能緣木，如駒不伏轅。但知空鼠穴，無意為魚餐。薄荷時時醉，氍毹
　夜夜溫。前生舊童子，伴我老山村。"林按：陸游此詩襲山谷《乞貓詩》
　而過之。

65 《朱子大全·文集》卷六十四《答鞏仲至·第四書》。

報亦已掛冠，蓋自不得不爾。"朱熹在更後的一封信(《答鞏仲至‧第二十書》)寫道："放翁且喜結局，不是小事，尚未得以書賀之。"釋去了在《答鞏仲至‧第十八書》中"又恐賤跡累其升騰"的擔心。可見朱熹的原意是為好友知交的陸游擔心，而不是意指陸游太接近尚未因伐金而遭誅而且正在當紅，主張伐金，受到主戰派如辛棄疾等擁護的韓侂冑，以至"晚節不保"。而且朱熹的父親和朱熹都是伐金復土的主戰派，所以不應該對伐金派的見用以私黨小人視之。朱熹去世前半年，還寫了一篇《跋陸務觀詩》，引用東坡讀柳子厚《南澗中題》所深悲其"憂中有樂，樂中有憂"，來看待陸游的詩和放翁為"非才之難，所以自用者實難"(蘇軾《賈誼論》)的掙扎。可以說對陸游的儒家進取的悲劇精神既讚佩又擔心，但無責怪之意。而羅大經在《鶴林玉露》中評《陸放翁》與清代的《四庫全書總目提要》卻不幸都作了誤判誤引[66]，羅大經和紀昀人云亦云，不作詳考，幾乎壞了陸游一世的名節。這樣的事如果發生在現代，陸氏的後人想必會控告羅、紀以毀謗罪吧。

【《南園記》言韓公之志】

　　陸游家中人口眾多，因有窮到賣去常用銀酒杯的戲詩。似乎常常挨餓乞食於鄰的七十六歲放翁，不僅有維持較高生活水平的壓力，而且作為一個孔子的門徒，當然不肯如匏瓜之繫而不食，所以不停地探詢有無出仕盡忠，並能大力推動"王師北定中原，九州一同"的理念的機會與官職。再加上韓侂冑懂得放翁"士為知己者死"，甚至"子見南子"、"有以自用"和"往來回禮"等心理，不僅對"已掛衣冠而去"的"中大夫、直華文閣致仕、賜紫金魚袋[67]"的老翁恭謹地以手書來曰："子為我作《南園記》！"

66　于北山《陸游年譜》，上海古籍出版社，2006 年，頁 393-394。
67　陸游八十一歲時，為《澹齋居士詩（集）》作序時，也自標"太中大夫、

68，並傳說有"出所寵四夫人侑酒"，"擘阮琴起舞"等不可盡信之事69，而且以"青衣泉"名泉"酌以飲客"，特請陸游"獨盡一瓢70"，恭敬已極。於是清代的大才子，袁枚看到這事件的結果是"游感其意，為文加規，勸其禔躬治民，毋忘先人之德。71"

　　陸游雖然也常寫些官樣的賀詞，恭維和聯繫升遷的近友及遠交，但他對風骨氣節則一向敏感而且重視。他曾有《寓言》詩特別說到"為謀須遠大，守節要堅完"72。為了避嫌，怕自己也落入"賣文取卿相，詎是儒者職？孔光豈不學，千載污簡冊。73"之譏，所以陸游在《南園記》的結尾特別加了一段話為自己撇清可能導致"清流"的誤會曰："則庶幾其無諛辭、無侈言、而足以道公之志歟！此游所以承公之命而不獲辭也。"而什麼是"公之志"呢？陸游在《南園記》裏指出："公之志，豈在於登臨遊觀之美哉？始曰許閒，終曰歸耕，是公之志也。"許閒是南園裏"堂最大者曰許閒，上為親御翰墨以榜其顏"；而歸耕則為南園裏的農場。兩處名字"悉取先德魏忠獻王之詩句而名之"。可見陸游已經看到韓侂冑官場處境的險惡，而一則規勸他重視"休閒文化"，逐漸脫離政治鬥爭，以"歸耕"田園解除權高震主，亢龍有悔的殺機；二則先為韓侂冑向皇帝開脫。全文確實"言論剴切"，"無諛辭、無侈言、而足以道公之志"。《宋史》論定陸游"晚年再出"而"見譏清議"，實在是冤枉。但這也顯示南宋黨爭但問"顏色"、

寶謨閣待制致仕、山陰縣開國子、食邑五百戶、賜紫金魚袋、陸某序。"
68　陸游《南園記》。
69　宋·葉紹翁《四朝聞見錄》。
70　陸游《閱古泉記》。
71　袁枚《小倉山房文集》卷三十《書陸游傳後》。
72　陸游《劍南詩稿》卷四十八·《寓言》。
73　陸游《劍南詩稿》卷四十五·《舊志》。

不論是非、亂扣"偽學"帽子的意識形態，真是治國不足，亂國有餘，宋朝削於金，滅於蒙古，大部份是掌權的君臣所自敗自取的。

陸游的冤枉，所幸有清代的袁枚在《書陸游傳後》為韓侂胄和陸游作了最公正而深刻的"平反"。袁枚說："在侂胄親仁，在游勸善，俱無所為非。宋儒以惡侂胄，故被及於游。……卒之，侂胄自咎前失（打擊偽學、道學家朱熹一派），大弛偽學之禁，又安知非游與往來陰為疏解乎？彼矜矜然自誇清議者，或陰享其福而不知。……（宋朝殺韓獻首於金以謝啟戰之罪）金人葬侂胄首，諡曰忠謬，言其忠於為國，謬於為己也。……而游作一記之過乃著於本傳中，不亦苛乎？吾故曰：史不易讀。讀全史而後可以讀本傳，讀旁史、雜史而後可以讀正史。知人論世，難矣哉！"袁枚的《書陸游傳後》辯駁訛誤之說詳盡剴切，一洗瞽儒偏史之謬誤。本身也是"多樣性"詩人才士，而且曾經出入官場，瞭解吏事，並頗有政績的袁枚，史眼如炬，真是陸游和韓侂胄的千載知己。

【《閱古泉記》狀放翁之情】

陸游寫《南園記》是言韓公之志。但是放翁寫《閱古泉記》，我認為則是陸游借此名泉，說自家勝處！文中描述這古泉"深不知其幾也"，這似乎是說家學和自己的學問；"霖雨不溢，久旱不涸"，這也可以說是自道胸襟和志氣；"泓止明靜，可鑒毛髮"，這幾乎是說自己的心靜眼明，可以務觀細節；"尤於烹茗釀酒為宜，他名泉皆莫逮"，"尤（游）"為宜，其他凡泉皆莫逮，這是自云天下第一了！"游起於告老之後，視泉尤有愧"，更清楚指出這文章是把這古泉和自己的才華相比！"視（唐朝題名此泉的）道士為有愧"，也是文人的一貫手法，以"相推以成其名，相伐以符其名。

大氐文人之奸雄，例作此狡獪事。譎哉放翁！”以上引語出於周必大《誠齋集》卷六十七《答陸務觀郎中書》。可見放翁的《閱古泉記》，是借泉發揮，以見自己的高明。我認為歷來評此文者如翁方綱[74]等，大多自說自感，自秀詩文，枉有文名，見樹而不見林，皆未能洞見放翁真意。可見讀古人文章，也大多不易知其用心。難怪陸氏祖先陸機在《文賦》的序言裏說：“余每觀才士之作，竊有以得其用心。”

【養氣、程器：氣盛則至，有所不為】

陸游一生懂得養生[75]和養氣[76]，所以壽至耄耋，而且氣勢不衰，沒有陸氏先祖“陸雲嘆用思之困神[77]”的感嘆。其中原因，我以為主要是陸游“斌心雕龍”的尚武精神所激發。《文心雕龍·養氣篇》說：“長艾識堅而氣衰，氣衰者，慮密以傷神，斯實中人之常資，歲時之大較也。”但是陸游在《渭南文集》卷四《上殿札子》中指出：“（蘇）軾死且九十年，學士大夫徒知尊誦其文，而未知其文之妙在于氣高天下者……天下萬事，皆當以氣為主，軾特用之于文爾。……包拯之風節，大抵以氣為主而已。蓋氣勝則事舉，氣勝則敵服。今天下才者眾矣，而臣猶有憂者，正以任重道遠之氣未能盡及古人也。”孟子說“吾善養吾浩然之氣”。我認為“氣盛則無所不至”，這是儒家樂觀主義者的理想。雖然與現實生活不免有所差距，但是善於“養氣”而“氣盛則至”者如包拯，自然於“風節”、風骨都不馬虎，有所為，有所不為。梁啟超說“（辛

74　翁方綱《復初齋詩集》卷二十六《西湖青衣洞唐開成題字》。
75　陸游《劍南詩稿》卷八十一《春日雜興之七》：“四十餘年學養生，誰知所得亦平平。”林評：這是放翁自謙之詞。若賈誼、王弼、僧肇、梁啟超等都懂得養生，中華文化又多添若干華彩。
76　陸游《劍南詩稿》卷七十《自勉》：“……養氣要使完，處身要使端。……”
77　劉勰《文心雕龍》《養氣篇》。

棄疾）他是個愛國軍人，滿腔義憤，都拿詞來發洩，所以那一種元氣淋灕，前前後後的詞家都趕不上。” 這也是和孟子、陸游所說的 “氣”，是同一類的 “氣”。而陸游與辛棄疾的 “氣”，我認為都是 “斌心雕龍” 的尚武愛國之氣。所以他們支持主戰伐金的韓侂冑，不是玩弄黨爭以謀私利的投機作為。

　　但是談到風骨 “程器”，劉勰在《文心雕龍‧程器篇》所說的” 略觀文士之疵，……陸機傾仄於賈（謐）、郭（彰）”，不幸又牽扯到陸機這一族的後代 — 陸游。陸游在官場一再受到 “不自檢飭，所為多越於規矩，屢遭物議[78]” 與 “前後屢遭白簡，所至有污穢之跡” 之類的攻擊而遭罷官[79]，這可能和他的 “才太高”，不肯盲從陋規，和太喜歡喝酒醉酒以及 “近花” 有關。陸游六十八歲時在《醉中作》一詩中自己 “坦白” 曰：“宦遊三十載，舉步亦看人。愛酒官長罵，近花丞相嗔”（《劍南詩稿》第二十五卷）。放翁愛酒近花，“快然自足，暫得於己”，所以也為 “因寄所托，放浪形骸”（《蘭亭集序》），付出屢黜於官場的代價。這就是蘇軾在《賈誼論》中所說的 “古之賢人，皆負可致之才，而卒不能行其萬一者，未必皆其時君之罪，或者其自取也。”

【醉酒近陶　忠國鑒史】

　　陸游好酒，這可能是從少年時期便受到陶淵明的影響[80]。陸游幾乎也如淵明，“篇篇有酒”，而且他雖然官職在身，仍然不時醉酒違規，所以五十二歲，因 “人譏其頹放，因自號放翁”（《宋史》本傳）。陸游雖然喜歡喝酒，但是我認為他在詩中所寫的豪放

78　《宋會要輯稿》淳熙八年三月二十七日（詔）。

79　《宋會要輯稿》101 冊職官‧黜降官九淳熙十六年十一月二十八日詔。

80　陸游《渭南文集》卷二十八《跋淵明集》：“吾年十三四時…偶見…淵明詩，因取讀之，欣然會心。日且暮，家人呼食，讀詩方樂；至夜，卒不就食。” 林評：這正是淵明自云的 “每有會意，便欣然忘食。”

醉酒，其實和他好寫自己饑餓貧窮乞食等文字，顯然都屬於詩人的"夸飾"。劉勰在《文心雕龍·夸飾篇》中所引"孟軻所云「說《詩》者不以文害辭，不以辭害意」"的話，來分辨讀詩時該有的態度，這是千載不易之言。因為如果陸游真的喝酒喝到爛醉，甚至酒精中毒，那麼他絕對寫不出清秀的小楷，更活不到高壽。但是陶淵明很可能沒有活過六十歲，這固然和他的貧、病有關，我看這也和他喝酒太多有關。淵明在《飲酒二十首·序》中說，"偶有名酒，則無夕不飲。顧影獨盡，忽焉復醉。既醉之後，輒題數句自娛；紙墨遂多，辭無詮次。聊命故人書之，以為歡笑爾。"看來淵明是真的常常喝醉，毛筆也可能握不穩，手也發抖，寫不清楚詩句，所以要"聊命故人書之"，方能流傳於世。昭明太子蕭統如此喜歡陶淵明的詩文，但似乎沒有收集到他的墨寶手札，其原因值得進一步探討。

從陸游詩中"酒""醉"兩字出現的數目來看：陸游用"酒"字於詩的統計是：124 題 1249 首 1287 句；用"醉"字於詩的統計是：140 題 995 首 1020 句；它們都遠高於大部份其它的常用字。可見放翁的"醉"和"放"是相關聯的。但這些個人的行為雖然頗遭忌恨者的批評，卻可能並不是陸游被黜，和不能晉入他最合適的學士院的主要原因。我認為他的堅決主戰，"動搖國策"，這纔是惹起皇帝們不高興，並幾次駁回重臣推薦陸游出任學士院的原因之一吧。但是陸游雖然主戰，與國策不合，然而他也是相當忠貞於皇帝的儒臣。不過我從陸游詩中使用"忠""國"二字的數目來看：陸游詩中用"忠"字於詩的統計是：32 首 32 句；用"國"字於詩的統計是：126 首 128 句。這或許顯示他對"國"的關注多於直接對皇帝表示的忠心。如果仔細看他在《南唐書》和《家世舊聞》等書中對皇帝以迷信亡國的詳述，便可以知道他對皇帝的領導力是頗具懷疑和時時憂心的。陸游在《詩稿》卷四十八《讀史》一詩中就藉批評周宣王來諷諫宋寧宗的不顧國事只管個人享樂[81]。因此陸游對皇帝的忠心，也不是愚忠。這和屈平與杜甫近於"愚忠"的忠君心態，有史眼的差別。

六、結語：千古才士一放翁

（圖 9.〈務觀放翁不自囚〉）

《務觀放翁不自囚》：老病衰未休，奮起醉墨遒。潛龍且自用，霹靂破壁不自囚。林中明 2007.11

古今中外的大詩人都具多樣性，有創新，有性格，作品又常富於辯證性。所以要想真正去瞭解一位大詩人，必須要從他們被忽略和誤解的角度去重新探討甚麼是他們的本相、本色和真面目。本文就是繼探討陶淵明、杜甫、白居易等大詩人的多樣性和幽默感之後，專對大家以為只是"愛國詩人"的陸游，重新探討他的家傳文化縱深、典故學養，及其發之於史學、遊記、筆記文學上的成就，以及他在詩文中表現的幽默感。並藉電腦檢索分析比較陸游與其他唐宋部份重要詩人的用字和感情傾向。

袁枚說："史不易讀。讀全史而後可以讀本傳，讀旁史、雜史而後可以讀正史。知人論世，難矣哉！"我們要想瞭解"多樣性"的詩人才士如陸游者，也必須全面閱讀他的書法、《南唐書》、《入蜀記》和《老學庵筆記》，以及抓住陸游詩文中"允文允武"、"斌心雕龍"的特性，然後纔能更欣賞不只是一個詩人而已的"千古才士一放翁"。

---

81 陸游《劍南詩稿》卷四十八《讀史》：君看宣王何似主，一篇庭燎未忘箴。

　　陸游在《渭南文集》卷十五．《施司諫註東坡詩．序》中說："某頃與范公至能會於蜀。因相與論東坡詩。慨然謂予：足下當作一書，發明東坡之意，以遺學者。某謝不能。……（今）某雖不能如至能所託，而得序斯文，豈非幸哉。山陰老民陸某序。"放翁才大詩眾文多，難以窺其全豹。今日我承劉教授慶雲先生之命，勉強作文，雜習放翁之學，豈非幸哉！

　　蜀人林中明。丁亥十月二十六日，於臺北木柵旅次。

【參考資料】

　　《陸放翁全集（上、下）》，臺北．世界書局印行，第五版，1990 年。

　　于北山《陸游年譜》，上海古籍出版社，2006 年。

　　儲東潤《陸游傳》，臺北．國際文化事業公司，1985 版。

【插圖】

圖 1.陸游手書「詩境」石刻・林中明攝於桂林　七星公園　桂海碑林　2007.10

圖 2.陸游〈釵頭鳳〉千古淚哭　林中明　2007.11

圖 3.〈務觀學問　斌心雕龍〉林中明　2007.12

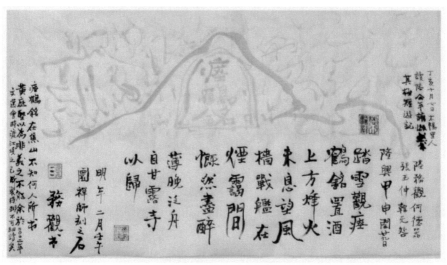

圖 4.陸游〈踏雪觀瘞鶴銘〉林中明　書文插圖跋記　2007.11

圖 5.〈丹頂鶴　冬之旅〉　林中明　2007.11

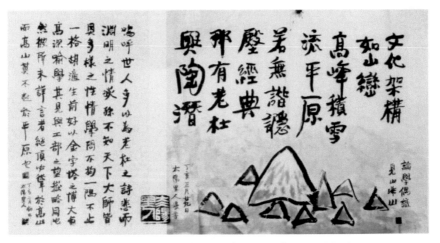

圖 6.文化山巒與陶杜諧讔　林中明　2007.5

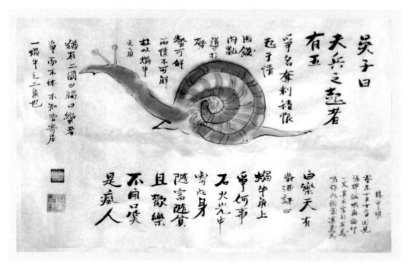

圖 7. 圖注白居易蝸角詩：蝸牛角上爭何事，火石光中寄
此生；隨貧隨富且隨樂，不開口笑是癡人。

圖 8. 和陸游〈得貓於近村以雪兒名之戲為作詩〉
〈格貓〉　林中明　2005.12

圖 9.〈務觀放翁不自囚〉　林中明　2007.11

《渭南文集五十卷》：陸游生前手編文集

2008 年 6 月 18 日　人民網文化頻道

　　此書為陸遊生前手編文集，因陸游晚封渭南伯，自號陸渭南，因以為名。嘉定十三年（1220）陸遊之子陸子遹在知溧陽縣時，命溧陽學宮刊刻，所請刻工有陳彬、吳椿等，皆為當時杭州良工。書中"遊"字缺末筆，避陸遊名諱，或認為《渭南文集》是陸氏家刻本，實屬誤解。卷末有清代著名藏書家黃丕烈（字蕘圃）手書長跋，詳記該書的遞藏與得書始末。明弘治十五年（1502）無錫華珵據此本以銅活字印《渭南文集》五十卷，明末毛氏汲古閣又據華珵銅活字本重刻此書。此書曾被黃丕烈、汪士鐘等名家收藏。

〔古籍概況〕　渭南文集五十卷　（宋）陸游撰　宋嘉定十三年(1220)　陸子遹溧陽學宮刻本　黃丕烈跋　張祖翼　繆荃孫題款　國家圖書館館藏　存四十六卷（一至二、五至十、十三至五十）

III. 詩的引用和活用

導　　言

　　《詩經》的研究，除了文學之外，還包括文本、語言、文藝、社會、歷史、傳播等多項的探討。但是《詩經》如何被後人引用？和如何像先秦甚至像西漢時期那樣的活用？"詩"在現代教育和企業管理以及科技創新裏佔甚麼"位置"？這些都是比較新，而且是當前"國學研究"與大專教育的重要課題。然而一般研究《詩經》的論文，多只注重傳統文學上的學術意義，而一般人讀"詩"則是多為工餘的消遣，這都和先秦到漢初讀《詩》和用《詩》的態度不同。現在"國學"又成了國人口頭上的"顯學"，"讀經"也在兩岸的中小學裏形成風氣，但是如果我們把"舊經典"只當"文言文"來讀，而沒有闡發"舊經典"中的"活智慧"，那麼這個"國學熱"也只能增加學生們對過去文化和文字的知悉，但不能提供可以活用的知識和深厚的智慧，因此勢將不能在學術上持久，也不能在民間深入，更不能隨著新鑄的孔子像走向世界。

　　因此本組選了作者在過去八年所寫的四篇論文，分別從社會、經濟、政治、軍事、《文心雕龍》詩學局限、文選的源頭以及"詩"對創新發明的助益等課題，來討論《詩經》和"詩"如何有益於"士人"和"通人"的教育，它如何曾對《文選》、文學以及政經社會起過影響，以及讀"詩"寫詩，為何可以幫助科技創新？而反過來說，基本數理教育和邏輯思維的訓練，也對社會人文學者的研究有助於清晰立論和達到精確的結論。如果有志於以古體詩寫作的詩人能有現代化的見識，其作品一定更有親和力；而喜歡新詩的詩人，如果具有"文化縱深"的學養，於文字的精簡和詩韻的雅逸，一定也有幫助，而且可能創造出可以持久傳世的"新體詩"。

本組的第一篇論文，〈詩行天下 —— 從《鹽鐵論》大辯論的引《詩》批儒說起〉，乃是針對《詩經》和儒學在西漢時代，在一場財經政策、社會民生、國防攻守大辯論，在《鹽鐵論》一書中所留下的寶貴教育、政治、思想路線激烈鬥爭的資料，首次加以探討。並對照古希臘詩人梭倫以詩立憲宣政，和當前美國總統歐巴馬以"散文"和"多線並進"宣導新政的成績，指出善用"詩"的語言於政策宣導上，它具有"達義、達情、達識"的威力。說到政策宣導，我們應該認識鄧小平先生在 1979 年所揭櫫的「小康社會」這個重大政經治國理想，其中"小康"二字，典出《詩經·大雅·民勞》的一句詩：「民亦勞止，汔可小康。惠此中國，以綏四方。」深於《詩》學的孟子曾提倡研究學問需要「知人論世」，我認為還應該「識時論經」，擴大我們過去對《詩經》只作純文學方面的研究，以見證中華優良的整體文化與政經、歷史累積的智慧。

本組的第二篇，〈劉勰文論的創新與詩學的局限〉，這一篇的討論，把《詩經》的詩學和《文心》的文論合起來研究。作者從讚揚《文心雕龍》融會兵略於文論的重大創新，以辯駁劉勰思想守舊說起，再談到由於劉勰時代文士受到政教思想的限制，以致《文心》"避談愛情"而有"寡情"的局限，因此它也不是如許多學者所極度讚美的"文論聖經。從這個"寡於情"的角度，反而突顯了周代《詩經》裏開放的風氣和較開明的社會禮法。現代人之所以讀《詩經》的古文字時仍然覺得詩句親切和詩人的真誠。《詩經》的《風》、《雅》詩之仍然勝過大多數明、清的八股文和死板的格律詩，“字達情”是主要的原因。這篇論文也和〈中西古代情詩比略短述〉這一篇論文所指出“情”在“詩”裏所佔的主導地位，前後相呼應。

　　本組的第三篇，〈廣文選：從《詩經》《昭明文選》到《古文觀止》〉，從《昭明文選》研究的角度，指出《詩經》纔是中華文化中，第一部大規模而且高品質的“文選”。因此，就“廣文選”的意義來看，《詩經》是「源」，《文選》是「流」。想要精究《昭明文選》的「文華事義」，必需同時研究「廣文選史」裏的第一本結集 ── 《詩經》，並比較各“文選”集結的方式、視角和質量。“詩”和“文”本來是一族，而《文選》之中，詩文各半。我們研究“詩”，當然不應該把《詩經》和《文選》分開來研究。這道理就象《文心》和《文選》應該合起來研究是相似的。作者探討「氣象文學」和「氣象詩學」，把《詩經》和《文選》作為接續的大項來研究，也是基於研究文學必須兼具宏觀和微觀，而且要在時空上串聯和並聯。「廣文選」的研究既串聯三千年，也橫貫《玉臺新詠》和《宏明集》三本書。文學要看整體社會和貫連時代，如劉勰所說的「文變染乎世情，興衰繫乎時序」。而我們研究文化和文明更要把“文、史、哲、兵、經”以及藝術和科技放在一起來觀察思考。二十年前德國人打倒了柏林圍牆，東西德又重新合一。歐洲各國互相爭伐幾百年，現在也合而為一。難道我們還要把國學分成多塊，不能從“智術一也[1]”的理解下，合而知之，分而治之？

　　2009 年 11 月 1 日去世的百歲人類學家，克勞德·李維史陀（Claude Lévi-Strauss），他所建構的結構主義，以研究一項人文

1　林中明，〈智術一也〉，《斌心雕龍·自序》，臺北·學生書局，2003 年。
　第 xxiii-xxxii 頁。

課題，必須探索各有關的來源，方能瞭解複雜的文化結構。這種時空多維串聯和並聯的多方考察，架構研究的方法，深深影響了社會學、哲學、語言學等人文學科。而李維史陀自己則每月必看《科學美國人（Scientific American）》雜誌，暫時忘記他自己不具備這些科學的專業訓練，以"學則忘我"的態度，從頭到尾，一篇不漏，一句不漏地讀，數十年如一日。和李維史陀相比，我們研究中國博大的國學和深厚的文化，難道還只鑽其中一門的一本書？明明可以電腦檢索資料，卻還用百倍於電腦檢索的時間，去目索手抄不需要深刻思考的資料？，或者繼續重復已有的研究題目，借用前人的資料，甚至還有縱容學生抄襲別人的論文，再加上自己名字的文學…醫學的領導人。面對李維史陀做學問的態度，他們難道不慚愧嗎？

　　所以本組和本書的最後一篇，〈舊經典活智慧 —— 從《周易》《詩經》《孫子》《史記》《文心》看知識經濟、企管教育與科技創新〉，作者踵隨孔子以六藝為一個知識整體來教學的典範，把"詩"和《詩經》當作文化中的一元，從"文史哲兵經"以及科技、藝術的整體思維和經驗，從新審視"國學"中符合現代教育的智慧，並討論何以這五本書可以作為"新五經"的考量和原因。作者除了推薦《孫子》、《史記》、《文心雕龍》這三本"新"的經典之作以外，也特別指出"詩"與《詩經》對重大「研發創新」的貢獻，其原因在於"詩可以興"，能擴大和啟發人的想像力。這對於當代重視"短線目標"的社會，以及過分強調訓練邏輯線性運作的左腦，而犧牲了右腦的平行多線思維的現代教育，也有重要的啟發和平衡的意義。關於平衡教育的問題，劉勰在《文心雕龍·程器篇》指出：「蓋人稟五材，修短殊用，自非上哲，難以求備。蓋士之登庸，以成務為用。魯之敬薑，婦人之聰明耳。然推其機綜，以方治國，安有丈夫學文，而不達於政事哉？」劉勰的意思是"上士梓材"，當然應該"求備"，不僅智及文武（廣義），而且"達於政事"。關心社會和"天下大事"，古今材士，應該是有志一同的。

回顧 1902 年，23 歲時已經創意驚人，開始思考重大科學問題的愛因斯坦，他平日不止細讀科學經典，也和朋友散步喝茶聊天，更閱讀和與數理「垂直對立」的戲劇小說等文藝作品。五十年後的中國航太科學家錢學森，他在美國加州理工學院讀研究所時，不僅研究航空工程和物理，也旁聽化學和生物，而且"懂得繪畫、音樂、攝影這些方面的學問，還被美國藝術和科學學會吸收為會員（2006 訪問自述）"。他曾說"這些藝術上的修養，不僅加深了我對藝術作品中那些詩情畫意和人生哲理的深刻理解，也學會了藝術上大跨度的宏觀形象思維。我認為，這些東西對啟迪一個人在科學上的創新是很重要的。科學上的創新光靠嚴密的邏輯思維不行，創新的思想往往開始於形象思維，從大跨度的聯想中得到啟迪，然後再用嚴密的邏輯加以驗證。"難怪當代文學家 Nabokov 曾說：「科學莫不幻想，文藝無不真實。」有道是：你的胸襟眼界有多大，境界和成就就可能有多大。你能用甚麼工具和方法，就決定了你的研究效率和成果。南宋詩人和書法家陸游曾經寫下「詩境」兩個大字，如果他活在今日，一定會同意這些現代大師對科學和文藝可以互為啟發的觀點，和高層次的科學及數學裏也有如詩一般的境界。（圖·〈科藝雙瓜圖〉）

大教育家孔子曾對子弟說「小子何莫學乎《詩》？」因為《詩》的功能之一是「詩可以興」，有助於想像力，擴大思想的空間。當世界上許多國家都可以組裝汽車、電腦，各種資訊人人都可以從網路獲得，而知識經濟和尖端科技的競爭更加劇烈的時代，已開發和開發中的各國，更需要「以正合，以奇勝」的教育訓練和戰略思維。創新不能由沒有創新經驗的 "管理人員" 喊口號，而需要 "領導者" 鼓舞幻想力和欣賞「藝則唯我」，有膽識的創造研發者。一般人偶爾讀《詩》，既可以放鬆繃緊的神經，也能擴大心胸，運思超越時空，而又不脫離現實人生經驗。如果不受已經 "半僵化" 的「近體詩」的繁瑣音律格式的過份束縛，或陷入過時的西方理論巢臼，當然可以有助於思想的解放，以及「文創企業」和「科技創新」的騰飛。所謂「流水不駐恆長清」，智慧是活的，"詩學" 也應該是活的。"習而時學 "，習古而時學新，這纔是我們現代研究《詩經》和發揚國學的態度。本組和本書的最後一篇，〈《詩經》裏的戰爭與和平〉，是作者兩年前發表的文章。經過修改增潤，在國家海洋法庭，非法宣判南海島嶕歸屬後一日，作為加入本書繁體版的最後一篇，有其特殊的意義。

中國的兵聖，《孫子》論兵，開宗明義就說："兵者，國之大事，死生之地，存亡之道，不可不察也"。也就是說，天下最重要的事，就是國家和民族的存亡，也就是人民的生死，天下的 "戰爭 與 和平"。 作為反映民生民情，社會風尚和國族興衰的《詩經》，我們當然更可以推知，其中對 "戰爭與和平" 感懷，必然也是全集中的重要部份之一。

本文的方向，乃是採取先秦諸子以來，"文武合一" 的思想，從 "斌心雕龍" 的角度，對《詩經》中對國家存亡、人間生死這個大題目 -— "戰爭與和平" 的事績、感情和行為，利用電腦字頻檢索，作首次的簡略探討。其結果再度證明，人民和大小官員的詩，對 "戰爭與和平" 有明顯的差異。一如作者在 2008 年，從《詩經》的風雲雨雪和祖宗出現的字頻，截然分辨了《小雅》和《大雅》作者身份、心態的別異。

在此篇的探討中，我們更注意到《詩經》中強烈的王道思想和天下為公的先進思想。它們迥異於歐美的物質為本、個人第一和金權掛帥、海權擴張的西方文化。我們如何發揚"內修文德，外固武備"，不好戰，也不避戰，如〈大雅．烝民〉　中的仲山甫："柔亦不茹，剛亦不吐；不侮矜寡，不畏強禦"。以硬實力不戰而取敵之畏，以軟實力藝創而贏人之眼，以文才捷辯勝敵之口，以文德王道而得人之心。這是先秦諸子和士人所倡導的作為，也是今日國學經典學者，知識份子和愛國士人的挑戰。

托爾斯泰在他的鉅着《戰爭與和平》中，曾有一句名言：所有戰士中最強壯的兩位，就是時間和　忍耐。今天我們讀《詩經》，感到它不僅打敗了"時間"，而且更加"強壯"。值得我們"堅忍"地繼續認真研究。

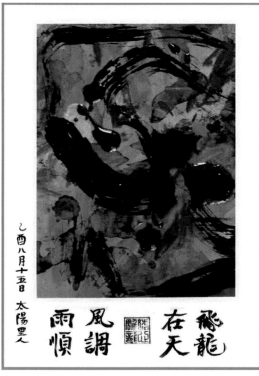

《詩》行天下：從《鹽鐵論》大辯論的引《詩》批儒說起

提要：「《詩經》學」歷來包括文本、語言、文藝、社會、歷史等多項研究。近年來學者更從新的世界觀和利用新的"知識平台"對"文選的本源"、"詩的本質"、詩的幽默、讀詩與科技創新與"氣象詩學"等題目加以探討。本文則以上等項研究之外，試從西漢時《詩》的教育及政經辯論時的應用，對照古希臘詩人梭倫以詩宣政，對西漢《鹽鐵論》大辯論中的引《詩》及批儒的記載，作純文學研究之外，西漢政、經應用面的新探討。

關鍵詞：詩的應用、孔孟、《孫子》、梭倫（希臘）、荀子說儒、《文心雕龍》、「小康社會」

一、前　言

（一）本文初稿發表於 2006 年在四川・南充・華西師範大學舉行的第七屆《詩經》國際學術研討會。「當此之時，賢俊並進，四方輻湊。文史之倫，咸聚闕庭，舒六經之風，論詩藝之源。智者揚其學，仁者明其德，勇者奮其問，辨者陳其斷。闇闇焉，侃侃焉，中西古今，雖未詳備，亦可觀矣[1]」。

（二）《詩經》研究新方向

記得孔子曾告訴兒輩與學生說「小子！何莫學夫《詩》?《詩》：可以興，可以觀，可以群，可以怨；邇之事父，遠之事君；多識於鳥、獸、草、木之名。」其中前後幾句，歷來都是學者們經常引用的名句。但是「邇之事父，遠之事君」這兩句話，卻從來少有注意者。 但是從這兩句話，我們認識到，孔子早在 2500 年前，在當時的知識環境下，已經把《詩》的功能作了全面的宣述，從文學、教育、社會到政治功能等多方位都"一以貫之"地加以簡要說明。這是真正知詩而且懂得政、教的大家，才能說出的高見。後來的學者，根據孔子的這一段話，只要專究其中一項，就可以衍出長篇大論，或寫出有意義的文章。

有人說《文選》是一個富礦。 文選的源頭－《詩經》，當然更是金玉滿坑，只要換個方向用力一挖，就有可喜的收獲。 今天我們研究《詩經》，固然可以繼續從古文字語言、風俗習慣、食物器皿、詩的收集傳播、《詩》學歷代研究史[2,3]、流傳的版本等傳統方向加以探討，但也可以從更根本的方面，例如:文選的起源，詩的本質，以及《詩》的引用[4,5,6,7,8]、傳播[9,10]及應用等其它方面，

---

1 借《鹽鐵論》〈雜論第六十〉數句，略變文字，以述時況。
2 夏傳才《詩經研究史概要》，臺北‧萬卷樓有限公司，1993 年。夏傳才《二十詩經詩經學》，北京‧學苑出版社，2005 年。
3 戴維《詩經研究史》，湖南教育出版社，2001 年。
4 董治安〈《呂氏春秋》之論詩引詩與戰國末期詩學的發展〉，《第二屆詩經國際研討會論文集》，北京‧語文出版社，1996 年。 第 343-354 頁。
5 張衍源〈《左傳》引《詩》例類〉，《第五屆詩經國際研討會論文集》，北京‧學苑出版社，2002 年。 第 177-184 頁。
6 張明華〈《大雅》是《詩經》的核心〉，《第五屆詩經國際研討會論文集》，

用現代的眼光，會通西方古今的詩學文化，加上應用科技「知識平台」、方法與電腦工具，加深擴大《詩經》的研究。

（三）"詩的起源"

說到"詩的起源"，我們都同意"情詩"是《詩》的主要來源之一。孔子又告訴兒子伯魚說：「女為周南、召南矣乎？人而不為周南、召南，其猶正牆面而立也與？」周南、召南裏有大量的男女情詩，想來夫子或是借此給他的兒子伯魚上愛情課。2006 年3 月 21 日，夏會長在陝西合陽召開的《詩經》發祥地，國際考察團洽川研討會上發言中說，"《關雎》詩產生在這里，《關雎》是中國第一篇書寫成文的愛情詩，通過孔夫子的提倡，愛情詩從此堂堂正正地進入中國詩歌的大雅之堂。洽川也由此被稱為中華愛情詩之源"。而這也正是我所以在第四屆《詩經》研討會上所提出來的論文，〈中西古代情詩比探短述：並由《易經·乾卦》推演「賦比興」的幾何時空意義〉的一個外在原因。而內在的原因，則欲由人類愛情之普世化，人同此心，用它來推翻美國杭廷頓的《文明衝突論》是不可避免的悲觀霸權論斷。

（四）"詩的本質"

北京·學苑出版社，2002 年。第 144-161 頁。

7　董治安〈以《詩》觀賦與引《詩》入賦〉，《第五屆詩經國際研討會論文集》，北京·學苑出版社，2002 年。第 188-197 頁。

8　楊合鳴〈《說文》引《詩》略考〉，《第五屆詩經國際研討會論文集》，北京·學苑出版社，2002 年。第 482-488 頁。

9　張可禮〈《詩經》在東晉的傳播及其影響〉，《第一屆詩經國際研討會論文集》，河北大學出版社，1994 年。第 589-602 頁。

10　劉生良〈春秋賦詩：《詩》之傳播接受史上的獨特景觀〉，《第五屆詩經國際研討會論文集》，北京·學苑出版社，2002 年。第 162-181 頁。

　　說到"詩的本質"，這就不止於《詩經》的"學術"研究，或只止於各詩和各家解釋的"本旨"而已。而是更廣義的"文藝理論"研究 —— 譬如：什麼是"好詩"？"大詩人"需具備什麼條件？何謂詩的第一義？…等基本而尚缺少定論的大問題。再譬如說，在人類內心的愛情世界之外 眼、耳 記憶又是如何影響"詩"？用《孫子兵法》可以解詩嗎？……這一類的新問題和新角度，就是我在第五屆《詩經》國際學術研討會上所提的論文，《從視感、聲聞、記憶探討《詩經》、詩形、詩韻》。這篇論文，並於去年修改增潤寫成《詩的本質於格式、聲韻、記憶、腦力的關係》，刊於《中國韻文學刊》2005 年第三期，並選入中國人民大學 2006 年 3 月份的《文藝理論》。希望對《詩經》的研究，有些微的基本貢獻。

（五）"《詩》的應用"

　　至於"《詩》的應用"，孔子所說「《詩》可以觀、可以群，遠之事君」的部份，也是一個重要的大範圍。但彌來研究《詩經》的學術論文，大多注重文字和文學部份，對於《詩》的應用於國家政經大事的討論，與"國際"關係的溝通，似乎還缺乏討論。章學誠和宋代以來許多開明的學者都說"六經皆史"。乍聽之下，似為新說。其實古典著作，「文變染乎世情，興衰繫乎時序（《文心雕龍·時序》）」，有些對社會政情敏感關心的詩人所寫的"詩"，自然而然就反映和包括了當時的社會生活並與前代的思想制度加以比較。所以研究《詩經》，固不能只把它只當象牙塔裏的純文學看，也不能以道德、政治掛帥來解釋一切。說《六經》是"文"固然太窄，說它是"史"或"哲、軍事、經濟"等等，也是摸象之一肢。《孫子》說「用兵之法，十則圍之，五[11]則攻之，倍則分之，敵則能戰之，少則能逃之，不若則避之。」我認為，研究學問，也如"攻城掠地"。不能掌握題目的要點，就要「少則能逃之，不若則避之」。若能緊抓一肢一角，則須"力戰"之。通兩門的「兼士」，可以「倍則分之」，交叉進逼，分進合擊。能通「五經」的真正博學之士，則可"五行相濟"，任意進攻。學問大到如司馬遷，一本《史記》，漫天遍地都是他的兵馬，大城通邑「十則圍之」，是為作學問的"大模樣"，不再是通一經的"專士"而已。近來歐美學者提倡 M.I.T（Multi-Inter-Trans disciplinary study）多元串並連與跨領域研究等類似的方法和團隊"圍攻"計劃，我們也可以參考並選用來作更全面的《詩經》研究和應用。

（六）《詩經・大雅・民勞》與「小康社會」

此次《詩經》國際研討會開會的地區鄰近鄧小平的故鄉廣安[12]，並且安排了與會學者在會後專訪考察。這讓我想到中國近三十年來的經濟起飛，是奠基於鄧小平先生的有效管理、積極開放、富有中國特色的經濟政策和他所揭櫫的「小康社會」理想。回顧「小康社會[13,14]」這個富有中國特色的名詞和建設理想，這是鄧

11　《文心雕龍・宗經》贊曰：三極彝訓，道深稽古。致化惟一，分教斯五。

12　作者按：四川廣安縣小平先生故居的鄧氏祠堂供奉"天地君親師"及"文武夫子"，並有聯曰："忠孝傳家久，詩書繼世長"。其中另有小平幼時擅背誦古詩，並以之教其他子弟的圖片報導。由此得知，小平先生對古詩絕不陌生。

13　作者按：鄧小平 1979 年於會見日本外相大平正芳時，首次使用"小康"來描述中國式的現代化。1982 年，中國共產黨的十二大首次在全國代表大會使用"小康"概念。1997 年，江澤民在中共十五大上指出，在新世紀使人民的小康生活更加富裕。2000 年，黨的十五屆五中全會提出，從新世紀開始，中國進入全面建設小康社會。2002 年 11 月 8 日，江澤民在

小平在 1979 年首先公開提出來，並告訴來華訪問的日本外相大平正芳的。而「小康」二字的出典，一般人可能不清楚，還有人以為是漢代儒家學者所提出來的名詞。但是對於《詩經》學者來說，人人都知道它是源於《詩經·大雅·民勞》的一句詩：「民亦勞止，汔可小康。惠此中國，以綏四方。[15,16]

十六大報告中進一步明確了今後 20 年全面建設小康社會的任務。

14 2002 年 11 月 20 日，北京社科聯和北師大聯合舉辦的"2002 學術前沿論壇"在北師大開幕，學者從各個角度詮釋了對小康社會的理解。第一位論壇演講者、北師大 92 歲高齡的何茲全教授題為《釋小康社會》的演講向在場聽眾解釋了"小康"一詞的歷史及它在社會經濟發展過程中的演變。"小康"一詞最早源出《詩經》："民亦勞止，汔可小康"。而作為一種社會模式，小康最早在西漢《禮記·禮運》中得到系統闡述，成為僅次於"大同"的理想社會模式。國家統計局副局長賀鏗 2002 年在他的演講《全面建設小康社會是鄧小平理論的發展》中講到，鄧小平同志提出建設小康社會之後，"小康"在中國社會中已由一個模糊的概念變成一個實際的目標。據國家統計局介紹，全國人民生活小康水準標準包括人均國內生產總值、恩格爾係數、城鎮人均可支配收入、農民人均純收入等 16 項指標，國家統計局用綜合評分方法進行測算，1990 年全國小康實現程度為 48％，2000 年為 96％，人民生活總體上達到小康水準。賀鏗介紹，在 16 項小康指標中，未達到的只有 3 項，分別是農村居民可支配收入、人均蛋白質攝入量和農村基本衛生合格保障線指標。賀鏗同時指出，總體上的小康是一個低標準的小康，全面建設小康社會的目標是一個較高標準的小康。到 2020 年，不但人均 GDP 將超過 3000 美元，達到中等收入國家水準，在法制建設和社會風貌上也將有較大進步。

15 《詩經·大雅·民勞》：「民亦勞止，汔可小康。惠此中國，以綏四方。無縱詭隨，以謹無良。式遏寇虐，憯不畏明。柔遠能邇，以定我王。民亦勞止，汔可子休。惠此中國，以為民逑。無縱詭隨，以謹惽怓。式遏寇虐，無俾民憂。無棄爾勞，以為王休。民亦勞止，汔可小息。惠此京師，以綏四國。無縱詭隨，以謹罔極。式遏寇虐，無俾作慝。敬慎威儀，以近有德。民亦勞止，汔可小愒。惠此中國，俾民憂泄。無縱詭隨，以謹醜厲。式遏寇虐，無俾正敗。戎雖小子，而式弘大。民亦勞止，汔可小安。惠此中國，國無有殘。無縱詭隨，以謹繾綣。式遏寇虐，無俾正反。王欲玉女，是用大諫。」

16 按：《民勞》篇共五章，每章十句，一至五章以"民亦勞止"開頭，然

　　所以我們在四川南充的華西師範大學開《詩經》國際學術研討會，也應該把《詩經》以孟子所說的「知人論世」和「就地論經」聯繫起來，以見證中華文化與政經的歷史和智慧，並擴大我們對《詩經》純文史學的研究之外，當就其本身載有多方面社會、經濟、軍事的資訊材料加以研究。

（七）《鹽鐵論》大辯論與引詩批儒

　　這篇論文，以近 2000 年前漢武帝時代的《鹽鐵論》[17]大辯論為時空載體，來探討當漢朝反擊不時南下牧馬、掠劫人財的匈奴勢力衝突作戰時，首都財經官員所持的政法考量，是如何與地方儒學學者所習知的孔、孟儒家思想不同。但是當時的財經官員，除了繼承管仲、商鞅政策法令等法家及諸子的學說之外，對於儒家經典也同樣熟悉，但是認為其理想過高，缺乏速效，不切實際。儒家學者則認為遵循儒家思想，心存仁義，上下持之有恆，仍然可以和平處理當前的國際關係，有效調整嚴峻而傷民的經濟政策，長期保持全體社會的榮辱正義，與城鄉及貧富間的和諧。其實這也是我 2005 年另篇國際關係論文〈論大國〉的歷史回顧交叉印證，並意圖把《詩經》的研究，開闊到國家社會和國際關係的寬度，以顯現《詩經》在十五國風的民風人情之外，〈雅〉、〈頌〉裏的政、經、軍事思想和華夏人文精神。而此文用《詩行天下》為題，意

後有「汔可小康。汔可小休。汔可小息。汔可小愒。汔可小安。」五個以"小"開頭，意思類似於"小康社會"也應該有的小康、小休、小息、小愒及小安。

17 清・王先謙《詩三家義集疏》，臺北・明文書局，1988 年。於書中已討論《鹽鐵論》中有關《詩經》的解釋可能出於《齊詩》學派。曹道衡〈《鹽鐵論》與西漢《詩經》學〉，《第一屆詩經國際研討會論文集》，河北大學出版社，1994 年。539-550 頁。指出《鹽鐵論》中有關《詩經》的解釋，許多情況既非《毛詩》亦非齊、魯、韓三家詩。

圖在傳統儒家講述的「大學之道」之外，更有於面對國際間軍經衝突的大風大浪，和內部貧富不均的社會問題時，如何保持和諧並進步，並繼續推動中華文藝復興，也都有文史學術研究之外的時代意義。

　　以下的報告，先從引文、引詩的本質和本旨說起。　然後再舉例看中西兩千年前政經軍民治理辯論如何引詩，《鹽鐵論》大辯論裏的引《詩》要例，和用《孫子兵法》、《文心雕龍》來分析雙方辯論的技巧，以及探討漢儒的地位，及《鹽鐵論》對中華文化及社會變化的古今意義。

二、引詩的本質

（一）對象與範圍

　　中華書寫工技發展甚早，加以文化中"宗經"、"徵聖"的傳統，所以中國古代文士特別喜歡「引經據典」，曾受中華文化影響的日、韓文人，也不稍讓。而西方古今學者雖然強調自主自立，但是為文說理，也常要引《聖經》和莎士比亞。所以說適當地「引經據典」，是人類資訊運用時，省時省力，佔據要津，居高臨下以搏勝利的通則。「引經據典」的基本道理，大約可以分為：對象、範圍、功用、引詩四類，其中又分幾個情況：

　　1. 對象：（1）為己，（2）為同類人，（3）為眾人，（4）為超越時空的"真善美"[18]。

---

18 林中明〈真善美的創新與平衡：屈平、張衡、李善三典範〉，《楚文化、昭明文選、李善紀念國際學術研討會》，2006 年 4 月。刊於：《許昌師範學報》，2006 年，8、9、10 月三期。

2. 範圍：（1）專切微觀，（2）中間通用，（3）抽象宏觀。

3. 功用：（1）為盾：自衛；（2）為矛：進攻[19]；（3）建橋沿連：利涉大川；（4）插翅登高：或躍在淵，更上層樓，佔據要津，居高臨下。這是我們最熟悉的部份，而又以之為攻守，日用而不知的習慣。

4. 引詩句、用格言：「引經據典」既然有戰略的考量，那麼"引詩句、用格言"其實就是用精兵，以少勝多的戰略手段，所謂"用最少的資源，達到最大的效果"。

（二）釋　義

《金剛經》說的「人相、我相、眾生相、壽者相」，大概就是指的第一大項：對象。而《莊子》和《老子》則喜歡談第二大項：範圍。至於孔子，則在兩大項之間，而且因材施教，有教無類。《論語・憲問》裏，孔子說：「古之學者為己，今之學者為人。」應該是說「君子病無能焉，不病人之不己知也。」（《衛靈公》第十五）如果只是為自己的學問，瞭解就好，不必再去「引經據典」，"以求甚解"。所以顏回沒有什麼「引經據典」的高論。而「楊朱為己」，也沒有興趣「引經據典」，指正時人和垂教後人。笨人不知高下，聞道大笑之，也無經典可引。所以上智自能說理，下愚不辨優劣，都不是喜歡「引經據典」的人。所謂好「引經據典」，以爭一理之立者，惟我中上流之人，必須用已經證明和公認的名

---

19 劉勰《文心雕龍・論說篇》把兵法裏的"攻守原則"運用到文學和辯論。他說：「原夫論之為體，所以辨正然否。窮于有數，究于無形，鑽堅求通，鉤深取極；乃百慮之筌蹄，萬事之權衡也。故其義貴圓通，辭忌枝碎，必使心與理合，彌縫莫見其隙；辭共心密，敵人不知所乘：斯其要也。是以論如析薪，貴能破理。斤利者，越理而橫斷；辭辨者，反義而取通；覽文雖巧，而檢跡知妄。唯君子能通天下之志，安可以曲論哉？」

言來說服別的中等人物。引詩引文引用格言,也可以從《文心雕龍》的比興手段與《孫子兵法》的戰略考量來看。

(三) 引詩借勢

《文心雕龍‧原道篇》說「知道沿聖以垂文,聖因文以明道,旁通而無滯,日用而不匱。《易》曰:"鼓天下之動者存乎辭。"辭之所以能鼓天下者,乃道之文也。」在沒有科學理論和實驗證據可用的古代,"有詩為證"的方法其實也是借先聖佳文的靜勢位能,以辭句鼓動引導人民和讀者。《孫子兵法》說「兵貴拙速,不貴巧久」。引權威性的經典名句,有如「滾木石於千仞之上」,借勢迅速壓倒對手,或者達到不費蠻力而「令民與上同意也」。所以《孫子》又說「兵非益多也,惟無武進,足以並力、料敵、取人而已。」經典和好詩都有「用最少的字,表達最多的意思,激起最強烈的感知,留下最深刻和最久遠的印象[20]」的特性,所以先秦和西漢士大夫及學者,都喜歡「引經據典」,以爭取政治、外交和學術上的 "制高點"。到了蜀漢,劉備嘉獎張飛擊潰魏將張郃,也引《詩經》為勉[21]。後人引詩題畫,也是借勢表意。雖非自創,也各稱三絕。

---

20 林中明《詩的本質與格式、聲韻、記憶、腦力的關係》,《中國韻文學刊》2005 年第三期,第 80-90 頁。此文又選載於人民大學《文藝理論》學刊,2006 年 3 月份,第 89-99 頁。

21 《三國志》《蜀書》云:章武元年,(張飛)進封西鄉侯,策曰:「…以君忠毅,侔蹤召、虎,名宣遐邇,故特顯命,高墉進爵…其誕將天威,柔服以德,伐叛以刑…」《詩》不云乎「匪疚匪棘,王國來極。肇敏戎功,用錫爾祉」。可不勉歟!(按:此句典出《詩經‧大雅‧江漢》)

（四）劉勰比興：關雎蜉蝣　附義切事

　　和《孫子兵法》相對應的文藝經典《文心雕龍》，對於「引經據典」甚至"斷章取義"的"比、興"手段，更有直接而且精闢的評論。在〈宗經第三〉裏，劉勰指出：「三極彝訓，其書曰經。經也者，恆久之至道，不刊之鴻教也。故象天地，效鬼神，參物序，制人紀，洞性靈之奧區，極文章之骨髓者也。義既埏乎性情，辭亦匠于文理，故能開學養正，昭明有融。《詩》主言志，詁訓同《書》，攡風裁興，藻辭譎喻，溫柔在誦，故最附深衷矣。」所以劉勰指出經典文章和詩句「根柢槃深，枝葉峻茂，辭約而旨丰，事近而喻遠。是以往者雖舊，餘味日新。后進追取而非晚，前修久用而未先，可謂太山遍雨，河潤千里者也。」《詩》《書》《易》《春秋》等經典雖然舊，但是「并窮高以樹表，極遠以啟疆，所以百家騰躍，終入環內者也。」這些基本的至理和觀察先馳得點，霸佔山頭，所以後來的學者百家，不能不引用它們。所謂「若稟經以制式，酌雅以富言，是即山而鑄銅，煮海而為鹽」。這不僅是說文辭觀念的提煉，而且以"即山鑄銅，煮海為鹽"為比興之喻，這就更進一步點到"引詩"的理論根源，出自"比興"的基本作用。甚至還與"鹽鐵"有關。

　　中國自古沒有發展出有系統的幾何邏輯學，所以沒有大小三角形邊角比例的工具，可用於文史哲學術理論的分析。但是類似的瞭解及應用之於人事景物，中華文化裏卻相當發達。南北朝的文學理論大師劉勰說「比之為義，取類不常：或喻于聲，或方于貌，或擬于心，或譬于事」，所以他把"銅鐵、鹽酒"拿來作比喻，很懂得實際應用「寫物以附意，颺言以切事，金錫以喻德（《文心‧

比興篇》)」的道理。金錫可以喻德，鹽鐵之論亦可以「稱名也小，取類也大」，用以論辯比喻國家級的政經大事。《鹽鐵論》裏記載官學兩幫，都各引歷史、經典名例以助辯論。可見劉勰所說「炎漢雖盛，而辭人夸毗，詩刺道喪，故興義銷亡。于是賦頌先鳴，故比體雲構，紛紜雜遝，倍舊章矣。詩人比興，觸物圓覽。物雖胡越，合則肝膽。擬容取心，斷辭必敢。」也代表漢代的思維走向和學者為文，大膽飛躍「胡越南北」的空間距離，敢於「斷章取義」，合成新義，以及勇於「他人有心，予忖度之」的風氣。劉勰《文心》引《詩》，更是縱橫全書。比興可以從托諭〈關雎〉尸鳩貞德的婉而成章，到珪璋（《大雅‧板》）以誘導人民，到引用〈蜉蝣〉“麻衣如雪，衣裳楚楚”，既如《鹽鐵論》中引之以刺庸官衣冠虛飾之無能，也啟莊周方生方死之可傷。可以說《詩經》的內容豐富，「比之為義，取類不常」，所以既可以譬事擬心，也可以明德（〈大學〉）或是牧民（《管子》）。「比類雖繁，切至為貴」。所以引詩也不能毫無關聯而「刻鵠類鶩，則無所取焉。」至於某外交部長忽發奇想，以「存在主義」為政策強辯時，誤以“德國康德”為“法國沙特”；或某院士教育部長，強辯「罄竹難書」為“中性形容詞”之類“物雖胡越，斷辭必敢”的笑話，也是古已有之，而於今為烈了。當然，詩本多義，與時推移，這也是從來引詩和解詩者的挑戰。

三、引詩的範例

（一）李善釋詩　以詩解詩

唐朝李善父子注釋《昭明文選》，採取了“以詩解詩”的特殊方式。可以說是用不可刻劃局限的"量子子彈"，去打漫天蓋地撲來的"量子老虎"。李善釋詩"釋事而寓義"[22]，「以典釋典」、「以境比境」[23,24]，這是他是懂得《文心雕龍》"比興"之理。因為詩本來就不能翻成另一種語言[25]。一首詩，它可以既像無數朵花，也可能是像"熱情，熱情，猛如虎"一般地撲將過來，單手、單刀、單槍阻擋不住。因此用適當的"詩文舊典"來解釋詩文，就像「用"量子力學的一顆子彈化成無數顆散彈"，去射擊撲過來的"波動無數的量子老虎"[26]」。在這種"以無數對無數"的情況下，無論"量子老虎"如何變化，也有一顆"量子子彈"會擊中它的要害。散文名家陳之藩曾對胡適說朱子和陸象山的鵝湖之會，也是以詩言思[27]。意思是天下哲理解人難得，不是詩人，不是哲人，

---

22 黃侃評點《昭明文選》開宗明義第一條：「讀《文選》者，必須於《文心雕龍》所說能信受奉行，持觀此書，乃有真解。」

23 趙福海〈從《文選註》看李善的美學思想〉，《長春師範學院學報》2000年第三期。《文選學散論》，吉林人民出版社，2004年，第53-65頁。

24 李善註《昭明文選・卷17・傅毅〈舞賦〉》："或有踰埃赴轍，霆駭電滅"，註曰："言馬踰越於塵埃之前，以赴車轍，如雷霆之聲，忽驚忽滅。"林按："忽驚忽滅"四字，本身是詩句，且比原句的"霆駭電滅"更有動態張力。

25 林中明〈詩的本質與格式、聲韻、記憶、腦力的關係〉，《中國韻文學刊》，2005年第三期。第80-89頁。

26 George Gamow, *Mr. Tompkins in Wonderland*, London, Cambridge University Press, 1939.

27 陳之藩《在春風裏・序》：「……話題說遠。我們還是回到那年的暑假。有一次，適之先生鄭重其事地問我：「之藩，你說『為天地立心，為生民立命，為往聖繼絕學，為萬世開太平』，這四句究竟是在說什麼？」我說這不是張橫渠的話嗎？那天他鬱鬱不樂，只問我這四句話究竟是說什麼？我無辭可答。他為什麼比我還困惑呢？好像是同一天或第二天，他又問我：「之藩，你說，鵝湖之會他們講什麼話呢？朱子是什麼地方的人，陸氏兄弟又是什麼地方的人，言語不同啊！」我這倒有答案了。我說：「他們不說話，他們在開會之前作詩，會後還作詩。用作詩來表達思想、來溝通意見。律詩是不能廢的，他們所作也不是白話詩，也很少方言入詩。」

不是志士，如何解得詩人之詩，哲人之思，志士之愁？以下再說詩之政用。

（二）傅斯年論"詩學"政用

　　近人傅斯年 1928 年在他的〈泛論詩經學〉[28]中，由歸納《論語》裏有關《詩經》的文句後指出《詩經》有 1.以詩學為修養之用；2.以詩學為言辭之用；3.以詩學為從政之用，以詩學為識人論世之印證；4.由詩引興，別成會悟…等功用和意思。這也是本文於前言中指出，「引經據典」的對象可以分為（一）為己，（二）為同類人，（三）為眾人，（四）為超越時空的"真善美"等四大類用於《詩經》的演義。傅斯年又指出，「從孟子起，《詩經》超過了孔子的"小學教育"而入儒家的政治哲學。孟子論詩甚泰甚侈，全不是學《詩》以為言，以為興，又比附上些歷史事件，並不合實在。…漢初《詩》分三家，…然皆是與伏生書、《公羊春秋》相印證，以造成漢博士之政治哲學。」我認為這倒是描述了漢代經學和政治的密切關係。但他仍然沒有看出"經學"及"引詩"還能涉及更廣泛的"社會經濟"與"國安軍事"的政策考量。中國古代先秦及西漢，甚至當代[29]，在外交和政治場合，都有許多重視"引經據典"，登庭賦詩的事例。這在與春秋略約同時的古希臘，也有詩人政治家梭倫留下一些典範。

---

28 傅斯年《詩經講義稿》，中國人民大學出版社，2004 年。第 7 頁。

29 例如 2005 年 11 月 20 日溫家寶總理會見來華訪問的美國總統布希。他繼承中華外交傳統，引了唐‧司空曙《雲陽館與韓紳宿別》"故人江海別，幾度隔山川"，以及王安石《登飛來峰》"不畏浮雲遮望眼，只緣身在最高層"四句詩。

四、引經據典　攻守議論

（一）希臘梭倫　引詩立憲

　　根據羅馬歷史家 Plutarch（46-120A.D.）的《希臘羅馬名士傳（The Lives of Ancient Grecians and Romans）》，古希臘智者梭倫（Solon, 638-559 B.C.），本身是中產商人，但他擅於作詩。曾裝瘋吟詩，以鼓動雅典人民，推動修法發動戰爭，領軍奪回薩拉米島[30]。他並作詩宣揚新憲，消除社會上嚴重的貧富對立，為雅典民主政治，打下最初的一塊"大鉚釘"，奠定了人類第一部民主憲法的基礎。劉勰說「詩者持也，持人性情。」但持眾人性情，並能勸服所有的富人，自動放棄他們對貧農的所有債務，解放所有因欠債而淪為富人奴隸，則為人類史上罕見。可惜梭倫"以詩推法"的成就似乎沒有受到歷史學家和文學史家的重視。但我認為他運用"軟實力"，"不戰而屈富人之權"，不暴動、不流血、不鬥爭、不清算也不必如《詩經・大雅・皇矣》的「王赫斯怒，爰整其旅」而能解放農民貧士，這是人類文學史上空前的偉大成就。《文心雕龍・檄移》說「移者，易也，移風易俗，令往而民隨者也。所以洗濯民心，堅同符契。」梭倫以詩為"移"，也是符合《孫子兵法》所說的"道"——「道者：令民與上同意也。故可與之

---

30 梭倫為了避免重提收復薩拉米島而犯雅典法，於是裝瘋在在人民廣場吟詩，鼓動人民奪回薩拉米島。詩題是〈薩拉米〉。頭兩句是：請注意我是從可愛的薩拉米來的一個傳令史，我要唱一首有韻的歌來代替高聲的演說。
　人民受到鼓勵，把舊法律不得提出爭奪薩拉米的條律廢了。任命梭倫為攻擊部隊的指揮。結果梭倫用美人計，引誘薩拉米人來搶雅典美女，然後利用敵船欺敵，反而攻下薩拉米島國。

死，可與之生而不違也。³¹」所以"引詩"而達到立法、行政、動兵³²、卻敵³³的效果，梭倫是古今中西第一人。梭倫的詩學、法制和大西洋城的逸事啟發了柏拉圖。希臘先賢的辯論技巧和範例又引發亞理斯多德（384-322 B.C.）寫出《雄辯的藝術》（The Art of Rhetoric），影響了後來西方的教育，至今不衰。亞理斯多德寫書動輒十餘萬言，說理清晰詳密。中國的劉勰寫類似的事理，不過〈議對〉、〈論說〉兩章三千言。言辭慎密，舉例精當，大部份的政治辯論對策技巧和理論，不過幾句話就抓住要點。劉勰懂得兵法，於檄書，奏啟都得進退之要。在討論《鹽鐵論》政經社兵大辯論之前，劉勰的〈議對〉、〈論說〉兩章，值得我們先瞭解一下。

（二）議對論說

前文說「引經據典」的功用可以是（一）為盾：自衛；（二）為矛：進攻；（三）建橋：利涉大川；（四）插翅：或躍在淵，更上層樓。一般的"議對"、"論說"大多不是為講求學問和教育而辯，所以大部份是"攻守"，偶爾於關鍵處建橋溝通不同的思想。《孟子》笑愚人「守株待兔」。所以他引《詩》別出奇意，

---

31 林中明〈〈檄移〉的淵源與變遷〉，《文心雕龍》國際研討會論文集，臺灣·文史哲出版社，1999年，第313至339頁。

32 Plutarch 說：也有人說梭倫得到德爾菲神廟的神諭（Delphianoracle）（近於「頌」的層次），吟引"神諭"以說服群眾，引兵夜奠島上英雄，然後分兵襲敵，奪得薩拉米島。我認為這是一次應用"吟頌"《詩》或"格言"的方式，"檄移"群眾成功，「文武合一、《斌心雕龍》」的西方古典範例。

33 Plutarch 說：後來在爭訟薩拉米島的主權時，梭倫引荷馬《伊利亞德》的詩句：埃阿斯從薩拉米帶來了十二條船，停泊在東道主雅典人的旁邊，證明薩拉米島自古屬於雅典。贏得了"國際法庭"斯巴達庭主對雅典屬權有利的判決。

攻多守少，「以志逆意」，意在騰越。傅孟真批評孟子論詩甚泰甚侈，全不是學《詩》以為言，以為興，又比附上些歷史事件，並不合實在。他的評論完全把孟子當一個學究看。不知孟子志在天下社稷，不以文字考證之學為其辯仁義、論政事的重點而已。

　　劉勰的抱負上承孔孟，所以對〈議對〉、〈論說〉等應用文學別有會心，而《文心雕龍》裏的應用文篇章，也佔了近全書的百分之四十。他在〈議對〉的結尾指出「難矣哉，士之為才也！或練治而寡文，或工文而疏治。對策所選，實屬通才，志足文遠，不其鮮歟！」可見劉勰自己也是一個以太史公"通人"自居的"通才"。他注意到「管仲稱軒轅有明台之議，則其來遠矣。洪水之難，堯咨四岳，宅揆之舉，舜疇五人；三代所興，詢及芻蕘。春秋釋宋，魯桓預議。及趙靈胡服，而季父爭論；商鞅變法，而甘龍交辯：雖憲章無算，而同異足觀」等政治上的大辯論，「緯軍國、任棟梁」的眼光志向，當然遠遠不是寫《詩品》的鍾嶸可及。劉勰也注意到"漢世善駁"，「迄至有漢，始立駁議。駁者，雜也，雜議不純，故曰駁也。自兩漢文明，楷式昭備，藹藹多士，發言盈庭。」所以漢昭帝時的《鹽鐵論》大辯論集七八十人於一庭，也是世風。

　　劉勰又看到漢代舉拔人材，有（文學）賢良之制。所謂「漢文中年，始舉賢良，晁錯對策，蔚為舉首。觀晁氏之對，驗古明今，辭裁以辨，事通而贍，超升高第，信有征矣。仲舒之對，祖述《春秋》，本陰陽之化，究列代之變，煩而不恩者，事理明也。公孫之對，簡而未博，然總要以約文，事切而情舉，所以太常居下，而天子擢上也。」而這幾位儒家出身的"學者從政"，在《鹽鐵論》裏，都成了"非儒家學者"的政務官的批評對象，認為這些"拘儒"，如劉勰〈議對〉所云：「不達政體，而舞筆弄文，支離構辭，穿鑿會巧，空騁其華，固為事實所擯，設得其理，亦為游辭所埋矣。」這是自古以來"理論派"和"務實派"之爭所必然有的批評，而不必硬套到"儒法之爭"的框框裏。所以劉勰要求為政事辯論議對的學者，必須「動先擬議，明用稽疑，所以敬慎群務，弛張治術。故其大體所資，必樞紐經典，采故實于前代，觀通變于當今。理不謬搖其枝，字不妄舒其藻。又郊祀必洞于禮，戎事必練于兵，佃谷先曉于農，斷訟務精于律。然后標以顯義，約以正辭，文以辨潔為能，不以繁縟為巧；事以明核為美，不以環隱為奇：此綱領之大要也。」如果不知經濟、政制、軍事、禮律，並輔以和諧的氣氛（和一些幽默感）及典雅的文辭，就不容易在公平討論的情況下，達成"議對辯論"的目的。所以劉勰給"議對"下了結論，指出議者必須「名實相課，斷理必剛，攡辭無懦。對策王庭，同時酌和。治體高秉，雅謨遠播。」劉勰如此熟悉政壇議對的綱領，使我更加懷疑我們今日所見的《文心雕龍》寫本，很可能不是劉勰在定林寺寫的原件。而是他後來在梁武帝朝廷做官多年後增訂的結果。不然，一個在寺院掌管文書的書生，不可能對政治辯論對策及實例，有如此深刻的體會。

五、《鹽鐵論》大辯論

（一）背　景

　　鹽鐵財經社會國防會議奉帝詔召開於漢昭帝始元 6 年，公元前 81 年。參加會議的中央官吏和地方學者代表近百人。官方的丞相田千秋、御史大夫桑弘羊及其屬員，面對民間和京都附近的"文學、賢良"六十餘人參加兩次辯論。後來漢宣帝時的桓寬，以「究

治亂，成一家之法」的目的，編輯辯論對話的記錄成書。內容雖
兼顧雙方論點，但由於桑弘羊後來因叛亂罪處死，而桓寬本身也
是文士，所以記錄的口氣明顯略偏"文學"、"賢良"儒家這一邊。
但西漢昭帝霍光主政時，政府能開明地讓不同意見的兩"黨"公
開辯論政府過去政策的得失，並由官方請教學者如何處理國防和
經濟問題。這種政學開放討論的態度，容許儒墨與管仲、商鞅並
舉，這和後來梁朝《宏明集》客觀地記錄儒釋道的辯論，都是中
國歷史上難得的學術政治思想公平辯論的記錄。而其中官吏似乎
並不受所謂漢武帝"獨尊儒術[34]"的限制，對於各代儒家學者的
尖刻批判，並兼批儒、墨[35]的言論，類似《韓非子‧八說》裏的
"博習辯智好孔、墨，孔、墨不耕耨，則國何得焉"批評。我認
為跳出簡單化的"儒法之爭"，以接近當時社會的環境來看思想的
變遷，更有助於深入和全面地瞭解漢初儒學地位[36]。這些對儒家
地位實況的反映，也遠遠超過後世儒家窄義的歌德式讚詞。所以

---

34 作者按：董仲舒〈天人三策〉提出的「罷黜百家，獨尊儒術」的主張，
　　（與"正式"設立太學，選拔"任子"之外的孝廉、文學、賢良等經過
　　地方推舉和策試及格的人材等重大建議），雖然影響漢武帝的政策，但
　　不是朝廷上下絕對的法律，也不是意識形態式的控制著百官和學者的思
　　想和作為。「漢武帝獨尊儒術」這句話是不是絕對的，"罷黜百家"也考
　　無其事，乃是班固、司馬光"製造"出來的"歷史"（見：莊春波〈漢
　　武帝"罷黜百家，獨尊儒術"說考辨〉，《孔子研究》，2000 年第四期）。
　　而且當時的儒術，已經繼續吸收其他學派的思想，而與先秦儒家吸收累
　　積前賢的思想又有所不同。

35 王先謙補注《漢書‧公孫弘、卜式、兒寬傳》引何焯語。見：莊春波《漢
　　武帝評傳‧第二章：宏論宏議，復興儒學》，南京大學出版社，2001 年。
　　第 94 頁。"漢武尊儒而未"罷黜百家"……儒者為卿相自公孫弘始，其
　　學"兼儒墨，合名法"。

36 費振剛、馬慶洲〈從漢初《詩》學看當時儒學地位〉，《第四屆詩經國際
　　研討會論文集》，北京‧學苑出版社，2000 年。240-251 頁。林按：此
　　文惜未列入《鹽鐵論》中述及儒學的資料。

我認為這也很值得認真研究儒學、經學者的回顧及落實學習，如
《太史公自序》裏引孔子之言「我欲載之空言，不如見之於行事
之深切著明也」。此外，書中記載漢代和之前的財經法制，以及漢
朝這個大國對於國安反恐的考量，也對現代全球化和硬軟實力平
衡研究者，尤其具有參考甚至實用的價值。還有，中華文學史上
和鹽[37]酒銅鐵有關的詩不多[38]。似乎詩人們對風花雪月、將相佳人
特別有興趣。而財經政軍的專家，又少有詩文書畫兼備者。所以
《鹽鐵論》引《詩》的研究，也反襯出中國知識份子的"務實"
精神，和科技與人文"兩種文化"的不易共存，一如西方文明。

（二）辯論重點：仁民對法財，懷德對揚武　短效對長安

　　但是何以此文適於在《詩經》研討會上談《鹽鐵論》呢？我
所注重的要點就在於《詩經》的精神，根據《禮記經解篇》，乃見

37　潘同生《中國經濟詩今釋》（三）製鹽：南風歌，中國財政經濟出版社，
　　2000 年。196-197 頁。《孔子家語‧辯樂篇》所記之〈南風歌〉：「南風
　　之薰兮，可以解吾民之慍兮，南風之時兮，可以阜吾民之財兮。」南風
　　薰兮，可解民慍。然而"南風時兮"如何可以阜民財？王孝通《中國商
　　業史》引《鹽法議略》：「河東鹽地，無待人工。當夫夏令甫屆，薰風時
　　來，附岸池面，綴珠凝脂，鹽顆自結。」
38　北宋詞人柳永，留下兩首詩之一的《煮海歌》，細緻地描寫了鹽民之苦，
　　大異他的風花雪月詞。詩曰：煮海之民何所營？婦無蠶織夫無耕。衣食
　　之源何寥落？牢盆煮就汝輸征。年年春夏潮盈浦，潮退刮泥成島嶼；風
　　乾日曝鹽味加，始灌潮波流成鹵。鹵濃鹽淡未得閒，采樵深入無窮山；
　　豹蹤虎跡不敢避，朝陽出去夕陽還。船載肩擎未遑歇，投入巨灶炎炎熱；
　　晨燒暮爍堆積高，才得波濤變為雪。自從瀦鹵至飛霜，無非假貸充餱糧；
　　稱入官中充微值，一緡往往十緡償。周而復始無休息，官租未了私租逼；
　　驅妻逐子課工程，雖作人形俱菜色。煮海之民何苦辛，安得母富子不貧。
　　本期一物不失所，願廣皇仁到海濱。甲兵淨洗征輸輟，君有餘財罷鹽鐵。
　　太平相業爾惟鹽，化作夏商周時節。

於「入其國，其教可知也，其為人也，溫柔敦厚，詩教也[39]」。這種仁民愛物，諷上顧下，先立身再及於天下的儒家教育精神，也貫穿到到施政制法的考量。遠不止於《論語季氏篇》孔子說：「不學詩，無以言」的語言文字、小學教育而已。孔子說的「大學之道」，曾子和門人記述為「在明明德，在親民……古之欲明明德於天下者，先治其國…」。可見孔門的「止於至善」是以“漸修”的方法，達到「國治而天下平」的“至善”。但是修德甚慢，需要「善人為邦百年，亦可以勝殘去殺矣」，或者「如有王者，必世而後仁」。所以立嚴法、執峻刑，頑民纔能“頓悟”，社會方能收到法治的速效。但嚴刑峻法，雖有速效，歷史經驗告訴我們，它們也只能用於短期的緊控。此外，理財得當，固能興兵，但也不能長期獲得國際和平，和國庫的支持。過分的官營專買民生基本用品 — 鹽酒銅鐵，反而造成社會經濟畸形發展。官商勾結，貧富不均[40]。若蹠到自然災害和國際動蕩，反而會加速顛覆政權，破壞文明。總結起來，就是官民孰重？仁法孰行？德武孰久？等大問題。至於重農還是重商？這些都與時俱變。世界生產力從原物交易的第一生產力開始，遲早會進入製造工業為主的第二生產力，和“轉有輸無”的服務業等第三生產力，甚至“無中生有”，包括“文

39 作者按：《詩經》中有多樣性，“溫柔敦厚”只是詩教中“文”的一面。〈碩鼠〉、〈伐檀〉…等詩篇，則屬“武”的一面。《易經》說「一陰一陽之為道」。《詩經》也不能只解為《禮記》或“老師”說的“溫柔敦厚”而已。
清代的多面性，有新見的學者方玉潤，在他的《詩經原始》中即仍然重復前人執著孔子對《詩經》一段話來看待整本內容多樣的《詩經》：「溫柔敦厚，詩教也。四字亦括盡《詩》旨、《詩》教。自古及今，詩體千變萬化，其能外此四字否耶？」可見有新見不易，能脫出成見更難。

40 《鹽鐵論．本議第一》惟始元六年，有詔書使丞相、御史與所舉賢良、文學語。問民間所疾苦。文學曰：「孔子曰：『有國有家者，不患貧而患不均，不患寡而患不安。』

化企業"[41]的第四生產力[42]。所以我認為農工商文都是時間函數，
不是一成不變的本質重點。自居周公、孔子傳人的司馬遷，應該
算是開明派的儒家，或是以史為依的廣義學問家和經濟思想家。
他寫〈貨殖列傳〉與〈平準書〉，只論經濟作用與社會人性，不以
局部傳統知識，輕易褒貶不同的財經做法。西漢之後更偏於尊儒
輕商，經濟理論不再進步[43]，這也可以從《史記》、《鹽鐵論》到
《漢書》的內容重點看出變化來。所以我認為本文涉及鹽鐵之論，
也是「稱名也小，取類也大」。從引《詩》讀《鹽鐵論》，不過是
藉以瞭解孔孟及中華文化的一葉扁舟吧。

（三）《鹽鐵論》引《詩》：略例與小評

儒家的學者自然喜歡引用儒家重視的經典。余培林先生早在

---

41 張信吉/雲林斗六作家〈52 億，台灣文化難高飛〉，中國時報 2006 年 7
　月 29 日。"文化施政表現一個國家的精神內涵，優質的文化建設，必可
　涵蓋眾人共同的利益。寒酸的預算所傳達的訊息，正是公民腦袋疲弱的
　象徵，台灣不幸是這種窘境。去年台灣的文化預算五十三億台幣（不到
　總預算○‧四％），今年編列五十二億。人口將近台灣二倍的韓國，文
　化預算約三百億台幣；獨立於文化預算之外，韓國還列有獎助文化產業
　預算五百三十八億，高出台灣八倍之多！金融風暴襲擊之後，韓國經濟
　竟能絕處再生，今年公佈的國民生產毛額首度超越台灣。台灣不僅經濟
　遲滯，淺牒、紛擾、躁鬱的文化與整體生活內涵亦令人憂慮。韓流快速
　風靡亞洲，見證了重視文化工程也可以快速在政治與經濟領域收益。
42 林中明〈經典與創新：知識平台與文化縱深〉，《叩問經典》，臺北‧學
　生書局，2005 年，143-180 頁。
43 宋敘五〈從司馬遷到班固 —— 論中國經濟思想的轉折〉，國史探微，2000
　年？。1.唐德剛《論國家強於社會》，香港《開放》月刊 1999 年 5 月號。
　「那在西漢初年便已萌芽了的中國資本主義，乃被一個輕商的國家一竿
　打翻，一翻兩千年，再也萌不出芽來。」2.錢穆《中國文化史導論》，第
　六章（頁 128）：「中國社會從秦、漢以下，古代封建貴族是崩潰了，若
　照社會自然趨勢，任其演變，很可能成為一種商業資本富人中心的社會。
　這在西漢初年已有頗顯著的跡象可尋。」

1963 年研究生時代，就寫過《群經引詩考》的碩士論文。在第五屆詩經國際研討會中也有多篇論文討論。根據前修諸文的統計（按：各文因統計檢索方法，而於數目略有出入），孔子在《論語》中引《詩》近 20 次，《孟子》37 次，《左傳》241 次，《國語》36 次，《禮記》101 次，《荀子》76 次，《呂氏春秋》20 餘條[44]。張明華先生並有專文列表指出，因為儒家經典裏，《大雅》被引的次數最多，而他認為 "雅" 可三分，所以得出〈《大雅》是《詩經》的核心〉的結論。而《鹽鐵論》雖然不是儒家經典或 "重典"，但其中竟提供了一條儒家門派傳承的資料[45]。並且根據我的初步統計，在 60 篇中，它引《詩》句或詩篇之名 57 次；提到 "詩" 或 "詩人" 12 次，其中引《風》14 次，《小雅》24 次，《大雅》10 次，《頌》6 次。則《小雅》在此時此書，相對重於先秦儒家經典以《大雅》為 "核心" 的情況。再就引《詩》的數量來說，《鹽鐵論》辯論中，官吏和儒者對《詩》的重視，超過儒家經典的《論語》、《孟子》、《國語》，逼近《荀子》，也大大超過文兼儒墨名法的《呂氏春秋》的 20 餘條。此外，一個的政經軍事大辯論動用到如此多的經典，這也是美國 1787 年的立憲大辯論[46]和其他西方國家政經軍大辯論所未嘗見者。這也可以說是中華文化的另一個特色。

　　在戰國之後，漢儒引《詩》還有如此高頻率，難怪聞一多先生有「漢人功利觀念太深，把《三百篇》做了政治課本（《匡齋

44　董治安〈《呂氏春秋》之論詩引詩與戰國末期詩學的發展〉，《第二屆詩經國際研討會論文集》，北京・語文出版社，1996 年。344 頁。

45　汪中《述學・荀卿子通論》論詩「…《漢書・楚元王交傳》："…少時嘗與申公同受《詩》於浮丘伯"。《鹽鐵論》云 "包丘子與李斯俱事荀卿"（包丘子即浮丘伯─原注）"。」

46　James Madison, "*Notes of Debates in the Federal Convention of 1781,*" W.W. Norton & Co., Ohio Univeristy Press, 1966.

尺牘》之六）」的感嘆，以及第一屆詩經國際研討會上，朱一清、周威兵先生有〈論漢代《詩》學的“尚用”特質及其文化根源〉的專文討論。但是聞一多先生不幸遇刺早逝，可能沒能細讀過《鹽鐵論》和能靜心專心研究漢代的政經問題。因為漢代務實派的官吏，即使在漢武帝“獨尊儒術”的同時，在立法行政上卻是輕視儒家人物和經典的實用價值。聞一多先生用“漢人”兩字概括不同的思想和行事，可見他的詩人浪漫情懷勝過理性治學邏輯。此外，朱、周二先生論漢代《詩》學的“尚用”特質，卻沒有參考《鹽鐵論》裏雙方各有虛實的“尚用”理想與實際結果的落差，也沒有抓住有關題目的最重要的一本書—《鹽鐵論》，來立論。而這也是本文試圖開始瞭解此書的原因之一。

　　《鹽鐵論》引《詩》的文字釋義，甫過世的曹道衡先生於1993年已利用王先謙的《詩三家義集疏》等書注釋殆盡，不必再重復。以下，我選列幾條《鹽鐵論》中的引《詩》，並略加議論“小學”之外的大義，作為研究這個題目的另一跨步。

（四）辯論的官民財儒雙方同引一詩：

　　在〈力耕第二〉裏，雙方都引《周頌・良耜》「百室盈止，婦子寧止」這一首詩。文學說「古者，十一而稅」，大夫曰「賢聖治家非一寶，富國非一道。昔管仲以權譎霸，而紀氏以強本亡」。雖然「賢聖治家非一寶，富國非一道」，但雙方都“以民為本”。可見都對《詩經》非常熟悉，而且重視其“普世”價值。

　　在〈詔聖第五十八〉裏，御史亦引《詩》與《春秋》。可見這場大辯論不能用簡單的“儒法之爭”就能取代多樣性的學術研究。《商君書・農戰第三》主廢《詩》《書》禮、樂、辯、慧等十者。但西漢末年，務實的財經官吏，並不廢棄《詩》、《書》，而是輕視好辯而不知財經軍國大事者，以及仁義禮樂不足以迅速而有效地治天下。所以在〈殊路第二十一〉裏大夫曰「夫重懷古道，枕籍《詩》、《書》，危不能安，亂不能治，郵里逐雞難，亦無當也？」〈詔聖第五十八〉裏御史又說「王道衰而《詩》刺彰，諸侯暴而《春秋》譏」，並引《詩經·小雅·小旻》的「不可暴虎，不敢馮河。」以見「禮讓不足禁邪，而刑法可以止暴。明君據法，故能長制群下，而守其國也。」證明官吏們，即使行事偏於法家，但也多熟讀儒家經典，只是對於效率方面有不同的看法。。

六、《荀子》論儒

（一）儒分為九

　　法家的韓非子在《韓非子·顯學篇》裏說"孔墨之後，儒分為八[47]，墨離為三，取捨相反不同，而皆自謂真孔墨。…自孔子之死也，有子張之儒，有子思之儒，有顏氏之儒，有孟氏之儒，有漆雕氏之儒，有仲良（或作梁）氏之儒，有孫氏之儒，有樂正氏之儒。"這是從世代和主要代表人來分，其分別不是學術見解和實行上的絕對不同。但是《荀子》對"儒"的分法，從"學問的質"

47　李學勤〈孔孟之間與老莊之間〉，北京大學·儒學研究網站，2005 年 8
　　月。指出"儒分為八並不是並世的八個支派，而是輩份不同的八位學者，
　　各有趨向。值得注意的是，儒分為八中的一部分互相聯繫密切。前人已
　　經論及，《孟子》書中明引曾子者九處，引子思者六處，均為崇敬推尚
　　的態度（侯外廬主編：《中國思想通史》第一卷，人民出版社 1957 年版，
　　第 363 頁）。樂正氏當指曾子弟子樂正春，梁啟超已有說明，即使如
　　郭沫若說是孟子弟子樂正克，也同屬一系。仲良子有注釋曾子之語，同
　　樣和曾子系統有關（陳奇猷：《韓非子新校注》，上海古籍出版社 2000
　　年版，第 1126-1127 頁）。這樣看來，儒分為八中的一半實際彼此相關，
　　可說是當時儒家的主流。"

與“能力的行”來劃分“儒“的稱名，列舉了八種以上的儒，在〈勸學〉、〈非十二子〉、〈效儒〉三篇裏就批評了“瞀儒、陋儒、散儒、賤儒、偷儒”，也精細地分辨了““俗儒、雅儒、小儒、大儒”。這是歷來研究《荀子》和“儒家“的學者所忽略了的重要資料。我認為值得再加研究。

（二）儒有“俗、雅、小、大”之分

　　楊雄《法言》過份標高儒的身份曰：「通天地人，是為儒」。其實“儒”一如“律師”，雖然現代的律師都須要通過考試，但是律師的心術能力參差不齊，有好有壞，有能與不能。所以孔子勸勉弟子曰：「汝為君子儒，勿為小人儒。」所以荀子認為「學雜識志，順詩書而已耳。則末世窮年，不免為陋儒而已。」而「不隆禮，雖察辯，散儒也。」此外，「世俗之溝猶瞀儒、嚾嚾然不知其所非也。」「正其衣冠，齊其顏色，嗛然而終日不言、是子夏氏之賤儒也。偷儒憚事，無廉恥而耆飲食，必曰君子固不用力：是子游氏之賤儒也。」可見得《荀子》有系統、有分辨地把“儒”分成多等。“儒”不完全是好的，但也不完全是無能的。所以“儒”又有“俗、雅、小、大”之分。

　　「志忍私，然後能公；行忍情性，然後能脩；知而好問，然後能才；公脩而才，可謂小儒矣。知之曰知之，不知曰不知，內不自以誣，外不自以欺，以是尊賢畏法而不敢怠傲：是雅儒者也。」

　　荀子的“小儒”，層次材能要比孔子的“小人儒”來得高，而荀子的“雅儒”幾乎是現在的“知識份子”的同義。至於“大儒”，荀子顯然“當仁不讓”，他說：「法先王，統禮義，一制度；以淺持博，以古持今，以一持萬；茍仁義之類也，雖在鳥獸之中，若別白黑；倚物怪變，所未嘗聞也，所未嘗見也，卒然起一方，則

舉統類而應之，無所儗怍；張法而度之，則晻然若合符節：是大
儒者也。」

　　我們瞭解了“儒”有多種層次高下之後，對《鹽鐵論》中官
吏所籠統認為“儒”為無能、好辯等的指責，和賢良、文學為所
有的“儒”所作的辯護，就能以居高臨下的方式，以較公平而有
分辨地來看待他們的“辯論”所指的“儒”和“儒學、儒行”，
不可簡率地一概而論。

七、《鹽鐵論》辯論雙方同引古人事例：

（一）“拘儒”與“大用”之辯

　　大夫說：「鐵器兵刃，天下之大用也，非眾庶所宜事也」。這
個說法，與當今靠販賣軍火為國庫主要收入的強權，心態也極相
似。而“文學”則反駁說「扇水（地名）都尉所言，當時之權，
一切之術也，不可以久行而傳世，此非明王所以君國子民之道也。
（《詩·小雅·小旻》）詩云「哀哉為猶，匪先民是程，匪大猶是
經，維邇言是聽。」此詩人刺不通於王道，而善為權利者」。此時
“文學”借古諷今，先笑“大夫”知權利而不知“王道”，知下用
而不知高思。

　　於是大夫提出「拘儒」這個類似於《荀子》所批評的「瞀儒、
陋儒」之類的名詞來批判“文學儒者”心胸目光，如「鷦雀不知
天地之高；坎井之蛙，不知江海之大」，“拘束”不開明。所以「有
司思師望之計，遂先帝之業，志在絕胡、貉，擒單于，故未遑扣
扃之義，而錄拘儒之論。」而“文學”竟也自居「拘儒」，反而趁
勢代表地方小民反打一耙說：「鷦雀離巢宇而有鷹隼之憂，坎井之

蛙離其居而有蛇鼠之患，況翱翔千仞而游四海乎？其禍必大矣！此李斯所以折翼，而趙高沒淵也。且數戰則民勞，久師則兵弊，此百姓所疾苦，而"拘儒"之所憂也。」沒有想到，在這場大辯論之後幾年，桑弘羊真的應了"文學"的詛咒，因爭權不得，陰謀叛變被殺。

（二）先秦"斷章取義"

後人以為先秦外交官喜歡"斷章取義"，一個詩篇，各自表。但看鹽鐵辯論中的"賢良"引《詩》，還是中規中矩。譬如〈備胡第三十八〉裏"賢良"引《詩經·周南·兔罝》以刺"糾糾武夫"狀者，實為公侯的心腹小人，未可真干城也。同篇賢良又引《詩經·小雅·采薇》「昔我往矣，楊柳依依。今我來思，雨雪霏霏。」是言征戰之苦，但今日則"斷章取義"以為情懷之句。此外，今人引"糾糾武夫"也多斷章而取表面字義。可見"斷章取義"可以是：1.意義略等，借古申今；2.半推半就，半舊半新；3.異化轉換，或躍在淵；4.以今悟古，將心比心；5.隨機拈出，過河捨舟⋯⋯等等。而不能固執一條古義，全盤否定"斷章取義"的許多功用。

（三）漢人"聯章取義"，風雅頌合體："斷章，續章，飛詩，逐義"

1.《唐風》加《小雅》，《商頌》加《大雅》

《鹽鐵論》裏，又有"聯章取義"而有連韻的形式。譬如〈執務第三十九〉裏，賢良引孔子的話「吾於〈河廣〉，知德之至也。」而欲得之，各反其本，復諸古而已。（《詩經·唐風·鴇羽》）詩云「王事靡盬，不能藝稷黍，父母何怙？」（《詩經·小雅·小明》）「念彼恭人，涕零如雨。豈不懷歸？畏此罪罟。」這是《唐風》

加《小雅》，可謂"風雅"相聯。

而〈論勇第五十一〉中，文學曰「(《詩經·大雅·民勞》)詩云「惠此中國，以綏四方。」故(《詩經·商頌·殷武》)「自彼氐、羌，莫不來王。」非畏其威，畏其德也。」則集聯《大雅》與《商頌》於一句，並且繼續同韻。可見漢儒能夠"聯章取義"，合"風雅頌"於一，打破以為"風雅頌"應當分家，或還強分"雅"為大、小的舊思。這種連句而成新義的方法，也類似文字語言用"複合詞"來表達複雜的意義，或者創作新意，後來也成了成語結構的一種模式[48]。這也值得研究《詩經》者的注意。

2.雙雅聯駛，杜薇齊飛

然而在〈繇役第四十九〉這一篇裏，雙方引《詩》更達七次之多！先是大夫連引《小雅》兩首合為一義：《詩經·小雅·六月》詩云「薄伐玁狁，至于太原」及《詩經·小雅·出車》「出車彭彭，城彼朔方」，演釋「自古明王不能無征伐而服不義，不能無城壘而禦強暴也」的國防重要性。然後文學引《詩經·大雅·文王有聲》「鎬京辟雍，自西自東，自南自北，無思不服」以示「以義取之，以德守之。文猶可長用，而武難久行」之義。然後財經專家的大夫居然可以又連引《大、小雅》兩首，《詩經·小雅·六月》「玁狁孔熾，我是用戒」及《詩經·大雅·江漢》「武夫潢潢，經營四方」以說明「《春秋》大戎未至而豫禦之」的設防重要。這時讀者可能已經不容易分清誰是滿腦袋金錢的官吏 與誰是儒學學者了。最後文學又引《詩經·唐風·杕杜》及《詩經·小雅·采薇》兩首，風雅連席，說明家人對征兵繇役的憂傷。如此頻繁的連章取

---

[48] 何慎怡〈《詩經》成語的形態結構〉，第七屆詩經國際學術研討會論文，2006 年 8 月 4 日。"三·由《詩經》中的單句、複句或不同篇、章節縮而成"。

義引《詩》，不禁讓我想起傳說是黃帝時代的二言詩，"斷竹，續竹，飛土，逐肉"，幾乎可以改成"斷章，續章，飛詩，逐義"了！

（四）論誹、利議：非儒無成事　公卿欲成私

在〈論誹第二十四〉中，丞相史為老闆助拳引晏子批判儒家的話曰「儒者華於言而寡於實，繁於樂而舒於民，禮煩而難行，道迂而難遵，稱往古而訾當世，賤所見而貴所聞。」而這些批評確實也是儒家的弱點。丞相史又借孔子「德不孤，必有鄰」，與「故湯興而伊尹至，不仁者遠矣。未有明君在上而亂臣在下也」，用皇帝的"必然英明"來強壓"文學"與"賢良"。這個帝王時代的"不敬君王"的帽子卻實是一頂"大帽子"，不容易翻盤。好在"文學"博學強記，也搬出更高的堯舜來反制，並引俗語「未見君子，不知偽臣」上下夾擊，和用《詩經·小雅·出車》的「未見君子，憂心忡忡。既見君子，我心則降」，以"你辦事，我放心"來收關。可以說是擅於辯論了。

類似的辯論也在〈利議第二十七〉裏再戰一回合。大夫發動攻擊，以賢良、文學不諳軍事戰略，「諸生無能出奇計，遠圖伐匈奴安邊境之策，抱枯竹，守空言，不知趨舍之宜，時世之變，議論無所依」，而且諸生喜歡逃避現實，轉移焦點，「如膝癢而搔背」，所以儒者「辯訟公門之下，洶洶不可勝聽，如品即口以成事」，只會打"口水戰"（〈孝養第二十五〉：「空戰口」），「此豈明主所欲聞哉？」又用皇帝的大帽子來壓人。結果文學回擊曰「非儒無成（國）事，公卿欲成（私）利也」，也是擊中對方要害。於是大夫搬出"殺手金間"來嘲笑儒家祖師孔子離魯而不用於世的事實，及秦皇坑儒的慘案來譏笑諸儒：「嘻！諸生闒茸無行，多言而不用，情貌不相副。若穿踰之盜，自古而患之。是孔丘斥逐於魯君，曾不用於

世也。何者？以其首攝多端，迂時而不要也。故秦王燔去其術而不行，坑之渭中而不用。」把儒家的祖師孔子都罵了，甚至影射諸儒生也罪可以坑！

（五）國疾：賢士不用，有國之恥。
　　　　彼君子兮，不素餐兮。

事至如此，文學不能不奮起還擊。他在下一篇〈國疾第二十八〉裏接著說「國有賢士而不用，非士之過，有國者之恥。孔子大聖也，諸侯莫能用…今公卿處尊位，執天下之要，十有餘年，功德不施於天下，而勤勞於百姓（民勞無止），百姓貧陋困窮（汔可大貧！），而私家累萬金（今之貪官亦如是）。此君子所恥，而（《詩經·魏風·伐檀》）〈伐檀〉所刺也。…今執政患儒貧賤而多言，儒亦憂執事富貴而多患也。」這一番話徹底擊潰大夫。於是「大夫視文學，悒悒而不言也。」

文學引出《詩經》裏最具強烈批判和鬥爭性的〈伐檀〉來批判大夫等官吏「彼君子兮，不素餐兮」，就像莎士比亞在《凱撒大帝（JuliusCaesar）》裏安東尼一連串地諷刺布魯斯特 "是一個高貴的人[49]" 一樣具有累進的殺傷力。這激烈而直接的攻擊使得大夫一派轟然潰敗。這也是擅用《孫子兵法》"以正（辯論）合，以奇（引《詩》）勝" 了。而這場辯論就以文學、賢良向戰敗的大官道歉冒犯尊嚴，保留官方的顏面而結束。會議記錄報呈昭帝後，

---

49 William Shakespeare, Julius Caesar, " Antony: The noble Brutus Hath told you Caesar was ambitious … For Brutus is an honorable man; so are they all, all honorable men –Come I to speak in Caesar's funeral. He was my friend, faithful and just to me: But Brutus says he was ambitious; and Brutus is an honorable man…Ambition should be made of sterner stuff: Yet Brutus says he was ambitious; And , sure, he is an honorable man."

文學、賢良都升了官，而不久桑弘羊也因謀反，老年受誅[50]。其下場一如辯論中儒者根據歷史所指出急功近利者的結果。然而報應如此之速，也是歷史上的異數。

至於《鹽鐵論》裏其他引《詩》、引《易》、引《老》，以及與《詩經》有關的經濟思想[51]，和對於國防與國際關係的分析，由於篇幅的關係，作者將於會後他篇另加增補，以見前賢的聰明智慧與有中國特色的道德、文學、政治、經濟與軍事思想。

八·結　語

中華 "智者" [52]，濟濟多士！何莫學夫詩、知鹽鐵之論？
《鹽鐵論》：可以觀興衰，可以明群怨；邇之知儒，遠之知兵；
多識於孔孟之學、管商之制。究進退之際，通古今之變。
詩行天下，君子乾乾。

2009 年 9 月 27 日

50　班固《漢書·貨殖志第四上》：昭帝即位六年，詔郡國舉賢良文學之士，問以民所疾苦，教化之要。皆對願罷鹽鐵酒榷均輸官，毋與天下爭利，視以儉節，然後教化可興。弘羊難，以為此國家大業，所以制四夷，安邊足用之本，不可廢也。乃與丞相千秋共奏罷酒酤。弘羊自以為國興大利，伐其功，欲為子弟得官，怨望大將軍霍光，遂與上官桀等謀反，誅滅。

51　王同勛〈《詩經》經濟思想發微〉，原載北京師範大學《經濟學集刊》第三期，1984 年；《集雨窟文叢：中國經濟思想史學會成立 20 週年紀念文集》，北京大學出版社，2000 年。第 93 至 102 頁。

52　司馬遷〈報任少卿書〉：「詩三百篇，大抵聖賢發憤之所為作也。…僕竊不遜，近自托於無能之辭…凡百三十篇。亦欲以究天人之際，通古今之變，成一家之言。……然此可為智者道，難為俗人言也。」

劉勰文論的創新與詩學的局限

提要：《文心雕龍》體大精思，系統井然，文字典雅精煉，誠文論中經典之作也。然近代學者頗有疑其思想保守，缺乏創新者。故以博學如錢鍾書者，亦嘗於《管錐編》中批評《文心雕龍》「綜核群倫，則優為之，破格殊論，識猶未逮」。然彼等所未知者，劉勰非僅博學慎思，且膽識過人，才兼文武，把消化後的《孫武兵經》或顯或隱、大量融入文論，超越古今文論經典，開啟了世界文論的新天窗。然而學術上優於分析者常弱於感性，復因時代限制而閑避情詩。青年時代的劉勰在定林寺寫書時，或尚未能深刻瞭解陶淵明詩文中之情操與隱秀。因此劉勰似未能"明詩"中關雎之情，和洞見陶詩中"隱秀"之義。此其詩學之局限，亦為《文心雕龍》之「白璧微瑕」。值得學者進一步之探討。

關鍵詞：《孫武兵經》、明詩、諧讔、閑情賦、政教局限、詩學即人學

一、釋　題

《文心雕龍》體大精思，博通諸子，系統井然，文字典雅，博學深究中西文論的學者，咸以為此書是古今中外文論中的經典之作。然而雷打高樹，風撼大樓，一些近代學者，在反抗傳統國

學框架之餘，對於《文心雕龍》的權威難免產生反作用力和一些
逆向思考，時有疑其思想保守，及缺乏創新者。所以博學強記又
有小說創作和詩集傳世的錢鍾書先生，便嘗於《管錐編‧列子張
湛注‧評劉勰》中批評《文心雕龍》「綜核群倫，則優為之，破格
殊論，識猶未逮」，似有意闡明己書之長，以別於劉勰之短。近年
更有一些學者開始批評劉勰既然在理論上源本乎道、徵師於聖、
宗經述誥，而方法和範圍又延續《文賦》《流別》等前賢文論，所
以他並沒有開發嶄新的疆域，而且缺乏有份量的原創成績。忽然
間，在二十世紀之末，一位集古典文論之大成的大師，似有遭批
遭貶，成為南北朝時期，"古典文論雜誌"總編輯之勢。

　　如果要從大家都看得到，而且熟悉的資料，以及劉勰的序文
表面文字而言，他確實是繼承了前人的理論和方法，再加以排列
組合，編寫出《文心雕龍》。所以乍看之下，似乎批判者的控訴，
一審成立。然而一個人能把百千前人的千萬冊著作"消化"，再用
當時是"現代化"的典雅駢文，不加水添油，精煉地寫出"一針
見血"的文學批評，這在古代固然少見，至於現代，更是稀有。
所以 20 世紀西方大詩人兼文學批評家的的艾略特，在《傳統與個
人才能》中指出，"傳統不容易繼承，如果你需要傳統的知識，必
須拼命用功，才能據為己有"[1]。二千五百年前《孫子兵法‧計篇
第一》早就說：「（道天地將法）凡此五者，將莫不聞，知之者勝，
不知者不勝。」同樣的道理，現代的人，多半專修一科，但也不一
定都懂得這一科裏的現代知識，更不容易消化古代有關的智慧。
這可以說是"舊固不易承，新亦不易得"，類似於宋儒說的「理未

1　T.S. Eliot, *The Tradition and The Individual Talent, Selected Prose of T.S.
Eliot*, Harcourt Brace Jovanovich Publisher, 1975. "Tradition is a matter of
much wider significance. It cannot be inherited, and if you want it you must
obtain it by great labor."

易明，善未易得」。

　　所以劉勰能融會如此龐大數目的舊學，這讓大部份批評劉勰的用功學者，也不能不佩服他勤學博識的成績。但是更重要的是，批評劉勰的人多半所沒有看見的，是他不僅學通佛儒，而且識兼文武，曾以過人的膽識和行動[2]，竟把《孫武兵經》的兵略消化以後，或顯或隱，或直接或間接，大量地融入了他的文論，用於事業，並開發出許多嶄新的文論見解和篇章，如《定勢》、《通變》諸篇，以至於其立論見解都超越了過去的文論典籍，因而正式為世界文論開啟了新的天窗[3]。

　　此外，一個博學強記擅於分析的學者，由於記憶庫裏不斷強力儲存資訊，和一步一邏輯研判的習慣，往往使他不能分出額外的腦力空間，去突破自己日夜記憶的前人學說和已知的方法及習慣的步驟。我認為錢鍾書先生對劉勰的批評，其實反射了他自己對於博學強記而無本身思想見識大突破的憂慮。就像一個渾身佩金戴玉，錦衣珠飾的人，雖然行走時金聲玉振、珠光寶氣，但是負重過度，擔心碰壞身上的珠寶，以致於不僅不能跳高快跑，更不敢獨力遠行。除非他能偶爾放下身外的"寶物"，「應無所住而生其心」[4]，或是登上新的「知識平台」，遠眺天下，那麼才可能有一次又一次的大突破。因此，知道越多，思想包袱越重，文論

────────────

2 林中明《劉勰、《文心》與兵略、智術》，中國社會科學院・史學理論研究季刊，1996 第一期，第 38-56 頁。又載於作者的《斌心雕龍》，臺北・學生書局，2003 年。第 57-100 頁。

3 林中明〈劉勰和《文心》和兵略思想〉，《文心雕龍研究・第二集》北京大學出版社，1996 年。第 311-325 頁。（作者按：這也是龍學專家，王更生教授在 1995 年《文心雕龍》學術研討會上對本文所作的評語。）

4 林中明〈禪理與管理 —— 慧能禪修對企管教育與科技創新的啟示〉，禪與管理研討會論文集，臺灣・華梵大學工業管理學系，2003 年。第 131-154 頁。又載於作者的《斌心雕龍》，第 519-570 頁。

創新的困難之於劉勰，亦如文學思想創新之於錢鍾書，是一個倍於常人的“全副武裝越野賽跑”的大挑戰。錢先生的突破似乎為他的博學多識所掩，迄今未能突顯出何為其最重大的“深解”突破，和前人所未能為的創新“立家”。類似的壓力也一直圍繞著劉勰和他唯一公認傳世的著作——《文心雕龍》。似乎劉勰自認足以“立言成家[5]”的大突破也不幸為他的博學精思，和中國文論著作中罕見的井然系統所掩，幾乎沉寂了一千四百多年。

　　為了較全面而宏觀地重新探討《文心雕龍》的特質，以下的討論將採取「雙線平行」而且“辯證”的方式，提綱挈領地來探討，「龍學」裏至今尚未被積極探討過的兩大問題——「文論創新」和「詩學局限」。「文論創新」的討論是針對批評劉勰思想“保守”而來，而又以劉勰能融合“文、武”兩個對立的觀念加以讚揚。「詩學局限」的看法，則是把劉勰的成就還原到他實際的廣度，並為“情、理”兩種個性之不易齊飛，和社會與政治的局限，為劉勰的「詩學局限」而惋惜。

二、劉勰文論的創新

　　《文心雕龍》除了在編輯方法、系統和評論前修、古文之外，有無重大的文論思想“創新”？以下從五個方面來談：

（一）動機：劉勰未寫《文心雕龍》時，就準備“創新”立家！

評論創新，要由三個階段來觀察比較：

5　三劉勰《文心雕龍·序志第五十》：「君子處世，樹德建言…馬鄭諸儒，弘之已精，就有深解，未足立家。」

　　第一：“就地論事”，不應該把那個地區和另一個更先進的地區來比。

　　第二：“就時論事”，我們要以當時和過去的時代來考慮，而不是和一千年後相比。

　　第三：不論“時空”，只論該科歷史上的“總價值”。譬如說物理學的發展史，不論時空，牛頓和愛因斯坦必然名列前茅。因為這是和古今中外相比，所以是考量成就最難的一個關卡。只有幾個“宗師”和“主要”的“大師”可以列入。因為劉勰也自知只到「夜夢執丹漆之夜夢執丹漆之禮器，隨仲尼而南行」的身分，所以還不能算是“大宗師”，因此我們應該就“當時”、“該地”而論其“創新”與否，和“份量”如何？

　　劉勰在《序志篇》說：「敷贊聖旨，莫若注經，而馬鄭諸儒，弘之已精，就有深解，未足立家……於是搦筆和墨，乃始論文。…品列成文，有同乎舊談者，非雷同也，勢自不可異也」。可見他未寫書時，就準備“創新”立家。書出了之後，也得到當代博學而且當權的沈約以及梁武帝等的欣賞。可見得《文心》一書，在“當時”“該地”是被權威人士公認為創新而且有份量的佳作。

　　劉勰立言，自云「豈好辯哉？不得已也！(〈序志〉)」所以他一開始就標明《文心雕龍》不是一本為立異而逐奇作書。與時下文藝人沒有新意，不能作“有用”的創新[6]，只好把“為反對而反對”當成“新意”；或亦步亦趨，下模仿落子的“東坡棋”；或破壞現有結構，美其名曰時間上的「後現代」和內容上「解構」之

---

6 文藝、科學和數學不容易在短期內判斷甚麼是有用的創新。但在科技界，一個專利權能否獲得批准，則較容易由專家來判別「新意」(original idea) 和「有用」(usefulness)。

類「"沒有主義"的主義7」的云云名家。但劉勰寫《文心》,開始就胸懷大志,有意突破前人樊籬,並提出自己的正面看法和新見解。

(二) 先述本再出新:《原道》、《徵聖》、 《宗經》三篇廣義為先、參古在後

今人看一千五百年以前的文論,難免覺得文、意俱古,很容易把古人的「舊」東西,都直覺地當作是過時和落伍的「陳年舊貨」。政治人物如此說,我們可以嘲笑他是「泛政治」的動物。但是新一代"逐奇"的學者這麼說,似乎顯得"新銳8"有朝氣。但是既然劉勰早已指出「舊練之才,則執正以馭奇;新學之銳,則逐奇而失正;勢流不反,則文體遂弊。」

難道他自己不知「參古定法,望今制奇(〈通變第二十九〉)」嗎?所以學說立論,要說有此事,比較容易,雙證就站得住腳。說"無此事",則常相對地困難。說劉勰沒有"創新",這也是很危險的事9。

所以我們可以學禪宗六祖惠能,當年在廣州法性寺,為「風

7　《沒有主義》是諾貝爾文學獎 2000 年得主高行健 1995 年在法國出的書。按: 雖說"沒有主義",卻"不是沒有看法",只是藉此反諷自以為是的意識形態主義者和投機的流行主義者。

8　《文心雕龍・定勢第三十》:「…舊練之才,則執正以馭奇;新學之銳,則逐奇而失正;勢流不反,則文體遂弊。」

9　羅香林〈回憶陳寅恪師〉,台灣《傳記文學》第十七卷第四期,1970 年10 月。「…陳師又說:「凡前人對歷史發展所留傳下來的記載或追求,如果我們要證明它為『有』,則比較容易,因為只要能發現一、二種別的紀錄,以作旁證,就可以證明它『有』了;如果要證明它『無』,則著實不易,千萬要小心從事,因為如果你只查了一、二種有關的文籍而不見有『有』,那是還不能說定的,現在的文籍雖全查過了,安知尚有地下未發現或將發現的資料仍可證明其非『無』呢?」

動還是幡動之爭」所說的有名機鋒評論 ── 「不是風動，不是幡動，非幡動、風動，人心自動（惠昕本）」，來評論某些批判劉勰思想保守的學者。那就是，是劉勰的觀念保守？還是（某些）學者的觀念保守？不能會通？

　　有些新一代學者最愛批評的就是《文心雕龍》裡開頭的《原道》、《徵聖》、《宗經》三篇。認為劉勰的思想保守，抱「經」迷「聖」，泥古不化。這類話說久了，似乎也成為一種"新銳"的"高論"。其實細看《文心雕龍》開頭的三篇，我們就會發現劉勰在每篇的發端，都必先從基本的角度，來看廣義的道理和情況。然後才舉出他所認為什麼是最適當的範例，或是窄義的解釋。所以我認為，斷言劉勰思想保守，多半是不了解他的寫法，浮觀文氣，因而陷入了，和反映了他們自己先入為主的「保守觀念」[10]。

（三）劉勰的文論精神和果決行動：正反兼顧、辯證會通、容異創新

　　因為劉勰在《文心雕龍》裏以《原道》、《徵聖》、《宗經》三篇引領全書，所以許多認定劉勰思想保守的人，須要細看下面的《正緯》和《辨騷》兩篇，才能體會劉勰正反兼顧，兼容並蓄的精神。因為《正緯》篇強調容異，這也不是一般傳統保守的儒生敢提倡的開明觀念。而《辨騷》篇"參古定法"總結全書最重要的樞紐五篇。在這篇裡，劉勰不僅注重人格，而且重創新，望騷讚奇！瞭解了劉勰這樣厚積而躍發的文論思想，誰還能指責劉勰保守？劉勰早期思想必然相當獨立，後來成書、謀官到協制素食

10　林中明〈由《文心》、《孫子》看中國古典文論的源流和發揚〉,《古代文論研究的回顧與前瞻》，復旦大學 2000 年國際學術會議論文集，復旦大學出版社 2002 年。第 77-105 頁。又見：《斌心雕龍》第 427-428 頁。

供奉和自行焚髮出家,「趨時必果,乘機無怯(〈通變〉)」,全然不是一個思想保守,行動懦弱的文士。

(四) 諧讔、幽默、諷諫:對民俗 活力和心理學的重視

《文心雕龍》中還有一個突破漢儒傳統,回歸繼承《詩經》和孔子的特別篇章:〈諧讔〉。

進步的文明,因為文化的開放,都會注重戲笑的娛樂,和"文勝於武"的幽默戲劇、諷刺文學。這些都可以在《詩經》文字、孔子言行,以及古希臘的喜劇裏見到[11]。只是後來的政治宗教的束縛,中西都曾分別僵化限制了知識份子的思維。在劉勰之前的文論不見文人提到「諧讔幽默」文學,劉勰之後的韓愈,偶爾寫些幽默小品遣懷,還被年長弟子張籍批評告誡。對於一個"缺乏幽默感的民族"(魯迅評中國人的幽默感)來說,我們回顧東方文學史,不僅要對劉勰的〈諧讔篇〉致敬,而且面對近幾個世紀以來西方文明高度發展的幽默品味,和對照當前流行「無厘頭」式的笑鬧,和有些人引以為豪的"全民亂講"劇目,我們多少要感到一些"幽默感"不進反退的慚愧[12]。

11　王國維《人間詞話 2》:"詩人視一切外物,皆游戲之材料也。然其游戲,則以熱心為之,故詼諧與嚴重二性質,亦不可缺一也"。

12　林中明〈談諧讔:兼說戲劇、傳奇裏的諧趣〉,《文心雕龍》1998 國際研討會論文集,《文心雕龍研究第四集》,北京大學出版社 2000 年。第110-131 頁。又見《斌心雕龍》第 173-200 頁。
　　林中明〈杜甫諧戲詩在文學上的地位:兼議古今詩家的幽默感〉,杜甫1290 年國際學術研討會,2002.11.28 及 29 日,台北淡水淡江大學。里仁書局,2003 年。第 307-336 頁。《斌心雕龍》第 239-278 頁。

（五）文武合一：《斌心雕龍》！

以上的四項"創新"雖然值得重視，但是劉勰真正的突破和大創新乃在於他才兼文武，膽識過人，竟把《孫武兵經》消化之後，或顯或隱，不見斧鑿之力地化入了他的文論，於是他能站在兵略的「知識平台」之上，以「文武合一」的新視角來討論文藝智術，並超越了我們所知道的古今中外文論經典，為世界文論開啟了一扇新的天窗。

特別是由於他融會貫通了看似對立的文武之道，所以才能如「滾木石於千仞之上」，舉重若輕，有系統，首尾圓合地應用兵法於文論，而讓錢鍾書之流的鉅眼都看走了眼。

對於劉勰「文武合一」的文論突破，我的探討不僅從《文心雕龍》本身去分析其中「族繁不及備載」的句字[13]，更綜合了《文心》和《孫子》的精神，用「斌心雕龍」的角度和思維去分析文藝創作，得到一些初步成果[14]。

劉勰在《文心雕龍》最後一篇〈程器〉的最後一段寫道：「文武之術，左右惟宜……豈以好文而不練武哉？孫武兵經，言如珠玉，豈以習武而不曉文也！」這可以說是全書的結論重話。一千四百年前劉勰把《孫子兵法》破天荒地提升到「經」的高度，這是極其大膽的突破和創新！今天仍然讓我們震驚和佩服。

談完了《文心雕龍》在文論上的創新，以下就來看劉勰在詩學上的局限。從辯證的角度來說，這是「文武之道，一弛一張」

---

13 林中明〈劉勰和《文心》和兵略思想〉，《文心雕龍研究·第二集》北京大學出版社，1996 年。第 311-325 頁。
14 林中明〈斌心雕龍：從《孫武兵經》看文藝創作〉，1998 年 10 月第四屆孫子兵法國際研討會論文集，軍事科學出版社，1999 年。第 310-317 頁。又見：《斌心雕龍》第 101-132 頁。

的運作，而且也符合《易經》「一陰一陽之為道」的辯證思維，以及給予劉勰《文心》裏一強一弱、一明一暗的兩大方面，公正的評價。

三、《文心雕龍》詩學的局限：避於情，略於質

我們既然大都認為《文心雕龍》是古今中外世界級的文論經典，所以在辨明它的保守和創新之後，就應該以世界詩學的視野和高度，來評論《文心雕龍》樞紐五篇之後，三篇直接討論詩賦樂府的詩學篇章——〈明詩〉、〈樂府〉、〈詮賦〉。

（一）什麼是詩？為甚麼“詩不是文”？

劉勰在《文心》裏，用了〈總術〉、〈章句〉和〈體性〉等篇來分別“文”“筆”“言”的形式和內涵。雖然後人對這些簡略的敘述還是有爭議，但是劉勰至少是嘗試給它們下了一些定義。但是劉勰與專寫《詩品》論詩的鍾嶸，卻把“詩”當作人人接受和理解的文類，不必再解釋。在〈明詩〉篇裏，劉勰沒有分辨“甚麼是詩”，為甚麼“詩不是文”，而“文也不是詩”？至於要用上許多字來寫“詩”？一句和千行，這都還算是“詩”嗎？“什麼是好詩”和“大詩人的條件”為何[15]？這一類有關詩的“本質”的問題，中國文人自古以來都不注重，認為這些是“想當然爾”，不言自明的常識。所以最慎思明辨的劉勰也不例外。相比於近代西方文論學者，他們又過於喜歡給“詩”下繁瑣的定義，但是多半迴轉於學術術語，匯為專書，但是也很少能用幾句話，就把它

---

15 林中明〈杜甫諧戲詩在文學上的地位：兼議古今詩家的幽默感〉，《斌心雕龍》第 264-265 頁。

說清楚講明白。有鑒於此類的困惑，我曾經藉助於《孫子兵法》和現代的常識，試圖給"詩"下過一個簡單的定義：

　　詩者，乃「用最少和最精煉的字，藉助視覺規範和聽覺效果[16]，表達最多的意思和感情，又能強烈感染讀者之心，留下最深刻而久遠的記憶[17]」者。

　　根據這個理解，詩、樂府、詞、賦，雖然形式名稱不同，但是就「用最少和最精煉的字，藉助視覺規範和聽覺效果，表達最多的意思和感情，又能強烈感染讀者之心，留下最深刻而久遠的記憶」而言，它們在本質上都屬於同一文類，但它們和"文"或是"散文"，還是有基本上的大差異，但也不能強行分割，而且還有"混合體"的問題存在。

（二）邏輯偏頗："持人情性"者，豈獨持於詩？

　　因為劉勰和其他的中國文論學者都未嘗清楚地說明"詩"與"文"的基本差異，所以當劉勰在〈明詩篇〉裏利用文字學給"詩"下定義時[18]，他所說的「詩者，持也，持人情性」，就在邏輯的"充要性"上出了相當嚴重的偏差。因為如果說"詩"是"持人情性"的文體，那麼必須把對立的"文"是否"持人情性"？說清楚講明白。

　　（1）如果"文"也能"持人情性"，則何不說"文亦宜然"，

16　陸機《文賦》：文徽徽以溢目，音泠泠而盈耳。

17　林中明〈詩的本質與格式、聲韻、記憶、腦力的關係〉，中國韻文學刊，2005 年第三期，第 80 至 89 頁。人民大學《文藝理論》學刊，2006 年 3 月，第 89-99 頁。

18　宋代王安石好為文字新解，嘗云「波為水之皮」。劉貢父聞之，乃曰，若「波為水之皮」，則"滑"豈為"水之骨"乎？安石大笑乃止其說。林評：若「詩者，持也，持人情性」，則「論者，掄也，掄人意見」乎？

像他在〈程器篇〉所作的正反兩面討論[19]？或說"文偶亦然"，以表明"文"偶然如此，但"詩"大部份是如此。可是，如果"詩"的特性"文"也有，則是共性，而非特性。若非特性，何必特別用此一句來「明詩」，豈不是多此一舉？

（2）如果劉勰的意思是「持人情性」為"詩"的特性，而"文"不是如此，那麼新會梁啟超自云為文時「筆端常帶感情」，和日人廚村白川寫的《苦悶的象征》難道不是「持人情性」的"文章"？

（三）何以"指瑕"劉勰？

以上所提出的問題，作者尚未見前人有論及者。這個問題之所以值得分析，乃是針對為文特具邏輯思維的劉勰而發，因為他深受《孫子兵法》樸素邏輯和印度佛學裏（因明學）前驅的邏輯理則思考所影響，為文立論，大多相當嚴整，異於一般感性掛帥，前後定義可以截然不同的文人。所以我認為在這一條似乎尚未為學者所疑的定義上，劉勰的邏輯確實有所偏頗，研究劉勰"詩學"和《文心雕龍》的學者，對引用「詩者，持也，持人情性」這一句話時，不可不加以注意和有所約束。

《文心雕龍·詮賦篇》說「逐末之儔，蔑棄其本，雖讀千賦，愈惑體要」，其實也是想針對詩賦的本質來探討文學，但由於時代知識的限制，劉勰也不能超越自己的環境，來作分析和探討。相比於愛倫坡以詩人身份，直批「長詩非詩[20]」，和詩人兼騎士的菲

---

19 《文心雕龍·程器篇》：「魏文以為"古今文人，類不護細行"……文既有之，武亦宜然。」

20 Edgar Allan Poe, The Poetic Principle, "I hold that a long poem does not exist. I maintain that the phrase, 'a long poem,' is simply a flat contradiction in terms".

利普‧錫德尼[21]（Sir Philip Sidney, 1554-1586）認為希臘的色諾芬和赫利奧多羅斯的散文都是"完美的詩"，他們兩位特選範本，針對"現象"，"直指詩心"，反而更見本體。

東西文學由於文化知識背景不同，在本體和實用上的思維分別，就有如五祖見神秀、慧能偈，喟然有各具體用與短長之嘆。但從宏觀的立場而言，東西詩學的互補，未嘗不是一件有益處的分工。20 世紀西方大詩人兼文學批評家的的艾略特[22]，在他 31 歲的時候，大約相當於劉勰開始寫《文心》，和王國維寫《人間詞話》的年紀，也寫了一篇文論的名著〈傳統與個人才能（1917）〉，指出「每個民族，不僅有他自己的創造性，而且也有它自己的批評心態。但對自己民族批評習慣的缺陷與局限，比之對其創造性天才的缺限，更容易忽視」。劉勰曾寫了〈指瑕篇〉，指出「古來文才……慮動難圓，鮮無瑕病」。我們挑經典之作的毛病和局限，就是因為承認其成就，所以更希望從它的缺限處反省，俾以在堅實的基礎上，建構出另一個中華文藝的高樓。

（四）說理敍情　古難兩全

討論詩學，自古以來就存在著一個文學史上"兩難"的問題：最邏輯、有理性、重系統的文藝批評家，往往不是一流的詩人和藝術家，反之亦然。柏拉圖站在哲學家的高峰上，大力批判另一個絕頂上的詩和詩人，言辭雄辯，似為真理。但他的高弟，亞里斯多得卻寫了《詩學》來反駁他的老師，雖然殘卷不甚周全，但

---

21 菲利普‧錫德尼（Sir Philip Sidney, 1554-1586），《為詩辯護》（*Apologie for Poetry,1595*），中國人民出版社，1998 年。

22 艾略特（T.S. Eliot 1888-1965），"Selected Prose of T.S. Elliot），Harcourt B. J., Publisher,1988.根據余光中《五行無阻》："艾略特五十五歲以後便不再寫詩"。而劉勰也約在這年紀剃度焚髮出家。

已是西方詩學開山祖師。可惜他沒留下詩篇，這和劉勰擅於論說和寫碑文，卻無獨立詩篇留下，佐證其宏論，這都是文學史上遺憾的事。

詩人下筆以感性為導，時空和人稱都有相當的自由。但學者寫論文，注重理性分析，前後文意必須銜接，時空不能跳躍反轉，受到類似希臘戲劇「三一律」的限制。俄國文藝研究家，尤里‧泰恩雅諾夫（1894-1943），就曾把電影的"蒙太奇"自由剪輯的手法和詩並論23。首創"蒙太奇"觀念的愛森斯坦（S. Eisenstein, 1898-1948）[24]，更在回憶錄裏記述了因為學習廻異於邏輯性強的（一維）拉丁字的（二維）圖形漢字，而啟發了他的"蒙太奇"創作。

劉勰的文章重點在說理，欲成一家之言。再加上定林寺的環境，以及佛學裏隱藏的邏輯因明學，都很可能影響、塑造和限制了他的思維，以致不能成為大詩人，也沒有留下自豪的詩篇。

一流的詩人和藝術家，往往沒有耐心和興趣去寫分析性的文章。　因此，劉勰的詩學，和鍾嶸的《詩品》，很可能因為他們自己不是一流的詩人，所以和寫〈艷歌行〉的前賢陸機相比，鍾、劉論詩的親身體會與終極情懷，不能超過《文賦》的自然貼切。若與西方古羅馬的詩學相比，似乎也弱於擅寫諷刺詩[25]，情詩[26]而

---

23 尤里‧泰恩雅諾夫（1894-1943），《論電影的原理》，方珊譯自《1917-1932蘇聯美學思想史文選》。按：受到漢字結構啟發的愛森斯坦於 1924 首先提出"蒙太奇"理論。

24 林中明《中華文化及漢字結構對電影蒙太奇發明的啟示》，2008 年「傳統與現代書法國際學術研討會」‧論文集，臺灣‧華梵大學美術學院，2008 年 5 月 31-6 月 1 日。

25 Horace, "Satires and Epistles", translation by Niall rudd, Penguin books, 1973. p.37-122.

26 Brian Arkins, "The Cruel Joke of Venus: Horace as Love Poet", "Horace

以書信簡談《詩藝》的賀拉斯。

　　《文心雕龍・明詩篇》開章就藉大舜之言說：「詩言志」。是以「在心為志，發言為詩」。這是延續儒家政教為主的"傳統"說法[27]。從兵法的運用來說，〈明詩篇〉「以正合」，但沒有提出新意來「以奇勝」。這就好比說陰陽太極圖，只描述陽而於陰無所發明，或是《易經》卦象的六爻只說前半的正義，不談後半部的卦變。所以〈明詩〉一篇「述而不作」，評舊而未能發新。這是文論大師劉勰的局限，但也反映時代的知識和風氣，再大的"才、學"也還是站在時代的"知識平台"上看人情世故。以同樣的要求看鍾嶸，他的《詩品》也不例外。正應了劉勰自己的話，「文變染乎世情」，不能苛求。

（五）感物忘人　買櫝還珠

　　〈明詩篇〉其後又說，「人秉七情，應物斯感。感物吟志，莫非自然」，〈樂府篇〉也說「情感七始」，〈詮賦篇〉又說「睹物興情，情以物興」。劉勰把"人"的「喜、怒、哀、懼、愛、惡、欲[28]」七大感情和外界之「物」、「天地四季」、登高觀海相牽連，卻忘了「仁」是基於「兩個人」的感情而起，是極富動力而重要的普遍感情。《郭店竹簡》的〈性自命出〉篇說「道（人道）始於情」。

2000 A Celebration: essays for the bimillennium", The University of Michigan Press, 1993. pp.106-119.

27　《郭店楚簡・語叢一》：《易》所以會天道、人道也。《詩》所以會古含（今）之「志」（從心從寺）也者。《春秋》所以會古今之事也。

28　《郭店竹簡・性自命出》：「喜怒哀悲之氣，性也。……道始於情，情生於性，始者近情，終者近義……唯人道為可道也」。《左傳・昭公25年》（子產）云：「民有好、惡、喜、怒、哀、樂，生於六氣」。

《竹簡》中把「仁」字寫成「"身"在"心"上」，表明了儒家「仁」
的最原始出發點，是"身心交流"的活動。所以「人文藝術」的
精神就在於「以人為本」，而人的思維又基于"身心互動"。　如
果學者研討文學而忽略了文學藝術的根本 ——"人"的基本感情，
輕忽童幼[29]，避於男女，則其"智術"必缺乏生命力[30]，"隔"著
真感情寫詩文，所以不能感人。不能感人，則其不可親，不可親，
則不可久[31]，也不能抵擋外來重視"人、情"的文學和文化[32]。對

29　林中明〈白樂天的幽默感〉（日文譯者：綠川英樹），日本‧《白居易研
　　究年報》，勉誠出版（株），平成十六年八月，2004 年 8 月，第 138-153
　　頁。"李白和白居易詩中對兒童的關懷和融入，不及陶淵明和杜甫。"
30　《詩經‧魯頌‧駉》裏「思無斁，思馬斯作」，是思考不倦，奔跑有力
　　的意思。
31　《易經繫辭上篇》：是故，剛柔相摩，八卦相盪。鼓之以雷霆，潤之以
　　風雨，日月運行，一寒一暑，乾道成男，坤道成女。乾知大始，坤作成
　　物。乾以易知，坤以簡能。易則易知，簡則易從。易知則有親，易從則
　　有功。有親則可久，有功則可大。可久則賢人之德，可大則賢人之業。
　　易簡，而天下之理得矣；天下之理得，而成位乎其中矣。
32　王德威〈遊園驚夢，古典愛情 —— 現代中國文學的兩度「還魂」〉《聯
　　合報‧副刊》2004.4.23-29："…就此我們必須問：抒情 —— 尤其是為愛
　　抒情 —— 的文本性，在現代文學中發生什麼變化？32[37]這樣的問題當
　　然茲事體大。回答的方法之一，是回到已故捷克漢學大師普實克
　　（Jaroslav Prusek）的觀察。普氏論現代中國文學的起點，曾以抒情主
　　體的解放為首要特徵。對普氏而言，傳統文學當然不乏抒情時刻，但是
　　只有在現代意識的催化下，個人情性才得以化作一股歷史動力，衝決網
　　羅，創新形式，發前所之未發。然而五四以後，因應國家危難，這一抒
　　情主體逐漸自個別意義的追求，轉化為群體社會欲望的鞏固。一種「史
　　詩」式的文學風格因而誕生。普氏認為，中國現代文學的發展軌跡，恰
　　是從「抒情」到「史詩」 —— 或從小我到大我 —— 風格的過渡。32[38]
　　作家情愛欲望的投射軌跡，也可作如是觀。郭沫若、蔣光慈等人的文章
　　行止，由戀愛到革命，恰可為証。普實克立論受到左翼論述的影響，有
　　其局限，而他所理解的「抒情」，似乎更切近西方浪漫主義的定義。然
　　而普氏以「抒情」與「史詩」作為二十世紀以來中國現代性的表徵，無
　　疑提醒我們情性（affectivity）與情性的喻象（trope）所代表的意義。"
　　林評：普實克（Jaroslav Prŭšek）和許多西方的漢學家，用有限而偏頗

照西方希臘神話中有九位繆斯女神，各司詩歌、藝術、科學，其中的 Erato 還專司情詩，後來西方文人還認為不足，添加了詩人薩芙，作為第十位作為第十位繆斯女神，這都使得中華詩學的感情表達與生命活性相形見絀。

近代德國大詩人里爾克在他著名的《給年青詩人十封信》的第一封信中就指出，寫詩，應該是從個人的感情經驗學識開始，然後才及於外物和自然。沒有大才華，開始寫詩別寫俗濫的情詩[33]，但高手壯筆不在此限。《老子》稱讚「道法自然」，因為自然的空間廣，時間久，所以文學藝術凡以自然為法者，自然能大能久，而有助於「文化縱深」之外的厚度和廣大。好的詩雖然短，但是因為表達了具有普遍性的人類基本感情[34]，和對大自然深刻的體驗，所以得"人（情）天（道）之助"，而能夠持久和遠傳。劉勰說「應物感物，莫非自然」，鍾嶸《詩品》開頭也說「氣之動物，物之感人」。兩位文論大師論詩半斤十兩，嚴謹平典有餘，只是可惜在人情互感不強，放在現代詩學論壇上時，就難免「未足以雄遠人」。

的現代經驗，來囊括三千年的中國文化和文學。此與南北朝時期，執政的官方同時作艷情詩及宣揚政教儒家義理的情況不符。雖有小圈裏的大師之名，其觀察亦多刻舟與摸象之類乎？

33 Rainer Maria Rilke, "Letters to a Young Poet", translation by M.D. Herter Norton, Norton Company, 1934.pp.17-22.

34 林中明〈中西古代情詩比探短述 —— 並由《易經‧乾卦》推演「賦、比、興」的幾何時空意義〉，第五屆《詩經》國際研討會 2001 年論文集。學苑出版社，2002 年。第 393-402 頁。又見《斌心雕龍》第 369-388 頁。作者有〈論詩〉詩曰：「好詩如雕龍，而非精雕蟲；六義互鋪陳，詩情反不濃。為詩意如何？不在細律中；必先得其情，次而求其工。」

（六）絢素之章與閑情之賦：子夏與陶潛之儒

1. 絢素之章與子夏之儒：

〈明詩篇〉其後又說「子夏監"絢素"之章，故可與言詩」，更是脫離了《詩經·衛風·碩人》以「巧笑倩兮，美目盼兮」讚頌美女的原意。子夏當年以「巧笑倩兮，美目盼兮，素以為絢兮」三句問孔子。孔子用"傳統美學"的道理來解釋「素以為絢兮[35]」的道理，但沒有特別解釋前兩句人盡皆知，「目之於子都有同好」的話。子夏當然聽得懂這種淺顯明白的解釋，所以用「賦、比」而「興」的方式，推演其理到"禮"亦為"文飾"本性的作用。所以獲得孔子對他能"舉一反三"的稱讚。但是孔子和子夏都具有「文化縱深」，所以能夠同時欣賞美人、美術，及瞭解禮飾是由"本能反應"轉化為"藝術手法"，再提升到"禮飾節制"的考慮。

2. 閑情之賦與陶潛之儒

孔子是一個心胸開闊的宗師，子夏也是第一代的"大儒"，所以見識思想高出後之小儒。後世的儒家學者，「去聖久遠，離本彌甚（〈序志〉），天道難聞，猶或鑽仰，文章可見（〈徵聖〉）」"勿寧胡思"？恐怕許多人都不能想像《論語》中沒有列出的對話和文句之間隱藏的有關意義，難怪以昭明太子之賢之學，仍然要以陶淵明的〈閑情賦〉為「白璧微瑕」[36]。而不知陶淵明才是真正懂得《詩經》裏如春風聽鳥鳴的感情，和《論語·八佾》裏，孔子

---

35 更具視野的藝術觀，可以參考林中明《字外有字 2003》提出的「白具五味」理論，指出"白"與"黑"只是相對的色彩，不應當作為無作用的背景而已。見《斌心雕龍》335-336 頁。

36 林中明〈陶淵明治學思維闊觀 —— 兼談《文選》數例〉，第七屆昭明文選國際研討會論文集，廣西桂林，2007 年 10 月 28-29 日。第 182-187 頁。

和子夏對《詩經・衛風・碩人》 中一連七句讚頌美女，而以「巧
笑倩兮，美目盼兮」選為代表美人的話。我認為劉勰的《文心雕
龍》中沒有提到陶淵明，不是劉勰的疏忽，而是寫書時的年青劉
勰，其環境不利於瞭解《詩經》十五國風中的男女情詩[37]，同時
人生經驗也尚未足以瞭解成熟的陶淵明[38]。鍾嶸雖然列舉陶詩，
並以「風華清靡…古今隱逸詩人之宗」來推介淵明，但他和後來
年青時代的蘇軾，對陶詩的特性和高妙處，也還是一知半解[39]。

3.《詩》不止「思無邪」還有「思無疆、思無期、思無斁」

當劉勰在〈明詩篇〉首段舉出「三百之蔽，義歸無邪，持之
為訓」以為這才是孔子唯一的教訓時，已經局限於忽略了《詩經・魯
頌・駉》裏還有「思無疆、思無期、思無斁」三句更廣泛活潑的
話。所以當劉勰又在〈樂府〉中批評「淫辭在曲，正響焉生」時，
《文心雕龍》的 "詩學" 已經形存而神盲了。

---

37 林中明《中西古代情詩比探短述 —— 並由《易經・乾卦》推演『賦、比、
　　興』的幾何時空意義》，《斌心雕龍》369-388 頁。
38 林中明《陶淵明的多樣性和辯證性以及名字別考》，2002 年第五屆昭明
　　文選國際研討會論文集，《文選與文選學》，學苑出版社，2003 年 5 月，
　　p.591-611。斌心雕龍》201-238 頁。
39 林中明《杜甫諧戲詩在文學上的地位 —— 兼議古今詩家的幽默感》，杜
　　甫 1290 年國際學術研討會，2002.11.28 及 29 日，台北淡水淡江大學。
　　里仁書局，2003 年 6 月，頁 307-336。
　　「鍾嶸《詩品》說「魏侍中應璩詩，得詩人激刺之旨。宋徵士陶潛詩，
　　其源出于應璩。」這大約是指應、陶兩人都有諷刺的詩風。但我認為應
　　璩的《百一詩》，繼承《詩經》的諷刺筆法多于諧戲的幽默，對杜甫的
　　諷刺朝政和時事的筆法影響多於左思和陶潛。至於左思的《嬌女》或許
　　曾帶給淵明一些靈感寫幽默的《責子詩》，而淵明和梁詩裏的諧戲幽默
　　又再影響杜甫。談到詩裏的幽默感，應璩和左思都遠不及陶潛。所以胡
　　適說：「陶潛出于應璩，只是說他有點恢諧的風趣而已」，是說對了一部
　　份。至於鍾嶸說的「（陶潛詩）協左思風力」。我認為這是說左思《詠史
　　詩》中的論兵法，讚荊軻等等，都和陶淵明的豪氣相類似，但和陶潛的
　　諧戲詩無關」。《斌心雕龍》239-278 頁。

　　王國維在《人間詞話》中把“淫詞之病”和“游詞之病”分
開來討論。因為好的詩詞，非無淫詞，然“以其真也，讀之但覺
其親切動人”。由此觀之，王國維的詩詞學比劉勰開明。但是我們
也別忘了王國維曾受過西方科學的訓練和文藝洗禮，當然應該比
一千四百年前的劉勰進步。

四、劉勰論文重理寡情的原因

　　《文心雕龍》雖然是中華文論的寶典，但是「吾愛吾師，更
好真理」。我們只有在充分地瞭解了《文心》的建樹和立論之後，
才能發現和檢討它的一些局限。　能瞭解《文心》的時代局限，
才更能欣賞他個人的成就。以下試列舉一些可能的情況，來探討
劉勰的詩學重理寡情的部分原因。

（一）定林佛寺環境的影響：

　　劉勰在佛教寺院校經寫書十多年，較長期持續地受到佛教戒
律和環境的影響。中華佛教嚴戒男女、酒肉、歌舞等世俗放蕩感
情的舉止。這必然影響到劉勰寫書時的風格與內容。日本和部分
藏傳佛教不禁男女酒食，可以結婚生子，回家睡覺的作法，不是
任何中華正統佛教所能容許的戒律。所以研究斷絕男女私情的佛
理，也就影響寫文論重理寡情的風格和內容。

（二）儒家政教與民俗艷情的分離

　　但是劉勰入仕梁朝之後，仍然可以寫修訂版的《文心》，所以
定林寺對劉勰的影響，只能算是一生前半部分，不能算是最後和
最主要的影響。況且劉勰在定林寺時，顯然還不是佛教徒，因為

劉勰在全書最後一篇〈程器〉的後一段，強調「君子藏器，待時而動，發揮事業……摛文必在緯軍國…」。"緯軍國"豈有不從事佛徒禁止做的戰鬥殺戮？由此我認為劉勰彼時確定不是佛教徒，而仍是傳統的儒家信徒[40]，所以寫書也遵循儒家政教的要求。

更有可能的是統治階級和自戰國到漢代以來的儒家教條，使得在官方和較正式的公眾場合，官員及學者都遵循儒家的政教理念來看待文藝音樂。以致王室官場政教和私下寫作的標準分離。在正式的場合，大家一本正經，談道遵禮。但在非正式的場合，梁蕭王室卻悅寫艷詩蔚為風氣。所以才有徐陵編出《玉台新詠》來取悅貴婦王室。而與此同時又有昭明太子、劉勰、鍾嶸等人編寫出一本本正經守禮的文選、文論、詩品等書冊來。這好比太極圖的陰陽共存於一圖，又好像粒子和波動兩種說法分掌物理世界。

西方羅馬的賀拉斯，寫詩也不能不聽命於統治者奧古斯都的政治與宗教的政策。但好在奧古斯都是一個較開明的獨裁者和支持人，所以賀拉斯的詩藝得以兼顧文學和政教的需要[41]。但劉勰、鍾嶸廻避情愛文學不予討論，這並不代表他們完全不知道另一個"俗文學"和"真性情"的文藝世界的存在。古代「情」和「樂」相關聯。1998 年刊布的《郭店楚簡》，其中的〈性自命出〉就說「情」多由「樂」起，「凡聲，其出於情也信，然後其入拔人之心也厚」。在鍾、劉之前的嵇康，是晉魏時的大音樂家，他在〈聲無哀樂論〉中說：「古人知情不可恣，欲不可極，因其所有，每為三節，使哀不至傷，樂不至淫」。但是太開明的文藝理念，也潛伏著

40　〈劉勰、《文心》與兵略、智術〉，中國社會科學院‧《史學理論研究（季刊）》，1996 年，第一期，第 38-56 頁。

41　Robin Seager, Horace and Augustus: Poetry and Policy, Horace 2000 A Celebration: essays for the bimillennium, The University of Michigan Press, 1993. pp.23-40.

在政治上鄙夷專制的心態。他想要爭取一些思想自由，保持一些士人風骨，因而遭到殺害。所以"政教與俗情"分離，這是中國自古以來，明哲保身的官場文化。

譬如說喜好與元稹應和艷詩的白居易，到了他自編詩集的時候，便有意避開"艷情詩"的分類，而以「感傷詩」名之[42]，我認為他不及元稹編詩分類時誠實。元稹寄樂天書中說他詩集中"……因為艷詩百餘首"。但曾任宰相的元稹也不得不小心的加上一句"又以干教化者"，以免被敵人以"不護細行"參奏一本。和西方比起來，東西兩大文明都經過"放、收、放"，從開明到黑暗專制再回到人性理性的過程。只是西方的"浪漫時期"率先成了近五百年文明世界的典範，使得中國三千年的詩學突然落後了西方，到現在中國詩人還不自覺地在"情、理"不易共存的傳統下掙扎。李商隱的〈錦瑟〉無題詩，到現在文評家和詩人還不能定其性質[43]，也正是反映了中華文化對"情、理"的說不清，理還亂，不及西方以人性為本來得開明。

（三）昭明太子的喜好和作風

既然昭明太子性好虛靜典雅，他的手下諸臣一定也奉承其所好，走聖賢謨訓，正經"無邪"的風格。劉勰作為東宮太子的舍人和御林軍隊長，自然盡量保持《文心雕龍》典雅的原貌，避免修改"理勝於情"的篇章。但是如果劉勰曾經修改過《文心雕龍》，

---

42 陳寅恪《元白詩箋證稿·論元白詩之分類》
43 按：關於李義山的〈錦瑟詩〉，歷來文人對此解說紛紛，從傷逝、致友、自序詩集、自傷身世到談樂器、論詩道，不下七、八種之多。而艷情詩的可能性只是其中之一。卻不知高明的詩人，在一詩之中，可以包括和"埋伏"多種意思和層次，實在不必限於一種表面的意思而已。如果一個大詩人只有文字之才和道學之識，而無人性人情，其境界也是有限的。

那麼《文心》中不提昭明太子喜愛的陶淵明詩文，則是不合情理的事。所以我認為劉勰為了個人事業的目標，和由於個人性情的傾向，《文心》如果有修訂版，受昭明太子喜好的影響也是有限。但是從《昭明文選》選了四篇"情賦"來看，實在讓人難以瞭解，昭明太子為什麼要認為陶淵明的〈閑情賦〉諷諫不及宋玉的〈高唐賦〉、〈神女賦〉、〈登徒子好色賦〉和曹植的〈洛神賦〉？難怪東坡要譏笑蕭統是「小兒強作解事者」。或者蕭統反而受到劉勰的影響或擔心梁武帝的批評，而對陶淵明的〈閑情賦〉必須表態，作出「白璧微瑕」的批判[44]？

（四） 個人性向與戰略目標：

　　由劉勰個人行動果決的性向來看，他在有限記載的一生中，幾次運用兵法，採主動，完成他事業的願望，繼續邁向"緯軍國，任棟梁"的既定目標。所以以上的三個原因都不是決定性的主因。而最可能是配合他個人的事業目標而預訂"作戰"方略。更由於他中年以後逐漸變成真正的佛教徒，加上官場文化的限制，我認為即使劉勰後來有機會修訂《文心雕龍》，也只是在文字和編排上做了改進。但於"詩學"則遵隨傳統儒家思想，和更加傾向於梁武帝所益加尊信的佛教思維，所以在文論和詩學上沒有更開放或新奇的論點。如果他在晚年還有新作，包括劉勰是否為《劉子》一書作者的問題[45]，劉勰的文筆仍然雄雅騰躍如三十多歲寫《文心》時？這也是另一個可爭論探討的好題目。

---

44 林中明〈陶淵明治學思維闊觀 —— 兼談《文選》數例〉，第七屆昭明文選國際研討會論文集，廣西桂林，2007 年 10 月 28-29 日。第 182-187頁。

45 參考當代著名的《文心》學者林其錟夫婦等人對《劉子》作者的研究專書及多篇辯論論文。

五、詩學即人學

　　詩學其實也是"人學"和"人道"。不能整體對待人性的詩學，就不能得其全道。所以齊景公問政於孔子時，孔子對曰:「君君臣臣，父父子子」，就是不逃避人的關係，而分別以適當的態度相面對。《乾卦·文言·九二》說:「龍德而正中……閑邪存其誠」，就是說持中正的態度，閑防邪惡的影響，保存真誠的部份。後儒為了正心誠意防閑杜漸，乾脆把真誠的情詩和淫蕩的艷詩一起拋開，免得講學解經時惹麻煩。所以"進德修業"時雖然看起來是像《乾卦·九三·文言》說的:「君子終日乾乾，進德修業，修辭立其誠」。但是把人人動心感人的情詩拋開，假裝沒有看到，這其實反而違反了「修辭立其誠」的基本要求!由此可以看到膽敢把〈關雎〉一詩放在《詩經》之首的孔子（或前賢），心胸是如何的開闊[46]!而後世大部份儒家學者過度的拘謹，竟把真正的"孔子之學"變成了"限制本"的"部分孔學"。於此，作為一位傳統政教社會下的學者，劉勰當然也不能跳出社會環境的框架和圈套。正如他自己所說的:「文變染乎世情，興衰繫乎時序」。所以我們研究《文心》，雖然「吾愛吾師，更愛真理」，但也不必苛意求全，更不應該因懼噎而廢湯圓，怕胖而撤八寶飯。

---

46 林中明〈中西古代情詩比略短述 —— 並由《易經·乾卦》推演「賦比興」的幾何時空意義〉，第五屆中國《詩經》國際學術研討會 2001 年論文集。北京·學苑出版社，2002 年。第 393-402 頁。

六、結論：文武合一，智術一也。
　　　情理合一，人性一也。

　　知道了《文心雕龍》「詩學」重理避情的局限，和《詩經》對人類情感如實而開明的記"志"，今天我們研究《文心雕龍》的詩學，就應該把《文心雕龍》和《詩經》一同會通加以研究，這樣才能在"古典詩學"的了解上作到"情理合一"，以彌補後世儒家擅自割捨人性人情所造成的視野局限和活力缺失。所以我認為，只有當我們以"文武合一"和"情理合一"的辯證又融合的態度來研究經典，以「現代化、消化、簡化、本土化、大眾化、全球化[47]」的方法和過程，來繼承和發揚中華文化，中華文藝才能走上穩健活潑，有「文化縱深」的復興道路。而這樣的理念和應用，其實也就是拙著《斌心雕龍》藉助新的「知識平台」所開始探討的新方向，和邁出的幾個小碎步。

　　　原文發表於 2004 年 3 月 27-28 日，在廣東・深圳大學文學院召開
　　　的「《文心雕龍》國際學術研討會」，見於研討會論文集，及網路
　　　論文站。會議主題："世界詩學視野中的《文心雕龍》"。此文為
　　　2009 年 9 月所修訂，並附插圖。

2009 年 9 月 27 日

47　林中明《禪理與管理 —— 慧能禪修對企管教育與科技創新的啟示》，《斌心雕龍》，臺北・學生書局，2003 年。第 519-570 頁。

詠佳人

二八佳人生南國
碧海青天渾忘憂
春風薰然拂細草
鳥語花香不知秋

廣文選源變：從《詩經》到《昭明文選》、《古文觀止》

提要：本文初稿刊於 2002 年《昭明文選》國際研討會論文集，吉林出版社 2001 年。第 562-582 頁.

關鍵詞：《昭明文選》、《玉臺新詠》、《弘明集》、《古文辭類纂》、《經史百家雜鈔》、《古文觀止》

一、緣　起

（一）廣義文選研究發軔

當前北大最老的教授季羨林曾說：「中國（曾）是世界上最喜歡藏書和讀書的國家。我們一定要繼承這一優秀傳統，要讀書，讀好書（《讀書與藏書》1991. 7. 15）。」要讀好書，就不能不廣覽而精選。懂得什麼是好的古今中外的文選，而又能應用它們累積的經驗智慧，做學問方能事半而功倍，這樣中國人才能有系統的培養起新一代人的知識水平。

《昭明文選》雖為國學寶藏之一，但它的性質和《孫子》《文心》大不相同。如果《孫子》和《文心》是強調人本位和爭取主動的『戰士』，那麼《文選》就像是被動待用的小型弓箭庫，其中精選了 130 餘位兵器名家打造的 750 多枝利箭，按功能編成 37 大類和若干小組，以便『戰士』依『作戰的情勢』而使用。就像《周官》所云：「司弓，掌六弓、四弩、拔矢之法。辨其名物，而掌其守藏，與其出入。」治「選學」一如司弓守藏，既需掌握所需之弩矢，辨其篇章名物，而又要能對外應用，和容納別學，並繼續擴張知識庫存。

就人類的文化活動而言，作文和作戰都是智術制作[1]，情智競爭。《老子》釋『道』喜以兵喻，曾說「天之道，其猶張弓與？」孔子博學而精於「執射」，嘗云「君子無所爭，必也射乎」，借箭術以教禮數。他又曾說「射不主皮，為力不同科，古之道也」。可見老子和孔子兩位聖哲，都喜歡借兵家弓箭之術以喻大道《列子》論射術，曰：「視小如大，望之三年」。說的幾乎是教人如何精讀專集以明大道。雅好文學的昭明太子，也曾寫（弓矢贊）詠贊弓箭之『道』曰「弓用筋角，矢製良弓；亦以觀德，非止臨戎。」作文編輯之道，其實也像匠人選製弓箭之術，和矢人張弓射擊之技。如何選箭配弓，彎弓搭箭，又如何「節如發機」（《孫子‧勢篇》）？昭明太子等人是編而不導，序而不論，列而不評。《昭明文選》的功用就像是《關尹子‧五鑒》所云，「（善弓者）師弓不師羿」，作文之道，就「有待文（武）林細揣摩」（《八大山人詩畫集》）。

孔子不僅教文而且教戰。他曾說：「以不教民戰，是謂棄之。善人教民七年，亦可以即戎矣」（《論語‧子路》）。上士不教而知戰略，下士雖教而不明變通。至于紛紜的中士，如何「既張我弓，

---

1 劉勰《文心雕龍‧序志》：「夫「文心者，言為文（藝）之用心也。夫宇宙綿邈，黎獻紛雜，拔萃出類，智術而已。歲月飄忽，性靈不居，騰聲飛實，制作（創作）而已。」

既挾我矢」(《誠·小雅·吉日》)和「節如發機」(《孫子·勢篇》)，以及「以近窮遠」(《說文·弓部》)攻敵射獵「以即戎」，就需要《文心》甚至「孫武《兵經》」(《文心·程器》)在文章智術和廣義兵略上的指導[2,3,4]。因此許多眼手俱到的學者，倡議《文心》當與《文選》共修，就是由于上面所說，選文和作文，有類如『弓、箭和射手、射術』間的互動關係。

因為《昭明文選》本身已是「彙聚雜集」(《文選序》)之編，如果再精梳細扒地研究，很可能導致「見樹不見林」，甚至于有「見枝不見樹」的危機。如何渡過這個研究發展中的淺灘，進入國學的宏流，我們可以向已成國際顯學的「孫子兵法」去借鏡。善于研究《孫子》的人，不能不從孫武之前的《易經》《司馬法》研究起，然後旁通《老子》《吳子》，下達《唐李對問》，甚至兼治西洋兵學。我們在 21 世紀研究 1500 年前的《昭明文選》，當然也要從微觀著手，旁照且外徵，自宏觀著眼，上通而下達。這兩者齊頭並進，才能取得更大的成果。縱觀 20 世紀初，物理大師愛因斯坦研究相對論時，也是先攻略《窄義相對論》，再進取《廣義相對論》，順次瞭解更全面的宇宙現象。可見科學和文藝智術在高層的研究方法上也相類似。

昭明太子蕭統雖然不完全瞭解孔子的六藝素養，但極推崇孔子的「文學」。他在〈文選序〉裏說「孔父之書，與日月俱懸，鬼神爭奧」。孔子學問多方，而以「人」為本位。他研究「仁」學，

---

2 林中明《劉勰和《文心》裏的兵略思想》，《文心雕龍研究·第二輯》，北京大學出版社，1996 年，第 311-325 頁。

3 林中明《劉勰、《文心》的兵略、智術》，《史學理論研究季刊》，中國社會科學院，1996 年，第 38- 56 頁。

4 林中明《斌心雕龍：從《孫武兵經》探解文藝創作》，第四屆國際孫子兵法研討會論文集，1998 年。軍事科學出版社，1999 年，第 310-317 頁。

也是窄義和廣義並重，有關的各類事例在《論語》中俯仰皆是。其中最具代表性和辯證性的實例之一，當推《家語》及多本古書裏記載「楚王失弓（箭）」的公案。據說楚共王出遊，亡其『烏號』之弓，左右請求之，王曰：「楚人失弓，楚人得之，又何求焉？」。據說孔子聽到「楚弓楚得」的故事以後，就提出了心胸寬宏，和名學類屬上更上層樓的看法。他以『望嶽』的心胸說「人失弓（箭），人得之，如是而已，何必曰『楚』。」

　　再舉一個現代的例子。當代中國最權威和最大發行量的報紙，人民日報，它的題字，就是「人報」兩個大字之間放了兩個小字「民日」。當年毛潤之先生之所以如此安排，也是遵循孔子「仁學」的胸襟，以廣義的「人」代替窄義的「楚人」。準乎此境，我們研究《昭明文選》，也應該可以在微觀精究『昭明』「文選」之餘，以不拘于以『昭明』一選而「圍地」（《孫子・九地篇》）的眼手，當更從古今中外各種的「文選」裏去研究它們相互之間的同異。見『異』，《文心》的〈知音篇〉說是「唯知音耳」。見『同』呢？因為自其不變者而觀之，『文選』的精神和原則未嘗變也。所以，探討古今中外各類文選的同與異，可以說是一種遵循劉勰《文心》裏樞鈕五篇的精神和原則，而更廣義地去衍伸『原文章之道』，『宗佳文如經』，『徵作者附聖』，『正異篇輔緯』和『辨創新依騷』的作法。

　　這種宏觀廣義的精神，在《昭明文選》裏也有範例。譬如卷55，劉峻的〈廣絕交論〉，從東漢朱穆《絕交論》的基礎上，擴展到討論基本人性的五種交往流派，和三種弊釁，寫盡人情冷暖和世態炎涼。這就說明了即使一篇論文，也都有用『廣』類以深論的需要。編集天下文章，當然更要胸襟廣闊。再譬如，和《昭明文選》同時期的《弘明集》，到了唐代，釋道宣因為時代的進步和知識的擴展，乃擴編《弘明集》而成《廣弘明集》。何況『詩文』的種類繁多，若不廣覽精選，何能見出人類思想和文體的變化？杜甫年青時，就有『會當凌絕頂，一覽眾山小』的眼光志向，難怪日後可以『廣』集先賢『文類、詩道』，而終至大成。

因此，這篇論文，首先溯源探討人類勤于「文選」的動機。再以幾何學「三點定曲線」的方式，縱向從《昭明文選》之前一千年的《詩經》，到一千年後『桐城派』所纂集的兩部文選，姚鼐的《古文辭類纂》和曾國藩的《經史百家雜鈔》，去沿循和比較「古」「今」『文選』的同異。然後再從時間的橫向，選取與《昭明文選》同時，而有代表性的《玉臺新詠》和《弘明集》，以左右逢源的方式，互相對照這同時代的三大文選。最後，再加上過去三百年來，最受大眾歡迎的《古文觀止》，試由嶄新的視角，對比討論這六種著名文選的特性和成敗得失。希望從這個起點，為『廣文選』研究放下一塊墊腳石，以為今後世界性和現代化『廣文選』的探討鋪路。

（二）文選的源頭

昭明太子編輯《文選》，動機似非深宏遠大。猜想他最初的願望，也不過是遵循父風，和為了「居暇觀覽，遊想忘倦」的方便之用，遠非呂不韋、淮南王集文立言的氣魄格局。《文選》的主持人蕭統在（文選序）的開頭一段，提到「伏羲畫八卦造書契，以代結繩」和「文之時義」，但卻沒能深究『文之源義』和人類之所以著書立言的更深一層的動機。所以他和他的編輯團隊，雖然收入了也曾為『東宮皇太子』的曹丕的〈典論論文〉，他卻沒有進一步感受到孔子、司馬遷以及身邊劉舍人已在《文心雕龍》中，所指出寫文章的終極意義，乃在于超越時空，趨于不朽。如果我們從現代人類的文化心理學來探討上古時期人類塗刻「岩畫」,和中古人類「結繩記事」的意義;我們必然會發現立言和選文在述情和記事等功能之外,其中隱含人類對生命的珍惜和對時光流逝加以反制的企圖 ── 所謂以空間的刻劃來換取時時間之不朽。不然「日月逝于上,體貌衰于下,忽然與萬物遷化,化為糞壤,斯志士之大痛也(〈典論論文〉)。」此所以不僅『中士』自知不能假史託勢以立德立功,故當以翰墨篇籍「立言」而垂不朽,就連相信靈魂不朽的中西宗教學者,也都擔心物質世界的『火盡而薪不傳』,而盡力於保存宗教典籍。佛教的《弘明集》和《大藏經》,以及雲居寺的石窟石版藏經5,和敦煌山洞裏所藏的經卷書畫,都是基于人類「反熵」「抗衰」而興起相同的動機和行為。

　　曹丕在〈典論論文〉和兩篇〈與吳質書〉裏,都提到人類無論如何賢智,都遲早不免化為「異物、糞壤」,而「與萬物遷化」。這個「成住敗空」的哲學命題,不僅是中國人古代的問題,也是所有人類和生物,在不可逆轉的時間洪流之中,無時無刻都在掙扎的『考題』。然而無論人類文明如何進步,這個「成住敗空」的結果仍然無可倖免,其原因乃由于我們的物理世界都不能超脫『熱力學第二定律』這個宇宙遷化的大原則。

（三）物理能量」的『熱熵』失序和 「信息知識」的傳遞失真

　　『熱力學第二定律』指出,物質宇宙的能量秩序,隨時間和

---

5 顏洽茂〈《高麗大藏經》及其文獻價值:承古版、存佚典、作底本、助校勘〉,中華文史論叢第 63 輯,上海古籍出版社 2000 年 9 月(韓國伽耶山海印寺,現存 13 世紀再刻《大藏經》八萬塊。11 世紀原刻承《北宋・開寶藏》,冀祈佛力攘退契丹兵侵,并糾謬以傳四方。)

能量形式轉換的次數，將不可逆轉地增加它的「混沌程度」。也就是說宇宙的「熱熵」只增不減，隨著「時間之箭[6]」而混沌日增。然而生命和有情的世界，面對物質宇宙不可逆轉的混沌，常自覺或半自覺地採取各種不同的方式和努力，來對應或對抗物質世界「成住敗空」的物理規則。法國現代文學家馬金尼（Andrei Makine）[7]就直說：「寫作的欲望正是要對抗死亡。」科學家兼哲學家的馬克思‧波恩（Max Born）也曾說：「科學家的樂趣（之一），就在于為這個混亂的世界的某一部分帶來某種情理和秩序。」就此而言「文選家」也有類似的志向和樂趣 —— 他們整集過去的詩文，強調某種人情文理，傳遞『真善美』的經驗秩序。

　　低等生物以基因的複制來延續生命，以突變為手段來應付挑戰，避免物種滅絕。最高等的生物，人類，在生殖繁衍的方式之外，另以「立德、立功、立言[8]」三不朽，和建築、園林、藝術、宗教等等複雜的方式，來幫助記憶，輔助學習，并累積延續和傳播發揚生命的成就。中國人自古以來重視刻竹書帛，勒碑立石，鑄鼎雕銘以抗腐朽遷化，就都是這種心態的表現。但是即使刻碑勒石，也不能免于在時間流轉下，風雨和人為的腐蝕。重新刻板，又不能避免眼手的謬誤。此所以王安石在《遊褒禪山記》裏感嘆地說：「余於扑碑，又以悲夫古書之不存。後世之謬其傳而莫能名者，何可勝道也哉？此所以學者不可以不深思而慎取之也。」

　　從人類文化史來考察這些意圖不朽的方式，我們發現以上所

6　Stephen Hawking, A Brief History of time:From the Big Bang to Black Hole, Ch.9, Bantam Books, 1988。

7　馬金尼，1995 年法國鞏果德，梅第西兩大文學獎得主，著有《法蘭西遺屬》等書。

8　Sir Arnold Wilson's epitaph for T.E. Lawrence; "Happy are those who can do things worth recording, or write things worth reading; most happy those to whom it is given to do both ." （taken from Pliny`s letter to Tacitus）

舉的方式，都不免受到物理和生物在時空上天然的限制。這就是古人所謂「物壯則老」，而欲求事功長存者大多事與願違。再加上天災人禍，就連 5000 年前造出莎草紙的古埃及人，也沒能在莎草紙上留下金字塔的建造方法和文學的記錄。然而人類發明抽象而簡明的語言文字之後，不僅人類的感情思想、事物政史都能以文字符號來表達記載。而且在語文轉抄之後，訊息仍然可以毫無損失，百分之百地超越時空，傳續到遠處，和可能及于未來的人類和更高等的生命體。靠著文字這種「特異功能」，立功、立德、立言，和園藝、建築、藝術、宗教等生命的成就和文明的光輝，才能被遠人和後人記憶學習，溝通傳播，累積延續，以至于發揚光大。就科學的眼光來看，這也可以說是宇宙裏高等生物，在完全不瞭解「熱力學第二定律」之下，不自覺或半自覺「反自然、反熱熵、反失序[9]」的範例。

（四）文學「無耗再生」的特性和 「半衰期[10]」的考量

這種奇特「無耗再生」的能力，也出現在當今紅的發紫的電腦高科技上。君不見，電腦的硬體隨時空的轉移而損耗衰壞。然而電腦程式軟件，卻完全可以超越時空，百用不疲，百戰不損，如「刀刃若新發於硎」。只是，再好的電腦軟件也不能在市場上流行超過十年。而經典的文章書籍，譬如《孫子》和《莎士比亞詩劇》，卻都可以「無耗再生」，橫行世間千百年。它們甚至飄洋過

9　Ilya Prigorine （1977 Nobel Prize Laureate of Chemistry）. "Forward to 'The Arrow of Time', by P.Coveney and R.Highfield", W.H.Allen, 1990.

10　半衰期（half-life）：原係核子物理術語。意指各種放射性元素，損失其一半放射性能量所需的時間。

海，翻譯成別種語言，仍然昂首鼎立，無限風采。由此可知，即使是『超一流』的科技，它們的生命「半衰期」，還是遠遜於經典的文字辭章。所以衡量人們的成就，不能只看一時政壇和市場的興衰，而當以它們生命力和影響力的「半衰期」來評價。就此而言，諾貝爾文學獎的光環，也不能逃脫「半衰期」這隻「無形的手」，所謂『環』之不存，『光』將焉附的命運。

梁代僧佑所編集的《弘明集》中也花了相當多的篇幅討論「形盡，神滅還是不滅？」的大問題。而這個老問題至今也都還沒有足夠的證據，讓兩造信服。但就「作者和文章」的『形神』存滅而而言，作者的形雖然由『成住』而『敗空』，但經典之作，因為受到學者的尊重或民眾的喜愛，而有較大的機會流傳後世他方。它們經得起時空的考驗，而有近乎「作者形盡，而文章之神不滅」的宗教境界。《弘明集》中羅君章的《更生論》，和西方基督教「再生（reincarnation）」的說法，更是勾畫出人類對『生命形神』甚至物件物體「無耗再生」的理想。而登上這個『理想之塔』，卻能藉由文字堆砌的台階來達成。這一個很特殊而又是人人皆知的現象，很值得我們研究《文選》和『廣文選』的人重新思考。

（五）文選的特性：以群眾勝個人，從量變到質變

單一的作品，很難截斷眾流，跨越群雄，而且歷時不衰。2500年前的《孫子兵法》和400年前的《莎士比亞詩、劇》，可以說是特例。但是一部成功的『藝文選』，它能跨越時空，結合各別有特性、有代表性的單一篇章，而成為新的『有機體』。就像一道名菜，天天吃，很難吊住一般食客的胃口；然而精選的滿漢全席，卻能膾炙人口，歷久不衰。如果選文的編者懂得類似於點將佈陣之術，

編出一部精選而有特殊形式結構的『藝文選』,它的權威性和影響力,常能勝於各別作品的總和。借用近代黑格爾的辯證法,這就是所謂的「從量變到質變」。其實《老子》早就說過,「三十幅為一轂,當其無,有車之用。」單一的木條用處有限。但是三十根木棍,經過編排,就能做成車輪,可以載重遠行。20 世紀初發端於德國的『格式塔』(Gestalt)文藝心理學派所提出『整體並不等于部分的總和』的新學說,其實說的還是太陽下的舊道理。依此諸家之說,《昭明文選》的成就,乃是一個「以群眾勝個人,從量變到質變」的世界性方法和中華文化精集的範例。

但是《昭明文選》的成功,不能說全是由于昭明的領導和編輯團隊之力。公平之論應該是《文選》的編輯除了憑藉皇子王朝成事之便,也靠著南朝數代宮廷藏書之豐,和『站在中華文化巨人的肩膀上』所致。歷來研究《昭明文選》的學者,大多認為《昭明文選》是中華文化裏第一部詩文選集。其實就廣義的「文籍」發展歷史而言,《詩經》才是中華文化裏第一部詩文選集,而且《詩經》才是是周朝之後,各類總集的先聲[11]先河。

二、研究「廣文選史」的重要[12]和方法:

(一)《詩經》是「源」,《文選》是「流」

想要精究《昭明文選》的「文華事義」,必需同時研究「廣文選史」。「中文文學有三千年連續不斷的歷史,這是世界上唯一有

---

11 方孝岳《中國文學批評・孔門的詩教》,上海世界書局,1934 年。
12 郭預衡《專門與博識》華文出版社,1998 年。『不學歷史,便無從比較;不能比較,便無從判斷。』

這個特點的文學[13]。」所以我們可以經由研究中國的文選史，瞭解人類對『文選』的共同思想和行為反應。這種溯流上下，旁探支流的研究方法，也就是類比于在幾何學上要想研究一條曲線，必須至少先知道這條曲線上的三個代表性的定點，即所謂「三點定曲線」的方法。同理，研究「廣文選史」，則必先研究《昭明文選》在「廣文選史」這條曲線上的位置，以及在它之前，之後，以及同期而分流的各重要「文選」的據點位置和時代脈動振幅之大小。能瞭解整條曲線的方程式，那才能上推下探，旁證外徵，無往而不利。所以，研究《昭明文選》必先研究「廣文選史」的源頭——《詩經》，和其六義、體裁相對於《昭明文選》的異同。而且從中國「廣文選史」的研究，甚至可以幫助探討其他古代文明『經典』的選編；包括有助於瞭解西方文明中學者和教士對於《聖經》的選編[14]，是出于宗教權威[15]，還是起于學者及民間創造[16]的爭執[17]。

（二）中華文化第一部詩文選集：
《詩經（三百首）》

　　《詩經》雖然只有三百零五篇，但殷周樂官自民間和宮廷「採」「取」的詩篇應當十百倍於此。司馬遷在《史記》裏說「古詩三千餘篇」，乃是說《詩經》是十中選一的精品。在書寫和記載工具

---

13 〈北明專訪瑞典漢學家馬悅然〉訪問記，（2000 年？）。

14 Bruce M.Melzger , *The Bible, the Church ,and Authority; The Canon of the Chistian Bible in History and Theology,* The Liturgical Press, 1995.

15 Joseph T. Lienhard, *The Bible, The Church, and Authority: The Canon of the Christian Bible in History and Theology*, The Liturgical Press, 1995.

16 Roben Alter, *Canon and Creativity: modern writing and the authority of scripture*, Yale University Press, 2000.

17 F.E.Bruce, *The Canon of Scripture*, Inter Varsity Press, 1988.

簡陋的時代，想要製作長篇詩文，可以說是「心有餘，口有言，耳有聞，而技不足」。所以雖然商周文明已經相當進步，但文學總集仍然受到工技的限制，而不得不局限於形式短簡的「詩」，和它所包括的風、雅、頌等大類。觀察日本《萬葉集》的 4500 首歌謠和種類，以及古希臘《詩文選》[18]中 300 位作者的 3700 首短詩（加上一些諷刺短詩、墓誌銘和歌詞），我們也可以看到不同民族文化，在科技的限制下，人類文明所產生的類似結果。

1999 年諾貝爾文學獎得獎人，葛拉斯（Gunter Grass）就曾說：「……自《蝸牛日記（1972）》起，我開始把『詩』和『文』放在一起……我覺得『詩』和『文』分家沒什麼道理。」其實這個簡單的道理，我們也不假外求。梁朝的劉勰早在 1500 年前，就把詩、賦和樂府都當做「文」之一體，在他的《文心雕龍》裏，分專篇加以細論。《文心雕龍·徵聖篇》指出：「『文』成規矩，思合符契。或簡言以達旨，或博文以該情，或明理以立體，或隱意以藏用。」所以『廣義的文選』，當然包括「簡言以言志，隱意以藏用」的『詩選』；和「賦自詩出，寫物雕畫」（《文心·詮賦》）的『賦選』；以及「依詠和聲」（《文心·樂府》）的『樂府集』；和「博文以該情，明理以立體」的各種『文選集』。

蕭統集選詩文，其實是祖述孔子和他之前，官府與民間協力集選《詩》的思想和作為。西方選詩，早見于公元前一世紀 Meleager 的『聚花集』。他選古希臘詩時，也像蕭繹時代編《玉臺新詠》時不選哥哥蕭統的詩一般，他們都多選自己的詩，而少收同代詩人的詩（譬如 Meleager 不收同代 Antipater of Sidon 的詩）。這也是人類為『續存而競爭』的本性乎？

18　《古希臘詩文選》（Greek Anthology），主體部分為 Syria 詩人 Meleager 編集成於公元前一世紀。

因為天下文章「不可勝載」(《文選序》)，所以《詩經》沒選虞、夏的詩，而《昭明文選》也避免剪裁選取孔父、姬公時代的書籍。因為物質世界的資源並非無邊，而人的記憶力和讀者的耐性卻都有限。再加上時代和選者的好惡，即使是《永樂大典》《四庫全書》，它們的『大』和『全』也都是有限級的形容詞。

清人朱彝尊為《玉臺新詠》作跋曰：「《昭明文選》初成，聞有千卷。既而略其蕪穢，集其清英，存三十卷，擇之可謂精矣。」《孫子‧虛實篇》說得好：「無所不備，則無所不寡」。若有所取，則必有所舍。《詩經》有取舍，其後的任何「文選」也不能例外。好的「文選」，文不在多，而在如何盡其意，已達而復達於人。《孫子‧行軍篇》論用兵之道曰：「兵非貴益多，(唯無武進)，足以并力、料敵、取人而已。」如果我們把孫子文中的『兵』換成『文章』，『人』當做『讀者』，那麼如何「選文」，竟和「用兵之道」的智術是同源的一回事！

(三)『三線文學』的全面觀溯源

《詩經》之後，就可以環顧和《昭明文選》同時期的其它「文選」，而從中看出時代的背景和風氣之走向對文藝的影響和震蕩。這也就是劉勰在《文心雕龍‧時序篇》所說的「文變染乎世情，興衰繫乎時變。」劉勰的《文心雕龍》雖然不是總集之書，但它和鍾嶸的《詩品》都選評了不少文人和他們的作品，以為立論品評之用。所以《文心》和《詩品》雖無「文選」之名，但在實際上，卻有「選文」論斷之實。因此，從「廣文選史」的立場來看，《文心》和《詩品》也都應該列入研究的範圍，相互發明，以求甚解。

如果說昭明太子選文的態度是代表或接近於所謂『正統文學』的『中間路線』，那麼除了《文心》和《詩品》選評的「文選」之外，最值得研究和重視的就當推『正統文學』的『左』邊，代表當時嚴肅說理，弘揚佛教哲學的《弘明集》；和『右』邊，代表感情解放，專收宮體艷情詩的《玉臺新詠》。這種『三線文學』的看法，要遠比自胡適在 20 世紀初所提出的『雙線文學[19]』，以雅、俗文學劃分中國文學，更來得全面。當我們把「三點定曲線」的方法和「三線文學」的觀念立體地合併起來，才能把『廣文選』這個新觀念，應用於研究中國文學史，對中國文化做更有系統，更廣泛和有機互動的探討。

三、《文選》同期的橫向詩文哲思選集

（一）艷俗詩選：《玉臺新詠》

南朝梁陳時期徐陵所選輯的十卷《玉臺新詠》，以編年的體式，取材由漢代古詩以至時人之作，共收詩歌八百七十首之多（《昭明文選》共收 129 人 752 篇）。梁啟超說：「《隋志》總集百四十部，今存者《文選》及《玉臺新詠》而已。」《玉臺新詠》直承《詩經》、《楚辭》。「右孝穆而左昭明」，可以說是以「三點定線」方法研究自周至梁詩歌總集傳統的最佳文獻。

由各版本中都看不到一首蕭統的情詩而觀，《玉臺新詠》很可能是徐陵奉簡文帝蕭綱之旨而編，反映了愛好艷情的宮廷裏，卻是六親不認，酷無仁情。但細看徐陵為《玉臺新詠》所寫的序言，卻表示此書是專為一位「細腰纖手，嬌娥巧笑，妙解文章，尤攻詩賦，才情佳麗」的「麗人」，在「新妝已盡，纖手對翫」時所「撰

19　唐德剛《胡適口述自傳·雙線文學的新觀念》，傳記文學出版社 1979年。

錄（的）艷歌」。《玉臺新詠》既然是逢迎「萬年公主」之輩的帝妃之作，所以它對婦女感情和女性文學特別重視，因此便不自覺的成為反傳統而有現代特性的「新詩選」。它的這些出于『真情』而異於『正道』的『特點』，甚至於被道學先生批評為『亡國之音』的『缺點』，到後來反而成為它的特點和強項。恐怕這也是世界『廣文選』史上『偏將』成功的特例。

　　《玉臺新詠》不僅保留了自漢代至梁朝的世俗民情，也昭顯男性詩人揣摩婦人心理，巧寫悲歡興怨的手法和情趣。摹擬揣寫他人和異性心思，這本是文人藝者之挑戰和樂趣所在。古人摹擬怨婦心態口吻的詩篇，後人常以為盡皆臣子士人貶遷而思君怨政之作。但由《玉臺新詠》第七卷所集之詩，盡為帝王皇子之作而觀，梁武、簡文二帝寫此類怨婦艷詩何需哀怨貶遷和『眷顧的眼光』？這就說明了臣子是人，皇帝也是人，詩人更是人。而詩人的創作力，是不受政治所局限的。先秦莊、列諸子就曾幻夢身為蝶、鼠；漢魏六朝詩人揣摩異性心思，或奇想身變鳥獸，以表現鵬鳥、白馬[20]的精神，都不外乎這種創作心態。近代卡夫卡揣摩人變爬蟲，寫成《蛻變》一書驚俗嚇世，意外開創一代哲想文風。歸納這些古今中外的作品，觀『材士之用心』，乃知皆為文人意圖超越自身時空，所表現的結果。《玉臺新詠》『艷情』詩所探索玩味的婦女心理變化，其實也是現代心理學影響下『新文學』所探索的範疇。而且這也在世紀交替時頒給高行健的諾貝爾文學獎評語中指出，『對女性內心心理難得掌握到如此絲絲入扣』，是一項突顯的文學特性和寫作上的成就。孔子曾說，學問之道「溫故而知新」。我們由現代文學反觀古典文學，反而可以見出『俗文選』

20　《昭明文選‧卷 13、14》收鳥獸賦五篇。

如《玉臺新詠》的真價值。而也只有從『廣文選』的宏觀，才能從眾文選中，盡見山川相映，大地變化之奇，與風景富麗之美。

《玉臺新詠》的內容雖然在當時偏俗，但從今日標準而觀，它也保存不少雅作。何況「其措辭託興高古，……覽者可以睹歷世文章盛衰之變」（宋・陳玉父跋《玉臺新詠》），且復能補《昭明文選》詩歌數目之不足。所以它的存在更是彌足珍貴。這譬如國家植物園中，不僅要有樹木也需要有花草，讓游人在最經濟的時間和範圍裏，盡見天下華樹美木、奇花異草。如果用《文心雕龍》的理論來『格』《玉臺新詠》，庶幾可以借用《正緯篇》的大意，說它是「事豐奇『緯』，『情』富膏腴，無益經典，而有助於文章。」就此而觀，《玉臺新詠》在單獨的文藝欣賞，和宏觀的文學研究上，都有它特殊的地位和價值，很值得我們研究『廣文選』者的重視。至于曾經引起熱烈討論的『作者刪選』和『次序排名』等研究題目，在千年之後，和它的取材特質相比，恐怕反而成為學院文學之末節了。

（二）佛道哲思辯論文輯：《弘明集》

若以《昭明文選》為中軸，俗情文學的《玉臺新詠》為右部，那麼專輯三教思想論爭的《弘明集》，就可以相對地放在左側[21]，三者橫向合成一個當代文學總集的『大模樣』。把這時間在橫向的三點取材，和縱向的《詩經》、《昭明文選》和「桐城文選」相對照，然後架構起較全面的時空體系來，我們就可以更有系統的去做分析或綜合的，中國『廣文選史』研究。

與蕭統、徐陵大約同期的僧佑，為了「弘道明教，為法禦辱」，

---

21 《老子・第三十一章》衍文已有左右對待情勢之觀念：「君子居則貴左，用兵則貴右……。」

似有可能在劉勰的協助之下，集選了自東漢至梁，佛、道、儒三教辯論，正反兩面「通人雅論，勝士妙說」的代表性論文五十八篇，稱之為《弘明集》。選文之中，竟然包括『反動派諸旗手』范慎的《神滅論》，顧道士的《夷夏論》，以及張融《三破論》⋯⋯等等反佛的論文。把『異端』對手的論文與答辯文並列，當做反面教材，以為「迷途之人，總釋群疑」。這種『揖讓而升』，『以理駁理』的文辯方式，態度優雅，胸襟開闊，可以讓近百年來中國的學術界和學派的辯論者慚愧 把攻擊自己對手的文章集結出版，以昭學者智士，東西學者一千五百年來，除了《弘明集》以外，也許只有英國的歷史大家湯恩比等數人而已。

　　宗教辯論，雖然不動干戈，也不流血。但是攻守的戰術，和軍爭沒有兩樣。僧佑的弟子劉勰，在《文心雕龍・論說篇》裏講『跡堅求通，鉤深取極，義貴圓通，辭共心密，敵人不知所乘』，就是說攻守和如何立論破敵。《弘明集》的最後三篇[22]，在文體上，更是屬於兵爭應用文『檄移』的形式，但攻擊的對象連『非人』的『泰山之神』也不放過！這兩種文體形式，也見于『昭明文選』卷 43 和 44。而劉勰也特列《檄移篇》來專門討論。由此可見，如果要研究古代的『廣文選』，《文心雕龍》是必需的利器和最有系統的理論架構。

　　《弘明集》所選的論文，陳義深奧，文字典雅，足為梁代宗教哲學之典範。可惜它的長處也就是它的短處，就因為它義奧文典，所以除了學術價值之外，不受古今一般讀者，甚至古代能讀古文的高層次佛教徒的欣賞。但是人類對『意識形態』思考和辯論的需要和輸贏的興趣是永恆的。即使說『沒有主義』（高行健書

22　《弘明集》《竺道爽檄泰山文》、《（釋智靜）檄魔文》、《（釋寶林）破魔露布文》。

名），其實還是一種主義或態度。所以這一世界性的興趣，也在世紀交替時的諾貝爾文學獎上表現出來。《弘明集》和優良「文選」的「半衰期」都很長，雖然讀者有限，但它們的價值超越時空，是全人類文化的資產。

　　把《昭明文選》和艷情泛俗的《玉臺新詠》，及典奧崇佛的《弘明集》相比，我們就看得出《昭明文選》的編選採取了不偏不倚，「惟務折衷」的「中庸」立場。昭明太子所主張「麗而不浮，典而不野」的文學標準，其實比裴子野所堅持的尊儒法古，更近乎孔子「文質彬彬，而後君子」的思想。把《昭明文選》和同時代的『左』『右』兩派「文選」相比，反而更見出《昭明文選》典雅恢宏的特色。這種由比證而得的結果，也正是我們提倡研究「廣文選」的用心和方向之一。在《昭明文選》編集的同時期，有如此兩套各有特色，性質相對的「文選」流傳至今，可相比照當時的人心世情，這真是世界文學史和廣文選史上少有的情況，而這也是我們欲治『廣文選學』的學者們的極大幸運和富藏。

四、桐城派兩大文選：《古文辭類纂》和《經史百家雜鈔》

　　自《昭明文選》之後一千多年，雖然有許多有特性的文選、類書和全書，但是最精要而有代表性的，就是桐城派姚鼐一人費四十年功夫編纂評校的《古文辭類纂》和稍後曾國藩所編集的《經史百家雜鈔》。這兩部「文選」不僅繼承《詩經》和《昭明文選》跨『國』集類，廣照精選的優良傳統，而且把《文選》所未顧及的評論，和經、史、兵、政的佳作全都補齊，乃與《詩經》《昭明文選》成四足鼎立之勢。

　　《古文辭類纂》選文，陰柔陽剛並重。捨諸子，以賈誼《過秦論》起始，開局雄駿警世，呼應《詩經》以《關鳩》開場的活力，勝過《文選》之以《兩都賦》討好父皇梁武帝的起始。姚鼐棄六朝靡麗之作，卻收昌黎《毛穎傳》嬉戲之文[23,24]，尤見獨到之眼力與取捨手段之過人。這種開放的胸襟，也正是文章大家和學派小儒的分別。桐城派能成為有清一代的文派重鎮，《古文辭類纂》所造成的廣泛影響，功不可沒。把『文選』的內涵架構方法，當作一種治學的『工具』去『格物致知』，雖然有其必然性，但也是一種意外的收穫。

　　《經史百家雜鈔》選文精博，集中華文、史、哲、兵和政經之佳文於一書，有點像是曾文正公自列其學問之要者。曾國藩把姚鼐的十三類，精簡成十一大類。書中內容豐實，體材多元，甚至于連韓愈幽默嬉戲的《毛穎傳》和《送窮文》，曾文正都能收入集中，更顯示出他的胸襟開闊。他不僅延續姚鼐選文的方向，也直承莊子、韓、柳，蘇黃詩文裏的詼諧之趣，以及對幽默文章「歡愉之辭難工」的理解和重視。曾國藩嘗怪『清朝大儒，於小學訓詁直逼漢唐，而文章不能追尋古人深處，頗覺不解』。我看這或許是義理訓詁束縛太過，喪失真情和喜感而致。而這也能從文選和藝文大家的選集中驗證出來（註 23,24）。

　　桐城派的重要，在於它所標榜的作文三大原則「義理、考證、文章（采）」暗合世界性作文種類「文、史、哲。」蕭統在〈文選序〉裡所重視的「事出沉思，義歸翰藻，情言風雅」三大原則，

23　林中明《談《諧讔》、兼說戲劇、傳奇裏的諧趣》，《文心雕龍研究第四集》，北京大學出版社 2000 年。第 110-131 頁。

24　林中明《杜甫諧戲詩在文學上的地位 —— 兼議古今詩家的幽默感》，《杜甫與唐宋詩學》，里仁書局，2003 年，第 307-336 頁。

其實也和桐城作文原則遙相呼應。『沉思與義』，類於「義理」；『翰藻風雅』是為文章之文采；而所謂『事』者，雖非「考據」之事，但也有事類近於史件的意味。再加上姚、曾二人都是文章鉅擘，所以我把桐城文選的《古文辭類纂》和《經史百家雜鈔》放在「廣文選史」曲線的第三大點上，才能把中國「文選史」的來龍去脈，看清楚，講明白。《孫子·九地篇》說行軍要如「常山之蛇，首尾呼應。擊其首則尾至，擊其尾則首至。擊其中，則首尾俱至。」《孫子》所說的用兵之法，不也就是我們所說的「三點以定曲線」之法嗎？曾國藩之編是書也，雖謙稱『雜鈔』，但實際上是大軍佈陣，法制井然，而又首尾呼應，如常山之蛇。這也是歷來研究「文選學」諸書所未曾留意的。

五、選文成書的成敗以『眼力和內容』　　為主，『人數和耗時』為餘

　　與《詩三百》或"詩三千[25]"的采風與編寫相比，《文選》選集的最後一步可以是東宮之中數人幾日之作，或者蕭統一人在幾小時之內，拍板圈選幕僚已經準備好的名冊。因此日本的岡村繁先生曾說"《文選》決不是一部由當時第一流文人花費許多歲月編輯出來的前所未有的大選集。…是"第二次性質的選集。[26]"其後繼續有學者認為《文選》是倉促成書[27]。但是《文選》成書雖

25　司馬遷《史記·孔子世家》：「古者詩三千餘篇，及至孔子去其重，取可施於禮義…三百五篇，孔子皆弦歌之。」

26　韓基國〈日本"新文選"管窺〉，《昭明文選研究論文集》，吉林文史出版社，1988年。第314頁。

27　王曉東〈《文選》係倉促成書說〉，《文選學新論》，1995，中州古出版社，78至90頁。

然較匆促，但是選文的眼力還是站在前賢的肩膀上。

梁王朝父子諸人，從蕭衍到蕭統、蕭綱和蕭繹都喜好文學藝術，并大規模收集珍本圖書。《梁書》記載「（昭明太子）于時東宮有書幾三萬卷」。《昭明文選》編列三十卷，比例上是千中選一。蕭繹在西魏遠征軍攻入江陵，京城陷落之前，拔劍砍柱，嚎叫「文武之道，至今而絕。」於是放火焚毀了皇宮圖書館裡珍藏的 14萬冊圖書。可見《文選》成書的功夫，很可能是在宮中現有的圖書中和在梁武帝選的《歷代賦》，及昭明太子自己選編的《正序》與《文章英華》的基礎上，[28]再「選」和「抄」出 30 卷。所以從人力和時間來計量，《文選》在選點上所化的眼力功夫不及手抄的人力功夫[29]，而且更不及《呂氏春秋》、《淮南子》、甚至于《世說新語》[30]編撰和寫作所花的功夫。譬如初唐歐陽詢主編的《藝文類聚》，全書百餘萬言，引古籍 1431 種，規模數倍於《昭明文選》，也只用了三年功夫。可見《文選》的成就是幾代名流的眼力累積，和所斟酌選擇的成果。編輯人數的多少和耗時的長短，不僅是為餘事，而且也不是決定品質的主要因素。這是研究《昭明文選》時，應該在主輔先後和輕重高低上，首先加以分辨的。

此外由于缺乏當時梁朝皇宮藏書的詳細資料，而《文選》的編者們也沒有留下對所選篇章的意見，因此後世學者不能確切地比較出選捨功夫的精粗高下。因此揣摩選篇的動機更是『後見之明』多于實際例證。就此而言，評論《文選》選篇的優劣，就遠

---

28 俞紹初〈《文選》成書過程擬測〉，《文選學新論》，1995 年，中州古出版社，第 61 至 77 頁。

29 王曉東〈《文選》係倉促成書說〉，《文選學新論》，1995 年，中州古出版社，第 78 至 90 頁。

30 寧稼雨〈《世說新語》成於眾手說詳證〉，中華文史論叢，第 63 輯，上海古籍出社，2000 年。

不如評論姚、曾選文的高下和具備何種特色，來得容易去比較和說明。

　　曾國藩所編集的《經史百家雜鈔》，雖然博而且精，但是他所花的功夫遠不及姚鼐四十年的心血。然而《經史百家雜鈔》佔了後手的便益，所以它的內容能以大約《古文辭類纂》75%的篇幅，和在分類上 15%的簡約，卻在內容上更豐富，體裁更多樣。由此也顯現出由於曾國藩具有一般文人所罕有的政、軍、經上的實際經驗，所以在文史哲兵經多門學問的選文上，顯出過人的眼光和成績。

六、六大文選[31]特點的舉略和比較

　　從昭明太子和他的『文選編輯團隊』編成《文選》傳世以後，在過去一千四百多年來，又有種類繁多的類書、全書和二十多種的《廣文選》，《廣廣文選》，和《續文選》[32]。但是它們的命運，則如《文心雕龍》所云：「文變染乎世情，興廢繫乎時序」，時至今日，只有昭明和姚、曾的三本文選，還在圖書館外的學術圈裡，有限度地流傳和研究。然而清初「一個小小秀才，身世全不可考」的吳楚材叔侄所編的《古文觀止》，卻是家喻戶曉。為什麼《古文觀止》家喻戶曉，而《昭明文選》《古文辭類纂》和《經史百家雜鈔》卻名不出學術界的『小圈圈』？這應該是意圖發揚中國古典文學的學者們，很值得研究的「大問題」。以下，作者試以『韓愈、

31　《戰國策》：「楚人有好以弱弓微繳加歸雁之上者。頃襄王聞而召問之，對曰：見鳥六雙，王何不以『聖人』為弓，以『勇士』為繳（箭），時張而射之？此六雙者，可得而橐載也。」

32　明・劉節《廣文選》，明・周應治《廣廣文選》，明・胡震亨《續文選》對後人的影響都不大。

劉勰、孫武』為『弓』,『人選、進學四忌、剛柔風格和首尾開闔』為『箭』,從嶄新的角度『張而射之』,試看能否『囊載』此六部文選的一些重要特點與得失。

（一）『文選』也是『人選』！勝軍在於『選將』！

《古文觀止》222 篇裡選了左丘明 34 篇,《文選》752 篇裡選了陸機 94 件詩文,《玉臺新詠》870 首中選了蕭綱 109 首,《弘明集》57 篇中收慧遠七篇,《古文辭類纂》和《經史百家雜鈔》則分別在 701 篇和 706 中選了 132 和 93（105）篇韓愈的文章。首選的作者所佔篇幅,幾乎從 1/8 到 1/5 之多。這說明了編輯者對『文豪、大師、主將』的重視,接近於中國人對於『人治』思想的『傾心』。劉勰在《文心雕龍》樞紐五篇裡,把它列為第三,稱之為《徵聖》;孫武在《孫子兵法》首篇的「道天地將法」五校中,列『將道』為第四要。或許這本來就是人類自古以來,就有偏于記憶和歌頌英雄的傾向。這和現代市場學的『勝者全取』現象,同屬群眾心理學。

（二）何以《古文觀止》家喻戶曉,而《文選》《類纂》《雜鈔》足不出中文研究所？

韓愈 45 歲時不得志,作《進學解》,假託諷於先生,而終自進於朝廷。可以說是兼得學問與市場之道。這一篇奇文在強調『創新』和譴責「窺陳篇以盜竊」之後,提出了『進學』的四忌:「學雖勤而不繇其統、提其要、鈎其玄,言雖多而不要其中,文雖奇而不濟於用,行雖修而不顯於眾」。其實這也都可以當作『選文』的要領。前兩項,各文選多半能做到。第三、四項,牽涉到『奇正之變』,『有用和無用』的分辨,再加上『群眾心理』常隨社會

潮流而變化，即使是現代的市場學專家，在長時間和在大範圍做
調查之後，也還不能有效預測未來讀者口味的變化和走向。但是
《古文觀止》的編者，因為累積了多年對基層民眾教學的實際經
驗，甚至有可能參考了金聖嘆的選文，所以能針對大眾需要，選
擇文筆優美，篇章精構，聲韻鏗鏘，而『筆端常帶感情』的名家
篇章 222 篇，以便于攜帶和隨時翻閱諷誦。就因為這些優點，使
得它贏得了廣大的讀者群，至今不衰。從《孫武兵經》的兵略來
看，吳楚材選輯的《古文觀止》是深知「度量數稱勝」，而能「修
道而保法」的「善用兵者」。和其它大部頭的『文選』相較，《古
文觀止》是『輕騎、精兵』；所選的文章，「其（情）勢險，其（章）
節短」，難怪「予之，敵（眾）必取之」。用中華的經典兵略去證
明選文的策略，這是中華文化裡獨有的智慧，很值得 21 世紀研究
國學的學者去回顧和『覼』思。

（三）論『文選』剛柔風格之傾向，
及只讀『文選』之流弊

　　中國文化的特性之一，就是很早就發現『一陰一陽之為道』
的哲理，並用之於各種文藝智術，以及政經兵略（見註 2）。文選
的編輯取決于人，自然不免因編者的愛好，而有陽剛或陰柔的傾
向，如姚姬傳《復魯絜非書》及曾文正《聖哲畫像記》所云「文
章之變，莫可窮詰，要之不出（陽剛、陰柔之美）此二途，雖百
世可知也。」但筆法風格不同，並不影響文章的品質高下。就這兩
種主要的風格而言，《昭明文選》選文重雅麗，《玉臺新詠》多怨
情，俱偏陰柔一脈。與蕭氏兄弟之文選相對，《弘明集》講爭辯破
異端，用檄文，草露布，是陽剛類的文選。而《古文觀止》、《古
文辭類纂》和《經史百家雜鈔》三家，雖剛柔并用，然陽剛之氣

多于陰柔之風。自來世人多誤以為姚鼐文章清簡陰柔，而不知姚姬傳論兵詠史，氣勢剛勁。世人偷懶，只讀《登泰山記》等數篇清簡陰柔的選文，未讀《惜抱軒全集》，以訛傳訛，以耳代目，竟至誤解姚鼐文風如是。可見『文選』雖與人方便，然恐亦有懶人，只讀『小半部』文選，而至誤人誤己，猶以為『知天下』文章也。

（四）論選文之首尾佈陣當如『常山之蛇，首尾呼應』

上乘的文章要能如『常山之蛇，首尾呼應』，高明的文選編輯也不當例外。如果編輯者不能給讀者提供一個有意義的源流秩序，而是虎頭蛇尾，獐頭牛後，則即使陳列五花八門，那還是和開雜貨店沒有太大的分別。陸機在《文賦》開章就說，「余每觀材士之作，竊有以得其用心。」這是千古文學批評的警句。我們看『文選』，也未嘗不可以從它的首尾佈置和「選文以定篇〈《文心‧序志》〉」，而得編者之用心，并從而判別其人眼手胸襟之高下。

1.《玉臺新詠》

在著名而有特色的『文選』中，選文最沒有首尾佈置的就是《玉臺新詠》。徐陵『選錄艷歌』取悅妃姬，意在美人當下歡心，無意經營金丹不朽。所以編排不見用心，別無巧意。觀其開局以『蘼蕪』之句，終卷以『桑草』之題，真可以說是內容別具隻眼，披沙偶爾見金，而首尾『草草』，漫無佈置。可以說是不戰而封侯之奇書。

2.一代經師僧佑的《弘明集》

《弘明集》57 篇，編選嚴謹。首篇《牟子理惑論》，成書年代恐非漢末，而文筆亦非極「善屬文者所作（梁啟超云）」。然牟子自問自答，縱橫《詩、書》出入諸子，綜論佛、道，以兵法辯駁，自圓其說，時或言之成理，有天女散花之勢。僧佑以《牟子》開場，以見多元文化激融之始作，選篇兼重史、哲，眼識不愧一代經師。《弘明集》的終集三篇竟然不是和平祈福之作，而是檄移露布文章，有兵家積極戰鬥的精神。在此基本架構之外，僧佑還唯恐讀者不能領會他編集護道的深意，所以再親撰序跋，加持前後，以雙重首尾開闔，冀求「總釋眾疑」。誠可謂深知文選在首尾選文佈置的重要也。

3.《昭明文選》以京都建築賦文為起首

漢字是抽象的建築，文章更是大小型的各種建築[33]。《昭明文選》的選文以描寫京都建築之賦為起始。這反映出皇子身居宮城，抬頭但見京都建築之富麗，而不見「述德」「詠史」之富，和「江海」「書」「論」之麗。起選雖有特色，然以歌頌梁武新政新都，恐有尼父「器小」之譏。至于卷六十的收關文章，其實大可以文章數目排名第一的作者，陸機的《吊魏武帝文》，或顏延之的《祭屈原文》結尾，也都氣勢堂皇。甚至于額外多收陶淵明的《自祭文》，也是灑脫的結卷。蕭統不出于此，而以叛亂事牽連賜死的王僧達之《祭顏光祿文》為全集終結，雖文短情真，然亦不脫氣衰之殘局，而復具己身早夭之凶兆。此所謂觀其選文之首尾佈陣，亦得遙見其人之始終與興衰也。

4.姚鼐《古文辭類纂》的選文開局

姚鼐《古文辭類纂》選文開局「悉以子家不錄，（而）錄自賈生」『雄駿閎肆』的《過秦論》三篇始。這可以說是暗合兵法『一鼓作氣，攻其無備，出其不意』開局之要。可惜受到《文選》的

---

33 林中明《《文心雕龍》文體構思與《建築十書》建材設計》，2008 年《文心雕龍》國際學術研討會論文集，北京・首都師範大學，2008 年 10 月 18-19 日。

影響，全書收關以自家桐城派，劉大櫆的《祭舅文》等三篇祭文
為尾，有失桐城『義理、考據、文采』之要。表面上看起來，結
尾的氣勢微弱，不能呼應開局的『開闔起伏，精深雄大（歸有光
評語）』的氣勢，似為選文關闔之敗筆。然而姚鼐如此安排，據我
所看，實有深意隱焉。因為姚鼐二十歲時，赴京會試不第，幸得
恩師劉大櫆慰贈《送姚姬傳南歸序》，以「第一流當為聖賢」望于
姚鼐，為之勉勵。以此姚氏歸鄉後，奮發精進，終成一代名家。
所以說，姚鼐的《古文辭類纂》以陽剛的賈生三篇《過秦論》起，
而以劉師陰柔而『慎終追遠』的三篇祭文收，真是文學大師手筆，
惜桐城派餘子竟無人發之爾，難怪百年而衰亡。

5.《古文觀止》的開闔

　　《古文觀止》選得最多的就是《左傳》。所以《左傳》的第一
篇《鄭伯克段於鄢》也就成為《古文觀止》的首篇。左丘明雖然
是歷史家，但文兼史哲，又通兵略，開局選篇當然別有用心。吳
楚材選文注重感性和道德傳統，借置《鄭伯克段於鄢》開局，也
就是強調「孝悌也者，其為人之本」，高於謀略為本的政治考慮。
這個用心，更由吳楚材所選的尾篇，明代張溥的《五人墓碑記》，
而彰顯出來。因為這五位反抗閹黨暴政的的忠烈之『士』，「生於
編伍之間，素不聞詩書之訓」，想來更沒有讀過《昭明文選》《左
傳》《四書》，卻能「激昂大義，蹈死不顧」，真讓縉紳飽學之士愧
煞。這首尾兩篇把中華文化中的忠孝仁義淋灕盡至的呈現給讀者，
用心之深，在所見諸名家文選之上。

　　《古文觀止》中選了兩篇歸有光的短文。歸有光在《吳山圖
記》中讚美良吏魏君說：「有情如此，如之何而使吾民（讀者）能
忘之也」。他對良吏的評語也可以用於好的文選上。《古文觀止》
之家喻戶曉，其根基豈亦在此間乎？

6.曾國藩《經史百家雜鈔》的佈陣手段

　　毛澤東嘗贊嘆曾國藩收拾太平天國的佈置手段，干淨利落，不做第二人想。曾國藩以兵法部勒的手段拿來編書，雖謙稱『雜鈔』，而實際上他選類佈置如大軍佈陣，法制井然，次序有節。選錄的範圍雖廣，但手法細膩，首尾呼應，如常山之蛇。他把姚鼐已經從《文選》37（或 38）類精簡為 13 大類，再精簡到 11 大類。每類必以《六經》篇章冠其首，如《文心》『宗經』之法，以示源流之要。各類之尾，亦多以名篇壓住陣腳，自成系統。《雜鈔》更以桐城姚鼐〈儀鄭堂序〉一文收全書之尾。姚鼐此文借『儀鄭（康成）』集經綜義之功為引，而以學問當不止於詞章解經，應當上歸六藝及孔子之學為結尾。這篇文章其實是劉大櫆《送姚姬傳南歸序》以「第一流當為聖賢」望于姚鼐的續文。曾國藩以此文收尾，正是自示不僅傳承桐城學派，更復上接孔聖編書經世，當仁不讓，捨我其誰的大儒氣象。在詞章文類之外，什麼是編者的用心致意處？和文集中貫串呼應的涵義？這也是歷來研究「文選學」諸書所未曾留意，而很值得我們去做更深入地探討。

七、結　語

　　研究中國文學史的學者，大多認為《昭明文選》是個富礦。如果中國文化的縱深是座大山，那麼在「文選」這個礦脈裡，《昭明文選》是個舊坑富礦，在它之前，還有《詩經》這個古玉礦。在它之旁，又有《弘明集》這個鏽鐵礦，和《玉臺新詠》這個水晶礦。在它之下的遠處，桐城的《古辭類纂》和《經史百家雜鈔》兩個多類寶石礦還在礦洞深處發光。我們認為，開發「廣文選學」，有窄義和廣義兩種途徑。前人所開發的「昭明文選學」，我們應該繼續往深處挖掘。前人所沒有探勘的「廣文選學」這個大礦脈，我們身逢其時，應該當仁不讓，開始測量礦脈的走向，把它的礦源和礦流，都標誌出來。並建立貫連礦脈重點的公路，應用現代化的工具和鑽探的方法，來從事這個「廣文選學」的大工程，庶幾不辜負這座文化大山。

　　在這一篇論文裡，作者先闡明為什麼要研究「廣文選」，然後探討人類為什麼要編集「文選」？並率先提出以「熱力學第二定律」和「反熱熵」的觀念，來說明人類編集文選的動機。並由此發現「文字文學」具有「無耗再生」的特性，而個人的經典之作具有極長的「半衰期」和超越時空的生存能力。一般人的作品，如果以單一的形式呈現，很容易被時空淘汰。但是編集成文選的形式，則集群眾之總力，常能提高它們的競爭力和代表性，從「量變而致質變。」

　　由於中國詩歌文賦是一家殊體，源頭都是《詩經》，「文選」的源頭當然也不例外。在確定《詩經》是中國最早的詩文選集之後，作者提出「三點定曲線」的方法來研究縱向的「廣文選學」；並以「橫向三線文學」的架構，擴大對同時期文化橫向的瞭解，以金玉相映，玉石切磋的眼手，對比研究與《昭明文選》同期的《弘明集》和《玉臺新詠》。

　　最後，作者把《昭明文選》《弘明集》《玉臺新詠》《古文辭類纂》《經史百家雜鈔》和近三百年來最受大眾歡迎的《古文觀止》，這六種著名文選拿來相比較，並率先使用四種新範疇 ── 人選、進學四忌、剛柔風格、首尾開闔，來分析它們的特點和短長。希望對「廣文選學」做出拋磚引玉的第一步探討。曾國藩曾說「讀者囿於（範文及舉業之法）其中，不復知點、圍、評、乙之外，別有所謂屬文之法，雖劌勒一世，猶不能以自拔（《謝子湘文集序》)。」今日我們看 21 世紀「文選學」亦當做如是觀。夫一代有一代之學，吾人於「廣文選學」之能否會通古今，匯流中西，發揚國學，有厚望焉。

2009 年 9 月 27 日

【參考資料】

傅剛《《昭明文選》研究》，中國社會科學出版社，2000 年 1 月。

穆克宏《昭明文選研究》，人民文學出版社 1998 年。

周啟成等譯校《新譯昭明文選》，三民書局，1997 年月。

游志誠《昭明文選學術論考》，學生書局，1996 年三月。

趙福海、陳宏天、陳復興等編著《昭明文選研究論文集》，吉林文史出版社，1988 年 6 月。

趙福海、陳宏天、陳復興等編譯《昭明文選譯註》，吉林文史出版社，1988 年 4 月。

李景起《昭明文選新解》暨南出版社，1980 年 6 月。

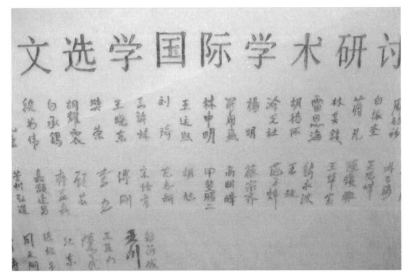

第四屆昭明文選國際學術研討會紀念碑・鎮江・南山公園 2002.9

文心雕龍國際研討會紀念碑・鎮江・文苑　2000.4
周勛初教授、穆克宏教授、蔣凡教授、作者、韓湖初教授

鎮江・昭明太子讀書台開幕紀念　2002.9
趙福海教授、錢永波先生、作者、俞先生

2006 年 4 月楚文化暨紀念李善逝世 1317 周年國際學
術研討會・湖北・黃岡師範學校

中國文選學資料中心掛牌開館賀聯2009.8.29

舊經典活智慧

── 從《周易》《詩經》《孫子》《史記》《文心》 看知識經濟、企管教育與科技創新

關鍵字：全球化、知識平臺、文化縱深、多元協作、智術統一、 文武合一、詩可以興、"新五經"

一、緣起與破題

1.本文經多次修改和不斷地增潤。 初稿發表於 2005 年在湖南大學‧嶽麓書院舉行的第四屆《中華文明的二十一世紀新意義》學術研討會。主題：傳統中國教育與二十一世紀的價值與挑戰。

2.《詩經研究叢刊》抽選本文有關《詩經》部分，名之曰：〈《詩經》與企管教育和科技創新〉，刊於《詩經研究叢刊‧第五輯》，2003 年。

要瞭解『中華文明在二十一世紀的新意義』，我們必先瞭解什麼是二十一世紀最重要的新機會和對應而來的新挑戰。因為現代國際社會的經濟發展和企業管理，比起以往的傳統社會更與人文學科息息相關。在談『傳統中國教育與二十一世紀的價值與挑戰』之先，本文先選大家都關心的經濟話題，做為大會議題的切入重點。並從經濟和企業的新角度來「格」『中華文明裏傳統中國教育』

這個舊學的"物"理，以求達「致」它在『二十一世紀的價值與挑戰的新意義』這個題目下的「知」。這在兵法上就是所謂的「射敵先射馬，擒賊先擒王」；在企業管理上，就是所謂「先做最重要的事」。把兵法和企業的方略用於人文學術研討，雖然是一種新嘗試，相信和優良傳統中的治學方法同樣有效，或者還更多樣化、富活力、通諸識，而且更能用時代的語言和年青人溝通。

能夠瞭解自家的多元文化和西方文明的特性，這才能宏觀中西文化和文明的同異，而不是斤斤計較於誰高誰低的情緒化問題。《孫子兵法》說：打仗之前，先要「知己知彼」。這和企業競爭力中，如何有效掌握資訊戰力和市場脈絡的走向，具有相同的意義。能夠「知己知彼」，找出什麼是在『就地取材』的便利之外，『中華文明』本身客觀具有的優異性，而它們又有『垂直』（orthogonal）於西方文明，不能被它取代的特性。因為不能相互取代，所以才能互補[1]，因此才會對世界文明多元協作（synergy）的整體有正面的益處[2]。就像羅馬的文明，是由於綜合相互衝突而互補的希臘和希伯萊文明而壯大[3]。

另外從優生學的角度來看，近親通婚常常引發隱性基因的疾病；而芯（晶）片積層電路裏的雙層氧化薄膜不容易重複缺陷，但單層則良率易於偏低，都是由於類似的道理。再從文明史來看，大陸文明和海洋文明的混合，常帶來『動靜平衡、攻守兼具』的

1　兩百年前，新會梁啟超在日本寫成《論中國學術思想變遷之大勢 1902》一書，於〈總論〉中言：蓋大地今日只有兩文明：一泰西文明，歐美是也；二泰東文明，中華是也。二十世紀，則兩文明結婚之時代也。近版：上海古籍出版社，2001 年，第 8 頁。

2　根據和電腦 architect 設計專家許金綱先生的討論，2002 年四月。

3　懷海德（Arnold North Whitehead）《古典文化在教育中的地位（The Place of Classics in Education）》1923。The Free Press, 1967.pp.61-75.

新文化。而一個大陸文明再加另一個大陸文明，或者是甲海島文化加乙海島文化，則產生的致命缺陷常大於優點的重復混合。因此，同類的文化和科技，只能借鏡反省而原地精進。但吸收不同文化中的優點，卻能擴大本身的能力和眼界。

就此而論，A 海島文化向遠方的 C 海島文化借鏡，最終的獲益，將大於向鄰近的 B 海島文化抄襲。而 D 內陸文化向遠地的 F 內陸文化『取經』，即使是類似的思想模式，也有也有加分的作用。在中短期內，受益大於向附近的 E 文化學樣。所以，如果我們能對 21 世紀的『中華文明』做出有『創意』的互補融合，當然就將會對「全球化」的『經濟』和『知識』起正向擴張的貢獻，從而有機會，間接或直接產生燦爛的世紀新文明[4]。

（一）經濟和文明

經濟這個名詞，不僅今天人人掛在口頭；經濟概念的本身，也是世界性的老課題。但它在西方成為一種社會科學，也不過只有三百多年的歷史。這和有清一代，著名的桐城派的歷史年齡也『差不多』。清朝晚期的名臣曾國藩，他在政、經、軍的成就之外，也同時是國學中桐城派的關門大師。他把桐城派創宗大師姚鼐的學說加以擴大，認為基本國學教育應該在『義理、考據、文章』之外，再加上『經濟』（經世濟國，學以致用）這一要項。換成較現代的學術語言，這四個詞彙大約就是今人所謂的『文藝、歷史、哲學、政治和財經』。在廣義的範圍之下，『財經』當然也包括了

---

4 李約瑟〈中國對科學人道主義的貢獻〉，《自由世界》1942：『人類在向更高級的組織和聯合形式進展的過程中，我想最重要的任務就莫過於歐美和中國文化之融合。』《四海之內（ Within the Four Seas: The Dialogue of East and West ）》，勞隴譯，三聯書店，1987 年，頁 86-96。

『貨殖』和『工藝』在內。換成現代的語言，它們就是「企業」和「管理」，以及「科技」和「創新」，而以「人本思想」和「科學的人道主義」為中心的學問。

　　一個社會的「企業管理」有效率，「科技工藝」的創新蓬勃有生氣，自然它的「器物文明」也就進步。在經濟生活相對應提高了以後，孔子說「行有餘力，則以學文」。《史記‧貨殖列傳》說「禮生於有而廢於無，故君子富，好行其德」。有文藝的主動活潑和德治的被動規範，這就給「文化文明」帶來有效的發展力。所以說，經濟和文明，道德和秩序幾乎是孿生兄弟，『一弛一張』如影之隨形，各有其份，不能機械性地去分割。因此，要討論『文化文明』和時代對它的沖擊，必先由經濟生產的活動力和道德法律的約束力這兩方面來觀察。這也就是 1500 年以前，劉勰在《文心雕龍》裏所指出的「文變染乎世情，興衰繫乎時序」。劉勰雖然只用了 12 個字，可是觀察宏闊含義深刻，不受時空的侵蝕，用於人文研究，始終鋒刃如新。以下的討論，由於篇幅的限制，只就企管教育和科技創新這兩大類來分析。

（二）全球化和知識經濟的根本要素

　　看一門學問，應當首先觀其大體，然後再去微觀細節。由上而下，上善如水；有如《孫子》所說：「兵形象水，因地而制流」。從宏觀的眼光來看經濟，新世紀最熱門的考慮大約是下列兩大話題 ——『全球化』和『知識經濟』主導下的商機和危機。

　　『全球化』和『知識經濟』這兩個熱門的名詞其實不是新觀念。中國人在明太祖洪武 22 年（公元 1389 年）就繪製了包括亞非洲的《大明混一圖》。但是對『全球化』和『知識經濟』既不敏感，也不積極，略知而不真行。從歷史的角度來看，這兩個名詞真正結合而發揮戰略威力，還是實踐於西方文明繼承希臘羅馬海陸擴張文明而來的近代帝國殖民主義和資本主義。但從基本的涵義而言，『全球化』這個名詞對不同的團體有不同的要求[5]。就企業來說，這牽涉到該企業在全球的『戰略』佈局，也可以說對生產力和運輸線的全面掌控。因此這是一種以『空間』為重的考慮。相對地來說，『知識經濟』則是從『時間』來考量知識產權在質和量上的領先程度[6]。因為人類的智商相差有限，在一般的情況下，某甲所知的『科技機密』，給予充分的時間，某乙也多半能達到相等的知識水平，從而可以具有經濟力和競爭力的先機優勢。知識的差別，大部分受時空環境的影響，加上一些『偶然』的機遇。但若從「知識在時間上『必然』的差別」來看，大約可以分成三類：

　　1. 因為知識高度的差別，知與不知的差別不可以漸近，必須飛躍而至。所以在時間上的落後，象徵的說，接近於無窮大。這就是「夏蟲不可以語冰」和「下士聞道大笑之」在「知識」上無限的時間差別。

　　2. 知識的差別是經由許多的細節和經驗的累積，其差別也可以趨近於無窮大。這就是企業家郭台銘所說的名言：「魔鬼都在細節裏」。

　　3. 因「出奇制勝」而領先的知識，其領先的「半衰期」是短暫的。商場上股票的短期操作，和「一代拳王」的商業產品，都屬於此類。一般的商業運作，多半是 2 和 3 的混合。

5　Stanley Hoffmann, *Clash of Globalizations*, *Foreign Affairs*, July-August，2002.

6　章學誠曾說『六經皆史』，引起學界的震動和爭議。其實他只是想說『知識是時間的函數』，但是因為沒有適當的「知識平臺」可資利用，以致以偏蓋全，反而造成思想上的混淆。

而藝術和科學，則有 3 項的混合。天不生牛頓，終究會有「小牛頓」站在「小巨人」的肩膀上，達到牛頓的高度。但是如果沒有杜甫，那麼「大蘇」加「小杜」，還是不等於「老杜」。

一位寫科學專欄的科學家，Philip Morrison（MIT），就曾經講過一個『知識累積和時間的關係』的『半笑話猜想』：『如果給予充分的時間，那麼瞎眼而能造拱形大巢的白蟻，也可能造出大型天體望遠鏡來。』這個以『時間』為重要條件來衡量『科技發展速度』的看法，可以從做『茶葉蛋和湯圓』的技術上檢驗，也可以從做『原子彈和晶圓』的歷史上印證。因此，『全球化』和『知識經濟』的考量，其實可以說是對『時間和空間』這兩個『最大公約數』的有效掌握。有了『時間和空間』這麼簡明的『參數』和『坐標』，那麼我們才比較容易來分析和回答像『中華文明在二十一世紀的新意義』這樣的大問題；而且有可能把『傳統中國教育』裏一些「舊經典」中的價值和某種「活智慧」，以簡明的方式表達出來，再以之應對二十一世紀經濟方面的挑戰。至於如何把這些「活智慧」，活學活用到和經濟競爭直接相關的「企管教育」和「科技創新」上面去，那就是這一篇論文的目標。由於是「大題小作」，所以只能擇要略論，但盡量用實例去闡明論點。

二、一代有一代之學

在二十一世紀談「傳統中華文明」的「新意義」，我們須要借助新時代的各種「知識平臺」，來重新闡明「舊經典」所曾指出的「智慧」方向。把這個新方法用於已經被檢驗過多次的經典思維，我們才能站在前賢的『巨人的肩膀上』，而受益於「舊經典」裏的「活智慧」，去開發「一代有一代之學」。舉例來說，群眾的語言就是不自覺地站在時代資訊媒體的平臺上，發展出新一代的語言。而回頭去看上世紀初，胡適所提倡的「白話文」，現在又覺得那已經是『半古典』的文字了。所以，如果這一代如果不能提出承先啟後的新思想，那麼不僅舊一代的智慧『敝不可用，怪不可解』，而新一代的學說也是隨波逐流，仰人鼻息，只能永遠不自覺地停在『知識半殖民地』的地位，還沾沾自喜。

（一）知識平臺[7]

「知識平臺」這個說法雖係新創，但是在「資訊世紀」獨領風騷以來，「平臺」一辭，早就普遍用於電腦業界。「知識平臺」不僅具有『高度』，也有『層次』和『方向』。因為『高度』的難，使得競爭者難以躍過；由於『層次』的多，煩瑣的『步驟細節』使得抄襲者難以模仿；而特殊『方向』的『窄和奇』，使對手不知攻守之所措。科技有「知識平臺」，文化亦然。

借用《文心》的觀念「文變染乎世情，興衰繫乎時序」，用「知識平臺」來理解傳統和現代文明的交相作用，應該要比用十九世紀的學術名詞自說自話，要更易於被現代人所接受。這個說法雖然簡單，但是回頭看「傳統中華文明」的發展，不能不感嘆地說，自從先秦諸子之後，中華文化沒有發展出更高的「知識平臺」。沒有新的「知識平臺」，而想「格物窮理」，就像大力士烏獲，雖然用力拉自己的頭髮，也不能自舉離地。梁啟超曾感嘆地說，要不是印度佛學的輸入，中國可讀的經典一下子就看完了。但印度文化和先秦諸子之學，都是建築在類似的「知識平臺」上。它雖然

---

7 林中明〈經典與創新：從「知識平台」到「文化縱深」〉，《叩文經典》，第十屆「文化與社會」學術研討會（主題「經典與文化」）論文集，淡江大學，2004 年。學生書局，2005 年，頁 143-180。

豐富了中華文明，但沒有在科學文明上帶來突破。所以其後多少代的學者們縱使有相當於前賢的智力，但是受到社會制度等的限制，和沒有在根本知識上的突破，以致雖然一代也有一代的見地，但是大部分是在原地打轉。一些有能力的學者，充其數只是打圈子的速度比別人快一些，或者以許多迷人的小碎步，跨出了小半步而已。因為沒有在數理科學的領域，向「上」發展，所以眼界並沒有比先秦諸子百家看的更遠，因此始終跨不出關鍵性的一大步。因為科技沒有向「下」發展，所以對過去文明的考古，和自家文化的來源，也沒有比前人知道的更多。文化僵化的現象，其實不是中華文明獨有的困境，而是所有長命的文明都曾經過的挑戰。只是因為中華文明生存的時間最長，而且是「大模樣」的存在，所以才額外感到壓力。

（二）近代傳統國學治學方法

如何走出這種原地打轉而不具「生產力」的傳統學術研究呢？國學大師陳寅恪在吊念另一位國學大師王國維時說：（王國維的）學術內容及治學方法，殆可舉三目以概括之：一曰取地下之實物與紙上之遺文互相補正。二曰取異族之故事與吾國之舊藉互相補正。三曰取外來之觀念與固有之材料互相參證。要皆足以轉移一時之風氣，而示來者以軌則。(《王靜安先生遺書序》)陳、王兩位國學大師的方法，其實也是利用新的「知識平臺」來闡發「舊典」裏的「知識」，雖然都不是「跳躍性的創新」，但已經足以導引傳統國學的研究，成二家之言。而類似的方法，譬如借著切磋兩門看似不同的學科[8]，把看似互相衝突的文藝和兵法融於一爐。或是

---

8 林中明〈斌心雕龍：從《孫武兵經》看文藝創作〉，1998 年第四屆國際孫子兵法研討會論文集，軍事科學出版社，1999 年 11 月，頁 310-317。

登西山以觀東海[9]，從古埃及情詩和舊約的雅歌，貫通《詩經》裏
十五國風的情詩。或者沿溪繞湖以見源流，以幾何學三點定曲線
的方法，把中華文明中的著名文選，以「廣文選」的角度[10]，通
聯討論；或用《文心》的文章理論與八大山人的繪畫詩謎，交相
映照[11]；或用計量的方法來比較中西文化的大活動[12]。諸如此類用
新的「知識平臺」和視角去探討傳統文化，都能有系統地去繼續
擴展我們對傳統國學和文化文明的認知，而不必在原地跑圈圈或
踏碎步。否則就像「八股文」一樣，雖然有架構和文氣，但無內
容和文采，終於要被時代所淘汰。但國學裏既有架構，又有內容
和文采的《昭明文選》，和「桐城派」的「文選」和文章，因為『世
無代雄』，也一度被貶為「選學妖孽」和「桐城謬種」。不過真正
有實力的「國學」研究，以及融涵文史哲兵於一體的書法藝術等
中華文明，因為它們自身特性「垂直」於『西方文明』，所以終究
會因為「路遙知馬力，日久見河清」，而傲立於世界的藝術文明。

　　述說前修的片斷看法不如直接檢驗歷史上的實例。因此，下
面我首先要舉近九百年以前，南宋時代的儒學大師朱熹為例，來
闡明我的看法。為什麼要舉朱熹為例呢？因為他不僅是一位在中
華文化教育上，承先啟後的儒家大師，而且他又是中華古代學院

9　林中明〈中西古代情詩比略短述 ── 並由《易經·乾卦》推演『賦比興』
　　的幾何時空意義〉，第五屆《詩經》國際研討會 2001 論文集。北京·學
　　苑出版社，2002 年 7 月，頁 393-402。

10　林中明〈（廣）文選源變舉略：從《詩經》到桐城〉，第四屆昭明文選國
　　際研討會論文集，吉林出版社，2001 年 6 月，頁 562-582。

11　林中明〈從劉勰《文心》看八大山人的藝術、人格 ── 兼由『文藝復興』
　　看《文心》的發揚與創新〉，《文心雕龍》學術研討會論文集，1998。學
　　苑出版社 2000 年，頁 574-594。

12　林中明〈Character Beyond Character（字外有字）〉，第二屆漢字書法教
　　育國際會議論文集，CSU at Long Beach, CA, 2000。pp.17-32.

教育制度的開山祖師。他不僅曾修建白鹿洞講學授課，而且訂立有名的「白鹿洞書院學規」為後世學院奉為典法。更特殊的是，他也曾經在我們今天開研討會的嶽麓書院講過學。就文化傳承和時空關聯而言，此時此地此題此人，再也沒有比舉朱熹為例，更來得恰當了。

（三）朱子之學和其時代中西「知識平臺」的局限

朱熹自幼聰明過人，而且對天地自然界有極大的好奇心。據宋史說他四歲的時候（西元 1133），就能問出『天之上是什麼？』這樣的「大哉問」。六歲時再進一步問『天地四邊之外是什麼？』等到朱熹成為學界領袖之後，他對各種自然現象，從地下的化石，河海之潮汐，天上的霓虹，到太空星球間的關係，都曾熱心地去推敲它們的『道理』（散見於《朱子語類》）。西元 1175 年，在有名的「鵝湖之會」上，陸九淵批評朱熹「格物窮理」的方法是「支離事業」，不如他們陸氏兄弟的「發明本心」。朱熹、陸九淵和他們之前的人，和他們之後幾百年的學者一樣，都曾真心而『幼稚』地以為，只要弄通了經書裏老祖宗所累積的人文社會知識，再加以通行實用的初級算術方法，就可以解決人世間和自然界裏所有的大小問題。從今人的知識層次來看，程、朱雖然有科學的精神，提出‘即凡天下之物，莫不因其已知之理而益窮之，以求至乎其極’的理想，但由於缺乏數理邏輯的知識平臺，他們以『未知』去解『未知』，當然是註定要失敗的。有名的失敗例子還包括四百年後，明代王陽明應用朱熹「格物致知」的方法，靜坐多日，以『過硬』的積極態度去「格竹」，才又親自體驗了朱子「格物」理論仍不可行。從『現代人』的眼光而言，當然會覺得古人相當『愚笨』和『可笑』，為什麼不向西方學習？可是在九百年前，歐洲不僅和宋代『先進』的『高科技』和『企業水平』，還差一大節；而且當時歐洲的文明也還長期處於所謂『黑暗時期』之下。同時期歐洲學者的洋迷信，比起朱熹因「知識平臺」的局限，所推論出來錯誤的結論，還更要幼稚和可笑。那時候的歐洲人放著希臘文明留下來的「文化遺產」和科技「知識平臺」而不知利用，捧著金飯碗討飯，其過程也許和今日中華社會放著磨練過幾千年的「人文智慧」，而不知又不能善加使用，是一樣的可笑和可惜。這兩個例子，很值得我們從人類文明整體發展史的角度去反思。

（四）孔朱之學和「部分儒學」

我之所以要舉朱熹為例，並不是要譏笑儒家學者的『無知』，而是想以此為範例，突顯人類在學習進步之中，因為「知識平臺」的限制，所以不能有顯著進步的共相。而且朱熹的成就，也不止於《四書集注》。雖然他自謙是『屋下架屋』式的解經，但他在學理的追求上相當開明。他自稱『出入於釋、老者十餘年』，而且他在地方政、經、軍、教上都有卓績。除此之外，朱子的詩也有它的韻味，書法學過〈曹操帖〉，也很出色。譬如他那 102 個《易繫辭》大字，寫的「劍拔弩張」，胸襟氣勢全然不是世俗想像中，道學先生應有的文弱氣味。從朱子的全面成就而觀，他是相當接近於孔子學養政績和六藝的通才能人。相形之下，朱熹之後大部分所謂的「儒家」學者，都當不起「孔子之儒」，也不能說傳承了「朱子之學」。我以為，他們最多只能稱為「小部分」是「孔、朱之學」。至於朱熹之前的各朝『儒學』，也很少是「孔子之學」，而多半是那一時代的哲學（傅斯年《論學校讀經》）。近年所謂的「新儒學」，說來大多只是採用西洋哲學的思維，重新整理「孔、朱理學」的一部分而已。它們既不能說是真正繼承了「孔、朱之學」，而且在發揚光大和創新上，也不能和西洋有系統的「哲學」相抗衡。這些「新儒學」學者的努力固然值得禮敬，但在同時，他們也失去了擴大檢驗更全面的中華傳統文化的良機，和擇優應用其中的「人本主義」智慧。因為這些極有價值的人文藝術和社會政經上累積的知識，是我們老祖宗做了幾千年實驗，「摸著石頭過河」，從無數失敗中所總結出來的「活智慧」。而這些「活智慧」就在我們身邊，伸手可得，不假外求。但是如果人們失去信心，沒有範例，以至於去捨近求遠。遠攻而近不交，我以為，那將是浪費時間和資源，而且不符「經濟原則」，《孫子兵法》，或是『物理原理』。

（五）中華文明中『文武合一』的教育

傳統中華教育，如果遵循《易經》和《易傳‧繫辭》所對待宇宙變化的智慧，「一陰一陽之為道」，其實只有兩個廣義的大類 —— 那就是『文』和『武』的教育，或者是精神範疇和實際生活的教育。中國教育的祖師爺 —— 孔子，就是一位文武並重的教育家和實行者。根據《史記》的記載，魯定公十年，孔子五十多歲的時候，魯國在孔子領導之下，於『夾穀之會』，不僅捍衛了魯國的尊嚴，而且以『不戰而屈人之兵』，收回大片失去的國土。孔子的學生中，根據記載，通達軍事而善戰者也不在少數。

朱子對於軍事也不是軟腳蝦。為了主戰抗金，他曾於垂拱殿奏事宋孝宗，『君父之仇，不與共載天者……非戰無以復仇，非守無以制勝』，大有乃父朱松之風。由於他同時直言批評皇帝沉迷佛老，寵信小人，使得孝宗一氣之下，任朱熹為「武學博士」，四年不召。朱熹六十五歲時帶兵，任「知潭州荊湖安撫使」，在長沙成功平定和招降「叛軍」。他曾『奏調飛虎軍』應急，並編練『弓手土軍』制遠，做法類似蘇軾在定州防範遼軍時專門招練的「弓箭社」。他於公餘，還在夜間於「嶽麓書院」與諸生講學。對於集弊已深的科舉制度，他也提出『罷去詩賦，而分諸經、子、史、時務。』所謂『時務』，包括禮樂制度、天文地理、兵謀刑法，比桐城派和曾國藩的『文、史、哲、經濟』還要詳盡和務實。可見朱熹也是文武政經全材，完全不是一般只研究「部分孔朱」儒學的學者，所誤解的「道學先生」或「理學專士」而已。譬如說，在《紀念朱熹誕辰 870 週年逝世 800 週年論文集》裏，就沒有一篇去全面瞭解朱子其人其學。

　　同樣可惜的是，後世儒學學者，也大多不能瞭解和繼承孔子「文武合一」和「六藝並重」的教學方法和精神，以及朱熹和王陽明在理學之外，尚有詩書藝術和兵略等多方面的成就。其結果間接造成十九世紀和二十世紀初期中國大部分學者，在西方武器和文藝的沖擊下，對所有的「中華文化」都失去信心。而勉強從西方抄襲來的西方文明皮毛，又因為「水土不服」，也不能在『異國』順利生根。在這個『器官移植』的超大型實驗過程中，不知消耗了多少中國人的血汗和時間資源。所以當一些現代學者提出『新儒學』這個口號時，我不禁為中華「文藝復興」捏一把冷汗。宋明理學家雖然在原地打了不少圈圈，但他們卻是身體力行的思想家和教育家。但近代宣揚『新儒學』的學者，恐怕大多不能身體力行。而他們所想討論和宣揚的，也並不代表孔子的教育系統，而充其量不過是孔子之後，得其眾多學問中之一支，所謂「儒家」中「理學」的一部分命題而已。拿中華文化中的「小部分」，去應對西洋文明中有成果的「大潮流」，其「不足以雄遠人」倒還在其次，怕的是被西方現代學者以為中華文明「技止於此爾」，反而折損了中華文明的鋒芒，和原來想復健的目標。

　　因此我認為，中國的教育，應該取法類似古希臘和孔子所提倡的廣義的「文武合一」和「六藝並重」的教育。如果不是如此，則從歷史上看來，所謂「武勝於文則亂」，而「文勝於武則衰」。而教育也應該是多方面的教導，這才能養成大局觀，應付日趨複雜的世變。從歷史的教訓來說，「馬上得天下」固然「不能馬上治天下」，然而迷於「梨園劇唱」和限於「填詞書詩」也會滅國亡身。就嶽麓書院的歷史而觀，當元軍進攻長沙城時，只習文，不知兵的嶽麓書院師生放下『儒學』書本，和元兵拼死肉搏，全數殉國，橫屍城牆。如果他們學的是「文武合一」的教育，勝負固未可知，而進退亦有彈性；不然善人學者死亡殆盡，對社會混亂、知識斷層的傷害更大。袁世凱小站練兵，軍隊雖然訓練成功，但是訓練出來的將領都成了軍閥。而蔡元培和胡適掌北大時，雖然在學術、德育和美育上都相當成功，但卻都輕視軍訓。到了日本侵略中國，北大竟然沒有成器的將軍，可以領軍抗日衛國。清華國學門四大導師之一的梁啟超曾經提倡「武士道」強國。可惜他壯歲死於庸醫之手。後來清華雖然有幾位畢業生投筆從戎抗日，但也勢力孤單，都是悲劇收場，可見民初中國高等教育仍然偏頗和失策。

　　而極其『吊詭』的是，文藝理論大師劉勰，卻在《文心雕龍‧程器篇》裏說：「文武之術，左右惟宜。豈以好文而不練武哉？」而對於軍人的訓練，劉勰接著又說：「《孫武兵經》辭如珠玉，豈以習武而不曉文也」。這個「文武合一」的理論上承《司馬兵法》和《孫子兵法》，說的是經世濟國的名言。但尊儒禮佛的劉勰，竟然把《孫子》提昇到和「五經」「佛經」相等的「經」的高度，這劃時代的創見，一直到了一千五百年後，才被人發現他的獨具慧眼，以及真正孔子學問裏，文武知行相平衡的積極意義[13]。和《孫

13　林中明〈劉勰、《文心》與兵略、智術〉，《史學理論研究（季刊）》，中國社科院，1996 年第一期，頁 38-56。

子》齊名，曾學於曾子的吳起，也是「文武政經合一」的代表。君不見，《吳子》的開章第一句竟然是「吳起儒服以兵機見魏文侯」！

　　和二十世紀比起來，二十一世紀將是一個更文明、更優雅的時代。但也是一個變動、衝突更迅速、更全面的時代。我們如何找出最有效的教育方略，來培育新一代「文」「武」平衡的「企業界領袖」？又如何引導激發大、中、小企業裏「科技創新」的能力？以下就是我要向大家推薦的『新古典』「五經」，分進而合擊，以為現代主流西式教育題材的輔助。

三、為何要談《易經》《詩經》《史記》《孫子》和《文心》？

（一）大處着眼

1. 多元協作的益處：提供『新』的「知識平臺」和視角

　　《易經·乾卦》的「用九」說，『見群龍無首，吉』。『龍』本身很可能就是中華文明多元部落的綜合圖騰。而西方文明裏的鷹徽，則似乎有單一國族獨霸和「我武鷹揚」的傾向。「定於一尊」固然有它的效率，但是一旦走偏了方向，沒有其他平衡的力量，常常一發而不可收拾，容易造成巨大的人為災禍。根據人類學者魯絲·班迺迪克（Ruth Benedict）在她的經典之作《文化的格式》（Patterns of Culture 1934）裏指出，人類的文化之所以能發達，就是在於其多樣性。可見得 2500 年或更久以前，中華文明的多元化和族群共和，使得大規模的政經人事較易於平衡運作。而有了「人和、族和」的「同人」（《易經·同人》）思想之後，就比較容易趨向於「大同世界」和「天人合一」的「天下文明」（《易經·

乾・文言》）。

2. 去彼取此，避專就廣

近人論中國兩百多年來的積弱，多以為是由於『儒學』的壟斷和『八股文科舉制度』所致。其實中華文化中缺少對『見群龍無首，吉[14]』的開放思想的認知和實踐，才是中華文明衰弱的主因之一；而今日的中華文化思想中，人們在表面上雖然學了西方數理邏輯，但習慣上似乎還沒有走出過去『思想獨裁』的意識樊籠。因為孔、孟、朱、王的『儒學』在中華傳統教育裏已經是較熟悉的學說，孔、朱的學術又遭到『誤解』和『窄化』，傳統《十三經》和《四書》的內容和長短也都較有定論；為了避免再回到『罷黜百家，獨尊儒（刑法、道釋、馬列）術』的舊弊，所以我選擇『舊五經』中最基本而深厚的《易經》《詩經》，略去和現代文明不再直接相關的《儀禮》和難讀而啟發性較有限的《尚書》[15]，再加上三本傳統儒學之外的重要經典學說來綜合討論，以求對中華文明多元協作（synergy）的整體有更多的體會。《春秋》和《尚書》雖然是儒家的重要經典，但《史記》和《文心雕龍》已對它們作出精簡的介紹和評價，所以不列於本文針對企管和創新的討論。胡適論為學，曾說：『為學譬如金字塔，要能博大要能高。』因此我以為廣義「文武合一」的平衡思想和「人本主義」下的人格教育，必將對 21 世紀經濟全球化以後的企管教育，在實質上對

14　A.N. Whitehead《*Process and Reality*・Part 5・Ch.1》1928: 哲學主要的危險在於選擇證據之狹窄。"The Chief danger to philosophy is narrowness in the selection of evidence." The Free Press, 1978。

15　傅斯年〈論學校讀經〉：所以六經以外，有比六經更有勢力的書，更有作用的書。即如《貞觀政要》，是一部帝王的教科書，遠比《書經》有用。他批評清末經學也是無用之學。那時學校讀經，少年學生在下面如『做夢一般』。如此怎麼可能用它去充實道德力量呢。

總體有所提升。

　　此文不採《莊子》，因為它的『逍遙遊』思想逸出時下的企管議題。不提《墨子》，因為那是另外一種管理經營的系統，或者它更近於『非營利事業』？不直接用《老子》，因為一來《易經》和《孫子》已包涵了大部分《老子》可適用於企管和科技的道理，二來也是避免『無為去智』可能帶來的誤會。至於管、荀、韓、商等諸子之學，許多是屬於政治的範圍，而且理論也曾被多次直接引用16，不容易給人帶來更新的啟發，也不及探討半隱待發，更有新意和潛力的學問。所以於此不再討論較熟知和範圍外的論題。當然選用其它的經典作為新組合，也能有個別的長處。但在取捨的精神上，大可和孔子當年一般，「因地制宜，因材施教」，不必僵化自限。《孟子・盡心章》說：「君子之所以教者五，有如時雨化之者，有成德者，有達財者，有問答者，有私淑艾者。」可見孔子和孟子雖然都是『有所為而為』的聖賢，但卻不是『獨裁』的教師。

3. 要不過五，截斷眾流

　　人的一手只有五根手指。所以先賢喜歡用不超過扳「五」根手指的總數，來提綱攜領地說事情。《老子》說『五色令人目盲』，《孫子》說『色不過五，五色之變，不可勝觀也17』，陰陽家說『五行』，中國畫說『墨分五色』。可見得只要能抓住重點，五種精品，就足以表達新的重大觀念。如果列出上百種書籍，除了有學習時的參考價值之外，反而沒有人會認真去看18。漢武帝時定經書之

16　《中國古代管理思想之今用》，中國・人民大學出版社，2001 年。

17　色彩的原色只不過紅、藍、綠三種，而混合之後，變化無窮。

18　《智者閱讀 —— 中外名報、名刊、名家的推薦書目》主編黃秀文，華東師範大學出版社，2002 年。

數為五，深得《易經》簡易之道。後來到了宋仁宗刻『嘉佑石經』，儒家的經典加入《孟子》，成為後世通用的《十三經》，畫龍添爪，反而混淆了重點，減弱了記憶[19]。朱熹自稱「舊時亦要無所不學，禪道、文章、楚辭、兵法，事事要學。」後來他把重點放在《四書》的「知識平臺」上，大膽地替代舊《五經》，終成一家之學。

4. 瞎子摸象，多聞闕疑

　　《易經》、《詩經》、《史記》、《孫子兵法》和《文心雕龍》的多元協作，包涵了中華傳統文化中文、史、哲、兵、經，五個不同種類，關鍵性的傳統教育經典。就像一隻手的五根手指，各有作用。而合在一起，又可以攢成個拳頭出擊，這也符合現代高科技的『團隊戰鬥精神。』如果能從這五個方面去探討『中華文明在二十一世紀的新意義』，和它們『如何在新世紀能有用於「企管教育」和「科技創新」？相信這論題的本身，從正面來看，就有它存在的價值。從反方向來看，譬如「瞎子摸象」，即使立論不顯，但至少掌握了五大要項，勝於「必意固我」於一個偏門。所以孔子說「多聞闕疑，慎行其餘（《論語‧子張》）」，雖不中，亦不遠矣。而且如果這個題目能引起更多關心中華文化和文明的學者來討論，即使是爭議，也比重復敘述千年來同樣的話題，和逐漸縮小的研究範圍，要來得有意義和有趣味。

5. 智術統一論

　　孔子評他自己的「仁學」，認為是「吾道一以貫之」。《老子》也說「道生於無，無生有，有生一……」。而劉勰在《文心雕龍‧

---

19 Miller's Magic Number：George Miller's classic 1956 study found that the amount of information which can be remembered on one exposure is between 5 and 9 items, depending on the information. The number 7 became known as Miller's Magic Number, the number of items which can be held in Short-Term Memory at any one time.

序志》裏說的更是明白:「宇宙綿邈,黎獻紛雜,拔萃出類,智術而已」!所以中華的智者,都認為各種學問,其實都是『大道』或『智術』的一枝而已。西方的科學家也不例外,他們自古希臘以來,就不斷的試圖統一星球的運動,然後 18 世紀達成熱力學統一,19 世紀達成電和磁的統一,20 世紀達成時與空的統一。其實這都是把人類對自然法則的瞭解加以統一。由此可見「人文思想」也可以把內核是「人」,和外部的活動是「智術」,統一成一體[20]。所以如果我們以開闊的心胸,對經典之作的《易經》《詩經》《孫子兵法》《史記》和《文心雕龍》加以現代化的重新認知,和綜合理解,那將有可能給我們帶來,經得起考驗的「活智慧」。讓我們能在「知識經濟」快速進步的壓力之下,能應付「全球化」所帶來的機會和沖擊。

6. 文無古今,唯其當耳

　　三百年前,桐城派開山的大師姚鼐,為了準備教材教育學生,花了近四十年光陰,選注古今範文,編成《古文辭類纂》,以便學子精讀,和掌握作文的要點。有人問他,今文和古文,那一個比較重要?姚鼐說:「文無古今,唯其當耳。」因為人性的「五情好惡,古猶今也;世事苦樂,古猶今也;變易治亂,古猶今也(《列子‧楊朱篇》)」。而姚鼐所說的「當」,其實也就是鄧小平所說的名言:「管它黑貓白貓,『能捉老鼠的』就是好貓。」知識能夠涵蓋古今,一定對瞭解智慧成長的軌跡有幫助;資訊範圍擴大,對統計學的精確度也有好處。

　　又譬如下圍棋,雖然起手棋有『金角、銀邊、石肚子』的考量。但是一旦棋局展開,如果有人因為是深度近視眼,只敢下靠

---

20 Edward O. Wilson, Consilience-The Unity of Knowledge, Knopf, 1998。

自己座位一邊的棋盤，因此小心做眼存活，以為如此便可立於不敗，那當然是棋界的笑話。反觀一個文明的開展，應該也是和下圍棋一樣，要有大局觀，遠近通吃。不然到了終局計地，自己的『金角、銀邊』一定比不上另外一邊的『金角、銀邊』再加上『中原』的『大肚子』。這雖然是簡單的小學數學，或像是初中三角『三角形兩邊之和大於第三邊』，但用於縱觀文明發展，卻是最容易用來說明最難講的大道理。

今日我們對中國傳統教育裏的經典之作，《易經》《詩經》《孫子》《史記》和《文心》也當作如是觀：本來是我們可以下的『棋盤』和先人留下的『存摺』，為什麼要平白放棄『地盤』和『財富』？更因為它們過去早就如龍似虎，現代的教育學者只要能把它們精簡和通俗化，變成人人能養的『小貓』，就足夠以『快準狠』的姿態，去捕捉現代『輕薄短小』變化迅速的『老鼠』。

至於為什麼要選這幾本『經典之作』來討論？從歷史的角度來看，因為我們必須避免滿清在革新運動時，所犯過同樣的錯誤。那時候由於過份重視技術層次的策略[21]，以為購買工技船炮，就可和西洋、日本競爭。想抄近路的結果是百餘年『次殖民地』慘痛的教訓。

在這個時間和資源都有限的世界，如何發揮我們固有經典中的活智慧，並減低應用時的阻抗，來爭取時效；並盡量避免歷史上曾經發生過的明顯錯誤，以古今智慧作有機結合，為科技創新

21　梁啟超在一八九六年寫《變法通議》，認為非啟迪民智、變革制度不能救亡圖存。他引述一位德國名人，德相俾斯麥，的話來做說明：「昔同治初年，德相俾斯麥語人曰：『三十年後，日本其興，中國其弱乎？日人之遊歐洲者，討論學業，講求官制，歸而行之；中人之遊歐洲者，詢某廠船之利，某廠價值之廉，購而用之。強弱之原，其在此乎？』嗚呼，今雖不幸而言中矣。」

和企業管理的教育，提出有效而可行的方向和實例，那就是下文的重點。

（二）為何要談《易經》？

今年四月，世界商業雜誌裏的龍頭 —— 美國出版的「商業週刊」，和具有世界輿論權威的「紐約時報」，另加上海和中國參考書的暢銷榜，同時在它們的『最暢銷精裝書單』或『最暢銷精裝商業書單』上，都把一本輕薄短小，近于童話的故事書 ——《誰動了我的乳酪》[22]，第一次選登榜首。許多美國的商業公司甚至還專門推薦這本書給被解雇的員工，甚至選派員工去上以這本書為企業管理教材的的進修課。這本貌不驚人的小書雖然不是經典之作的料，但是它在全球不景氣的時候，提出「窮則變，變則通」的簡單生活原則，在『戰略』上輕易的掌握了人們對世紀變動的恐懼心理，因而引起讀者的興趣，造成『全球化』的熱賣現象，和『雨後春筍』般的各類『續集』和『外傳』。

其實這本書所講的，只不過是《易經》大道理中九牛之一毛，並沒有什麼『知識經濟』可言。但這本書用『清晰、簡明和親切的筆法表達了最簡單的生活原則』，這個『戰術』相當成功。但是其原則在《易經》裏誰都找得到。成書可能要晚於《易經》八九百年的《易傳繫辭》裏也早說過：「乾以易知，坤以簡能。易則易知，簡則易從。易知則有親，易從則有功。有親則可久，有功則可大。可久則賢人之德，可大則賢人之業。易簡，而天下之理得矣。天下之理得，而成位乎其中矣」。所以今天要談生活變化的規

22　Spencer Johnson,*WHO MOVED MY CHEESE?*, Putnam, 2001。注：這是關於一對小老鼠和小矮人，當有一天他們發現賴以生存的糧食 —— 奶酪，忽然不見了，如何『應變』的寓言故事。

律，和講商業應變之道，就不能不把『簡易、通變[23]』的《易經》放在第一位。

（三）為何要談《詩經》？

21 世紀的資訊網路社會，不僅資料的數量以爆炸性成長，而且一切變動的消息和指令都以接近光纖傳輸的速度進行。相對地來說，企業管理人所擁有的「自由時間」就大大的減少。要登電視廣告，收費以秒計算，寸陰寸金。所以如何用『最少的時間和字句』去作『最有效律地表達和意見溝通』，像《孫子》所說如何「令民與上同意也」，那就是所有經理人的責任。那麼，我們要問，在這種情形下，何種教學，會是最有效的方式呢？這個答案，其實已經在許多一流商學院的課程裏找得到，那就是「寫詩朗頌」！大家也許又會問，古今濫詩如此之多，企管教育寫詩頌詩，又會「有什麼好處呢？」在回答這個普遍的問題之前，我們先要分辨什麼是「好詩」和「濫詩」。不好的詩，不論古今和形式，都有『陳腔濫調』或『故弄玄虛』的毛病。但「最好的詩」，如果用《孫子兵法》來分析，不論新詩舊詩，大多能『用最少的字，表達最多的意思，最能感人，而且能留下最深刻而最久遠的記憶者[24]。』如果用以上的標準來看，《詩經》之所以能在中華文化裏踞高不衰，確實是有它的道理。因為《詩經》的詩句，都非常簡明。春秋戰國的外交官在國際場合，都要能『斷章取義』誦詩明志，一句話就見出高下。其作用和今日商業社會交往溝通的需要，以及

---

23 湖南・嶽麓書院大門兩壁有一幅馬積高的對聯：「治無古今育才是急；學有因革通變為雄」。說的是同樣的事理。
24 林中明〈斌心雕龍：「文武合一」的文化威力〉，生命與知識學院講座，臺灣・新竹・鈺創科技有限公司，2001 年 6 月 9 日。

在書篇之前常以簡明的詩句引言明義的做法是很類似的。雖然我們以《詩經》為題，其實真正要強調的是廣義的『經典之詩』。因為人類自東至西，從荷馬吟唱到奧斯卡頒獎致辭，從售貨到要求加薪，基本上都是人與人之間意願感情的溝通。而這種需求，可以說是不隨時空而改變。怎麼樣做最有效率？那還是回到「基本功」：寫『好詩』的文筆功夫和頌『好詩』的口語能力。

（四）為何要談《史記》？

1.『文史哲』是人類文化思想的三個大項。『史』的重要，當然不用多說。但是『歷史』和『財經企業』會有什麼關係？即使有關係，又何必去翻兩千前年前，以『文言文』寫的『爛掉牙』的舊歷史？要回答這個問題，我們首先要指出，司馬遷當年早已採用『一代有一代之語言』和『現代化』策略。他在引用更古代的歷史時，常常用『現代』的語言改寫『古代』的文字。《春秋》《左傳》比《尚書》容易讀。但《史記》又比《春秋》《左傳》更有文采而語言易讀，而且又時有深刻的分析，和包括更廣闊的時空，足以見出人類社會的循環起伏規律。如果不是為讀經而讀經，《史記》的內容比《五經》中的《春秋》《尚書》更豐富，而且更近於現代思想，和更有用於『通古今之變』。如果和古希臘的史家相比，也是毫無遜色，而且在多項上勝出。

2.我之所以取《史記》而棄《漢書》，也是有所選擇的。《史記》雖然和《漢書》等史書都是經典之作，但是司馬遷成書在班固之先，籠罩的時間十倍之長，而且文章更生動，題材更有創意。更重要的是，司馬遷能融儒、道、法、商、兵於一統，看到了幾千年社會幾次變化的大規律。但是班固器小[25]，他批評司馬遷『是非頗謬於聖人，……述貨殖則崇勢力而羞貧賤，此其所以蔽也。』事實上，孔子只是說：「富與貴是人之所欲也，不以其道得之，不處也。(《論語·里仁》)」[26]而且，就班固個人的所為而觀，他才是「崇勢力而羞貧賤」，不及司馬遷一生遵循夫子所說的「君子謀道不謀食，臨危授命」。有道是，文人相輕，自古而然。難道說『史家』相輕，也是自古而然？

　　3.司馬遷的經濟思想在漢武帝時代不僅是三大經濟思想之一[27]，而且他那劃時代傑作《貨殖列傳》中所指出的商業經營原則，現代仍然是規範。譬如：

　　(1) 供求定律：上善如水，自然流動，自趨平衡。司馬遷借計然之口說：「財幣欲其行如流水。」他又說「使俗之漸民久矣，雖戶說與繆論終不能化，故善者因之，其次利導之，其次教誨之，其次整齊之，最下者與之爭。」司馬遷的高論勝於和早於西方亞當·史密斯『不可見之手』的理論1800年(「在一隻看不見的手引導下，達成非他本意希望得到的結果」)。

　　(2) 時變：《貨殖列傳》中，排名第三的白圭，「樂觀時變，故人棄我取，人取我與」，至今仍然是商業上顛撲不滅的至理。

　　(3) 智術統一論：更重要的是，司馬遷早就看到企業管理的

25 胡顯中〈司馬遷和班固經濟思想比較〉，《西北大學學報》，1988年第一期。《集雨窟文叢》，中國經濟思想史學會，北京大學出版社，2000年，頁299-308。

26 朱家禎〈孔子經濟思想的研究〉《中國經濟思想史論》，人民出版社 1985年。《集雨窟文叢》，中國經濟思想史學會，北京大學出版社，2000年，頁103-122。

27 鹿諝慧〈司馬遷經濟思想在不同歷史時期的地位〉，寶雞師院學報，1985年第三期。《集雨窟文叢》，中國經濟思想史學會，北京大學出版社，2000年，頁292-298。

「智術統一論」。他借中華商業始祖白圭之口說:「吾治生產,猶伊尹、呂尚之謀,孫吳用兵,商鞅行法是也。是故其智不足與權變,勇不足以決斷,仁不能以取予,彊不能有所守,雖欲學吾術,終不告之矣。」司馬遷洞見商業管理和策略猶如『孫吳用兵』,要比二十世紀中葉日本學者早了兩千多年!所以,要講「企業管理」,就不能不從《史記》中借取『腦力』。

4.至於奢談『新儒學』的文哲之士,更不要忘記,孔門儒家弟子中,唯一曾建廬居住在孔子墓旁,服喪六年之久的子貢,卻也是當時最成功顯赫的商人和外交家。《史記》把子貢排名在範蠡之後,白圭之前。可見真正的儒門高弟,也可以是最講禮法和同時是最成功的企管高手,兩者不相衝突。這也是司馬遷眼光過人之處,《史記》不只是消極的記載歷史而已!而且,「夫使孔子名布揚於天下者,子貢先後之也。」孔子說「微管仲,吾其披髮左衽矣。」看來如果沒有管仲和子貢,孔子也不成『夫子』,『儒家』也沒有後來的『地位』,而中華文明歷史也要改寫了。

5.歷史也是『資訊』!而且記錄了長時間社會和人事的變化。但沒有整理和消化的資訊卻不是知識,而沒有精選重點和未能貫通的史料也不能算是有意義的『歷史』[28]。有專業知識的『專士』,不能等同於所謂的『知識份子』但知識份子如果沒有歷史的眼光,對其專業之外人情事務的判斷一定盲點特多。譬如當代大儒錢穆在《宋明理學概述》裏,就指出「那一輩道學先生,尤其如朱、陸大儒,都沒有忽視了武事。後來顏元罵宋儒只坐書房,學兒女態,實是冤枉了。」可見清代的顏元和許多現代的學者,都沒有在歷史上下功夫,以至於『窄化』『矮化』,甚至『異化』了孔、朱、

---

28 湯恩比〈我的歷史觀〉,論文集《文明經受著考驗》,牛津大學出版社,1948 年。

陸、王的成就。我們重視《史記》，也出於『資訊時代』的『實事求是』精神。

（五）為何要談《孫子》？

如果要問中華文化中，有那一門『國學』是『國際顯學』？答案只有一個：《孫子兵法》。因此在這一個迅速變化和無時無地不在競爭的「全球化」世紀，要講企業經營和策略，就不能不用到《孫子》首尾呼應而道理精深的戰略原則。因為在我們生活的世界裏，「時間是不能創造的」，而「人」決定戰爭。在有限空間的地球上，因為直接能用的資源有限，所以除非有新的科技發明，或對人口和欲望的抑制，人類的「生存競爭」和「人為淘汰」就和生物一樣，不易跳出達爾文的理論。因此《孫子兵法》可以直接應用的範圍，就幾乎包括了人類所有的「智術」活動，甚至文藝創造，也不例外。隨著世界大小各國紛紛加入「世貿組織」，國家和集團之間的競爭全面開打。譬如大力倡導自由貿易的美國，為了爭取國內選區的選票和和短線的利益，反而採取關稅壁壘的手段[29]，輕易地放棄了世界自由經濟領導的形象和身份。於是乎任何經濟集團，誰能不擇手段地策劃高明的戰略，執行有效的戰術，誰就是贏家。當代著名的經濟學家，萊斯特·瑟羅就在他寫的《創造財富》的第一章〈探索知識經濟〉裏說：『全球經濟正如過去美國西部，經濟糾紛（譬如偷牛）常常通過類似在「OK 牧場」發生的槍戰來解決。強者把弱者趕出富裕的地區』。

---

[29] 作者按：2002 年 3 月，美國片面對外國鋼鐵進口徵稅，以『它不完全符合國際貿易的規則，超越了反傾銷和補償責任條款所提供的條件』（國際貨幣基金組織（IMF）副主席安安妮·克魯格 2002. 5. 15），因而與歐盟和中、日、韓亞洲國家的鋼鐵貿易大戰逐漸升溫，看來全球因鋼品而起的『貿易戰』就要登場。

　　中華文明在過去幾個顛峰時期，常常因文化思想和民生富裕的緣故，常不自豪，也不甚積極於壓榨弱小的鄰邦。這種心態到了國勢衰弱時，還常常慣性地影響國家的決策。所以英國哲學家羅素曾經感嘆地說過[30]：『在中國思想體系中有一個，而且只有一個嚴重的缺點，那就是不能幫助中國自己抵抗好戰的國家。如果整個世界都像中國這樣，那麼整個世界就會幸福。』所以，當西方殖民主義達到高峰時，『大家』都忘了中國人曾經是最會做生意的民族，而且有著世界最大的兵法書庫和《孫子兵法》，卻落難到如此地步，真可以說是標準的『捧著金飯碗討飯』，既可敬，復可憐，而又可笑的『文明』。

　　現在簡明而又智慧的《孫子》已經被翻譯成十幾種語言，也成了美國商學院和軍事學院的主要參考書、課本，同時又是世界第一大網路書店，亞瑪遜的前三名暢銷電子書。今年三月份的《經濟學人》[31]在討論到如何應付「不景氣」的問題時，就同時舉了克勞塞維茲的《戰爭論》和《孫子》，當做原則性的指導教材。如果世界的走向是加強學習《孫子》，我們能落後嗎[32]？

　　三年以前，曾有一位尖端飛行器的研發領導人，以懷疑的態度問過我一個『驚人』而有趣的問題：『聽說《孫子兵法》去年開了第四次國際研討會。這麼一本舊書，只有六千多字，開三次會就把問題都討論完了，為什麼還要開第四次會』？我就問他：『《莎

30　《真與愛 —— 羅素散文集》，上海三聯出版社 1988 年，頁 90-91。

31　"The Return of von Clausewitz, "今天的企業已不再流行尋找能夠解決企業所有問題的單一策略。古代的孫子強調彈性、速度和選擇制勝時機的重要性。他說，唯有如此，才不會錯過異想不到的機會。《The Economist》March 9, 2002。

32　林中明〈九地之下九天之上：代序〉，《廟算臺海：新世紀海峽戰略態勢》，學生書局，2002 年 12 月，頁 V-XIX。

士比亞》在西方已經研究了快四百年，怎麼還有這麼多人每年還在寫論文和開會研究它呢？」我問的問題，全世界近四分之一說英文和近三分之一用英文的人，恐怕都知道答案；英文學者的答案可能會長一些，一般人的說法可能會短一點。不過大家都會同意，《莎士比亞》是英語文化裏的文學瑰寶，從語言文字的使用，到思維的範疇，都不能不牽涉到《莎士比亞》的劇本詩文，而且和所有的經典之作一樣，『每一次重讀，有每一次的新發現[33]』。所以問「《孫子》研究完了沒有」，就像問《莎士比亞》或者是只有四個符號的「熱力學第二定律」（$S=dQ/T$）研究完了沒有，是同樣的可笑。更可笑的是 —— 這位發問的人士，自己正在研發『第五代』的飛行器呢！

（六）為何要談《文心》——『古代的文論有何現代意義』？

既然《莎士比亞》的重要性世所公認。那麼經典文學背後的『文藝理論』當然更是根本。孔子曾說：「君子務本，本立而道生」。在這個生產力和資訊一再達到飽和，工藝和科技產品也已不時供過於求的消費世界，如何在不動用武力的情況下，影響和刺激「顧客」的購買欲望，就成了新世紀商業經營者的最大挑戰。要表達意願，傳達訊息給「人」，那就不能不借助於媒體文藝的威力。當大家都會用同樣的電子、機械工具時，競爭的項目於是乎又回到「詩書畫」或「說寫看」的基本的能力上來。再從諸子百家的發

33　（1）Italo Calvino（卡維諾）, "Why Read The Classics?"（為何要讀經典之作？）, Vintage 2000, pp.5 Reason 4. A classic is a book which with each reading offers as much of a sense of discovery as the first reading. Reason 6. A classic is a book which has never exhausted all it has to say to its readers.

展史來看，他們雖然都不是純粹的文學家，但遣詞用句，卻都能把道理「說清楚，講明白」，所以能夠有讀者，有市場，成一家之言。

舉兩個眼前最熱門的例子：其一，根據 2002/04/02 臺灣經濟日報的譯文報導：『當網路泡沫幻滅後，企業用人愈來愈挑剔，創投業者也小心翼翼去尋求成功機率較高的企劃。在如此變化的環境下，不少年輕專業人才決定要學習經營企業之道以保持和加強職業競爭力。儘管入學程序繁鎖，商學院入學熱潮絲毫不減。以哈佛企管學院為例，除需 GMAT 成績之外，還要三封推薦信。申請人另外還得擬妥六篇指定的作文題目（如「試描述你人生最重大的時刻」，「談談你最大的三個成就」），第七篇作文題目由申請人自行決定。就連美國人也得耗費大約兩個月才能辦妥這些資料。』這個眼前的實例，就清楚而『現實』的闡明瞭作文的功夫，對現代專業企管經理人的重要。其二，美國的大學入學考試 SAT，將從 2005 年起，加考作文。可見得高科技時代，以作文來表達和溝通的重要性，又從新被驗證，以致於必須恢復『古代』的作文考試。

既然中華文明是寫文作詩的世界第一大國，又有最優良，『價廉物美』，而歷經 1500 年考驗，保證『開機就可工作』的「本土化」文藝理論經典之作 ── 《文心雕龍》，那麼我們何不從自家的書架上，選取精良易讀，有注音或拼音的注釋本，用「最少的時間和能量，去達到最大的效果」呢？

以下的篇幅將討論如何把《易經》《詩經》《史記》《孫子》和《文心》裏的「活智慧」，應用到現代高科技的「企業管理」和「科技創新」的教育上去，以及這種做法的長處和限度。然而這五本書，每一本都是超重量級的經典之作，如何在最短的篇幅裏，表達出它們的精髓呢？我以為可以根據《商業領袖成功七大要則》的第一條：『先做最緊要的事』，那就是在這一次的討論上，只選《易經》《孫子》為主將，先把《易經》和《孫子》簡化到 24 個字以下，而以《詩經》《史記》和《文心》為輔佐，貫連「新五經」裏相關的「活智慧」，以之為基礎去討論「企管教育」和「科技創新」的問題。

（七）14 字簡說《易經》和《孫子》精義[34]

《易經》道理精深，六十四卦之外，每一卦又有六個變化。但就其精義而言，我以為不過是《易繫辭》所說的「一陰一陽之為道」這一句話的七個字而已。同樣的道理，《孫子》六千言，也不過是哲學性的「奇正虛實是謂兵」，或者是戰鬥性的「致人而不致於人」，各用七個字的兩句話而已。如果把《孫子兵法》轉換為現代白話術語，就是「用最少的時間、資源和廢熵，達到最大利益」十七個字。用英文口語表達，只要九個字『Get the most with the least energy * time * entropy』。

如果再簡化，還可以說成「智、變」和「人、勢[35]」四個字，和「陰陽」或「虛實」兩個字。只是過於簡化，反而需要用更多的「時間資源」來解釋，以致於違反了《孫子》白話 17 字精義的『優化思考』本意。愛因斯坦曾說，複雜的現象應該在理論的表達上能「簡單化」，但不必再過分「單純化」（simple but not simpler），大概講的是同樣的道理。

---

34 林中明〈從《孫子》《周易》和物理《文心》看企業逆境競勝〉，臺北、臺中、高雄 —— 中國生產力中心『企管經營講座』，2002 年 1 月 25 日，2 月 27 日，3 月 1 日。

35 《孫子兵法・勢篇第五》：故善戰人之勢，如轉圓石於千仞之山者，勢也。作者：『知識平臺』亦勢也。

四、知識經濟與企管教育：新知與舊典、習學與活用

（一）再談「新理論」和「舊經典」

　　在 21 世紀還敢講古籍經典，顯然需要加以解釋。就以當前的經濟理論而言，其實這門只有三百年歷史的學問還不能算是科學。因為沒有一個經濟學家能保證他的理論是對的，而錯誤的理論一定被時間放大，使得它的錯誤益發明顯。譬如說，2001 年以前，「通貨緊縮」一辭，難得在經濟教科書和文獻裏看到。然而自 2002 年以來，「通貨緊縮」竟然成了熱門話題和「顯學」。徵諸歷史，此類事情屢見不鮮，所以經濟學教科書每十年就要修正換新[36]。美國金融貨幣控制的「霸主」格林斯潘，在過去兩年拼命加息，然後又連續減息十一次。似乎是「無事忙」（《Much Ado About Nothing》莎士比亞喜劇）。如果以十年為一「小劫」，千年為一「大劫」，那麼《孫子兵法》已歷經 250 個小劫，兩個半大劫，居然還能面目如新，東征西討，這當然是「活智慧」，可以放心使用。唯一的條件是：「凡此（種種），將莫不聞，（而）知之者勝，不（真）知者不勝」。說起來，還是回到「教育」和「實踐」的老問題上來。八十年以前，英國的大哲懷海德（Whitehead）在《大學及其作用（The Aims of Education）1916》中就有先見之明的選擇哈佛大學

---

36 作者按：2002 年諾貝爾經濟學得獎人，美國學者，卡尼曼發現，大多數接受追蹤觀察者寧可花廿分鐘路程購買一部十美元的計算機，捨棄十五美元的款式，卻又不願花同樣時間買一件標價一百廿美元的夾克，而寧可選一百廿五美元的夾克，結果多花五美元。史密斯九日在記者會中表示：「我經過幾年觀察研究後才瞭解，原來教科書是錯的，我的學生才是對的。」

的商學院來說明他對『現代教育』普遍原則的看法；而且指出應當從古代希臘雅典、意大利佛羅倫斯學習如何開放『想像力』以應付『現代商業』的挑戰。《老子》說：「執古之道，以禦今之有。能知古始，是謂道紀」。似乎是為此先立一言。至於明日以「知識工作者」為主的「下一個社會」，彼得·杜拉克在他的新書《下一個社會[37]》裏指出：『知識和其它的生產工具最大的不同，就是不能繼承或遺留給後代。每一個人都得自行學習，在這一點上，人人生而平等。』這種新的競爭方式，將給『最有效率的學習者』帶來新的機會，這對剛創業的小公司，和發展中的國家都是『福音』，而唯有眼光和決心者得其利。

（二）『時間』是不能創造和逆轉的，而『利潤』必須用力費時才能產生

企業的運作雖然也有藝術的成分，但它和藝術文學最大的分別就在於企業是以「謀利」為最高的考量準則，而且有迫切的「時間性」。《孫子》開宗明義第一句話就說：「兵者，國之大事，死生之地，存亡之道，不可不察也」。因為「亡國不可以復存，死者不可以復生」，所以企業管理人的第一要事就是「合於利而動，不合於利而止」，負起股東和投資人所交給他的責任。哲人羅素曾批評中國的『舊學問』可以給世界帶來和平，但不能自救。我想這可能因為在中華文化之中，有一部分學問是「知文不知武」「重理不重利」，失去了該有的「陰陽、虛實」平衡所致。知道「時間是不能創造和逆轉」，和體會利潤必須用力費時才能產生，然後才能談「企業管理」。這個原則，即使是『非營利經理組織』，想要做出

37　彼得·杜拉克《下一個社會》：Peter Drucker, Managing In The Next Society, St. Martin's Press, 2002。

成功事業，也不能不遵守。

在現代多元多變資訊發達的經濟社會裏求競勝，必然要求在『戰術』上講『效率』，更要求在『戰術和戰略上講創新』。創新不能來自政治性的要求，也不能出於軍事性的掌控。創新的基礎來自啟發性的教育和開放性的管理。講「企管」，應當先講戰略思考應變的大原則，再說戰術執行效率的手段，最後才是考慮使用的工具和效能控制，自下而上，完成第一次由思考到實用的良性循環。此所以《孫子》五校把『法』放在『道、天、地、將』之後，但決不是不注重工具、制度。孟子說：「天時不如地利，地利不如人和」。但在「全球化」和「知識經濟」的競爭下，單純的「人和」與「效率改良」又不如「建設性的競爭」和「突破性的創新」。

以下，先來談當今世界人人關心，幾乎「全球化」的『世界經濟不景氣』，或者說是『天』的問題。

（三）從舊經典看『經濟不景氣』諸問題

創造『經濟起飛』這個有名的名詞的經濟學大師羅斯陶，在1960 年提出經濟成長的五個階段[38]，而以達到飽和為止境。然而徵諸於目前世界經濟最大的困擾，卻是他所沒有提到的第六個階段：「全球經濟不景氣」。身為經濟大師卻看不到致命的跌落，這可以說是他受到西方文化裏，單極獨霸的傳統思維的影響所致。而相對地來看，中華文明中早就注意到自然界和人世系統的起伏循環。《易經·乾卦》的第六個階段，亢龍有悔，就指出「『亢』

---

[38] 羅斯陶（Walt Whitman Rostow）, The Stages of Economic Growth: A Non-Communist Manifesto, 1960. 1. Traditional Society, 2. Transitional Stage（the precondition for take off）, 3. Take off, 4. Drive to Maturity, 5. High Mass Consumption.

之為言也，知進而不知退，知存而不知亡。盈不可久，窮之災也」。「乾卦」之後「坤卦」的第一階段，「初六：履霜，堅冰至」，對「不景氣」的描述更是確切。」。「坤卦」之後「屯卦」對「不景氣」的下一步，「經濟復甦」階段的描述，也都符合企業家在不利的情況下，要「磐桓」尋找機會，而且要「利居真，利建侯」，面對現實回到「基本面」，再準備重新擴建出發。在《文心雕龍》裏的《養氣篇》說：「學業在勤，功庸弗怠，元神宜寶，素氣資養」，也講的是相同的道理。

五、《易經》的活智慧

（一）由《易經·坤卦》看經貿「全球化」

按著《孫子》五校的次序，說完了『天』，順序來說『地』。《易經·坤卦》的象曰：「至哉坤元，萬物資生，乃順承天。坤厚載物，德合無疆。含弘光大，品物咸亨。牝馬地類，行地無疆，柔順利貞。君子攸行，先迷失道，後順得常。西南得朋，乃與類行；東北喪朋，乃終有慶。安貞之吉，應地無疆」。

　　『世界』有多大？古人難以想像。『無疆』，可以說是先民對「全球」想像的極限。真實的商業戰場上，『攻城略地』如何佈置？其實也和先民對『世界』盡頭的揣測半斤八兩。如果要衡量『地盤』的作用，只要比較 9x9、17x17、19x19 道的圍棋盤大小，便可得知佈局考量的複雜度和運作面完全不同。如果在大棋盤上還用下小棋盤的思維和手段，甚至以『內視、鎖國』的方式只下自己習慣的小棋盤或中型棋盤，其輸棋的下場不問可知。

　　所以能認識到「全球化」的情況是『萬物資生』和『行地無

疆』，而且又能用『牝馬』一般『柔順利貞』的態度來從事貿易活動；雖然有可能『先迷失道』，但是積極努力的結果，一定會『後順得常』，可以『乃終有慶』。所以能有『無疆』的心理準備，和安順積極的態度，一定能適應「全球化」的地緣經濟。不過，《坤卦》的話雖然聽起來比《乾卦》簡單，但真正有這種深刻體會和近于『第二本性』的態度，卻並不容易。難怪許多決策者並不能勝過『牝馬』之智。

（二）由《易經·否卦》看加入「世貿組織」

《易經·坤上六》說『龍戰於野，其血玄黃』。象曰：『龍戰於野，其道窮也』，也就是說，兩個集團，相爭於其勢力範圍的外緣，打得兩敗俱傷。國家貿易集團的競爭，也可作如是觀。《易經·否卦》說「地天否，乾上坤下，不利君子貞，大往小來」。象曰：「大往小來，天地不交，而萬物不通，天下無邦也」。這似乎是教導我們有關商業的往來，如果一邊以關稅卡關，以至於雙方不能對等交通，那就阻礙了「世貿」活動。於是乎，就像卦象所說「否；君子以儉德辟難，不可榮以祿」。也就是生意蕭條，沒有榮祿可圖。這是非常現代化的概念，但是因為文字古老，以至阻礙了學者去貫通這類古今一同的道理。

（三）由《易經·同人卦》看「全球化」
和加入「世貿組織」

《易經·同人卦》對於「全球化」和加入「世貿組織」的教育意義更為明顯。從《同人》到下一卦《大有》，再從《大有》到《謙》卦，這個思路流程，更是具有超時代的商業智慧。所謂「同人於野，亨。利涉大川，利君子貞」也就是說和別的國家團體進行平等互惠的商業貿易,則雙方都能受益。『同人』的象再解釋說:「同人,柔得位得中,而應乎乾,曰同人。利涉大川,乾行也」。意思就是做生意要放軟身段,而乾乾努力的去實現。其結果就可以順利跨越大洋。而「文明以健,中正而應,君子正也。唯君子為能通天下之志」就是說因為企業管理人的正派而積極的操作,所以能夠售貨天下,志行無阻,商業得以蓬勃發展,社會文明因此而進步。不過,雖然國家和集團之間平等往來,但是其間仍有對象選擇的差別,不是盲目的不分「類族」。所以『象曰:天與火,同人;君子以類族辨物』。頗具市場行銷學裏「市場區分」的策略眼光。

六、《孫子兵法》:無所不在的活智慧[39]

(一) 從《孫子‧地形篇》看加入「世貿組織」

《易經》能夠指導「全球化」和「世貿」,專講競勝的《孫子》當然更是籠罩全域。譬如舉《地形》一篇為例,我們就可以看到2500年前「戰國爭雄」的局勢,也就正是今日「全球化」的情勢。《史記‧貨殖列傳》裏記載的大商人,從孔子的弟子子貢,到三散其財的範蠡,那一個不是「全球化」地經營其「世界貿易」?

《孫子‧火攻篇》說「合於利而動,不合於利而止」。所以說《地形篇》說「散地,諸侯自戰其地。散地則無戰」;「爭地,我得則利,彼得亦利者,爭地則無攻」,所以大家各賺其錢,不必互

39　林中明〈《孫子兵法》無所不在〉,「新文藝復興」演講,新竹‧交通大學,2008年10月22日。(交通大學網頁2008年10月24日。網站錄像錄音)。

相攻伐；「交地」呢，「我可以往，彼可以來者」，當然要「交地則爭先」；若是「死地」，「疾戰則存，不疾戰則亡」，此時則口嚷『打拼才會贏』是沒有用的，如果不迅速採取『戰鬥行動』「死地則戰」，那麼公司企業都是會倒斃『死亡』。國家團體的情形也是一樣。

《孫子‧地形篇》又說：「方馬埋輪，未足恃也。齊勇如一，政之道也。不知諸侯之謀者，不能預交。不知山林、險阻、沮澤之形者，不能行軍。不用鄉導，不能得地利。四五者，不知一，非霸、王之兵也。」這就更說得精彩！一昧防守，「方馬埋輪（把能跑動進攻的馬拴成方陣，戰車的輪子埋入地中，只圖防守），未足恃也」！二戰時法國的馬其洛防線擋不住德軍的色當突破；今天閉關自守的公司或集團，只能自欺一時，到頭來也只會和清朝的葉名琛一樣，『不戰不守不降不走』，城破被俘死於域外，成為商業歷史的笑話。

（二）「人」決定「戰爭」和「企業」
的成敗：將道和用材

企業的「企」字是「人的走向」，武功的「武」字則是「兵戈的攻向」。所以企業就是以人為有機的組合，以人為推銷目標的謀利事業。而武功則是靠人揮動兵戈，以攻擊敵人建立的功業。歷代文士和帝王誤解「武」為止戈者，多不勝記。不肯面對『武力』的本質，又要求『武力』的成果，卻不想付出訓練的代價，「以不教之民戰，是謂棄之」（孔子）。難怪羅素和梁啟超都要為中國的文弱無競爭力，卻越位鼓吹『世界大同，天下文明』的矛盾現象而嘆息。

戰爭和企業既然都以人為主，所以掌管眾人的軍隊將領和企業經理的領導能力，就成了生死賺賠的關鍵。《易經》裏最有威力的龍，在乾卦裏明顯地等於君子。《孫子》的兵事五校的第四大項則是指揮軍隊作戰的「將」。因為「將領」和「經理」都是為『競勝』而努力，所以我們可以把《孫子》對「將」的要求，直接用到企業「經理」的教育目標上。而更難得的是，《孫子》不僅對經濟目標的設定和實現有驚人效用，它還含有人世的哲理和『環保』的理想，並不是一味追求財富，或為『追求無限暴力』不惜『動員全國』，犧牲一切。

以下讓我就《孫子》對「將」的五項要求，逐一分析它們對企業成敗的決定性。說到「用將」，大家想必都對《史記》上劉邦之能用人材，而項羽「至使人有功當封爵者，印刓敝，忍不能予」，以至獨夫敗亡的故事自幼能詳。有志於「飛龍在天」的企業領導人，「要警惕啊」！

（三）智 —— 成敗的關鍵

「知識經濟」的成敗在於企業各階層的『鬥智』，而不是『拼力』。大企業的執行長，尤其要講「戰略」。美國雖然在政府立法上，是一個「民主、自由、法治、平權」的國家。但美國的公司，卻常是最「人治、獨裁」的機關。而企業越大，在管理和運作上就越像軍隊，常常是一將興而一軍興，一將功成而萬『股』枯。上一世紀美國最出色的企業執行長，奇異公司的傑克·威爾許，在他 1982 年上任之初，就曾以克勞塞維茲《戰爭論》的戰略原則來策劃公司的走向。現在，《經濟學人》論管理，又再加上《孫子》的兵法原則[40]。打拼奮力的「勇」，《孫子》把它放到第四位，排

40　『今天的企業已不再流行尋找能夠解決企業所有問題的單一策略。古代的孫子強調彈性、速度和選擇制勝時機的重要性。他說，唯有如此，才不會錯過異想不到的機會』，The Economist, March 9, 2002。

在「智信仁」之後，真是「知識經濟」時代的先知！

　　講尖端科技和基礎「知識」，必然要和高等教育連在一起。今年《美國新聞與世界報導》雜誌在它一年一度的美國研究所排名中，把史丹福大學在商學院和教育學院排置榜首，超越了老牌的哈佛大學。而史丹福大學在 2000 年世紀交換之際，剛更換了新的校長。它一反常例地徵召了工學院長和電腦設計發明和創業人──約翰·韓納西教授（John Hennessy）為新世紀的校長，打破美國名校歷來以社會人文學者為校長的慣例。這也反映了新世紀的走向是基於資訊科技，和微電子企業所形成的新的「知識平臺」。這就是在一個進步的文明裏，必然是「一代有一代之學」！

（四）『信』和『仁』的重要性

　　中華文明中，除了孔孟儒家之外，還有很大一部分學說注重『仁』和『信』的基本價值和長期作用。譬如說兵家的《司馬法》就把「仁本」放在第一篇，其後的「孫吳兵法」也都強調「仁」的重要。《孫子》說「視卒如嬰兒，故可以與之赴深谿；視卒如愛子，故可與之俱死。」看看今日的公司，家家要求員工拼命工作和服從領導，但是為了四季財務匯報時執行長個人業績的『好看』，企業領導人很少能頂得住『華爾街』的壓力，所以經常以裁員為手段，而很少想到下一季經濟復興了以後，又要花更多錢和時間去請新人，重新訓練六個月，才能「上陣作戰」。從企業經營的角度來看，儒家和兵家說的「仁」，其實也都符合《孫子》「用最少的時間、資源和廢熵，達到最大利益」的原則。

　　如果要說中西兵學有什麼大區別？我認為就在『道』和『仁信』上。孔子談治國，排出先後次序，他認為如果「不得已，先去兵，次去食」，但不可「無信」。因為「人皆有死，民無信不立」！

講得斬鐵截釘，大義凜然。兵家帶軍，事關人民國家的生死存亡，不講信用，一定崩潰，以致『死無葬身之地』。做小生意和經營大企業，和領軍作戰的原則是類似的。對內和對外都要講信用，而且主其事者在財務導引之外，還應該要有『專業者』的尊嚴和原則41。尤其當家家都有同樣的技術和產品時，行銷宣傳，比的是「信用可靠」。用「六標準差（six sigma）」來管控成本和品質，其重點之一也是在樹立對顧客的「信用」。有了「信用」，就能得到顧客的「信心」42，於是乎商家就可以「用最少的時間、資源和廢熵，達到最大利益」，「不戰而屈人之兵」。中國有名的百年字號，如同仁堂和商務書館等企業，其成功也在於「仁信」。所以，新世紀的商家經理人，要想在「全球化」的戰場上生存和發展，應該多想想高度講求『仁信』的《孫子》『商業戰略學』，而不要走『騙來騙去』，遲早案發崩盤的短線操作43。我曾寫了一幅對聯送給企業界的好學之士曰：「七海縱橫猶執信，六藝傳承豈忘仁」。這也是類似於許多金融企管學者，因為美國安隆等大公司群體做假帳，導致股市崩盤，而對新時代企業『治理人』（governancer44）所要求的反省和對今後社會的期望45。

---

41 John A. Byrne, Goodbye to an Ethicist, BusinessWeek, Feb. 10, 2003, p.38. " Marvin Bower (- 2003.1.22), leader of the global famous consulting firm McKinsey & Co., was known as the father of modern management consulting business."

42 Seth Godin and Don Peppers, Permission Marketing: Turning Strangers Into Friends, and Friends into Customers, Simon & Schuster, May 1, 1999.

43 "CEOs: Why They're so unloved" , BusinessWeek, April 22, 2002, p.118.

44 "How to Fix Corporate Governance," Business Week, May 6, 2002, p.68 - 78.

45 Special Report: "Restoring Trust in Corporate America," BusinessWeek, June 24, 2002, p.30.

（五）『道』者，令民與上同意也：
　　　『心』與『物』之別

　　《孫子》說的『道』，和孔孟、老莊的『道』完全不一樣。《孫子》重『人、勢』，講『奇、正』。因為知道「人決定戰爭」，所以把「令民與上同意」的藝術當作『導引』『人、勢』的要道。在第一次產業革命之前，生活必需品的『物』，是難以用『心』去取代的。到了第三次產業革命，雖然微電子和生物科技掛帥，但是由於第二次產業革命的電氣和工業系統的高生產效率，使得貨品常常供過於求。人們從為基本生活需求而掙紮，轉變成為『心情』、『娛樂』、『被服務』而消費。於是乎『廣告、包裝、噱頭』等等過去認為是『虛功』的事情，忽然變成新一代企業成敗的重大手段。五百年風水輪流轉，『攻心為上』的文學、藝術、音樂、服飾變成了商業經理人新的競爭力考量。因此美國的商學院開始談『莎士比亞商學院』，希望能從《莎士比亞》中淘金，找出如何能編出『深入人心的感動和口味』，以之擦亮品牌，吸引顧客，銷出成品，賺錢致勝。（其實莎翁本人就是商界好手）

　　就以電腦科技產業而言，發明倉頡輸入法的朱邦復就說：『科技的發展很重要，但是人文基礎更重要。雖然軟體的設計永無止境，可以創造許多的需求與商機，但是軟體設計與整合必須建築在文化、人文背景上，才能深入生活與實際需求之中。』我們提倡《詩經》和《文心》，也就是回到『人心、情感』的「基本面」。新世代的產品推銷就像寫詩作文一樣，作者必先有自己的感動，再經過洗煉，才能讓讀者、觀眾「動心、忍性」，接受你的『新意念』，掏出信用卡，購買你的產品 —— 讓她高興，使你賺錢。彼此雙贏，皆大歡喜。

　　企業管理開山祖師，彼得‧杜拉克的理論似乎都是『常識』，但為什麼他能這麼受商業界讀者的歡迎，以至於受到全世界商學院的尊敬？其實這也和他個人的風骨和文學素養有關。如果你還有些專業人士所必具的懷疑心，那就請看他的回憶錄《旁觀者的冒險（Adventures of a Bystander)》。當你看完了之後，相信你一定會「同意」我的觀點，『文所以視利害，辨安危』(《尉繚子》)。況且杜拉克還寫過兩本小說，難怪他的企管文章這麼能引人入勝呢！[46]

（六）《孫子》五事和將道中『法、嚴』的位置

　　20世紀初，中國知識份子的精英們，為了挽救中國免於滅亡於列強的蠶食瓜分，苦思之後，提出許多『破舊』和『立新』的『想法』。有名的『口號』之一就是：『打倒孔家店』『尊崇「民主」和「科學」』，或者叫做『擁護「德先生」和「賽先生」』的『五四運動精神』。但當我們回顧歷史，似乎發現『破者』未能破，而『立者』也未易立。許多在國外學了專業科技的『學人』，口頭能談「民主、平等、自由」，但在行動和思想上，仍然保持不尊重別人、別黨「民主、平等、自由」的『慣性』。看來當年提倡「德先生」和「賽先生」的『知識份子』，應該加一個『知法而不玩法』的『羅（Law，法）先生』，那麼中國「民主、自由」的進度可能要好得多。

　　《孫子》以「道、天、地、將、法」作為用兵的五個要素。以「智、信、仁、勇、嚴」為將道的五大要求[47]。盡量保持不超

46 Peter Drucker, The Temptation To Do Good,1984. The Last of All Possible Worlds, 1982 .
47 約翰‧麥米蘭《新競爭時代》(John McMillan)，羅耀宗譯，時報出版，

過五個變數，以「最少的時間、資源和廢熵」來闡明他的理念。
《孫子》重視時序，所以把『道』和『智』放在兩類之首，以為
領航。因為『道』和『智』都是主動的推進器，『法』與『嚴』則
是被動的『剎車機制』，主從有別。但把管控的『法』和『嚴』放
在最後把關，首尾呼應，大開而密闔。可以說是做到他自己所說
的「故善用兵者，譬如率然。率然者，常山之蛇也。擊其首則尾
至，擊其尾則首至，擊其中則首尾俱至」。

　　《孫子》所說的『法』，不止於被動消極的法規 ——「法令孰
行？賞罰孰明？」，而且講到有彈性的制度和財務後勤的功用。似
乎在早期的法家和道家之間，他找到了有效的平衡點。佛家的釋
迦牟尼也有他相當於《孫子》五則將道的教導，從「智慧」「信仰」
「仁愛」「勇於反省和施捨」到「佛教法規」，也都散見於佛教經
典之中，不迥異於《孫子》的「將道」。當釋迦牟尼快要圓寂時，
弟子問他，在他去世之後，佛法如何延續？釋迦牟尼說，以「法
規」為歸依做準則。可見智慧也需要「法」的規範和扶持。至於
國際的商業行為，當然更需要遵守簽訂的「遊戲規則」。就《易經》
而言，這是「元亨利貞」。從《孫子》來講，這是所謂的「以正合，
以奇勝」。不過世間變數無窮，「法令」和「創造力」的關係，大
概也遵循『鐘型優化曲線』。所以《孫子》的將道五校，也是「智」
「法」平衡，既講實際，又見智慧。

　　新世紀高科技專業人員，由於「知識經濟」掛帥，所以對他
們的管理，特別需要『溝通』的技巧。這對『外行』的經理人來

2002 年。周均〈深度導讀〉2003 年 1 月聯合報副刊：麥米蘭首先說明
瞭市場設計必須具備的五大要素，它們分別是：1.資訊流通順暢；2.可
以信任他人會履行承諾；3.促進競爭；4.財產權受到保護，但不過度保
護；5.抑制對第三人產生的副作用。林按：這是《孫子》『為將五要』「智、
信、勇、嚴、仁」的現代解釋之一。

說，更是另一項挑戰。有人甚至寫書說『管理專業人員像管貓』，可見其困難之一般。或者說，專業人員也像宗教裏的『智慧修士』，如果沒有法，連教主都管不了。所以《孫子》說要「令之以文，齊之以武，是謂必取。令素行以教其民，則民服；令素不行以教其民，則民不服。令素行者，與眾相得也」。

　　至於如何應對「世貿組織」和「知識經濟」裏最攸關的「專利法」，那就要來談「科技創新」和「智慧產權」。因為在「全球化」之後，傳統產業所遇到的是關稅和手續的阻力。但是高利潤的高科技產品，就不能只比生產效率，而須要「發明創新」。

七、科技創新

　　臺灣中原大學企管系教授呂鴻德最近（2003）在一場『知識經濟與管理』的座談會上說：『美國企業家 Jack Welch 曾指出，TQM（全面品管）等技巧層次的改良，其對企業的助益遠不如一次企業再造所發揮的力量，但後者卻又不如觀念上的變革，後兩者的效果是跳躍式的大豐收。美國經濟學家梭羅發現日本的管理還停留在工業時代的層面，以注重管理自詡。但我要指出，現在已進入知識經濟時代，企業應該講求創新，也就是觀念的變革及企業的全盤改造等層面的創新，而非只是在技巧層面上追求改良。』其實這也是《易經》所重視的『陰陽轉換』和『或躍在淵』的哲學，和《孫子兵法》所說的「以正合，以奇勝」的策略。如果管理和效率是「正兵」，變革和創新就是「奇兵」。兩者相輔相成，不可執一單行。尤其在「全球化」的競爭環境之下，大家都能做同樣的產品，其結果就不能不削價求存，互割喉嚨，以致相繼慢性失血，終歸不免於共同衰亡。所以《文心雕龍·定勢篇》

說：「舊練之士，執正以馭奇；新學之銳，逐奇以失正。」同理用之於科技創新和企管教育亦然。英國的大哲懷海德在《教育的目的》（The Aims of Education 1916）中曾說：『成功的教育所傳授的知識必有某種創新……陳舊的知識會像魚一樣腐爛。』所以，教授『創新』的人，最好自己也有創新的實戰經驗，可以「望今制奇，參古定法」（《文心雕龍・定勢篇》），否則就重蹈「紙上談兵」和「外行領導內行」的覆轍。

（一）中華文明「科技創新」的能力

就科技的發明和應用而言，英國學者李約瑟在魯桂珍等中國學者的協助下，已經為我們寫下了《中國科學與文明史》（Science and Civilization in China）。足證中國的科技發明能力曾是世界一流的文明大國。在 21 世紀「全球化」的開發之下，可以想見新一代的諸子百家將重放異彩。而其所以能夠迸放異彩，我們可以從「新五經」的形成和內容中見出。

《易經》講變化說陰陽，反復透徹。連量子物理學大師波爾，都要借用《易經》演化出來的太極圖來解釋他的「互補理論」，而且用於家徽和製成背心，穿著上臺領取諾貝爾物理獎。

（二）從《易經・乾卦》看研發和創新

《周易》起於占卜，乾卦的作者當然沒有想到所謂的「科技創新」。但是觀察自然現象，如《文心》第一篇所說的《原道》，再加上對人類行為的基本歸類，所得到的規律，相當簡單但實用。因為人類的基本思維反應，幾千年來沒有多大的變異。所以西方文學作家描寫美女，三千年來沒有人能勝過瞎眼的荷馬。由此觀之，簡實的易卦，反而不太受時空的限制；因此用以觀察人事，往往乾淨俐落一針見血，勝過半調子的百萬言專書。

　　《易經・乾卦》是講人事變化開宗明義的章篇，自然而然包涵了研發和創新的道理。它在『初九』以「潛龍勿用」來描寫創業創新者應有「如龍」的志向、願景和心態。然後在『九二』的第二個階段，就用「見龍在田，利見大人」來講知識的擴張，好像是二度空間的平面發展。就創新「專利權」的申請理由而言，這一階段就要全面研究過去的發明(prior art)和目前的一切對手。如果這一階段的功夫做得紮實，那就是「利見大人」，成功可期。下一個階段『九三』，要求研發人員要『拼命』的用功，像「君子終日乾乾」一樣，「夕惕若厲」的警惕自己，在「戰術上要重視敵人」，這樣才「無咎」，不會出錯，敗給同樣用功多智，散佈全球的無數面對和潛在的對手。

　　『九四』這一卦是研發創新的成敗關鍵。唯有「或躍在淵」，飛躍障礙，才能有真正的突破。有了基本上的突破，才能像『九五』階段的「飛龍在天」，進入第三度新的商業運作空間，翱翔新域，「利見大人」。但是成功的企業家和國家團體，別忘了自然界循環起伏的道理。當事業國力發展到了極頂，就要居高思危，否則就會走到第六個階段，『上九』，而遭遇挫折，如「亢龍有悔」，又跌回原點，或深淵。《易經・乾卦》只用了六個階段 48 個字，就把企業的「生老病死，成住敗空」說得清清楚楚；完全符合「用最少的時間、資源和廢熵，達到最大利益」的兵法原則。最後特加的『用九』一句：「見群龍無首，吉」更是精妙。因為天下最好的發明，都是要在能自由思想，共同討論的情況下，才容易蓬勃發生，而不是靠獨裁的領導所能產生的。

（三）《孫子兵法》用於電腦晶片設計

《孫子》的奇正變化繼承《易》道，他說「戰勢不過奇正，奇正之變，不可勝窮之也。奇正相生，如環之無端，孰能窮之？」以這種態度用於科技創新，「以正合，以奇勝」，當然發明的成果是不可窮也。不過創新還必需「有用」，並且價錢有競爭力，而不是『標奇』以『立異』，『以反為新』，製造廢熵。以下茲列舉四個獲得美國專利權的電腦晶片設計發明來證明我的看法。

1.《孫子地形篇》說：「善守者，藏於九地之下；善攻者，動於九天之上。」「善守者，藏於九地之下」的原理，曾被用於記憶細胞的設計，以向下挖井儲水的方式來儲存電荷，使得「井」的表面雖然不斷地縮小，但加深挖「井」，水（電荷）的儲存量，仍可保持不變（N. Lu 1983[48]）。這一個發明使得記憶晶片能繼續縮小，降低成本。20 年來，仍是使用的兩大主流之一。2001 年新發明的能源控制 Power JFET（Yu, 2001），也是利用基底（substrate）導電，而又沒有自身雙極體（body diode）的限制[49]。

2.「善守者，藏於九地之下」的原理，大約同時期被用於晶片進出站的靜電保護電路設計，以自然存在的『井』底層基座，吸收靜電進襲的能量，並利用串聯電容變小的原理，同時減低進出站的電容，而且不增加任何的費用（Lin 1983）[50]。這個減少電容和防止接墊短路的方法，幾乎被全球電子界使用，而不知其由

---

48 US Patent 5198995, Trench-capacitor-one-transistor storage cell and array for dynamic random access memories.（Nicky Lu）

49 US Patent 6251716, JFET structure and manufacture method for low on-resistance and low voltage application.（Yu, Ho-Yuan）.

50 US patent, 4952994: Input Protection Arrangement for VLSI Integrate Circuits Devices（Lin, Chong Ming）

來。

　3.《孫子九地篇》說:「是故始如處女,敵人開戶,後如脫兔,敵不及拒。」這個原理被用在微電腦晶片,選擇性的『關閉』不用的部分,讓它「靜如處女」,以節省能源,避免無謂的消耗。等到快要使用時,早一步通知被『關閉』正在『休息』的部分。到了須要開跑時,一切早已就緒,「動如脫兔」,一點都不耽誤時機(Lin 1991)[51]。這個設計幾乎包括所有的高功能晶片都在使用的類似方法,足見《孫子》哲理的跨越時空,無往不利。

(四)《史記》創新歷史的寫法與實證的科學精神

　《史記》和《文心雕龍》都是「一代有一代之學」。司馬遷寫《史記》的方式,為中國歷史創出了新的方式,並用新的語言,和提出種種貫通古今,新穎而深刻的看法。他那一篇《貨殖列傳》,大開大闔,啟人深思,不僅是中華文明和世界上最早的經濟論文之一,而且就研究歷史社會文化等學科而言,他所提出眾多創新的觀念,與親赴各地考察歷史地理及人文事跡,實證的科學精神,很值得我們效法,見賢思齊[52]。

(五)《文心雕龍》突破「注經」釋義之學

　劉勰寫《文心雕龍》也突破了「注經」的傳統。他總結前人的理論和資料,創造出嶄新而有系統的中華文藝理論。如果以現代『全球化』的眼光來評比當時的成就,《文心雕龍》的宏觀體系

---

51 US Patent, 5452401: Selective Power-Down for High Performance CPU/Systems,(Lin, Chong Ming)
52 《金克木散文精選‧讀《史記‧貨殖列傳》》,海天出版社,2001年,頁254-266。

和精密的內容是絕對優勝於亞理斯多德遺留下來的《詩論》殘卷，和賀拉斯隨筆寫的《論詩》短箋。劉勰看到前人「敷讚聖旨，莫若注經；而馬、鄭諸儒，宏之已精；就有深解，未足立家」，所以獨自創新文藝理論，很有當今高科技業裏，單槍匹馬在車庫裏創業的精神。況且他又開創了融《孫武兵經》於看似『水火不相容』的文藝理論之中，豐富了中華文化和精神文明，這是西方文藝理論至今猶未能想像到的慧眼和膽識。他的創新精神，可以作為我們對「全球化」「知識經濟」思考創新時的榜樣。

劉勰在運用前人的知識上，也是採取開發的態度，於儒家理論之外，諸子百家和佛家的理論，他都分辨吸收，並加以「重新整合」，並且能有系統的加以發揚光大。他的文藝創作理論主張觀察效仿自然：《原道》；仰隨大師：《徵聖》；尊重經典：《宗經》；取材不避神鬼緯書：《正緯》；作文要創新和自鑄偉詞，保持人格如屈原：《辯騷》。幾乎是告訴我們一套相當於現代人如何掌握「知識經濟」和「研發創新」的方法和次序，這對我們也是非常有啟發性。

（六）《詩經》與文藝對「研發創新」的貢獻：
詩可以興、文可以化、藝可以闊

1. "詩風行水上，波動自成文"：

《詩經》對「科技創新」能有貢獻嗎？我認為文藝對科研和管理[53]的貢獻是顯然的，但不是直線式的簡單數學可以描述和解

---

53 厲以寧〈新世紀需要什麼樣的管理員〉：『管理中的決策分兩類，一類叫叫程序性決策，另一類叫非程序性決策。知識經濟時代，非程序性決策的比重可能加大，因為世界是變化的，國際競爭不斷加劇，各種預料不到的變化隨時可能出現，都需要當機立斷，作出決策而沒有前例可援。這樣的決策就是有創造性的。管理本身既是科學，又是一種藝術。』2002

釋。人的左右腦,各有專司。只用傾向於邏輯分析和串聯時序以為思考的左腦,固然可以減少天馬行空、直覺幻想的錯誤,但本身常依附他物、遵循時序,因此必然受到依附物和時間次序的限制,很難有跳躍性的新發明或大突破。而右腦的感性、並聯與跳躍性的腦活動,常常可以經由富於幻想的文藝活動,而能偶爾跳脫因環境影響和文化慣性所造成的無形框架。因此,不少偉大的科學發明,常靠文藝感性的刺激而間接促成,所謂"詩風行水上,波動自成文"。譬如楊振寧小時就是早慧的數學天才。但他的父親楊武之反而請人來教他讀四書中的《孟子》和古典文學。楊振寧晚年評論物理學的重大成就乃是「它們以極濃縮的數學語言,寫出物理世界的基本結構,可以說它們是是造物者的詩篇。[54]」

2. 發明創新與文藝修養的關係:

例 1. 愛因斯坦如何創新:再用歷史的眼光回顧 1902 年,23 歲但創意驚人的愛因斯坦,是如何生活?就會發現他不止讀科學經典,也和朋友散步喝茶聊天,同時更看和與數理「垂直對立」的戲劇小說,比如狄更斯的《聖誕頌歌》、塞萬提斯的《唐吉訶德》等等文藝作品。

例 2. 錢學森如何看待文藝修養和科技創新:再看 2005 年 3 月 29 日錢學森先生在他最後的一次訪問中提到科技大師的培養問題,他說:「人才培養問題。我想說的不是一般人才的培養問題,而是科技創新人才的培養問題。我認為這是我們國家長遠發展的一個大問題。今天,國家都很重視科技創新問題,投了不少錢搞什麼"創新工程"、"創新計畫"等等,這是必要的。但我

年 11 月 16 日在北京大學第二屆文科論壇的演講。
54 江才健《楊振寧傳 —— 規範與對稱之美》,臺灣·天下遠見及遠哲科教基金會共同出版,2000 年。第 465 頁。

覺得更重要的是要具有創新思想的人才。⋯加州理工學院還鼓勵那些理工科學生提高藝術素養⋯我的老師馮·卡門聽說我懂得繪畫、音樂、攝影這些方面的學問，還被美國藝術和科學學會吸收為會員，他很高興，說你有這些才華很重要，這方面你比我強。因為他小時候沒有我那樣的良好條件。我父親錢均夫很懂得現代教育，他一方面讓我學理工，走技術強國的路；另一方面又送我去學音樂、繪畫這些藝術課。我從小不僅對科學感興趣，也對藝術有興趣，讀過許多藝術理論方面的書，像普列漢諾夫的《藝術論》，我在上海交通大學念書時就讀過了。這些藝術上的修養不僅加深了我對藝術作品中那些詩情畫意和人生哲理的深刻理解，也學會了藝術上大跨度的宏觀形象思維。我認為，這些東西對啟迪一個人在科學上的創新是很重要的。科學上的創新光靠嚴密的邏輯思維不行，創新的思想往往開始於形象思維，從大跨度的聯想中得到啟迪，然後再用嚴密的邏輯加以驗證。」這種"一弛一張，允文允武，既幻想，又實證"的思想和方法，也類似作者提出的"斌心雕龍"概念，確實是值得有志為"大師"者，及早就加倍認真學習的。

3. "科學莫不幻想，文藝無不真實" —— Nabokov

（1）當代文學家 Nabokov 曾說：「科學莫不幻想。」你的胸襟願景有多大，成就就可能有多大。大教育家孔子曾對子弟說「小子何不學《詩》乎？」因為《詩》可以「興」，有助於想像力，擴大思想的空間。這正是需要「以正合，而出奇制勝」的現代競爭劇烈的高科技研發所必須具備的戰略和能力。創新不能由沒有創新經驗的"管理人員"喊口號，而需要"領導者"鼓舞幻想力和欣賞膽識者。讀《詩》，可以擴大心胸，超越時空而又不脫離累積的現實人生經驗，如果不受近體詩繁瑣音律格式的過份束縛，陷入新的新的巢臼，當然可以有助於「科技創新」的騰飛[55]。錢學森去世之前幾年，一再問一個問題："為什麼我們的學校總是培養不出傑出人才？"對於這個"大哉問"，前北大副校長王義遒在《錢老走了，呼喚一個時代！》短文中作結語說：「教育擔待不起"培養"傑出人才的全部責任。他（錢學森）期待一個時代，一個人才輩出的時代，這個時代允許故事、允許傳奇、允許幻想；這個時代呼喚故事、呼喚傳奇、呼喚幻想！有故事，有傳奇，有幻想，就有大師，就有傑出人才！我們需要這樣一個時代！」這又讓我們想起大教育家孔子曾對子弟說的一句話「小子何不學《詩》乎？」

（2）Nabokov 也說：「文藝無不真實。」所以文士若能擴大人生經驗，不僅如夫子所云「多識于草木鳥獸蟲魚之名（《論語》）」，而且"廣知乎文、史、哲、兵、經、藝之學"和藉助於現代科技的"知識平台"，也能反過來創造更生動、更深刻的詩歌文藝。

（3）2009 年 10 月底去世的人類學大師和推動"結構主義"的方法來思考各種學問的互相關聯和架構的克勞德·李維史陀（Claude Lévi-Strauss; 1908.1. 28 － 200910.311）就曾指出西方人文與科學自 17、18 世紀分道揚鑣之後，又重新聯係、集合（reintegrate），而他本人每月必讀科學雜誌《科學美國人（Scientific American)》，從頭到尾，懂或不懂，一行不漏[56]。但是他的寫作，例如《憂鬱的熱帶 （*Tristes Tropiques*)》，"結合田野觀察筆記、日記、遊記、哲學討論、散文於一體，非常優美，

55　《陳省身文集》：『數學研究需要兩種能力：一是豐富的想像力……，另一種能力是強大的攻堅能力。……要有數學設計師，也要有數學工匠，兩者都不可少。』 華東師範大學出版社，2002 年，頁 72。

56　Claude Levi-Strauss, Myth and Meaning, ch.1, The Meeting of Myth and Science. Londres, Routledge & Kegan Paul, 1978.

也非常誠實。他的文字冷靜又細膩生動，如詩一般"[57]，難怪人類學家 Ari Samsky 說："他向世界展示，你可以同時是一個傑出、實證的社會科學家，並具有詩人的靈魂。"科學和人文、美術分而又合，這是 21 世紀的新趨向。　所以我們不能只攻一門專業，全然忽視了其它的學科。　學理工的應該懂得欣賞文藝、美術，而學文史的也不能不瞭解基本的科學原理。一千五百年前，古典文論大師劉勰在《文心雕龍・程器篇》裏說：「文武之術，左右惟宜。郤縠敦書，故舉為元帥，豈以好文而不練武哉？孫武《兵經》，辭如珠玉，豈以習武而不曉文也？」文武不是對立的學問，文理也有相通之處。難怪劉勰、愛因斯坦、錢學森和李維史陀，這些大師莫不因為旁通諸學各術，而成一家之言。

　　（4）當前臺灣的高中教育過早分科，學校和家長為了學生和子弟升學的短期競爭，已經犧牲了中學生培養博識的基礎。到了大學，學生自己又只注重就業的專業需要，忽視教育當局和學校苦口婆心設立的通識教育，其累積的結果，培養出一整批學有專攻而寡識[58]人文或自然學科的學生，這不僅減低了科技 "大創新"的能力，也削弱了人文社會學科裏產生兼通文理兵經的 "大思想家" 如司馬遷，和 "大藝術家" 如達文奇的可能性。

　　本文把《周易》、《詩經》、《孫子》、《史記》和《文心雕龍》當作一個整體的學習對象，其原因也就在於試圖扭轉當前普遍短

57　柯裕棻〈神話恆存的李維史陀〉，2009-11-12，《中國時報》。

58　王義道〈北大原副校長答錢學森之問〉，《中國青年報》，2009.11.12："…評价一個民族素質的重要標准，就是看這個民族有沒有理性思維。我就提倡對文科生進行科學思維訓練，比如開一些數學、物理和生物的課程，把邏輯訓練滲透到這些課里面。還可以專開邏輯課，但我擔心不一定開得好，如果祇講一些干巴巴的三段論，就變成邏輯知識灌輸了。這也是我們教育的一個大問題 — 很多問題我們都把它變成了知識，其實應該是一种能力訓練。"

視的學習風氣。並且指出，即使國家和社會的教育制度有問題，但是中西前賢"豪傑自興"的榜樣眾多，可以借鑒。譬如中國啟蒙教本的《三字經》裏就說：「"蘇老泉"，二十七，始發憤，讀書籍。彼既老，猶悔遲，爾小生，宜早思。」有蘇洵這樣的父（母），難怪明人所公認的「唐宋八大家」裏，蘇家佔了三位。蘇洵的學習態度，和「蘇氏三學士」的博學多能和氣節，其實也可以作為現代人，不分老少，無論職業，永續學習的好榜樣。

八、結　論

　　中華文明博大精深，尤其在「人文」部分的智慧累積，其「垂直」於西方希臘羅馬以來的數理文明的部分，應該能和西方的文明互補和抗衡。本文提出中華文明的「文藝復興」，必然要恢復自孔子、孫子、司馬遷、劉勰、蘇軾、朱熹到桐城派姚鼐、曾國藩以來，「文武合一」「百家兼容」的平衡和開放的思想和學養。那才不會在 21 世紀「捧著金飯碗」，在「全球化」的「世界貿易」和以「知識經濟」相競爭的時候，因為缺乏信心和方向，而永遠尾隨『已開發』的國家和『文明集團』，不自覺地變成它們的『奴僕』，永遠跳不出如來佛的手掌。所以我們所應該做的是：加強自己有特色的文化縱深，有信心的站立起來，以平等而和平的態度，與西方文明互競、互助和互補而『共生』，而且成為有平衡糾正作用，『直、諒、多聞』的『益友』。

　　我們對中華文明的企望，也可以從曾經嚴厲批判中華腐舊文化的胡適的言論變化中，看到類似的想法。胡適在 1935 年的《試評所謂中國本位的文化建設》文中曾說：「將來文化大變動的結晶品，當然是一個中國本位的文化，那是毫無可疑的。如果我們的老文化裏有無價之寶，……。將來自然會因這一番科學文化的淘汰而格外光大的。」過了四分之一世紀之後，胡適在《中國傳統與將來 1960》的演講時又說：「慢慢地、悄悄地，可又是非常明顯地，中國的『文藝復興』已經漸漸成了一件事實了。這個再生的結晶品看起來似乎使人覺得是帶著西方的色彩，但是試把表面剝掉，……材料在本質上，正是那個飽經風雨侵蝕，而更可以看得明白透徹的中國根底，── 正是那個因為接觸新世界的科學民主文明，而復活起來的『人本主義』與『理智主義』的中國。」

　　胡適曾經被兩岸的『文化打手』無情無理和無恥地嚴厲批判過。他也曾幽默的『自詡』為『無可救藥的樂觀主義者』。我想，我的這一篇『大題小做』的報告、雛議和一些實例，很可能也有『樂觀』的傾向。好在個人從事所謂的『高科技』有年，所以在一些『大膽的假設』之餘，也盡量用晶片設計的習慣，『小心列證』什麼是『中華文明在 21 世紀的新意義』和整合過的『新五經』，如何可能從『文、史、哲、兵、經』中「垂直」於西方文明的「活智慧」和現代化的「知識平臺」，為新世紀的「企管教育」和「科技創新」帶來新的『經濟』效益，和文化縱深。

　　最後，我要引用可能和孔子、孫子先後同期的《老子》，來結束我的報告。根據《史記》，這一位『老子』曾經擔任過周朝類似今日國家圖書館館長的職位。所以『老子』對『夏和殷文化的繼承』和『周文明的新意義』一定也有過相當的研究。所以《老子14 章》說：「執古之道，以禦今之有[59]。能知古始，是謂道紀。[60]」

59　懷海德（Alfred North Whitehead）《古典文化在教育中的地位（The Place of Classics in Education）》1923. The Free Press, 1967. pp.61-75.

60　Italo Calvino（卡維諾）, Why Read The Classics?（為何要讀經典之作？）, Vintage 2000, p.5. " Reason 7. The classics are those books which come to us bearing the aura of previous interpretations, and trailing behind them the

《老子》所說的「執古之道」當然也包括『舊經典』這個概念，而這個 2500 年以前的看法，至今仍然價值不變。

　　愛因斯坦在二次大戰自歐洲文明盛地流亡到新大陸的期間，曾感嘆地說「現代人類文明的最大危機，不是科技的落後，而是價值的淪喪。」他似乎已預感未來人類文明在企業和科技掛帥以後的危機所在。我希望再過 2500 年之後，如果有人研究 21 世紀的『中華文明的意義、價值和挑戰』，還會記得我們曾經樂觀、積極而進取地，所共同做出的一些努力[61]。謝謝！

九 · 後 記

　　1. 本文的初稿發表於第四屆《中華文明的二十一世紀新意義》學術研討會。主題：傳統中國教育與二十一世紀的價值與挑戰。湖南大學·嶽麓書院　2002.5.30 & 31。在此向主持人，李弘祺教授致謝。

　　2. 錢永波先生《在第五屆文選學國際學術研討會上的閉幕詞（代序）》：……我們還向各位學者學到了新知識和新觀點，如林中明先生的『舊經典，活智慧』（論文），對我們就很有啟發。2002年 10 月 26 日。

　　3. 本論文亦於 2002 年 10 月底，應林其錟教授之邀，對上海「五緣學會」會員作專題演講和學術討論。

　　4. 作者曾應陳文華教授及文學院高柏園院長之邀，在臺灣淡

---

traces they have left in the culture or cultures（or just in the languages and customs）through which they have passed. "

61　《楊振寧文集》封面引言：『假如今天曾先生問我，你覺得你這一生最重要的貢獻是什麼？我會說，我一生最重要的貢獻是幫助改變了中國人自己覺得不如人的心理作用。』代華東師範大學出版社，1997 年。

江大學,作《舊經典,活智慧》專題演講,2002 年 12 月 6 日。

　　5. 應毛正天教授之邀,論文分四期轉載於《國際炎黃文化》雜誌,2003 年。

　　6.《詩經研究叢刊》主編夏傳才教授抽選本文有關《詩經》部分,名之曰:〈《詩經》與企管教育和科技創新〉,刊於《詩經研究叢刊・第五輯》,2003 年,頁 234-239。

【參考資料】

黃順基等主編《邏輯與知識創新》,中國人民大學出版社,2002 年。

方漢文《比較文學高等原理:第十章跨學科的文學研究,第十二章新辯證觀念:全球化與跨文化研究》,南方出版社,2002 年。

林中明〈禪理與管理 ── 慧能禪修對企管教育與科技創新的啟示〉,禪與管理研討會論文集,臺灣・華梵大學工業管理學系,2003 年 5 月 3 日,第 131-154 頁。《臺灣綜合展望雙月刊・專論》2003 年 5 月,第 6-33 頁。

林中明〈報德思想與西方社會的市場經濟:二宮尊德志行思想對科技世代之啟示〉,2004 國際二宮尊德思想學會第二屆學術大會論文集,《報德學》Hotoku Studies,日本・國際二宮尊德思想學會,2004 年,第 3-14 頁。

林中明〈道教文化對科技、創新與管理、藝術的影響〉,高雄・中山大學:第一屆道教仙道文化國際學術研討會論文集・2006 年 11 月 11、12 日。《文與哲》第九期,高雄・中山大學・中文系印行。2006 年 12 月。

林中明《地理、歷史對文化、文學的影響:從薛地到矽谷》,《文學視域》(淡江大學・第十二屆社會與文化國際學術研討會・論文集)。臺北・里仁書局，2009 年。第 191 至 214 頁。

林中明〈中華文化及漢字結構對電影蒙太奇發明的啟示〉，2008 年「傳統與現代書法國際學術研討會」・論文集，臺灣・華梵大學美術學院，2008 年 5 月 31-6 月 1 日。

林中明〈二維八方九宮漢字結構對電影蒙太奇發明的啟示〉，2008 年 "漢字運用與國（華）語教學國際學術研討會・論文集，2008 年 11 月 1 日、2 日。

2009 年 11 月 13 日

【插圖】

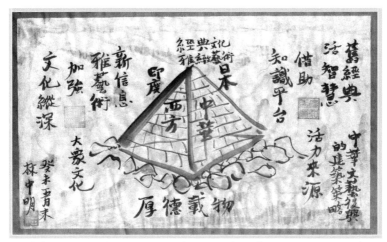

對聯圖〈舊經典活智慧借助知識平臺，新信息雅藝術加強文化縱深〉2003.5

嶽麓書院大成殿上，評"部分孔朱之學" 2002

主席台左起：周穎南(新加坡)、宋昌基(韓国)、
　　　林中明(美国)、夏传才

《昭明文選》第四屆國際學術研討會，吉林·長春　2001.10

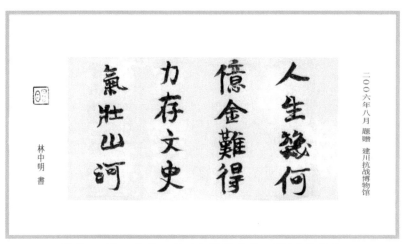

題贈　四川・成都・建川抗戰博物館　2006 年 8 月

陝西・韓城・太史公墓山道與日本《詩經》會長村山先生 2008.8.28

韓城勢平，唯此一峰，拔地而起。墓頂古柏，枝葉頂天，學究
天人，一家之言，此象是也。

2008 年 10 月·北京·首都師範大學·《文心雕龍》國際學術研討會
（左起）詹福瑞館長（北京國立圖書館），林中明，羅宗強教授

《詩經》裏的戰爭與和平

關鍵詞：《詩經》、《武經》、地理文化、好戰基因、王道理想、不
平則鳴

提　要：

　　《詩經》研究的題目雖然無窮多，但是前賢的成績已如此廣，
創新難為。　尤其是《詩經》本身的研究，除非採取融合既有、
遊走邊緣、跨越新區的手段，難有重要的新發現。　本文的方向，
乃是採取先秦諸子以來，中華文化中固有的"文武合一"思維，
從"斌心雕龍"的角度，對《詩經》中　"戰爭與和平"這個題
目，利用電腦字頻檢索，作簡略的探討。並思考地理文化，以及
好戰基因的背景對詩和文明的影響。並重新審思中華優良文化傳
統中，文武合一，　王道和平，天下為公思想，對現代中國以及
國際關係的重要性。

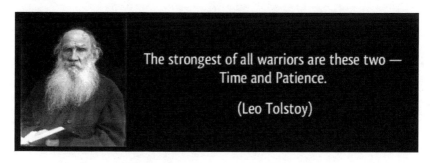

所有戰士中最強壯的兩位 —— 時間和忍耐《戰爭與和平》，
Bk. X, ch. 16, 托爾斯泰

一、前 言

《詩經》和所有偉大的經典一樣，隨着人們學識增長，經驗擴大，而水漲船高，登山見遠。好的研究題目發之不盡，細密的研究，更是做而不完。但是大題目，由於前修和今賢的努力[1]，似乎越來越少了。這譬如登高山，越高則氧氣越來越少；又如潛深海，越深則壓力越來越大。《詩經》研究的細題，可以把三百篇的單字單句重複研究，或者對單篇反復做數百次不同看法；或逾萬次對情詩[2]、文學和美學的各人感想；也可以探討地理、歷史對文化的影響； 也可從文字學，對上千個古字，從字形、變體、讀音、場合⋯各做數百回分析。喜歡歷史和政治的學者，可以用新材料，去考證可能的作者和時代背景；研究社會民生的專家，更有上百件和飲食文化、器皿，衣飾、工具⋯可探討分析。

植物學家也把《詩經》裏的草木花卉都做了彩色圖片認證；從詩人對"風、雲、雨、雪"的反應和氣象變遷[3]，又可以發現四大類詩的作者、編者群的心態和身份背景，明顯地截然不同。 當然還有對歐美學者的《詩經》研究加以瞭解，也是新方向。這其

---

[1] 夏傳才《《詩經》研究史概要》，萬卷樓圖書有限公司，1982 年。

[2] 林中明〈中西古代情詩比略短述 —— **並由《易經‧乾卦》推演『賦比興』的幾何時空意義** 〉，第五屆《詩經》國際研討會 2001 論文集。北京‧學苑出版社， 2002 年 7 月，第 393-402 頁。

[3] 林中明〈氣象學之祖：《詩經》 —— 從"風雲雨雪"的"賦比興"說起〉，《詩經研究叢刊‧第十六集》，第八屆《詩經》國際學術研討會論文選刊之一，陝西‧洽川，2008 年 7 月 24-27 日。學苑出版社，2009 年 6 月。第 193-220 頁。

實也類似應用孟子論詩學之道，"以語逆志，知西論中"，"各學其學，學人之學，歐美与共，天下大同"[4]。

　　然而單一項目的研討，最後一定趨近於"太陽之下無新事"的情況。於是乎，不是反其道，割裂項目以求異，如"後現代主義"；就是融通異類以成新，如歐美采用的"多學科、學科間、超領域"（ M-I-T Disciplinary: Multi-Inter-Trans Disciplinary）的方式，有系統地擴大研究的領域。這種研究方式，總希望學科多了，邊緣摸索了，跳出框框了，就能立刻成就新收獲。但是以有限的時間和學習能力，想要同時攻擊幾個學科戰場，又能突破一處重要據點，開拓佔領大片新領域，收獲一籮筐，這當然是古今學者的夢想。

　　但是作文如作戰[5,6]，《孫子‧作戰第三》早就指出，"用兵之法…倍則分之，少則能守之，不若則能避之。"有一倍的實力，再把題目分解為二，然後以壓倒優勢的腦力、材料、科技工具，去攻擊、探討兩個相關聯的學科對象，這完全符合優化理論。但是如果腦力、資料、工具不足以攻擊這些大題目，"少則能守之，不若則能避之"。這雖為《孫子》的兵略智慧，但也是做任何學

---

[4]　費孝通先生就说过一句话："各美其美，美人之美，美美与共，天下大同"。

[5]　林中明〈劉勰、《文心》與兵略、智術 〉，中國社會科學院《史學理論研究（季刊）》，1996 年，第一期，第 38-56 頁。

[6]　林中明〈 斌心雕龍：從 《孫武兵經》看文藝創作 〉，1998 年第四屆國際孫子兵法研討會論文集 ，軍事科學出版社，1999 年 11 月，310-317 頁。

問的策略[7]。

　　本文以《詩經》裏的 "戰爭與和平" 詩句、詞字，當作一個項目來探討，雖然和過去幾十篇以研究《詩經》裏的 "戰爭詩" 有所同，但目標更廣泛而關聯更多，並意圖更加深入探討有關的地理影響，文化基因和先秦的戰、和，以及王道理想。　希望這不是夏傳才先生在 1993 年與友人書中，所批評的 "標新立異與學風" 的又一問題文章[8]。

二、戰爭與和平的選題

　　《詩經》形式的分類，從《周禮》到〈毛詩序〉，不過風、雅、頌三大異體，和賦、比、興三廣異辭，歷來尊稱六義。這個定義，延用至今，沒有變化。原因之一，風、雅、頌三體屬於關聯音樂體系的定義，不可更動。否則詩類的文字，不過人民的詩和歌功頌德的國頌兩大類。　但是賦、比、興的定義，則有其文學手段的普世性，而且符合幾何學裏 "點、綫、面到三維立體的特性"，所以不能以人為的喜好而改動。　有關的論述見於〈中西古代情詩比略短述—並由《易經・乾卦》推演『賦比興』的幾何時空意義〉一文。但是《詩經》內容的分類，則歷來已有情歌、諷刺、政經、軍戰、世態人情、民俗風習、祭祀、歌頌等明顯類別，可以套用學科的認知和研究方法，如文字學、政治學、社會學、民俗種族

---

[7]　林中明《斌心雕龍》，臺北・學生書局，2003 年 12 月。600 餘頁，80 餘張詩書畫攝影插圖。

[8]　夏傳才〈關於《詩經》研究的通信 ── "溫柔敦厚" 的詩教及其他〉，《天津師大學報》1995 年第 4 期。

學、植物學…等等，分別加以研究探討。 其中有些科目，也很容易從已知的角度，合併研究。

譬如 "戰爭詩" 一項[9,10,11,12,13,14,15,16]，可能因為近世紀，內、外戰迭起，再加上唐代前後，大量的的塞外戰爭詩[17]所受到的偏愛，到今年已有幾十篇各類的長短論文[18,19,20]和專書，對此題目反復[21]和重複地熱烈探討[22,23,24,25]。以致後之來者，難以在相同的目標上，再做出新成績。但是如果我們擴大視角，從更基本的人民生活、士兵的訓練、內外戰爭的兵爭，就會發現 "戰爭詩" 的取材，只是

9　田靜;〈從《詩經》中的戰爭詩看秦人的尚武風氣〉；寶雞師院學報(哲學社會科學版);1992 年 03 期。

10　龍連榮〈試論《詩經》所反映的戰爭觀〉;貴州社會科學;1992 年 11 期。

11　韋玲娜〈談談《詩經》裡的征戌詩〉;廣東教育學院學報;1998 年 04 期。

12　趙沛霖〈關於《詩經》戰爭詩的幾個問題〉；貴州社會科學；1998 年 05 期。

13　殷光熹〈《詩經》征戰詩中的生命價值觀(上)〉；楚雄師範學院學報;2002 年 01 期。

14　王軼《《詩經》戰爭詩研究》》；安徽師範大學；2006 年。

15　姜亞林《《詩經》戰爭詩研究》》，首都師範大學博士論文，2007 年。

16　納秀豔〈《詩經》戰爭詩的美學特質〉，青海師範大學學報(哲學社會科學版)，2009 年 01 期。

17　於海峰《南北朝邊塞詩研究》,山東大學, 2007 年。

18　魏改霞；《詩經》中戰爭詩的文化意蘊 ;語文學刊;2009 年 19 期。

19　晁輝《《詩經》戰爭詩》，2009。

20　納秀豔〈戰爭詩的官方視角與民間立場〉，2009 年。

21　洪春華,周文〈"止戈為武" —— 從《詩經》戰爭詩歌看先秦之尚武精神〉；咸寧學院學報；2003 年 02 期。

22　賀銳；李妍〈《邶風·擊鼓》：厭戰與人性的二重奏〉；安康學院學報；2009 年 05 期。

23　王博文〈論《詩經》戰爭詩的多視角書寫〉;語文學刊;2010 年 13 期。

24　呂朝彬〈《詩經》中周宣王時代的戰爭詩研究〉；名作欣賞;2011 年 14 期。

25　納秀豔〈《詩經》戰爭詩的主題類型及其情感特質〉，民族心理 —— 論文網，2013 年。

"戰爭與和平"這個普世大生態裏的一部份題材。以下就這個新題目做義釋,再考量字句,列舉風、二雅、頌四大類裏,"戰爭與和平"直接間接、正反題材出現的頻率---讓數字來說話。

三、戰爭與和平:釋義

西方人看生物世界,認為動物基本上只有兩個重要的動作和反應 —— 戰鬥或逃走 (Fight or Flight)。中國的兵聖,《孫子》論兵,開宗明義就說:"兵者,國之大事,死生之地,存亡之道,不可不察也"。也就是說,天下最重要的事,就是國家和民族的存亡,也就是人民的生死,天下的"戰爭與和平"。

清末曾寫《詩古微》研究《詩經》三家詩和毛詩異同的魏源,他也是研究國際海事和《孫子》等學科的專家。他曾歸納天下智術,結論為:"天地間無往而非兵也,無兵而非道也,無道而非情也。"[26] 而自宋學興起以來,我們都知道,《詩經》一書,尤其是國風,幾乎無詩不言情。當然更可以推知,其中的"戰爭與和平"感懷,也是全集中的重要部份。

至於"《詩經》研究的第三個里程碑……《詩集傳》"的作者,朱熹,他雖然在《詩集傳》中革新了僵化的漢學《詩經》傳註,開始注重《詩經》中文學和美學的探討,但是曾經官拜「武學博士」的朱熹,當然更知道"戰爭與和平"的重要!他在湖南任安撫史時,曾用弓箭部隊剿平地方暴亂,並同時於夜間在嶽麓書院講學,出入剿匪戰事、政經、教育之間,本身就戲劇性地經歷了"戰爭與和平"。只是可惜他所教育的學生,並沒有學習先秦大賢諸如《墨子》城守諸篇和《荀子》的《議兵篇》以及朱熹的"武

---

[26] 清・魏源《孫子集註序》:"天地間無往而非兵也,無兵而非道也,無道而非情也。……得之以射名,秋以弈,越女以劍。"

經"學問，和平亂、射箭的實戰經驗，以致於後來在蒙古軍隊圍攻長沙時，全體師生三百餘人，

　　據傳幾乎都戰死於城頭和街頭[27]，大大浪費了優秀人材的培養，和經典學問的傳承。

　　所以我認為"戰爭與和平"是國家和社會的大事，也是《詩經》中的重要部份。"戰爭"與"和平"的關係，從藝術的眼光來看，有如顏色的黑之與白。　國畫水墨畫和書法，初看都是計黑為有，白只是背景。但是到了八大山人的畫，空白和空間的佈置，反而是別人做不到的大藝術和大挑戰。《老子》說，"知其白，守其黑"。這個思維，用在中國的書畫藝術上，特別重要。所以我也曾提出"墨分五色"之外，還要重視"白具五味"[28]。

　　同理，"戰爭與和平"，不只是文字上的辯證關係，而且是因果關係。"戰爭與和平"，有如《周易》哲學中"一陰一陽之為道"的陰與陽，他們固然有時單獨地靜態存在，但絕大部份時間，卻是互為關聯，以動平衡的方式，起伏前行。人類創造的硬、軟工具，都同時具有建設與破壞二性，即使是軟實力的詩文歌畫[29]，也可以用於歌頌和平，或用於諷刺〈檄移〉[30]。世界上的戰爭，大部份都是在外交手段失敗後，"軟實力"和諧不成，為了達到政治目的，便以流血和破壞性的武力作為政策或野心延續的手段。所謂以戰止戰，以戰爭致和平。當然也有好戰的君主，以戰

---

[27] 1275年宋末，元兵南下，嶽麓書院師生抗元守城，"荷戈登陴，死者什九"。

[28] 林中明〈漢字書藝之特色、優勢及競爭力：過去、現在、未來〉，《2004 臺灣書法論集》，淡江大學 2004"臺灣書法國際學術研討會""臺灣書法的新風貌及未來發展"論文集，里仁書局，2005 年 11 月。　第 323-370 頁。

[29] 林中明〈 斌心雕龍：從 《孫武兵經》看文藝創作 〉，1998 年第四屆國際孫子兵法研討會論文集 ，軍事科學出版社，1999 年 11 月，第 310-317 頁。

[30] 林中明〈《檄移》的淵源與變遷 〉，《文心雕龍》1999 國際研討會論文集，文史哲出版社 2000 年 3 月，第 313-339 頁。

爭為個人的娛樂手段，他們說：人與人鬬，其樂融融，國與國戰，其樂宏宏。然而先秦與歷代兵家，歸納歷史經驗，都指出好戰必亡。「數勝而亡，眾矣」這也是先秦兵家中儒家出身，「儒服以兵機見魏文侯」 的吳起，在《吳子》中，勸戒君王[31]、將軍，修德慎戰的名言之一。

　　但是人們的眼睛，素來看黑不看白，驚嘆於戰爭，而漠然於和平。論繪畫和文章，都是說筆墨、着墨、塗墨、戲墨，難得有藝術家懂得留白，計白當黑。所以歷來研究《詩經》的論義，多着墨於顯性的「戰爭詩」。而在這樣的限制下，一般也都只能說大約有三十幾首「戰爭徭役詩」。但是目前看來，除了十來首眾所周知的戰爭詩之外，其他則語弱未詳。因此本文特別同時選出和戰爭、兵事與四方、萬邦、王事、田獵、和平有關的字句，用電腦撿選出來，以為較有系統地探討。並用字頻數字，略為分析其於「風、二雅、頌」四類中的相對比例和意義。

四、《詩經》中 "戰爭與和平" ：相關字詞

　　在詩裏界定 "戰爭與和平" 的性質，由於 "比、興" 的表現手法，本來就不容易確定。但是勉強要加以界列，我們或者可以選用一些和戰事、兵旅有關，包括武器的字詞，來審視它們的用意，大略可推得其部份用心。譬如： "兵、武、功、師、旅、惩、伐、征" 這一類的字，多半和戰事明顯有關。詩中提到 "干戈、弓、矢、射、矛" 等武器，也大多直接和戰鬥或武事訓練有關，但也有少數的字，被借用於非戰鬥的場合，所以我們也加以舍棄。

　　戰爭中對外作戰的國防軍事活動或表功祭祀，多半可以從詩句

---

31 《吳子·圖國第一》：昔承桑氏之君，修德廢武，以滅其國。有扈氏之君，恃眾好勇，以喪其社稷。明主鑒茲，必內修文德，外治武備。

中的“四夷、蠻戎”之類的字詞，如“戎、蠻貊、玁狁、夷、荊楚、狄”，去判定它們確實和戰鬥有關與否。但是也有一語雙關用法，我們也盡量小心地加以剔除。

　　而自衛作戰的用詞，例如“禦、寇、翦、定”，當然也見於為和平而戰鬥的詩。只是成王敗寇，“城頭變化大王旗”，攻守和正邪，雖後世史家也不能客觀判定。但是這些詩屬於“戰爭與和平”這一個大範圍，則是相對容易。從勝者和寫詩者的角度看戰爭的勝利與疆土的和平，他們自然都用“綏、順、小康、疆、四國、四方、萬邦”這些字詞。其中“小康”一詞，既是相對於勞動苦役而言，也是相對戎敵的“寇虐”掠奪而言，不是單一的情況和意義。在這樣對詞字的定義考量之下，我們用電腦檢索《詩經》的 305 篇，再加上幾首戰事徭役詩，然後把入選的詩，分別排列到它們所屬的“十五國風，大、小雅，三頌”，這四大類裏，初步結果，列表於下。

五-1、《詩經》中"戰爭 與 和平"詩的字頻、類頻表 與 簡析。

（一）

《詩經》中"戰爭與和平"　字頻、類頻表

《詩經》裏"戰爭 與 和平"詩名、類頻 略計表						
林中明　　rev. 2014.7.13						
86/305~29%		風 20/159 11	小　雅 26/74 35	大　雅 26/31 84%		頌 15/40 38%
1	周南	兔罝	六月	抑	周頌	烈文
2	召南	甘棠	賓之初筵	文王有聲	周頌	武
3	邶風	擊鼓	黍苗	崧高	周頌	清廟
4	衛風	伯兮	采薇	常武	周頌	時邁
5	鄘風	定之方中	出車	緜	周頌	桓
5	王風	揚之水	采芑	思齊	周頌	維清
7	鄭風	叔于田/大叔于田	常棣	民勞	周頌	昊天有成命
8	鄭風	清水	車攻	烝民	周頌	我將
9	齊風	猗嗟	祈父	韓奕	周頌	執競
10	唐風	鴇羽	彤弓	江漢	魯頌	駉

11	唐風	蟋蟀	采菽	行葦	魯頌	泮水
12	秦風	無衣	吉日	公劉	魯頌	閟宮
13	秦風	小戎	裳裳者華	卷阿	商頌	殷武
14	秦風	車鄰	雨無正	瞻仰	商頌	玄鳥
15	秦風	駟鐵	青蠅	桑柔	商頌	長發
16	曹風	下泉	桑扈	大明		
17	豳風	破斧	漸漸之石	棫樸		
18	豳風	東山	瞻彼洛矣	皇矣		
19	豳風	七月	天保	下武		
20	豳風	鴟鴞	南山有臺	假樂		
21			楚茨	召旻		
22			信南山	文王		
23			甫田	板		
24			大田	蕩		
25			杕杜	卷阿		
26			何草不黃	瞻仰		
27						
28						
29						
30						

五-2 、 字頻、類頻簡析：

（1）在《詩經》305 篇中，大略有 87 首詩，約四分之一強和 "戰爭與和平" 有關。由於定義和詩的比興性質，這個數字可能還有 5-10%上下的出入。但不影響基本的探討方向和瞭解用心。

（2）在十五國風之中，很值得注意的是，只有十二國的詩，和大約 13%的詩，和"戰爭與和平"有關。其中祈望和平的多，只有《秦風》注重田獵戰鬥，這已經預言了一個"生活與戰鬥一致"的國家，一定成為強國。秦國終於統一天下，其實由《秦風》已然見出端倪。孔子說："《詩》可以興，可以觀，可以群，可以怨；邇之事父，遠之事君。"我們從十五國風的 20 首和戰鬥、徭役和反戰等有關的詩中，可以"觀"看到《秦風》有興有群，重田獵、兵事的詩有 4 首之多，故可預見其國必強。再如《陳國》的詩，都是愛情浪漫，帶些迷信意味的詩，無一首和國防及兵事有關。難怪在《左傳·襄公二十九年》記載季札觀周樂，"聽歌《陳》，曰：「國無主，其能久乎？」"；"為之歌《鄭》，曰：「美哉！其細已甚，民弗堪也。是其先亡乎！」"。我們讀《詩》，不只是欣賞文學之美，亦當以夫子、季札之言為鑒。

（3）《小雅》74 首詩中，約有 26 首詩，~35%和"戰爭與和平"有關。雖然比例近三倍於民間的風詩，但其中祈望和平的詩數也高。

（4）《大雅》在 31 首詩中，約有 26 首詩，~84%和"戰爭與和平"有關。　這再度表現出《大雅》的詩，和作者多反映高級官員的心態有關[32]，而這些高級官員，對國家、社稷所負的責

32　林中明〈氣象學之祖：《詩經》—從"風雲雨雪"的"賦比興"說起〉，《詩經研究叢刊·第十六集》，第八屆《詩經》國際學術研討會論文選刊之一，陝西·洽川，2008 年 7 月 24-27 日。學苑出版社，2009 年 6 月。

任和責任感，和對於邊疆安全，四夷的防範和戰鬥觀，自然也高於中下級的士大夫和小吏，在《小雅》中的表現。

　　（5）《頌》詩的目的，多在祭祀祖先，歌功頌德。對於國家的邊防安全很是在意。所以 在 40 首詩中，約有 15 首和祖先的征伐勝利，與安邦定國有關，所佔 38%的比例，也不出預期的範圍。

六、地理文化、好戰基因對 "戰爭與和平" 的影響

　　我們探討《詩經》裏 "戰爭與和平" 的詩，不僅從文字的四大類去分析，也應該從其之所以有 "戰爭與和平" 詩的地理環境，以及生活、生產方式 對[33]喜歡戰鬥和愛好和平的影響去觀察體會。因為富庶的農業社會，自給自足，如果沒有 "爭名、爭利、集怨" 等原因[34]，一般不必去掠奪別國和他族。豐衣足食的農民(見〈小雅〉：楚茨、信南山、甫田、大田、小田)，如果沒有貪官污吏的壓榨，和殘暴的領袖和軍閥的虐殺，一般可以生活的很快樂，而且愛好和平。

　　而相對於於貧瘠地區的游牧民族[35]，因為生產力不穩定，遇到

第 193-220 頁。

[33]　佟柱臣 〈中國古代北方民族遊牧經濟起源及其物質文化比較 〉，《草原文化研究資料選編第二輯》，內蒙古社科院。

[34]　《吳子兵法》吳子曰；"凡兵之所起者有五：一曰爭名，二曰利，三曰積惡，四曰內亂，五曰因饑。〈小雅。苕之華〉："人可以食"！

[35]　司馬遷《史記· 匈奴列傳第五十》：匈奴，其先夏後氏之苗裔，曰淳維。唐虞以上有山戎、獫允、薰粥，居於北邊，隨草畜牧轉移。其畜之所多則馬、牛、羊，其奇畜則橐佗(駱駝)、驢、騾、 、駃騠、驒奚(騱)。逐水草遷徙，無城郭常居耕田之業，然亦各有分(份)地。無文書，以言

天災，生活沒有保障，由於饑餓，就必然利用馬匹等快速運動的能力，掠奪鄰近甚至遠方的國家，特別是不會騎馬抵抗和和逃逸的農業民族。　久而久之，這種心態和生態浸入民族的文化基因[36]，以後有機會就攻打別國，掠奪財物、婦女、工匠…　。與此類似的海洋民族，如果生活環境惡劣，必須做海盜維生，則利用船隻的遠航能力，四海搶劫。久而久之，就成了海盜國家，例如北歐的維金海盜，和日本的倭寇。因此《詩經》中強調的　"溫柔敦厚"教育[37]，遇到游牧民族和海盜倭寇，總是吃虧。所以我們要重新重視文武合一的平衡教育，有文化，也要有武備（　圖1. 讀書擊劍）。　同時學習《五經》和先秦諸賢，如姜尚遺留下來的《六韜》[38]，儒家吳起的《吳子》[39]、辭如珠玉的《孫武兵經》、兼用

語為約束。兒能騎羊，引弓射鳥鼠，少長則射狐兔，肉食。士力能彎弓，盡為甲騎。其俗，寬則隨畜田獵禽獸為生業，急則人習戰攻以侵伐，其天性也。其長兵則弓矢，短兵則刀鋋。利則進，不利則退，不羞遁走。苟利所在，不知禮義。

[36] 習近平在和平共處五項原則發表 60 周年紀念大會上的講話（全文），新華社，2014 年 6 月 28 日。"中國人的血脈中沒有稱王稱霸、窮兵黷武的基因"。

[37] 夏傳才〈關於《詩經》研究的通信 -- "溫柔敦厚"的詩教及其他〉，《天津師大學報》1995 年第 4 期。"關於"溫柔敦厚"詩教，弟同意尊見，孔子並非指對侵略者不抵抗而言。此語源出《禮記·經解》："入其國，其教可知也；其為人也，溫柔敦厚，詩教也。"孔子是希望通過《詩》教培養具有溫柔敦厚品格和風度的國民。詩歌教育確可通過藝術感染作用，潛移默化地影響人的思想情操。溫柔敦厚，意為性情溫和樸實寬厚，從語義學來看，並無貶意，如兄所言："此說固體現一個國家人民之文化教養程度與風度，與入其國而到處可見吵架行騙者異矣。" 誠哉斯言。"

[38] 《六韜》：文王曰："立斂若何，而天下歸之？"太公曰："天下非一人之天下，乃天下之天下也。同天下之利者則得天下，擅天下之利者則失天下。天有時，地有財，能與人共之者，仁也。仁之所在，天下歸之。免人之死，解人之難，救人之患，濟人之急者，德也。德之所在，天下歸之。與人同憂同樂，同好同惡，義也。義之所在，天下赴之。凡人惡死而樂生，好德而歸利，能生利者，道也。道之所在，天下歸之。"

仁義智勇的《司馬法》[40]等《武經七書》[41]，並應用西漢趙充國的屯田軍經政策，幫助生產力低下的邊疆民族，自立生產，這才能不戰而勝，以詩文化減殘殺，長期維持邊疆和平，復興中華民族在周初和漢唐的文明盛世。

結　語

　　《詩經》的研究，在中國《詩經》學會和夏傳才先生多年的領導和共同努力下，成績斐然。《詩經》的研究，從經義、文字、詩韻、社會、史料、轉播⋯都有極多的探討和成就。　新的領域，也因為新學科、材料、工具、方法而不斷擴大。研究的題目既是無窮地多，但同時又難以突破前賢的知識和題材。　尤其是《詩經》本身的研究，除非採取融合既有、遊走邊緣、跨越新區的手段，難有重要的新發現。

　　本文的方向，乃是採取先秦諸子以來，"文武合一"的思想，從"斌心雕龍"的角度，對《詩經》中對國家存亡、人間生死這個大題目 ——"戰爭與和平"的事績、感情和行為，利用電腦字頻檢索，作首次的簡略探討。其結果再度證明了人民之詩和官員

---

[39] 《吳子兵法》：吳起儒服以兵機見魏文侯。⋯伏雞之搏狸，乳犬之犯虎，雖有鬥心，隨之死矣。昔承桑氏之，修德廢武，以滅其國。有扈氏之君，恃眾好勇，以喪其社稷。明主鑒茲，必內修文德，外治武備。

[40] 《司馬法》：會之以發禁者九：憑弱犯寡則眚之；賊賢害民則伐之；暴內陵外則壇之；野荒民散則削之；負固不服則侵之；賊殺其親則正之；放弒其君則殘之；犯令陵政則絕之；外內亂、禽獸行，則滅之。

[41] 李贄《孫子參同序》提出"以'七書'與'六經'合而為一，以教天下萬世"。李贄《孫子參同序》"蒙溪張鏊先生序《武經七書》其略曰：'文事武備，士君子分內事也。姬鼎冀，而尚父之勳可紀；群雄角，而孫吳之略稱強。天不生仲尼，則斯文之統以墜；天不生尚父，則戡亂之武曷張？《七書》《六經》固仁義一原之理，陰陽貞勝之符也。"

之詩，對"戰爭與和平"有着明顯的差異，一如作者從《詩經》的風雲雨雪和祖宗出現的字頻，截然分辨了《小雅》和《大雅》作者身份、心態的別異。

　　現代學者研究《詩經》，也應該從其中看到，並闡發歷史的教訓，將之應用到重建我們對先賢經典的逆志瞭解、順時應用和深化信心。《詩經》中雖然有大量和戰爭有關，不平則鳴的文字，但是周代詩人和先秦諸子，在戰爭、辯論、文創之外，還有強烈的王道和平，天下為公（圖 2），見群龍無首吉[42,43]的先進思想，它們迥異於歐美的物質為本、個人第一和金權掛帥的西方文化。我們如何發揚"內修文德，外固武備"[44]，不好戰，也不避戰。（圖 3. 書王陽明謁伏波祠詩）(圖 4. 癸巳暮春・夜讀左公傳有感) 以硬實力不戰而取人之兵，以軟實力藝創而贏人之眼，以文才捷辯勝人之口，以文德王道而得人之心[45]。這是先秦諸子和士人所優於做為，而也是今日國學經典學者和知識份子的挑戰。（圖 5. 鷹

---

[42]　林中明〈舊經典活智慧 —— 從易經、詩經、孫子、史記、文心看企管教育和科技創新〉，第四屆《中華文明的二十一世紀新意義》學術研討會論文（喜瑪拉雅基金會）主題：傳統中國教育與二十一世紀的價值與挑戰，嶽麓書院・湖南大學，2002 年 5 月 30、31 日。a.《斌心雕龍》，臺北・學生書局，2003 年 12 月，第 509 頁。

[43]　林中明〈舊經典 活智慧 —— 從易經、詩經、孫子、史記、文心看企管教育和科技創新〉，《詩行天下》，中國《詩經》學會編，2010 年 3 月，第 317 頁。

[44]　Lin, Chong Ming, "A Tested Model with cases ofPhilosopher Archers: FromGuanzi(725–645BC)toConfucius(551-479BC), Lu Xiangshan(1139–1193AD),and Wang Yangming(1472～1528 AD)."2004 北京論壇（學術），Beijing Forum (Academic) 2004, On "The Harmony and Prosperity of Civilizations", Collection of Papers and Abstracts on Information Management, 2004.8.23-8.25, pp.9-19.

[45]　Lin, Chong Ming,〈On Great Nation (論大國)〉,《Beijing Forum 2005 (Academic) Selected Papers》, Peking University Press, October 2006, pp.151-189.

蛇纏鬭圖　)

　　托爾斯泰在他的鉅着《戰爭與和平》中，曾有一句名言：所有
戰士中最強壯的兩位，　就是時間

　　和　忍耐。　今天我們讀《詩經》，感到它打敗了"時間"，更
加"強壯"，值得我們"堅忍"，

　　繼續認真研究。

圖 1. 書秋瑾「讀書擊劍」印文 2012

但征敢依風雲陣
所過須同時雨師
從來勝算歸廊廟
恥說兵戈定四夷

右錄王陽明平雨廣亂後
謁伏波祠詩句自云稱
伏波祠下如少年十五歲
時所夢見回作詩記之
並非朝廷令往交趾之議
乃卷甲歸鄉不待朝令月
後卒於振途是儒家真正
丈武知行合一之仁人兵聖也
後之腐儒不察以為先生
但偶心學之理學家耳
殊可嘆也

　　圖 3.王陽明〈夢中絕句〉"此予十五歲時夢中所作。今拜伏波祠下，宛如夢中。茲行殆有不偶然者，因識其事于此。謁伏波廟二首之一 ： 四十年前夢裡詩，此行天定豈人為！徂征敢倚風雲陣，所過須同時雨師。尚喜遠人知向望，卻慚無術救瘡痍。從來勝算歸廊廟，恥說兵戈定四夷。　林中明書 2002

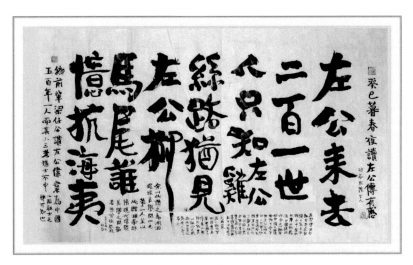

圖 4.癸巳暮春‧夜讀左公傳有感。林中明 2013

圖 5. 壬午年・美國國慶日・鷹蛇纏鬬圖。　林中明　2000.7.4

圖 2. 臨孫文書 "天下為公" 2014

《詩經》裡的"王道精神"初探

關鍵字：《孟子》,《鹽鐵論》[1],《論大國》[2]的王道,永續經營[3],見
群龍無首吉[4]。

提　要：

　　《詩經》本身是個中華文化寶庫。它從愛情、草木蟲鳥 、民
怨、民風、王事,從尊天、祭祖到兵役、戰爭,都有直接的描述,
也有大量的比興。 但是什麼是《詩經》的精神?學者們從禮樂,

---

[1] 《詩經研究叢刊·第十二輯》。北京·學苑出版社, 2007 年。第 50 至 78 頁。

[2] Lin, Chong Ming (林中明),〈On Great Nation(論大國)〉,《Beijing Forum2005(Academic)Selected Papers》,Peking University Press ,October 2006，pp.151-189。

[3] 每年聯大一般性辯論通常設有主題。2016 年聯大一般性辯論主題是「可持續發展目標:共同努力改造我們的世界」。如何落實是 2016 年一般性辯論的重要議題。國務院總理李克強的題目為《攜手建設和平穩定可持續發展的世界》。2015 年中國國家主席習近平,聯大"一般性辯論"題目是《攜手構建合作共贏新夥伴　同心打造人類命運共同體》。

[4] 明按:把"用九:見群龍無首,吉"解釋成"正能量"的說法,應用於 21 世紀和今後的國際關係,據我所知,沒有早於本人在 1.第四屆《中華文明的二十一世紀新意義》學術研討會。主題:傳統中國教育與二十一世紀的價值與挑戰。湖南大學·嶽麓書院　2002.5.30 & 31。2.林中明《斌心雕龍》,臺北·學生書局,2003 年 12 月,509 頁。3.林中明〈On Great Nation (論大國)〉,《北京論壇（2005）論文選集(Enlgish)》,北京大學出版社,2006 年 10 月,第 151-189 頁。

風雅[5]，文化[6]，藝術等角度，已經做了許多研究。若從人的角度來看，《詩經》自小而大，自下而上的"金字塔"結構，大約包括從個人、家庭、地方社會，到族群、諸侯、王室、朝代的感情關係，以及地理歷史的變化發展，再以詩的文字"磚塊"做有機的堆砌，藉助 "鳥獸(魚蟲)草木"為比興的橋樑，所做成的文學大建築。

而歷來研究又以直接見乎紙上字間的愛情，溫柔敦厚的民風，疾恨抱怨的民憤為大端。但是作為古代兩大實存經典之一的《詩經》，以 "戰爭與和平"作為詩集中最重大的外部事件，研究較少。而三百篇背後所內涵的政軍國際關係理想 ---"王道精神"，更未見專論博探。"王道理想"，原本就存在於從周公到孔子的儒家思想中，而以堯舜聖君明王為傳說中的代表人物。"王道"二字，為孟夫子所創，並以周朝立國諸君所為，和見於《詩經》的篇章，架構起"王道"的歷史和傳說中的事跡和精神。

所以我們研究《詩經》裡的"王道精神"，乃從《孟子》和《孟子》裡所引，38 篇《詩經》中有關的文字；以及先後略同時期的《易經》和 追記編寫的《司馬法》，來較廣面地探討，後世中華文化中引以為傲的"王道精神"。 尤其是眼前 21 世紀西方資本主義和霸權盟邦，自以為是實行世界的終極制度[7]，結果在本世紀初，走入自身先天性的貪婪擴張盲點，和幾次跌進財經黑洞[8]，造

---

[5] 清．勞孝輿，《春秋詩話。卷一》："垂隴一享，七子賦詩，春秋一大風雅場也。...自垂隴七子賦詩後，至此二十有一年。復有六卿之賦鄭，以屏國處必爭之地。諸君子以風雅之氣，扶持勿衰，孰謂詩人無益人家國哉。"

[6] 李山，《詩經的文化精神》，東方出版社，1997年。

[7] 法蘭西斯·福山（Francis Fukuyama ）《歷史的終結及最後之人》，黃勝強、許銘原譯，中國社會科學出版社（2003）

[8] 穀棣、謝戎彬主編，《我們誤判了中國：西方政要智囊重構對華認知》，華文出版社 2015 年 1 月出版。

成國際間不斷地為短期利益爭戰，甚至威脅到人類的生存。於是許多富有仁心的學者，他們開始發現，如果想要達到長期 "可持續發展"[9]的世界和平和經濟成長，大國小國，都需要不完全相同的 "王道精神" 為內政外交的引導[10]；而科技進步的動力，成為 21 世紀人類經濟、社會發展，最強大、持久、可持續動力的 "新王道"。

我們探討這個題目，在研究詩學文化之外，更是以知《詩》論世，國治天下平為目的。但是由於學問和材料有限，此文只能算是初探的大綱。希望藉拋磚而引玉，給今後《詩經》的研究，開闢新的 "礦脈" 和 "戰場"。

以下，先從王道定義，到大小國的王道以及霸道的特色談起，最後列舉孟子所引的《詩經》詩句，藉以進一步 "知詩論道"。在討論中，我們也引用許多當前的實例，讓古代的經典思想，在現代的土壤上，接地氣而發芽開花。

一、何謂 "王道" ？

（一） "王道" 定義的起源和始祖 ——《孟子》[11]：

孟子辯論善明釋，有邏輯。他以王，霸對照，來更明白地說明，什麼是 "霸道"，什麼是 "王道"。他甚至只用二句話---"以力假仁者霸，以德行仁者王"，便給後世下了不可更改的定義。 但是

9　2016 年聯合國大會辯論題目：可持續發展。
10　朱雲漢〈中國大陸興起與全球政治經濟秩序重組〉，2012 年 9 月 28 日在臺灣大學的講座文字內容。講座原題為《中國大陸興起與全球秩序重組》。
11　《孟子。公孫丑。上》："以力假仁者霸，霸必有大國。以德行仁者王，王不待大。湯以七十里，文王以百里。以力服人者，非心服也，力不贍也；以德服人者，中心悅而誠服也，如七十子之服孔子也。"

"霸"，必須相對地大於競爭者 --- 人多，地廣，財富，將智，兵強。 但是"霸"，不是如孟子所說"霸必有大國"，而是"霸"有大霸和小霸。一如"王"有大小。"王"不待大，湯以七十里，文王以百里。但是歷來講孟子，多半接受"王不待大"的理想，使得研究國防軍事的軍人和國際關係的學者，以為孟子和其後的儒者思想迂腐，不切實際。其實《孟子》，《易經》和《詩經》等先秦經典，對大國的發展之道，和小國的生存之道，是有截然不同的適宜指導。

（二）大國 (圖1) 的王道：

a. 空間：仁被天下(主觀)，土地廣闊/戰略縱深(客觀)；b. 時間：長期考量；c. 理念：仁義誠信 d. 資源： 用人唯才，選賢與能 (人力資源)，永續經營(財力，物力)；e. 生活：人民小康, 社會大同[12]，社會利益與國家一致：f. 世界：四海一家； g. 生命：天人合一； h. 國際: 扶弱濟傾, 懲暴棄小[13]。不嗜殺人[14], 拒伐無犯[15] (圖4)，好戰

12　禮運大同篇：大道之行也 天下為公 選賢與能 講信修睦。故人不獨親其親 不獨子其子。使老有所終 壯有所用 幼有所長 鰥寡孤獨廢疾者皆有所養。男有分 女有歸。貨惡其棄於地也 不必藏於己 力惡其不出於身也 不必為己。是故謀閉而不興 盜竊亂賊而不做 故外戶而不必 是謂大同。

13　棄珠崖議《漢書‧賈捐之傳》。"《詩》雲：「蠢爾蠻荊，大邦為讎。」言聖人起則後服，中國衰則先畔，動為國家難，自古而患之久矣，何況乃復其南方萬裡之蠻乎！……又非獨珠崖有珠犀玳瑁也，棄之不足惜，不擊不損威。其民譬猶魚鱉，何足貪也！臣竊以往者羌軍言之，暴師曾未一年，兵出不逾千里，費四十餘萬萬，大司農錢盡，乃以少府禁錢續之。夫一隅為不善，費尚如此，況於勞師遠攻，亡士毋功乎！…… 願遂棄珠崖，專用恤關東為憂。"

14　孟子梁惠王章句上： 孟子見梁襄王，出語人曰：「望之不似人君，就之而不見所畏焉。卒然問曰：『天下惡乎定？』吾對曰：『定於一。』『孰能一之？』對曰：『不嗜殺人者能一之。』『孰能與之？』對曰：『天下莫不與也。王知夫苗乎？七八月之間旱，則苗槁矣。天油然作雲，沛然下雨，則苗浡然興之矣。其如是，孰能禦之？今夫天下之人牧，未有不嗜

必亡，忘戰必危[16]。；i. 文化：悠久，多元，見群龍無首吉 (易經.乾卦.用九)。

　　大國的形成和發展，我認為《易經。乾卦》，說得最清楚。它是依照 i.潛龍勿用, ii.見龍在田, iii.“君子終日乾乾” 的努力, iv.“或躍在淵” 的把握時機, 而能 v. 飛龍在天, 但是要收斂野心, 不要 vi. 亢龍有悔。

　　而最後，在國際關係上，要達到 “用九” 所說,，“見群龍无首，吉”。 不 “以力假仁”，不依霸權和武力，公平而仁義對待天下大，中，小各國、各民族、各宗教團體，和內部各種族。大國的明君，並不好做。〈大雅。大明〉說：“天難忱斯，不易維王”，就是這個意思。

　　孔子和孟子的思想，都繼承儒家經典，而演化出符合時代的新解說。所以孟子的“王道”，尤其是 “大國的王道”應該如何做？也都不外乎《易經》《書經》，和《詩經》裡早有的 “王道精神”。但是小國的王道，《詩經》裡舉了周王朝興起的實例，所以很有說服力。

（三）小國的王道：

a. 空間：有限;　 b. 時間：短期考量;　 c. 理念：畏天延年，務實慎

殺人者也；如有不嗜殺人者，則天下之民，皆引領而望之矣。誠如是也，民歸之，由水之就下，沛然誰能禦之？』」

15　(圖 4) 2004 年，林中明書王陽明詩，並記王守仁，守仁道和王道，抗命不伐無犯大明之交趾，辭官返鄉，卒於途中。

16　《司馬法。仁本第一》：古者，以仁為本， 以義治之，之為 正。 正不獲意則權 。權出於戰，不出於中人，是故：殺 人安人，殺之可也；攻其國愛其民，攻之可也；以戰止戰，雖戰可也。 故仁見親，義見說，智見恃，勇見方，信見信 。 內得愛焉，所以守也；外得威焉，所以戰也。戰道：不違時，不歷民病，所以愛吾民也。 不加喪， 不因凶，所以愛夫其 民也； 冬夏不興師， 所以兼愛民也。 故國雖大 ， 好戰必亡； 天下雖安， 忘戰必危。

言，隨勢調整，官吏賢廉 ; d. 資源：節約取用；e. 生活：人民普遍溫飽，社會嚴格維安； f. 世界：外開內聚； g. 生命：個體； h. 國際關係： 用智用謙； i. 文化： "小確幸"，隨風尚。

　　因為 "王道精神" 以民為本。所以 孟子說： "以小事大者，畏天者也。樂天者保天下，畏天者保其國。詩云：『畏天之威。於時保之。』" 而 〈大雅。公劉〉詩云：『乃積乃倉，乃裹餱糧，於橐於囊。思戢用光。弓矢斯張，干戈戚揚，爰方啟行。』 其實是周人祖先，被戎狄侵略， "以小事大者" 畏戎狄之威，不得不棄土棄民，逃遷岐山之下。類似摩西率領一部份以色列人 "出埃及記" 的史詩[17]。

　　相對於《易經。乾卦》可以解說 "大國的王道"， 我認為《易經。坤卦》，可以解釋 "小國的王道"：服從雄強者--- 利牝馬之貞。 所以像是周人祖先被迫一再遷移， "君子有攸往，先迷，後得主利。西南得朋，東北喪朋，安貞吉"。 然後，小國和弱小民族，必然要小心翼翼，如《易經。履卦》 "履霜，堅冰至"。 遷移的時候，如〈大雅。公劉〉詩 "乃裹餱糧，於橐於囊 "，就要遵循 〈坤卦第四爻〉的爻辭：六四： "括囊，無咎，無譽"。 連表面的榮譽都不爭，當然避免了因為 "爭名" 而引起的虛榮戰爭[18]，對人民有大害，而無實利。 所以小國王道的態度和精神，就是 "用六，利永貞"，如牝馬之貞，母馬之馴服，不無事生非，自取辱亡。

　　 "小國的王道"，西方也有範例。歐洲的聖馬利諾共和國，面

---

[17] "薰育戎狄攻之，欲得財物，予之；已復攻，欲得地與民。民皆怒，欲戰。古公曰：'有民立君，將以利之。今戎狄所為攻戰，以吾地與民。民之在我與其在彼何異？民欲以我故戰，殺人父子而君之，予不忍為。'乃與私屬去豳，度漆、沮。豳人舉國扶老攜弱，盡復歸古公於岐下。及他旁國聞古公仁，亦多歸之。"（《史記·周本紀》）

[18] 《吳子兵法。圖國第一》 —— 吳子曰：「凡兵之所起者有五：一曰爭名，二曰爭利，三曰積德惡，四曰內亂，五曰因饑」。

積 60.75 平方公里，人口曾經只有幾千人(現在人口 27,336)[19]，自稱是世界上現存的最古老而長久不滅亡的國家。這個小國竟然於 <u>1797 年</u>，以“牝馬之貞”謙卑的恭敬態度，為攻佔了義大利的<u>拿破崙</u>的<u>法國</u>所承認。拿破崙還贈送一個出海口，1000 噸小麥和 4 門加農炮給它。聖馬利諾人接受了小麥，但是謝絕了攻擊性的大炮，和取自他國的自由出海口。把“小國的王道”發揮到極致。

　　為了瞭解“王道”的特點，我們必須用“霸道”來襯托。一如畫師繪畫光亮，必須把週圍塗黑。

　　《老子》說：“知其白，守其黑，為天下式。”就是這個道理。

（四）霸權主義：

a. 空間：不停擴張； b. 時間：短期考量；c. 理念：雙重標準，強詞奪理； d. 資源：掠奪消費；e. 生活：人民貧富不均，損不足以奉有餘[20]。社會權錢唯上，上下交征利。 f. 世界：賤仁棄義，唯我獨決； g. 生命： 強者生存； h. 國際正義：欺弱怕強, 臨難棄盟； i. 文化：單極排他，毀人文史。

---

[19] 1796 年，拿破崙率大軍攻打奧地利。這支軍隊攻入了義大利。1797 年 2 月 7 日，兩位聖馬利諾執政官隆重地歡迎了法國政府代表、法蘭西學院成員、數學家加斯帕雷·蒙日的來臨。蒙日發表了一篇演說，表達了拿破崙和法蘭西共和國對聖馬利諾共和國的友誼。蒙日還通知聖馬利諾議員，法國很樂意把裡米尼等地贈送給聖馬利諾，讓其獲得一個出海口。聖馬利諾人請蒙日替他們感謝拿破崙「對這片為殘存的自由提供了避難所的小小國土的親切關懷」，同時請他代為轉達聖馬利諾人的願望。蒙日對聖馬利諾代表的講話深表感動，回答道：「聖馬利諾共和國為全世界樹立了一個偉大的榜樣。它寧可捨棄領土的擴大，為的是不至於有朝一日危及它最寶貴的財富——世代相傳的自由。」隨後，拿破崙發布了命令：聖馬利諾公民應在法蘭西共和國的一切地方受到尊重；其公民在法國的納稅義務也一概豁免。此外，拿破崙還命令駐紮在裡米尼的薩於凱特將軍向聖馬利諾贈送 1000 噸小麥和 4 門加農炮。聖馬利諾人接受了小麥，但是謝絕了大炮。

[20] 老子：損不足以奉有餘。

　　以上簡單陳述了"王道"和 "霸道"的古代意義，下面再舉三位當代學者和行政長官，作家，來看"王道"和 "霸道" 的現代意義。 羅列陳述了古今大家對"王道"的看法，我們最後才來探討《詩經》裡的王道精神，因知世而論詩，就會左右逢源，不至於刻舟求劍，脫離時代。

（五）"王道"和"霸道"的現代意義：

1. 余英時〈"王道" 在今天的世界〉[21] (1999)

　　余英時教授在 1999 年說："…… 語言隨時代而變遷，今天我們所說的"王道"已與孔子時代的意義有別。"王道"是儒家思想中一份珍貴的遺產，這是不成問題的。但問題在於：為什麼中國現代學人卻避免用這個名詞呢？我想最重要的原因是我們今天進入民主的時代，不願意見到"王"字。"王"似乎表示有一個高高在上的絕對權威，主宰著我們下面的老百姓"。(明按：近來"王道"二字又普遍使用，意思大約是 "恰當"，"無爭議"，"最順暢"等正面意義。)

　　余英時教授又說："但語言是可以變化的，"王道"可以與"帝王"無關，正如"君子"今天已另有涵義，不再是"國君的兒子"了。現在我們用"王道"兩字，其涵義等於是儒家的"仁道"；以現代語言表示，便是"人道"(humanity)""。

　　余英時教授認為，中國過去諸王朝，沒有一個真能懂得王道而且行王道。但 "在二十世紀的中國政治家之中，我們只能承認孫中山先生一人對於"王道"的現代意義有最真切的理解。他在答覆一個俄國革命家的問題時曾說："中國有一個正統的道德思想，自堯、

---

[21]　余英時， " 王 道 " 在 今 天 的 世 界 ， 1999 。
http://www.rfa.org/mandarin/pinglun/yuyingshi/12508-19990712.html

舜、禹、湯、文、武、周公，至孔子而絕。我的思想就是繼承這一個正統的道德思想，來發揚光大。"孫先生沒有用 "王道" 兩個字，但是他所說得 "正統的道德思想" 自然只能指 "王道" 的理想而言。孫先生受了經學今文派的影響，十分看重《禮記》中的〈禮運大同篇〉中的 "大同" 的理想。這一理想也就是 "王道" 的延伸和發展。"

下個月 11 月 12 日，是中山先生 150 年誕辰。我特附圖 (圖2) 以紀念之。

2. 劉兆玄22《王道劍》23 (2014)

劉兆玄院長是台灣學者中少見的政，經，教育，交通，能詩擅畫，並在大學時曾以筆名上官鼎寫武俠小說出名的全才。他把 "王道" 在社會的運作，用熱力學「等溫」現象來解釋，認為現代化的 "王道" 政策和執行，乃是經濟發展最有利的狀況。他說的 熱力學「等溫」現象，其實和孔子的 "中庸之道" 相通，也和中國當前最熟悉的 "維穩" 相似。他在中華文化總會的職務上，大力推動 "王道" 經濟發展，對大學生和企業家等社會領導人士，做了近百場演講。但是台下聽眾，滑手機的多，睡覺補眠的學生也不少。一位矽谷的漢學和武俠小說的愛好者，在 2011 年，當他到矽谷演講時，向他提出何不 "重出江湖"，重拾 47 年前的彩筆，寫一本 "王道" 為書名的武俠小說 ？保證有上千萬的讀者，因為看他的武俠小說，而耳濡目染，瞭解到孟子提出的 "王道" 精神，從而改變中華社會，進而影響國際關係的正向共贏的方向發展？三年之後，兆玄先生竟

---

22 劉兆玄 (全球玉山榮譽理事長), "王道文化與台灣未來的經濟發展"，玉山矽穀科技論壇, San Jose, 2011.7.30.

23 劉兆玄 (筆名：上官鼎) 《王道劍(五集)》，遠流出版社，出版日期：2014.04.01。

然推出了九十萬字的《王道劍》,而且躍居台灣誠品書店暢銷書的第一名半年之久。根據報導,他目前正在籌劃推出電視連續劇。以後"王道"二字,可能成為一個流行的名詞,有助於中華文藝復興,和"軟實力"的崛起。

3.蔡武 提出"人類命運共同體"主張 （2016）

　　北京大學校友會副會長蔡武先生(前教育部長),在 2016 年 10 月 20 日,鳳凰國際論壇上,就"世界秩序中的中國大戰略"發表主旨演講。蔡武先生對"世界究竟向何處去"?指出,"無論是中國國內,還是國際社會中,都不乏有人仍然停留在早已過時的冷戰思維中,秉持零和博弈的舊思維,甚至以"弱肉強食"的"叢林法則"和"國強必霸"的帝國主義、殖民主義的邏輯來判斷新世紀世界秩序發展的趨勢,進而提出種種應對之策及戰略謀劃"。他指出"人類命運共同體"的主張與中華優秀傳統文化中追求"天人合一""世界大同""天下為公"的理想,和"君子和而不同"、"己所不欲,勿施於人"、"協和萬邦"、"執其兩端用其中","王道" 等東方智慧是一脈相承、高度契合的。

　　根據余,劉,蔡三位有代表性的重要學者的議論,我認為,包括 《周易》《詩經》《孫子》《史記》和《文心雕龍》的 五本 "舊經典"所帶來的"活智慧[24]" ,必然是今後中國的精神和思想動力的重要來源之一。所以,在 2016 年的《詩經》國際研討會,我們要

---

[24] 林中明〈舊經典 活智慧 -- 從易經、詩經、孫子、史記、文心看企管教育和科技創新 〉, 第四屆 《 中華文明的二十一世紀新意義 》學術研討會論文（喜瑪拉雅基金會）主題: 傳統中國教育與二十一世紀的價值與挑戰,嶽麓書院‧湖南大學,2002 年 5 月 30、31 日。《斌心雕龍》,臺北‧學生書局,2003 年 12 月, 第 463-518 頁。

從《詩經》中有關孟子 (圖 3.孟子像) 所提倡的 “王道” 思想，提出來加以瞭解和討論。

二、孟子引《詩》[25] 以及對 “王道” 的推演

　　孟子對儒家經典極為重視，又特別喜歡引詩。根據 杜兵先生 2014 年在〈《孟子》引說《詩經》考論〉中指出，“在《孟子》一書中引用、論說《詩經》多達 38 處。 從所引說《詩經》篇目來看，《國風》有 4 處，分別是《豳風·鴟鴞》《豳風·七月》《邶風·柏舟》《邶風·凱風》。《大雅》有 19 處，分別是《靈台》《思齊》《皇矣》《公劉》《綿》《文王有聲》《文王》(引 4 次)《假樂》《板》《蕩》《桑柔》(引 2 次)《下武》《雲漢》《烝民》《既醉》。《小雅》有 4 處，分別是《正月》《大田》《大東》《小弁》。《頌》有 3 處，分別是《我將》《閟宮》(引 2 次)。 ”

---

[25] 杜兵《孟子》引說《詩經》考論， 2014-11-22 。“ 《孟子》一書中引用、論說《詩經》多達 38 處，主要目的在於藉以充當立論依據。今以阮元《十三經注疏》本《孟子注疏》為底本，統計認為《孟子》一書中涉及《詩經》共 38 處。具體情形如下：從引說主體看，孟子本人引用 28 處，論說 5 處，其中 2 處只提及篇名而未引詩句，3 處屬於整體論說《詩經》，未針對具體篇目；梁惠王、王良、萬章、咸丘蒙、公孫醜各引用 1 處。從篇章分佈看，《梁惠王·上》引 3 處，《梁惠王·下》引 5 處，《公孫醜·上》引 3 處，《滕文公·上》引 5 處，《滕文公·下》引 2 處，《離婁·上》引 6 處、說 1 處，《萬章·上》引 3 處、說 1 處，《萬章·下》說 1 處，《告子·上》引 2 處，《告子·下》說 2 處，《盡心·上》引 1 處，《盡心·下》引 2 處。從所引說《詩經》篇目來看，《國風》有 4 處，分別是《豳風·鴟鴞》《豳風·七月》《邶風·柏舟》《邶風·凱風》。《大雅》有 19 處，分別是《靈台》《思齊》《皇矣》《公劉》《綿》《文王有聲》《文王》(引 4 次)《假樂》《板》《蕩》《桑柔》(引 2 次)《下武》《雲漢》《烝民》《既醉》。《小雅》有 4 處，分別是《正月》《大田》《大東》《小弁》。《頌》有 3 處，分別是《我將》《閟宮》(引 2 次)。 ”

　　從《孟子》一書中引《詩經》中　四大類的次數，我們發現：

（1）《大雅》有 19 處，佔全詩經 305 首的　6.2%；　　佔《大雅》
　　　31 首的　61.3%；

（2）《小雅》　有 4 處，佔全詩經 305 首的　1.3%；　　佔《小雅》
　　　74 首的　5.4%；

（3）《國風》有 4 處，　佔全詩經 305 首的　1.3%；　　佔《國風》
　　　159 首的　2.5%；

（4）《頌》　有 3 處，　佔全詩經 305 首的　0.98%；佔《頌》　40
　　　首的　7.5% 。

　　根據我對《詩經》中 "風雲雨雪" 的分析[26]，《大雅》的作者
多來自廟堂高官。而孟子引詩的
最高比例，也是來自《大雅》，這再度說明我對於《大雅》作
者頗異於小雅，而多來自廟堂高官，
是合理的判斷。因為他們和孟子一樣，都是從廟堂之士，對
治國平天下所提出看法和感想。

　　孟子引詩都非常恰當，而且常常擴大了對詩的瞭解，並對有關
的仁政，王道，做出更專注的解釋。

　　孔子對於《詩經》中的政治智慧，早見於他對《詩經·豳風·
鴟鴞》[27]的評價：『為此詩者，其知道乎！能治其國家，誰敢侮之？』

---

[26] 林中明〈氣象學之祖：《詩經》 — 從 "風雲雨雪" 的 "賦比興" 說起〉，
《詩經研究叢刊·第十六集》，第八屆《詩經》國際學術研討會論文選刊
之一，陝西·洽川，2008 年 7 月 24-27 日。學苑出版社，2009 年 6 月。
第 193-220 頁。

[27] 《詩經·豳風·鴟鴞》：『迨天之未陰雨，徹彼桑土，綢繆牖戶。今此下民，
或敢侮予？』

所以孟子以詩論王道，還是遵循夫子之道。

　　以下列出孟子所引《詩經》有關仁政和王道的 10 處，並從這 10 首詩，來探討孟夫子王道的涵義。

　　1.〈**大雅·靈台**〉『*經始靈臺，經之營之，庶民攻之，不日成之。經始勿亟，庶民子來。王在靈囿，麀鹿攸伏，麀鹿濯濯，白鳥鶴鶴。王在靈沼，於牣魚躍。*』[28]

　　孟子指出，古時賢明的君主，與民偕樂，故能舉國同樂也。但是如果帝王只顧獨樂，卻又樂於殘害人民，則人民憤恨之極，不惜“欲與之偕亡”。“王道”以人民的快樂為重。一如美國獨立宣言中所說：人民天生有追求快樂的權利[29]。只是《詩經》中，愛民的王

---

[28] 《孟子·梁惠王章句上》孟子對曰：「賢者而後樂此，不賢者雖有此，不樂也。詩雲：『經始靈臺，經之營之，庶民攻之，不日成之。經始勿亟，庶民子來。王在靈囿，麀鹿攸伏，麀鹿濯濯，白鳥鶴鶴。王在靈沼，於牣魚躍。（〈大雅·靈台〉）』文王以民力為臺為沼。而民歡樂之，謂其臺曰靈臺，謂其沼曰靈沼，樂其有麋鹿魚鱉。古之人與民偕樂，故能樂也。湯誓曰：『時日害喪？予及女偕亡。』民欲與之偕亡，雖有臺池鳥獸，豈能獨樂哉？」

[29] The United States Declaration of Independence was drafted by Thomas Jefferson, and then edited by the Committee of Five, which consisted of Jefferson, John Adams, Benjamin Franklin, Roger Sherman, and Robert Livingston. It was then further edited and adopted by the Committee of the Whole of the Second Continental Congress on July 4, 1776. The second section of text in the Declaration contains the line: " We hold these truths to be self-evident, that all men are created equal, that they are endowed by their Creator with certain unalienable Rights, that among these are Life, Liberty and the pursuit of Happiness. "

道仁政，早於美國獨立宣言，至少二千七百年！而當一個國家的君主或領導，以人民的快樂為重，其餘的政策和法律，必然也是仁政和王道。 孔子說：“君子務本，本立而道生”。這也是我把〈大雅·靈台〉這首詩列在第一的原因。

2.《小雅·小旻之什·巧言》『他人有心，予忖度之。』 和《孫子兵法》的 “知己知彼，百戰不殆” ；以及《司馬法。定爵第三》的 “方慮極物，變嫌推疑，養力索巧，因心之動” ，的戰爭對象不同，但是心慮方法是類似的。 孟子指出，仁政和王道，要君主更主動地，以己之心，推己及民。自己愛好馬匹珍禽奇獸，就應該以同樣的愛心，推之於國民。“老吾老，以及人之老；幼吾幼，以及人之幼。天下可運於掌”。“天下可運於掌”，當然是行 “王道” 的政策優化結果。但是孟子所說的內涵，不也就是《禮運。大同篇》的 “大道之行也， 天下為公 ，故人不獨親其親 不獨子其子” 嗎？

3.《大雅·思齊》：『刑于寡妻，至於兄弟，以禦於家邦。』
這首詩是說，文王能修身作為嫡妻模範，再推至於兄弟宗族；更把這修身齊家的道理，推展到所有家族和邦國，天下自然能得平治。 可見 “王道” 的基本要求，是 “王” 自己要先有 “道” ，一個 “明王” ，要有基本的修身，仁道。“舉斯心加諸彼。推恩足以保四海，不推恩無以保妻子”。否則 雖 “興甲兵” ，短期可逞一時之快，但是，“ 危士臣，構怨於諸侯” ，終不能穩固戰果。可見得孟子一再強調"永續經營"之道，要先"內務仁本，推恩四海"，否則"霸道，霸權"，雖耀武揚威，殘民榨鄰於一時，終不能長霸四海，甚至最後帝國崩潰，危及妻子兄弟。

4.《周頌。清廟之什。我將》：『畏天之威，於時保之。』

齊宣王問孟子，如何處理國際關係，「交鄰國有道乎？」孟子的回答，點出王道有二。其一，大國的王道，"惟仁者為能以大事小，是故湯事葛，文王事昆夷"。這是《易經。乾卦》"亢龍有悔"的智慧，也是目前我們看到菲律賓總統，杜特第，在南海問題上，因為中國始終不以暴力相凌，而開始轉變的原因之一。其二，小國的王道，就是本文前面所講的《易經。坤卦》，主旨在於服從雄強者的"利牝馬之貞"。所以孟子說，"惟智者為能以小事大，故大王事獯鬻，句踐事吳。以大事小者，樂天者也；以小事大者，畏天者也。樂天者保天下，畏天者保其國"。《詩經》和孟子的國際關係理論和事例，如此明確而高明，誰說儒家學說懦弱誤國？

5.《小雅。正月篇》：『哿矣富人，哀此煢獨。』

孟子對王政施仁的看法，承接禮運大同篇，一以貫之。所以他說：「昔者文王之治岐也，耕者九一，仕者世祿，關市譏而不征，澤梁無禁，罪人不孥。老而無妻曰鰥。老而無夫曰寡。老而無子曰獨。幼而無父曰孤。此四者，天下之窮民而無告者。文王發政施仁，必先斯四者。詩云：『哿矣富人，哀此煢獨。』王曰：「善哉言乎！」

6.〈**大雅公劉篇**〉：『乃積乃倉，乃裹餱糧，於橐於囊。思戢用光。弓矢斯張，干戈戚揚，爰方啟行。』孟子引公劉篇回答梁惠王的好貨。其實背景和他曾回答滕文公的「滕小國也，竭力以事大國，則不得焉。如之何則可？[30]」是同一個解答：以民為重，土地次之，皮幣、犬馬、珠玉又次之。

所以，孟子告訴滕文公，事大國要遵循《易經。坤卦》牝馬之貞。因為，從長時間來看，最後，人民還是會選擇愛民的賢王，如公劉避讓戎狄強權，而遷於豳，而民歸之。從短時間看，公劉捨棄祖先傳下來的固有國土，似乎是懦弱地拋棄屬民而遷逃。但是周室之興，卻自此始。所以"牝馬之貞"的"小國的王道"，和大國的王道，都是從長時間來考慮，什麼是最優化的選擇，和結果。

7.《**大雅·文王之什·綿**》：『古公亶甫，來朝走馬，率西水滸，至於岐下。爰及姜女，聿來胥宇。』

梁惠王很率直地告訴孟子，「寡人有疾，寡人好色。」意思是如何掠奪天下美女，以滿足一己的好財和好色的私欲，才是他檢驗孟子能否有資格和能力，為他服務。孟子的回答，還是從全民長期的利益考量，來勸告梁惠王，『他人有心，予忖度之。』如果能夠"推己及人，己立立人，己達達人"，於是"內無怨女，外無曠夫"，

---

[30] 〈梁惠王章句下第十五章〉：「大王居邠，狄人侵之。事之以皮幣，不得免焉；事之以犬馬，不得色焉；事之以珠玉，不得免焉。乃屬其耆老而告之曰：『狄人之所欲者，吾土地也。吾聞之也；君子不以其所以養人者害人。二三子何患乎無君？我將去之。』去邠，喻梁山，邑於岐山之下居焉。邠人曰：『仁人也，不可失也。』從之者如歸市。」

結果社會安定，生產力高，綜合國力自然也提高，國家漸漸邁向富強康樂，行仁政的"王道大國"。所以"王如好色，與百姓同之，於王何有？" 可見孟子善於用當時高階層都熟知的《詩經》來勸告君王，要重視國家建構的基本單位 --- 人民，和爭取民心。在國內，不要搞"雙重標準"，則全國能夠團結對外，成為強大而受他國尊敬的國家。

8.《大雅。文王有聲篇》：『自西自東，自南自北，無思不服。』

《孟子公孫丑上》孟子曰：「以力假仁者霸，霸必有大國。以德行仁者王，王不待大，湯以七十里，文王以百里。以力服人者，非心服也，力不贍也。以德服人者，中心悅而誠服也，如七十子之服孔子也。詩云：『自西自東，自南自北，無思不服。』此之謂也。」

《孟子》中的這一段，精要地定義了什麼是 王道，什麼是霸道。但是《大雅。文王有聲篇》，已經把王道的實況，表現出來，而近世紀的霸權，莫不在孟子這一段文字的手掌中跳舞！《漢元帝。賈捐之。棄珠崖議》就議論了何以海南島諸縣，屢平屢叛。"聖人起則後服，中國衰則先畔，動為國家難"。《詩經。小雅。采芑》所說的「蠢爾蠻荊，大邦為讎。」不也正是美國霸權過去十年在中東，和目前在南海菲律賓，所遭遇到的窘境[31]？《詩經》《孟子》等舊經典的智慧，完全適用於今日國際局勢的戰略指導和變化判斷。

---

[31] 杜特蒂與美分道揚鑣 美要菲講清楚， 2016-10-21 中央社 ，華盛頓 20日專電。" ……杜特蒂訪問北京，20 日在人民大會堂舉辦的一場商業論壇中宣佈，要與長久以來的締約盟邦美國「分道揚鑣」，他「遠美親中」宣佈菲律賓要走自己的路，還說，或許也會訪問俄羅斯、與俄國總統蒲

9.《豳風‧鴟鴞》：『迨天之未陰雨，徹彼桑土，綢繆牖戶。今此下民，或敢侮予？』

孟子和孔子都認為此詩涵義的推演，可以指導國安。"貴德而尊士，賢者在位，能者在職。國家閒暇，及是時明其政刑。雖大國，必畏之矣"孔子曾稱讚此詩：『為此詩者，其知道乎！能治其國家，誰敢侮之？』這也是類同於孔子曾說的：「以不教民戰，是謂棄之。」可見得"王道"也必須有國防的準備。不能只有仁心，而無賢能者在職執行政策，有訓練的軍隊保護國家，維護和平[32]。 成功而持久的"王道"，一定是文武兼備，不斷地培養人才，尊重人才，起用人才。

10.《大雅‧文王》：『永言配命，自求多福。』

孟子指出，「今國家閒暇，及是時般樂怠敖，是自求禍也。禍福無不自己求之者。詩云：『永言配命，自求多福。』太甲曰：『天

亭會面，「我會告訴他（蒲亭），有我們 3 個國家中國、菲律賓和俄羅斯與世界抗衡。這是唯一途徑。」對此，白宮已表示，菲國政府尚未正式要求結束美菲間的任何安全或經濟關係；而柯比（John Kirby）下午在每日新聞簡報會上則主動提到，羅素將趁前往馬尼拉訪問的機會，要求菲律賓給個清楚說法與交代。

柯比坦言，美國事前並不知道杜特蒂會有與美「分道揚鑣」（separation）的說法，美國不清楚他確切要表達的意思為何，將尋求菲律賓澄清說明，因為不只美國對這一修辭感到困惑，「我們同樣也聽到區域盟友疑惑不解，這究竟是怎麼回事」。

[32] 林中明〈《詩經》裏的戰爭與和平〉，《第 11 屆《詩經》國際研討會論文集》，河北石家莊，2014 年 8 月 4-6 日。

作孽，猶可違；自作孽，不可活。』此之謂也。」孔子說：「如不善而莫之違也，不幾乎一言而喪邦乎？」都是說，天下君王和領導，要不停地求改進，鼓勵建言。王道的理想，和現代民主自由的理想一樣，不能僵化，要與時俱進，因地制宜。舊經典也要活學活用。這是我們研究包括《詩經》的諸經典的態度[33]。

三、從 “知人論世” 到 “論詩知世”

21世紀王道思想 對 國際關係 的 助益和引導

《孟子·萬章下》：“頌其詩，讀其書，不知其人可乎？是以論其世也。”所以要論世，方得以更全面而較深刻地瞭解詩人的本意。或者說是 --- 知世以論人。 又從《孟子·萬章上》：“故說《詩》者，不以文害辭，不以辭害志；以意逆志，是為得之。”我們更看到孟子以此法闡釋了他的 “王道論”。

後來劉勰寫《文心雕龍》，在《時序篇》裡說到相同的觀點。“文變染乎世情，興廢系乎時序。”但是從文藝和世界互動，以及逆向的影響，我們也看到有時候 ，“世情染乎文變”！

所以孟子綜合前賢詩書思想，所提出的王道理想，雖然二千年來，未能落實，但是現在中國文藝開始再度復興，經軍實力崛起，而西方資本主義發展過頭[34]，進入“亢龍有悔” 的階段。但他們又不肯承認誤判歷史大勢，還企圖暫時延續千年來，“貪婪無信，挑

---

[33] 林中明〈從《詩經》看企管教育和科技創新 〉,《詩經研究叢刊，第五集》，北京·學苑出版社，2003 年 7 月。

[34] John Smith，“*Imperialism in the Twenty-First Century*”, Monthly Review, 2015 › Volume 67, Issue 03 (July-August).

撥排異，以鄰為壑，以霸逆勢"[35]的舊戰略。 即使有聰明的政治學者，想提出新的思維，但文化裡，卻沒有可以取代近五百年來獲利頗豐的帝國主義思想。而中華古老的"王道政治"思想，經過中亞、中東、北非的許多不義戰爭，亞洲和世界金融危機的考驗，卻漸漸成為世界上，國家政治學和國際關係處理的一盞明燈。行王道，多險阻，但成則天下共榮[36]； 縱霸道，先勝掠，後竭衰[37]，每攻一國，天下攪亂，先樂於損人，而終不利己。目前帝國霸權集團，和西方勢力在南海攪局和挑釁的浪頭翻船挫敗[38]，而銀絲路[39]的一帶一

---

[35] 《資治通鑒》"夫信者，人君之大寶也。是故古之王者不欺四海，霸者不欺四鄰。不善者反之"。

[36] 2016 年聯合國大會辯論的題目："落實 2030 年 可持續發展 議程，促進包容性發展。習主席同時提出四點建議： 第一，與時俱進，發揮引領作用； 第二，知行合一，採取務實行動；第三，共建共用，打造合作平臺； 第四，同舟共濟，發揚夥伴精神。

[37] "美新書《國家不安全》(*National Insecurity:American Leadership in an Age of Fear*, by David Rothkope) 剖析美外交政策為何失敗"，2014-12-15，參考消息網，責任編輯史瑋。"... 這是美國制度最糟糕的狀態：大量的財力卻沒有智慧的引領，帶來的成果最小，噪音卻最大。這種模式令羅特科普夫感到不安，他認為國家安全面臨的多重威脅太大，而我們的財力現在太薄弱，禁不起國家安全權勢集團像以往那樣一切照常行事。..."。

[38] 宋魯鄭 (旅法學者、復旦中國研究院研究員) "觀點：奧巴馬亞太外交為何難以成功?"，BBC,201 年 10 月 21 日。"世界不再看好美國主要有三個原因：一是政治制度退化成為反對而反對的否決制（福山）。二是 2015 年美國中產階級第一次成為絕對少數。三是創造美國奇跡的傳統白人正在成為少數。奧巴馬的失敗根源還是在於他錯誤判斷了歷史潮流。早在上世紀七十年代，當中國處於歷史最低點時，英國著名的歷史學家湯因比就從大趨勢的角度預言 21 世紀是中國的世紀，中國必然成功崛起。這個歷史潮流是不可阻擋的。菲律賓的轉向和亞太戰略的即將失敗就是最好的注腳。（注：本文不代表 BBC 立場和觀點）

[39] 林中明 〈利涉大川： 從"黑水溝"到"銀絲路"〉，海峽兩岸經濟區域發展論壇論文集，中國社會科學院經濟所·福州， 2005 年 5 月 21 日、22日。

路,和亞投行開始受到世界各國的歡迎。這都說明了在實力的支持,和英明的領導下,見於《詩經》多處的孟子“王道”理論,的確有其逐漸實現的可行性。而真正的王道大國,是以天下為己任[40],心存天人合一的哲思,重視地球環保策略[41],在維護可永續經營環境下,社會、國家以至於天下生態,得到共同的長期利益。這也是我們試圖做此研究題目的動機之一。（作者:因恐篇幅過長,此章討論及引述,大幅節略。）

四、結　語

● 　孟子匯集了前賢的仁政思想,傳說中的明王功績,和歷史的事證,以《詩經》的“溫柔敦厚”
　　的美德,在戰國的動亂中,把痛苦割肉的沙粒,包裹出一個“王道理想”的珍珠。傳諸後世。

● 　“王道”是儒家思想家的理想。類似於柏拉圖提出的“理想國”,和美國馬丁路德.金恩
　　提出的 *I have a dream*。“王道”的理想,中國歷代賢君,受限於人性的弱點,和知識的有限,至今都不能做到。 這個客觀的現實,一如偉大的科學家,愛因斯坦所指出,宇宙間有質量的萬物,飛行的速度,不能超過“光速”。但是人類仍然以

---

[40] 董明珠 2016.10.7 新加坡霸氣演講: “中國是 (人口)大國,但是不是強國。強國給人民帶來幸福,大國, 有責任感, 有義務給世界帶來正義和幸福”。 (騰訊視頻 v.qq.com/page/z/0/m/z0334pt3eam.html)

[41] 《孟子‧梁惠王上》: 「不違農時,穀不可勝食也;數罟不入洿池,魚鱉不可勝食也;斧斤以時入山林,材木不可勝用也。穀與魚鱉不可勝食,林木不可勝用,是使民養生喪死無憾也。」

光速為努力的終極目標，不斷地改進 "飛行器" 和 "太空船"
的速度，向浩瀚的宇宙探討未知的奧祕。 我們於 "王道" 的理
想，亦當作如是觀。

● 　所以，我們開始對《詩經》裡 "王道精神" 加以探討，目前雖
然粗淺，高度距離山頂尚遠。

　　但是沿路的 十五國 "風" 景， "大小雅" 的 "風雲雨雪" 變
化，和山崗上神廟裡傳來 "商周魯" "頌" 的歌舞樂聲，已足以鼓
舞我們上山的情緒。研究《詩經》的年輕學者，盍興乎來 ？

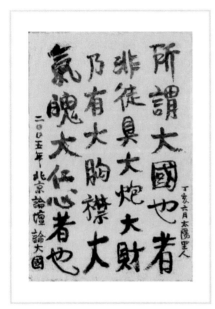

(圖 1)　何謂“大國”？　　　　(圖 3) 孟子像。安順文

　2005.10　林中明書廟　　　　　2016.11.4 林中明攝

(圖 2) 余英時教授認為，"在二十世紀的中國政治家之中，我們只能承認孫中山先生一人對於"王道"的現代意義有最真切的理解"。 下個月 11 月 12 日，是中山先生 150 年誕辰。特附圖以紀念之。

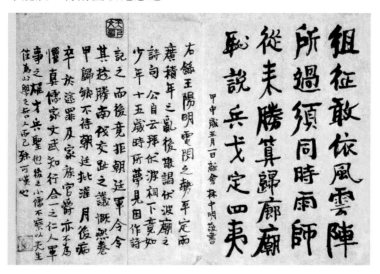

(圖 4) 2004 年，林中明書王陽明詩，並記王守仁，守仁道和王道，抗命不伐無犯大明之交

後 記

　　《詩行天下》的出版，首先要感謝「中國《詩經》學會」夏
傳才會長的點選、和敦促；史學前輩北大張寄謙教授十七年前，
於“無中見有”的慧眼和推薦；和“龍學”前輩，臺灣師大王更
生教授的賞識和不斷的勉勵；以及附中學長顏宜先生對中華文藝
復興的判斷、期待、激賞和支持。希望這本書不辜負他們對作者
的期望。

　　論文的發表，要感謝各學術會議及學刊主持人的熱心邀請，
和友人及識者的大膽推薦。稿件的校對，要感謝許多朋友，前前
後後反復審閱並提出改進的建議。最初樣本的快速編輯，封面設
計的修飾調整，和精美的彩色印刷及裝訂，要感謝老友尚澄兄的
鼓勵及其所推薦的臺北興格影印行負責人陳宗祈先生的熱忱服務
和品質保證。當精美的樣本呈現在我們眼前時，這本書的意義和
分量才具體化了。這大概就是所謂的“百聞不如一見”，“十篇不
如一集”的實體意義。

　　《詩行天下》為了顧及不同的讀者，而分成繁體（正體字）
和簡體（簡化字）兩種文字，分別在臺灣和中國大陸出版。繁體
字版的《詩行天下》交給台灣出版學術論文書籍頗負盛名的「文
史哲出版社」編印出版。「文史哲出版社」的社長彭正雄先生極其
愛護中華文化，卅年來曾熱心贊助多項國學會議活動，和賠本出
版許多沒有商業價值但是重要、有意義的學術書籍。《詩行天下》

能交給「文史哲出版社」編印出版，這也是作者對一位臺灣近年更少見的真正"文化人"的敬意。

本書的選文、編排和插圖，大致保持《斌心雕龍》的風格。但本書的後記，則作不同的安排，以三幅詩圖跋識，配合簡短的文字，起承轉合，來表達撰寫和編繪此書後的三個感想。

第一個感想：網路時代，天下資訊共享。所謂知識經濟與科技創新等事，大多不過是在時間上暫時領先商業利益的競爭者。然而文化、文學的經典之作，則其"生命"不僅"半衰期"長，而且其智慧與時推移，意義也不盡於一句、一文、一書。可是經典之作，雖然「人莫不聞」，但是「（真）知之者勝，不（真）知者不勝（《孫子》）」。所以後之來者，如何從經典之作裏得到啟發而能活用，這常和眼力、胸襟和機遇有關，而非力學或多人、重金便能致之。前賢論兵略，有「聽於無聲，見諸未形」之語。我們研究舊經典，也應該有前賢「喜見舊典藏隱密，樂開新識不求工」的意願和胸襟。好的發現，新的見識，以後自有能人別解批判、修潤吸收，更上層樓。（圖1）

第二個感想：現代的學者和技術人員，人人學有專攻，研究的和所擅長的學問和技能，常常不免是獨門的知識和技術，所以除了少數的內行和胸寬識捷者，即使是同行同科的學者，也不見得能立刻瞭解別人的新作別見。所以資深的學者必須自勵："要能耐得寂寞，而且有所取捨。"因此畫鳥為述曰："斗室電造不變音，今人自閉乏豪情。獨歌天線鐵枝上，好鳥妙聲為誰鳴？"（圖2）我曾刻了一個"閒章"曰：「三百人年學者」，以"沫濡"同道。意思是：一本好書，只要出版後有一百位讀者認可得益，然後一百年後，還有一百位學者研究，那就足以慰懷了。

第三個感想：當代的國學研究外熱內寒，所以我們或許還要向“童子”看齊。所謂“孟子言之，學者知之。林子書之，童子行之。”作者 2004 年在灣區太陽里的濕地公園，看到一個小娃，見大石而喜，竟然略思便行，力推固定在地的大石球！覺得很有啟發，因快攝而題之曰：“氣盛則無所不至”。這個情況好像也是詩人的毛潤之先生也曾說過：「天下事最怕認真。」我看中華文藝復興也還得向“童子”的“認真無畏”與“立刻行動”學習。(圖 3)

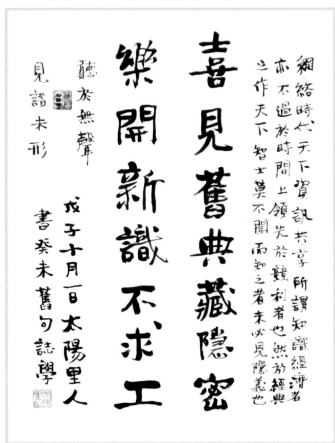

圖 1　「喜見舊典藏隱密，樂開新識不求工」

圖2　好鳥妙聲為誰鳴？

To Push Or Not To Push The World
That's Been Considered and Executed

圖3　氣盛則無所不至

插圖-II　目錄

頁數	詩圖名稱	作品年月	尺寸大小
585	1.天地玄黃；2.魚戲蓮葉	2009.5	
586	賽珍珠詩圖〈誕生的時候〉	2009.4	
587	1.文俠刀筆；2.梁啟超對聯	2009.4	
588	1.題《南寧舊事》；2.筆如刀	2009.5	
589	1.傷彼向日葵；2.天蒼野荒	2008；2009.6	
590	唐初二李將軍出塞擊胡	2002	
591	1.紫牛；2.蛞蝓；3.論筆鋒	2007；2003；2009	
592	1.青海行；2.雙瓜圖 3.高雄觀海詩	2002；2003；2007	
593	1.見山；2.黃鶴赤壁；3.石濤名號	2004；2005；2007	
594	秋山楓葉圖	2008	
595	1.暑假鳳凰花；2.竹林臥虎	2008；2003	
596	1.貓與鼠；2.蜂鳥圖	2006；2004	
597	1.洽川《詩經》頌 2.關雎冬枝圖	2008.8；2007	
598	1.夜走閬中；2.浣溪沙‧鎮江	2006；2001	
599	1.人天感應；2.楓華逝水	2009.7；2006	

600	雨後春柳‧譯詩‧Nabokovat18	2009.4	
601	1.冬之旅；2.春之聲	2007.12；2008.5	
602	1.筆墨當隨時代；2.讀書擊劍 3.書法三達；4.李奇茂畫像四季	2007；2009 2008；2003	
603	1.張敬勉學對聯；2.木棉花	2009.5；2005	
604	1.紫薇吳健雄；2.小豆野鳥	2008；2008	
605	1.春雨缸蟻；2.鏡相	2009；2009	
606	1.望春；2.冬葉；3.鴨眠水草	2009；2009；2008	
607	六十而眼順	2004.6	
608	1.波城詩人牆；2.壯"士"行	2002	

插圖-II

賽珍珠詩集的第一首詩〈誕生的時候〉（"In the Beginning"[1]）：

我記得我誕生的時候 ——
我當然記得！
曾在永恆裡睡眠，被寂靜的水拍捲，存於安靜和安全。
所有的未知，白天或黑夜；所有的無想，我在那躺著。
…忽然間，爲生命推擠，我自由了，不再受到拘束。
自由地聽聞、感覺、哭喊，
自由地生活 —— 或死亡，
自由地成爲我之爲我。
我記得我誕生的時候 ——
我當然記得！（林中明譯）

---

1 Pearl S. Buck, ***In the Beginning***," : "I remember when I was born -- , I do remember ! Through eternity I slept, By its quiet waters swept, In its silence safely kept. All unknowing, night or day, All unthinking, there I lay. ... Suddenly, by life compelled, I was free, no longer held; Free to hear and feel and cry; Free to live – or free to die; Free to be that which am I. I remember when I was born -- , I do remember ! "

昔人已隨鷗水逝
大江東去不回眸
百年紛亂無信史
唯憶英雄與情仇

己丑四月小滿之日 太陽里人 題 南寧舊事

讀中明兄大作 兼送兄赴台講學

壯士筆如刀
臨風膽氣豪
揮刃成一快
天地更嬌嬈

己丑四月初七 太陽里人書 周春嬈贈詩

傷彼向日葵　臨迤朕陽輝　摧折息於路　日落隨夜萎

喜有玉色筆　一紙形神繪　人生亦若寄　碑誄誰念誰

天蒼蒼　野莽莽　風吹沙捲　視●茫茫

天蒼蒼　地無牆　罝罘寵馬　志遠方　天蒼蒼　遠山草翻浪　不動　雲裏藏

天●蒼蒼

雲茫茫　高山雪融　灈故鄉

讀唐初二李將軍出塞聲胡事有感　中華之文弱乃

朔風勁且厲
飛砂如鞭掃
壯士頹鬢髮白
何日凱還朝

壬午三月十三日

林中明　詩并書記

李唐立國當以父事
失之于無文武令一之教也
可汗南犯令李靖李勣
出兵擊之二李將軍各日
縱騎疾馳大漠千里而
襲之以世此一二為藝潰
宗勣之精騎世所見
時李衛公年逾花甲而
與勳騎並馳其之所以勝
敵著兵法如神之教也

宗厥太宗恥之侯頡利

I never saw a purple cow. I never hope to see one. But I can tell you, any how, I'd rather see than be one. / Galen Burgess

我從沒有過
紫牛　也沒
想看一頭
但讓我
告訴你呦
我寧看
而非一頭

列仙傳言老子
騎青牛過函谷
關而知
即此牛乎
乙酉
九月五日
林中明
戲作

此伯傑斯一舉成名之詩也
致使其插畫散失名之比為
此詩所掩　詩人深悔之乃
作一短詩　訴其苦曰

此為坦白　亦為自述　於詩非景
余每欲哭　嗚呼哀哉
紫牛我出

萬切告人　否則汝誅

文見中國
韻文學刊

The Purple Cow: Suite
Confession: I made a Portrait, too. Upon a background that I rue!
Ah, Yes! I wrote the "Purple Cow", I'm Sorry now, I wrote it!
But I can tell you anyhow, I will Kill you if we quote it!

詠鮎魚
無脊有嘴
有肚無腿
無齒有涎
見日即化

鮎魚又叫鯰魚
京無眼耳　然能嘗口水化
砂土為平路　上下大小恬然
自適　惟具恐日症見日則縮化也

癸未九月
林中明
霜降有感
戲詩
塗鴉

論筆鋒
一匠功成萬筆
禿尖齊圓健
費功夫若拔
悟空一毫毛
揮洒縱橫
鬼神笑

玉筆失一尖毫便
成殘鋒　若得齊天
大聖頭後三根毫毛
蒙悟懷素　皆拜求兮

乙丑四月廿六日
太陽里人

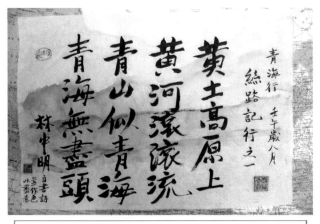

黃土高原上
黃河滾滾流
青山似青海
青海無盡頭

青海行　壬午歲八月
絲路記行之一
林中明
自書詩
並作色
以當畫意

科藝
有分別
智術
無二邊
吞吸
天地水
他日為汝道

雙瓜圖

甲申歲五月六　林中明　寫安仙畫意西江

八大山人
中華三百年
有關六大種種畫
演出當代大演畫事
一人也曾有雙
瓜圖凡詩曰
無一無二無分別
無二無三號
他能為汝道
吸盡西江未
後之做者萬千
或能冀其書乃
能笑其字韻更
豈名桃花源故
事緣逐迷真有
觀園圖憶諸於海上大文才之多

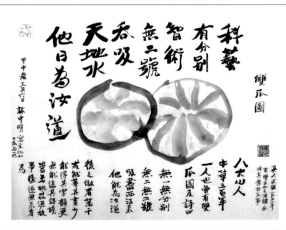

高雄觀海
日落偶臨海
登崗瞰船行
提斜切墨線
船浮織帶金
倦鳥歸篁去
孤鷗斷續鳴
無風洋起浪
且看月破雲

高雄昔為僑東臨滄海樓船
載詩以大神寺剩困西江藝地
逆劉金人於安神寺剩支以雁龍
與風在浪海之神思相因思因
少與星月重溟於海上大文才之多

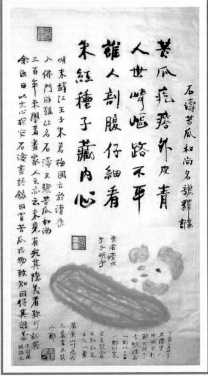

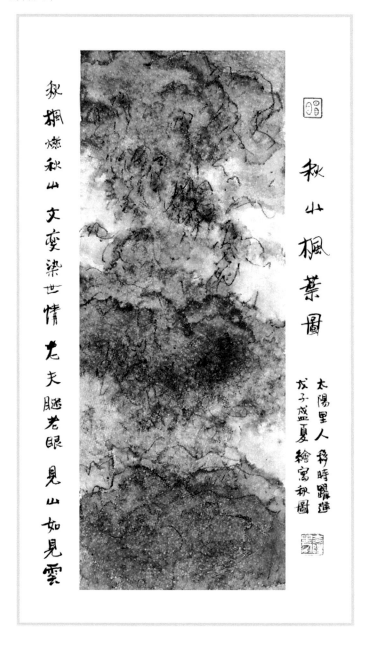

秋山楓葉圖

太陽里人　移時躍進
戊子盛夏　繪寫秋圖

秋楓燃秋山　文變染世情　丈夫瞇老眼　見山如見雲

暑假歌
鳳凰花五月發
綠地草四季好
六月七月抓知了
八月過完回學校
戊子五月末
太陽里人
戲為童歌

魏晉竹林出七賢
羅馬松風飄戰鼓
矽谷有淵多潛龍
我家後院一臥虎
壬午歲六月
舊作
暑
丁亥冬
日戲作
消寒
英雄
不出
小人
橫行
此之
謂也
太陽
里人

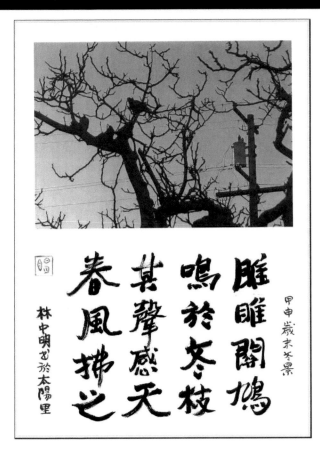

風雲雨雪
卉麗山川
詩經三百
源起洽川
多難興邦
共濟汶川
學無止境
力涉大川

二〇〇八年七月
詩經國際學術
研討會洽川

雎雎關鳩
鳴於冬枝
其聲感天
春風拂之

甲申歲末冬景

林中明書於太陽里

近歲台灣
政治腐敗
社會風氣
解產實際
台獨政客
有損於制
度者余以
為非是
而係社會
文化風氣
之故夫風
俗偷偷領導
貪故天下亂世

二〇〇六年　八月四日
第十屆中國詩經
研討會記事之四

夜走閬中
單騎夜走閬中道
歷史翻飛明月照
張飛閬羽未往矣
忠義沿江嘉陵飄

丙戌七月立秋余因故催車月夜自南充
夜赴閬中取物單身來回三百里因記詩

太陽里人
書蜀道詩

浣溪沙　辛午歲九月十八日
鎮江赴揚州舟次
　　　憶幼安

誰見風嵐北固亭
橫一川風雨正
瀰瀰海湍江猶
何驥曹劉

鐵馬金戈多少
恨銷陽草木青
古今愁何妨青
眼看沙鷗

此歷史擊豪詩人辛棄之詞也
余有幸為春塘先生之戚得雜此詞也
　　　林中明書

雨後春柳

此係國作家納巴
可夫少年十七八歲
之作　余以七步譯
為五言求快意之
作也　乙丑青苔
太陽里人

雨滴火速落　我踏紅塵來
黃鸝鳴翠柳枝頭飄絮白
濕雨清新氣香浮春花開
柔條垂細葉尖瀝晶珠懷

此詩譯為翁冠偶筆但已見詩人承天而降大步獨行
之志懷是以見人所未見聞常人所未聞累集雲葉成珍識

冬之旅

頭頂一點
紅白袍
黑尾翼
遙飛八千
里覓為
尋晚棲

丹頂鶴瀕
絕種之蔣翁也
日前四雙飛
至台灣北海
金山過冬於
芒草中平添
雅意

丁亥廿月十六日
太陽里人繪記

春之聲　記雲林嘉義鄉民
因夜鷹夜啼擾
眼憤恨不寧事

遊々夜鷹　夜々啼鳴
苦哉鄉民　寢寐難寧

古人論文不平則鳴
今人施工
日夜噪音
卡樂我可
畫伏夜行
鳴聲追々
大聲者
公鳥也
俗語大聲
公亦見於
鳥乎

讀經讀經
以古鑑今
關乎雌鳩
閔顧隔隣

亦如人情
將心比心
義明怨平

台灣夜鷹
貝長廿五
公分
羽色褐褐

戊子三月十五
太陽里人
讀報隨筆

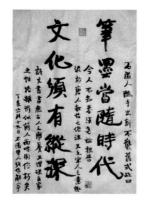 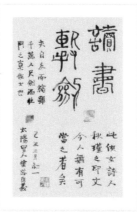

筆墨當隨時代　38x52cm　　　　讀書擊劍

林中明　　〈書法三達〉　　10x30cm

李奇茂先生四季印象勾勒　2004年5月淡江大學國際書法研討會會後

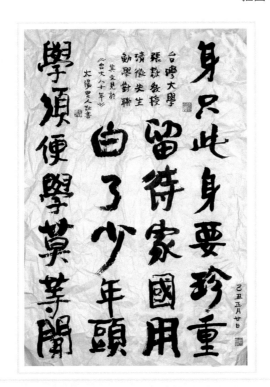

身只此身要珍重
留待家國用
白了少年頭
學須便學莫蓴聞

台灣大學
張數教授
清徽先生
勤學對聯
其文見於
《台大八十年》
太陽里人敬書
己丑正月廿日

木棉
花從
嶺南
來
春雨
過後
放辭
開
四月
杜鵑
疲於
啼
一朵
堅持
待夏
懷

己丑正月太陽里人先驊得結

戊子台北街景

詠繁薇並讚吳健雄

紫薇不與凡花同
夏燦秋爛百日紅
自從吳女揭宇祕
詠花誰能忘健雄

吳健雄女士華夏之女傑也曾與楊李
共揭宇宙之大祕其後歸葬明德國小校
父植之紫薇樹下薇三榮歸明德長輝

己丑元宵 米陽里人

近攤大如斗 遠看小逾豆
野鳥啄野果 人愁我不愁

己丑正月廿五日
太陽里人

金融風暴舉世皆愁 不知覆巢之下
林間鳥雀各有完卵飲食無憂慶也

故云
周雖舊邦
其命唯新
頹有喬木
知古鑒今
余觀夫
管子權修
篇第三云
積多而食寡
則民不力
積寡而食多
則民多詐

冬竹垂璎葉
春雨一多至
廊虹生細草
蟻遊小石烏
老眼發舊典
人笑蟲烏墨
庭荒藏野鳥
何國免風暴

因春雨滿溢則
思天下
大事
赤如
蟻孚

鏡相
大圓智
鏡亦
着相
車水馬、
龍不留
行
無弦無
彈指
筆一
開人留
象復
留情

着相纏象
書在找筆

太陽里人題攝

己丑五月廿日

望春

陰雨復寒風　年過春不至

登高齊望遠　問春何遲遲

己丑正月　太陽里人

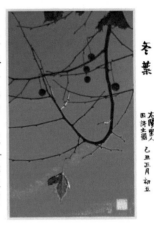

冬葉

寒風落萬葉　家樹群枝空

冬陽瑤藍天　一葉不知冬

太陽里人
圖詩並圖　己丑正月初五

鴨眠
水上
人睡
房牀
渾然
入夢
俱忘
何方

嫦娥織紗影　微波閃碎銀

浮沉半入夢　偶聞雁過聲

戊子臘月十五月明星稀　太陽里人攝記

詠讚波士頓大眾圖書館設詩人牆

波城忽見詩人牆
屈馬李杜又還鄉
詩篇雅歌今猶在
登臨不見秦始皇

詩乃畫卯好文章
有慶朱儀文心揚

壬午歲美國國慶日
林中明自北詩敬題

壯士行　和陶詩擬古

望大道之多岐兮
孰能知亡羊之迷
與其數米而炊兮
何如斬而兩睜睞
見燕雀躍于枝兮
未若搏風以翶逸
不為斗金折腰兮
笑暴富者多小器
嗟大道縱世難行兮
莫若掛印而聘驥
歸琳琅之玉庫兮
日常耀而月自麗

壬午歲五月廿五
林中明正心誠

With Poems We Stride

0. Catalog   0B. About the Author

I. Prefaces

（1）Preface by Prof. Xia CC, Chairman of the Chinese Shih Jin Academy

（2）Preface by the Author: *With Poetry We Stride*

II. The Essence of Poetry

"Forward"-by the Author

1. The Essense of Poetry: Form, Rhyme, Memory and Cognition of Brain

2. A Brief Comparison of Ancient Chinese and Western Love Poems:

From I-Ching to Derive the Geometrical and Space Meaning of "Fu", "Bi" and "Xing"

3. The Forerunner of Chinese Literature of Weather-"*Shih Jing*"

4. Literature of Weather in "*Zhao Ming Anthology*"

III. Versatility and Humor of Poets

"Forward"-by the Author

5. Du Fu's Humor and Satirical Poems and Four Ancient Major

Poets' Sense of Humor

 6. On Bai Juyi's Sense of Humor and Laughing to Crying Ratio

 7. On the Versatility and Sense of Humor of Lu Yu

IV. Academic Quotations and Creative Applications of "Shih Jin"

 "Forward"-by the Author

 8. In Poetry We Trust-Quotations of "Shih Jing" in"The Grand Debate on Policy of Salt and Iron"

 9. The Innovation in Liu Xie's Literature Criticism and Limitation in His Poetics

 10. Origin and Variations in Chinese Pan-Anthology : From "Shih Jing" to "Ancient & Current Best Essay Anthology"

 11. Old Classics and Live Wisdom-From "I Ching", "Shih Jing", "Sunzi", "History Record", "Literary Heart Carving the Dragon" to Examine Economics of Knowledge, Business Management Education and Technical Innovation

V. Epilogy

VI. i. English Catalog of the Book;

 ii. Index of Illustrations of Poem, Calligraphy, Painting & Photograph;

 iii. Color Pictures: 1. Part1（front）, 2. Part 2（back）；

 iv. 1. Cover Design, 2. Back Cover Design, 3. Folding Pages Design, 4. Author Bio.